HISTOIRE DE CHARLES VII

HISTOIRE
DE
CHARLES VII

PAR

G. DU FRESNE DE BEAUCOURT

Tome V
LE ROI VICTORIEUX
1449-1453

Ouvrage honoré du grand prix Gobert par l'Académie des Inscriptions
et Belles-Lettres

PARIS
ALPHONSE PICARD, LIBRAIRE-ÉDITEUR
82, RUE BONAPARTE, 82

1890

Beaulx oncle Phelipe duc de bourgoigne nous vous promettons par la foy et serment de nre corps de entretenir et garder de point en point le traictie et appointement de la paix fait entre monseigneur et vous tout ainsi quil est cy dessus escript sans aucunement faire ne venir a lencontre et quant il plaira a dieu que parviendrons a la coronne de France vous promettons encores baillez nos lettres patentes de telle substance que ces presentes escript de ma mayn.

Loys

LIVRE V

L'EXPULSION DES ANGLAIS

1449-1453

CHAPITRE I.

LA CONQUÊTE DE LA NORMANDIE

1449-1450

Préparatifs de Charles VII pour la campagne de Normandie; le comte de Dunois marche sur Verneuil et s'en empare; il s'avance à la rencontre de Talbot, qui se replie sur Rouen. — Arrivée des comtes d'Eu et de Saint-Pol à la tête d'un corps d'armée; jonction avec Dunois; prise de Pont-Audemer, de Pont-l'Évêque et de Lisieux; soumission de plusieurs villes. — Plan de campagne; entrée du Roi en Normandie; opérations des comtes d'Eu et de Saint-Pol dans la haute Normandie et du comte de Dunois sur la rive gauche de la Seine; succès remportés par le duc d'Alençon. — Opérations du duc de Bretagne et du connétable de Richemont : soumission de la plupart des villes du Cotentin; prise de Fougères. — Charles VII marche sur Rouen; siège de Château-Gaillard; concentration des corps d'armée; attaque dirigée contre Rouen. — Négociations entamées par les habitants; convention conclue; démonstrations à Rouen en faveur de Charles VII; Somerset se décide à évacuer la ville. — Ouvertures de Somerset au Roi; traité du 29 octobre. — Entrée solennelle de Charles VII dans Rouen; réjouissances publiques. — Poursuite de la campagne; sièges de Harfleur et de Honfleur. — Kyriel débarque à Cherbourg à la tête d'une armée; il occupe Valognes et reprend une partie du Cotentin. — Charles VII nomme le comte de Clermont lieutenant général; le comte de Clermont laisse Kyriel franchir la Vire; il se décide à marcher à sa poursuite. — Bataille de Formigny; arrivée du connétable; déroute des Anglais. — Reprises des places du Cotentin; occupation de Vire et de Bayeux; siège de Caen; Somerset capitule et s'embarque pour Calais. — Suite des opérations : prise de Falaise, de Domfront et de Cherbourg. — La conquête de la Normandie opérée en une année.

La période de cinq années écoulée entre la conclusion de la trêve avec l'Angleterre et la rupture des négociations n'avait point été stérile. Charles VII avait constitué une armée nationale, soumise à une sévère discipline; il avait opéré dans l'administration d'importantes réformes; il avait affermi sa puissance au dedans et augmenté son influence au dehors; tout en travaillant à la conclusion d'une paix honorable, il avait admirablement préparé la guerre[1]. La bonne renommée de son

---

1. Vallet de Viriville, *Histoire de Charles VII*, t. III, p. 143.

gouvernement devait singulièrement faciliter l'œuvre de la délivrance du territoire [1].

Dès le 17 juillet 1449, le comte de Dunois avait été nommé lieutenant général dans la contrée située entre l'Oise, la Somme et la mer. Par le même acte, Dunois, Gaucourt, Brezé, et plusieurs autres [2], étaient investis de pleins pouvoirs pour recevoir la soumission des places [3]. En prévision d'une rupture, Charles VII avait concentré des troupes sur différents points : à Évreux, à Louviers, à Dieppe, à Pontoise, à Beauvais, à Ailly-sur-Noye, où le comte de Saint-Pol avait donné rendez-vous aux seigneurs de Picardie, enfin sur les frontières de la Bretagne, où le connétable de Richemont rassemblait une armée [4].

La guerre, on peut le dire, était déjà entamée. Nous avons vu que, en représailles de la surprise de Fougères, certains capitaines de l'armée royale, arborant la bannière du duc de Bretagne, avaient pris Pont-de-l'Arche, Conches et Gerberoy [5]; un peu auparavant une tentative avait été faite sur Mantes [6]. Les habitants de la contrée n'attendaient que l'apparition des soldats du Roi pour se déclarer en sa faveur [7]; cette manifestation se produisit parfois d'une façon spontanée, car, dès le

1. « Pœne apud omnes publica disseminaverat fama, quod Francorum Rex sibi subditos in bona justitia et libertate conservaret, suosque milites a rapinis atque injuriis provincialium severissime coerceret. » Th. Basin, t. I, p. 217.
2. Bertrand de Beauvau, seigneur de Précigny ; Charles, sire de Culant, Guillaume Cousinot et Jean de Bar, seigneur de Baugy.
3. *Ordonnances*, t. XIV, p. 59. Ces lettres sont en *vidimus* dans le ms. fr. 20382, n° 9. Dans des lettres données à Pont-Audemer le 21 août 1449 (éditées par Vallet de Viriville, t. III, p. 167, note A), Dunois s'intitule : « cappitaine general sur le fait de la guerre pour le Roy nostre sire. »
4. *Chronique du Mont Saint-Michel*, publiée par M. Siméon Luce, t. I, p. 45 ; Chartier, t. II, p. 80 ; Mathieu d'Escouchy, t. I, p. 181, et 188-89, etc.
5. Voir t. IV, p. 328-29.
6. Par Robert de Floques, dit Floquet, et Jacques de Clermont. Voir lettres de Simon du Hamel, lieutenant de Richard Merbury, en date du 30 avril 1449, dans *Preuves de Mathieu d'Escouchy*, p. 365. Il est fait allusion à cette tentative dans le Protocole des conférences de Louviers. Voir D. Morice, t. II, col. 1475. C'est sans doute à la marche sur Mantes qu'il faut rattacher l'exécution capitale mentionnée dans un document du 4 août suivant (ms. fr. 26079, n° 6131). Voir en outre une quittance, en date du 3 juin 1449, de 31 l. 14 s. 8 d. p. pour travaux de défense exécutés à Mantes (*id.*, n° 6115).
7. « La plus grant partie des bourgois, du commun et du peuple ne desiroit aultre chose que de retourner en l'obeissance du Roy de France. » Mathieu d'Escouchy, t. I, p. 195.

milieu de juin, bon nombre de petites places du Perche et du Maine secouaient le joug anglais[1].

Aussitôt après les résolutions prises au château des Roches-Tranchelion, le comte de Dunois se mit en campagne[2]. Floquet, qui commandait à Évreux, l'avait averti qu'il s'était ménagé des intelligences dans Verneuil, et que la place pouvait facilement être emportée. Dunois se fit précéder par Brezé et Jacques de Clermont, qui parurent devant Verneuil le 20 juillet au matin. Un meunier, chargé de faire le guet, avait été gagné : il ouvrit les portes aux deux capitaines, lesquels entrèrent ainsi sans coup férir. Le lendemain le donjon fut pris d'assaut. La tour seule, où les Anglais s'étaient retranchés comme dans une forteresse inexpugnable, tenait encore. Dunois y fit mettre le siège[3]; mais, apprenant que Talbot réunissait un corps de troupes

---

1. Voir la lettre de Guillaume Fortin, vicomte d'Alençon, aux gens des comptes du roi d'Angleterre à Rouen, en date du 19 juin 1449 (*Preuves de Mathieu d'Escouchy*, p. 366-70). Il en résulte que Saint-Séverin (Saint-Celerin), Bonmoulins, Aunou-sur-Orne, Chailloué, La Ferté-Bernard, Nogent-le-Bernard, Beaumont-sur-Sarthe, Clinchamps et La Guierche étaient déjà au pouvoir des Français, « qui, disait le vicomte d'Alençon, continuellement habitent sur le païs. » — On voit dans les instructions données à Havart le 3 juin 1449 que, avant la rupture de la trêve, des ouvertures avaient été faites à Charles VII pour lui livrer Arques (*Id.*, p. 226). La « complainte des Normans envoyée au Roy nostre sire » (durant la trêve) montre bien avec quelle ardeur le sentiment populaire se manifestait ; elle débute ainsi (ms. fr. 2861, f. 230) :

> Tres noble Roy Charles françois
> Entens la supplicacion
> Des Normans contre les Anglois
> La desolée et male nacion.
> Vueillez avoir compassion
> De la duché de Normandie
> Et le fay sans dilacion,
> Trestout le peuple si t-en prie.
>
> Le plus noble des crestiens
> Et la fleur de lis pour sa part
> Delivre nous de ces faulx chiens
> De leur finesse et de leur reppart.
> N'y soit soubloyé nul couart
> Mais baillé à homme loyal
> Et se conseille au sang royal.

2. Dunois s'était rendu le mois précédent en Bretagne avec le sire de Précigny, et avait combiné le plan de campagne avec le duc de Bretagne et le connétable de Richemont. Huitième compte d'Étienne de Bonney : Cabinet des titres, 685, f. 135.

3. Berry, *Chronique*, p. 257, et *Recouvrement de Normandie*, dans *Narratives of the expulsion of the English from Normandy*, par M. J. Stevenson, p. 257; Blondel, *De reductione Normanniae*, dans le même ouvrage, p. 53; Chartier, t. II, p. 81; Lettre de Guillaume Cousinot au comte de Foix, dans *Thesaurus novus anecdotorum*, t. I, col. 1814. Nous reproduisons aux *Pièces justificatives* ce très intéressant document, qui, depuis sa publication par D. Martène, n'a jamais été réimprimé.

pour secourir les assiégés, il laissa Florent d'Illiers devant la tour de Verneuil, avec huit cents combattants, et se porta à la rencontre du capitaine anglais. Talbot s'avança jusqu'à Breteuil (31 juillet) où il campa pendant deux jours. Ayant reconnu l'impossibilité d'attaquer l'armée française, il battit en retraite et alla s'établir à Beaumont-le-Roger. Quand, le 3 août, Dunois arriva devant cette place, elle était déjà évacuée. Talbot s'était replié vers Harcourt et campait entre Beaumont et ce dernier lieu, dans une forte position. Poursuivi par les Français, il évita toute rencontre, gagna Harcourt pendant la nuit, et marcha d'une seule traite jusqu'à Rouen [1]. La tour de Verneuil capitula après un mois de siège. Dunois s'établit à Évreux, attendant pour poursuivre les opérations l'arrivée du renfort que les comtes d'Eu et de Saint-Pol devaient lui amener de Picardie.

Partis de Beauvais au commencement d'août, les deux comtes avaient espéré un moment s'emparer de Rouen par surprise. Déconcertés par le prompt retour de Talbot, ils évitèrent la capitale de la Normandie et vinrent se loger à Pont-Saint-Pierre, sur la rive gauche de l'Andelle [2], d'où ils allèrent mettre le siège devant le château de Logempré, appartenant à Talbot. Attaquée le 8 août, cette forteresse capitula le 9 et fut réduite en cendres [3]. De là le comte d'Eu et le comte de Saint-Pol, traversant la Seine à Pont-de-l'Arche, opérèrent leur jonction avec le comte de Dunois. On se porta sur Pont-Audemer, qui fut pris le 12 août [4], sur Pont-l'Évêque (15 août) [5], et sur Lisieux, qui, grâce à l'intervention de l'évêque Thomas Basin, ouvrit ses portes le 16 [6]. La soumission de cette ville

---

1. Lettre de Guillaume Cousinot, col. 1814-15; Robert Blondel, p. 56-60; Th. Basin, p. 207-208; Berry, *Recouvrement*, p. 260-64; Chartier, p. 83.
2. Aujourd'hui commune de Saint-Nicolas de Pont-Saint-Pierre (Eure).
3. Chartier, p. 84-85; Mathieu d'Escouchy, p. 190; Blondel, p. 60.
4. Voir, outre les chroniqueurs déjà cités et la lettre de Cousinot, la curieuse déposition du capitaine anglais Osburn Mundeford, publiée dans les *Preuves de Mathieu d'Escouchy*, p. 354 et s.
5. Voir lettre de Guill. Cousinot, *l. c.*, et Mathieu d'Escouchy, p. 192. Cf. document du 7 septembre 1449 : Ms. fr. 26070, n° 6149.
6. Th. Basin, p. 211-216; Chartier, p. 94; Berry, *Recouvrement*, p. 266; lettre de Cousinot, *l. c.*, col. 1816, etc. Le traité de reddition, en date du 16, est dans les *Ordonnances*, t. XIV, p. 61. Cf. Th. Basin, t. IV, p. 174 et suiv. « Item ledit jour (16) par la composition de ladite cité furent délivrés les chasteaulx et fortes places Orbec,

entraîna la reddition d'un grand nombre des places environnantes, en particulier de Bernay (17 août). Installé à Lisieux, Dunois y reçut les ouvertures d'envoyés des habitants de Caen, de Falaise et d'autres villes¹.

Un conseil de guerre fut tenu pour examiner la marche à suivre. Devait-on se porter sur la Basse Normandie? N'était-il pas préférable de réduire les places situées dans le bassin de la Seine, afin de faire converger tous les efforts sur Rouen, véritable boulevard de la domination anglaise? Thomas Basin, qui assistait à la délibération, fit valoir les raisons les plus fortes en faveur du second plan de campagne; il le fit adopter par Dunois et par les autres chefs. Gaucourt et Culant furent chargés d'aller le soumettre à l'approbation du Roi².

Charles VII, à ce moment, s'avançait vers la Normandie. Il avait quitté Chinon le 6 août, et après avoir traversé la Loire à Amboise, était arrivé le 12 à Vendôme. Il venait d'atteindre Chartres³ quand le message de Dunois lui parvint. Le plan de campagne fut agréé, et le Roi se dirigea immédiatement vers la capitale de la Normandie. Traversant Verneuil et Évreux⁴, au milieu des acclamations populaires, il vint établir son quartier général à Louviers⁵. Dunois, après avoir soumis Mantes (26 août) et Vernon (28 août)⁶, ne tarda pas à arriver. Un

---

Couronne, Auvilliers, Crèvecœur, Le Breul et Fauguernon et Argensez. » Document publié par M. Stevenson, t. II, p. [621]. Cousinot nomme en outre Leinervot (s/c), La Rivière Thibouville, Beaumesnil, Rugles et La Ferté-Fresnay. Dans des lettres du mois de mars 1451 (Archives, JJ 181, n° 277) Charles VII dit : « Au temps de la reduction de nostre païs et duchié de Normandie, ladicte cité de Lisieux fut la première de tout nostre dit duchié qui liberalement nous fist obeissance. »

1. Th. Basin, t. I, p. 216-17; lettre de Cousinot, *l. c.*; Stevenson, t. II, p. [621].
2. Th. Basin, t. I, p. 218-20.
3. C'est ce qui résulte de son itinéraire.
4. On lit dans le *Journal d'un bourgeois de Paris* (p. 391) : « En cel an fut le grant pardon général en la cité d'Évreux, et y vint le Roy de France. »
5. « Et partout où il venoit, estoit receu très-honnourablement et en grande liesse de tous les subgectz et habitans des bonnes villes. » Mathieu d'Escouchy, t. I, p. 197. — *Verneuil:* « Fut moult honnourablement receu et à grant joye de ceulx de la ville, qui furent au devant de lui aux champs atout les processions, faisans les feux et criant Noël. » — *Évreux:* « Fust receu grandement des habitans de ladicte cité, en criant Noël, pareillement que on avoit fait audit Verneuil. » — *Louviers:* « Fut receu à grant joye. » Berry, *Recouvrement*, p. 263, 271, 272. — Cf. Jean Chartier, t. II, p. 101-102 et 110.
6. Sur le rôle joué par Dunois à Vernon, voir les curieux détails donnés par Jean Chartier, t. II, p. 101 et suiv.

conseil de guerre fut tenu le 30, sous la présidence du Roi, et la marche des opérations y fut définitivement arrêtée[1].

Les deux armées, qui jusque-là avaient opéré simultanément, se séparèrent. L'une, celle des comtes d'Eu et de Saint-Pol, marcha sur Gournay, qui capitula le 2 septembre[2], et entra dans le pays de Bray, où la ville et le château de Neufchâtel furent occupés (8-22 septembre)[3]. L'autre, celle de Dunois, passant sur la rive gauche de la Seine, acheva la réduction des places au pouvoir des Anglais, savoir : Harcourt (1er-14 septembre)[4], Chambrais (15-20 septembre)[5], Exmes[6], enfin Argentan, qui capitula le 4 octobre[7]. De là Dunois se dirigea sur Pont-de-l'Arche, où le Roi concentrait ses troupes pour attaquer Rouen.

Tandis que ces rapides succès semaient l'épouvante dans les rangs ennemis, le duc d'Alençon se mettait en campagne et s'emparait de Séez, d'Essay et d'Alençon[8]; la garnison de Dieppe occupait Fécamp et Arques, et le maréchal de Jalognes

1. Chartier, t. II, p. 116 et suiv.
2. Archives, JJ 179, n° 374.
3. Les dates sont controversées. Nous suivons la version de Berry. — Jean Chartier, dont la chronologie est assez embrouillée, donne (p. 119) pour l'attaque de Neufchâtel la date du mardi 21 et dit que « le jeudi ensuivant fut icelle ville prise d'assaut. » Or, le 21 était un dimanche.
4. Chartier dit (p. 115) que le siège dura quinze jours et que la place fut rendue le 15 septembre. Berry (Recouvrement) dit que la reddition eut lieu le 5 ; mais M. Stevenson donne en note une addition d'un autre ms. qui constate que le siège avait duré quinze jours, et dans l'édition de M. Hellot (p. 115) on trouve la date du 16 (dans la Chronique, il y a : 15 septembre). La date du 13, pour la reddition, est donnée par Cousinot (col. 1817) : « Dimanche dernier, XIIIe jour de ce mois de septembre. » Il faut lire 14, car le 13 était un samedi.
5. Encore des dates controversées. Chartier dit que le siège fut mis le 18 septembre et qu'il dura environ huit jours. — Berry (Recouvrement) donne la date du 15, et, dans sa Chronique, celle du 19 pour la capitulation. — Cousinot dit dans sa lettre, datée du 25 septembre : « Lequel chastel s'est aujourd'huy rendu, environ dix heures (col. 1817). » Mais plus loin on lit, à propos de la reddition de La Roche-Guyon : « hier, eut huit jours, qui fut XIIe jour de ce mois de septembre ; » ce qui porte à croire que la lettre devrait être datée du 20, et donnerait cette date pour celle de la capitulation de Chambrais (aujourd'hui Broglie). — Le 20, Dunois était à Bernay (Fontanieu, 121-122).
6. Le 21, d'après Berry (Recouvrement); le 28, d'après le même (Chronique), et Blondel; le 30, d'après Chartier. Cf. Archives, JJ 180, n° 2.
7. Le traité de reddition est dans Ordonnances, t. XIV, p. 73. — Le 27 septembre le sire de Blainville avait pris le château de Touques (Chartier, t. II, p. 130).
8. Berry, Recouvrement, p. 272 et 279, et Chronique, p. 437 et 439; Blondel, p. 87 et 114; Chartier, p. 121 et 126; lettre de Cousinot, col. 1816-17; Stevenson t. II p. 1623] et suiv.; Mathieu d'Escouchy, t. I, p. 197 et 200.

obligeait la garnison du château de La Roche-Guyon à capituler[1]. D'un autre côté, le comte de Foix tenait les Anglais en échec dans le Midi, où il réduisit Mauléon[2]. Enfin, l'armée de Bretagne entrait en scène à l'extrémité de la Basse Normandie.

C'est seulement dans les premiers jours de septembre[3] et contre l'avis de son Conseil que le duc de Bretagne, entraîné par son oncle le connétable, quitta son duché à la tête de sept à huit mille combattants[4]. Laissant son frère Pierre devant Fougères, à la tête d'un corps de troupes, il se porta sur Coutances par le Mont Saint-Michel (6 septembre) et Granville (8 septembre). La ville, assiégée le 10, se rendit aussitôt (12 septembre)[5]. Saint-Lô, qui n'attendait que l'approche de l'armée bretonne pour secouer le joug ennemi, ouvrit ses portes le 15[6]. Du 15 au 19 septembre, divers détachements s'emparèrent, grâce à la connivence des habitants[7], d'un grand nombre de forteresses du Cotentin[8]. Il n'en fut pas de même à Carentan, où la population se montrait hostile ; mais l'armée du duc

---

1. Le 3 septembre, d'après Chartier, t. I, p. 117. Cousinot donne la date du 12, qui est sans doute celle de l'évacuation de la forteresse.

2. Ce fait d'armes eut lieu dès le mois d'août, et non vers la fin de septembre, comme le pense M. Vallet (t. III, p. 158). La date est établie par la lettre de Guillaume Cousinot au comte de Foix (25 septembre), répondant à une lettre du comte annonçant l'événement. — Voir sur la prise de Mauléon, Berry, *Recouvrement*, p. 280 ; Chartier, p. 127-30 ; Mathieu d'Escouchy, p. 206-209, etc.

3. Mathieu d'Escouchy dit que le duc quitta Dol vers le 15 août ; mais ce prince était encore à Dinan le 4 septembre et il n'arriva que le 6 septembre au Mont Saint-Michel. Les dates, pour cette campagne, sont données d'une manière très précise (sauf des erreurs légères en ce qui concerne la reddition de certaines places) par une chronique anonyme attribuée à un moine du Mont Saint-Michel dont M. Léopold Delisle a publié, en 1867, dans son *Histoire du château et des sires de Saint-Sauveur le Vicomte* (d'après le ms. lat. 5696 de la Bibl. nat.), la partie relative aux événements de 1449-50 (p. 269 et suiv.), et qui a fait l'objet d'une publication spéciale de M. Luce, en 1879, sous le titre de *Chronique du Mont Saint-Michel*. C'est à cette édition que nous renverrons.

4. C'est ce qui résulte de la comparaison des chiffres donnés par les auteurs contemporains.

5. Le traité de reddition est dans le ms. fr. 4900, f. 42 ; il a été donné par Quenault, *Recherches archéologiques sur la ville de Coutances*, 2ᵉ édition, p. 20-23, d'après l'original dans les archives du Chapitre.

6. Blondel, p. 91 ; *Chronique du Mont Saint-Michel*, p. 48 ; Berry, *Recouvrement*, p. 270 ; Chartier, p. 124 ; Gruel, *Chronique d'Arthur de Richemont*, p. 198-99. À partir de ce moment, nous citons l'excellente édition que vient de publier M. A. Le Vavasseur, sous les auspices de la Société de l'histoire de France.

7. Blondel, p. 97.

8. Thorigny, La Motte, Neuilly, Hambie, Regnéville, La Haye du Puits, Pirou, Colombières, Barneville, etc. — Le Hommet fut pris le 25.

s'était renforcée d'un contingent de volontaires s'élevant à plus de dix mille hommes : on eut bien vite raison de cette résistance ; la ville dut capituler le 30 septembre[1]. De Carentan, le maréchal de Lohéac et l'amiral de Coëtivy allèrent réduire Valognes, tandis que le duc de Bretagne et le connétable se repliaient sur Coutances. Puis Richemont alla assiéger Gavray, qui, attaqué avec vigueur, se rendit le 11 octobre[2]. Les habitants de Coutances pressaient le duc d'achever la conquête du Cotentin ; mais ce prince et ses conseillers avaient hâte de reprendre le chemin de la Bretagne, où Pierre, frère du duc, avait mis le siège devant Fougères (5 octobre). On les décida cependant à attaquer Vire[3]. L'armée s'ébranla le 13 octobre ; le 14, elle était à Villedieu, quand arriva un message de Pierre de Bretagne : celui-ci, ayant rencontré une vive résistance devant Fougères, suppliait le duc de venir à son secours. Un nouveau conseil fut tenu : la retraite sur Fougères fut décidée[4]. Le 15 octobre, le duc coucha au Mont Saint-Michel ; le 16 au soir, il campait devant Fougères, qui devait retenir jusqu'au 5 novembre l'armée bretonne sous ses murs[5]. La prise de Fougères termina la campagne. Une épidémie s'était déclarée parmi les troupes ; l'hiver approchait : le duc congédia son armée, qui fut répartie dans les garnisons, et prit le chemin de Rennes, tandis que le connétable allait se reposer

---

1. Archives, JJ 185, p. 61. La ville fut remise le 29. Lettres de Charles VII de novembre 1449 et du 14 juin 1453, publiées dans le recueil des *Ordonnances*, t. XIV, p. 71 et par M. de Pontaumont, *Histoire de la ville de Carentan*, p. 109. — Les habitants de Saint-Lô avaient envoyé un détachement pour prendre part à l'attaque. Voir les curieux détails donnés à ce sujet par Robert Blondel, p. 99-102.
2. Sur le siège de Gavray, voir Cosneau, *le connétable de Richemont*, p. 402.
3. Th. Basin (t. I, p. 222) fait prendre à ce moment le château de Vire, qui ne fut soumis qu'au mois de mai de l'année suivante. — M. J. Quicherat n'a pas relevé cette erreur, et il en commet une lui-même en disant en note, à propos de la prise de Coutances, de Saint-Lô, de Carentan, de Valognes, etc. « Toutes ces conquêtes sont du commencement de l'année 1450 ; postérieures par conséquent à la reddition de Rouen racontée dans le chapitre qui suit. » Chose bien rare, l'éminent érudit s'était ici un peu brouillé avec la chronologie ; ce qui est encore plus étrange, c'est qu'il ne s'en soit pas aperçu au cours de l'impression : pas le moindre *erratum* à la fin des quatre volumes !
4. Ces mouvements et ce revirement soudain nous sont révélés par la *Chronique du Mont Saint-Michel*, t. I, p. 52.
5. Sur le siège de Fougères, voir Gruel, p. 201 ; Mathieu d'Escouchy, p. 201 ; Berry, *Recouvrement*, p. 321 ; lettre de François de Surienne, dans Stevenson, t. I, p. 203-204.

dans son château de Parthenay, où il resta jusqu'au mois de février[1].

Charles VII, lui, ne songeait point à prendre du repos. Tandis que l'armée de Bretagne, interrompant le cours de ses succès, battait en retraite, il se préparait à occuper Rouen.

Le Roi s'était ménagé des intelligences dans la capitale de la Normandie. Un religieux augustin, dont l'histoire a conservé le nom[2], lui servait d'intermédiaire avec les habitants. Le jour même où était tranchée la question de paix ou de guerre (17 juillet), un manifeste aux Rouennais avait été lancé. Charles VII, — sachant que ses « bons, vrais et loyaux sujets les gens d'église, nobles, bourgeois, marchands, manants et habitants » de Rouen étaient disposés à se remettre en sa loyale obéissance, « comme à celle de leur souverain naturel et droiturier seigneur ; » se souvenant de l'héroïque résistance que jadis ils avaient opposée à l'invasion anglaise, et des « duretés, peines, travaux et dépenses » endurés par eux durant le siège qu'ils avaient eu à subir, qui sont, disait-il, chose qui nul temps ne se doivent oublier ; » ayant également en mémoire « les dangers et périls en quoi plusieurs se sont mis, par diverses et maintes fois, pour trouver manière de remettre et réduire nos dites ville et cité en notre obéissance, en quoi de bien en mieux a toujours été connu et aperçu la persévérance et continuation où ils ont toujours persisté et demeuré en leur loyauté, vraie intention et bon propos envers nous ; » étant enfin dûment informé que, « quelques serments, obéissance, aide, faveur, secours ou service qu'ils aient fait ou donné aux

---

1. C'est ce dont convient naïvement son écuyer Guill. Gruel, sans donner d'explication à ce sujet : « Puis s'en vint le duc à Rennes et monseigneur le connestable s'en vint à Partenay et y séjourna celui yver (p. 201). »

2. « A Frère Jehan Couvyn, religieux de Saint-Augustin à Rouen, la somme de XX l. XII s. VI d. t., en quinze escus, laquelle le Roy nostre sire lui a ordonnée avoir pour chascun an, sa vie durant, à commencer du 1er jour d'octobre 1449, pour le recompenser des services qu'il a faiz audit seigneur depuis son entrée en ce païs de Normandie pour le recouvrement d'icellui des mains des Anglois, et de ce qu'il est venu par plusieurs foiz en grant dangier de sa personne, partant de Rouen, à Louviers et au Pont de l'Arche devers ledit seigneur, pour lui faire sçavoir l'estat de ladicte ville de Rouen, et des termes qu'il avoit à tenir pour la recouvrance d'icelle. » *Preuves de Mathieu d'Escouchy*, p. 389. Cf. Lettres du 13 novembre dans Beaurepaire, *De la Vicomté de l'eau de Rouen*, p. 60, et quittance du religieux en date du 28 septembre 1450 dans Fontanieu, 121-122.

dits adversaires, ce a été par force et contrainte, et contre leur gré et volonté, et qu'ils ont aussi parfait et bon vouloir envers nous que jamais sujets peuvent avoir envers leur souverain, » — déclarait que tous ceux qui retourneraient à lui et se remettraient en son obéissance auraient pleine et entière abolition, et jouiraient des prérogatives, privilèges, franchises et libertés qu'ils avaient avant l'occupation anglaise[1].

Charles VII avait séjourné à Louviers durant le mois de septembre; il attendait que ses lieutenants eussent terminé leurs opérations dans la Basse-Normandie, le Perche et le pays de Bray. De toutes parts lui arrivait un perpétuel bulletin de victoire[2]. A la fin de septembre, le Roi fit mettre le siège devant Château-Gaillard, une des plus fortes places de Normandie, située sur un rocher baigné par la Seine. Le maréchal de Jalognes, Brezé et Denis de Chailly dirigèrent les opérations, auxquelles le Roi voulut prendre part en personne. Chaque jour, de Louviers, il se rendait au siège pour présider à la construction des bastilles et encourager les assiégeants. Château-Gaillard ne pouvait être réduit que par la famine : au bout de six semaines, la garnison anglaise se résigna à capituler[3]. »

Dans les premiers jours d'octobre, les armées de Dunois, du duc d'Alençon, des comtes d'Eu et de Saint-Pol convergèrent dans la direction de Rouen. Le 6, le Roi se porta de Louviers sur Pont de l'Arche, à la tête d'une brillante compagnie, où figuraient le roi René, le comte du Maine, le vicomte de Lomagne, le comte de Castres, le comte de Clermont, le chancelier Jouvenel des Ursins, le sire de Culant, grand maître d'hôtel, Ferry et Jean de Lorraine, le maréchal de la Fayette, le comte de Tancarville, les sires de Gaucourt, de Précigny et un

---

1. Lettres du 17 juillet 1449. Archives municipales de Rouen, Registre A, f. 52. Nous en avons donné le texte dans le *Bulletin de la Société de l'histoire de Normandie*, année 1883-1884, p. 346 et suiv.

2. « Et en effet, Monseigneur, disait Guillaume Cousinot dans sa lettre au comte de Foix, nous avons tous les jours tant de bonnes nouvelles de toutes parts et nous vient tant de biens de tous coustez que nous ne sçavons auquel entendre. » *Thesaurus*, etc. t. I, col. 1818.

3. Berry, p. 440, et *Recouvrement*, p. 288; Chartier, t. II, p. 131 et 172.

grand nombre d'autres seigneurs[1]. Les habitants de Pont de l'Arche s'avancèrent en foule au devant du Roi, « demenant grande joye et faisant grands esbatemens pour le subget de son joyeux advenement[2]. » Reçu avec « grande révérence, » Charles VII s'installa à Pont de l'Arche, et envoya aussitôt une sommation à la ville de Rouen[3]. Mais, contrairement aux lois de la guerre, le duc de Somerset et les capitaines anglais ne permirent pas aux hérauts de remplir leur mission : la sommation royale fut arrachée de leurs mains ; Talbot la déchira et la foula aux pieds. Les hérauts n'échappèrent à la mort que grâce à une prompte retraite. Une seconde sommation n'obtint pas un meilleur résultat : elle fut arrêtée au passage[4].

Justement irrité d'un tel procédé, Charles VII donna à son armée l'ordre de marcher en avant. Lui-même s'ébranla le 9 octobre et parut sous les murs de Rouen, où il resta pendant toute la journée[5].

Ce n'était là qu'une simple démonstration militaire : le Roi espérait que, encouragés par le voisinage de son armée et par sa présence, les habitants de Rouen se décideraient à prendre l'offensive contre les Anglais.

1. Chartier, t. II, p. 110-11 et 133 ; Berry, p. 411.
2. Chartier, t. II, p. 137.
3. A ce moment, le Roi prescrivit des prières publiques pour le succès de ses armes : le 13 octobre 1449, à Paris, une procession d'enfants se rend de Notre-Dame aux Innocents de la rue Saint-Denis. Archives, LL. 210, f. 668, cité par M. Vallet, t. III, p. 160 note. — On lit dans le *Journal d'un bourgeois de Paris* (p. 392). « Item, en cel an, fut faicte une procession bien piteuse, le xiii⁰ jour d'octobre, des enffans de quatre ordres mendians et de toutes les escolles de Paris, de valetons et de pucelles, et furent nombrez à xii mil v⁰ enfans et plus. »
4. Nous suivons la version de Berry (*Recouvrement*, p. 201) et de Math. d'Escouchy (p. 213). Les autres auteurs et Berry lui-même, dans sa *Chronique*, placent la seconde sommation après la démonstration armée.
5. M. Vallet dit que ce fut le 6 ; mais on n'aurait pas eu le temps nécessaire pour les formalités qui précédèrent la marche de l'armée. La date du 10 est donnée par les documents publiés par M. André Pottier, d'après un manuscrit de la Bibliothèque de Rouen, dans son opuscule intitulé : *Siège de Rouen par le roi Charles VII* (Rouen, 1837, gr. in-8 de 14 p., n° 3 de la *Revue rétrospective normande*; une copie de cette relation se retrouve à la Bibliothèque nationale dans la collection V C Colbert, 275, 2ᵉ partie, p. 1) : « Tous prisonniers sujets du prince oncle, prins et saisis depuis sa venue devant cette ville de Rouen, *qui fut le vendredi dix octobre*, seront délivrés, etc. (p. 11) ; cf. p. 13. — Mais Cousinot dit en propres termes dans le post-scriptum de sa lettre du 25 septembre : « Le ix⁰ jour de ce mois d'octobre, le Roy fut en personne devant Rouen et y demoura tout le jour (col. 1818). »

Trois jours s'écoulèrent, signalés par de légères escarmouches. Une pluie torrentielle inondait les troupes; Dunois donna l'ordre de se replier sur Pont-de-l'Arche.

Le 16 octobre, au matin, une tentative plus sérieuse fut faite. Charles VII avait été averti qu'un complot se formait pour lui livrer la ville : les bourgeois qui se trouvaient de garde à la porte Saint-Hilaire et sur les remparts devaient en profiter pour donner accès à l'armée royale. Le comte de Dunois s'avança du côté des Chartreux, tandis que le sire de Culant et le maréchal de Jalognes dirigeaient une attaque simulée contre la porte Beauvoisine. L'opération était au moment de réussir; déjà les Français étaient maîtres des remparts et commençaient à pénétrer dans la ville, quand Talbot accourut à la tête de trois cents hommes et planta sa bannière sur la muraille. Après une lutte acharnée, où plusieurs bourgeois furent tués à côté des assaillants, il fallut battre en retraite. Le Roi, qui s'était avancé jusqu'à Darnétal, reprit, le soir même, le chemin de Pont-de-l'Arche[1].

Mais l'attaque du 16 octobre devait porter ses fruits. Effrayés, d'une part, des conséquences qu'entraînerait une occupation à main armée; indignés, d'autre part, du meurtre de plusieurs de leurs concitoyens, passés au fil de l'épée par les soldats de Talbot, les habitants de Rouen s'assemblèrent à l'Hôtel de Ville le 17 au matin, et résolurent d'envoyer un message au Roi.

Charles VII avait prévu cette ouverture : dès la veille au soir, sur la demande de plusieurs bourgeois, il avait donné des lettres par lesquelles il s'engageait à ne point attaquer la ville jusqu'au samedi suivant (18 octobre) et accordait un sauf-conduit à Richard Olivier, official de la cathédrale, et à Jean Le

---

1. Voir Berry, *Recouvrement*, p. 203 et *Chronique*, p. 411; Chartier, p. 140; Blondel, p. 121-127; Mathieu d'Escouchy, p. 214-16; Th. Basin, p. 223-24, etc. — Il paraît que le Roi blâma cet assaut; on lit à ce sujet dans le *Jouvencel* (t. I, p. 29) : « Si est vray que durant la prinse de Rouen fut donné ung assault à la ville sans le sceu du Roy, combien que en la fin dudit assault se trouva si prez qu'il le povoit veoir. Et pour ce eust-il congnoissance de la chose ainsi faicte; pour quoy bailla assés de raisons, en remonstrant par la raison de la guerre que ainsi ne devoit estre fait. »

Roux, l'un des échevins, ayant en leur compagnie cinquante bourgeois ou gens d'église[1].

Les députés de Rouen partirent immédiatement. Accueillis avec empressement par le Roi, ils rapportèrent un nouveau sauf-conduit pour l'archevêque et d'autres notables habitants.

Le duc de Somerset était en proie à de vives alarmes. Sentant sa faiblesse et redoutant une attaque des bourgeois, il se résolut à entrer dans leurs vues : il décida qu'il se ferait représenter à la conférence qui allait être tenue avec les représentants de Charles VII. C'est le 18 octobre que l'archevêque Raoul Roussel, Jean seigneur de Saonne, et les autres envoyés de la ville de Rouen, accompagnés de Jean Hanneford, chevalier, et de Jean Dampson[2], représentants du gouverneur anglais, se rendirent à Port Saint-Ouen, où ils trouvèrent le comte de Dunois, le chancelier Jouvenel et les autres commissaires royaux[3]. La discussion fut entamée entre l'archevêque et Dunois ; une convention ne tarda pas à être signée : les habitants de Rouen s'engageaient à remettre la ville aux mains du Roi ; en retour celui-ci leur accordait une amnistie plénière, confirmait leurs privilèges, et leur rendait même certaines prérogatives dont la domination étrangère les avait privés[4].

Le soir, fort tard, la députation rouennaise rentrait dans la ville. La nouvelle se répand aussitôt de proche en proche. De toutes parts éclatent des transports de joie. Les habitants revêtent la croix blanche, prennent les armes, dressent des

---

1. L'original de ce sauf-conduit, daté de Pont de l'Arche, le 16 octobre 1449, est conservé aux Archives municipales de Rouen, tiroir 128. Nous l'avons publié dans le *Bulletin de la Société de l'histoire de Normandie*, année 1883-84, p. 351 et suiv. Cf. l'exposé des faits qui se trouve dans le ms. fr. 4054, f. 149-51.
2. Sans doute Jean Dawnson.
3. M. Vallet de Viriville a confondu ces deux ambassades et ne mentionne que celle-ci, à la date du 17 (t. III, p. 160). Il aurait dû suivre M. Chéruel, qui précise les dates et nous permet de rectifier le récit des chroniqueurs contemporains, lesquels placent dans la même journée le voyage de Richard Olivier à Pont de l'Arche et le voyage de l'archevêque et des autres députés à Port Saint-Ouen. La députation serait revenue tard le 17 ; elle aurait fait son rapport dans une assemblée des bourgeois tenue le 18 « au plus matin ; » puis la sédition aurait éclaté aussitôt et se serait prolongée pendant la journée et la nuit, jusqu'à l'entrée de Dunois le dimanche 19. Nous rétablissons les faits dans leur exactitude. — Avec Dunois et le chancelier, il y avait Brézé, Précigny, Jean de Bar et Jacques Cœur.
4. Le texte aux archives municipales de Rouen. Voir Chéruel, p. 126.

barricades. Pendant toute la nuit, les Anglais sont tenus en échec. En même temps un message est envoyé au Roi pour lui annoncer que les portes sont ouvertes et implorer son assistance.

Le 19, dès six ou sept heures du matin[1], l'official de Rouen, Richard Olivier, et d'autres députés de la ville, se présentaient devant le duc de Somerset pour l'informer de ce qui s'était passé à Port Saint-Ouen. L'official ne laissa pas ignorer au gouverneur anglais les déclarations que les représentants de Charles VII avaient formulées à son sujet : « Si le duc, avaient-ils dit, consent à livrer incontinent la ville, le Roi lui permettra de se retirer librement où bon lui semblera ; mais qu'il se hâte, car sans cela il ne s'en tirera pas à si bon marché. Et si, par aventure, la ville est occupée d'une autre manière, on ne se souciera guère des forteresses ni de la personne du duc : on lui fera payer la guerre de cette année. »

Somerset répondit que la chose était bien dure et qu'il aimait mieux mourir que de se rendre. « De quoi avez-vous « peur ? dit-il aux députés. Vos murs sont intacts, vos enne- « mis déconfits, vos forts encore bien garnis d'archers et autres « gens de guerre. » Et, se tournant vers l'official, il ajouta : « Certes, vos ennemis ne fussent point venus si vous ne les « fussiez allé quérir[2] »

Pendant que Somerset récriminait de la sorte, de graves événements se produisaient. Une foule considérable, à laquelle s'étaient mêlés des Anglais, se portait à l'Hôtel de Ville. Chacun attendait avec impatience la relation de l'ambassade envoyée à Port Saint-Ouen. L'effet produit par l'exposé des députés fut immense. De joyeuses acclamations retentirent. Le peuple tout entier se déclara prêt à reconnaître Charles VII pour seigneur. Les Anglais, sentant que toute résistance était désormais impossible, se retirèrent la rage dans le cœur.

Le jour même, le duc de Somerset se résignait à faire éva-

---

1. *Siège de Rouen*, par M. André Pottier, p. 5. « De mane hora sexta. » Ms. fr. 1054, f. 150 v°.
2. *Siège de Rouen*, p. 5-6.

quer la ville, ne conservant que les trois points suivants : le palais, le château, la barbacane qui commandait l'entrée du grand pont[1].

En réponse au message des Rouennais, Charles VII avait donné ordre à son lieutenant général, le comte de Dunois, de leur prêter main forte. Dunois ne tarda point à paraître : il reçut la soumission du fort Sainte-Catherine et se présenta devant la porte Martainville. Les bourgeois s'étaient avancés à sa rencontre ; ils lui remirent les clés de la ville. L'évêque de Lisieux, Thomas Basin[2], et Jean d'Estouteville, seigneur de Blainville, à la tête de cent lances, pénétrèrent les premiers dans Rouen. Le soir même et le lendemain les portes s'ouvrirent à de nouveaux détachements de l'armée royale. Dunois s'installa devant le palais ; le seigneur de Mauny, lieutenant de Floquet, entre le palais et le château ; Brezé devant le château.

La situation du gouverneur anglais devenait fort critique. Dès le 20, il dut abandonner la barbacane. Le 22, il se vit attaqué à la fois dans le palais et dans le château[3]. Il sollicita une audience de Charles VII, qui était venu le 19 se loger à l'abbaye de Sainte-Catherine. Le 23 octobre Somerset se rendit à l'abbaye, et fut reçu dans une chambre basse où il trouva Charles VII entouré des princes du sang, des grands officiers, des chefs de son armée et de ses conseillers. Le duc ayant réclamé l'exécution de certaines conditions qu'il prétendait lui avoir été offertes par Dunois, le Roi répondit qu'il ignorait si des promesses avaient été faites par le comte de Dunois, mais que, « non pas pour Rouen et pour le duché de

---

1. La nouvelle des événements accomplis à Rouen se répandit avec rapidité dans le royaume : dès le 13 octobre une procession solennelle était faite à Compiègne, « pour les nouvelles de la reddition de Rouen. » Extraits des Comptes de Compiègne, dans D. Grenier, XX bis, 2º partie, f. 21 vº. Cf. *Bibliothèque de l'École des chartes*, t. XXIV, p. 496.

2. Le témoignage de Thomas Basin lui-même est à cet égard plus considérable que celui des autres chroniqueurs, bien qu'il montre souvent peu de précision et d'exactitude dans ses récits.

3. Les chroniqueurs prétendent que cette attaque fut postérieure à une première ouverture faite par Somerset au Roi ; mais ils sont contredits par la relation publiée par M. A. Pottier (p. 3), de laquelle il résulte que les négociations furent ouvertes le 23 seulement par le gouverneur anglais. — La date du 22, pour l'attaque des positions encore occupées par l'ennemi, est fournie par Chartier (p. 151).

2

Normandie, mais pour tout un royaume, il ne voudrait faire chose qui fut à déshonneur, et que si quelque chose avait été promis, soit par lui, soit par d'autres ayant pouvoir de lui, pour rien au monde il ne le voulait enfreindre[1]. » Une enquête fut ordonnée, et une commission, désignée par le Roi, entra en pourparlers avec Somerset[2]. Après six jours de négociations, pendant lesquels les hostilités furent suspendues, le lieutenant général de Henri VI dut subir les conditions du vainqueur. Par un traité en date du 29 octobre[3], il s'engagea à évacuer le palais et le château ; à rendre les villes de Caudebec, Tancarville, Honfleur, Arques et Montivilliers ; à payer cinquante mille écus dans le délai d'un an ; enfin à remettre aux mains du Roi, à titre d'otages, le sire de Talbot[4] et plusieurs seigneurs et capitaines. Pendant son séjour à Sainte-Catherine, le Roi avait reçu la visite du fameux capitaine anglais. Celui-ci s'étant mis à genoux, il le prit par la main, et le faisant lever : « Talbot, « lui dit-il gaiement, vous soyez le bien venu. Nous sommes « bien joyeux de votre venue et entendons que venez pour « faire le serment à nous. » — « Sire, pardonnez-moi, répon- « dit Talbot, je ne suis point encore conseillé à ce faire[5]. » Talbot, auquel la ville de Dreux fut assignée comme résidence, ne tarda pas à être mis en liberté sans rançon, et, comblé de présents, il partit pour le « grand pardon » de Rome[6]. C'était

---

1. *Siège de Rouen*, p. 3-4. Cf. Blondel, qui place tout un discours dans a bouche du Roi (p. 139-40).
2. Voir *Siège de Rouen*, l. c. Cf. Mathieu d'Escouchy, t. I, p. 224-28 ; Blondel, p. 140-42 ; Berry, *Recouvrement*, p. 306-308 ; Chartier, t. II, p. 157-58.
3. Le texte de ce traité, avec les lettres de Charles VII qui le confirmaient, a été publié dans les *Preuves de Mathieu d'Escouchy*, p. 359-64. M. Stevenson en a donné un texte moins complet et assez fautif, d'après la *Worcester's collection* dans le tome II de son recueil p. [608]-[617] ; ici le traité est inséré dans les lettres approbatives de Somerset du même jour. Cf. *Additionnal manuscripts*, 22721, f. 1, au British museum.
4. Voir un engagement souscrit à Dunois par Talbot, en date du 4 novembre, pour le paiement de ce qui pouvait être dû par lui et par son serviteur Robert Stafford. Archives, J 1039, n° 8.
5. Mathieu d'Escouchy, t. I, p. 230.
6. Talbot fut détenu au Palais (voir paiements pour sa garde. *Pièces originales*, 2180 : PAIGNON). Ce fut Jean d'Aulon qui fut préposé à sa garde et chargé de le mener à Dreux, où il resta prisonnier. *Preuves de Mathieu d'Escouchy*, p. 375-77 ; Berry, *Recouvrement*, p. 362 ; Blondel, p. 229-30 ; Martial d'Auvergne, t. I, p. 57 ; t. II, p. 104 ; Th. Basin, t. I, p. 204 ; Continuateur de Monstrelet, t. III, f. 55 ; *Chronique martinienne*, fol. CCXCIII v°.

un des traits du caractère de Charles VII de se montrer courtois à l'égard de ses adversaires[1] : en se rendant à Sainte-Catherine, il avait rencontré une garnison anglaise (composée de cent vingt hommes environ) qui venait d'évacuer la place; il recommanda à ces gens de ne rien prendre sur le pays sans payer. Les Anglais ayant répondu qu'ils n'avaient ni argent ni logis, le Roi leur fit délivrer cent francs ; on rapporte même qu'il les fit revenir à Sainte-Catherine, où il les hébergea la nuit suivante[2].

Le lundi 10 novembre, Charles VII faisait son entrée solennelle dans la ville de Rouen.

Quittant le fort Sainte-Catherine, où il avait célébré la fête de la Toussaint[3], le Roi s'avança vers une heure de l'après-midi, à la tête du plus imposant cortège qu'ait jamais eu souverain rentrant en vainqueur dans une ville soustraite à son obéissance[4]. « Moult belle chose estoit, dit le chroniqueur officiel, de veoir alors l'armée du Roy, car il n'estoit point de memoire qu'on eust veu oncques à Roy une si belle armée et si leste compagnie tout à une fois, ne mieux garnie et remplie, tant de seigneurs, barons, chevaliers, escuyers, comme d'autres gens de fait et de main[5]. » Longeant les remparts jusqu'à la porte Beauvoisine, Charles VII fit son entrée triomphale par cette même porte que, le 20 janvier 1419, le roi d'Angleterre

---

1. Martial d'Auvergne dit dans ses *Vigilles du Roy Charles VII* (t. I, p. 57 et 71-72) :

>Leur a pour injure inferrant
>Rendu doulceur et courtoisie.
>
>Doulz termes si leur a tenu
>Quant ils ont eu de luy affaire.
>
>Il estoit fort piteulx et debonnaire,
>Humble, courtoys et de si bonne affaire
>Qu'estoit pilsé des Angloys ennemis,
>Car prisonniers prins de partys contraire
>Où d'autres gens qu'avoient de luy affaire
>Le deffendoit et gardoit com'amys...

2. Berry, *Recouvrement*, p. 301-302 ; Martial, t. II, p. 61.

3. « En grant joye et liesse de ce qu'il voyoit ainsi ses ennemis succomber et aller en decadence, en remerciant tousjours Dieu de la bonne fortune et des continuelles prosperitez qu'il lui envoyoit de jour en jour. » Chartier, t. II, p. 161.

4. « En triomphe et magnificence aussi noble que jamais Roy en ville. » *Cronique martinienne*, fol. ccxci v°.

5. Jean Chartier, t. II, p. 162.

Henri V avait franchie à travers une population décimée par la famine.

Le Roi était armé de toutes pièces. Sa tête était coiffée d'un chaperon de castor gris doublé de satin vermeil, avec une houppe de fils d'or et de soie, et, sur le devant, un fermail orné d'un beau diamant. Son cheval — un palefroi de moyenne grandeur comme ceux qu'il aimait à monter — était entièrement recouvert d'un drap de velours bleu, semé de fleurs de lis d'or.

A un trait d'arc de la ville, on vit apparaître l'archevêque de Rouen, accompagné des évêques de Lisieux, de Bayeux et de Coutances, de plusieurs abbés, et d'un grand nombre de gens d'église. Ils furent présentés au Roi par le comte de Dunois, et après les salutations accoutumées, ils reprirent le chemin de la ville.

A la porte Beauvoisine attendaient deux cents bourgeois portant les couleurs royales : robes bleues, chaperons rouges ou mi-partie de rouge et de blanc. Guillaume Cousinot, en sa qualité de bailli de Rouen[1], présenta les bourgeois. L'un d'eux, des plus notables, s'avança et voulut prononcer une harangue; mais l'émotion lui coupa la voix[2]. Alors Dunois, qui était « un des plus beaux parleurs de la langue de France[3], » prit la parole : « Sire, dit-il, voici vos bourgeois de Rouen qui vous
« supplient humblement que les ayez pour excusez de ce que
« si longuement ont attendu à retourner et eux remettre en
« votre obéissance, car ils ont eu de moult grandes affaires et
« ont été forts contraints par les Anglois vos anciens ennemis;
« et aussi que ayez souvenance des grandes peines et tribula-
« tions que jadis ils souffrirent, avant qu'ils se voulsissent
« rendre auxdits Anglois vos adversaires[4]. »

Le Roi répondit qu'il était content des habitants et les tenait

---

1. Il avait été nommé par lettres du mois d'août.
2. « Y ot ung des plus notables bourgois qui lui presenta les clefz de la ville, mais à grant paine peut parler, de forche de plorer, dont il fit mal au Roy et en eut pitié. » Math. d'Escouchy, t. I, p. 232.
3. Jean Chartier, t. II, p. 105.
4. Mathieu d'Escouchy, p. 232-33.

pour excusés. Puis, prenant les clefs et se tournant vers Pierre de Brezé, il les lui remit en disant : « Sire de la Varenne, jà soit « ce qu'autrefois on nous ait rapporté aucunes choses de vous « que l'on disoit avoir été faites de votre part en notre « préjudice, et desquelles nous avons autrefois fait faire au- « cunes informations par les gens de notre parlement, néant- « moins, tout vu et considéré, nous vous tenons bien pour « déchargé et connoissons que toujours nous avez servi loyau- « ment. Et pour ce vous baillons les clefs de notre châtel et « cité de Rouen, et vous en avons fait et faisons capitaine. Si « en faites bonne garde. » Brezé remercia le Roi de l'honneur qu'il lui faisait : « Sire, dit-il, je vous ai servi et servirai « toute ma vie loyaument, et tant que, au plaisir de Dieu, ne « serai trouvé en aucune faute[1]. »

Le cortège se mit alors en marche dans l'ordre suivant :

Les gens d'église, tant séculiers que réguliers, revêtus de leurs chapes, avec les croix et les bannières, portant des reliques, et chantant le *Te Deum;*

Les archers des princes et seigneurs, au nombre de six cents, sous le commandement de Pierre Frotier, seigneur de Preuilly, et de Georges, seigneur de Cléré; les archers de la grande garde du Roi avec leurs jacquettes aux couleurs royales, rouge, blanc et vert[2], et trois cents lances sous les ordres de Theaulde de Valpergue;

Les trompettes du Roi et des princes, qui, dit le chroniqueur officiel, « sonnoient si très fort que c'estoit grande melodie et belle chose à oyr; »

Les hérauts et poursuivants d'armes, revêtus des cottes d'armes de leurs maîtres, au nombre d'environ vingt-quatre;

Le sire de Gaucourt, premier chambellan, monté sur un

---

1. Mathieu d'Escouchy, p. 293.
2. Berry, p. 315; Chartier, p. 164. — Par lettres du 17 octobre 1437, Charles VII avait accordé aux arbalétriers de Châlons, qui s'étaient distingués au siège de Montereau, le droit de porter en leurs robes, tuniques et gipons « lesdictes couleurs que faisons à present porter en nos livrées aux gens de nostre hostel, c'est assavoir les robes ou tuniques de drap vermeil et sur l'un des quartiers blanc et vert, avec une fleur de *ne m'oubliés mie* par-dessus. » *Histoire de Châlons-sur-Marne*, par Ed. de Barthélemy, p. 66.

coursier couvert d'un drap de satin cramoisi, avec la croix blanche;

Le comte de Dunois, lieutenant général, Pierre de Brezé et Jacques Cœur, portant tous trois des jacquettes de velours violet, fourrées de martre [1].

Le sire de la Fayette, maréchal de France, et Guillaume Cousinot, bailli de Rouen ;

Le chancelier Jouvenel des Ursins, vêtu d'un manteau d'écarlate, monté sur une hacquenée blanche : devant lui deux valets de pied conduisaient une hacquenée blanche portant, sur une selle de femme recouverte de velours fleurdelisé, un riche coffret qui contenait les sceaux royaux;

Pierre de Fontenil, écuyer d'écurie du Roi, qui tenait en écharpe le manteau royal, d'écarlate pourpre, fourré d'hermine;

Poton de Saintrailles, grand écuyer, portant l'épée de parement du Roi.

Le Roi, s'avançait ensuite, sous un dais de satin vermeil que soutenaient quatre des plus notables bourgeois, et entouré de quatre pages à cheval, vêtus de robes vermeilles, ayant entre leurs mains les armes du souverain, la lance, la javeline, la hache et le cranequin [2].

Rogerin Blosset, écuyer d'écurie du Roi, marchait après, portant l'étendard royal en satin cramoisi, semé de soleils d'or, et sur lequel était figuré saint Michel. Puis venaient : Jean

1. Ces robes étaient un présent du Roi. On lit dans un rôle de dépenses du 2 avril 1451 : « A Monseigneur le comte de Dunois, messire Pierre de Brezé, seigneur de la Varenne, et Jacques Cuer, argentier du Roy, douze cens quatre vins huit l. sept s. six d. t., pour avoir chascun une robe et autres habillemens pour l'entrée du Roy en la ville de Rouen, après la reduction d'icelle en l'obeissance dudit seigneur. » *Supplément aux Preuves de la Chronique de Mathieu d'Escouchy*, p. 29. — A l'occasion de la campagne, le Roi donna des chevaux à Dunois, au grand maître d'hôtel (le sire de Culant), au comte de Dammartin (Chabannes), à Brezé, à Bueil et à Jean d'Estouteville, seigneur de Torcy. *Id., ibid.*, p. 25.

2. Mathieu d'Escouchy élève ici le ton; avec un enthousiasme bien justifié, il dit (t. I, p. 237-38) : « Et après entra ce très excellent et très puissant et souverain prince, Charles, Roy de France, VIIe de ce nom, à l'exaltation duquel et pour exhausser sa haulte magnificence et dominacion tous les autres princes, ducs, comtes, barons, chevalliers, escuiers et nobles hommes là estans, s'estoient efforchiez, chascun en droit soy et selon leurs puissances, de eulx et leurs gens mettre en estat souffisant et honnourable pour le acompaignier à ceste journée et entrée en sa dessusdicte cité de Rouen. »

Havart, premier valet tranchant, portant le pennon royal, en velours azuré, avec trois fleurs de lis d'or; le roi de Sicile et le comte du Maine, armés à blanc, avec leurs pages; Jean de Lorraine et le seigneur de Beauvau; le comte de Nevers; le comte de Tancarville et le seigneur de Montgascon; le sire d'Orval et le vicomte de Lomagne; le comte de Clermont, suivi de vingt hommes d'armes commandés par Jacques de Chabannes; le sire de Culant, grand maître d'hôtel; le comte de Saint-Pol; le comte de Castres; Guillaume de Courcelles avec quatre pages; les seigneurs de Précigny, de Brion, de Villequier; Antoine de Chabannes, comte de Dammartin, et une foule d'autres seigneurs.

Six cents lances, sous le commandement du sire de Culant, fermaient la marche. Tous ceux qui figuraient dans le cortège étaient armés à blanc, et leurs chevaux étaient recouverts de velours ou de soie. Chaque cheval portait la marque nationale, c'est-à-dire la *croix blanche,* qu'on voyait aussi sur les riches habillements d'un grand nombre de seigneurs.

Le boulevard, la porte d'entrée et les tours étaient tendus de draps à la livrée royale, semés d'écussons aux armes de France. Les rues étaient, selon l'expression des chroniqueurs, « tendues à ciel. » Dans les carrefours, des mystères étaient représentés; des ménestrels jouaient de divers instruments; çà et là, des personnages allégoriques : un groupe de gens d'église, nobles et bourgeois présentant au Roi une femme à genoux et les mains jointes qui personnifiait la ville; deux belles demoiselles, placées sur un échafaud, tenant un grand cerf volant avec une couronne au cou, lequel, « par mystère, s'agenouilla devant le Roi. » Les fenêtres étaient garnies de dames, demoiselles et bourgeoises, parées de leurs plus riches atours. Une foule innombrable faisait éclater sa joie. Les cris de *Noël! Noël!* mille fois répétés, se mêlaient au joyeux carillon des cloches sonnant à toute volée.

Sur le parvis Notre-Dame, on apercevait aux fenêtres la comtesse de Dunois, ravie d'un si beau spectacle, et, non loin de là, la duchesse de Somerset, entourée du sire de Talbot et des autres otages, « moult pensifs et marris en leur cœur. »

Pourtant Talbot faisait contre fortune bon cœur : interpellé par les assistants, il ne put s'empêcher de témoigner son admiration à l'égard de Charles VII : « J'aimerais mieux, dit-il, « combattre en la compagnie du Roi avec dix mille combattants « que sous un autre chef avec vingt mille[1]. »

Arrivé sur la place de la Cathédrale, le Roi mit pied à terre. L'archevêque, les évêques de Lisieux, d'Évreux et de Coutances, portant la mitre en tête et suivis de leur clergé, l'attendaient sur le parvis et lui présentèrent des reliques. Charles VII s'agenouilla, baisa les reliques; puis, après avoir prêté serment de maintenir les privilèges ecclésiastiques, il alla prier « moult dévotement » devant le grand autel.

Les habitants de Rouen étaient dans l'ivresse. Partout s'allumaient des feux de joie; des tables, dressées de place en place, offraient aux passants les mets à profusion. Pendant plusieurs jours les travaux demeurèrent suspendus. Par ordre de l'archevêque, des processions solennelles eurent lieu à travers les principales rues. Enfin, le 12 novembre, une « très belle proposition » fut faite devant le Roi par un notable maître en théologie, sur ce thème : *Benedictus qui fecit nobis misericordias, dedit nobis jucunditatem cordis, et fiert pacem in diebus nostris*[2].

Durant les dix-huit jours qu'il passa dans la capitale de la Normandie, logé dans l'hôtel de l'archevêque, Charles VII reçut le serment des gens d'église et de plusieurs seigneurs, accorda des lettres d'abolition aux habitants[3] et confirma leurs privilèges[4], reçut les députations de plusieurs villes, et rendit

---

1. « J'ay ouy dire et reciter que quant vous fistes vostre entrée à Rouen que ce vaillant chevalier le seigneur de Talbot estoit à une fenestre et vit vostre compaignie, et luy demanda l'en se ilz estoient bien habillés et armés, et il respondit que de leurs paremens ne tenoit-il compte, et que ce n'estoit que donner courage et appetit à ceulx qui les combateroient de gaigner, mais il prisoit fort vostre personne, en disant que il aymeroit mieulx estre en vostre compaignie à combattre ennemis à dix mil combatans, que avec ung autre chef à xx mil. » Épitre de Jouvenel des Ursins. Ms. fr. 2701, fol. 94 v°.
2. Voir sur l'entrée de Charles VII à Rouen, Berry, *Recouvrement*, p. 309-20 et *Chronique*, p. 215-17; Chartier, p. 160-70; Math. d'Escouchy, p. 229-43; Blondel, p. 145-48; relation publiée dans la *Revue anglo-française*, t. III, 1835, p. 115-17. — Je n'ai pas cité Jacques du Clercq pour tous ces faits, car son récit ne contient absolument rien d'original.
3. Lettres du 18 novembre 1449. Ms. fr. 20993, f. 7.
4. *Ordonnances*, t. XIV, p. 75.

de nombreuses ordonnances[1]. Le vendredi 17 novembre, il assista à une messe solennelle célébrée dans la cathédrale et présenta à l'offrande une somme de vingt écus[2]. Cédant aux sollicitations de ses nouveaux sujets, il résolut, malgré l'approche de l'hiver, de continuer la campagne. Harfleur n'était point compris dans la capitulation de Rouen; Honfleur, occupé par le capitaine Richard Cursun, refusait d'ouvrir ses portes : le siège de ces deux places fut décidé, et des mesures furent prises aussitôt en vue d'une attaque[3].

Le 28 novembre, Charles VII partit de Rouen, se dirigeant vers Caudebec, où il séjourna jusqu'au 5 décembre. De là il se rendit à Montivilliers, d'où il surveilla les opérations qui commencèrent le 8 décembre devant Harfleur, sous la direction de Dunois. La place était très forte, et un hiver précoce et rigoureux ajoutait encore aux difficultés de l'entreprise. Le Roi y prit une part active : chaque jour il visitait les travaux, descendant dans les tranchées, s'avançant par les fossés et les mines, « la salade en sa tête et son pavois en sa main, » faisant tirer sous ses yeux les seize grosses bombardes qui battaient les murs de la ville[4]. Le siège fut si vigoureusement

---

1. Une des premières porte la date du 10 novembre, le jour même de son entrée; elle fut donnée en faveur d'un vieil écuyer du nom de Pierre Goret, et portant autorisation, si ledit écuyer était dans les conditions fixées par la coutume de Normandie, de le mettre hors de garde et de lui attribuer la jouissance de ses biens (*Pièces originales*, GORET). — Le 13, le Roi donnait au moine augustin Jean Convyn une rente viagère de quinze écus (Beaurepaire, *De la Vicomté de l'eau de Rouen*, p. 60). — Par lettres du mois de novembre, Jean Le Roux, bourgeois de Rouen, fut anobli en considération de la part qu'il avait prise à la reddition de la ville (JJ, 180, n° 9). — Des largesses furent faites aux églises, « en mémoire de l'heureuse recouvrance » de Rouen (*Mémoires de la Société des antiquaires de Normandie*, t. VIII, p. 395; cf. *Preuves de Mathieu d'Escouchy*, p. 334).

2. *Registres capitulaires de la cathédrale*, cités par Fallue, *Histoire de l'église métropolitaine et du diocèse de Rouen*, t. II, p. 177-78.

3. Dès le 15 novembre, le Roi donnait des lettres au sujet du concours que les habitants de Pont-Audemer devaient prêter pour ces opérations. *Chartes royales*, XV, n° 215.

4. Jean Chartier, qui était là comme témoin oculaire, « endurant de grandes froidures et souffrant beaucoup de vexations, » raconte ainsi les faits : « Devant ladicte ville furent assorties seize grosses bombardes, lesquelles le Roy, qui estoit logé à Monstiervilliers, vint luy-mesmo faire tirer et geeter contre la ville. Et avoit devant grans tranchées et profondes, pour aler seurement; et s'abandonna et hazarda fort le Roy à venir voir battre les murs d'icelle ville, et fut en personne ès fossez et mines, armé, la

mené qu'au bout de quinze jours les deux mille Anglais composant la garnison demandèrent à capituler. Le traité de reddition fut signé le 25 décembre ; le 1er janvier le capitaine, Thomas Aurigan, remettait à Dunois les clés de la ville et des tours du Havre [1].

L'année 1450 s'ouvrait sous de favorables auspices. Toute la haute Normandie était au pouvoir de l'armée royale. La basse Normandie était entamée et les opérations se poursuivaient dans le Perche, où le petit corps d'armée du duc d'Alençon avait reçu des renforts [2]. Assisté de Saintrailles, qui était venu le joindre, le duc avait mis, à la fin de novembre, le siège devant Bellême, dont la garnison ne tarda point à entrer en composition. Deux mille Anglais s'avancèrent par Thorigny et Thury pour secourir la place ; mais, apprenant que les Français occupaient une très forte position, ils reculèrent. Le 20 décembre, le capitaine, qui n'était autre que le fameux Mathew Gough, dut évacuer Bellême [3]. Vers le même temps un engagement eut lieu à la Croix de Vaujoux, près de Mortain, entre les garnisons françaises de Gavray et des places voisines et les Anglais qui occupaient Vire ; ceux-ci, au nombre de douze cents, furent taillés en pièces [4].

Le 5 janvier, le Roi, quittant l'abbaye de Montivilliers, vint s'établir à l'abbaye de Jumièges, tandis que ses troupes remontaient la Seine pour aller assiéger Honfleur. La maladie, puis la mort d'Agnès Sorel, survenue le 9 février, le retinrent à Jumièges ; il partit le 16 et arriva le lendemain à l'abbaye de Grestain [5], à peu de distance d'Honfleur. La ville, assiégée

salade en sa teste et son pavois en la main (p. 178). » — Voir, sur le soin apporté par le Roi aux opérations, le rôle de dépenses du 4 novembre 1450, dans les *Preuves de Math. d'Escouchy*, p. 373 et 377.

1. Chartier, p. 176-180 ; Berry, p. 323 et 417 ; Basin, p. 232 ; Blondel, p. 151-52 ; liste des places, dans Stevenson, t. II, p. [629].
2. « Plusieurs chevaliers et escuyers jusques au nombre de trois cents lances, sans les archiers, et sans en ce comprendre plusieurs gens de defense de ses païs, de la conté du Maine et de Vendosme, qui estaient estimez jusques à trois mille combatans. » Chartier, p. 174.
3. Chartier, p. 174-76 ; Blondel, p. 150 ; Berry, p. 328 et 419.
4. Blondel, p. 108-11 ; Chartier, p. 176 ; Mathieu d'Escouchy, p. 275-76, etc.
5. « A l'abbé de l'église et abbaye de Grestain en Normandie, en laquelle le Roy nostre sire a esté logié par l'espace d'un moys que le siège a esté devant Honnefleu,

depuis le 17 janvier par Dunois, était à la veille de se rendre : elle capitula le 18 février, et c'est en vain que les Anglais attendirent le secours qui leur aurait permis de ne point l'évacuer [1]. De là Charles VII se rendit à l'abbaye de Préaulx, près de Pont-Audemer, où il fit un court séjour. Puis, passant par Bernay et Essay, il vint s'établir à Alençon (15 mars), d'où il envoya assiéger Fresnay-le-Vicomte, qui se rendit le 22 [2]. S'occupant des moindres détails, le Roi avait fait construire un charriot d'un nouveau modèle, destiné au transport de l'artillerie : ce charriot lui fut livré pendant son séjour à Alençon [3].

Tandis qu'il était dans cette ville, Charles VII apprit qu'une armée anglaise, commandée par Thomas Kyriel, venait de débarquer à Cherbourg (15 mars [4]). Les Anglais avaient résolu de tenter un dernier et suprême effort. Pour lever ce corps de troupes, Henri VI avait engagé ses joyaux ; des instructions furent données aux capitaines occupant les places restées Anglaises, des munitions envoyées à Cherbourg et à Caen [5]. Kyriel, à la tête de quatre à cinq mille hommes, se porta sur Valognes, défendue par Abel Rouault avec une faible garnison. En voyant arriver ce renfort, le duc de Somerset reprit courage : « O Charles, Charles ! s'écria-t-il, vous nous avez traqués en « chasseur impitoyable ; à notre tour de vous serrer de plus

---

près de ladicte abbaye, qui estoit occuppé par les Anglois, qui par force a esté mis en obéissance du Roy nostre dit seigneur, la somme de ii^c l. t., à luy donnée par ledit seigneur, tant pour lui aider à refaire et rédiffier son église, que pour aucunement le récompenser des dommaiges et interestz qu'il a euz durant ce que ledit seigneur a esté logié en ladicte abbaye... » — Rôle de dépense du 13 novembre 1450, dans les *Preuves de Mathieu d'Escouchy*, p. 385.

1. Chartier, p. 188-89 ; Berry, p. 327 et 118 ; Blondel, p. 154-155.
2. Chartier, p. 190 ; Berry, p. 329-30 et 449 ; Blondel, p. 156-7. Cf. Robert Triger, *Fresnay-le-Vicomte de 1417 à 1450*, p. 91-97 et 108.
3. Robert Triger, *l. c.*, p. 95. Cf. *Preuves de Mathieu d'Escouchy*, p. 381.
4. Le 16 mars, Grenoble, héraut du Dauphin, qui se trouvait à Coutances, alla en toute hâte porter au Roi une lettre de Geoffroy de Couvran, capitaine de Coutances, annonçant la nouvelle. Voir document du 28 mars 1450, dans Fontanieu, 121-22. Le Roi reçut aussi un message des habitants de Saint-Lô (Blondel, p. 161). — Le chiffre de l'armée anglaise est controversé. Chartier et Berry : 3,000 ; lettres de Guillaume le Coq du 1er avril 1450 (M. d'Escouchy, t. I, p. 277 note 1) : 2 à 3,000 ; autre lettre du même en date du 28 mars (*Id.*) : 4 ou 5,000 ; Blondel : 5,000 ; Basin : 6 à 7,000.
5. Voir les documents publiés par Stevenson, t. I, p. 502 à 513. Celui de la p. 510, qui est daté par l'éditeur de l'année 1450, nous paraît se rapporter à 1436.

« près¹! » Le gouverneur anglais aurait voulu que l'armée d'Angleterre marchât sur Caen pour protéger cette ville contre une attaque imminente; mais Kyriel, cédant aux instances du bailli du Cotentin, préféra enlever aux Français leurs récentes conquêtes. Le duc se décida alors à lui envoyer deux mille hommes, provenant des garnisons de Caen, Bayeux et Vire, sous les ordres de Robert Vere, Mathieu Gough et Henri Norbury. Ce corps d'armée réussit à franchir les gués Saint-Clément, que la garnison française de Carentan eut le tort de ne pas défendre, et put, devant Valognes, librement opérer sa jonction avec Kyriel. Abel Rouault n'avait rien négligé pour s'assurer du secours : à la nouvelle du débarquement de Kyriel, il avait adressé un pressant appel au duc de Bretagne et au connétable². Valognes, investi aussitôt, subit un rude assaut le 27 mars; le capitaine français, réduit à ses seules forces, fut, au bout de trois semaines, obligé de capituler; il sortit avec les honneurs de la guerre. La reddition de Valognes entraîna celle de la plupart des places du Cotentin³.

Que faisaient pendant ce temps le duc de Bretagne et le connétable, plus spécialement chargés du soin de veiller sur les conquêtes opérées par leurs armes? Le duc était à Dinan, où son conseil le retenait dans l'inaction. Le connétable, après avoir quitté Parthenay, avait passé huit jours à Nantes et était venu rejoindre son neveu. N'ayant pu déterminer celui-ci à marcher contre les Anglais, il se décida à entrer en campagne. Mais les messages qu'il reçut du Roi, à plusieurs reprises, pour lui annoncer d'abord la descente, puis les progrès de Kyriel; celui qu'il reçut d'Abel Rouault, le capitaine de Valognes, ne semblent pas lui avoir fait accélérer sa marche : le 5 avril, il était encore à Dol, où il fit ses Pâques. La longue inaction du duc de Bretagne et du connétable ne laissait pas d'indisposer

---

1. « O Karole, Karole! Vos venas nostra acri venatu constrinxistis; sed nunc vestras acerbiori constringam. » Blondel, p. 160.
2. Voir l'acte en date du 1ᵉʳ avril cité dans notre édition de Mathieu d'Escouchy, t. I, p. 277; il a été publié depuis par M. Cosneau, *l. c.*, p. 628.
3. Blondel, p. 159-62; Chartier, p. 191-92; Berry, p. 303 et 419; Mathieu d'Escouchy, p. 177, etc.

le Roi ; voyant que le duc n'usait pas des pouvoirs qu'il lui avait de nouveau conférés pour le représenter et recevoir la soumission des places de basse Normandie[1], il désigna, au mois de février, comme lieutenant général, son gendre le comte de Clermont[2].

A la nouvelle du débarquement de l'armée anglaise et du siège de Valognes, Charles VII avait concentré ses troupes et donné ordre au comte de Clermont de marcher au secours de cette ville. Mais soit lenteur, soit prudence exagérée, le jeune comte laissa Abel Rouault sans assistance. Il ne fit même aucun effort pour barrer le passage à l'armée anglaise qui, partie de Valognes à la date du 12 avril, s'avançait vers les Veys avec l'intention de pénétrer dans le Bessin. On estimait qu'en l'absence du connétable, auquel message sur message avait été envoyé pour l'aviser de la marche de l'ennemi[3], toute attaque devait être évitée. Dans un conseil de guerre tenu par les capitaines qui entouraient le comte de Clermont, Brezé, Coëtivy, Jacques de Chabannes, Joachim Rouault, etc., il fut décidé que l'on n'attaquerait point l'ennemi dans le Cotentin, où son infanterie ne pouvait être battue que par des forces supérieures, et qu'on ne s'opposerait pas à son entrée dans le Bessin, de peur de compromettre la vie des prisonniers que Kyriel traînait à sa suite.

Mais les événements devaient bien vite faire modifier cette résolution et forcer l'armée française à livrer bataille.

Le 14 avril, Kyriel était arrivé au gué Saint-Clément, où, à marée basse, on pouvait facilement franchir la Vire. Déjà la plus grande partie de son armée avait traversé cette rivière quand une poignée de gens, hommes d'armes, archers, guisar-

---

1. Ce document, en date du 16 janvier 1450, a été publié par M. Cosneau, *l. c.*, p. 626.
2. Ce fait résulte de plusieurs passages des chroniqueurs (Chartier, p. 193, 194, 199 ; Mathieu d'Escouchy, p. 278, et des lettres données postérieurement par le comte de Clermont, devenu duc de Bourbon (Voir *Mémoires de la Société des antiquaires de Normandie*, année 1824, p. 603).
3. Le connétable, étant encore en Bretagne, fut informé « que les Anglois vouloient passer les grèves ; » un nouveau message lui fut envoyé, annonçant « que lesdis Anglois avoient conclu de brief passer les grandes grèves. » Mathieu d'Escouchy, p. 279.

miers, auxquels se mêlaient des paysans, indignés de l'inaction où ils étaient retenus, s'élancèrent sans ordre, par bandes, contre l'arrière-garde ennemie, au moment où s'achevait le passage du Grand Vey. A leur tête se trouvait un homme d'armes de la compagnie de Geoffroy de Couvran, du nom de Malortie.

Tout en désapprouvant l'attaque, Joachim Rouault, et après lui Couvran et Brezé, s'élancent sur les traces de ces braves, qu'ils ne veulent point abandonner. Une action s'engage. Mais les assaillants sont trop peu nombreux pour soutenir le choc de l'ennemi si un retour offensif se produit ; ils vont se trouver en péril, quand la marée montante les sépare des Anglais [1].

Ceux-ci avaient réussi dans leur dessein : échappant à un péril redoutable, ils avaient pénétré dans le Bessin. On raconte que, dans l'ivresse de ce premier succès, Matthew Gough, parvenu sur l'autre rive de la Vire, se jeta à bas de son cheval et baisa la terre en s'écriant : « Chiens enragés ! nous voilà passés malgré vous [2] ! »

Si la joie était grande dans le camp ennemi, une vive indignation éclatait au sein de l'armée française. Chacun estimait qu'il eût suffi d'un mouvement bien combiné pour arrêter les Anglais et jeter la déroute dans leurs rangs. Le bruit courait que Huc Spencer, le bailli anglais du Cotentin, avait traversé Carentan la veille et avait été reçu avec la plus grande courtoisie, familièrement même [3], par les habitants, qui lui auraient servi les meilleurs vins. Gens de guerre et paysans — car le sentiment populaire faisait explosion — étaient furieux à l'envi. On allait jusqu'à dire que Spencer avait acheté à prix d'or, la liberté du passage des Anglais. On criait à la trahison. Malortie, exaspéré, jeta ses armes et les foula aux pieds, jurant qu'il ne se battrait plus.

En présence d'une telle manifestation, l'hésitation n'é-

---

1. Tous ces détails nous sont fournis par Robert Blondel.
2. « Crudelissimis canibus invitis, transivimus. » Blondel, p. 169.
3. « Familiari curialitate à majoribus receptus. » Ibid.

tait plus possible : l'attaque fut décidée pour le lendemain. Des courriers furent expédiés de tous côtés et en particulier vers le connétable, afin d'opérer la concentration des forces dont on disposait.

Si jamais le Dieu des batailles manifesta la protection que parfois il accorde aux combattants, ce fut, à coup sûr, à Formigny, dans cet engagement improvisé où toutes les chances étaient en faveur des Anglais : ils avaient pour eux le nombre, l'unité du commandement, la situation topographique, et pourtant ils succombèrent, on va le voir, et de la façon la plus désastreuse.

Le 15 avril, à la première heure, le comte de Clermont s'élança à la poursuite de Kyriel. Il avait fait dire au connétable, alors à Saint-Lô, de se trouver « bien matin » sur le chemin de Carentan à Bayeux, où le premier arrivé attendrait l'autre pour livrer bataille[1].

Les Anglais avaient passé la nuit dans les villages de Trévières et de Formigny ; ils s'attendaient si peu à une attaque que Matthew Gough était parti, de très bonne heure, pour Bayeux, dont il était capitaine. Déjà ils se mettaient en marche pour le rejoindre. Tout à coup, sur leurs derrières, par la route de Carentan, au sommet d'une colline qui domine le vallon de Formigny, apparaît un faible détachement : ce sont les « coureurs » du comte de Clermont : vingt lances sous le commandement d'Odet d'Aydie et de Guillaume de Ricarville. L'avant-garde, commandée par le sire de Coëtivy, les suit de près. Étonnés, mais sans croire d'abord qu'ils vont avoir affaire à une armée, les Anglais se concentrent dans le village de Formigny et s'y rangent en bon ordre. A l'aile gauche, Robert Vere, et bientôt Matthew Gough, qu'on est allé chercher en toute hâte, prennent le commandement de la cavalerie, peu nombreuse (huit cents à mille hommes), qui défend un pont situé sur la route par laquelle arrivent les Français. Thomas

---

1. C'est ce que dit formellement Mathieu d'Escouchy (p. 280). Gruel prétend (p. 205) que le comte de Clermont et les autres chefs de l'armée avaient fait prévenir le connétable qu'ils chargeraient toujours les Anglais en l'attendant, ce qui est démenti par les faits.

Kyriel masse le surplus de l'armée, composée principalement d'infanterie, en arrière de Formigny, au milieu de plantureux vergers qui s'étendent jusqu'au ravin qu'occupe la cavalerie et au delà.

Trois heures s'écoulent, durant lesquelles les deux armées s'observent sans en venir aux mains : le comte de Clermont attend l'arrivée du connétable pour engager l'action. Kyriel emploie ce temps à fortifier ses positions, à faire creuser des fossés et des trous, à planter des pieux, de façon à rendre le passage impraticable à la cavalerie et à prévenir toute surprise. Le comte de Clermont n'est qu'à trois traits d'arbalète de l'ennemi ; il a fait descendre de cheval une partie de ses archers, situés non loin du ruisseau occupé par la cavalerie anglaise ; les hommes d'armes restent montés.

Au bout de quelque temps des couleuvrines, placées sur une hauteur, entament, sous la direction du maître canonnier Giribault, alors renommé dans son art[1], un feu nourri contre les Anglais. Soixante lances et deux cents archers s'approchent, et des escarmouches s'engagent, tant pour protéger le tir des couleuvrines que pour donner au connétable le temps d'arriver.

Sous le feu des Français, qui leur cause un sérieux dommage, les Anglais se décident à l'attaque. Matthew Gough lance cinq cents archers pour s'emparer des couleuvrines. Les artilleurs sont dispersés. Deux couleuvrines tombent au pouvoir de l'ennemi. Floquet et Mauny, qui commandent les troupes chargées de défendre l'artillerie, ne peuvent retenir leurs soldats : ceux-ci se replient en désordre sur le corps d'armée du comte de Clermont. Mais Brezé descend de cheval ; il fait mettre à pied ses hommes d'armes et charge vigoureusement les Anglais, qui reculent ; les deux couleuvrines sont reprises.

Pendant cet engagement Matthew Gough aperçoit, dans la direction de Trévières, un corps de troupes qui s'avance. Est-ce

---

1. Blondel le nomme Giraud, « regiarum machinarum unus magistrorum ; » c'était un Génois, du nom de Louis Giribault. Voir rôle du 19 novembre 1450, dans *Preuves de Mathieu d'Escouchy*, p. 381-82.

le duc de Somerset qui amène un renfort? Les Anglais n'en doutent pas et, pleins de joie, poussent des hurrahs. Mais bientôt ils peuvent distinguer des fleurs de lis sur les enseignes[1] : ce n'est point Somerset, c'est le connétable de Richemont, arrivant de Saint-Lô avec trois cents lances et huit cents archers[2]. Parvenu près d'un moulin à vent situé sur la pente qui descend vers Formigny, le connétable s'arrête. D'un coup d'œil il reconnaît la situation : il met ses gens en bataille; il lance son avant-garde et ses archers dans la direction du pont occupé par les Anglais. Lui-même ne tarde point à arriver et à opérer sa jonction avec le comte de Clermont. On tient conseil. Richemont, emmenant avec lui l'amiral de Coëtivy, s'avance pour observer les Anglais de plus près : « Que vous en semble? lui dit-il. Comment les prendre? par les bouts ou par le milieu? » Coëtivy répond qu'il doute fort que les Anglais abandonnent leurs positions. — « Avec la grâce de Dieu, reprend le connétable, je voue à Dieu qu'ils n'y demeureront point[3]. »

Richemont avait raison : alarmé de l'arrivée de ce renfort, croyant avoir affaire à toute une armée, Mathew Gough se décide à quitter ses retranchements : il se retire avec ses gens près du village de Formigny[4], où il range ses troupes en bon ordre pour faire face aux Français.

Cependant les archers du connétable et du comte de Clermont réussissent à emporter le pont défendu par les Anglais. Les hommes d'armes passent à leur tour. Une mêlée générale

---

1. Blondel, p. 174.
2. Gruel donne des détails qui prouvent que Richemont ne se pressa peut-être pas autant qu'il aurait pu le faire : « Et au point du jour mondit seigneur fut le premier qui ouyt appeler le guet et fist lever les gens pour ouvrir la porte, et incontinent fist sonner ses trompettes à cheval et s'arma bien diligemment ; puis ouyt la messe..... Après que monseigneur le connestable eut ouy la messe à Saint-Lo, il alla à la porte de l'église et monta à cheval, et n'avoit pas six hommes avecques lui au partir ; puis chevaucha environ une lieue et se arresta pour mettre ses gens en bataille ; puis fist ses ordonnances... et chevaucha en bonne ordonnance le plus diligemment que faire se povoit. » (p. 205-206).
3. Gruel, p. 207.
4. Chartier prétend (p. 196) qu'il prit aussitôt la fuite : « Incontinent que lesdits Anglois qui là estoient apperçurent la venue d'iceluy connestable, Mathago et maistre Robert Ver, avec bien mille Anglois et leur compaignie, s'enfouyrent à Caen et à Bayeux. » Le fait ne se produisit qu'un peu plus tard.

s'engage. Brezé propose au connétable de s'avancer dans la direction de Bayeux et d'aller planter son étendard sur un retranchement situé à l'aile gauche des Anglais. Richemont hésite un instant; puis il donne son assentiment. Le vaillant sénéchal s'élance à la tête de sa compagnie, charge « furieusement, » culbute les ennemis, et les passe au fil de l'épée.

Pendant ce temps les gens du connétable s'avancent en belle ordonnance, traversent le ruisseau du Val et marchent sur Formigny. Débordés de toutes parts, les Anglais lâchent pied. On en fait pendant trois heures un horrible carnage. Dans cette guerre d'extermination, les paysans se joignent aux soldats. Cinq cents archers, cernés dans un verger entouré de haies, se jettent à genoux, criant merci : ils sont massacrés sans pitié. Le relevé des morts a été fait : on en compte trois mille sept cent soixante-quatorze[1]. Mathew Gough et Robert Vere ont réussi à s'échapper; mais Kyriel, Norbury, et quarante-trois seigneurs anglais sont pris; le nombre des prisonniers est de douze à quatorze cents. Chose inouïe ! les pertes des Français ne sont évaluées qu'à dix ou douze hommes[2].

Cette victoire était la revanche d'Azincourt et de Verneuil. Charles d'Orléans, le prisonnier de 1415, pouvait à bon droit s'écrier :

Resjoys toy, franc royaume de France !
..... A present Dieu pour toy se combat[3] !

---

1. Ce chiffre résulte d'un bulletin officiel, rédigé sur le champ de bataille, et dont M. L. Delisle a trouvé, sur une ancienne couverture de manuscrit, des fragments qu'il a donnés dans son *Histoire de Saint-Sauveur le Vicomte*, p. 273, note 2. Il est reproduit par tous les chroniqueurs français, sauf Gruel, témoin oculaire, qui accuse en bloc 6,000 « mors et prins et en fuite. » — Dans la liste des places prises, rédigée par les Anglais, et publiée par M. Stevenson, on lit : « jusques au nombre de IX cens prysonniers et deulx mille trois cens mors en la place (p. 630). » — Dans une lettre écrite le 5 mai, insérée dans les *Paston letters* (Éd. Gairdner, t. I, p. 124-26) on lit : « Sir Thomas Kiriel is take prisoner and alle the legge harneyse and abowte m¹ Englishe men slayn. » — Voir sur la bataille de Formigny, J. Chartier, p. 195-98 ; Math. d'Escouchy, p. 279-80 ; Berry, p. 332-38 et 440-80 ; Gruel, p. 205-208 ; Blondel, p. 170-76 ; Basin, 236-38, etc.

2. Le chiffre de douze est donné par Blondel, p. 175. Chartier dit « huict personnes seulement ; » Berry et Mathieu d'Escouchy donnent cinq ou six. Le chiffre de six se retrouve dans la *Chronique du Mont Saint-Michel*, t. I, p. 57.

3. *Poësies de Charles d'Orléans*, éd. Champollion-Figeac, p. 101.

Le connétable alla passer la nuit à Trévières ; le comte de Clermont coucha sur le champ de bataille : si la venue du connétable avait décidé du succès, c'est à lui principalement qu'appartenait l'honneur de la journée[1].

Le comte de Clermont et le connétable, après avoir fait enterrer les morts, allèrent se reposer à Saint-Lô. De là, ils envoyèrent demander au Roi s'il fallait marcher sur Vire ou sur Bayeux ; Charles VII donna l'ordre d'attaquer Vire. La ville ne tint que peu de jours ; le capitaine, Henri Norbury, était au nombre des prisonniers de Formigny ; c'est avec lui que fut passée la capitulation[2]. Les deux chefs se séparèrent ensuite : le connétable alla joindre le duc de Bretagne, qui était rentré en Normandie et faisait le siège d'Avranches ; le comte de Clermont alla assiéger Bayeux[3]. Avranches capitula le 12 mai[4]. L'armée du duc se porta ensuite sur Tombelaine, qui ne tarda pas à être pris ; puis, tandis que le duc, tombé malade au Mont Saint-Michel, regagnait ses États où il mourut bientôt (17 juillet), le connétable se dirigea sur Bayeux, laissant son lieutenant, Jacques de Luxembourg, avec une partie de ses

---

1. « Je crois, écrivait Prégent de Coëtivy quatre jours après la bataille, que Dieu nous y amena Mgr le connestable ; car s'il ne fust venu à l'heure et par la maniere qu'il y vinst, je doubte que entre nous qui les avions attaints les premiers et fait mettre en bataille, d'une part, et nous estions mis en bataille d'autre part devant eux, n'en fussions jamais sortis sans dommaige irreparable, car ils estoient de la moitié plus que nous n'estions. » D. Morice, t. II, col. 1521.

2. Gruel, p. 208 ; Chartier, p. 201-202 ; Berry, p. 338 et 480 ; Math. d'Escouchy, p. 286-87.
Le Roi donna le château et la capitainerie de Vire au connétable.

3. Le connétable rejoignit le duc le 30 avril, à Avranches (Gruel, p. 209). Berry dit que le siège de Bayeux commença « environ le IIIe jour du mois de may » (Recouvrement, p. 310).

4. La Chronique du Mont Saint-Michel dit le 12 juin ; mais il y a évidemment une erreur dans le mois, sinon dans la date. — Nous avons une curieuse lettre écrite à la date du 3 mai, à Rennes, par Pierre de Bretagne à son conseiller, chambellan et maître d'hôtel Roland de Carné, auquel il raconte les opérations : « Le siège est à Avranches et y est Monseigneur le duc, beaux oncle le connestable, Monseigneur le mareschal et l'admiral de France, et entour le siège que Bretons. L'artillerie de Bretaigne y est toutte, et est belle chose de la voir. Les Anglois n'ont encore fait nulle saillie sur nos gens, ny n'en ont encore rien tué et blessé dont en soit faite mention... Ils ne sont dedans la place que de huit-vingt à deux cents Anglois, et n'ont pas grandement vivres, ainsy que m'a esté rapporté. Je cuide que de bref diront le mot tant par beau (?) qu'autrement ; et cela fait, il fera bon reposer une pieçe en notre païs. Pour ceste heure je ne vous en escri plus. Je vous prie rompre cestes lettres incontinent que les aurez vues. » Copie moderne, dans le ms. fr. 10186, f. 14 (avec la date fautive de 1449).

troupes, achever la réduction des places du Cotentin. Saint-Sauveur seul opposa quelque résistance; Briquebec et Valognes s'empressèrent d'ouvrir leurs portes [1].

Bayeux était déjà conquis quand le connétable y arriva : l'armée du comte de Clermont, grossie de celle de Dunois, qui vint prendre le commandement, et du contingent du duc d'Alençon, avait eu facilement raison de la garnison anglaise; la capitulation avait été signée le 16 mai par Dunois [2]. De là, on traversa l'Orne et l'on occupa la contrée, en attendant le moment de marcher sur Caen.

Le connétable quitta Bayeux le 3 juin et vint s'installer à Choux, où il fut rejoint par le détachement de Jacques de Luxembourg. Le 5, après avoir séjourné à Alençon, à Séez et à Argentan pendant les mois de mars, d'avril et de mai, Charles VII, ne voulant prendre aucun repos tant que les Anglais ne seraient point chassés de la Normandie [3], s'avança par Saint-Pierre-sur-Dives et Argences jusqu'au faubourg de Vaucelles. Il prit son logis dans l'abbaye d'Ardaines. Caen fut investi de trois côtés à la fois. Dunois, Culant, le maréchal de Valognes occupaient Vaucelles; le connétable et le comte de Clermont l'abbaye de Saint-Étienne; quelques jours plus tard, les comtes d'Eu et de Nevers s'établirent dans l'abbaye aux Dames. Une attaque, à laquelle le Roi assista en personne, fut dirigée du côté de Vaucelles et amena l'occupation de ce faubourg [4]. Du côté opposé, le connétable faisait tomber la muraille de la ville. Une puissante artillerie battait sans cesse les murs, et un assaut eût suffi pour triompher de la résistance des

1. Math. d'Escouchy, p. 201-92.
2. Chartier, p. 201-207; il donne le texte du traité (p. 207-11).
3. « Nolens rex torpere aut quieti se dare, donec Anglos penitus Normannia expulisset et ceptam victoriam feliciterque prosecutam ad complementum usque et consummationem perduceret. » Th. Basin, t. I, p. 239. — « Se conclud de parachever sa conqueste et qu'il seroit en personne ou pays et au plus prez de ses gens, affin que les choses se feissent plus seurement. » Mathieu d'Escouchy, t. I, p. 305.
4. « Et quand iceulx engiens furent bien fais et preparez, on le seignifia et fist savoir au Roy Charles, qui estoit logié en une ville nommée Argence, à quatre lieues prez d'illec, et que, se son plaisir estoit, lesdis comtes estoient deliberez de assaillir ladicte bastille. Et quand le Roy eut oy ces nouvelles, il leur manda que pas ne feissent ledit assault jusques à ce qu'y seroit, car son intencion estoit de y vouloir estre en personne.... » Mathieu d'Escouchy, t. I, p. 308.

Anglais. Mais Charles VII avait horreur du sang : il préféra accueillir les offres du duc de Somerset. Par un traité en date du 24 juin, le gouverneur anglais s'engagea à livrer Caen le 1er juillet. Ce jour-là, les clés furent apportées au connétable, qui les remit à Dunois. La ville fut aussitôt occupée, et Charles VII y fit son entrée le 6[1].

Après avoir présidé à l'évacuation et à l'embarquement de Somerset, qui fit voile pour Calais avec les derniers débris de son armée, Richemont partit pour Cherbourg, la dernière place du Cotentin restée au pouvoir de l'ennemi. On avait hésité, faute d'argent, à poursuivre la conquête : une avance, généreusement faite par Jacques Cœur, permit de continuer les opérations[2]. Trois places résistaient seules : Cherbourg, Falaise et Domfront.

Saintrailles et Jean Bureau commencèrent le 6 juillet le siège de Falaise. Charles VII, qui ne cessait de payer de sa personne, arriva bientôt sous les murs de cette ville. Il présida aux négociations pour la remise de la place; le traité fut signé le 11 : Falaise devait être rendue le 21 juillet si la garnison n'était secourue dans l'intervalle; le capitaine, qui n'était autre que le fameux Talbot, recouvrait sa liberté, mais à la condition de s'en aller au grand pardon de Rome[3]. Domfront fut attaqué le 13 juillet par les sires de Culant et de Blainville et par Jean Bureau; la ville capitula le 24 et fut livrée le 2 août[4].

---

1. Voir sur le siège de Caen, Chartier, p. 216-21; Berry, p. 348-56 et 452-54; Math. d'Escouchy, p. 307-13; Gruel, p. 101-2; Blondel, p. 211-19; Basin, p. 239-42. — Le traité de reddition, en date du 24 juin, est en *Vidimus* aux Archives nationales, K 68, n° 45. En même temps le Roi accorda aux habitants des lettres d'abolition générale (*Ordonn.*, t. XIV, p. 97, et Hippeau, *l'Abbaye de Saint-Étienne*, p. 142). Le gouvernement anglais, encore plein d'illusions, faisait, pendant le siège de Caen, rédiger par Fastolf des instructions pour le général qui devait marcher au secours de Somerset. Voir Stevenson, t. II, p. [505]. — Pendant la campagne le Roi avait fait crier que « tous ceux qui seroient trouvez menans vivres aux Anglais qu'ilz feussent prins et arrestez. » Pendant le siège de Caen, il en fut ainsi pour des marchands de Bernay qui apportaient des grains à l'ennemi. Lettres de rémission de juin 1460. Archives, JJ 190, n° 120.

2. Th. Basin, p. 242-43; Math. d'Escouchy, t. II, p. 286 et note. Voir, sur le prêt de Jacques Cœur, *Notes complémentaires*, à la fin du volume.

3. Chartier, p. 223-25; Berry, p. 358-60 et 454; Blondel, p. 227-28. Le traité de reddition est dans Stevenson, t. II, p. [735].

4. Chartier, p. 227-28; Berry, p. 363-65 et 455; Blondel, p. 230-31. Stevenson, t. II, p. [633].

Cherbourg résista plus longtemps aux efforts du connétable : pour s'en emparer, il fallut un siège en règle. Les assiégeants y perdirent deux de leurs meilleurs capitaines : l'amiral de Coëtivy et Tugdual de Kermoysan, dit le Bourgeois[1]. Les frères Bureau firent des prodiges avec leur artillerie, plantant des batteries jusque sur la grève, où, à chaque marée la mer inondait les pièces, qu'on renfermait dans des sacs de cuir[2]. Enfin Thomas Gower, le capitaine anglais, dont un des fils était au nombre des otages de Rouen, se décida à entrer en composition. Cherbourg fut évacué le 12 août, et les mille Anglais composant la garnison firent voile vers l'Angleterre[3].

C'était le 12 août 1449 que Pont-Audemer avait ouvert ses portes aux troupes royales. En un an[4], grâce à un persévérant labeur, à la bonne direction donnée aux opérations, à la forte organisation de l'armée, grâce surtout à la protection manifeste de la Providence, la campagne de Normandie avait été menée heureusement à son terme. Ce merveilleux succès fut considéré comme tenant du prodige, et de toutes parts des actions de grâce montèrent vers le Ciel. Charles VII, après avoir pris l'avis de son Conseil, voulant témoigner sa reconnaissance à Dieu, « auquel principalement, disait-il, doit être attribué l'honneur et la gloire, » ordonna que des processions et des messes solennelles seraient célébrées le 14 octobre dans tout le royaume et décida qu'à l'avenir elles auraient lieu à perpétuité le 12 août, jour anniversaire de l'entière délivrance de la Normandie[5].

1. Kermoysan venait d'être nommé (31 janvier 1450) bailli de Troyes.
2. Quand on fit les fondements du nouveau port en 1739, on retrouva toutes ces batteries, avec des murailles fort bien faites et des pièces de bois dont quelques-unes avaient plus de quarante pieds de longueur. Voisin La Hougue, *Histoire de Cherbourg*, publiée par Verusmor (Cherbourg, 1835), p. 83.
3. Gruel, p. 213-75; Chartier, p. 225 et 231-33; Berry, p. 301, 306-08 et 455 et 459; Blondel, p. 231-36; Stevenson, t. I, p. 517-518, 521 et t. II, p. [631]. Le traité de reddition du 12 est dans les lettres confirmatives du Roi. Archives, JJ 185, n° 75.
4. Lettres du 31 août, publiées parmi les *Pièces justificatives*. Cf. Berry, p. 308 et 456; Chartier, p. 231; Blondel, p. 236; Basin, p. 215.
5. Voir le texte de l'antienne qui se chante dans les églises des diocèses de la Normandie, en mémoire de la délivrance de la province : « Hereditas patrum nostrorum injuste ab inimicis nostris aliquo tempore possessa est : nos vero tempus habentes, vindicamus hereditatem patrum nostrorum. » — Dans l'antique sanctuaire de Notre-Dame de la délivrance, près Coutances, on célèbre encore par des pèlerinages et des actes de piété le souvenir de l'expulsion des Anglais. Voir le *Monde* du 1er octobre 1888.

Ajoutons que Charles VII sut reconnaître les services qui lui avaient été rendus en cette circonstance solennelle : il les récompensa avec sa libéralité habituelle [1].

1. Voir à ce sujet une note complémentaire, à la fin du volume.

CHAPITRE II

LA CONQUÊTE DE LA GUYENNE

La campagne de Guyenne est décidée. — Situation de cette province. — Premiers succès obtenus en 1449. — Ouverture de la campagne; prise de Bergerac et de plusieurs autres places; expédition du sire d'Orval aux portes de Bordeaux; déroute des Gascons. — Charles VII se décide à marcher sur la Guyenne, mais l'hiver se passe avant que cette décision ne reçoive d'effet. — Pouvoirs donnés au comte d'Armagnac et au sire d'Albret; Dunois lieutenant général. — Prise de Blaye, de Bourg, de Fronsac; soumission de Libourne, de Castillon et de Saint-Émilion. — Succès obtenus par le sire d'Albret et le comte d'Armagnac; siège de Dax; prise de plusieurs places. — Pourparlers entamés par les Bordelais; la situation de l'Angleterre ne leur permet pas d'attendre du secours; ouvertures du captal de Buch au comte de Foix; les offres, transmises à Dunois, sont rejetées. — Jean Bureau entame de nouvelles négociations, bientôt couronnées de succès; traité du 12 juin 1451. — Bordeaux est livré à Dunois, qui y fait le 30 son entrée. — Soumission de toute la Guyenne, sauf Bayonne; siège et prise de Bayonne. — Desseins de Charles VII sur Calais.

Voyant le succès de ses armes désormais assuré en Normandie, Charles VII tourna ses regards vers la Guyenne[1]. Après la prise de Falaise, il prit le chemin de la Touraine, et s'arrêta à Château-du-Loir, où il avait donné rendez-vous au

---

[1]. Le Roi était en relations avec des seigneurs du pays. Au mois de février 1450, étant à Bernay, il reçut un rapport du sire de Roquetaillade. (Voir rôle du 13 novembre 1450, dans *Preuves de Mathieu d'Escouchy*, p. 387.) Le sire de Roquetaillade était Bérard de la Mote, chevalier; nous avons de lui une quittance, en date du 8 juin 1451, d'une somme de cinq cents livres tournois sur les quinze cents que le Roi lui avait accordées annuellement pour avoir fait sa soumission et qu'il avait ensuite réduites à mille livres (*Pièces originales*, 2063, MOTE (la), n° 81). — En même temps le Roi surveillait ce qui se passait en Angleterre, où il entretenait des espions; nous lisons dans le Deuxième compte de Mathieu Beauvarlet : « Sire Jacques Guer, conseiller et argentier du Roy, LV l. t. baillez à certains espies qui furent envoyez en Angleterre s'enquérir secrètement de la convine des Anglais. » (Cabinet des titres, 685, f. 142 v°.) Et ailleurs : « A... escuyer, capitaine de Dieppe, la somme de IXXX l. t. pour VIXX escuz d'or, à lui ordonnée... pour envoyer par mer à la coste du pays d'Angleterre... espier... du fait des Angloys et le rapporter au Roy. » Le héraut Maine fit plusieurs voyages en Angleterre et en Guyenne. (Ms fr. 26081, n° 6530.)

connétable[1]. Il eut avec lui une longue conférence ; mais rien ne transpira des résolutions prises dans cet entretien. Arrivé à Tours dans les premiers jours de septembre, le Roi tint un conseil où furent appelés les princes du sang, les principaux capitaines et les membres du grand Conseil[2]. Le connétable de Richemont fut nommé gouverneur de la Normandie ; Pierre de Brezé fut préposé à la garde de Rouen et de tout le pays sur la rive droite de la Seine jusqu'à la mer. On décida que le Roi marcherait sur la Guyenne, et qu'une armée y serait envoyée, sous les ordres de Jean de Blois, comte de Penthièvre, pour commencer les opérations[3].

La conquête de la Guyenne était une difficile entreprise. Il ne s'agissait plus, comme pour la Normandie, d'une province enlevée depuis peu d'années à la Couronne et où le sentiment français était resté profond : une possession trois fois séculaire avait inféodé la Guyenne à l'Angleterre. A la fin du quatorzième siècle, Froissart constatait que « toujours Bordeaux et Bayonne et les frontières de Gascogne avoient grandement gardé l'honneur d'Angleterre[4]. » En 1379, on avait vu les principales villes du Bordelais, à l'approche de l'armée de Charles V, former une ligue offensive et défensive contre les Français[5]. En 1399, lors des négociations entamées avec la France, les représentants des villes gasconnes avaient repoussé les ouvertures du duc de Bourbon en disant : « Si les Français dominaient sur nous, ils nous tiendraient en leurs usages (assujettissement aux tailles, fouages, etc.) ; encore nous vaut-il mieux être Anglais quand ainsi nous sommes nés, car ils nous tien-

---

1. Gruel dit (p. 215) que le Roi y attendit le connétable pendant trois jours. La date du 22 nous est fournie par l'itinéraire de Charles VII.
2. Voir Chartier, t. II, p. 210.
3. Chartier, p. 211 ; Berry, p. 458 ; *Chronique martinienne*, f. 203 v°. — Le 11 septembre, le Roi écrivait une circulaire pour annoncer « comment luy et son armée s'en tiroit au païs de Guyenne, » et pour demander des prières. *Preuves de Mathieu d'Escouchy*, p. 372. Ce qui prouve bien que le départ immédiat du Roi avait été décidé, ce sont les nombreux dons faits à tous les officiers de sa maison, afin de subvenir aux frais de leur équipement. Voir Deuxième compte de Beauvarlet, f. 113 et 113 v°.
4. Froissart, livre IV, ch. XLII.
5. Voir *Livre des Bouillons*, p. 440, et Henri Ribadieu, *Histoire de la conquête de la Guyenne par les Français*, p. 10-11, et *passim*.

nent francs et libéraux, et ne nous point mettre en la sujétion des Français¹. » La tradition, les coutumes locales, les intérêts commerciaux, tout rattachait les Gascons à l'Angleterre ; les séparer de ce royaume, ce n'était point seulement compromettre leur indépendance, c'était porter atteinte aux conditions même de leur existence. Pendant l'occupation anglaise, ils avaient appris à se passer de maîtres, à se gouverner eux-mêmes. Sauf au temps du Prince Noir, qui avait voulu les assujétir à de lourds subsides, les Bordelais étaient demeurés exempts d'impôts. Une Cour suprême pour toute l'Aquitaine avait été instituée par Édouard III et était devenue Cour d'appel sous Henri IV. Les dix-sept communes du Bordelais, unies entre elles par une étroite alliance, avaient une entière indépendance. Bordeaux était à leur tête, et plusieurs se faisaient honneur d'être ses « filleules. » La capitale de la Guyenne offrait le spectacle d'une véritable démocratie : le règlement donné par Édouard III en 1376, les nouvelles franchises concédées par Richard II et ses successeurs avaient rendu la commune de Bordeaux maîtresse absolue. Au commencement du quinzième siècle, la Jurade triomphe définitivement ; elle tient entre ses mains les destinées de la province. Les rois d'Angleterre ne se mêlent pas du gouvernement ; pour peu que les Bordelais leur restent fidèles, ils les laissent libres de s'administrer eux-mêmes. Il y a peu d'Anglais à Bordeaux, point de troupes étrangères ; la suzeraineté de l'Angleterre s'est réduite à être « le témoin et l'auxiliaire de son émancipation graduelle². »

Grâce au concours du sire d'Albret, du comte de Foix et d'autres seigneurs de la contrée, des succès partiels avaient déjà été obtenus. Nous avons mentionné la prise de Cognac et de Saint-Mégrin, en mai 1449 ; la prise de Mauléon, en septembre³. Postérieurement, le comte de Foix avait entrepris le

1. Froissart, livre IV, ch. LXXIX.
2. Sur l'administration anglaise et le mouvement communal dans le Bordelais, voir l'ouvrage de M. D. Brissaud : *les Anglais en Guyenne* (Paris, 1875, in-8°) et le chapitre V du livre de M. H. Ribadieu, déjà cité.
3. Voir t. IV, p. 328, et ci-dessus, p. 9.

siège du château de Guiche, près de Bayonne, et remporté une victoire signalée sur les Anglais venus au secours de la place; la reddition du château de Guiche avait entraîné la soumission d'une quinzaine de forteresses des environs [1].

Le comte de Penthièvre, lieutenant général du Roi, avait autour de lui le maréchal de Jalognes, le grand maître Culant, Saintrailles, le sire d'Orval. Son armée comptait cinq cents lances et un corps de francs archers. La campagne s'ouvrit par le siège de Bergerac. La puissante artillerie dirigée par Jean Bureau eut promptement raison des défenseurs de la ville, qui se rendit le 10 octobre [2]. De là on alla assiéger le château de Gensac, situé sur la rive gauche de la Dordogne [3]. Puis l'armée se scinda : une partie occupa le château de Montfourat [4], le château de la Rouquette [5], et les villes de Sainte-Foy et de La Roche-Chalais; une autre, sous les ordres du sire d'Orval, se porta au sud, dans la direction de Bazas, qui fut occupé sans coup férir (31 octobre) [6]. Cette importante place, qui comman-

1. Chartier, t. II, p. 186-87; Berry, p. 418; Robert Blondel, p. 152-53; *Chronique martinienne*, f. 202. Voir aussi *Histoire du comte de Foix*, par Guillaume le Seur, dans le ms. fr. 4992, f. 23 et suiv. (L'auteur donne le fait comme s'étant accompli lors de la campagne de 1442; mais les détails qu'il fournit paraissent se rapporter à la présente campagne.) — Guiche, que les chroniques appellent *Guichen*, est au confluent de la Bidouze et de l'Adour, à vingt-cinq kilomètres de Bayonne. Il est curieux de constater que, au premier moment, la victoire des Français avait été transformée en une déroute : un solliciteur du duc de Bourgogne au Parlement de Paris écrivait de cette ville, le 3 juin, aux gens des comptes à Dijon : « En oultre on dit que les Angloix ont fait en Guiaine une grosse destrousse sur les François et y sont morts comme on dit plus de IIIIᵐ. » Lettre publiée par MM. Beaune et d'Arbaumont dans leur édition d'Olivier de la Marche, t. II, p. 208 note. — Le 11 mai, le château d'Aubeterre (Charente) fut livré à Jean Bureau par Bertrand de Grantmont et ses compagnons (British Museum, *Additional Charters*, 200).
2. Le traité de reddition est publié au t. XIV des *Ordonnances*, p. 109. — Charles VII fit compter au comte de Penthièvre une somme de douze cents livres « pour luy ayder à supporter ses despenses, » et quatre mille livres « pour celle qu'il luy convint faire au siège de Bergerac et à la recouvrance de la Guyenne. » Cabinet des titres, 685, f. 141 v°.
3. Évidemment ce ne peut être Jonzac, dans la Charente-Inférieure, comme l'ont dit à tort les commentateurs de Chartier et tous les historiens.
4. Il y a *Montferrand* dans Chartier, et M. Ribadieu suppose qu'il s'agit d'une petite ville du Périgord située près de Montpazier (Dordogne). Nous pensons qu'il faut lire *Montfourat*, commune des Églisottes, canton de Coutras (Gironde).
5. La prise de la « place de la Roquette » — c'est évidemment La Rouquette, commune de Port-Sainte-Foy — n'est mentionnée que dans une quittance de Jean de Verdun en date du 14 novembre 1451. *Pièces originales*, 2961 : VERDUN.
6. Il faut se rappeler que Bazas avait été au pouvoir des Français de 1377 à 1423. Les villes de Saint-Macaire, Rions et La Réole avaient été également, de 1377 à 1420, soumises à la domination française. Voir Ribadieu, *l. c.*, p. 106 à 110.

dait toute la région jusqu'aux landes du Bordelais, devait servir de centre aux opérations. Par une marche hardie, le sire d'Orval s'avança jusque sur le ruisseau de la Jalle, entre Bordeaux et Blanquefort. Les Bordelais, sous les ordres de sir Gadifer Shorthose, maire de Bordeaux, marchèrent à sa rencontre, au nombre de huit à dix mille hommes ; mais ils étaient en désordre et mal armés. Le sire d'Orval, « meu de franc et hardi courage, » attendit de pied ferme, dans une position avantageuse, le choc de l'ennemi. Le jour de la Toussaint, un combat s'engagea, au village du Haillan, à huit kilomètres de Bordeaux. Les Gascons furent taillés en pièces : dix-huit cents des leurs restèrent sur le champ de bataille ; douze cents furent faits prisonniers. Durant l'action, Shorthose, abandonnant ses gens, avait pris la fuite[1]. Les Bordelais appelèrent cette bataille la « male journade[2]. » Enivrés de leur victoire, les chefs de l'armée française firent savoir au Roi que, s'il voulait leur envoyer trois cents lances, ils se faisaient forts de réduire la contrée, car il n'était point question que l'ennemi dût recevoir de renfort et il ne disposait guère que de quatre cents combattants[3].

Charles VII était alors à Montbazon. Après mûre délibération, il fut décidé que, profitant de l'affaiblissement des Bordelais, il fallait poursuivre la conquête ; qu'il convenait donc que le Roi assemblât des gens de guerre et se transportât en personne sur les lieux pour en imposer par sa présence aux populations[4].

Mais, tandis que cette résolution était prise, l'hostilité qui se manifestait au sein de la population[5] forçait le sire d'Orval à se replier sur Bazas ; il partit, emmenant avec lui ses prison-

1. Chartier, t. II, p. 216-17 ; Berry, p. 458-59 ; Mathieu d'Escouchy, t. I, p. 322-24 ; Chronique martinienne, f. 201.
2. Ribadieu, p. 183 ; cf. Archives historiques de la Gironde, t. III, p. 162.
3. Mathieu d'Escouchy, p. 324. — Charles VII reçut par Orval, héraut du sire d'Albret, auquel il fit donner 11 l. 5 s., « les premières nouvelles de la desconfiture faite le 1er novembre sur les Anglois au pays de Bordelois par Mgr d'Orval. » Deuxième compte de Mathieu Beauvarlet : Cabinet des titres, 685, f. 112 v°.
4. Mathieu d'Escouchy, p. 325.
5. « Sy firent une course, dit Mathieu d'Escouchy (p. 323), car, au peuple qu'ilz véoient, leur sembloit mal possible pour ceste heure avoir à faire à eulx. »

niers. D'ailleurs, la saison était trop avancée pour qu'on pût sérieusement prendre l'offensive et entamer une série de sièges ; les ressources financières n'étaient point assurées[1] ; la flotte, sans laquelle rien de décisif ne pouvait être tenté, n'était pas prête[2] : on se résigna à attendre au printemps[3]. Peut-être aussi faut-il attribuer l'inaction où resta le Roi à certaines influences qu'il subissait avec une regrettable facilité : nous reviendrons plus loin sur ce point.

C'est seulement à la fin de mars que, dans une réunion tenue à Tours, la marche des opérations fut arrêtée[4]. Le 31 mars, des pouvoirs furent donnés au comte d'Armagnac et au sire d'Albret pour entrer en Guyenne et recevoir la soumission des places[5]. Le comte de Dunois, désigné comme lieutenant général du Roi, partit à la tête d'une armée composée de six mille hommes environ, où figuraient le comte d'Angoulême, Jean Bureau et Pierre de Louvain ; il fut rejoint peu après par Jacques de Chabannes, Joachim Rouault et d'autres vaillants capitaines[6].

La campagne s'ouvrit (vers le 28 avril) par le siège de Montguyon[7], qui occupa l'armée pendant huit jours : le traité de

---

1. Le défaut d'argent, qui avait failli entraver les dernières opérations en Normandie, paraît avoir surtout été cause du retard apporté à la conquête de la Guyenne. En décembre 1450, à Montbazon, Charles VII ordonnait d'imposer une somme de cent vingt mille francs sur les provinces de Languedoil ; le 5 janvier 1451, il réglait la distribution de quatre-vingt mille livres « ordonnées pour le fait de la guerre de ceste année. »

2. Dès le commencement de 1450, des ambassadeurs avaient été envoyés en Espagne et en Écosse pour obtenir des secours et l'on s'occupait de pourvoir au « fait des galées. » Voir lettres du 23 mars 1450 : Archives, K 68, nos 30¹, 30² et 30³ ; requête faite par les ambassadeurs de France au roi de Castille. Bibl. nat., ms. lat. 6024, f. 61. — On s'était également assuré le concours de navires bretons.

3. Pendant ce temps Charles VII se tint soigneusement au courant de ce qui se passait en Guyenne : au mois de janvier 1451, il fit distribuer par Jean Bureau 192 l. 10 s. t. « à certains messagers et autres qui furent en janvier ès marches de Guyenne et Bordelois pour enquérir secrètement de la convine des Anglois. » Cabinet des titres, 685, f. 143.

4. Mathieu d'Escouchy, t. I, p. 329.

5. Lettres du 31 mars. Le pouvoir au comte d'Armagnac est dans le ms. fr. 5909, f. 181 ; celui donné au sire d'Albret dans Doat, 218, f. 176. — En même temps de nouveaux pouvoirs furent donnés en Normandie au connétable de Richemont pour la Basse Normandie, au comte d'Eu pour la contrée entre la Seine et la mer (ms. fr. 5909, f. 133 et 182).

6. Chartier, t. II, p. 249-50 ; Berry, p. 459 ; Mathieu d'Escouchy, p. 329. — L'armée comprenait quatre cents lances et trois mille francs archers.

7. Montguyon, chef-lieu de canton de la Charente-Inférieure, sur le Mouzon, entre Barbezieux et Blaye.

reddition fut signé le 6 mai[1], et le château fit sa soumission le 11. De là, Dunois se porta sur Blaye, la plus forte place de la Guyenne après Bordeaux. Tandis que la ville était attaquée par terre, une flotte, sous les ordres de Jean le Boursier, tenait la mer. Cinq gros navires, envoyés par les Bordelais pour secourir Blaye, furent dispersés après un combat sanglant. Le Boursier donna la chasse aux vaisseaux ennemis jusqu'à l'embouchure de la Gironde; puis il revint faire le blocus de la ville. Dans de pareilles conditions, toute résistance était impossible : le 20 mai, un assaut fut donné; il amena la capitulation, qui fut signée à la date du 23[2].

De Blaye, Dunois, qui venait d'être rejoint par le comte de Penthièvre, s'avança dans la direction de Bordeaux et assiégea Bourg. La place capitula le 29 mai[3]. Installé dans cette ville, qui commandait l'entrée de la Dordogne, le général en chef ordonna d'assiéger Fronsac, une des meilleures forteresses de la Guyenne et la clé du Bordelais; il ne tarda pas à y venir en personne et envoya une sommation à Libourne, qui ouvrit ses portes dès le lendemain[4]. Castillon, assiégé par le comte de Penthièvre, se rendit en même temps, et Saint-Émilion fit spontanément sa soumission (5 juin)[5]. Le 5 juin, également, était signée la capitulation de Fronsac, qui devait être livré à Dunois le 15 juin[6].

1. Le traité est dans Chartier, p. 250 et suiv.
2. Chartier, p. 250, 251 et suiv.; Berry, p. 459-60; Mathieu d'Escouchy, p. 320 et suiv. *Chronique martinienne*, f. 204. — Le traité est dans Chartier, p. 256-59 (avec la date du 24), et, en copie contemporaine, dans la collection Moreau, vol. 1426, p. 162 (avec la date du 23). — Le Roi reçut à Poitiers la nouvelle de la prise de Blaye et fit donner 27 l. 10 s. au héraut Guyenne qui la lui avait apportée. (Cabinet des titres, 685, f. 143 v°.) — A la fin de la campagne, Jean le Boursier reçut deux mille livres « pour le recompenser des grans frais et despenses qu'il avoit faictes ou service du Roy, tant sur la rivière de la Gironde comme au siège devant Bayonne. » (Rôle du 7 mai 1451, ms. fr. 20083, f. 47.)
3. Le traité est dans Chartier, p. 262-64. — Le Roi fit donner 13 l. 15 s. au héraut Angoulême, qui lui apporta la nouvelle de la part du comte d'Angoulême. Cabinet des titres, 685, f. 145 v°.
4. *Ordonnances*, t. XIV, p. 155. — Sur les sièges de Blaye, Bourg et Fronsac, voir les lettres du comte d'Angoulême en date du 25 juin. Ms. fr. 26080, n° 6362.
5. Guadet, *Saint-Émilion, son histoire et ses monuments*, p. 274.
6. Traité passé entre Jacques de Chabannes, Théaude de Valpergue, Jean Bureau et Jean le Boursier, seigneur d'Esternay, commissaires du comte de Dunois, avec le prieur et le curé de Fronsac, le curé de Villebousie et les capitaines anglais... Le texte est

Tandis que les villes situées au nord de Bordeaux tombaient une à une au pouvoir des Français, le sire d'Albret envahissait le sud de la Guyenne[1]. Secondé par le comte de Foix, il mit le siège devant Dax[2]. D'un autre côté le comte d'Armagnac, après avoir réduit Duras et Sauveterre, marchait sur Bordeaux par la vallée de la Garonne, s'emparait de Saint-Macaire, et venait assiéger Rions[3]. Charles VII avait convoqué le ban et l'arrière-ban pour le 1er juin[4], et était venu s'installer à Lusignan. Dunois se trouvait donc en mesure d'attaquer Bordeaux. Il ordonna à Jacques de Chabannes de pénétrer dans l'Entre-deux-mers, et se disposa à le suivre. De son quartier général, à Fronsac, il fit dire au Roi qu'il était nécessaire qu'il se portât en avant et vînt prendre sa résidence à Libourne[5].

Cependant les seigneurs gascons réunis dans Bordeaux, terrifiés par la prise de Blaye et la marche victorieuse de l'armée française, s'étaient décidés à entamer des pourparlers. Ils espéraient ainsi gagner du temps et permettre au gouvernement anglais d'envoyer des secours vivement sollicités.

---

dans Chartier, p. 271-75. — La « journée » de Fronsac fut tenue le 15, et la place fut occupée à cette date. Chartier dit le 23, bien que le traité qu'il publie indique le 15 comme date de la reddition.

1. Le sire d'Albret reçut du Roi une gratification de 2000 l. Cabinet des titres, 685, f. 111 v°.

2. Chartier, p. 265-68 ; Berry, p. 460 ; *Cronique martinienne*, f. 204 ; *Histoire de Gaston, comte de Foix*, par Guillaume le Seur, ms. fr. 4002, f. 30 v° et suiv. (Même observation que ci-dessus pour l'anachronisme commis par l'auteur.) — Le Roi attachait une grande importance aux opérations dirigées de ce côté. Il avait envoyé Jacques Cœur porter ses instructions au comte de Foix. D'autre part, le deuxième compte de Beauvarlet nous apprend qu'un chevaucheur de l'écurie reçut vingt livres « pour son voyage de la Guierche en Touraine devers messeigneurs les comtes d'Armagnac, de Foix et d'Albret, Mgr d'Orval, Poton, messire Jehan d'Erlon, chevalier, messire Martin Garcie, Robin Petit Lo, Lespinasse, Helion le Groin, et autres capitaines et chefs de guerre estans au pays de Guyenne, leur porter lettres du Roy touchant le siège qu'on avoit entrepris mettre devant Acqs. » Cabinet des titres, 685, f. 145 v°.

3. Chartier et Berry. — « Anthoine de la Baume, secrétaire de Mgr d'Armagnac, xm l. XV s. pour avoir aporté à Lesignan, de par Mgr le conte d'Armagnac, les premières nouvelles de la réduction des places de Saint-Macaire, Duras et Sauveterre. » (Cabinet des titres, 685, f. 145 v°.) Le traité de reddition de Duras est du 8 juin (*Ordonnances*, t. XIV, p. 135) ; celui de Sauveterre du 12 (*Archives de la Gironde*, t. X, p. 181). — Voir des lettres de Charles VII du 25 mars 1451, relatives à l'approvisionnement de l'armée du comte d'Armagnac (Collection Doat, 218, f. 172).

4. Lettres sans date, dans le ms. fr. 5909, f. 202 v°. — Le comte de Dunois, dans un acte en date du 30 juillet 1450, prenait le titre de chef des arrière-bans de France. Voir le P. Daniel, *Histoire de la milice françoise*, t. I, p. 203.

5. Mathieu d'Escouchy, p. 336.

Mais c'était en vain que les Bordelais tournaient leurs regards vers l'Angleterre[1]; le pouvoir royal y était aux prises avec les plus graves difficultés.

Au mois de janvier 1450, Adam Moleyns, évêque de Chichester, garde du sceel privé, avait été victime d'une sédition populaire. Le mois suivant, le duc de Suffolk avait été emprisonné à la tour de Londres, sous le poids de graves accusations. Condamné pour crime de haute trahison, banni du royaume, il avait été saisi sur mer, au moment où il faisait voile pour la Flandre, et mis à mort. Au mois de juin, l'insurrection de Jack Cade, un instant victorieuse, avait failli renverser le trône déjà bien fragile de Henri VI. Le duc de Somerset, qui, depuis son retour de France, avait pris la direction des affaires, n'était point de taille à tenir tête à l'orage qui s'amoncelait de toutes parts. Un rival redoutable se dressa en face de lui; si le duc d'York, venu en armes de sa lieutenance d'Irlande, ne réussit point à s'emparer du pouvoir, ce ne devait être que partie remise. Somerset, resté seul maître, se trouva réduit à l'impuissance; selon la remarque d'un historien anglais, le gouvernement était paralysé à la fois par le manque de ressources et par l'absence de direction[2]. Dans une réunion du Parlement tenue au mois de mai 1451, on demanda l'éloignement de Somerset et d'autres importants personnages : le duc put à grand'peine se maintenir aux affaires. En de pareilles conditions, comment empêcher la Guyenne de tomber aux mains de Charles VII ?

Ce fut le captal du Buch, de la maison de Foix, l'un des plus anciens et des plus illustres parmi les soutiens de la cause anglaise, qui fut désigné pour conduire les négociations. Il se rendit tout d'abord près du comte de Foix, alors sous les murs de Dax. Ce prince examina les offres des Bordelais et les transmit au comte de Dunois par Ogier de Bréquit, juge de Marsan.

---

1. On a la trace d'une démarche faite par des nobles gascons pendant la session du Parlement, qui s'ouvrit en novembre 1450 (et non en 1449). Voir Stevenson, *Wars of the english*, t. II, p. [769]. Cf. Introduction placée par M. J. Gairdner en tête de son édition des *Paston Letters*, p. LXV-LXVI.
2. « The government was getting paralysed like by debt and by indecision. » Gairdner, *l. c.*, p. LXVII.

Le général en chef reçut le mémoire au moment où il s'apprêtait à entrer dans l'Entre-deux-mers. Après en avoir pris connaissance, il déclara que les propositions étaient inacceptables, attendu qu'elles portaient atteinte à l'honneur du Roi. Pourtant, comme les Bordelais annonçaient l'intention de se rendre, il consentit à entrer en négociations et indiqua de sa main les modifications qu'il convenait d'apporter à la rédaction.

Le captal de Buch rentra dans Bordeaux et communiqua aux gens du Conseil les observations faites par Dunois. Plusieurs réunions furent tenues, de nouveaux pourparlers entamés; finalement les Bordelais déclarèrent que, avant de se rendre, afin de mettre leur loyauté à l'abri de tout reproche, ils devaient adresser au roi d'Angleterre une mise en demeure de leur porter secours [1].

Jean Bureau, que Charles VII avait désigné par avance pour remplir les fonctions de maire de Bordeaux, se rendit dans la ville, muni d'un sauf-conduit. Il fit si bien qu'on convint de procéder à la conclusion d'un traité. De part et d'autre, des commissaires furent désignés [2], et, le 12 juin, fut signé un acte portant reddition de Bordeaux et des autres places de la Guyenne au cas où, avant le 23, les Bordelais ne seraient pas secourus par le roi d'Angleterre. De grands avantages étaient assurés, en cas de soumission, à la ville de Bordeaux et à la Guyenne tout entière; pleine liberté était donnée aux habitants, pendant une durée de six mois, de faire leur adhésion à Charles VII ou de se retirer là où bon leur semblerait; enfin une entière abolition était accordée à ceux qui

---

1. Mathieu d'Escouchy, p. 337-39; Chartier, p. 277-79.
2. C'étaient, pour le Roi, comme délégués du comte de Dunois, lieutenant général, Poton de Saintrailles, grand écuyer; Jean Bureau, trésorier de France, et Oger de Breguit, juge de Marsan; pour les Bordelais, Pey Berland, archevêque de Bordeaux; Bertrand, seigneur de Montferrand; Galhard de Durfort, seigneur de Duras, Gadifer Shorthose, maire de Bordeaux, et trois autres seigneurs gascons. — L'original du traité du 12 juin est aux Archives de Pau; il se trouve dans le recueil des *Ordonnances*, t. XIV, p. 140. — Le captal de Buch fit sa soumission par un traité spécial, signé le 13 juin. Voir la brochure de M. Eug. d'Auriac, *la Reddition de Bordeaux sous Charles VII* (Paris, 1861, in-8), p. 20 et suiv. Cf. Jean Chartier, t. II, p. 292 et suiv.; Archives, JJ 185, n° 137. Voir aussi le *scellé* de Dunois, Saintrailles et Bureau, dans le *Cabinet historique*, t. III, p. 9, et dans l'édition de Jean Chartier, t. II, p. 208, note.

demeureraient, lesquels recevraient en outre d'importants privilèges : exemption d'impôts, création d'un parlement, facilités commerciales, création d'un atelier monétaire, exemption de tout droit seigneurial, etc. Comme l'a remarqué avec justesse un historien gascon, Charles VII donnait à la Guyenne plus qu'il n'accordait à la France elle-même : il lui octroyait des libertés et des franchises dont ses propres sujets n'étaient point en possession [1].

Que firent les Bordelais pendant le délai de onze jours qui leur était concédé? On ne voit point qu'ils aient envoyé une nouvelle députation en Angleterre. Le temps, d'ailleurs, leur eût fait défaut. Mais une ambassade, à la tête de laquelle était le maire de Bordeaux, sir Gadifer Shorthose, partit pour aller trouver Charles VII et s'assurer de ses dispositions bienveillantes [2].

Le « jour de bataille » arriva; aucune flotte anglaise ne parut. Le comte de Dunois fit ranger son armée devant les murs de la ville, et, le 23 juin, au coucher du soleil, un héraut anglais poussa ce cri : « Secours de ceux d'Angleterre pour ceux de Bordeaux! » Personne n'ayant répondu, il ne restait plus qu'à s'exécuter.

Toutefois, les Bordelais demandèrent, pour livrer leur ville, un dernier délai jusqu'au 30 juin [3]. Dunois consentit à le leur accorder.

Le 29 juin, le comte de Dunois, le comte d'Angoulême, le comte de Nevers, le comte de Vend..., le comte d'Armagnac et tous les capitaines de l'armée royale vinrent par la Gironde mouiller près de Sainte-Catherine; ils y passèrent la nuit. Le 30, au point du jour, l'armée fut rangée « en belle ordonnance » devant les Chartreux. Un héraut alla sommer les habitants de livrer les clés de la ville, ce qu'ils firent sans difficulté. Dunois

1. Ribadieu, *l. c.*, p. 297.
2. « Messire Gadefer de Chartreuse, chevalier, viii×× xvii l. x s. pour bons services à la reduction de la ville de Bordeaux et pour ses despenses ès villes de Saintes et de Taillebourg, où il estoit venu devers le Roy en ambaxade avec autres du pays de Bordelois. » Deuxième compte de Mathieu Beauvarlet, dans le ms. 686 du Cabinet des titres, f. 142.
3. Sans doute pour attendre le résultat de l'ambassade envoyée à Charles VII.

effectua son entrée solennelle et reçut le serment des jurats; lui-même prêta serment d'observer et de faire observer par le Roi les articles de la capitulation; tous les seigneurs et les officiers royaux firent le même serment. Enfin, l'archevêque de Bordeaux, Pey Berland, les gens d'église, les nobles et les bourgeois jurèrent d'être dorénavant « bons et loyaux sujets au roi Charles et à ses successeurs, sans jamais aller au contraire[1]. » Aussitôt les couleurs françaises remplacèrent l'étendard d'Angleterre sur les murs de la ville.

De Taillebourg, où il était resté, Charles VII écrivit à ses bonnes villes pour leur faire part de cet heureux événement[2], et prescrire des processions publiques d'actions de grâce et des réjouissances[3].

Les places de la Guyenne visées dans le traité, savoir: Rions, Dax, Fronsac, etc., ouvrirent leurs portes; mais Bayonne refusa de se soumettre: il fallut en entreprendre le siège.

Après avoir passé quinze jours à Bordeaux, Dunois marcha sur Bayonne, qui fut investie le 7 août. Le siège, vigoureusement conduit, ne fut pas de longue durée: le 20, la capitulation était signée; le 21, Dunois entrait dans la ville au milieu de l'émotion causée par un prodige qui s'était accompli dans la nuit.

---

1. Voir une relation de l'entrée de l'armée française à Bordeaux, transcrite par D. Fonteneau, et qui se trouve dans sa Collection (vol. XXIII, p. 311 : ms. lat. 18398). Cette relation, qui fut communiquée aux bonnes villes, a été mise à profit par Mathieu d'Escouchy (t. I, p. 356 et suiv.); seulement le chroniqueur avance d'un jour l'arrivée de Dunois et l'entrée dans la ville, qu'il place au lundi 28 et au mardi 29. Cf. lettre d'un poursuivant d'armes, écrite le 1er juillet, qui se trouve dans le ms. fr. 5028, f. 182, et qui a été imprimée par André du Chesne dans ses *Annotations sur les œuvres de Me Alain Chartier*, p. 810, et *Histoire de Gaston, comte de Foix*, l. c., où l'on trouve en outre des détails très circonstanciés sur le siège de Bayonne.

2. Voir collection de D. Housseau, l. c., p. 313; ms. fr. n. acq. 3218, f. 10 v°. La procession eut lieu à Paris le 6 juillet : le prévôt des marchands et les échevins y assistèrent, entourés des bourgeois, et escortés par dix sergents de la ville, auxquels on paya 22 s. p. « pour dîner ensemble après ladite procession; » on paya en outre « au chevaucheur de l'escurie du Roy et de monseigneur le Dauphin, 44 s. p. pour ses peines et travaux d'avoir apporté lettres du Roy étant à Saint-Jean d'Angely, faisant mention de la réduction de Bourdeaux et du pays de Guienne, et par lesquelles il signifioit ces choses aux gens d'église, eschevins, bourgeois, manants et habitants de cette ville de Paris. » Extraits du 4° compte de Jean Lhuillier, receveur des aides, dans ms. fr. nouv. acq. 3243, f. 10. — Cf. ms. 685 du Cabinet des titres, f. 145 v°.

3. Nous avons publié cette lettre dans les *Preuves de Mathieu d'Escouchy*, p. 397.

Voici en quels termes il est relaté par Dunois et par le comte de Foix dans une lettre adressée le jour même au Roi : « Sire, il est vrai que, à la propre heure que vos gens prenaient possession du château de Bayonne, étant le ciel très clair et très écuré, apparut sur la ville, du côté d'Espagne, une nue, où paraissait une grande croix blanche, et là s'est arrêtée, sans remuer ni bouger, l'espace d'une heure ; elle était en forme d'un crucifix, la couronne sur la tête, laquelle couronne se tourna ensuite en une fleur de lis. Elle a été vue par tous les gens de cet ost, où étaient de mille à douze cents hommes de guerre espagnols qui sont ici en votre service[1]. » Vivement impressionnés par cette manifestation de la volonté d'en haut, les habitants de la ville s'étaient signés, avaient abattu les enseignes anglaises et substitué partout à la croix rouge la bannière de France, en disant : « Il plaît à Dieu que nous devenions Français et que nous portions tous la croix blanche[2] ! »

Toute la Guyenne était au pouvoir de Charles VII. Blaye et Bourg furent occupés par de fortes garnisons, sous les ordres de capitaines renommés. A Bordeaux, en l'absence du comte de Clermont, nommé peu après gouverneur de la province[3], Olivier de Coëtivy s'installa avec le titre de sénéchal de Guyenne.

Par une circulaire en date du 26 août, Charles VII annonça à ses bonnes villes la prise de Bayonne et leur communiqua en même temps la lettre des comtes de Foix et de Dunois relatant le fait merveilleux qui s'était produit. « Lesquelles choses vous

---

1. Jean Chartier, p. 320. — Voir l'attestation donnée le 20 août par Dunois, au sujet de ce prodige (ms. fr. 5028, f. 183 v°, et Du Chesne, l. c., p. 848 : « Au jour duy xx° jour d'aoust à l'heure de sept heures du matin, à laquelle heure estoit promise la cité de Bayonne et y entrerent les gens du Roy pour en prendre la possession, au ciel qui à celle heure estoit cler et bien purifié s'apparut dedens une nuée une croix blanche au droit de ladicte cité devers les parties d'Espaigne ; laquelle croix, sans mouvoir, demoura l'espace de une heure. Et aucuns dient que au commencement sur icelle croix avoit une semblance de ung crucifix, couronné d'une couronne d'azur sur chef ; laquelle couronne se mua en une fleur de liz. Dont chascun fut esmerveillés, et ceulx de ladicte ville estoient fort espoentez de veoir telles merveilles, et incontinent leur enseigne de leur croix rouge qu'ilz avoient sur leurs portes et tours osterent. »
2. Par lettres du 28 septembre 1451. Ms fr. 5909, f. 219.
3. Cette lettre est dans les Preuves de Mathieu d'Escouchy, p. 309. Sur l'envoi de la circulaire, voir ms. 685, f. 146.

signifions, » disait-il, « tant pour ce que bien savons que à ouir en bien de nos nouvelles serez joyeux, comme aussi afin que fassiez faire processions et autrement rendiez prières et louanges à Notre Seigneur, ainsi que on a coutume de faire en pareil cas quand Notre Seigneur fait de telles et si grandes grâces à nous et à notre royaume. »

Après la Normandie, la Guyenne était conquise : il ne restait plus aux Anglais que Calais[1]. Charles VII allait-il les laisser maîtres du dernier boulevard de leur domination ? Cette question ne tarda pas à être agitée au sein du conseil ; elle faisait en Angleterre l'objet de vives préoccupations.

Dès avant l'achèvement de la conquête de la Normandie, le bruit courait que Calais allait être attaqué. Dans une lettre intime écrite de Leicester, à la date du 6 mai 1450, on parlait du siège de Calais comme imminent[2]. Le 19 août suivant, de Londres, les nouvelles de la guerre étaient données en ces termes : « Ce même mercredi, on disait que Cherbourg était pris et que nous n'avions plus un pied de terre en Normandie ; certains exprimaient même la crainte que Calais ne fût bientôt assiégé[3]. »

Charles VII n'y songeait point à ce moment ; mais, après l'occupation de la Guyenne, l'attaque sembla plus menaçante. Les Anglais s'émurent et prirent des mesures de défense. Au mois d'août 1451, un renfort composé d'environ cent cinquante hommes, avec douze vaisseaux, fut envoyé à Calais sous les

---

1. Les Anglais possédaient encore les îles de Jersey et de Guernesey, près des côtes du Cotentin. Mais les habitants de ces îles se montraient disposés à se donner à la France. Dès le commencement de 1450, des ouvertures furent faites à l'amiral de Coëtivy ; nous en avons la preuve par des documents conservés dans les archives du duc de la Trémoille. En outre une lettre de rémission en date du 20 mars 1453 (Archives, JJ 181, n° 263) nous montre que Thomas de Saint-Martin, écuyer, natif de l'île de Jersey, avait prêté serment à Charles VII.
2. « Also, as hyt ys noysed here, Calys shal be byseged wtihynne this VII dayes. » John Crane to John Paston. *Paston letters*, t. I, p. 127.
3. James Gresham to John Paston. *Paston letters*, t. I, p. 130. — Dans un mandement du 14 août 1450, Henri VI ordonnait de faire arrêt de navires pour être envoyés à Cherbourg et à Calais. Stevenson, *Wars of the English*, t. I, p. 521. — On s'attendait aussi à l'attaque de l'île de Wight, *Id., ibid.,* t. II, p. 474.

ordres des lords Beauchamp et Sudley[1]. En même temps la charge de capitaine de Calais fut donnée au duc de Somerset[2]. Le bruit courut à Amiens que trois armées anglaises allaient débarquer simultanément, l'une à Calais, l'autre en Normandie, l'autre en Bretagne[3]. Au mois de décembre, Somerset était nommé lieutenant sur les marches de Picardie, Flandre et Artois[4]. Dans un mandement du 14 mars 1452, Henri VI disait : « Nous apprenons à chaque instant, aussi bien par des lettres auxquelles nous avons tout motif d'ajouter foi et créance que par une laborieuse et diligente enquête, que notre adversaire de France et ceux qui tiennent son parti se disposent, avec tout le soin et la diligence dont ils sont capables, à venir sur les marches de Calais à la tête d'une puissance aussi grande qu'aucune qui ait été réunie en France depuis plusieurs années, dans le dessein de se rendre maîtres de Calais et d'autres places de ces marches, au moyen de sièges, et ensuite de venir en ce royaume pour le ravager et le détruire. » Le roi d'Angleterre déclarait qu'il avait donné à son cousin le comte de Shrewsbury le gouvernement de ses forces sur mer; toutes les mesures étaient prises; des vaisseaux étaient préparés dans différents ports; une armée était prête pour l'embarquement; ordre était donné au lieutenant de Calais, lord Clifford, de se rendre en toute hâte à Calais pour prendre tous les moyens de résistance contre l'ennemi[5]. En même temps Henri VI manifestait l'intention de se transporter de sa personne en France[6].

Qu'y avait-il de fondé dans ces craintes du gouvernement

1. Gairdner, Introduction aux *Paston letters*, p. LXXXI ; *Proceeding and ordinances*, t. VI, p. 112.
2. 21 septembre 1451. Brequigny, 58, f. 105 ; cf. *Proceedings and ordinances*, t. VI, p. XXXVII.
3. *Registres des délibérations de l'hôtel de ville d'Amiens*, vol. VII, f. 61.
4. *Proceedings and ordinances*, l. c.
5. Cette lettre est publiée dans *Proceedings and ordinances*, t. VI, p. 119. A la suite se trouvent des lettres de créance pour lord Clifford, une nouvelle lettre à lui adressée en date du 22 mars, et des instructions détaillées relativement à la flotte (p. 122-25). Voir d'autres documents dans Stevenson, t. II, p. 476-78.
6. Voir Stevenson, t. II, p. 478. Le duc d'York, dans une lettre adressée aux bourgeois de Shrewsbury, en date du 3 février 1452, écrivait de son côté : « Now daily they make their advance for to lay siege unto Calais and to other places in the marches there. » Sir H. Ellis, *Original letters*, 1rst series, t. I, p. 11 ; Gairdner, l. c., p. LXXIII.

anglais ? On en a été jusqu'ici réduit à des conjectures : on a supposé, sur la foi d'un historien contemporain[1], que Charles VII s'était abstenu de toute attaque sur Calais en raison des ménagements que la situation lui imposait à l'égard du duc de Bourgogne. Il n'en est rien. Charles VII eut, dès le début, la pensée d'une attaque, et, au lendemain de la conquête de la Guyenne, il prit la résolution de s'emparer de Calais.

Voici, en effet, ce que nous lisons dans la dépêche d'un ambassadeur florentin envoyé, au mois de novembre 1451, à la cour de France, et que nous rencontrerons plus loin :

« Le Roi fait, en artillerie et autres approvisionnements, de grands préparatifs pour se rendre à Calais en la saison nouvelle et attaquer la place par terre et par mer. Le roi d'Angleterre voudrait la paix ; une ambassade a été envoyée dans ce but ; mais le roi de France veut avoir Calais. Il estime que, n'était la crainte de ses propres sujets, le roi d'Angleterre abandonnerait Calais. Certains pensent que le mois de mars ne s'écoulera point sans que la chose ne se fasse. Les ambassadeurs du duc de Bourgogne sont auprès du Roi ; ils le sollicitent de laisser leur maître prendre la charge de l'entreprise sur Calais. Le Roi n'a pas voulu y consentir. Les ambassadeurs ont demandé ensuite l'assistance du Roi pour entreprendre la conquête des Lieux Saints. Le Roi a répondu que c'était là une bonne pensée, mais que tout d'abord il voulait voir ce que deviendrait la guerre contre les Anglais. Autant qu'on peut entendre les choses, le duc de Bourgogne se conduira bien à l'égard du Roi, et, s'il voulait agir autrement, ce serait à son détriment[2]. »

Dans une autre dépêche du 21 décembre, l'ambassadeur écrivait :

« On fait toujours de grands efforts en vue d'une entente avec les Anglais. Le roi d'Angleterre s'y prêterait volontiers et abandonnerait Calais ; mais les Anglais ne le souffriraient

---

1. Voir Thomas Basin, t. I, p. 247-48.
2. Dépêche du 18 novembre 1451. Archives de Florence.

pas. Ce roi se trouve dans une situation périlleuse, et pourrait être, de la part des Anglais, l'objet de quelque vilenie du genre de celles qu'ont éprouvées d'autres de leurs rois. Au milieu de toutes ces tentatives en vue de la paix, le Roi de France fait de grands préparatifs pour aller assiéger Calais... Il a le projet de s'y rendre avec une armée d'environ cinquante mille hommes, et il y aura sur mer deux mille navires, du port de quatre à huit cents tonneaux, tirés d'Espagne, de Hollande, d'Islande et d'Allemagne[1]. »

Le dessein de Charles VII est donc bien arrêté ; ce n'est point le duc de Bourgogne qui l'empêchera de le mettre à exécution ; le moment seul reste incertain : il est subordonné aux événements. Les Anglais ne se trompent pas ; au mois de mars 1452 l'attaque paraît imminente. Les mesures prises par eux réussiront-elles à la prévenir? On verra plus loin comment ils échappèrent à ce danger et parvinrent à conserver Calais.

[1]. Dépêche du 21 décembre 1451. Original, Bibl. nat., Ms. italien 1585, f. 234.

CHAPITRE III

LA COUR DE 1450 A 1453

La nouvelle maîtresse du Roi : Antoinette de Maignelais ; Charles VII lui fait épouser André de Villequier ; le mariage est célébré au château de Montbazon. — Fêtes à Montbazon ; hommage rendu par le duc de Bretagne ; dons aux nouveaux époux. — Personnages en faveur : Guillaume Gouffier, Louis de la Rochette, Antoine d'Aubusson, Jean de Levis. — Affaire de Gilles de Bretagne ; poursuites contre ses meurtriers. — Le Roi passe l'hiver aux Montils-les-Tours, entouré d'une cour brillante. — Il quitte au printemps sa maison de plaisance ; mais, au lieu de se rendre sur le théâtre de la guerre, il s'installe à Taillebourg auprès de ses filles naturelles. — Le Roi s'arrête au retour à Villedieu, où est célébré le mariage de Jean de Levis avec Antoinette de Villequier. — Nouveau séjour aux Montils. — Au printemps, le Roi va de château en château, s'abandonnant à sa vie de plaisirs. — Expédition en Forez ; retour aux Montils. — Entourage intime de Charles VII ; étrennes et cadeaux de 1452 à 1454 ; mort soudaine d'André de Villequier.

On a vu plus haut[1] que, le 9 février 1450, Agnès Sorel mourut à Jumièges, où elle était venue rejoindre le Roi. Charles VII chargea un poète en faveur à la Cour, Jacques Millet, de rédiger son épitaphe[2] ; il confirma les fondations

---

1. Voir t. IV, p. 218.
2. C'est un poème en mètres léonins qui commence ainsi :

> Fulgor Apollineus rutilantis luxque Dianæ.

Il a été cité par Delort (*Essai critique*, etc., p. 209). Dans l'*Épitaphe de Jacques Millet*, on y fait allusion en ces termes :

> ... en temps de prospérité
> Fist *Fulgor Apolineus*
> Pour Agnez, dame de Beaulté.
> Ce metre est en solempnité
> Escript richement sur sa lame.

Voir la notice consacrée à Jacques Milet (ou Millet) par M. Vallet de Viriville dans la *Nouvelle biographie générale*. Cf. ms. latin 11114, f. 35 v°, et ms. fr. 1716, f. 19. Dans ce dernier manuscrit, postérieur au précédent, le dernier vers est ainsi transcrit :

> Escript à Loches sur la lame.

faites par la défunte et donna à ce sujet des lettres d'amortissement[1]; il éleva en son honneur de magnifiques mausolées, où elle était représentée avec les attributs d'une duchesse[2]. Mais si, du vivant même d'Agnès, il ne lui avait pas donné une rivale[3], il ne laissa pas longtemps sa place vacante. Chez lui l'âge, loin d'émousser les passions, semblait au contraire les exciter. Parmi les filles d'honneur, il y en avait plus d'une que le Roi avait distinguée. Si les libéralités dont elles furent l'objet ne semblent pouvoir donner lieu à aucune interprétation fâcheuse[4], il n'en est pas de même à l'égard d'une jeune fille qui, sans avoir charge à la Cour, y parut certainement du temps d'Agnès, dont elle était la cousine germaine. Nous voulons parler d'Antoinette de Maignelais[5], fille de Jean de Maigne-

1. Lettres d'amortissement en date du mois de décembre 1451, publiées par Vallet de Viriville, *Nouvelles recherches sur Agnès Sorel*, p. 82. Cf. *Bibliothèque de l'École des chartes*, t. XI, p. 322 et suiv.

2. Un à Jumièges, où se trouvaient ses entrailles; un à Loches, où son corps fut transporté. Voir Vallet de Viriville, *Histoire de Charles VII*, t. III, p. 187; *Recherches historiques sur Agnès Sorel*, dans la *Bibliothèque de l'École des chartes*, t. XI, p. 316 et suiv.; *Nouvelles recherches sur Agnès Sorel*, p. 82 et suiv.; *Dictionnaire historique... des trois arrondissements d'Indre-et-Loire*, par Dufour, t. II, p. 178 et suiv.; *Translation du tombeau d'Agnès Sorel en 1777*, dans les *Mémoires de la Société archéologique de Touraine*, t. VI, p. 209-212. — Sur le mausolée de Loches, voir l'*Essai critique* de Delort, p. 208 et suiv.

3. M. Vallet de Viriville pense que la maîtresse qui succéda à Agnès Sorel était en faveur avant la mort de celle-ci (voir t. III, p. 184 et 213). On se rappelle le mot de Thomas Basin (t. I, p. 319) : « nec eam quippe solam, nec ipsa cum solum. » Mais l'évêque de Lisieux, qui ajoute : « sed cum ipsa etiam satis copiosum gregem muliercularum omni vanitatis generi dedicatum, » paraît ici se tromper sur les dates, comme cela lui arrive souvent : le fait qu'il allègue ne se produisit que postérieurement. C'est à tort, croyons-nous, que Marguerite de Villequier (mariée dès 1449 à Antoine d'Aubusson) et Antoinette de Villequier (mariée en octobre 1451 à Jean de Levis) ont été rangées (voir Camille Favre, *Introduction au Jouvencel*, p. CLXXVII, note) au nombre des maîtresses de Charles VII, et cela du vivant d'Agnès Sorel.

4. Les comptes et documents du temps mentionnent des dons faits à la plupart de celles que nous avons nommées plus haut (t. IV, p. 89, note 3) spécialement aux suivantes : Marie de Belleville, Isabeau de Hestray (ou Hettré), Jeanne de Montberon, Prégente de Melun, Jeanne de Courcillon, Jeanne Rochelle, Blanche de Compains, Alix de Tournay, Jehannette Gazelle, Jacqueline de Villelot, Jeanne Filleul, Marguerite et Antoinette de Villequier, Marguerite de Salignac. Voir Comptes de Xaincoins, dans le ms. 685 du Cabinet des titres, f. 101 v°, 103, 111 v°, 113 v°, 114, 124 v°, 125; *Preuves de Math. d'Escouchy*, p. 257, 259, 263, et *Supplément*, p. 16, 17 et 29; Clairambault, 207, p. 89, 90 et 91; *Pièces originales*, 1155 : FILLOL; 2519 : ROCHELLE, 2612 : SALIGNAC; Ms. fr. 26081, n° 6145.

5. On voit par les comptes que Catherine de Maignelais, châtelaine de Verneuil, touchait, en 1451 et années suivantes, une pension de 300 l. t. (Cabinet des titres, 685, f. 141 v°, 150 v°, 161.) — Cette pension de 300 livres était faite à la mère d'Agnès Sorel du vi-

lais, capitaine de Gournay-sur-Aronde et de Creil, et de Marie de Jouy. Catherine de Maignelais, sœur de Jean, était mère d'Agnès Sorel. Antoinette n'était plus de la première jeunesse[1], mais elle ne le cédait point en beauté à sa cousine[2]. Dès le mois d'août 1449, Charles VII lui donnait une marque notable de sa faveur : les Maignelais étaient depuis longtemps en procès avec les ducs de Bourbon, relativement à la terre de Maignelais que le duc Louis II s'était fait adjuger en 1398. Le Roi la retira des mains de Charles, duc de Bourbon, et, de sa propre autorité, la rendit à Antoinette[3].

A peine revenu de son expédition de Normandie, Charles VII s'occupa de marier sa nouvelle favorite et de la doter. Au premier rang parmi les *mignons du Roi*, figurait un jeune et brillant chambellan que nous avons vu apparaître en 1444[4]. « Monseigneur de Villequier » devint bientôt l'un des familiers les plus assidus et les plus choyés de la cour de Razilly et des

---

vant de celle-ci. Nous avons la preuve par une lettre que Jacques Cœur écrivait de Loches, en date du 2 août 1449, à Jean Vigenère : « Au surplus, passez par ma damoiselle la mere de ma damoiselle Agnès, et luy baillez unes lettres que je luy escris. Voiez-les avant et empruntez ou prenez de Pierre Jobert, quant retournera de Geneſve, cent escuz, et les luy portez, et n'y faictes faulte. Et luy pourrez dire que je vous ay escript et chargé luy fournir jusque à IIIc fr. Et entre cy et le bout de l'an, je penseré où se prendera la reste. Si ne poviez avoir lesdiz cent escuz de Jobert, au premier autre de nos gens à qui les demanderez les vous baillera ; mais ne faillez à les luy porter quant vous yrez devers elle, comme dit est. » Cette lettre est citée dans le Procès-verbal de la vente des biens de Jacques Cœur (Archives, KK 328, f. 339 v°). On y voit que Catherine de Maignelais, alors déjà veuve de Jean Soreau, fit donner quittance des 100 écus le 15 août 1449, et du surplus des 300 livres le 28 octobre suivant.

1. Les généalogistes la font naître vers 1420.
2. « Et elle estoit bien aussy belle que sa tante. » Jacques du Clercq, t. IV, ch. XXIX. C'est par erreur que le chroniqueur fait d'Antoinette une nièce d'Agnès, et cette erreur a été souvent reproduite.
3. C'est au moins ce qui ressort d'une note ainsi conçue, qui se trouve dans la collection de D. Grenier, vol. 210, f. 13 v° : « Le roi Charles VII retira des mains de Charles de Bourbon, comte de Clermont, la terre de Maignelay au mois d'août 1449, pour Antoinette de Maignelay, sa maistresse, petite-fille de Raoul, seigneur de Montigny et de Coivrel, sur qui Louis II se l'était fait adjuger. » Cf. *Histoire généalogique* du P. Anselme, t. VIII, p. 541. — Ce n'était pas, d'ailleurs, un brillant cadeau, car les terres de Maignelais et de Sains étaient tombées en non-valeur, et se trouvaient grevées de lourdes charges « par defaulte d'omme et de devoirs non faits aux ducs de Bourgogne et comte d'Estampes, » de qui elles relevaient. Voir un acte du 16 décembre 1449, dans Beauvillé, *Documents inédits concernant la Picardie*, in-4, 1860, p. 149.
4. Voir t. IV, p. 177.

Moulins[1]. Membre du grand Conseil dès le mois de juin 1449[2], il figura dans le cortège royal à l'entrée de Rouen[3]. Il était dès lors un des personnages considérables de la Cour[4]. Par lettres données à Caen le 7 juillet 1450, et qui constataient les services rendus depuis son enfance, il recevait la vicomté de Saint-Sauveur-le-Vicomte, en Cotentin, avec la baronnie de Néhou, et toutes leurs dépendances[5]. Le 29 juillet suivant, il

1. 1446-47. « André, seigneur de Villequier, escuyer, vi° l. pour soustenir son estat. » — « André, seigneur de Villequier, n° vi l. pour entretenir son estat. » — « André de Villequier, escuyer, LXVIII l. XV s., et ainsy par mois. » — « Mg de Villequier, VIxx XVII l. X s. outre ses gages et autres dons. » — « André, seigneur de Villequier, CXXXVII l. X s., outre et par dessus les pensions et autres sommes qu'il avoit par mois. Idem en juillet. » Neuvième compte de Xaincoins, Cabinet des titres, 685, f. 111 v°, 112, 113, 113 v°, 114 v°. — 1447-48. « André, seigneur de Villequier, escuyer, LXVIII l. XV s. par mois pour estre en la compagnie du Roy. » — « André, seigneur de Villequier, escuyer, vi° l. outre ce qu'il prend par mois. » Dixième compte, f. 123, 123 v°.
2. Sa signature se trouve au bas d'une lettre de rémission donnée à cette date au château des Roches-Tranchelion. Archives, JJ 179, n° 325. Cf. Vallet de Viriville, Charles VII et ses conseillers, p. 24 et 57.
3. Mathieu d'Escouchy, t. I, p. 211.
4. Lors du complot des Écossais, en juin 1450, il fut un de ceux qu'on devait enlever. En juillet 1449, Blanche d'Aurebruche, vicomtesse d'Acy, donna, dit-on, douze mille écus à Villequier pour obtenir de la chancellerie royale des lettres de rémission. Voir Mémoires de la Société des Antiquaires de Picardie, t. XIX, p. 412 et suiv.
5. « Nous, les choses dessus dictes considerées et la bonne et affectueuse amour que nous avons à la personne dudit sire de Vilequier, et pour consideration des bons, louables et agreables services que ses predecesseurs ont faiz à nous, à noz predecesseurs et aussi que nous a faiz dès son enfance ledit sire de Vilequier, estant continuellement en nostre service autour de nostre personne, fait et continue chascun jour et esperons que plus face ou temps à venir... » Archives, JJ 180, n° 127; imprimé dans Delort, Essai critique, p. 221. Les lettres du 7 juillet sont contre-signées par le comte de Dunois, les sires de la Varenne (Brezé) et de Bueil, et Jacques Cœur. Cf. Math. d'Escouchy, t. I, p. 291; Delisle, Histoire de Saint-Sauveur-le-Vicomte, p. 276-77. — Dunois, qui avait reçu les mêmes terres après la mort du comte d'Aumale, mais n'avait pu en jouir puisqu'elles venaient seulement d'être reconquises, intervint à l'acte, et consentit, « de son propre mouvement de liberale voulenté, » à la renonciation de tous ses droits. M. Delisle reproduit un autre acte en date du 7 juillet, reçu par les tabellions de Caen, par lequel Dunois, en présence de Jacques Cœur et de Jean Havart, reconnaît avoir, « pour le bon amour et affinité qu'il avoit à noble homme André, sire de Villequier, escuier, conseiller et chambellan du Roy nostre sire, et pour son bien et avancement, » quitté et délaissé tous ses droits. De nouvelles lettres furent données à Écouché, au mois d'août suivant (avant le 15, suivant l'Itinéraire de Charles VII). Elles ont le même but et les mêmes considérants; on y remarque seulement certaines variantes. La terre d'Auvers est ici mentionnée, et ne figure pas dans les lettres du 7 juillet; d'autres possesseurs de la vicomté de Saint-Sauveur et de ses dépendances sont nommés, etc. Ces lettres, contresignées par Dunois, le grand maître d'hôtel (Culant) le sire de Torcy, Théaulde de Valpergue et Guillaume Cousinot, portent au dos les mentions suivantes : Lecta et publicata de expresso mandato Regis, iteratis vicibus; facto Parisiis in Parlemento (13 février 1450). CHENETEAU. — Lecta etiam presentibus in camera compotorum præfati domini Regis ad burellum et de ejus expresso mandato per certos nuntios

était appelé au poste important et lucratif de gouverneur de La Rochelle[1]. C'est ce favori si bien pourvu que Charles VII résolut de donner pour époux à Antoinette de Maignelais.

A peine revenu à Tours, après sa campagne, le Roi alla (fin septembre) s'installer au château de Montbazon, chez l'un de ses chambellans, Aymar de la Rochefoucauld, seigneur de Montbazon et de Sainte-Maure[2]. C'est dans cette sombre demeure féodale, qui remontait au temps de Foulques Nerra[3], que le mariage devait être célébré, en présence de la mère d'Antoinette[4]. Le 22 octobre, André de Villequier recevait en don, à cette occasion, les îles et dépendances d'Oléron, Marennes, la Tour-de-Brou, etc., confisquées d'abord sur La Trémoille, puis, plus récemment, sur son neveu Jacques de Pons. Dans les lettres rendues à cet effet, après avoir rappelé les services de son conseiller et chambellan, le Roi exposait que, « venu en âge, » il avait reçu l'offre de « plusieurs grands et notables partis et traités de mariage, en grandes et notables maisons, par le moyen desquels il eût eu et lui fussent venus plusieurs grandes terres et seigneuries ; » mais que André, désirant lui

---

ad hoc cum litteris clausis specialiter destinatos facto obtemperatum est, etc. (15 février 1450). LE BÈGUE. — *Vidimus* orig., Archives, P 1905², n° 6138 ; copie moderne, P 2299, p. 40.

1. « Pour consideracion des grans et recommandables services que aucuns des parens et amis de nostre très-amé et feal chambellan André, sire de Villequier, ont fais tout leur temps à feu nostre très-chier seigneur et père, cui Dieu pardoint, et à nous, tant ou fait de nos guerres, etc., et pareillement ledit de Villequier entour nous, où, dès sa jeunesse, il a esté nourry, comme encores est de present, confians à plein de ses sens, preudommie et bonne diligence, et voulans le pourveoir d'estat honorable à ce qu'il soit plus enclin et curieux de perseverer de bien en mieulx en nostre service. » *Vidimus* original, Clairambault, 963, p. 7. Lettres données à Écouché et contresignées par les sires de Bueil et de Prully (Frotier) et Guillaume Cousinot.— Le même jour le Roi lui donnait un délai d'un an pour prêter serment en Parlement. *Id., ibid.*

2. « Messire Emar de la Rochefoucault, chevalier, seigneur de Montbazon, xl l. pour le desroy fait à Montbazon quant le Roy y a logé. » Deuxième compte de Math. Beauvarlet, *l. c.*, f. 142. — Aymard était fils cadet de Guy, seigneur de la Rochefoucauld, et de Marguerite de Craon, dame de Sainte-Maure ; il épousa Jeanne de Mareuil. Dès le 30 décembre 1436, il faisait foi et hommage au Roi pour les terres et seigneuries de Sainte-Maure et Nouatre. (*Mémoires de la Société archéologique de Touraine*, t. VI, p. 278, 293-94.)

3. Voir la notice de M. Ch. de Sourdeval, dans les *Mémoires de la Société archéologique de Touraine*, t. IX, p. 60-62.

4. « Anthoine de la Motte, eschançon du Roy, IIIxx II l. x s., pour avoir conduit en décembre de Montbazon en Beauvoisis la mère de mademoiselle de Villequier. » Deuxième compte de Beauvarlet, f. 144 v°.

complaire et obéir ainsi que toujours il avait fait, s'était refusé à accueillir ces propositions : « sachant, disent les lettres, que nostre plaisir estoit le pourveoir autre part oudit estat de mariage à nostre plaisir et voulenté, ainsi que avons entencion de faire avec nostre très-chière et bien amée Anthoinette de Magnelaiz, damoiselle; considerans aussi que, à l'occasion de ce que, pour nous complaire comme dit est, il n'a voulu entendre auxdiz grans mariages, pourquoi il a esté grandement endommaigé et intéressé, laquelle chose nous pourroit tourner à charge de conscience si non qu'il fut par nous recompensé, voulans recongnoistre lesdiz services et recompenser en deschargant nostre conscience de ce que dit est, nous, audit André, sire de Villequier, en faveur des choses dessus dictes et pour la grant amour et singulière affection que toujours avons eue et avons à sa personne et à son bien et provision, et aussi en faveur et contemplacion dudit mariage que avons entencion de brief traicter et faire accomplir et parfaire..., avons donné, » etc. [1].

Le mariage eut lieu dans les derniers jours d'octobre, au milieu des fêtes les plus pompeuses. La Cour était alors fort brillante. Le nouveau duc de Bretagne, Pierre, frère du feu duc François, venait d'arriver à Montbazon, accompagné d'une suite de quatre à cinq cents chevaux, pour rendre hommage de son duché. Cette cérémonie s'accomplit le 3 novembre, « en la salle de la Maison neuve, » en présence du connétable, des comtes de Dunois, de Clermont, de Vendôme, de Castres, de Saint-Pol, de Tancarville et de Laval, et d'une foule de seigneurs [2]. « Ouquel lieu, dit le chroniqueur officiel Jean Char-

[1]. Ces lettres se trouvent, avec la date du 22 octobre, dans Du Puy, 631, f. 55, et dans Dom Housseau, IX, n° 3911, et aux Archives nationales dans le registre JJ 180, n° 13; elles se trouvent, avec une clause spéciale visant l'ordonnance du 16 novembre 1447, et la date du mois seulement, aux Archives nationales dans le registre JJ 185, n° 65, et dans le registre P 2298, p. 31. Elles sont contresignées par les évêques de Maguelonne, de Maillezais, de Carcassonne et d'Agde, les comtes de Saint-Pol et de Tancarville, le grand maître d'hôtel (Galant), les sires de Torcy, de Preuilly (Trotier), de Haugy (Bar) et de Charlus (Charles de Ventadour), Jean de Chambes, Louis d'Aumale, Jacques Cœur, Jean Hardouin et Étienne Chevalier.

[2]. La liste se trouve dans l'acte d'hommage publié par D. Morice, t. II, col. 1511-18. On y trouve le nom de Philippe de Gamaches, abbé de Saint-Denis. Or Philippe était l'oncle d'André de Villequier.

tier, ledit duc fut grandement festoyé des dames et damoiselles[1] ; lequel aussi, de son costé, s'acquitta grandement envers elles. Monseigneur de Villequier et madamoiselle sa femme estoient lors en grande authorité en la cour du Roy. Après ce il y eut de grosses joustes et aultres esbatemens, durant quinze jours ou environ que ledit duc fut ainsi auprès du Roy[2]. »

C'est à Montbazon que fut rendue une nouvelle ordonnance, par laquelle le Roi, ayant en considération que, à sa requête et pour lui complaire, le sire de Villequier avait épousé Antoinette de Maignelais, et que la demoiselle n'avait présentement « aucun lieu, de son côté, ou place pour son retrait, » lui donnait, sa vie durant, les place, château, ville et seigneurie d'Issoudun et le revenu du grenier à sel établi audit lieu. Ces lettres, signées de la main du Roi, portent la date du 12 novembre 1450[3]. La seigneurie d'Issoudun était une de celles que Charles VII avait données jadis à Agnès, et maintenant elle constituait en quelque sorte la dot de la favorite qui lui avait succédé.

Ce n'était point, d'ailleurs, comme le disent les lettres royales, le seul lieu que la nouvelle favorite eût « pour son retrait. » Peu auparavant, le Roi lui avait assigné une autre demeure. Nicole Chambre, capitaine de la garde écossaise du Roi, avait acquis, le 21 mai 1448, de Jean de Malestroit, la terre de La Guerche, en Touraine[4] ; il la céda, le 19 octobre 1450,

---

1. Ces qualifications de *dame* et *damoiselle* ne s'appliquent pas, comme on pourrait le croire, à des femmes mariées et à des femmes non mariées. On voit que le chroniqueur, en parlant d'Antoinette et de son mari, dit : « Monseigneur de Villequier et *madamoiselle* sa femme. » On appelait *madame* la femme d'un chevalier, ou une dame d'un rang très élevé ; le titre de *mademoiselle* était donné aux autres femmes nobles mariées à un simple écuyer. Dans les comptes de 1452-54, Antoinette est appelée *madamoiselle de Villequier*.
2. Jean Chartier, t. II, p. 249.
3. Archives, P 2299, p. 56 ; D. Housseau, IX, n° 3910.
4. Dom Housseau, XII, n° 5771. Cf. Carré de Busserolle, *Recherches historiques sur la vicomté de La Guerche*, 1862, in-8, p. 32. — Le 1er septembre 1449, Nicole Chambre, écuyer du pays d'Écosse, seigneur de la Guerche en Touraine, déclare avoir reçu du Roi la somme de cinq mille livres tournois, en faveur des services qu'il lui a faits pour la garde de son corps et pour l'aider à payer la terre de La Guerche, acquise par lui l'année précédente. Clairambault, 28, p. 2011.

à André de Villequier, pour un prix inférieur à celui de l'acquisition [1]. C'est là que le jeune ménage allait s'établir.

Telle était la révolution nouvelle qui venait de s'opérer dans la vie de Charles VII, et qui devait avoir de si fâcheuses conséquences. Lui qui n'aimait pas les flatteurs et possédait une si parfaite connaissance des hommes, il allait, plus encore qu'au temps d'Agnès, se laisser circonvenir par des courtisans prompts à exciter les passions du maître et habiles à en tirer parti pour leurs cupidités ou leurs vengeances [2]; lui qui, le plus souvent, s'était montré accessible à tous [3], il allait, dans ces châteaux où il aimait à résider, devenir impénétrable aux regards [4]; lui qui, d'ordinaire, mettait un soin si scrupuleux à ne confier les emplois qu'aux plus capables et aux plus dignes, il devait, cédant aux obsessions de certains favoris, faire preuve d'une facilité blâmable [5]. Quand la passion domine, la

1. Le prix d'achat avait été de 1,100 écus d'or; celui de vente fut de 1,000 écus d'or. Le château de La Guerche est ainsi décrit dans une note de la collection de Dom Housseau (XII, n° 5786) : « La Guerche, vicomté très-ancienne, consiste dans une ville murée et entourée de grands fossés avec un beau château composé de grands bâtiments en pierre de taille fondés dans la rivière, cinq grosses tours qui ont plus de douze pieds d'épaisseur dans leurs murs et élevés de plus de soixante pieds de hauteur au-dessus de leurs fondements, grands fossés pleins d'eau vive, revestus de pierres de taille, ponts levis, etc. Ceste vicomté relève du Roi à cause de son chasteau de Tours... » — Ce château fut bâti par les Villequier, ainsi que l'atteste la présence de leurs armes à différents endroits, et sans doute postérieurement au règne de Charles VII.

2. Thomas Basin, t. I, p. 325 et 313-14.

3. Chartier parle (t. III, p. 18) du « doux aqueil qu'il avoit coustume de faire à ses gens. »

4. Th. Basin, t. I, p. 327. En septembre 1451, les gens de Compiègne envoient solliciter pour le fait de leur ville; le Roi était au château de Villedieu, « où on entroit à très-grant peine. » Archives de Compiègne, CC, 19, dans la *Bibl. de l'École des chartes*, t. XXIV, p. 496. — C'est à tort que M. Vallet, dans son *Histoire de Charles VII*, donne à ce fait la date de 1453 : l'*Itinéraire de Charles VII* prouve qu'il faut le placer en 1451.

5. Dans son épître *Verba mea auribus*, écrite vers le mois de mars 1452, Jouvenel des Ursins fait allusion en ces termes à ces fâcheuses influences (ms. fr. 2701, f. 103 v°) : « La deuxiesme consideration si peult estre quelles gens de conseil vous devez avoir prez de vous. Outre les autres y a ceulx qui sont vos collateraulx, que on appelle chambellans, et communement sont conseillers et vous doivent accompagner jour et nuyt. Et si y en peut avoir de deux manières : les ungs josnes d'aage, les aultres anciens chevaliers, et de aucuns le conseil est à ouyr et entendre : car, comme dit Job, *in antiquis est scientia*. Mais, de josnes, le conseil est bien perilleux, et y devez bien adviser quelle moquerye et derrision seroit se le peuple de ce royaume congnoissoit et veoit que en eussiés le conseil et la voulenté d'un josne prez de vous, et que l'on deist que le Roy ne fait que ce que ung tel veult et sa voulenté est faicte. C'est à dire que il seroit mieulx à plaine au regard de ce royaume que vous et que à plaine de ses voulenté et plaisir

voix de la raison ne saurait se faire entendre ; et les règles de l'honneur et du devoir une fois violées en un point le sont fatalement sur d'autres [1].

A côté d'André de Villequier, dont le crédit est alors tout-puissant [2], on distingue plusieurs jeunes seigneurs ayant leur part de faveur et d'influence : Guillaume Gouffier ; Louis de la Rochette ; Antoine d'Aubusson, seigneur du Monteil ; Jean de Levis, seigneur de Vauvert.

Nous avons déjà rencontré le premier [3]. Fort avant dans les bonnes grâces du Roi, dont il était l'un des valets de chambre [4], il avait été spécialement attaché à la personne d'Agnès Sorel et avait accompagné celle-ci dans son voyage de Paris au mois avril 1448, et en Normandie à la fin de 1449. Il se trouvait à Jumièges au lit de mort d'Agnès, et fut l'un de ceux qui reçurent son dernier soupir. Guillaume Gouffier prit une part active à la conquête de la Normandie ; il reçut en récompense, le 20 février 1450, la seigneurie de la Roquesezière en Rouergue, qui avait appartenu à Agnès [5]. Le 9 avril 1451,

---

feriez une loy ou ordonnance. Dieu vous a donné sens et entendement : regettez la voulenté de telles jeunes gens, et regardez le proffit et honneur de vous et de la chose publique de vostre royaume. Nous avons (III° R. XII° cap°) que Roboam *adhesit consilio juvenum*, et par son conseil aggravait le peuple de exactions, et la plus grant partie le delaissa : *et ejus regnum divisum*. Regardez autour de vous se il en y a aucuns qui soyent convoiteux et qui vous induisent plus à continuer les exactions sur le peuple pour le proffit que ilz en ont, et, soient josnes et vieux, et les regettés... Helas ! j'ay grant doubte, mon souverain seigneur, que souvent on vous conseille plusieurs choses que vous ne advisez pas, où il y a plus proffit et moins d'onneur. Justice est à preferer à utilité et honneur à proffit. »

1. C'est ainsi qu'il faut entendre le passage de Th. Basin, t. I, p. 325, qui est d'ailleurs en contradiction avec deux autres passages : t. I, p. 323 et t. II, p. 8.
2. En 1452, lors du voyage du duc de Savoie à Cleppé près de Charles VII, le duc disait à l'un de ses familiers : « On m'a dit beaucoup de bien d'un nommé le seigneur de Villequier, qu'il est un très bon preudhomme et très sage et prudent de son aage, et que mondit seigneur le Roy l'a nourri, par quoy il me semble que il le doit mieulx cognoistre. » Déposition de Valeran, citée par Camille Favre, *Introduction au Jouvencel*, p. CLXXXVI, note 1.
3. Voir t. IV, p. 178, 215 et suiv.
4. Dons en 1446 et années suivantes. Voir Cabinet des titres, 685, f. 112, 123 v°, 124, 125 v°, 126, 126 v°.
5. Lettres données à l'abbaye de Grestain, signées du Roi, et contresignées par Jacques Cœur et Robert Poitevin (et Étienne Chevalier comme secrétaire). *Vidimus* original, P 1907¹, n° 15801. « Pour consideracion des bons et agreables services que nostre amé et feal escuier d'escuierie Guillaume Gouffier nous a faitz, tant en son dit office comme ou fait de noz guerres, et mesmement au recouvrement et conqueste de

le Roi lui donna les terres et seigneuries d'Olron, Rochefort, etc., confisquées sur Jean de Xaincoins [1]. C'était alors la plus grande marque de faveur qui pût être donnée à un sujet que de l'admettre à partager la couche royale : vieil usage des temps de la chevalerie qui n'était point encore tombé en désuétude. Charles V avait accordé ce privilège à Boucicaut [2] ; Louis XIII l'accorda plus tard à Luynes. Gouffier fut, dit-on, le seul favori auquel Charles VII ait fait cet honneur [3]. Grâce à l'intervention du Roi, il épousa (8 avril 1451) Louise d'Amboise, fille d'un grand seigneur du temps, et d'Anne de Bueil. Gouffier se trouva ainsi apparenté aux plus hautes maisons, et devint le neveu [4] de l'amiral de France Jean de Bueil [5]. Écuyer d'écurie, puis chambellan du Roi [6], il fut nommé, par lettres du 11 juin 1451, sénéchal de Saintonge [7],

cestui nostre pays de Normandie, où il a esté et s'est vaillamment gouverné depuis le commencement d'icelle conqueste jusques à ores, et autrement en plusieurs et maintes manières le temps passé, fait de jour en jour et esperons que encores face le temps à venir, voulant d'iceulx aucunement le remunerer et compenser, à ce qu'il soit plus enclin et curieux de continuer en nostre dit service, et ait mieulx de quoy honorablement entretenir son estat entour nous... » — Ces lettres ont été citées à tort par Blanchard (t. I, col. 205), et le P. Anselme (t. V, p. 607) avec la date du 30 mars.

1. Analyse de ces lettres dans *Pièces originales*, 1367 : GOUFFIER, f. 269 v°; cf. le P. Anselme, qui leur donne la date du 17 décembre 1450.

2. Voir l'*Histoire et plaisante chronique du petit Jehan de Saintré*, édition Guichard, p. 135.

3. « Il avoit esté en sa jeunesse très-aymé de ce Roy, tant qu'il ne voulut oncques souffrir coucher nul gentil homme en son lit fors luy. En ceste grande privauté que je vous dis, luy compta le Roy les parolles que la Pucelle lui avoit dictes... » Pierre Sala, dans Ms. fr. 10420, et Quicherat, *Procès de Jeanne d'Arc*, t. IV, p. 280.

4. Et non le beau-frère, comme le dit M. Vallet (t. III, p. 270).

5. Voici en quels termes il est fait allusion à ce mariage et à la faveur de Gouffier dans des lettres de Louis XI en date du 9 novembre 1462. « Du vivant de feu nostre très chier seigneur et père, que Dieu absoille, ledit Guillaume Gouffier estant son serviteur et fort prouchain de luy, il monstroit à icelluy Gouffier grant signe d'amour, et luy fist plusieurs biens, et entre autres luy donna la terre et seigneurie de Roquecellère ou pays de Rouergue...; et après, voulant allier ledit Gouffier par alliance avec gens de grand hostel, traicta le mariage de luy et de ladicte Loyse (d'Amboise) sa femme... Ledit mariage n'eust pas esté fait ne accompli si n'eust esté à sa requeste... « *Vidimus* original, dans *Pièces originales*, 1366 : GOUFFIER.

6. Dans des lettres délivrées à Paris par la chancellerie royale, le 19 mai 1449, il est qualifié de chambellan (Original, Ms. fr. 6539, f. 68); dans des quittances des 25 et 31 août 1449, il s'intitule encore valet de chambre du Roi (Clairambault, 12, p. 759, et 54, p. 4101); dans les lettres du 20 février 1450, il est qualifié d'écuyer d'écurie du roi (Archives, P 1907¹, n° 15891).

7. En remplacement d'Amaury d'Estissac, qui avait résigné cette charge : lettres données à Luzignan le 11 juin 1451. En voici les considérants : « Pour consideracion des bons et agreables services que nous a faiz par long temps nostre amé et feal cham-

et entra au grand Conseil au commencement de la même année[1].

Louis de Bouent ou Bohan, dit de la Rochette, que les auteurs du temps nomment à peine[2], était pourtant un personnage considérable. Chevalier dès 1441, il exerçait à Paris les fonctions de chevalier du guet de nuit et de capitaine du Louvre[3]. Bientôt il devint maître d'hôtel du Roi[4], poste qu'il occupa jusqu'à la fin de sa vie. Il obtint en même temps, mais sans être astreint à la résidence, la charge de maître des eaux et forêts en Normandie et Picardie, qu'il résigna en 1446, au profit de Jean Crespin, beau-frère de Brezé, et qu'il devait reprendre en janvier 1454, à la mort du titulaire[5]. Maréchal des logis du Roi[6], investi de missions, à diverses reprises, de

bellan Guillaume Gouffier, escuier, fait et continue chascun jour en plusieurs manières, et esperons que plus face ou temps avenir, et pour la grant confiance que nous avons de sa personne et de ses sens, proudomie, loyaulté, bonne diligence... » *Vidimus* original, Clairambault, 951, p. 101. — Par lettres du même jour, « obstant, disent les lettres, l'occupation continuelle qu'il a en nostre service, » Gouffier obtint un délai d'un an pour prêter serment devant le Parlement. Ms. fr. 6739, f. 73.

1. La première ordonnance que nous ayons rencontrée portant son nom parmi les signataires, est du 4 février 1451. Il avait une pension annuelle de 1,200 l., et des allocations supplémentaires qui s'élevaient à pareille somme en 1451. Cabinet des titres, 685, f. 147 v°, 151 v°, 162, 164, 172, 174 v°. Cf. Clairambault, 103, n° 4813 et 15 ; Ms. fr. 20083, f. 47 ; extraits des comptes, relatifs à Guillaume Gouffier ; original aux archives des Deux-Sèvres (communication de M. Berthellé, archiviste).

2. Jean Chartier (t. II, p. 111 et 134), Berry (p. 441) et Mathieu d'Escouchy se bornent à le mentionner (t. I, p. 213) dans l'énumération des capitaines qui suivaient le Roi dans la campagne de Normandie.

3. Par lettres du 4 juin 1441. Ms. fr. 21405, p. 101.

4. Dès le mois de mars 1443. Ms. fr. 20081, p. 580 ; Clairambault, 17, p. 1155 ; *Pièces originales*, 2522 : ROCHETTE. Dans des lettres du 22 avril 1458, le Roi parle de « l'occupation continuelle qu'il a eue et a chascun jour en nostre service, à cause de sondit office de maistre d'ostel. » *Pièces originales*, 381 : BOHAN LA ROCHETTE. Voir les comptes de l'hôtel de 1450 à 1461. Archives, KK 52, et Bibl. nationale, Ms. fr. 6751-6754.

5. Lettres du 8 octobre 1446. *Vidimus*, *Pièces originales*, 928 : CRESPIN. Don à Jean Crespin, seigneur de Mauny, de l'office de maître et reformateur des eaux et forêts en Normandie et Picardie, « que nagaires tenoit et possedoit nostre amé et féal chevalier et chambellan Loys de la Rochette, nostre maistre d'ostel, vacant à present par la pure et simple resignacion qu'il en a faicte aujourd'hui en noz mains ou prouffit dudit Jehan Crespin. » — Jean Crespin, dont la sœur avait épousé Pierre de Brezé, était beau-frère de Gouffier par sa femme Marguerite d'Amboise. — Lettres du 8 janvier 1454, desquelles il appert que La Rochette reprend sa charge. *Pièces originales*, 381 : BOHAN.

6. « Messire Loys de la Rochette, chevalier, mareschal des logis du Roy, 60 l. t. pour un voyage de Saumur à Angers (en décembre 1443) faire les logis du Roy et autres seigneurs de son sang. » (Cabinet des titres, 685, f. 85.) — « Messire Loys Rochette, chevalier, maistre d'hostel du Roy, 60 l. pour ses despens à Troyes et à Moustieramé,

1443 à 1449¹, il fut, pendant plusieurs années, chargé de la dépense de l'hôtel, et y présida avec honneur². Maître d'hôtel, châtelain du Louvre, capitaine de Laon, postes qui lui valaient de multiples appointements³, il était en outre capitaine d'une compagnie d'archers préposés à la garde du Roi⁴. Il avait le rang de conseiller, car nous le voyons siéger dans le grand Conseil en septembre 1450⁵. S'il ne figure pas souvent parmi les conseillers dont le nom se trouve au bas des ordonnances royales, il n'est pas un des moins influents par le fait même de sa résidence assidue auprès du Roi. Il avait épousé Jeanne de Villequier, dame de Martres, peut-être une troisième sœur d'André. Les comptes du temps nous apprennent que Jeanne de Villequier touchait, en 1450-1451, sur les deniers de la recette de l'hôtel, cinq cents livres par semestre⁶ : somme considérable, car les gages de son mari, comme maître d'hôtel, n'étaient que de trois cents livres par an. Mais La Rochette recevait d'importantes gratifications. C'est ainsi qu'en 1451 Charles VII, « par considération, disent les lettres patentes, des bons, agréables et notables services par lui faits par long temps et dès son jeune âge, tant au fait de nos guerres qu'autour de nous et autrement, » lui donna six mille écus d'or sur la confiscation prononcée contre Louis de Courcelles⁷. Il

---

Bar-sur-Aube et ailleurs où le Roy a esté. » (685, f. 89.) — « Messire Loys Rochette, chevalier, mareschal des logis du Roy, 40 l. pour avoir esté (1440) és pays de Poitou et Xaintonge visiter les logis des villes dudit pays. » (*Id.*, f. 105 v°; cf. f. 106.)

1. Voir mémoire sur les différends avec la Savoie, dans Brienne, 89, f. 1-15; *Pièces originales*, 2522 : ROCHETTE, n° 7.
2. Voir ms. fr. 18112, f. 56.
3. Sauval, *Antiquités de Paris*, t. III, p. 318; Cabinet des titres, 685, f. 130 v°, 147 v°, 149 v°, 151 v°; Douet d'Arcq, *Comptes de l'hôtel*, p. 339.
4. Cabinet des titres, 685, f. 141, 155, 161 v°, 171.
5. D. Morice, t. II, col. 1516.
6. « A madame Jehanne de Villequier, dame de Martres, femme de messire Loïs de la Rochette, devant nommée, la somme de cinq cents livres tournois pour cinquante mares d'argent que ledit seigneur lui a donnez. » Vingt-et-unième compte de l'hôtel (1450, 1ᵉʳ octobre, à 1451, 31 mars). Archives, KK 52, f. 12. Cette mention, qui se retrouve dans le 22ᵉ compte (f. 21 v°), disparaît dans les suivants.
7. Mais La Rochette dut, sur ce don, payer mille escus à Antoinette de Maignelais et cinq cents à Antoine de Chabannes (Vallet, *Histoire de Charles VII*, t. III, p. 300). Les lettres données le 23 mai 1451, portant confirmation du don des biens de Louis de Courcelles, nous fournissent la date du 17 avril 1451 et les considérants que nous avons cités (Archives, JJ 191, n° 10). — En juillet 1451, à Taillebourg, des lettres de rémission sont accordées à un homme d'armes employé sous La Rochette (Archives, JJ 185, n° 151).

paraît avoir eu un fils, attaché dès 1451, comme échanson, à la personne du Roi [1].

Nous venons de nommer Jeanne de Villequier : il n'est pas certain qu'elle fut sœur d'André; mais nous avons rencontré déjà Marguerite et Antoinette [2], pour lesquelles il n'y a point de doute. L'une était la femme d'Antoine d'Aubusson; l'autre allait devenir l'épouse de Jean de Levis.

Le premier n'avait pas tardé à acquérir à la Cour une grande situation, justifiée par la noblesse de sa race, par ses services, par la loyauté de son caractère. Antoine d'Aubusson, seigneur du Monteil, était l'aîné des cinq fils de Renaud d'Aubusson, des anciens vicomtes de la Marche, et de Marguerite de Comborn; trois de ses frères devinrent évêques; le plus jeune, Pierre, devait illustrer son nom comme grand maître de l'ordre de Saint-Jean de Jérusalem, et le rendre immortel par cette glorieuse défense de Rhodes contre les Turcs à laquelle Antoine prit part lui-même. « Monseigneur de Monteil » — c'est ainsi qu'on l'appelait à la Cour, — accompagna le Roi dans la campagne de Normandie, où il fut armé chevalier, et fut compris dans les gratifications faites à cette occasion [3]. Peu après, il devint bailli de Touraine [4]. « Madame de Monteil, » qui faisait partie de la maison de la Reine, était toujours en grande faveur auprès du Roi [5].

Quant à Jean de Levis, seigneur de Vauvert, il était fils d'Antoine de Levis, comte de Villars, l'un des plus anciens et des plus vaillants champions de la couronne. Sa naissance l'avait placé, dès ses premières années, dans l'intimité royale, et

---

1. « Loys de la Rochette, escuyer, nouvellement eschançon du Roy, à xx l. par mois de gages, à commencer du mois d'avril (1451). » Deuxième compte de Mathieu Beauvarlet, l. c., f. 111.

2. Voir t. IV, p. 177.

3. Rôle du 4 novembre 1450, dans *Preuves de Mathieu d'Escouchy*, p. 370.

4. Le 13 mars 1451. Voir *Registres des comptes*, aux archives de Tours, vol. XXXII, f. 11 v°. Cf. quittance du 27 mai 1451. Clairambault, 137, p. 2117.

5. « A madame de Monteil, pour lui aidier à supporter sa despence, vi c l. l. » (Rôle du 27 mars 1450, dans *Supplément aux Preuves de Mathieu d'Escouchy*, p. 16). — « Marguerite de Villequier, dame de Monteil, xii c l. pour entretenir son estat. » (Deuxième compte de Math. Beauvarlet (1450-51, f. 111 v°); autant en 1451, 1452 et 1453 (*Id.*, f. 155 v°, 161, 174). — Nombreux dons en 1452, 1453 et 1454. (Ms. fr. 10371, f. 6 v°, 12, 20 v°, 22, 31.)

nous avons la trace des nombreuses libéralités dont il fut gratifié[1]. Il prit part à la campagne de Normandie et fut fait chevalier à Formigny[2]. A l'occasion de son mariage avec Antoinette de Villequier, le comte de Villars lui fit don de la baronnie de Roche[3] ; ce mariage eut lieu en octobre 1451[4]. Jean de Levis était alors conseiller et chambellan du Roi ; il succéda plus tard à Gouffier comme premier chambellan. Comblé des faveurs royales, possesseur d'une immense fortune, il devait gaspiller son héritage et acquérir sous ce rapport une triste célébrité[5].

Si le favoritisme, poussé très loin durant cette période du règne, donnait lieu à de nombreux abus, il faut dire, pour rester dans la vérité, que ce n'était plus le temps où des ministres comme Louvet, Giac, ou La Trémoille disposaient de tout sans contrôle. Le Conseil royal était alors composé des personnages les plus notables, et l'influence de ceux qui avaient su conquérir les bonnes grâces du Roi ou qui favorisaient ses coupables plaisirs était forcément bornée : sauf en des cas exceptionnels, elle n'influait pas sur les affaires publiques.

Nous avons mentionné la présence au château de Montbazon du jeune duc de Bretagne. Son frère, le duc François, avait cessé de vivre le 18 juillet précédent, à l'âge de trente-six ans, et l'on avait vu dans cette fin prématurée un châtiment de la Providence. Trois mois auparavant, Gilles de Bretagne, captif depuis plusieurs années, et que Charles VII avait en vain tenté

---

1. 9ᵉ et 10ᵉ comptes de Xaincoins (1446-48), f. 114, 115, 123 v°, 120 v° ; compte de Mathieu Beauvarlet (1450-51), f. 141, 142 v°.
2. Mathieu d'Escouchy, t. I, p. 280 ; Chartier, t. II, p. 190.
3. Dom Bétencourt, *Noms féodaux*, 2ᵉ édit. t. III, p. 40. Par son testament en date du 10 mai 1444, Antoine de Levis avait institué Jean son héritier universel (Archives, P 1302¹, n° 1021) ; par acte du 4 juillet 1452, il lui fit donation de tous ses biens meubles et immeubles (P 1390², n° 887) ; il fit un nouveau testament le 13 août 1454 (P 1374², n° 2162). Le comte de Villars vivait encore le 15 janvier 1459 (Clairambault, 172, p. 5605).
4. Le contrat de mariage est du 22 août 1451.
5. Voir le P. Anselme, t. IV, p. 20, etc. — Il est (ainsi que son frère Antoine) qualifié dans des lettres royaux en date du 19 mars 1467, d' « homme de bien petit gouvernement, et exerçant touz les faiz et œuvres de prodigue et de dissipateur de biens. » *Pièces originales*, 1700 : Levis.

de protéger contre la fureur de ses adversaires, était mort, après avoir subi une condamnation à la peine capitale, arrachée au faible duc ; mais cette mort ne fut point le résultat de la sentence : victime des machinations dirigées contre lui, Gilles avait été d'abord l'objet d'une tentative d'empoisonnement, puis étranglé dans son lit (25 avril)[1]. On était encore sous le coup de l'émotion, disons mieux, de l'indignation causée par cet odieux attentat. Le connétable de Richemont s'employait activement à poursuivre les coupables. Arthur de Montauban fut appelé, le 22 novembre, à comparaître à Tours devant le conseil du Roi ; sur une caution fournie par Pierre de Brezé, il obtint un ajournement jusqu'à la chandeleur. Le connétable n'en continua pas moins à agir : de sa propre autorité il fit enlever un des inculpés, Olivier de Meel, et le fit amener secrètement à Tours. Cette justice expéditive ne convenait point à Charles VII : il exigea qu'on remît Meel aux mains de ses officiers, et le fit livrer ensuite à la justice du duc de Bretagne[2]. Le procès des assassins de Gilles fut instruit à Vannes, où Olivier de Meel et ses complices furent décapités l'année suivante.

Il avait été question d'une expédition immédiate en Guyenne ; nous avons vu que ce projet fut vite abandonné. Charles VII ne semblait point disposé à se remettre en campagne. Il quitta Montbazon le 18 décembre 1450[3], et passa l'hiver aux Montils-lès-Tours, entouré d'un brillant cortège de princes et de seigneurs. On y voyait le comte d'Eu, dont les auteurs du temps

---

1. Voir les dépositions recueillies dans l'enquête faite à ce sujet, D. Morice, t. II, col. 1551-54. Cf. Cosneau, le *Connétable de Richemont*, p. 389.

2. D. Morice, t. II, col. 1559 et suiv. En mars 1451, Jean Tudert fut envoyé en Bretagne « pour le fait d'Olivier de Meel. » Deuxième compte de Mathieu Beauvarlet, f. 111 v°. Lettre de Jean Tudert à ce sujet, dans le ms. disparu de la Bibliothèque nationale : Fr. 15537, f. 127.

3. Le dernier acte passé à Montbazon, à la date du 18 décembre 1450, fut l'assignation d'une somme de 20,600 écus, sur le fait des greniers à sel et de l'équivalent du Languedoc, à Jacques Cœur, pour le rembourser de la vente que, de concert avec Robert Poitevin et Étienne Chevalier, comme lui exécuteurs testamentaires d'Agnès Sorel, il avait faite au Roi de « certains joyaux et bagues. » Lettres visées dans l'Inventaire qui se trouve en fragment au Cabinet des titres, *Pièces originales*, 709, feuillet coté 150 v°.

signalent la ressemblance avec le Roi[1] et qui, ruiné par les Anglais, vivait des libéralités royales[2]; le jeune comte de Clermont, gendre de Charles VII, illustré par la victoire de Formigny[3]; le comte de Dunois qui, tout en exerçant de grands commandements militaires, ne laissait point au Conseil sa place vacante; le sire de Bueil, successeur de Coëtivy dans la charge d'amiral de France, et qui s'était acquis le surnom de « fléau des Anglais; » Gaucourt, qui remplissait la charge importante de premier chambellan, et malgré son grand âge conservait un rôle actif; Brezé, que ses fonctions de grand sénéchal de Normandie allaient bientôt appeler sur un autre théâtre; le grand maître des arbalétriers Jean d'Estouteville, seigneur de Torcy; Jacques de Chabannes, nommé grand maître à la place du sire de Culant, disgracié[4]; Antoine de Chabannes, qui gardait le titre de grand pannetier, bien que cette charge eût été supprimée; le grand veneur Jean Sorcau; Guillaume d'Harcourt, comte de Tancarville, et son parent Mathieu d'Harcourt, capitaine de vingt-quatre archers de la garde du Roi; Poton de Saintrailles; le sire de la Tour; le bailli de Lyon, Théaude de Valpergue; Louis de Beaumont, successeur de Brezé dans la charge de sénéchal de Poitou; Jean de Chambes, seigneur de Montsoreau, premier maître d'hôtel[5]; sans parler des familiers

1.   Vous, comte d'Eu, qui de phisonomye
     Luy ressembliez, ne plourerez vous mye?

(*Regrets et complaintes de la mort du Roy Charles VII, derrenier trespassé,* par Henri Baude, dans *Nouvelles recherches,* etc., p. 20.)

2. Chastellain, t. II, p. 107.
3. « Jà estoit entré bien avant au palais d'honneur. » Chastellain, t. II, p. 165.
4. Nous parlerons de cette disgrâce dans le chapitre suivant.
5. Tous ces personnages figurent à cette époque parmi les signataires des ordonnances ou dans les comptes. Gaucourt a 1,000 l. de pension, 2,000 l. pour la capitainerie de Chinon et 500 l. pour la garde de Gisors; Brezé cumule les charges de conseiller et chambellan, sénéchal de Poitou jusqu'en juillet 1451, capitaine de cent lances fournies logées en Poitou, grand sénéchal de Normandie (par lettres du 3 avril 1451), capitaine de cent lances fournies logées en Normandie, bailli de Mantes et de Meulan (par lettres du 17 avril 1450), capitaine de Rouen et de Touque; il touche une pension de 5,000 l. et a 1,200 l. pour ses gages de sénéchal; Jean d'Estouteville, outre sa pension, a 300 l. comme capitaine de Chassenay; Jacques de Chabannes a 1,200 l. de pension et 600 l. « pour entretenir son état; » Antoine a, outre une pension de 1,200 l., 1,000 l. pour son état et 200 l. en plus; le comte de Tancarville a environ 2,000 l. de pension et 500 l. pour la garde du Bois de Vincennes; Mathieu d'Harcourt a quatre livres par mois

nommés plus haut, hôtes habituels de la Cour[1], des chambellans[2], et des autres officiers de la maison royale.

Charles VII vient de terminer la clôture de son parc de Montils-les-Tours. Plus que jamais il se plaît dans cette résidence, qui est sa création[3], et y célèbre ses fêtes avec grande pompe[4]. Il fait représenter le « mystère de saint Charlemagne[5]; » il s'associe aux événements de famille concernant ses serviteurs : c'est ainsi que Mathieu d'Harcourt, seigneur de Ruigny, reçoit mille livres « en accroissement de son mariage[6], » et Jean de Ravenel, un de ses valets de chambre, mille écus d'or pour semblable motif[7]; il festoie les ambassadeurs qui lui viennent d'Espagne, d'Aragon, d'Autriche[8]; il ne dédaigne pas d'accepter des présents qui lui sont offerts par les femmes de ses officiers : l'épouse de son maître d'hôtel Fouquet Guidas lui fait présenter un livre et une épée, et est libéralement récompensée[9]; il prépare la campagne qui va s'ouvrir en Guyenne : les comtes de Foix et d'Armagnac, le sire d'Albret, le seigneur de Torcy et Jacques de Chabannes[10] reçoivent des harnais de guerre et des brigandines, et de nombreuses largesses sont faites à tous ceux de ses familiers qui vont se mettre en armes[11]; il n'oublie pas les habitants de Tours, et leur donne deux cents

comme capitaine et 1,200 l. comme capitaine de Loches; Saintrailles a reçu 2,000 l. en novembre 1449; Bertrand de la Tour a 2,000 l. de pension et 600 l. en sus; Louis de Beaumont a 1,200 l. de gages. Comptes dans le ms. 685 du Cabinet des titres, etc.

1. En particulier, les sires de Brion, de Genlis (Hangest), de Rely, de Moyencourt et de Moy (Soyecourt) et Colart, sire de Mouy.
2. Il faut nommer Fouquet Guidas, maître d'hôtel, qui a 800 l. comme capitaine d'Amboise, et Jean du Mesnil, qui a 2,000 l. comme capitaine de Lusignan.
3. « Perceval Pelourde, escuyer, valet de chambre du Roy, IX×× XVII l. X s. qu'il avoit baillé aux gens qui ont fait les fossés, hayes, allée et boullevart d'entour le parc du chastel des Montils lez Tours, pour la closture dudit parc. » Deuxième compte de Mathieu Beauvarlet, f. 143 v°.
4. Même compte, f. 145-146.
5. « Messire Estienne Chesneau, prestre, et Guillaume Joucelin, demeurans à Tours, LV l. pour partie des frais et mises qu'ils ont fait pour le fait du mistere de saint Charles Magne qu'ils ont fait jouer devant le Roy. » Même compte, f. 143 v°.
6. Même compte, f. 142, 150, 161 v°; autre don de cent livres fait à Perrinne Brissonnette. Idem, f. 142.
7. Dixième compte d'Étienne de Donney, l. c., f. 118.
8. Rôle du 2 avril 1451. Supplément aux preuves de Mathieu d'Escouchy, p. 29.
9. Même rôle, l. c., p. 29-30.
10. Même rôle, l. c., p. 28-29.
11. Deuxième compte de Mathieu Beauvarlet, f. 143, 143 v°.

livres pour les aider à paver la rue Saint-Étienne[1]; enfin, tenant compte de la cherté des vivres, il accorde au fournisseur de son hôtel une gratification de mille livres[2]. Signalons encore un acte qui a sa signification : des lettres d'anoblissement accordées par le Roi à son chirurgien Jean de Jodonia, attaché à sa personne depuis 1418[3].

Au printemps de 1451 le Roi quitte Montils-les-Tours. Est-ce pour aller prendre le commandement de l'armée de Guyenne? Non, Charles VII est tout entier à ses plaisirs : il s'arrête un instant à Montbazon chez Aymard de la Rochefoucauld[4], et va passer un mois auprès du sire de Villequier et d'Antoinette, dans leur château de La Guerche[5]. Il vient d'accorder à son favori une pension de deux mille livres[6], et les comptes mentionnent une gratification de deux mille livres, faite sans doute à ce moment, « à André, seigneur de Villequier et de la Guierche, et damoiselle Anthoinette de Magnelès, sa femme, pour entretenir leur estat[7]. » Sur sa route, Charles VII visite certains sanctuaires : nous avons la trace de son passage à Sainte-Catherine de Fierbois, dans cette église où Jeanne d'Arc avait envoyé chercher une épée enfouie derrière l'autel[8], et à l'église de La Haye-Descartes[9]. C'est à La Guerche que, le 21 avril, il donne les lettres portant nomination de Dunois comme lieutenant général en Guyenne. De là Charles VII se

---

1. Deuxième compte de Mathieu Beauvarlet, f. 142.
2. Dixième compte d'Étienne de Bonney, l. c., f. 148.
3. Lettres données à Montils-les-Tours au mois de mars 1451 et contresignées par Dunois et Brezé. Archives, JJ 185, n° 79.
4. Le Roi est à Montbazon les 9 et 10 avril, en compagnie du grand maître Jacques de Chabannes, de Brezé, de Jean de Chambes, de Cousinot. Don fait le 9 avril à Jean, seigneur de la Rochefoucauld, frère aîné d'Aymard, que les généalogistes appellent Foucaud (Clairambault, 193, p. 7603); don de 500 l. à Aymard, fait à ce moment (Cabinet des titres, 685, f. 155 v°).
5. Du 21 avril au 20 mai environ.
6. Lettres du 20 mars 1451, données à Montils-les-Tours. La pension comptait à partir du 1er octobre. Les lettres sont contresignées par le comte de Tancarville, Louis de la Rochette, Louis de Harcourt et Pierre Bérard (Clairambault, 207, p. 8001). On a une quittance signée dès le 21 mars par Villequier pour cette somme de 2,000 fr. (Clairambault, l. c.).
7. Deuxième compte de Math. Beauvarlet. Ms. 685, f. 141 v°.
8. Voir *Procès de Jeanne d'Arc*, t. I, p. 285; t. IV, p. 54-55, 120, 212.
9. *Catalogue des actes*, et ms. 685, f. 140.

rend à Lusignan, à Saint-Jean d'Angely, puis à Taillebourg[1] (1ᵉʳˢ jours de juillet), où il séjourne jusqu'à la fin de la campagne, en compagnie des comtes du Maine, de Nevers, de Clermont, de Vendôme et de Castres, du comte de Tancarville, de l'amiral de Bueil, du sire de Villequier, d'Antoine d'Aubusson, de Jacques Cœur, et d'un grand nombre de membres de son conseil[2]. Résistant aux sollicitations de Dunois, qui le presse de se rendre sur le théâtre de la guerre[3], Charles VII demeure inactif et se borne à ratifier les mesures prises par son lieutenant général et ses autres capitaines. Au château de Taillebourg, il est près des trois filles que lui a données Agnès Sorel[4], et que, toutes jeunes, il a installées dans cette résidence sous la surveillance de Pregent de Coëtivy, auquel a succédé son frère Olivier, le futur sénéchal de Guyenne[5]. Marie, l'aînée, est déjà l'objet de ses prédilections[6], et il a mandé Coëtivy, qui, de La Réole dont il a la garde, vient trouver son maître[7]. C'est à

1. Sur sa route, Charles VII, après avoir traversé Poitiers et s'être arrêté pendant quinze jours à Lusignan, visite l'église des Cordeliers à Aulnay-en-Saintonge (Ms. 685, f. 140).

2. Chartier, t. II, p. 323; *Catalogue des actes*. — Le 9 juillet, Charles VII autorise André, seigneur de Villequier, « pour consideracion des bons et notables services que nous a faiz et fait chascun jour nostre amé et feal conseiller et chambellan, et à ce qu'il se puisse mieulx et plus honnorablement entretenir en nostre service, » à faire transporter hors du royaume et à vendre sans payer de droits cinq cents tonneaux de blé (Original signé, Clairambault, 207, p. 8093).

3. « Et lui escripvi ledit comte de Dunois qu'il estoit nécessité qu'il se tirast avant en pays, et qu'il se devoit logier en la ville de Liborne, pourtant que elle estoit grande et spacieuse. » Mathieu d'Escouchy, t. I, p. 346. C'est à tort que le chroniqueur ajoute : « ce qu'il fist en briefz jours ensievant. »

4. Marie, née sans doute vers le mois d'octobre 1444 ; Charlotte, née vers le mois de septembre 1446 ; Jeanne, née vers le mois de février 1448.

5. « Feu Pregent de Coëtivy, et devant, par nostre ordre et commandement, prit ladicte Marie notre fille estant enfant, et la mena audit chastel de Taillebourg, ouquel tant durant la vie dudit feu Prigent de Coetivy que depuis elle a esté nourrie et alimentée. » Lettres de Charles VII du 28 octobre 1458. *Bibliothèque de l'École des chartes*, t. XI, p. 481. Cf. lettres du mois de novembre 1458, publiées par Marchegay, *Lettres de Marie de Valois*, etc. (1875), p. 30.

6. « Messire Olivier de Coetivy, chevalier, seneschal de Guyenne, viᶜˣˣ XVII l. x s. pour bailler à Mademoiselle Marie, de laquelle il a la garde et gouvernement, à laquelle le Roy l'a donnée pour entretenir son estat. » Deuxième compte de Mathieu Beauvarlet (octobre 1450-septembre 1451), *l. c.*, f. 144. — « Mademoiselle Marie, demeurant à Taillebourg, IIᶜ LXXV l. en juillet (1453) pour ses menues necessitez. » Quatrième compte, *l. c.*, f. 165 vº.

7. Olivier partit de La Réole le 23 juin « pour aller devers le Roy, qui pour lors estoit à Taillebourg. » Mais Charles VII n'était pas encore arrivé; Olivier se rendit à Saint-Jean d'Angely, où il joignit le Roi le 28 juin, et repartit aussitôt pour Bordeaux. Compte de la dépense de ce voyage, Archives du duc de la Trémoille.

Taillebourg que Charles VII fait procéder à l'arrestation de Jacques Cœur.

De là, après la conquête de la Guyenne, le Roi va s'installer au château de Villedieu[1], où il passe les mois d'octobre et de novembre, tandis que le procès de Jacques Cœur s'instruit à Lusignan. C'est dans cette demeure, qui appartient à Étienne Gillier[2], qu'est célébré le mariage de Jean de Levis avec Antoinette de Villequier : à cette occasion on va chercher à Tours des draps de soie et d'autres objets[3]. La cérémonie s'accomplit le jour de la sainte Catherine (25 novembre). Une somme de dix mille écus, à toucher en cinq années, est assignée à Jean de Levis[4], qui obtient, en outre, une pension de douze cents livres ; la nouvelle mariée reçoit cent marcs d'argent, prisés sept cents écus[5].

En quittant Villedieu, Charles VII s'arrêta quelques instants à La Guerche, puis il alla s'installer pour tout l'hiver aux Montils-lès-Tours. Il y eut de nouveau, en ce lieu, un grand

---

1. Commune de La Motte-Sainte-Heraye (Deux-Sèvres), un peu plus près de Lusignan que de Niort. — On lit dans une dépêche de l'ambassadeur florentin Acciajuoli, datée de Saint-Maixent, le 18 novembre : « Et il Re è alloggiato presso a qui a una lega, a uno luogo molto solitario et incommodo a chi gli va presso. » Archives de Florence. — L'ambassadeur eut pourtant audience deux jours après son arrivée, le 16 novembre, et entretint ensuite le Roi plusieurs fois (Dépêche du 3 décembre).

2. « Estienne Gillier, seigneur de Villedieu près Saint-Maixent, II° l. pour employer en certains edifices que le Roy lui a ordonné faire en son hostel de Villedieu. » Troisième compte de Mathieu Beauvarlet, f. 157. On voit par le vingt-troisième compte de l'hôtel (Archives, KK 52, f. 25 v°) que Jean le Boursier offrit au Roi, à Taillebourg, dix pipes de vin « desquelles fut despensé au mois d'octobre en l'hostel d'icellui seigneur, lui estant à Saint Jehan d'Angely et à Villedieu le Comblé, XVIII^m VII septiers, qui sont six pippes sept septiers..., et le residu a esté donné par ledit seigneur à ses serviteurs et officiers d'eschançonnerie. »

3. « Gérard de Limaye, secrétaire de sire Pierre Berart, tresorier de France, VIII l. x s, pour aller de Saint-Maixent à Tours querir certains draps de soye et autres besougnes pour le fait des nopces de Mgr de Vauvert et retourner à Villedieu. » Troisième compte de Mathieu Beauvarlet, f. 159.

4. Quittance d'Antoine de Levis, comte de Villars, de 2,750 l. t., « pour le parfait de X^m escus que icelui seigneur avoit donnez à nostre filz de Vauvert pour le bien et accroissement de son mariage, à icelle somme de X^m escus payer en cinq années. » Original en date du 3 juillet 1456, signé Anthoine (le sceau manque). Clairambault, vol. 172, p. 5603.

5. « A madame Thoinyne de Villequier, dame de Vauvert, que le Roy nostre sire lui donna et fist presenter de par lui le lendemain de ses nopces qui furent le jour saincte Katherine M CCCC cinquante et ung, en cent marcs d'argent prisez VII^c escus d'or, qui valent IX^c LXXII l. 10 s. t., à elle paiez et delivrez. » Ms. fr. 10371, f. 12.

concours de princes et de seigneurs. Le roi René, le duc de Bretagne, le duc d'Orléans, le comte d'Angoulême, le comte de Dunois, le connétable de Richemont, les comtes d'Eu, de Clermont, de Vendôme, de Castres, d'Armagnac et de Penthièvre y parurent tour à tour. Le Roi avait autour de lui son chancelier Guillaume Jouvenel des Ursins, les évêques de Maguelonne (Rouvres), de Maillezais (Lucé), de Carcassonne (Jean d'Estampes), d'Alet (Pompadour) et d'Agde (Cambray), Pierre de Brezé, l'amiral de Bueil, le maréchal de Lohéac, le grand maître des arbalétriers Jean d'Estouteville, Louis de Beaumont, Jean de Chambes, Jean Bureau, Jean Tudert, Guy Bernard, Henri de Marle, Jean Barbin, Jean Hardouin, Pierre Bérard, Jean de Paris, Jean Dauvet, Jean Fournier, Hugues de Couzay, Denis d'Auxerre. Tous ces personnages figurent au bas des lettres patentes données au mois de février et par lesquelles le Roi rendait au comte d'Armagnac les quatre châtellenies du Rouergue, jadis confisquées et données au Dauphin. Nous constatons, en outre, la présence à Tours du premier chambellan Gaucourt, du grand maître Jacques de Chabannes, du premier aumônier Jean d'Aussy, de l'archevêque de Narbonne Louis d'Harcourt, d'André de Villequier, de Jean de Levis, de Guillaume Gouffier, d'Étienne Chevalier, nommé à ce moment trésorier de France, du général des finances Jean de Bar, de Jean Barton et de Blaise Greslé. Parmi ces noms on remarque ceux de plusieurs des commissaires appelés à instruire le procès de Jacques Cœur. Des ambassadeurs du duc de Bourgogne paraissent à la Cour. Deux ambassadeurs Florentins, qui étaient venus trouver le Roi à Villedieu, séjournent à Tours jusqu'à la fin de février. On voit arriver enfin le cardinal d'Estouteville, légat du Pape.

La reine passe également l'hiver aux Montils, et, suivant sa coutume, Charles VII fait des largesses aux filles d'honneur de sa femme [1]. Plusieurs serviteurs du Roi contractent des allian-

---

1. Jeanne de Rosny, Marie de Belleville, Marie Mareschalle et sa fille Georgette, Jeanne Rochelle, Jeanne Gonnelle sont mentionnées dans les comptes. Cabinet des titres, 685, f. 150.

ces et sont l'objet de ses libéralités. Nous pouvons nommer Jean de Ravenel, valet tranchant du Roi[1], et Adam Rolant, notaire et secrétaire, marié à une fille de Jean Burdelot[2]. Une fille de Jean du Mesnil, capitaine de Lusignan, et Yolande de la Barre reçoivent aussi des dons à l'occasion de leur mariage[3].

Au printemps, Charles VII reprend sa vie nomade, allant de château en château : à Montbazon, chez Aymar de la Rochefoucauld, où il célèbre la fête de Pâques ; aux Roches Saint-Quentin, chez Jean du Puy, l'un de ses plus anciens maîtres des comptes, marié à Éléonore de Paul, demoiselle de la Reine dès 1422 et qui avait donné l'hospitalité à Jeanne d'Arc au retour du voyage de Poitiers ; à Chissay, chez son trésorier Pierre Bérard, fort avant dans sa confiance ; à Montrichard, chez le comte de Tancarville[4]. Le Roi s'abandonne entièrement à sa vie de plaisirs. Quittant la Touraine, il se rend en Berry, et passe les mois de juillet et d'août, soit à Mehun-sur-Yvre, soit à Bois-sir-Amé, tandis que d'importantes réunions se tiennent à Bourges pour régler des affaires politiques ou religieuses. Mais tout à coup la scène change : le Roi s'ébranle pour une expédition contre le duc de Savoie. Durant les mois de septembre et d'octobre, il séjourne au château de Cleppé, où le duc de Savoie vient le trouver et signe avec lui un traité à la date du 27 octobre. C'est là que le surprend la nouvelle de la révolte de la Guyenne et de l'occupation de Bordeaux par Talbot; il s'arrête à Moulins du 13 novembre au 12 janvier, et regagne Montils-les-Tours le 12 février, pour préparer la nouvelle campagne à laquelle il présidera en personne.

On se tromperait si, durant la période qui nous occupe, on se représentait Charles VII au milieu d'une cour brillante, constamment entouré d'un nombreux personnel de seigneurs et de dames, et trouvant ainsi une facile occasion de satisfaire ses penchants voluptueux. Il n'avait auprès de lui que quel-

---

1. Il reçoit mille écus d'or. *Id.*, f. 148, 150 et 152 v°.
2. Il reçoit cent livres. *Id.*, f. 150 v°.
3. Le Roi donne à la première 687 l., et à la seconde 825 l. *Id.*, f. 150 et 148 v°.
4. Itinéraire : avril 5-12, Montbazon ; 13-14, Cormery ; 17 avril-6 mai, Les Roches Saint-Quentin ; 20 mai-21 juin, Chissay ; vers le 22 juin, Montrichard.

ques officiers et un petit nombre de familiers, médecins et astrologues dont il faisait sa société habituelle. Avec cela, ses secrétaires, ses chapelains, des gens de métiers : peintres, orfèvres, artilleurs, brigandiniers, haubergiers, etc. Antoinette de Maignelais, qui était parvenue à une si haute faveur, ne résidait même pas auprès de lui d'une manière continue.

Un document qui nous a été conservé donne d'intéressants détails sur l'intérieur du Roi et sur les personnes admises alors dans son intimité : c'est le compte des étrennes pour les années 1452 à 1454. Antoinette n'y figure pas parmi les dames qui ont part aux libéralités royales; mais le diamant, du prix de sept cents écus d'or, que, chaque année, le Roi réserve pour en disposer « à son plaisir, » pouvait fort bien être destiné à la favorite[1]. En revanche son mari est nommé, à plusieurs reprises, avec divers seigneurs de la Cour auxquels Charles VII, comme marque spéciale de son amitié, donnait un diamant[2], et il est constaté qu'elle était admise tous les ans à offrir des étrennes au Roi[3]. Mesdames du Monteil et de Vauvert, belles-sœurs d'Antoinette, et Jeanne de Maignelais, sa sœur, ne sont point oubliées. Les deux premières sont traitées avec une largesse toute spéciale, et qui laisse bien loin les faveurs obligées dont sont l'objet les dames et les filles d'honneur de la

---

1. « Au Roy nostre sire, à lui baillé comptant pour avoir ung dyamant à son plaisir, en vii^c escus d'or, la somme de IX^c LXII l. X s. t. » Ms. fr. 10371, fol. 6 v°. Cette mention se retrouve en 1453 et 1454 (fol. 18 v°).

2. « Audit commis (Pierre de Janoilhac) pour autres quatre dyamans, c'est assavoir une pointe, ung escuçon et deux tablettes, données à messeigneurs de Vendosme, de Castres, de Tancarville et de Villequier, au pris de XX escus d'or la pièce... » Ms. fr. 10371, fol. 11 v°. — En 1453, neuf diamants, de douze écus pièce, sont donnés au chancelier, aux seigneurs de Castres, de la Tour, de Villequier, de Vauvert, à Gouffier, à l'amiral (Culant), au grand maître (Gaucourt) et au seigneur de Torcy (fol. 25 v°). — En 1454, huit diamants, du même prix, sont donnés au seigneur de Castres, au chancelier, au grand maître, aux seigneurs de Villequier et de Vauvert, à Gouffier, au seigneur de Torcy et à Jacques de Bourbon, seigneur d'Aubigny (fol. 37).

3. 1er Janvier 1452. « A Phelippe des Essars, lequel apporta audit seigneur les estrennes de mademoiselle de Villequier, que icelluy seigneur luy a semblablement donné, L escus. » (Id., fol. 9 v°.) — 1er Janvier 1453. « A mademoiselle Artuze de Fougeroltes, que le Roy luy a donné pour avoir presenté audit seigneur les estrennes de par madame de Villequier, pour avoir robes et autres habillemens, en CLIIII escus, » etc. (Fol. 23 v°.) — 1er Janvier 1454. « A Pierre Wasselot, escuier, lequel presenta audit seigneur ledit jour les estrennes de mademoiselle de Villequier, pour don à luy fait par icelluy seigneur en L escus d'or comptant... » (Fol. 31 v°.)

Reine. Marguerite de Villequier, dame du Monteil, a cent écus en 1452, comme mesdames de la Rocheguyon, de Gaucourt et de Chastillon (les filles d'honneur n'en ont que cinquante), mais elle reçoit de plus une somme de mille écus, « pour lui aider à soutenir son état; » en 1453, elle a trois cent cinquante écus « pour avoir de la vaisselle; » en 1454, outre ces trois cent cinquante écus, le Roi lui donne un tableau d'or garni de balais et de perles, du prix de cinq cent cinquante écus d'or, et une salière d'or sur émail, garnie de perles, balais et saphirs, valant deux cent vingt écus [1]. Thoinine de Villequier, dame de Vauvert, reçoit en 1452 une chaîne d'or du prix de deux cent dix-sept écus et demi, et cent soixante écus « pour avoir deux ceintures d'or à son plaisir; » en 1453, elle a deux cents écus « pour deux ceintures et une chaîne d'or; » en 1454, une chaîne d'or émaillée aux couleurs du Roi, et « chargée de lettres sarrasines, » du prix de deux cent soixante-dix-sept livres [2]. — Quant à Jeanne de Maignelais, le Roi lui donne, en 1454, un collier et une ceinture d'or du prix de cent cinquante-trois livres [3].

Les femmes d'autres favoris ont leur part d'étrennes : la comtesse de Tancarville reçoit, en 1452 et 1453, une robe de cent soixante écus; la sénéchale de Saintonge, femme de Guillaume Gouffier, a, en 1453, cent quarante écus pour avoir une chaîne, et, en 1454, une autre chaîne d'un prix plus élevé. La femme de Fouquet Guidas, un des maîtres d'hôtel du Roi, a deux cents livres tournois chaque année, « pour avoir robes et autres habillements; » la femme d'Étienne Chevalier reçoit, en 1452, une robe de cinquante écus. Le Roi ne donne pas seulement des étrennes; il en reçoit : la femme de Merlin de Cordebœuf, écuyer d'écurie, lui offre, en 1453, « unes cartes bien riches » (un jeu de cartes); l'année suivante, elle lui donne « ung tablier divisé [4]. » Madame du Cigne, femme d'un maître

---

1. Ms. 10371, fol. 6 v°; 12, 20 v°; 31, 38, 38 v°.
2. *Id.*, fol. 8, 12, 22, 32 v°.
3. « A Jehan Sevineau, orfèvre du Roy nostre sire, pour avoir fait ung collier et une ceinture d'or a XXII karaz, que ledit seigneur donna à Jehanne de Maignelaiz, seur de mademoiselle de Villequier... » (Fol. 36.)
4. Table pour les jeux de dames, de trictrac et d'échecs.

d'hôtel, donne, en 1454, « une apocalice¹. » La femme du trésorier Hardouin offre des poires. De simples serviteurs — parfois de la condition la plus infime — ont aussi le privilège d'offrir des étrennes à leur maître : ainsi le Roi reçoit de son peintre Jacob de Litement « une targe de cuir painte d'or bien richement²; » de ses orfèvres Ambroise et Jean de Lyon, « ung ymage de saint Michiel en ung tableau d'argent doré, » et « ung patenostre de jaspre et ung camahieu³; » de son premier chapelain, Jean Hoquegan, un livre de chant. D'autres présents sont faits par des artilleurs, des haubergiers, des brigandiniers, des faiseurs de haches ou de vouges. Merlin de Cordebœuf, l'écuyer d'écurie dont la femme a été nommée plus haut, présente, en 1453, un « avant-bras » garni d'or, et, en 1454, des « escrielz de madre⁴. » Enfin, la même année, Girardin du Puy donne « ung livre, » ce qui lui vaut une gratification de cinquante écus⁵.

La Reine reçoit chaque année un présent de la valeur de quatorze cents écus. En 1452, le Roi lui envoie un fermail et une chaîne⁶; en 1453 et 1454, il se contente de lui faire remettre les quatorze cents écus, pour les employer en vaisselle ou autrement⁷. De son côté, la Reine envoie des étrennes à son mari⁸,

1. L'*Apocalypse*.
2. Un tableau peint sur cuir.
3. Un chapelet de jaspe et un camée.
4. *Sic*, pour *escrinetz* ? Sans doute des écrins en bois.
5. Ms. fr. 10371, *passim*.
6. « A Gilbert Jehan, orfèvre dudit seigneur, pour ung fermail d'or fait en façon de trois rozes blanches garniz de deux belles tables de dyamens, l'une plus grant que l'autre, au dessus desquelles a ung beau gros ruby et au dessoubz trois belles perles pendans, pesant x karas la pièce ou environ; lequel fermail pendant à une chesne d'or faicte sur façon de pensées, les unes esmaillées de gris et les autres de bleu atrées en façon de CC branlans, ladicte chesne pesant sans ledit fermail 1 marc II onces ou environ; lesquelx fermail et chesne furent de lui achettez et donnés par ledit seigneur ledit premier jour de l'an (1452) à la Royne, le pris et somme de XIIIᶜ escus, qui valent XVIIᶜ IIIˣˣ VII l. X s. t. »
« A la Royne, à elle baillé comptant, pour le parfait de la somme de XIIIIᶜ escuz que le Roy nostre dit seigneur lui avoit ordonné estre emploiée en ce que ladicte dame vouldroit pour ses dictes estrennes, en cent escus, la somme de VIˣˣ XVII l. X s. t. » Ms. fr. 10371, fol. 5 v°.
7. « A la Royne, pour emploier en vaisselle, la somme de XIIIIᶜ escus d'or, etc. (Fol. 18 v°.) — « A la Royne, à elle baillé comptant pour emploier en vaisselle, et pour avoir collier, chesnes d'or à son plaisir... » (Fol. 30 v°.)
8. « A madame Marguerite Rogre, femme de messire Pierre des Barres, laquelle presenta audit seigneur les estrennes de la Royne, pour don à elle fait par icellui seigneur,

Les enfants du Roi, qui résident avec leur mère, ont aussi leurs étrennes : « Monseigneur Charles » reçoit une chaîne d'or ; « Madame Magdelaine » un collier et une ceinture[1]. Le roi de Sicile, le comte du Maine ont de riches présents[2]. En 1453, le Roi, se trouvant à Moulins à l'époque du jour de l'an, fait des libéralités au duc de Bourbon, à sa fille Jeanne, mariée au comte de Clermont[3], et aux filles du duc. Jeanne d'Écosse, la seule des sœurs de Marguerite qui soit encore en France, et Jeanne de Laval, unie plus tard au roi de Sicile, ont régulièrement leurs étrennes. Il en est de même pour quelques dames ou demoiselles qui tiennent rang à la cour du Roi, et qu'il faut distinguer de celles qui appartiennent à la maison de Marie d'Anjou : madame de la Varenne (femme de Brezé), reçoit chaque année trois cent cinquante écus d'or; « madamoiselle Jehanne de Rosny, » « madamoiselle Agnès de Vaulx, » Marguerite d'Esponville et Marguerite d'Aubusson ont chacune cinquante écus en 1452; les deux premières en ont cent en 1453 (toutes quatre étaient avec le Roi à Moulins)[4]. Il faut citer encore, parmi les personnages nommés dans ces comptes, le chancelier, l'évêque de Maguelonne, l'aumônier du Roi, Jean d'Aussy, ses deux médecins Thomas le Grec et Guillaume Traverse, ses trois chirurgiens, deux « astrologiens[5], » les quatre trésoriers de France, les trois généraux des finances, etc.

en LX escus, la somme de mxx ii L. x s. t. » (Fol. 9 v°.) — « A Pierre du Perche, escuier, eschançon de la Royne, lequel a apporté au Roy nostre dit seigneur ledit jour de l'an (1453) les estrennes de par la Royne, en LX escus, » etc. (Fol. 23 v°.) — A Marie de Gaucourt, laquelle présenta au Roy nostre dit seigneur ledit premier jour de l'an (1454) les estrennes de la Royne, pour don à elle fait par icelui seigneur, en vixx escus d'or, pour avoir une seinture et ung collier, » etc. (Fol. 31 v°.)

1. Voir fol. 6, 18 v°, 19, 30 v°.
2. Voir fol. 6 v°, 19, 31.
3. En 1454, d'autres dons à Jeanne de France sont mentionnés (fol. 38 v°-39).
4. En 1454, elles ont encore cent écus ; « madamoiselle » Marguerite d'Esponville, cinquante; Aguette de Tilhay et Jeanne Burelle, cinquante (Marguerite d'Aubusson n'est pas nommée). — En février 1454, « madame » Marguerite d'Esponville reçoit 130 écus d'or, « pour avoir deux ceintures d'or à son plaisir. » (Fol. 38 v°.)
5. En 1452 et 1453, on voit figurer maître Thomas le Grec, médecin; maîtres Regnault Thierry, Hermen de Vienne et Yves Phelippe, chirurgiens; maîtres Miles de Bregy et Arnoul des Maresta (Marais), *astrologiens*; en 1454, apparaît un second *physicien*, maître Guillaume Traverse, qui fut bientôt en grande faveur.

Un événement inattendu survint dans le courant de 1454 : le favori que Charles VII avait comblé de ses dons et auquel il n'avait cessé de prodiguer les marques de son amitié[1], ce Villequier parvenu à une si brillante fortune, disparut soudain de la scène. Le 11 avril, il faisait à Chissay son testament. Charles VII, alors absorbé par d'importantes affaires politiques et par la préparation de la grande ordonnance sur la réforme de la justice, ne tarda pas à quitter les Montils pour venir dire un dernier adieu à son premier chambellan. Nous le trouvons en mai à Montbazon, où il reçut, le 19, des ambassadeurs d'Écosse et Toison d'or, envoyé du duc de Bourgogne; de là il se rendit à Chissay, puis à Pressigny et à Preuilly, où l'on croit qu'André de Villequier mourut le 1er juillet[2], et où, le 11 du même mois, le Roi confirma son testament, désignant comme exécu-

---

1. 1451, novembre : Déclaration que la terre de Chissoux doit être comprise dans les terres et seigneuries données par lettres d'octobre 1450 (avec lettre missive envoyée à la Chambre des comptes). On lit dans ces lettres : « Considerans les causes pour lesquelles lui avons fait ledit don, qui est principalement pour la descharge de nostre conscience. »
1452, 8 mars : Don de la moitié du quatrième du vin vendu en détail et autres aides mises sus dans les îles d'Oleron, Marenne et Auvers pendant trois ans; — mars : Union de la baronnie de Nehou à celle de Saint-Sauveur-le-Vicomte; — juin : Transaction conclue à Chissay, par laquelle Pierre Frotier et son fils consentent, sur la prière du Roi, à ce que la seigneurie de La Guerche, appartenant à André de Villequier, relève désormais du Roi, à cause de son château de Tours, et non plus de leur baronnie de Preuilly.
1453, 11 mai : Délai d'un an à Villequier pour bailler par écrit l'aveu et dénombrement de la vicomté de La Guerche et de ses dépendances, « pour ce qu'il l'a naguières acquise, et n'a pas encore la vraye congnoissance des droits et tenemens ne de l'estendue d'icelle. »
1454, 24 février : Autorisation de faire tirer de la Saintonge jusqu'à la quantité de cinq cents tonneaux de blé et de les faire porter en Espagne ou ailleurs; — mars : Nouvelles lettres sur la réunion des terres de Saint-Sauveur, Nehou et Auvers, et déclaration qu'elles sont tenues directement du Roi.
André de Villequier avait été, en outre, comme il appert de quittances signées de lui, pourvu des capitaineries de Gaillard en Normandie et de Rochefort-sur-Charente; on se rappelle qu'il avait le gouvernement de La Rochelle. On a la trace de nombreuses acquisitions territoriales faites par André, qui était un des débiteurs de Jacques Cœur. — Enfin, on lit dans un rôle du 16 mars 1453 : « A messire Jehan, seigneur de Bueil, admiral de France, et André, seigneur de Villequier, la somme de trois mille livres tournois, que ledit Roy nostre dit seigneur leur a donnée, oultre tous les autres dons et biens faix qu'ilz ont euz et prins de lui, pour plus honnorablement maintenir et entretenir leur estat en l'ostel et service dudit seigneur, où ilz sont residens et continuellement occuppez. » (Ms. fr. 20080, n° 6538.)
2. Carré de Busserolle, *Recherches historiques sur la vicomté de La Guerche*, p. 33. Cf. p. 9.

leurs testamentaires Louis de la Rochelle, Pierre Doriolle et Laurent Girard[1]. Dès le 8 juillet, Charles VII avait pourvu au remplacement d'André comme gouverneur de la Rochelle : ce poste important fut confié à Jean de Chambes; le 20 novembre suivant, Guillaume Gouffier héritait de la charge de premier chambellan.

1. La Roque, *Histoire de la maison d'Harcourt*, t. IV, p. 2064; Delisle, *Histoire de Saint-Sauveur-le-Vicomte*, p. 279.

CHAPITRE IV

LE PROCÈS DE JACQUES CŒUR

Affaires criminelles entre 1445 et 1451 : procès de Jean de Xaincoins ; disgrâce du sire de Préciguy ; poursuites contre le grand maître Culant. — Origine de Jacques Cœur ; ses débuts, sa rapide fortune ; sa grande situation à la Cour. — Arrestation subite de Jacques Cœur ; inculpations dont il est l'objet ; on instruit son procès. — Noms des commissaires royaux ; informations faites en divers lieux ; nombreux témoins entendus ; comment Jacques Cœur se justifie des accusations portées contre lui. — Charles VII se fait rendre compte de la procédure ; déclaration que le procès n'est point en état d'être jugé ; délai accordé à Jacques Cœur pour produire ses moyens de défense. — Nouvelle commission instituée ; derniers actes de la procédure ; sentence rendue contre Jacques Cœur. — Motifs de la condamnation ; eut-elle une cause secrète ? Complicité présumée de Jacques Cœur avec le Dauphin ; faveurs accordées par Louis XI aux fils de Jacques Cœur et à tous ses amis et serviteurs. — Épilogue du procès : fuite de Jacques Cœur ; sa mort dans l'île de Chio. — Ses fils implorent la clémence du Roi ; Charles VII leur rend les biens non vendus de leur père et accorde son pardon à tous ceux qui avaient été mêlés aux opérations de Jacques Cœur. — Louis XI autorise les fils de Jacques Cœur à faire réviser la sentence ; ils échouent devant le Parlement.

Il y a dans l'histoire de Charles VII tout un coin qui nous échappe et sur lequel nous ne possédons que de rares données ; je veux dire les intrigues et parfois les complots qui s'ourdirent durant la dernière période du règne. Nul doute que la main du Dauphin ne se retrouve dans beaucoup de ces affaires : aussi son premier soin, une fois arrivé au pouvoir, fut-il de se faire remettre tous les papiers de son père[1], non pas sou-

---

1. Le 20 juillet 1461, à Avesnes, Louis XI confirme Jean Bourré dans ses fonctions de secrétaire et lui fait remettre les papiers du règne précédent. Voir « Inventaire des lettres et actes que Me Pierre Puy a baillées par commandement du Roy à Me Jehan Bourré. » Ms. fr. 20187, f. 41. — Cf. « Inventaire des sacs et lettres du Roy estans à Tours » (ms. fr. 2899, f. 77 et suiv.) ; « Inventaire des lettres baillées par nous Guillaume Juvenel des Ursins, chevalier, seigneur de Treignel, à Me Dreux Budé, conseiller, tresorier des chartres du Roy nostre dit seigneur et son audiencier, le xviie jour de janvier l'an M CCCC LXI. » (Fontanieu, 880, no 121.)

lement, comme on l'a dit[1], dans le but de les « soustraire à des regards trop curieux, » mais afin de faire disparaître ceux qui pouvaient être compromettants pour lui. Nous avons un rapport présenté à Louis XI sur les poursuites intentées depuis 1445. L'auteur, l'un des conseillers du feu Roi, enregistre sous une forme brève, et parfois énigmatique, ces divers incidents. Après avoir mentionné « certains procès » faits à Sarry-les-Châlons en 1445, et le procès entamé contre Jamet de Tillay après la mort de la Dauphine, il ajoute : « *Item*, à Chinon, furent faiz certains procès contre la dame d'Azay, Jaquet Chabot et Montecatin. — *Item*, à Chinon[2], eut certain bruit d'un homme passant par dessus les douves des fossez de Chinon, et n'ay pas souvenance que ce fut. — *Item*, à Maillé[3], on fut assemblé par le commandement du Roy pour remonstrer, etc., mais ne m'en demoura riens... — *Item*, environ l'an XLVII, le Roy trespassé fut à Bourges et là vint Mariete[4]. — *Item*, l'an XLVIII, fut mis en procès messire Pierre de Brezé et ordonné commissaires à Melun. — *Item*, l'an XLIX, on ala en Normandie et fut mis en procès Xaincoins. — *Item*, du retour, on ala en Guienne et du retour fut mis en procès Jaquet Cueur; et certain temps après fut mis en procès messire Jehan de Bar. Ausquelz je ne fuz point et se garda l'en de moy[5]. » A cette énumération on pourrait ajouter le complot des Écossais, en juin 1450. Le duc de Somerset avait fait pratiquer certains Écossais de la garde du Roi : moyennant quatre mille écus d'or, et d'autres avantages qui leur étaient promis, ils devaient remettre aux mains du duc l'un des quatre principaux conseillers du Roi : le comte de Dunois, le seigneur de Villequier, Jacques Cœur ou Jean Bureau; ils s'engageaient en outre à introduire quinze cents Anglais dans le camp royal[6].

1. M. J. Vaesen, le savant éditeur des *Lettres de Louis XI*, dans son mémoire sur Jean Bourré (Paris, 1885), p. 3.
2. Séjour à Chinon pendant l'hiver de 1445-1446 et l'été de 1446. Voir notre tome IV, chap. VI.
3. Le Roi est à Maillé le 2 novembre 1446 (*Itinéraire*).
4. Voir t. IV, ch. VII.
5. « Advertissement de ce qui a esté fait, etc. » Ms. fr. 20401, f. 31.
6. Ce complot ne fut découvert que plus tard, et les poursuites n'eurent lieu qu'en 1455.

Il y eut donc à la Cour de Charles VII, où le Dauphin continuait à avoir des amis et des agents, plusieurs affaires criminelles dont, en général, nous connaissons le dénouement, mais dont la cause première et souvent les détails nous échappent. La plupart concernent des financiers. En 1448, un clerc des comptes, Jean de Fromentières, est arrêté, poursuivi et condamné par arrêt du Parlement[1]; en 1449, c'est le tour de Jean de Xaincoins; Jacques Cœur lui succède; puis Jean de Bar, l'ami de Jacques Cœur; enfin le successeur de celui-ci, Otto Castellain. Mais les financiers ne sont point seuls en cause : avec Xaincoins on poursuit un des plus notables conseillers de la Couronne, le sire de Précigny; en même temps, on instruit l'affaire du grand maître Culant, qui est destitué; un peu plus tard, c'est le *mignon* préféré, admis à la couche royale et parvenu au titre si envié de premier chambellan, c'est Guillaume Gouffier lui-même qui est incriminé, en même temps qu'Otto Castellain.

Comment faire la lumière dans ce dédale d'affaires ? Comment en préciser la portée et le véritable caractère ? Tâche difficile, en présence de la pénurie ou de l'insuffisance des documents.

Le procès de Jean de Xaincoins est comme le prélude de celui de Jacques Cœur. Pour avoir été moins retentissant, il ne fut point sans importance.

Au village de Xaincoins (Cher) résidait une famille du nom de Barillet, dont le chef, Jean Barillet, fut anobli par lettres de novembre 1446[2]. Il avait deux fils : l'un, Pierre, licencié en lois et en décret, conseiller au Parlement de Toulouse, devint doyen de Tours en 1449, et fut promu en 1454 à l'évêché de Viviers[3]; l'autre, connu sous le nom de Jean de Xaincoins,

---

1. Arrêt du 2 septembre 1448. Voir ms. fr. 5908, f. 59. Le 9 septembre, Jean de Fromentières est remplacé comme clerc des comptes par Pierre Hardouin (Cabinet des titres, 1000, f. 291 v°).

2. Ces lettres sont visées dans le ms. lat. 18315, f. 185 v°, et dans le ms. fr. 4139, f. 70. — Jean Barillet paraît être mort en 1449. Voir note dans le ms. latin 17020, f. 201.

3. Son élection fut contestée, et le pape se prononça en faveur de son compétiteur, Élie de Pompadour. Voir *Gallia Christiana*, t. XVI, col. 580.

était notaire et secrétaire du Roi[1], et ne tarda pas à être investi de la charge importante de trésorier et receveur général des finances[2]. Désigné à plusieurs reprises comme commissaire du Roi aux États du Limousin, du Franc-Alleu et de la Marche[3]; chargé, en 1442, d'imposer les sommes demandées aux provinces de Languedoïl pour les besoins de la défense du royaume[4]; préposé à l'administration des finances de la Reine[5], il entra au grand Conseil en 1448[6]. Durant la campagne de Normandie, en septembre 1449, des plaintes furent formulées contre la gestion du receveur général[7], et le Roi s'en émut : il procéda en personne, pendant plusieurs mois, à une enquête, à laquelle prirent part l'amiral de Bueil, Jacques Cœur et Étienne Chevalier[8], et, par lettres données à Bernay le 6 mars 1450, il donna commission à Jacques Jouvenel des Ursins, patriarche d'Antioche, président en la Chambre des comptes, à Jean de Bar et Jean le Boursier, généraux des finances, à Jean le Picard et Jean Hardouin, maîtres des comptes

1. Le 27 juin 1434, Charles VII ordonnait de payer à son secrétaire maître Jehan de Cencoings cent florins, monnaie delphinale, pour un cheval pris de lui et donné à Louis Paviot, page du Roi (*Pièces originales*, 3055 : XAINCOINS). La même mention se retrouve dans une pièce du dossier BUIGNE (*Pièces originales*, 552, n° 8).
2. En remplacement de Guillaume Charrier, nommé évêque d'Agde en 1438 (voir notre t. IV, p. 466). Le premier compte qu'il présenta fut celui de l'année 1438 (1er octobre)-1439 (30 septembre). — En 1441, sa sœur Jeanne épousa Étienne Petit, receveur général des finances en Languedoc. — Nous avons des extraits des Comptes rendus par lui de 1443 à 1449. Ces extraits, qui portent sur les 6e (1443-44), 8e (1445-46), 9e (1446-47) et 10e (1447-48) comptes, se trouvent dans le vol. 685 du Cabinet des titres ; nous les avons mis largement à contribution dans les pages qui précèdent.
3. Voir Thomas, *Les États provinciaux de la France centrale*, t. I, p. 238, 257-58, 269 ; t. II, p. 130, 135, 156.
4. 20 mai 1442. Ms. fr. 22106, f. 6 et 7.
5. Lettres de Jean de Xaincoins en date du 30 avril 1443. *Pièces originales*, 3055 : XAINCOINS, n° 7.
6. Vallet, *Charles VII et ses conseillers*, p. 24. Les premières lettres où nous trouvons sa signature comme conseiller sont de janvier 1448.
7. Nous trouvons la mention suivante dans le ms. fr. nouv. acq. 2497, f. 29 v° : « Unes lettres adreçans au Roy et signées BASTART D'ORLEANS, CULAN et BREZÉ, par laquelle ils lui rescripvent certaines choses touchant Xaincoins et le paiement des gens de guerre ; icelles lettres escriptes à Harecourt le XIIIe jour de... » — La date est évidemment : 13 septembre 1449, jour où Harcourt fut rendu. Nous en trouvons la confirmation dans les lettres de rémission données à Jacques Charrier en décembre 1450 : « ou mois de septembre 1449, nous estans en nostre ville de Louviers, pour ce que avions esté advertiz de plusieurs faultes, mauvaistiez, crimes et deliz commis et perpetrez envers nous et justice par maistre Jehan de Xaincoins. » Archives, JJ 186, n° 62.
8. Ce fait est consigné dans les lettres de décembre 1450.

et trésoriers de France, à André le Roy, correcteur des comptes, à Jean d'Auguier, maître extraordinaire, enfin à Guillaume Ripault, clerc des comptes, de « voir, examiner, reviser et rendre certains comptes de maistre Jehan de Xaincoins, receveur general de toutes les finances du Roy, et visiter les comptes ja clos et iceux corriger et affiner, et sur iceux sentencier et determiner comme ils verront à faire, et sur aucuns autres abus, erreurs et malefices imposez à l'encontre dudit de Xaincoins, sans prejudice toutefois des droits, usage, stile, statuts et prerogatives de la Chambre des comptes pour le temps à venir [1]. »

Cette information donna lieu à un procès, commencé le 1er juillet suivant, qui se prolongea jusqu'au 9 juin 1451. Blaise Greslé, conseiller et maître des requêtes du Roi, figurait au nombre des magistrats chargés d'instruire l'affaire [2].

Mais Xaincoins n'était pas seul en cause. Avec lui étaient poursuivis : un des personnages les plus marquants de la Cour, Bertrand de Beauvau, seigneur de Précigny ; un receveur des tailles en Auvergne, Martin Roux, et un homme obscur du nom de Pierre Godeau, élu sur le fait des aides à Tours [3]. Enfin

---

1. Ces lettres sont ainsi analysées en tête de l'extrait du Dixième compte de Xaincoins, Cabinet des titres, 685, f. 119.

2. Voir la note qui suit. Jean Chartier dit (t. II, p. 211) : « Il fut questionné par aucuns du grant conseil du Roy et autres clercs voyans clair et bien cognoissans en matière de finances. »

3. « A maistre Blaise Greslé, conseiller et maistre des requestes de l'ostel du Roy nostre sire, la somme de 110 l. t., à lui ordonnée pour et en lieu de semblable somme dont il avoit esté assigné sur James Doujat, receveur ou hault pays d'Auvergne, et dont il n'avoit peu avoir paiement, pour la parpaye des vnc l. t. que le Roy nostre dit seigneur lui avoit ordonné pour ses peines et salaire d'avoir vacqué par son ordonnance depuis le premier jour de juillet M CCCC cinquante jusques au ixe jour de juing ensuivant M CCCC LI, à faire certaines informacions et procès à l'encontre de Martin Roux, maistre Jehan de Xaincoins, le sire de Precigny et Pierre Godeau. » Rôle du 7 mai 1451, dans le ms. fr. 20683, f. 46. — « M. Blaise Greslé, maistre des requestes de l'ostel, unc xl. l. restans de vnc l. pour avoir vacqué depuis le 1er juillet 50 jusqu'au 9 avril suivant, à informer contre Martin Roux, naguères receveur des tailles du hault pays d'Auvergne, et au procez contre Jehan de Xaincoins, le sire de Precigny, Pierre Godeau, esleu sur le fait des aydes à Tours. » Deuxième compte de Mathieu Beauvarlet, Cabinet des titres, 685, f. 141 v°. Cf. quittance de Blaise Greslé du 16 juillet 1453 de cette somme de 110 l. pour avoir vacqué du 1er juillet 1450 au 9 juin 1451 au procès sus mentionné. Pièces originales, 1401 : GRESLÉ, n° 6. — Sur Martin Roux, voyez Thomas, l. c., à la table.

Jacques Charrier, que le chroniqueur officiel désigne comme clerc du receveur général, mais qui était alors notaire-secrétaire du Roi et changeur du trésor à Paris, était compromis dans l'affaire[1].

Le même chroniqueur dit que Jean de Xaincoins fut arrêté à Tours « le seiziesme jour d'octobre ou environ, » et enfermé dans le château de Tours[2]; mais il résulte d'un document que nous avons rencontré qu'il fut d'abord emprisonné au palais de Rouen[3]: il s'agit, sans doute, du transfert de l'accusé à Tours pour y être jugé. Toujours est-il que, à la suite d'une longue instruction, Xaincoins fut, d'après ses propres aveux, reconnu coupable, non seulement de malversations, mais de faux, et déclaré criminel de lèse-majesté[4]. Comme faussaire, il était passible de la peine capitale; Charles VII lui fit grâce de la vie. Après qu'il eut confessé les « grands et énormes cas » que l'accusation avait relevés contre lui, il fut, par la bouche du chancelier, condamné à tenir prison pendant un certain nombre d'années, et à payer au Roi, à titre de restitution, une somme de soixante mille écus d'or[5]; en outre, toutes

---

1. Chartier, t. II, p. 245. Jacques Charrier figure avec le titre de changeur du trésor dans le 21e compte de l'Hôtel (octobre 1450) (Archives, KK 52, éd. par Douet d'Arcq, *Comptes de l'hôtel*, p. 321), et dans les rôles des 4 et 13 novembre 1450 (publiés dans les *Preuves de Mathieu d'Escouchy*, p. 372 et suiv.). Dans ce second rôle, Jacques Charrier est porté comme recevant un don de 300 l., « en regard et consideracion à la charge et despense qu'il a eue l'année passée (finie le 30 septembre 1450) en la compaignie d'aucuns des tresoriers au païs de Normandie pour le fait de la recepte du demaine et des confiscations dudit païs où il a esté occupé par tout le temps de ladicte année, pour laquelle charge et occupation ledit changeur n'a eu ne prins aucuns gaiges, voyages ne autrement, excepté seulement les gaiges et voyages qui lui avoient esté ordonnez, à cause de sondit office de changeur, par avant le recouvrement dudit païs de Normandie, dont il ne pourroit bonnement vivre ne soustenir son estat, ainsi que ledit seigneur a esté deuement acertené (p. 391). »

2. Jean Chartier, p. 211.

3. « A messire Brunet de Longchamps, chevalier, la somme de t. l. t. à lui donnée par le Roy oultre ce qu'il a eu pour la garde maistre Jehan de Xaincoins ou palais à Rouen. » Ms fr. 26081, n° 6538.

4. « Là où il fut trouvé, par sa propre confession, avoir encouru crime de leze majesté; c'est assavoir pour les deniers du Roy qu'il avoit desrobez en grandes et excessives sommes, comme pour certaines ratures par luy faictes en aucunes lettres. » Chartier, l. c.

5. « Qui sembloit estre bien peu de chose au regard de ce qu'avoit pillé et desrobé, comme sa propre confession le portoit, et pour faire ses plaisances mondaines. » Chartier, p. 245.

ses possessions furent confisquées[1]; le bel hôtel qu'il possédait à Tours fut donné à Dunois; des terres ou autres biens échurent en partage à Jean de Bueil et à Guillaume Gouffier[2].

Quant aux autres inculpés, ils furent amnistiés : Jacques Charrier, bien que sa complicité ait été reconnue, reçut, après restitution des sommes perçues indûment, des lettres de rémission[3]. Martin Roux, moyennant le paiement de cinq mille livres, obtint décharge de toutes les accusations portées contre lui[4]. Enfin le silence fut fait sur ce qui concernait le sire de Précigny; le Roi se borna à l'éloigner de sa personne, en le privant de l'office de bailli de Touraine; il lui conserva ses titres de conseiller et chambellan et une partie de sa pen-

---

1. Dans le registre PP 118 (table du Mémorial L, f. 14), aux Archives nationales, on mentionne, d'après ce Mémorial, f. 33 v°, « un arrêt du grand conseil contre Jean Barillet, dit de Xaincoins, receveur général des finances, par lequel il a esté condamné à rendre au Roi 80,000 l. t., lui privé de tous les offices royaux et déclaré inhabile d'en posséder aucuns. » — On lit dans l' « Inventaire des sacs et lettres estans à Tours » (Ms. fr. 2899, f. 81) : « Item ung autre sac de besoignes communes ouquel est l'appointement de Xaincoins. » Nous n'avons pas retrouvé cet « appointement ».

2. Charrier, t. II, p. 215. — Malgré ce que dit à cet égard M. Vallet de Viriville, M. Camille Favre, le patient et érudit biographe de Jean de Bueil, ne croit pas que Bueil ait eu part aux dépouilles de Xaincoins, car il n'a trouvé aucune preuve à l'appui (Introduction au *Jouvencel*, p. CLXIX). Mais le fait est établi par la mention suivante, que nous avons rencontrée dans le dossier GOUFFIER (*Pièces originales*, 1367, f. 269) : « Lettres patentes données à Montbason le 9 avril 1450 (vieux style), par lesquelles S. M. déclare qu'à cause des crimes et délits commis par Me Jehan de Xaincoins..., condamné en la somme de 80,000 l. d'amende... et en outre tous ses autres biens avoient été déclarés confisqués au proffit de S. M., qui avoit donné à ses amez et féaux conseillers et chambellans Jean, seigneur de Bueil, et Guillaume Gouffier, partie des biens immeubles dudit Me Jehan de Xaincoins appartenant à S. M. à cause de ladicte confiscation, savoir audit seigneur de Bueil la somme de sept cents livres de rente que ledit Xaincoins avoit acquise dudit seigneur de Bueil sur son peage de Tours et sur tous ses autres biens, avec l'ostel, terre et appartenances de Meinnes que ledit de Xaincoins avoit acquis de feu Louis, frère dudit seigneur de Bueil, et audit Gouffier les chastel, hostels, terres, fiefs et appartenances de Yron, Rochefort, le Roignon,..., pour en jouir par lesdits Bueil et Gouffier. »

3. Voir les deux lettres de rémission données, l'une en décembre 1450, à Montbazon, l'autre en janvier 1451, aux Montils-les-Tours (Archives, JJ 180, nos 62 et 51). Les lettres constatent que c'est grâce à ses aveux (qui avaient permis de constater la culpabilité de Xaincoins) et à l'intervention du trésorier Pierre Berard (dont il avait épousé la fille), que Jacques Charrier fut amnistié. Les premières lettres, qui furent jugées insuffisantes, sont contresignées par l'évêque d'Agde (Cambray); le grand maître d'hôtel (Culant), l'amiral (Bueil), les sires de Gaucourt et de Daügy (Bar), Jean de Chambes et Jacques Cœur; les secondes portent seulement les signatures de l'amiral et des sires de Gaucourt et de Villequier.

4. Voir un « appointement » fait avec Martin Roux, le 20 janvier 1453, le Roi étant à Cosne-sur-Loire, et qui porte les signatures d'Étienne Chevalier, Pierre Doriolle et Charles Chaligaut. Ms fr. 20436, f. 65.

sion[1]. Préclgny se retira en Anjou[2], où il devint, comme président du conseil ducal, le plus intime confident du roi René, qui plus tard devait lui faire épouser (en quatrièmes noces) une de ses filles naturelles. Chargé d'importantes missions par son maître, il reparut à la Cour et siégea même parfois dans le Conseil[3].

Après la disgrâce du sire de Préclgny survint celle d'un des plus grands seigneurs de la Cour, le sire de Culant.

Charles, sire de Culant, avait, au commencement de 1449, été investi de la charge de grand maître d'hôtel de France[4], qu'avait exercée le comte de Vendôme; Louis de Culant, son oncle, mort en 1444, avait rempli dignement l'office d'amiral de France; Philippe, son frère, seigneur de Jalognes, était maréchal de France depuis 1441. Conseiller et chambellan du Roi; capitaine d'une des compagnies d'ordonnances créées en 1445[5]; honoré à plusieurs reprises de missions de confiance[6]; chargé, avec trois autres conseillers du trône, d'assister le

---

1. Le sire de Préclgny avait une pension de 2,000 livres et touchait en outre 800 l. comme capitaine de Sainte-Menehould. L'allocation de la pension avait été faite sur les deniers de l'équivalent aux aides en Languedoc. On voit par des lettres du 22 juillet 1451 que le Roi, après avoir ordonnancé cette somme, déclara qu'elle ne serait pas payée à Préclgny, mais qu'elle serait remise à lui-même, ce qui fut fait (*Pièces originales*, 2374 : PRÉCIGNY, n° 11). A partir de 1452, Préclgny est inscrit, comme conseiller et chambellan du Roi et capitaine de Sainte-Menehould, pour une somme annuelle de 1200 l. (Cabinet des titres, 685, f. 151 v°, 162 v°, 172 v°, etc.)
2. Il reparut pourtant une fois au Conseil, aux Montils les Tours, au mois de février 1452 (Archives, JJ 185, n° 30).
3. Voir Lecoy de la Marche, *le Roi René*, t. I, p. 275 et 412; t. II, p. 269.
4. On lit dans Chartier (t. II, p. 82): « Le 20° jour de juillet (1449) arriva Mgr le comte de Dunois..., accompagné du sire Charles de Culant, aussy de nouvel grand maistre d'hostel. »
5. Le P. Anselme, t. VIII, p. 365.
6. A la fin de 1443, il est envoyé en Auvergne pour faire évacuer ce pays par les gens de guerre et les emmener en Rouergue à la suite du Dauphin (Clairambault, 157, p. 4251). En mai 1445, il est chargé, avec Jean de Bar, de l'installation de cent vingt lances dans la Basse Auvergne (Thomas, *les États provinciaux*, t. I, p. 155, 275 et 315; t. II, p. 227); dans la même année, il est envoyé comme commissaire aux États de la Marche (Thomas, *l. c.*, t. I, p. 209) et de Limousin (Clairambault, 157, p. 2245). En 1446, il est chargé, avec Jean Tudert, Bertrand de Saint-Avit et autres, d'imposer dans la Marche le paiement des gens de guerre, plus une aide de cinq mille fr. (Thomas, t. I, p. 356). En 1447-1448, il est envoyé à Nevers avec son frère le maréchal de Jalognes pour apaiser des troubles survenus pendant la vacance de l'évêché (Anselme, t. VIII, p. 365); en juin 1449, il est au nombre des commissaires désignés pour prendre part aux conférences avec les Anglais (Chartier, t. II, p. 64; Math. d'Escouchy, t. I, p. 155).

Dauphin quand celui-ci s'éloigna de la Cour pour se rendre en Dauphiné; parvenu enfin à la dignité de grand officier de la Couronne[1], le sire de Culant semblait devoir être au-dessus de tout soupçon. Durant la campagne de Normandie, il figura partout avec éclat[2]; à l'entrée de Rouen, il avait, dit Jean Chartier, « la charge et le gouvernement de la bataille, où il y avoit cinq à six cents lances. » Le chroniqueur s'étend avec complaisance sur la richesse de son équipement[3].

La conquête est achevée. Culant a eu sa part des récompenses données à cette occasion[4]. Le 25 janvier 1451, il est à Tours, et l'on établit le compte du trimestre précédent, en la chambre du grand maître, en présence du titulaire et des deux maîtres d'hôtel de service, Jean de Chambes et Louis de la Rochette[5]. Soudain de graves accusations surgissent, et l'instruction qui est ouverte ne tarde point à en établir la preuve[6]. Culant a abusé de sa charge de capitaine pour s'attribuer une partie de la solde de ses gens; il a cassé des hommes d'armes ou des archers pour les rétablir ensuite, et a perçu leurs gages durant la vacance; presque jamais il n'a tenu sa compagnie au complet, et, pour dissimuler cette irrégularité, il a, durant la campagne de Normandie, fait figurer parmi ses gens des francs

---

1. Ms. fr. 15537, f. 61.

2. Voir Chartier, t. II, p. 82, 85, 97, 110, 114, 120, 133, 14 154, 177, 201, 215, 225, 230; Mathieu d'Escouchy, t. I, p. 198, 212, 215, 216.

3. « Armé de toutes pièces, portant un chapel en sa teste, et estant monté sur ung coursier richement couvert de velours bleu et rouge par bandes, par dessus aucunes desquelles bandes estoient attachées de grandes feuilles d'argent doré et sur les autres de grandes feuilles d'argent blanc; les harnais de son cheval pareils à ladite couverture; et avoit en son col une escharpe de fin or, pendante jusques à la croupe de son cheval. » Chartier, t. II, p. 105.

4. « A Mgr de Culant, grand maistre d'ostel de France, la somme de IIe XVIII l. t. sur la somme de XVe l. t. à lui donnée. » (Rôle du 13 novembre 1440, dans Preuves de Mathieu d'Escouchy, p. 391.) On voit par une quittance du 18 mars 1450 qu'il reçut trois mille livres « oultre et par dessus les gaiges, pensions et autres bienfaiz » qu'il avoit du Roi. (Pièces originales, 953 : CULANT, n° 26; cf. n° 33.) Octroi de quatorze muids de sel à prendre en franchise, par lettres du 16 septembre 1449. (Quittances des 18 novembre et 2 décembre 1449, au dossier CULANT, n°s 24 et 25.)

5. 21e compte de l'hôtel. Archives, KK 52; éd. par Douet d'Arcq, Comptes de l'hôtel des rois de France, p. 325. — On a une quittance du 30 avril 1451, où Culant est qualifié de « grant maistre d'ostel de France, gouverneur et capitaine de la ville de Mante. » (Clairambault, 157, p. 4247.) Il était en outre capitaine et gouverneur de Chartres. (Ordonnances, t. XIV, p. 59; Cabinet des titres, 685, f. 155 v°.)

6. Tous les détails qui suivent sont empruntés aux lettres de rémission.

archers comme archers et valets de guerre; enfin Il n'a cessé de détourner les fonds destinés au paiement des compagnies d'ordonnances, et cela pour une somme considérable. L'enquête amène en outre une fâcheuse découverte. Tout jeune encore, à l'âge de dix-huit à vingt ans, Culant a prêté l'oreille à un complot formé contre la vie de son oncle l'amiral, dans le but de le rendre héritier de toutes les terres de celui-ci, et il n'a point dénoncé l'instigateur, lequel depuis a été incarcéré par l'amiral et est mort en prison. Le grand maître est donc en passe de subir une rigoureuse condamnation. Mais Culant a des amis nombreux et puissants; il fait si bien que le Roi se laisse toucher par ses instances, par celles de Richemont, de Dunois, d'autres encore, qui intercèdent en sa faveur. Des lettres de rémission lui sont accordées (mars 1451): Culant en est quitte pour la perte de sa charge de grand maître et de ses autres offices[1]. Charles VII pousse même l'indulgence jusqu'à lui faire payer les termes échus de ses pensions[2]. Tous les chroniqueurs ont gardé le silence sur sa disgrâce. Seule la *Chronique martinienne* nous apprend qu'il fut destitué « pour ce qu'on disoit qu'il avoit pris l'argent d'ung quartier de ses gens d'armes[3]. »

Le procès de Xaincoins, l'affaire du grand maître Culant semblent avoir été le point de départ d'un certain nombre de poursuites judiciaires. Au commencement de 1451, un avocat du Roi au Parlement, Jean Barbin, vient s'installer auprès du

---

1. Lettres données à Tours au mois de mars 1451. Archives, JJ 185, n° 73; publiées par Tuetey, *les Écorcheurs sous Charles VII*, t. II, p. 449.
2. « Mgr de Culant, grant maistre d'hostel du Roy, sur ses gages et sa pension, m^l l. » (Cabinet des titres, 685 f. 147 v°.) — « Mgr de Culant, nagueres grant maistre de France, m^m v^e l. sur sa pension (f. 140). » — « Charles, seigneur de Culant, chevalier, conseiller et chambellan du Roy, nagueres grand maistre d'hostel de France, capitaine de la ville de Chartres, à m^e l. (f. 141). » — « Le sire de Culant, chevalier, conseiller et chambellan du Roy, v^e l. pour entretenir son estat (f. 141 v°). » — Culant est encore nommé dans des lettres du 9 avril 1451, portant confirmation d'un don de soixante-treize muids de sel fait à Dunois, à Brezé, à lui et à d'autres pendant la campagne de Normandie (*Chartes royales*, XVI, n° 245).
3. *Chronique martinienne*, f. cclxxxix. — Le sire de Culant fut nommé maréchal et sénéchal de Bourbonnais par lettres du duc de Bourbon, en date du 16 juin 1450; il mourut avant la fin du règne de Charles VII, en juin 1460 (Anselme, t. VIII, p. 365). — Il est assez curieux de constater que ces deux grands disgraciés, Culant et Précigny, furent recueillis et pourvus par deux princes du sang, dont l'un était le propre beau-frère du Roi.

Roi, qui le retient pendant presque toute l'année[1]. Des arrestations ont lieu à plusieurs reprises[2]. Des poursuites sont dirigées contre des particuliers, soit pour avoir tenu des propos injurieux contre le Roi[3], soit sous l'inculpation d'un crime de lèse-majesté[4].

Mais voici que s'ouvre, au mois d'août, un procès bien autrement important, dont la coïncidence avec la condamnation du receveur général Xaincoins[5] est à remarquer, et dont le retentissement devait s'étendre de siècle en siècle. Le procès de Jacques Cœur est un des événements les plus fameux et en même temps les plus obscurs du règne de Charles VII. La question de la culpabilité du célèbre argentier est restée à l'état de problème ; il semble difficile de la résoudre d'une façon définitive[6]. Bornons-nous à exposer les faits, laissant au lecteur le soin d'apprécier et de conclure.

1. « M⁰ Jehan Barbin, advocat du Roy au Parlement, n⁰ l. pour suporter ses despenses à la suitte du Roy où il a esté en janvier et fevrier ; m⁰ l. pour les quatre mois suivans ; m⁰ l. pour les trois mois suivans. » Deuxième compte de Mathieu Beauvarlet, f. 113.

2. « Pierre de Montalembert, escuier, huissier d'armes, XXVII l. X s. pour un voyage, en décembre (1450), de Monthason en Champagne querir certain prisonnier, et XLIII l. en janvier pour avoir esté à Paris querir certains prisonniers et les mener à Tours. » — Mᵉ Georges Havart, conseiller du Roy, XV l. pour avoir esté de Tours en Champagne faire certaines informations à luy enchargées. — « Guillaume de Culan, licentié ès loix, examinateur au Chastelet, XV l., Idem. » — « Pierre de Montalembert, escuyer huissier d'armes, XV l., Idem. » — « Pierre de Montalembert, XIII l. XV s. pour aller de Taillebourg à Tours devers le provost pour le fait de la delivrance d'un prisonnier. » — « Pierre de Dinteville, escuier, XIII l. XV s. pour aller de Taillebourg à Tours querir certain prisonnier estant illec. » Compte cité, f. 114 v⁰ et 115 v⁰.

3. Voir lettres de rémission d'avril 1451 (Archives, JJ 185, n⁰ 70). Nonobstant ces lettres, obtenues par Jean le Sellier, prêtre, le procureur du Roi requit du Parlement son bannissement à la date du 13 avril 1451 (Bibl. nat., ms. fr. 5908, f. 61 v⁰).

4. Robert Godet, ecclésiastique, prisonnier à Château-Guillard, « pour soupçons d'avoir commiz crime de lèse majesté. » Voir document du 10 octobre 1452, ms. fr. 26081, n⁰ 6198.

5. On a vu que l'affaire de Xaincoins se dénoua le 9 juin 1451 ; or, c'est le 31 juillet que commencèrent les poursuites contre Jacques Cœur.

6. M. Pierre Clément dit que la question du procès de Jacques Cœur semble destinée à n'être jamais jugée en dernier ressort. *Jacques Cœur et Charles VII*, préface, t. I, p. IX. Dans son *Grand Testament*, Villon, parlant de Jacques Cœur, s'exprime ainsi (*Œuvres complètes de François Villon*, publiées par le bibliophile Jacob, p. 58) :

> Selon les autentiques dietz
> Son lieu ne congnoistra jamais.
> Quant du surplus, je m'en desmectz ;
> Il n'appartient à moy, pecheur,
> Aux theologiens le remectz,
> Car c'est office de prescheur.

On sait peu de chose sur l'origine de Jacques Cœur. Il appartenait à une famille de marchands, et l'on croit que Pierre Cœur, son père, était originaire de Saint-Pourçain. Installé à Bourges, où il se livrait au commerce de la pelleterie, celui-ci acquit une certaine richesse. C'est dans cette ville que naquit Jacques Cœur[1], à une époque restée incertaine mais qui ne peut être éloignée de l'année 1395[2]. Élevé dans une boutique, initié au négoce dès le premier âge, le jeune homme ne reçut pas une éducation très complète : nous savons qu'il était étranger aux lettres ; il devait y suppléer grâce aux dons vraiment merveilleux que le ciel lui avait départis pour tout ce qui touchait au commerce et aux matières d'administration. « C'était, dit Thomas Basin, un homme sans littérature, mais d'un esprit infini et très ouvert, très industrieux pour tout ce qui concernait les affaires[3]. »

La première trace du futur argentier de Charles VII que nous offre l'histoire, se rencontre dans des lettres de rémission données, au mois de décembre 1429, à Ravant le Danois, maître des monnaies à Bourges, et à ses associés, pour avoir fabriqué des écus faibles de poids. Chassé de Normandie, son pays d'origine, par l'occupation anglaise, Ravant était venu vers 1420 s'établir à Bourges, où le Dauphin l'avait nommé maître de la

---

1. Documents judiciaires publiés par Buchon dans le *Panthéon littéraire* (à la suite de Du Clercq et de Saint-Remy), p. 612. Cf. Raynal, *Histoire du Berry*, t. III, p. 53.
2. Son fils Jean avait vingt-cinq ans quand il fut promu, en 1446, à l'archevêché de Bourges. Le mariage de Jacques Cœur ne peut donc guère être postérieur à 1420. En supposant qu'il eût alors vingt-cinq ans, cela reporte sa naissance à 1395.
3. « Virum quippe sine litteris valde ingenio callentem, et in mundanis actibus oculatum valde et industrium. » Thomas Basin, t. I, 316. Ailleurs (p. 213), Basin dit encore : « Vir quidam valde industrius et providus, Jacobus Cordis nominatus, civis Bituricensis, ex plebeio genere, sed profecto grandi et acri ingenio, plurimaque hujus sæculi prudentia callens. » — « Homme plein d'industrie et de haut engin, dit Georges Chastellain (t. VII, p. 91), subtil d'entendement et de haut emprendre, et toutes choses, comme hautes fussent, sachant conduire par labeur. » — Astezan, dans son poème de 1451 (*Paris et ses historiens*, par Le Roux de Lincy, p. 506) l'appelle « cet autre Crassus, aussi grand par l'esprit que riche par les trésors : »

> Hic etiam dignus illustri principe viro
> Ædes, quas summo studio argentarius alti
> Regis, tantum animo quantum ditissimus auro
> Non secus ac notus præclaro nomine Crassus
> Construit.....

monnaie[1]. Jacques Cœur était un de ses associés. Ruiné par les emprunts forcés que, durant les années de détresse qui précédèrent la venue de Jeanne d'Arc, les officiers royaux faisaient sur les gardes des monnaies[2], Ravant eut recours à l'expédient dont la royauté elle-même avait, à plus d'une reprise, donné l'exemple : la fabrication d'espèces faibles de poids ; son jeune associé réalisa ainsi, pour sa part, un bénéfice qu'on évalue de cent vingt à cent quarante écus. Les commissaires sur la réformation des monnaies nommés en avril 1426, après les États généraux tenus à Poitiers[3], constatèrent le fait : de là des poursuites. Si Ravant le Danois ne s'était signalé par d'éminents services rendus au Roi pendant la campagne du sacre[4], il eût encouru un châtiment sévère : il en fut quitte pour le paiement d'une amende de mille écus d'or[5].

Que devint Jacques Cœur après cet incident ? Il paraît avoir formé une association pour l'entreprise des fournitures de la Cour. C'étaient les marchands de Bourges qui devaient pourvoir à l'approvisionnement de l'hôtel du Roi, de la Reine et des enfants royaux ; une partie de ces fournitures étaient gratuites. En retour de ce sacrifice, le Roi avait concédé aux marchands des sûretés et des privilèges qui leur permettaient

---

1. Il exerçait cette charge dès 1421. Voir le compte de la Chambre aux deniers pour le premier semestre de 1421 (Archives, KK 50, f. 63 v°), analysé par M. Vallet dans son édition de Jean Chartier, t. III, p. 323 ; cf. *Histoire de Charles VII*, du même auteur, t. III, p. 251-52.

2. « Et, pour les grans et excessives charges et affaires que avons eues continuellement à supporter, ont esté les maistres et fermiers de nos dictes monnoies par nous et les gens de nos finances moult chargiez de prests et d'assignations, et tant que plusieurs d'eux en ont esté et sont demourez destruicts de leurs chevances, et entre les autres ledit suppliant, qui continuellement a frequenté et s'est tenu entour nous et les nostres, esté incessamment chargé desdiz prests et assignations... » Lettres du 6 décembre 1429. Ms. fr. 3868, f. 85 et suiv.

3. Voir notre t. II, p. 625-26.

4. « En regard d'autre part que, ou voiage de nostre sacre et couronnement, il nous a servy et a esté continuellement en nostre compaignie, atout le nombre de dix ou douze combatans bien en poinct, où il a frayé grant argent. » Lettres citées, *l. c.*, f° 88 v°.

5. Lettres de rémission données à Ravant le Danois, pour lui, Jacques Cœur, Pierre Godart et Jean Jubin, datées de Mehun-sur-Yèvre, 6 décembre 1429, *l. c.* Le Danois, loin d'avoir encouru la moindre disgrâce pour le fait en question, ne tarda pas à être nommé général maître des monnaies, et exerça cette charge jusqu'en 1460.

d'exercer librement leur négoce[1]. L'association dura jusqu'en 1439, et paraît avoir été assez fructueuse[2].

Mais l'opération principale à laquelle se livra Jacques Cœur fut celle du commerce avec le Levant : au commencement de 1433, il se trouvait en Orient, où un écuyer d'écurie du duc de Bourgogne, qui faisait le voyage de Terre Sainte, le rencontra. Nous avons cité déjà le passage de la relation de Bertrandon de la Brocquière où Jacques Cœur est mentionné[3]. On le retrouve à Bourges, où il paraît avoir repris son poste à la monnaie jusqu'au moment où il fut nommé maître particulier des monnaies dans la capitale, rentrée sous la domination royale[4]. Commis vers 1436 au fait de l'argenterie[5], et en même temps élu sur le fait des aides en Berry[6] il devint, en 1440 au plus tard, argentier en titre[7] : en cette année Radegonde et Jeanne de France donnaient quittance à Jacques Cœur, argentier du Roi, des sommes de quatre-vingt et de soixante livres parisis, à elles remises « pour avoir une robe[8]. »

« La charge d'argentier, créée vers la fin du treizième siècle, correspondait, dit M. Vallet de Viriville, à celle que nous avons connue dans les temps modernes sous le titre d'intendant général de la liste civile. L'argentier recevait en compte du Trésor une somme affectée aux dépenses et fournitures journalières du Roi, de sa famille et de sa Cour. Il devait, en outre, tenir provision et magasin d'étoffes, meubles, bijoux, denrées de toute espèce, marchandises ou matières premières

---

1. Vallet, *Histoire de Charles VII*, t. III, p. 251-52. Cf. Ms. fr. 6024, f° 81 v°.
2. Documents publiés par Buchon, *l. c.*, p. 636-38.
3. Voir t. III, p. 486.
4. Dans un extrait du compte de Guillaume Ripault pour les années 1436-1438 (Cabinet des titres, 685, f° 40 v°), il est désigné comme maître particulier des monnaies à Paris. Cf. lettres du 18 octobre 1437, Archives, Z¹ᵇ 60, f° 29 v°.
5. Le « fait de l'argenterie » était exercé le 16 juin 1436 par Wast de Montespedon (*Pièces originales*, 2016 : MONTESPEDON). — Dans un mandement de l'évêque de Laon en date du 16 octobre 1438, Jacques Cœur est désigné comme « commis au fait de l'argenterie du Roy. » Ms. fr. nouv. acq. 2497, n° 77. Cf. n° 61.
6. Il exerçait encore cette charge en mars 1442, de concert avec Lambert Leodepart. Archives nationales, X¹ᵃ 13, f° 39.
7. Extraits du premier compte de Guillaume du Bec (1ᵉʳ octobre 1439-30 juin 1440). Ms. fr. 20684, p. 578.
8. *Pièces originales*, 769, f° 170 v°. Cf. Clément, t. I, p. 289.

en nature ou manufacturées qui pouvaient être nécessaires à cette consommation journalière[1]. »

En 1441, Jacques Cœur est anobli, par lettres données à Laon au mois d'avril, « en considération de ses mérites et des services rendus par lui tant en sa charge d'argentier qu'autrement, » et ce privilège s'étend à sa femme, Macée de Léodepart, et à sa postérité[2]. En 1440 et années suivantes, il est désigné comme l'un des commissaires royaux auprès des États de Languedoc, et, jusqu'en 1451, il est maintenu dans cette délégation fort lucrative[3]. En janvier 1443, il est l'un des commissaires ordonnés pour réprimer les excès de certains sergents-commissaires et autres du Languedoc[4]. En mai 1443, il est envoyé en Auvergne avec Guillaume Jouvenel pour faire finance d'une somme de cent vingt-cinq mille livres[5], et, de 1443 à 1445, il est délégué auprès des États d'Auvergne[6]. Il est au nombre des commissaires du Roi qui, en juin 1444, président à l'installation du parlement de Toulouse[7], et, en janvier 1445, sont chargés de régler le différend avec les Génois[8]. Il exploite les mines du Lyonnais et du Beaujolais[9]; il prend part aux mesures rendues en faveur de certains corps

---

1. *Histoire de Charles VII*, t. III, p. 257.
2. V. C. Colbert, 214, f° 205 ; Ms. latin 18345, f. 183 ; Raynal, *Histoire du Berry*, t. III, p. 60.
3. Voir ci-dessus, t. III, p. 449-50 ; Collection du Languedoc, 89, f. 232 et 234 ; Dom Vaissete, *Histoire générale de Languedoc*, t. IV, p. 497, 501 ; t. V, p. 5-14. — Les conseillers du Roi qui partagèrent avec Jacques Cœur l'honneur de ces délégations furent Tanguy du Chastel ; Thibaut de Lucé, évêque de Maillezais ; Jean de Montmorin ; Hugues de Noé ; Jean d'Estampes, évêque de Carcassonne ; Jean de Chambes ; Jacques Jouvenel des Ursins, archevêque de Reims ; Étienne Petit ; Jean Barton ; Étienne de Cambray, évêque d'Agde, et Jean de Bar.
4. Ms. fr. nouv. acq. 2497, n° 66. — Jacques Cœur accompagna le Roi dans son voyage du Midi. On lit dans une note qui se trouve dans les archives du duc de la Trémoille et qui porte ce titre : *Despense à faire au parlement du Roy de Thoulouse* : « A Jacques Cuer, qu'il lui est deu pour M™° de Foix et autres, m° LX l. — A Otto Castellain et Jacques Cuer, m° l... — A Jacques Cuer, pour vi° escus fournis et autres frais, ix™ l. »
5. Voir t. III, p. 476.
6. Thomas, *les États provinciaux*, t. I, p. 206-21, 307-308 ; t. II, p. 171 ; Ms. fr. 26072, n° 4988 ; Cabinet des titres, 685, f° 81.
7. Voir notre t. III, p. 431.
8. Voir Saige, *Documents historiques relatifs à la principauté de Monaco*, p. 173.
9. Voir t. III, p. 487.

de métiers¹ ; il est nommé visiteur général des gabelles du Languedoc². Membre du grand Conseil au commencement de 1446³, il est investi d'importantes missions diplomatiques : il fait partie de l'ambassade à Gênes en mars 1447, de la grande ambassade à Rome en 1448, au cours de laquelle il préside au ravitaillement de Finale, enfin de la grande ambassade envoyée à Genève en 1449 pour la pacification de l'Église⁴.

Durant cette période, la faveur de Jacques Cœur est à son apogée. Il en profite pour étendre son commerce : il a des comptoirs à Paris, à Lyon, à Marseille, à Montpellier, à Bruges, et de jour en jour il s'ouvre de nouveaux débouchés ; il a de grands vaisseaux qui sillonnent les mers : dans les parages de l'Orient, il n'est guère de mât qui ne porte les fleurs de lys ; trois cents facteurs obéissent à ses ordres⁵. On dit qu'à lui seul il réalise chaque année des gains supérieurs à ceux de tous les marchands du royaume⁶. Il fait l'étonnement et l'admiration de ses contemporains, qui s'accordent à reconnaître qu'il n'a pas son pareil au monde⁷. Jean de Village, qui a épousé une de ses nièces, est à la tête de ses galères. Vers 1447, Village parut à la cour du sultan d'Égypte, auquel il remit une lettre de Charles VII ; il rapporta, avec des présents pour le Roi, un firman contenant les privilèges les plus étendus pour les marchands français⁸.

1. Voir t. III, p. 487-88.
2. Par lettres du 23 décembre 1447. *Pièces originales*, 708 : CHATILLON (n° 10328). L'office avait été enlevé à Charles de Castillon, qui en fut dédommagé. (Rôle du 13 janvier 1448. Ms. fr. 23259, f° 11.)
3. La première ordonnance où nous rencontrons le nom de Jacques Cœur parmi les signataires, est une lettre de rémission en faveur d'un écuyer nivernais, Guyot de Rouflignac, donnée à Chinon au mois de mars 1446 (Archives, JJ 177, n° 157). Ce n'est qu'à partir de 1448 qu'il figure habituellement parmi les conseillers présents. Mais, dès 1443, il prend le titre de conseiller et argentier du Roi.
4. Voir t. IV, p. 238-39 et 275-78. Cf. Ms. fr. nouv. acq. 2497, n° 70 ; *Preuves de Mathieu d'Escouchy*, p. 251-52, et *Supplément*, p. 18-19 ; *Pièces originales*, 799, n°ˢ 8 et 9.
5. Chastellain, t. VII, p. 91.
6. Mathieu d'Escouchy, t. II, p. 280-81 ; Chastellain, t. VII, p. 91 ; Thomas Basin, t. I, p. 213.
7. « Il gagnoit chascun an plus que ne faisoient les autres marchans du royalme. » (Mathieu d'Escouchy, p. 281.) « En plus haut vol de marchand du monde. » (Chastellain, t. II, p. 188.) — « Estoit venu de cent à cent mille et de cent mille à nombre de millions par son sens. » (*Id.*, t. VII, p. 91.)
8. Voir Mathieu d'Escouchy, t. I, p. 121 et suiv., et Chastellain, t. IV, p. 220.

Rien n'égale le luxe déployé par Jacques Cœur. Il est magnifiquement vêtu, à l'égal des plus grands seigneurs[1]. En quelque lieu qu'il soit, il se fait servir en vaisselle d'argent[2]. Il a des maisons dans la plupart des grandes villes[3]; son hôtel de la Chaussée à Bourges, acquis en 1443, est une merveille d'architecture, et il n'épargne rien pour en faire la plus somptueuse demeure que l'on puisse imaginer[4]. Ce n'est point assez pour lui d'avoir de nombreux comptoirs et de riches hôtels : il veut acquérir des possessions territoriales qui lui permettent de marcher de pair avec les grands seigneurs. Profitant de la gêne des uns, de la ruine des autres, il achète de tous côtés des châteaux, des terres, des châtellenies entières. Sa soif d'acquisition est insatiable, et l'on peut énumérer jusqu'à quarante seigneuries dont il s'est assuré la possession[5]. S'il veille sur ses richesses avec un soin parcimonieux[6], il sait quand il convient de se montrer libéral et dépenser sans mesure ; il fait construire à ses frais, sur un terrain attenant à la cathédrale de Bourges, une sacristie qu'on admire encore aujourd'hui. Les armes de Jacques Cœur et de sa femme sont

---

1. Il portait robe courte à mi-cuisse, pourpoint bandé de rouge avec une chaîne d'or sur sa poitrine découverte, suivant la mode des gens de cour ; chausses d'écarlate avec souliers lacés à poulaine. Voir les dépositions des témoins dans Clément, t. II, p. 156-157.

2. Mathieu d'Escouchy, t. II, p. 282.

3. En 1449, Jacques Cœur est rayé du rôle des tailles pour les maisons qu'il tient à Lyon, « veu qu'il pourroit plus nuyre à la ville que porteroient de proufitz lesdictes tailles. » Archives de Lyon, BB 5, f. 82 v°. Il séjournait souvent à Montpellier. Voir sur la réception qu'il y fit à Jacques de Lalain, revenant d'Espagne, le *Livre des faits de messire Jacques*, dans Chastellain, t. VIII, p. 158-60.

4. Sur son hôtel de Bourges, voir Clément, t. II, p. 5 et suivantes ; la description de Mérimée dans Clément, t. II, p. 264 et suiv. ; Raynal, *Histoire du Berry*, t. III, p. 66 et suiv. ; Viollet-le-Duc, *Dictionnaire de l'architecture*, t. VI, p. 277-81 ; t. VII, p. 460-63. — Thomas Basin dit (t. I, p. 243-44) : « Quae profecto tam magnifica et tantis ornamentis decorata existit, ut vix in tota Gallia, non modo secundi gradus nobilitatis, sed nec Regis, pro sua magnitudine et capacitate, domus ornatior ac magnificentior facile posset inveniri. » Cf. Astezan, *l. c.*

5. Voir dans Clément, t. II, p. 2-3, l'énumération de ses seigneuries. — Le 12 décembre 1445, le duc de Bourbon lui vendait la seigneurie de Bruère l'Aubépin (Archives, P 1374², c. 2436).

6. Il résulte des dépositions des témoins entendus au procès qu'il apportait sa vaisselle quand il résidait à son hôtel de Bourges, et la remportait avec lui ; il ne laissait rien à sa femme, fort dépensière, qui « dissipait tout ce qu'elle avait entre les mains, » et qui était fort médiocrement vêtue. Clément, t. I, p. 234-36 ; cf. t. II, p. 22.

sculptées de tous côtés, avec la fière devise qu'on lit déjà sur les murs de son hôtel : A VAILLANS CUEURS RIENS IMPOSSIBLE. Sur l'emplacement de l'ancienne sacristie, une splendide chapelle s'élève pour servir de sépulture à lui et aux siens [1].

Jacques Cœur n'a garde d'oublier ses proches. Son frère Nicolas, chanoine de la Sainte-Chapelle de Bourges le 26 juillet 1437[2], est promu en octobre 1441 à l'évêché de Luçon[3]. Son fils aîné, Jean, chanoine de la Sainte-Chapelle de Bourges le 24 décembre 1442 en remplacement de Nicolas Cœur, chanoine de Saint-Martin de Tours le 11 juillet 1446, est nommé la même année, à l'âge de vingt-cinq ans, archevêque de Bourges. Son second fils, Henri, est nommé chanoine de la Sainte-Chapelle de Bourges, le 20 juillet 1446, en remplacement de Jean[4]. Sa fille Juliette est mariée, le 27 mai 1447, à Jacquelin Trousseau, fils d'Artault Trousseau, seigneur de Marville et de Saint-Palais, puis vicomte de Bourges[5].

Nous avons dit que Jacques Cœur tenait tout le monde par la bourse : il n'est seigneur de la Cour qui ne soit son débiteur. L'inventaire de ses papiers, dont une partie nous a été conservée, fournit l'énumération des personnages les plus notables du temps[6]. Fort bien vu d'Agnès Sorel, qui le désigne

---

1. Voir Clément, t. II, p. 22-25.
2. Ms. fr. nouv. acq. 1307, f. 39; *Gallia Christiana*, t. II, col. 1410.
3. Ms. fr. nouv. acq. 1307, f. 44; *Gallia Christiana*, t. II, col. 88. On a une lettre du chancelier Jouvenel au pape Nicolas V, insistant auprès de lui pour obtenir la nomination de Jean Cœur à l'archevêché de Bourges, sollicitée à plusieurs reprises (*Spicilegium*, t. III, p. 766). Voir une lettre de Gérard Machet, évêque de Castres et confesseur du Roi, adressée à Jean Cœur, après sa promotion. Ms. latin 8577, f. 96 v°.
4. Girardot, *La Sainte Chapelle de Bourges*, dans les *Mémoires de la Société des antiquaires de France*, t. XX, p. 215; Ms. fr. nouv. acq. 1307, f. 49.
5. Voir le contrat de mariage dans Clément, t. II, p. 269 et suiv.
6. On y voit figurer : le duc d'Orléans; le comte de Foix; Pierre de Brezé; Philippe de Culant, seigneur de Jalognes, maréchal de France; le sire de Culant, grand maître de France; le sire de Bueil; Bertrand de Beauvau, seigneur de Précigny; Poton de Saintrailles; Robert de Rouvres, évêque de Maguelonne; Adam de Cambray, premier président; Olivier de Coëtivy; Pierre de Louvain; Guillaume de Rosnivinen, premier échanson; Jean du Mesnil Simon, seigneur de Maupas; Jean de Levis, seigneur de Vauvert; Pierre Frotier, seigneur de Preuilly; Jean de Hangest, seigneur de Genlis; Jean de Daillon, seigneur de Fontaines, Fouquet Guildas, maître d'hôtel du Roi; Jean de Bar, seigneur de Baugy, général des finances; Georges Havart, conseiller et maître des requêtes de l'hôtel; Perrette de la Rivière, dame de la Rocheguyon, etc. *Pièces originales*, 799 : Cœur; Ms. nouv. acq. fr. 2497, *passim;* Archives, KK 328, *passim;* lettres de Charles VII du 5 avril 1457, dans Clément, t. II, p. 354 et suiv.

comme un de ses exécuteurs testamentaires, il est au mieux, tout porté à le croire, avec Antoinette de Maignelais, la nouvelle favorite. Nous savons du moins qu'il est en fort bons termes avec les *mignons* du Roi : il sert de témoin dans l'acte par lequel Dunois renonçait à toute prétention sur Saint-Sauveur-le-Vicomte en faveur d'André de Villequier[1], et Guillaume Gouffier, qui se fait avancer par lui, au moment de son mariage, deux mille écus pour son « ménage » et ses « ustensiles d'hôtel[2], » lui écrit familièrement en le qualifiant de *parrain*[3].

On sait le noble rôle joué par Jacques Cœur durant la campagne de Normandie : « Sire, dit-il au Roi, ce que j'ai est vôtre[4], » et il ouvre ses caisses pour faciliter l'achèvement de la conquête[5]. L'argentier devait bien cela à son maître qui, à l'entrée solennelle dans la ville de Rouen, l'avait traité à l'égal des princes[6]. En 1450 et 1451, Jacques Cœur réside constamment auprès du Roi ; il est en correspondance avec les grands et même avec les souverains : nous avons de lui une lettre à la duchesse de Bourgogne, datée de Bernay le 10 mars 1450[7] ; il reçoit du duc d'Orléans l'ordre du Camail[8] ; il est comblé de bienfaits par le Roi[9] ; outre ses charges et ses

---

1. *Histoire de Saint-Sauveur-le-Vicomte*, par M. Léopold Delisle, p. 277.
2. Voir la déposition d'Otto Castellain, dans Clément, *Jacques Cœur et Charles VII*, t. I, p. 229.
3. « Une cédule missible par laquelle Gouffier rescript : « Mon parrin, je vous envoye « Henriet, auquel vous prie que bailllez jusques à la somme de soixante-dix livres ce « qu'il vouldra prendre de vous. » Ms. fr. nouv. acq. 2197, f. 18.
4. Mathieu d'Escouchy, t. II, p. 286. — C'est le mot qu'on lit dans l'*Internelle Consolacion* : « Tout quant que j'ay est vostre ». Édition d'Héricault, p. 80.
5. Voir à ce sujet une note complémentaire à la fin du volume.
6. Voir plus haut, p. 22.
7. On trouvera cette lettre aux *Pièces justificatives*.
8. Cela résulte de la vente de ce collier, faite le 6 août 1453, moyennant 7 l. 2 s. 11 d. Clément, t. I, p. 213. — En 1450, le duc d'Orléans envoie quatre poinçons de vin à Jacques Cœur (*Louis et Charles d'Orléans*, 2e partie, p. 366).
9. Jacques Cœur eut, pour son voyage à Rome : 1° 5,000 l. ; 2° 2,000 l. ; 3° 500 l. (*Supplément aux preuves de d'Escouchy*, p. 18-19) ; il eut pour le ravitaillement de Finale, 6,000 l. (*Pièces originales*, 799, n° 9) ; il reçut du Roi en 1450 ou 51 une somme de 10,000 l. (Note des archives de M. le duc de la Trémoïlle). — Sa pension de conseiller et argentier était de 1,200 l. (Ms. fr. 23259, f. 1 et 11). — Dons de 200 l. (distribution annuelle de 200 l. à Jean le Picart, à Jean de Bar, à Xaincoins et à lui) en 1447, 1448 et 1450 (ici Xaincoins est remplacé par Beauvarlet). Rôles des 19 mai 1447, 13 janvier 1448 et 27 mai 1450. Ms. fr. 23259, f. 9, 10 et 23.

missions lucratives¹, il a les capitaineries de Saint-Pourçain, de Sommières, de Saint-André-les-Avignon, de Pierre-Assise et du château de Lyon.

La colossale fortune de Jacques Cœur lui attire l'envie d'un grand nombre², le blâme de plusieurs³. Le procès du receveur

---

1. *Pièces originales*, 799, n° 6; Cabinet des titres, 685, f⁰ˢ 111, 122 v°, 141; Ms. fr. 26080, n°ˢ 6375 et 376; *Supplément aux preuves de Mathieu d'Escouchy*, p. 13; Cabinet du marquis de Biencourt, etc.

2. « Ainsy envye le commença à assaillir. » (Mathieu d'Escouchy, t. II, p. 282.) — « Dont envie crut dure sur lui et s'espoantèrent les cuers des hommes de son haut contendre. » (Chastellain, t. VII, p. 91.) — Le pape Nicolas V, dans sa déclaration en faveur de Jacques Cœur (16 mars 1455), constate que ce sont ses envieux qui l'ont dénoncé et qu'on avait répandu le bruit qu'il avait reçu du Pape 100,000 écus et plus (dans Quicherat, éd. de Thomas Basin, t. IV, p. 317). Il est curieux d'entendre Jean Chartier déclarer (t. II, p. 327), que Jacques Cœur fut poursuivi « pour aucuns cas touchant la foy catholique. »

3. Parmi les contemporains qui ont formulé un blâme, on compte Jean Jouvenel des Ursins. L'évêque de Laon s'exprime en ces termes dans son Discours à son frère sur la charge de chancelier (Ms. fr. 2701, f° 53 v°), écrit en 1445 (la nomination est du 16 juin) : « Hélas ! quelz crimes, delictz et peschez de telz excez qui sont à la dampnation des ames, au deshonneur du Roy et dommage de la chose publique et au proffit d'aucuns particuliers, que on doit mieulx reputer larrons publiques que ceulx qui desrobent les gens en ung bois. On treuve en hystoires recité de gens ausquelz on a coppé les testes pour moins de cause ; soit advisé à ceulx qui les vendent et ceulx qui s'en entremettent de la chevance que ilz ont. J'ay veu que ce qui ne coustoit de harnois que XV ou XVI escus on l'a vendu au Roy aucunes foys XXX et XXXIII. Il n'y a guères que je veis faire robes que le Roy avoit données. Je sceu que avoit cousté le drap : on dit que on le vendait VI vingts escus, et le cent de martre LX ou quatre-vingts. Je enquis à Paris et trouvé que on eust eu autant de drap pour quatre-vings escus au plus cher, et les martres pour XL, voire dos de martres. Et encores en ce que bailloit le marchant y avoit une très grant tromperie, car il vendoit pour ung dos de martres ce qui n'estoit que demy dos et une partie des costez. *Celluy qui le fait, naguères estoit ung povre compaignon ; mais j'ay veu par lettres escriptes de sa main qui se dit presque riche de V à VI cens mille escus ; aussi il a empoigné toute la marchandise de ce Royaume et partout a ses facteurs ; qui est enrichir une personne et apovrir mille bons marchans. Quant il fault de l'argent au Roy, comme par luy et autres a il presté, voire à belle usure merveilleuse !* Enquerez et vous trouverrés merveilles du proffit. Et encores le prest se fera en vaisselle ou bagues, *in quibus cadit affectio*, qui se monte plus que le principal. Et les officiers des finances, generaulx, recepveurs et particuliers, c'est merveilles de leurs chevances : et si le cuident faire secretement, mais on le voit trop evidamment. Regardez à leurs gaiges et chevauchées, qui ne sont que toutes exactions desraisonnables. Ilz n'ont point de demeure, affin qu'ils aient pour jour quelque chose avecques leurs gaiges, qui monte plus trois foys que ilz ne despendent. » — Dans une épître postérieure de Jouvenel des Ursins (ms. cité, f° 116), on lit encore : « Selon ce que l'on dit, et il est assez à croire, c'est merveilles des mangeries couvertes et grans proffits que ont eu plusieurs qui ne sont pas venus à vostre congnoissance. Il y a aussi plusieurs de vos officiers qui exercent grosses marchandises et font à peine plus que autres ou font faire par personnes supposées contre vos ordonnances, et si ont tenu diverses offices et de tous gaiges. Reprenez ce que ils en ont eu induement. »

Georges Chastellain dit (t. VII, p. 92) que Jacques Cœur fut « aveuglé enfin en sa

général Jean de Xaincoins, entamé en 1450, suscite certaines rumeurs qui arrivent aux oreilles de l'opulent argentier [1]. Des plaintes arrivent même du dehors, formulées par des puissances alliées de la couronne [2]. Jacques Cœur ne s'émeut pas : il semble n'avoir nul souci des jalousies et des haines qu'une fortune si rapide et si inouïe devait exciter; il ose même faire parade d'une liberté de langage qui n'épargne personne et ne respecte pas la majesté royale [3]. Le 18 juillet 1451, il donne quittance de ses gages de six cents livres comme visiteur général des gabelles [4]; le 15, il déclare avoir reçu douze cents livres pour la garde du château de Sommières [5]; le même jour,

haulte et prosperant fortune, » et il ajoute : « S'accusa de sa faulte quant de sa haulte fortune n'avoit sçu user en cremeur de Dieu et en admoderation de sa convoitise par trop extrême. » — Dans sa *Recollection des merveilles advenues en nostre temps*, il écrit (t. VII, p. 190-91) :

> Puis ay vu par mistère
> Monter un argentier,
> Le plus grand de la terre,
> Marchand et financier,
> Que depuis par fortune
> Vis mourir en exil.
> Après bonté mainte une
> Faite au Roy par Ichil.

Mais ces deux derniers vers ont une variante. Dans certains manuscrits, on lit :

> Après fraulde mainte une
> Faite au Roy par Ichil.

ou

> Faite au Roy par cas vil.

Jean Masson, auteur des *Marguerites historiales*, ouvrage écrit en 1497, consacre à Jacques Cœur un chapitre qui porte ce titre : « Du vice de Jacques Cueur, argentier et conseiller du Roy Charles VII° du nom, lequel offensa et blessa très grandement toute crestienté et le Roy son maistre et tout le royaume de France. » (Ms. fr. 955, f. 59; cf. Paulin Paris, *Manuscrits français*, etc., t. VII, p. 325.) Mais il faut remarquer que Jean Masson était un serviteur de la maison de Chabannes.

1. Est-ce pour ce motif que, le 6 décembre 1450, le chapitre de Saint-Étienne de Bourges fit dire une messe *pro domino argentario*. Voir *Mém. de la Société archéologique de l'Orléanais*, t. II (1853), p. 81.

2. On lit dans la réponse faite en 1450 par le roi de Castille aux requêtes présentées par les ambassadeurs de France : « Et mesmement les subgiez du Roy se sont plaintz et plaignent chascun jour de beaucoup de dommaiges et tributz nouveaux qui, contre les privilleges qu'ilz ont ou royaume de France, confermez par son dit frere, leur sont faiz et font chascun jour contre raison et justice, *et mesme à cause de son argentier*, en plusieurs et diverses manières, lesquelles choses ne pevent ne le doivent faire. » Ms. lat. 6024, f° 64; cf. f° 75 et 75 v°.

3. Voir Vallet, *Histoire de Charles VII*, t. III, p. 288.

4. Ms. fr. 26080, n° 6374.

5. *Id.*, n° 6375.

il donne quittance de trois cents livres pour la garde de Saint-André-les-Avignon [1]; le 20, il donne quittance de deux cents livres sur les deux mille attribuées par le Roi aux commissaires envoyés en avril 1449 aux États de Languedoc [2]; le 26, il donne une nouvelle quittance de sept cent soixante-deux livres, à lui données par le Roi « pour m'aider à entretenir mon estat et estre plus honorablement à son service [3]. » Le 30, il contresigne une ordonnance. A ce moment, Jacques Cœur écrit à sa femme : « Quelque chose que l'on en dise, mon fait est aussi bon et suis aussi bien envers le Roi que j'aie jamais été [4]. » Fouquet, lui aussi, deux siècles plus tard, disait à d'Artagnan, chargé de l'arrêter : « Je croyais être dans l'esprit du Roi mieux que personne du royaume [5]. »

Le mois de juillet n'était pas achevé, que Jacques Cœur était poursuivi, sous l'inculpation d'avoir empoisonné Agnès Sorel [6]. Cette accusation était formulée par Jeanne de Vendôme, dame

---

1. Ms. fr. 26080, n° 6376.
2. Id., n° 6378.
3. Pièces originales, 790, n° 18.
4. « Interrogué si paravant la venue desdiz sires Pierre Berart et maistre Ythier de Payghrault ladite feue (Marie de Leodepart, femme de Jacques Cœur), ledit arcevesque (Jean Cœur), luy (Guillot Trepant) et autres serviteurs dudit Cuer sceurent riens de la prinse d'icelluy Cuer, dit en sa conscience que au regard de luy il ne sceut riens, et croyst que non firent ladite feue, ledit arcevesque, ni autres serviteurs dudit Cuer; car, deux ou trois jours devant la venue desdiz Berart et maistre Ythier, maistre Jehan Thierry arriva en ceste ville de Bourges et apporta lettres dudit Cuer à ladite feue, audit arcevesque, à Pierre Joubert, Jacquelin Culon, à luy qui parle et autres, par lesquelles lettres il escripvoit que son fait estoit aussi bon et estoit aussi bien envers le Roy qu'il avoit jamais esté, quelque chose que on en dist; et pour ce on ne se doubtoit point de sa prise. » Archives, KK 328, f° 123. Passage reproduit par Clément, t. I, p. 236-37.
5. Récit officiel de l'arrestation de Fouquet, rédigé par Foucault d'après l'ordre de Colbert. Histoire de l'administration monarchique, par Chéruel, t. II, appendice II, p. 446.
6. « Item presupposent les dicts enfans (de Jacques Cœur) que leur dict père fut prins et constitué prisonnier pour l'empoisonnement de feue Agnès Sorelle, le dernier jour de juillet 1451... » Mémoire des enfans de Jacques Cœur, rédigé au commencement du règne de Louis XI, dans Clément, t. II, p. 331. Mais, d'après l'arrêt rendu contre Jacques Cœur, le 29 mai 1453, on voit qu'une première enquête précéda l'arrestation. Voir le texte de ce document dans Clément, t. II, p. 263 et suiv., et mieux dans Buchon, l. c., p. 582 et suiv. Thomas Basin dit (t. I, p. 314 et 316) que l'arrestation de Jacques Cœur fut motivée par les soupçons mis en avant au sujet de l'empoisonnement.

de Mortagne. Une première enquête fut faite immédiatement et l'on en présenta le résultat au Roi.

Charles VII examina l'affaire au sein de son grand Conseil; il fut décidé que Jacques Cœur serait arrêté, que ses biens seraient mis, par inventaire, entre les mains du Roi, et confiés à la garde de bons et sûrs commissaires, à charge d'en rendre compte quand il appartiendrait.

Jacques Cœur se présenta alors devant le Roi, et, en présence des membres du grand Conseil et d'autres officiers royaux, il exposa que, par l'ordre de son maître, plusieurs de ses serviteurs lui avaient été enlevés, et qu'il avait entendu dire qu'on faisait « certain procès » contre lui; il requit qu'il plût au Roi d'avoir égard à son fait, et de lui « tenir termes de raison et justice; » il offrit de se constituer prisonnier et de garder tel arrêt qu'il plairait au Roi pour se justifier de ce dont on l'accusait.

Après avoir délibéré sur cette requête, Charles VII fit dire à Jacques Cœur que son offre était juste et raisonnable, qu'il l'agréait, et qu'il voulait et ordonnait que l'argentier se constituât prisonnier au château de Taillebourg[1].

Jacques Cœur fut placé sous la garde de Mathieu d'Harcourt, seigneur de Rugny, commandant d'une compagnie d'archers de la garde du Roi; mais il ne tarda pas à être transféré au château de Lusignan[2]. Là il fut confié à Antoine de Chabannes, chargé à la fois de le garder et de pourvoir à sa nourriture[3].

---

1. Tous ces détails sont empruntés à l'arrêt de condamnation. — Les fils de Jacques Cœur prétendirent plus tard (voir Clément, t. II, p. 335) que le Roi préleva aussitôt sur la fortune de Jacques Cœur une somme de cent mille francs, « pour la conduite de ses guerres, et donna tout le reste au comte de Dammartin et autres qui estoient autour de luy, cuidant avoir avéré lesdiz faits desdits poisons. » C'est une allégation toute gratuite.

2. « Mathieu de Harcourt, escuyer, seigneur de Rugny, capitaine et gouverneur des vingt-quatre archers de la garde du corps du Roy, pour mener de Taillebourg à Lezignen sire Jacques Cuer, conseiller et argentier du Roy, duquel il luy avoit baillé la garde. » Deuxième compte de Mathieu Beauvarlet, Cabinet des titres, 685, f° 111.

3. « Anthoine de Chabannes, comte de Dampmartin, c. t. pour la despense pendant le mois de septembre dudit Jacques Cœur, dont il a la garde. » Id. Ibid. « Antoine de Chabannes, escuyer, comte de Dampmartin, à n° 1. par mois tant pour la garde que pour la despense dudit argentier pendant ledit temps (octobre 1451-juin 1452). » Id., f. 167. — Jacques Cœur n'était pas seul détenu au château de Lusignan. On lit dans

En même temps Simon de Varie, l'un des facteurs de Jacques Cœur, était arrêté à Tours[1].

Des ordres furent donnés aussitôt pour aller en divers lieux saisir les biens de l'argentier et les mettre en la main du Roi[2], et une commission fut nommée pour instruire le procès.

On a dit que Charles VII « chargea de la direction même de l'affaire les ennemis déclarés de Jacques Cœur, ceux qui profitaient le plus de ses dépouilles[3], » et l'on a cité comme acteurs principaux Antoine de Chabannes, Guillaume Gouffier et Otto Castellani ou Castellain[4]. Nous sommes en mesure de donner les noms, ignorés jusqu'ici, des juges investis par Charles VII de la mission d'instruire la cause. L'un des avocats consultés en 1461 et 1462 par les fils de Jacques Cœur disait que le procès avait été dirigé « par gens de grande autorité et en grand nombre[5]. » Il savait évidemment à quoi s'en tenir, et il ne se trompait pas.

Voici les noms des commissaires royaux : Jean Tudert, conseiller et maître des requêtes de l'hôtel du Roi; Hugues de Couzay, conseiller du Roi et lieutenant du sénéchal de Poitiers; Élie de Tourettes, conseiller du Roi et lieutenant du sénéchal

---

les comptes (f° 159 v°) : « Estienne de Launosne, prevost de Lezignan, XX l., pour la garde et despense de certains prisonniers qu'il a eu en garde à Lezignan, durant que sire Jacques Cuer y a esté detenu prisonnier. »

1. « Jehan Sinore (?) XVI l. X s., pour avoir esté de Taillebourg à Tours querir Simon de Varie qui y estoit arresté. » Id., ibid., f° 145 v°. — Mouvement de prisonniers : même source, f° 157 et 157 v°. — Deux prisonniers au château de Tours en décembre 1451. Id., f° 159 v°.

2. « M° Jehan le Roy, notaire et secretaire du Roy, XXXIII l. VII s. pour aller en juillet (?) de Taillebourg à Rouen mettre en la main du Roy les biens de sire Jacques Cuer, son argentier. » — « Jehan Forestier, escuyer, LX l. pour son voyage de Taillebourg à Lyon mettre en la main du Roy les biens de sire Jacques Cuer y estans. » — « Blaise Greellé, maître des requestes, LV l. pour son voyage en Savoye pour la delivrance de certains draps estans des biens dudit Jacques Cuer. » Cabinet des titres, 685, f° 146.

3. Pierre Clément, t. II, p. 144-45.

4. Pierre Clément, p. 146-47; Vallet de Viriville, t. III, p. 287. — On lit dans la plaidoirie de Balé, avocat des fils de Jacques Cœur, devant le Parlement (20 mai 1462) : « Le lendemain (1er août) fut baillée commission adressante à Chabannes, Barbin, Torettes, Cousay, Ducurre et M° Laurent Rouque. Puissance leur fut donnée et aux six ou quatre d'eux de faire le procès de feu Cœur. » (Archives nationales, X^a 32, à la date). — On verra plus loin que Chabannes ne figurait pas au début parmi les commissaires.

5. Consultation dans Clément, t. II, p. 315.

de Saintonge ; Pierre Rocque, Denis d'Auxerre, Léonard Guerinet, Pierre Gaboureau, conseillers du Roi et « praticiens en cour laye ; » enfin Guillaume Toreau, notaire et secrétaire du Roi[1]. A ces personnages fut adjoint, peu après, Jean Barbin, conseiller et avocat du Roi au Parlement[2], le même que nous avons vu plus haut retenu près du Roi depuis le commencement de 1451. En même temps, Charles VII désigna deux commissaires pour mettre en sa main les biens de Jacques Cœur et les gérer pendant la durée du procès[3]. Peu après il donna commission à divers personnages, parmi lesquels figurent Guillaume Gouffier et Otto Castellain, pour procéder à des informations, soit à Montpellier, soit ailleurs[4].

L'instruction du procès suivit son cours à Lusignan, du mois

---

1. Ces noms nous sont fournis par le compte déjà cité de Mathieu Beauvarlet. Il ne sera pas inutile de reproduire le passage tel que nous le donne l'extrait du ms. 685 du Cabinet des titres (f° 141). « M° Jehan Tuderi, conseiller et maître des requestes ordinaire, vııɪˣˣ l. pour avoir vacqué ès mois d'aoust et septembre à Lezignan pour le fait du procès de sire Jacques Cuer, conseiller et argentier du Roy, illec detenu prisonnier. — Hugues de Cousay, conseiller du Roy et lieutenant du seneschal de Poitiers, vıɪˣˣ l. pour lesdiz deux mois, pour semblable cause. — Helies de Tourrelles, conseiller du Roy, lieutenant du seneschal de Xaintonge, vıˣˣ l. pour lesdiz deux mois. — Pierre Roque, conseiller du Roy, xııˣˣ l. pour lesdiz deux mois, *Idem*. — Denis Dussare (*sic*), conseiller du Roy, vıˣˣ l. pour lesdiz deux mois, *idem*. — Leonart Guerinet, conseiller du Roy, lx l. pour le mois de septembre, *Idem*. — Pierre Gaboureau, conseiller du Roy, pour le mois de septembre, *Idem*. »

2. « M° Jehan Barbin, conseiller et advocat du Roy au Parlement, à 6 l. par mois, pour luy ayder à supporter la despense qu'il luy convint à faire à Lezignan où le Roy l'a retenu pour le fait du procès de sire Jacques Cueur depuis le mois d'octobre jusques et y compris le mois de juin 52. » *Id. ibid.*, f° 157. Jean Barbin fut chargé de dresser l'inventaire des documents du procès (voir Clément, t. II, p. 334).

3. C'étaient Pierre Bérard, trésorier de France, et Ythier de Puygirault, serviteur de Guillaume Gouffier, sénéchal de Saintonge. Archives, KK 328, f° 119 et suiv., dans Clément, t. I, p. 234 et 236-37. — Une commission fut donnée un peu plus tard à Jean d'Estampes, évêque de Carcassonne, général des finances ; Tanguy du Chastel, Étienne Petit, receveur général des finances en Languedoc, et Otto Castellain, trésorier de Toulouse, pour mettre les biens de Jacques Cœur en la main du Roi. C'est ce qui résulte de lettres données plus tard en faveur de Jean de Village et de trois patrons de galères au service de Jacques Cœur, dont je dois la communication à feu M. le marquis de Coriolis (Archives du château de la Salle). — Il ne semble pas qu'on ait apporté beaucoup de soin dans l'exercice de ce mandat, car nous voyons que, vers la Toussaint de l'année 1451, Macée de Léodepart fit enlever et transporter à Menetou tout ce qui se trouvait dans l'hôtel de son mari à Bourges (Clément, t. I, p. 237).

4. Information faite le 10 septembre 1451 par Guillaume Gouffier ; autre faite le 11 septembre par Jean de Vaux, juge du palais et Pierre Tainturier ; autre le 16 septembre par Jean Grinlon, général maître de monnaies ; autre par Jean de Vaux et Pierre Tainturier ; autre le 26 janvier 1452 par Otto Castellain et Pierre Granier. Procès de Jacques

d'octobre 1451 au mois de juin 1452¹. Pour être mieux à portée d'être renseigné, Charles VII vint, au commencement d'octobre, s'établir au château de Villedieu de Comblé, situé entre Niort et Lusignan.

Nous avons vu que la première accusation lancée contre Jacques Cœur était une accusation d'empoisonnement à l'égard d'Agnès Sorel : « Après le décès de feue Agnès Sorelle, damoiselle, lisons-nous dans l'arrêt de condamnation, la commune renommée fust qu'elle avoit esté empoisonnée, et par icelle renommée Jacques Cueur, lors nostre conseiller et argentier, en eust esté soupçonné. » Mais il y en avait une autre plus grave, sur laquelle l'arrêt reste muet, celle d'une « conspiration contre la personne du Roi². » Dans le cours de l'instruction, de nou-

---

Cœur, ms. fr. 8868, f° 3-3 v°, 4, 7 v° et 8. — M. P. Clément a confondu ces fonctions de commissaire délégué avec celles de juge. Il est constant que Castellain ne figura pas tout d'abord parmi les juges ; ses pouvoirs de commissaire lui furent donnés pour informer en Languedoc (voir le procès et les lettres du 17 juillet 1452, dans le ms. 8868, f° 81).

1. « Me Jehan Tudert, conseiller et maistre des requestes ordinaire de l'ostel iiii xx l. par mois pour semblable cause (le procès de Jacques Cœur) et durant ledit temps (octobre 1451-juin 1452). — Me Helies de Thourettes, lieutenant general de Mgr le seneschal de Xaintonge, à lx l. par mois, pour semblable cause et durant ledit temps. — Pierre Roque, Denis Duxerre, Léon Guerinat et Pierre Gaboureau, tous praticiens de cour laye demeurans en Poitou, à chascun xl l. par mois pour semblable cause durant ledit temps. — Guillaume Thoreau, notaire et secrétaire du Roy, à xl l. par mois, pour semblable cause et durant ledit temps. » *Id. ibid.*, f° 157. — Me Hugues de Couzay, conseiller du Roy, c l. pour entretenir son estat et lxx l. par mois pour les despenses qu'il luy convient faire à Lezignan où le Roy l'a retenu pour le fait du procès de sire Jacques Cuer jusques y compris le mois de juin. » *Id. ibid.*, f° 158 v°.

2. Ce point, qui n'a été relevé par aucun historien de Jacques Cœur, est établi par une source d'information à laquelle (depuis Bonamy qui s'en est servi dans son mémoire inséré au t. XX des *Mémoires de l'Académie des inscriptions et belles-lettres*) personne n'a puisé. Nous voulons parler du procès introduit devant le Parlement par les trois fils de Jacques Cœur, le 20 mai 1462. Dans la plaidoirie de Halé, leur avocat (Archives, X¹ᵃ 82, à la date), on lit : « Fut fait plusieurs rapportz de feu Jacques Cueur pour le credit qu'il lui donnoit, *scilicet* touchant conspiration contre la personne du feu Roy et d'empoisonnement. » — Plus loin l'avocat dit que « le feu Roy si (*sic*) est porté en toute justice et dit aux commissaires qu'ilz se acquitassent en conscience, ne procedast contre feu Jacques Cueur s'il n'est trouvé chargé des cas touchant la personne du Roy et des poisons. » — Dans sa réplique, Halé insiste en ces termes : « Jacques Cueur fut emprisonné pour aucunes choses touchant la personne du Roy et pour empoisonnement, dont n'a esté trouvé. » — « Les commissaires avoient charge de besongner sur les cas touchant la personne du Roy et empoisonnement, à quoy ne toucherent aucunement, mais, en ce delaissant ou excedant, procederent sur d'autres matières. » — « Et dit que, bien visité le procès, l'intencion du Roy apparoistra avoir esté que l'on ne procedast contre Jacques Cueur que pour le cas touchant sa personne et l'empoisonnement, car par icelluy procès apparoistra que fut demandé à Guillaume de

veaux chefs furent produits. Les voici tels que l'arrêt les énumère : « Et aussy d'avoir envoyé du harnois de guerre aux Sarrazins nos anciens ennemis de la foy chrestienne, et qu'aucuns de nos subjects nous eussent fait plusieurs grandes plaintes et clameurs dudit Jacques Cueur, disant iceluy Cueur avoir fait plusieurs concussions et exactions en nostre pays de Languedoc et sur nos sujets, et avoir transporté ou fait transporter auxdiz Sarrazins par ses gens, facteurs et serviteurs sur ses galléss grande quantité d'argent blanc, et tellement que l'on disoit avoir du tout exilé et desnué nostre pays de Languedoc. »

Jacques Cœur était donc accusé :

1° D'avoir conspiré contre la personne du Roi ;

2° D'avoir empoisonné Agnès Sorel ;

3° D'avoir envoyé des harnais de guerre aux Infidèles ;

4° D'avoir exporté chez les Sarrasins une grande quantité d'argent blanc ;

5° D'avoir commis en Languedoc des concussions et des exactions dont l'abus aurait été poussé si loin que le pays en était resté appauvri.

Plus tard d'autres chefs d'accusation se produisirent et furent retenus par les commissaires.

On accusa Jacques Cœur :

D'avoir fait fabriquer en 1429 et 1430, étant compagnon de la ferme de la monnaie de Bourges, des écus courts de poids ;

D'avoir rendu aux Turcs un jeune esclave chrétien qui s'était réfugié sur une de ses galères et qui avait été amené à Montpellier[1] ;

Varye pourquoy s'estoit enfuivy, attendu qu'il savoit bien que on ne toucheroit sinon sur les vilains cas. » — Dans une autre plaidoirie, en date du 19 janvier 1464, Dalé revient encore sur ce point : « Le Roy avoit déclaré que si leur dit père n'estoit trouvé chargé des cas touchant sa personne et d'autres villains, qu'on ne procederoit point à confiscacion de ses biens. » — Ajoutons que Jean Masson, dans ses *Marguerites historiales* (ms. fr. 995, f. 70), dit que Jacques Cœur fut emprisonné « pour certains cas touchant la foy catholique et aussi crime de lèse majesté comme autrement. » — Il est donc bien établi que le principal grief allégué au début fut une « conspiration contre la personne du Roi. » Le silence de l'arrêt à cet égard n'en est que plus significatif.

1. Sur le fait de l'esclave chrétien livré aux infidèles, le patron de la galère, Michelet Taincturier, déposa qu'il était à Alexandrie lorsqu'un esclave de vingt-quatre à vingt-cinq ans vint le trouver et se jeta à ses pieds en disant *Pater Noster* et *Ave Maria*.

D'avoir fait embarquer de force sur ses navires non seulement des gens de mauvaise vie, mais un pèlerin allemand qui, de désespoir, s'était jeté à la mer, et deux sergents du Roi à Montpellier [1] ;

D'avoir commis des fraudes dans le navigage du sel [2] ;

D'avoir fait fabriquer, à l'insu de son maître, un petit sceau semblable au « petit seel de secret » du Roi, lequel sceau, après son arrestation, avait été fondu secrètement par certains de ses serviteurs [3] ;

De s'être fait donner par les ambassadeurs du duc de Bourbon, lors du mariage de Jeanne de France avec le comte de Clermont, et sous un prétexte injurieux pour le Roi, une obligation montant à la somme de deux mille écus d'or [4] ;

D'avoir exigé indûment des marchands de Provence, de Catalogne et de Gênes, de grandes sommes, et de les avoir trompés au sujet de la marque, qui, en outre, avait servi de prétexte à des exactions [5] ;

D'avoir, malgré sa qualité de conseiller et officier du Roi, été l'associé de certains fermiers, notamment en ce qui concernait les foires de Pezenas et de Montagnac, réalisant par là des profits illicites et trompant sur la valeur des fromages [6] ;

D'avoir imposé sur le Languedoc, sans le sçu et consente-

Cet esclave, qui se nommait Aboleris, et était originaire des Indes, fut recueilli et amené à Montpellier. Jacques Cœur se fâcha et reprocha à Taincturier le danger où il mettait ses galères. Celui-ci répondit « que dudit dangier ne faisoit pas grant compte, pour ce que le maistre dudit More aymeroit mieux cinquante escus que luy. » Jacques Cœur répondit qu'« il advisast bien qu'il avoit fait, car si dommage lui en advenoit icelluy tesmoing et son frere le repareroit. » Le témoin ajouta que « ledit More fut retourné par l'ordonnance dudit Jacques Cuer, comme on disoit, et rendu à son dit maistre, où il renia la foy des Sarrazins. » Procès, l. c., f° 18 v° et suiv.

1. Sur le fait de l'embarquement forcé, Jean Leclerc, laboureur, demeurant à Montpellier, déposa que, « en la galée Saint-Jacques, de laquelle estoit patron Jean de Village, vit un jeune homme d'Alemaigne qui se jeta à la mer, duquel recouvrer fut faicte toute diligence, mais ne peurent parvenir audit recouvrement ; et croit qu'il se jecta par desplaisance. » Hellot de Vagner, fripier, déclara qu'il fut embarqué de force avec dix-sept autres, entre lesquels était un jeune allemand qui se disait homme d'église, et se jeta dans la mer ; « et par avant qu'il se jelast ploroit et disoit qu'on lui faisoit tort. » Procès, l. c., f° 21 et 21 v°.
2. Procès, l. c., f° 8 et suiv.
3. Procès, f° 10.
4. Cette accusation est consignée dans l'arrêt de condamnation.
5. Procès, f° 10 v° 12.
6. Procès, f° 13-13, v° 15-15 v°.

ment du Roi, de grandes sommes de deniers, en sus des tailles, et d'avoir abusé du nom du Roi[1];

D'avoir réalisé de gros bénéfices sur les emprunts faits par le Roi[2];

Les faits relatifs à l'envoi des harnais de guerre aux infidèles et à l'exportation des monnaies furent précisés, et les charges qui en résultaient se trouvèrent fort aggravées[3].

Il en fut de même pour les faits de concussion en Languedoc[4].

Enfin de graves inculpations étaient relevées contre Jacques Cœur, relativement à la gestion des affaires financières auxquelles il avait été [5] mêlé.

---

1. Procès, f° 16-17, 22 et suiv.
2. Procès, f° 15 et 21.
3. Sur le fait des *harnais de guerre*, on entendit douze témoins (voir Procès, ms. fr. 8168, f° 3 et suiv.). L'un d'eux, Jean Nosse, déclara que, étant à Montpellier, Jacques Cœur « lui monstra en son hostel deux ou trois douzaines de gisarmes et haches, et de beaux crancquins et arbalestes plus de six et au dessoubs d'une douzaine ; et y avoit une belle arbaleste d'acier, un riche zazeran, une quantité de belles salades garnies d'argent, et une couppe dorée ; et disoit ledit Jacques qu'il en vouloit faire present au souldan pour avoir sa faveur au fait de ses galées en acquit des debvoirs d'icelles galées. Et depuis oyt dire que ledit Jean de Village avoit porté audit souldan ce que dit est. » Procès, f° 4 v°.
Notons qu'on lit à ce propos dans les *Chroniques de Metz*, à l'année 1451 (p. 275) : « Le vingt septiesme jour d'octobre passa par Metz deux moines à cheval du pays d'Albebanye portant lettre de credance que les Turcques et Sarrazins estoient entrés en leur pays et ez chironvoisins subitement, où ils avoient esté surprins ; et avoient lesdits Turcques et Sarazins tué et mis à mort et prins prisonniers plus de 300,000 crestiens, que hommes, femmes et enffans ; disant que ce procedoit par ung des argentiers du Roy de France qui, pour la lucrative, leur avoit vendu et delivré harnes, armures, lances, arcques, arbalestres, collevrines et aultres artilleries pour argent qu'il en avoit receu : dont par ce furent ainsy les crestiens meurtris et prins prisonniers. Depuis le Roy de France fist prendre et apprehendier ledit argentier, quant il fut du cais adverti, et en fist faire la justice. »
Sur le fait de l'*exportation des monnaies*, on entendit de nombreux témoins. Dans sa déposition, Jean Nosse déposa que Jacques Cœur possédait sept galées qui devaient porter, à chaque voyage, de seize à vingt mille ducats. — Mathieu Salomonique dit que, dans un voyage qu'il fit en 1445 (et non *cinquante-cinq*), sur la galère *Saint-Denis*, on transporta de 25 à 30,000 ducats. A Rhodes, l'argent fut fondu et mis en platines poinçonnées d'une fleur de lys; « et estoit de plus basse loy de huit pour cent, dont les Sarasins auxquels ledit argent fut delivré à Alexandrie furent mal contens, et disoient qu'ils n'avoient point accoustumé voir telles tromperies. » Procès, l. c., f° 5 à 8.
4. Voir Procès, l. c., f° 10 et suiv. — Étienne Perronne dit que « ledit pays a esté fort appauvry puis la venue dudit Jacques à cause des charges plus grandes au double qu'elles n'estoient auparavant... *Item* que ledit pays est despouillé et appauvry d'argent blanc à cause du transport que en ont fait les galées dudit Jacques Cœur. »
5. « Ledit seigneur de Clermont depose que de v^m livres furent donnée et octroyées par Thoulouse, et disoit ledit Jacques Cuer que ladicte somme estoit pour les espices à diviser entre le Roy et les seigneurs, et que le Roy prenoit plaisir à telles petites som-

8

De nombreux témoins furent entendus. Jacques Cœur aurait déclaré, au cours du procès, qu'ils étaient ses ennemis[1]; mais le grand nombre des dépositions et leur concordance ne permettent point le doute sur certains faits, établis d'une façon indubitable, et reconnus d'ailleurs par l'accusé[2]. La dame de Mortagne et François de Montberon, son mari, furent appelés à Lusignan, où ils séjournèrent depuis le mois de décembre jusqu'au mois de juin[3]. A Montpellier, et ailleurs, on recueillit les dépositions de bon nombre de facteurs ou serviteurs de Jacques Cœur, de patrons de ses galères, d'officiers des monnaies et d'autres officiers royaux[4].

---

mes extraordinaires. *Item* parle de l'argent blanc transporté. *Item* de trois mil livres tournois qui furent tauxez pour faire les ambassades du païs à Chinon, desquelles rien n'a esté paié aux ambassadeurs, et croit que ledit Jacques Cuer les ait receuz; et estime que ledit Jacques Cuer a bien eu par don dudit païs de Languedoc de quarante à cinquante mil livres. » Procès, *l. c.*, f° 23 v°; cf. f° 12 v° et suiv.; 16-17 v°, 21 v° 29.

1. « Se rapporta à la deposition des tesmoings qui avoient deposé contre luy ès autres cas que desdictes poisons, combien qu'il dist que il n'avoit point commis lesdiz cas et que lesdiz tesmoings estoient ses hayneux... » Lettres de Louis XI, sans date. Ms. fr. 3868, f° 121, et dans Clément, t. II, p. 368. — « Comme il soit venu à nostre congnoissance que dès pieça et par les rapports qui furent faits à feu nostre très cher seigneur et père, que Dieu absoille! de la personne de feu Jacques Cuer, son argentier, par plusieurs ses haineux et malveillans, tendans à le depouiller et eux enrichir de ses biens, et entre les autres par Anthoine de Chabannes...» Lettres de Louis XI en date du mois d'août 1463 (Ms. fr. 3868, f° 125, et Clément, t. II, p. 371). Les fils de Jacques Cœur les qualifient ainsi : « *Item* presupposent lesdiz enfans que la pluspart des tesmoins produis esdictes informations sont paillars perdus et infasmes. » Ils ajoutent que « plusieurs ont esté corrompus. » Mémoire rédigé en 1461 ou 1462. Clément, t. II, p. 336.

2. « En tant que touche les autres charges du harnois, de l'enfant chrestien, du scel, du scellé et des finances, combien qu'il croit assez que les malveillans dudit Cuer ont sur ce quis occasion, neantmoins, attendu qu'il en appert par la confession dudit Cuer et deposition des tesmoings auxquieulx il s'est rapporté, la chose lui sembleroit douteuse et perilleuse à mettre ledit procès en ladite Cour. » Consultation des avocats (La Reaulté). *Id., Ibid.*, p. 344-45. Cf. ms. fr. 3868, f° 67, et 23367 (non paginé), où le texte est ici plus correct.

3. « François de Montberon, escuyer, seigneur de Mortaigne, c. l. pour luy ayder à deffrayer à Lezignan où il a esté par aucun temps pour le fait du procez de sir Jacques Cuer. — Mademoiselle Jehanne de Vendosme, dame dudit Mortaigne, femme dudit de Montberon, c. l. pour semblable cause en decembre, et vi×× xvii l. x° pour chascun mois depuis janvier jusques et y compris le mois de juin. » Cabinet des titres, 685, f° 157.

4. Procès, *l. c.*, f° 3 à 17. Les extraits que nous possédons donnent les dépositions d'environ quatre-vingt témoins. Les informations furent faites les 10, 11, 16, 18 septembre, 6 et 12 octobre, 6 décembre 1451, 10 et 26 janvier et février 1452, etc. — En outre, des enquêtes extra judiciaires furent faites, ainsi qu'on le voit par la mention suivante dans le troisième compte de Mathieu Beauvarlet (f° 157) : « Olivier Frelat, escuyer, à lx l. par mois, pour avoir vaqué à faire certaines informations secrètes au pays

Nous ne possédons point — cette remarque est importante — tous les éléments de la cause[1]. Les extraits qui nous ont été conservés ne contiennent que les dépositions d'un certain nombre de témoins ; ils sont muets sur les moyens de défense employés par Jacques Cœur, dont nous n'avons ni les interrogatoires, ni ce qu'on a appelé les « confessions. »

Pour être renseigné à cet égard, il faut recourir à des sources un peu suspectes, savoir les lettres patentes de Louis XI données à la requête des fils de l'argentier et rédigées sous leur inspiration[2], et les plaidoiries de leur avocat dans le procès intenté en 1462 devant le Parlement[3].

Voyons, d'après ces documents, ce qu'allégua Jacques Cœur en réponse aux accusations dont il était l'objet. Il va sans dire qu'en ce qui touche à la conspiration contre la personne du Roi le plus complet silence est observé.

Sur l'accusation d'empoisonnement, il déclara « qu'il ne l'avoit fait ne fait faire, et qu'il ne savoit que c'estoit desdictes poisons[4]. »

Sur la vente d'armes aux infidèles, il invoqua l'autorisation du Roi et deux brefs des papes Eugène IV et Nicolas V, portant congé à ce sujet[5].

Sur l'exportation des monnaies, il prétendit n'avoir transporté dans le Levant que des monnaies étrangères ; « de son sceu et commandement » il n'en avait point été transporté d'autres, sinon en très petite quantité.

Sur les concussions et exactions commises en Languedoc, il

---

de Berry depuis le mois de décembre jusques y compris le mois de may. — Guillaume Thoreau, notaire et secrétaire du Roy, à xl. l. par mois, pour semblable cause, durant les mois de janvier et may. — Jacques de la Fontaine, à xl. l. pour semblable cause, pour les mois de janvier, avril et may. »

1. Voir note complémentaire sur les manuscrits du Procès, à la fin du volume.
2. Ces lettres ont été publiées par M. Pierre Clément, t. II, p. 362 et suiv. Cf. ms. fr. 3868, f° 117 et suiv.
3. Archives, X²ᵃ 32. On retrouve ces plaidoiries à la Bibliothèque nationale dans les manuscrits français 23820, f° 348 v° et suiv., et 21500, à la date du 20 mai 1462.
4. On lit dans la plaidoirie d'Halé : « Sur le fait des poisons, respondit qu'il n'en estoit coulpable et ne sçeut oncques que Madame de Beauté fut morte de poisons. »
5. Notons que dans le *Bullaire* (t. III, part. III, p. 97) il y a une bulle de Nicolas V du 9 des calendes de septembre 1451 « contra impios christianos mittentes et deferentes arma, victualia et mercimonia ad partes Saracenorum. »

répondit « qu'il ne se trouveroit point que il eust exigées aucunes sommes d'or et d'argent dont il n'eust tenu et eust vouloir de tenir bon et loïal compte » à son maître; mais il ajoutait « pouvoit estre que ledit païs, oultre la somme octroyée, luy auroit donné aucunes petites sommes de deniers qu'il avoit eues et appliquées à son proffit[1]. »

Sur la fabrication des monnaies, alors qu'il tenait le compte de la monnaie de Bourges, il invoqua les lettres de rémission données à Ravant le Danois.

Sur la restitution de l'esclave chrétien, il allégua les empêchements qui, sans cela, seraient survenus pour la libre circulation de ses galères; il n'avait agi, d'ailleurs, que sur les plaintes des marchands et sur les observations du grand maître de Rhodes, et il ignorait si l'esclave était chrétien ou non.

Sur l'embarquement forcé de gens sans aveu, il invoquait à sa décharge des lettres de Charles VII, en date du 22 janvier 1443, portant autorisation à certains particuliers du Languedoc d'embarquer sur une galère « les personnes oyseuses, vagabonds et autres cahyniens » qui abondaient dans la contrée.

Sur la fabrication d'un sceau de plomb semblable au sceau secret du Roi, il répondit que « pour le fait de Gennes ou de l'Église fut ordonné qu'il en feroit un petit scel en plomb pour sceller aucuns blancs baillez, nécessaires pour la matière, » et que des secrétaires avaient été désignés pour signer ces lettres en blanc et en rapporter le double; le sceau, d'ailleurs, était resté aux mains du feu patriarche de Poitiers et de maître Jean Thierry, et il ne se rappelait pas l'avoir « oncques tenu. »

Sur l'obligation de deux mille écus exigée des ambassadeurs du duc de Bourbon, il déclara n'avoir pris à cet égard aucune initiative et n'avoir reçu aucun paiement effectif.

Sur l'affaire des marques et des sommes perçues induement des marchands ou habitants de Provence, d'Avignon, de Catalogne et de Gênes pour les faire cesser, il prétendit n'avoir agi

---

[1] On lit dans la plaidoirie d'Hale « qu'il en avoit eu à plusieurs fois huit mil pour espèces et quatorze mil pour pertes et curiallitez. »

qu'en vertu de délibérations du Roi et du Conseil; les deniers reçus avaient été distribués conformément aux ordres du Roi; s'il avait touché quelques sommes de deniers, en récompense du bienfait procuré, il avait pu les prendre licitement [1].

Sur l'affaire du petit sceau de Montpellier, il avoua avoir reçu cinq mille écus [2].

Sur l'abus qu'il aurait fait du nom du Roi et sur les propos tenus par lui aux États de Languedoc, disant que quand on donnait au Roi cinq ou six mille francs en sus de l'aide on lui faisait plus grand plaisir qu'en octroyant l'aide elle-même, il déclara « que il le pourroit avoir dit pour induire les gens du païs à l'octroier plus legièrement, et en ce avoit tousjours fait tout le mieux qu'il avoit peu, et que de telles choses il n'avoit riens eu à son proffit. » D'ailleurs il s'en rapportait à ce sujet au Roi.

Quand l'instruction fut arrivée à son terme, Charles VII désigna Pierre Briçonnet comme examinateur du procès [3]. Puis il ordonna de transférer Jacques Cœur au château de Maillé près Tours [4], et le fit de nouveau interroger sur tous les points relevés à sa charge [5]. On mit ses « confessions » par écrit, et toute la procédure fut apportée au château de Chissay, où le Roi se trouvait alors. Le 14 juin 1452 [6], en présence de plusieurs

---

1. Halé est plus explicite : il constate que Jacques Cœur avait reçu des marchands de Gênes 6,500 écus, « dont grande partie fut employée pour les sallaires des commissaires, lettres et autres choses necessaires; » des marchands de Catalogne, 8,000 écus et 1,360 livres, et des marchands de Provence, 13,000 florins, qu'il ne put distribuer « pour ce qu'il fut mandé hastivement par le Roy pour sa guerre de Guienne. »
2. Cet aveu ne se trouve que dans la plaidoirie d'Halé.
3. A la date du 10 mai 1452. Ms. fr. nouv. acq. 2197, f° 27. — Le 25 mai, une nouvelle information fut faite par Bernard Nautaire, général des monnaies, Pierre Barthélemy et Pierre Tainturier, sur le navigage du sel. Voir le Procès, l. c., f° 9 v°.
4. Aujourd'hui Luynes. — On voit par les comptes (ms. 685, f° 150) que Jacques Cœur tomba malade au château de Maillé et que Charles VII lui envoya Guillaume Traverse, médecin du comte de la Marche.
5. L'arrêt de condamnation constate (Clément, t. II, p. 205) qu'à Maillé il y eut adjonction de nouveaux commissaires; « lesquelles (informations) ordonnées par iceux nos commissaires, et autres que de nouvel commismes avec eux, estre veues et visitées. » Les commissaires mentionnés au procès (ms. 23307; ce passage manque dans le ms. 8808) sont, avec le comte de Dammartin, Jean Baillet, Jean Bureau, Hugues de Conrey (Couzay), Denis d'Ausserre, Pierre Doriolle, Étienne Chevalier, Otto Castellain, Jean Paris, Jean Chambon et Jean Avin.
6. Cette date est fournie par la consultation rédigée pour les fils de Jacques Cœur. Voir Clément, t. II, p. 311.

princes du sang, des membres du Conseil, des commissaires chargés de l'instruction, de plusieurs autres conseillers et de membres du Parlement[1], on examina la question de savoir si l'on devait, soit rendre une sentence définitive contre Jacques Cœur, soit procéder à son élargissement, soit poursuivre l'instruction. Après « grande et mûre délibération, » et conformément à l'avis unanime de l'assemblée[2], Charles VII décida que le procès n'était point en état d'être jugé. En conséquence, Jacques Cœur fut admis à faire la preuve de ses moyens de justification, et un délai de deux mois lui fut donné à cet effet. Ce délai écoulé, il devait être de nouveau interrogé; et « s'il ne monstroit et enseignoit souffisamment deddens ledit delay des choses dont il s'estoit chargé monstrer, et aussy s'il ne disoit la verité sur lesdictes charges, l'on en sauroit la verité par sa bouche, par voye extraordinaire de question, ainsi que l'on verroit estre à faire par raison[3]. »

Cette décision fut signifiée à Jacques Cœur le 26 juin, au château de Maillé, en présence du comte de Dammartin, de Jean Barbin, de Jean Tudert, de Hugues de Conzay, d'Élie de Tourettes, de Léonard Guerinet et d'Otto Castellain[4].

Jacques Cœur réclama contre les procédés dont on usait à son égard. Il fit observer que, en ce qui touchait aux matières financières, on ne le traitait pas suivant la coutume usitée en pareil cas; il demanda qu'on lui donnât la faculté d'avoir « un conseil » pour répondre aux accusations dont il était l'objet. Quant au délai qu'on lui accordait, il dit que, dans la situation où il se trouvait, il lui semblait difficile de pouvoir fournir ses moyens de justification. Il ajouta : « En tant que touche les « congés du Pape et autres choses que j'ai dites en mes con- « fessions, je crois avoir dit vérité et non autre chose[5]. »

1. Arrêt de condamnation. — Les actes nous révèlent la présence à Chissay des conseillers dont les noms suivent : les évêques de Maguelonne et de Maillezais, l'amiral de Bueil, le sire de la Tour, le sire de Gaucourt, Jean Barbin, Guillaume Gouffier, Jean de Levis, Étienne Chevalier et Pierre Doriole.
2. Arrêt de condamnation.
3. Tous ces renseignements sont tirés de l'arrêt de condamnation. Clément, p. 306, et Buchon, p. 588. Cf. mémoire des avocats des fils de Jacques Cœur, dans Clément, t. II, p. 339.
4. Procès, dans le ms. 8868, f° 25.
5. Procès, l. c., f° 25.

Après s'être consultés, les commissaires répondirent qu'on n'avait pas coutume, en ce royaume, quand un officier était poursuivi pour des matières concernant son office, de lui fournir un conseil : Jacques Cœur devait répondre verbalement ; par conséquent, sa requête sur ce point n'était pas admise. Que si, pour pouvoir se justifier, il avait besoin d'un plus long délai, il n'avait qu'à le demander ; et s'il désirait se mettre en communication avec quelques-uns de ses gens, il pouvait indiquer leurs noms : on les ferait venir afin qu'il pût conférer avec eux.

Jacques Cœur se borna à faire cette déclaration : « Quant à « moi, je m'en remets du tout à la bonne grâce du Roi. Au « regard de moi et de tous mes biens, tout est au Roi et en sa « disposition pour en faire à son bon plaisir. »

Les commissaires lui exposèrent alors les points sur lesquels, « par ses confessions, » il s'était fait fort de se justifier, en lui déclarant que, s'il ne produisait ses justifications, on tiendrait ces points comme reconnus par lui, savoir : le commerce avec les infidèles et la livraison de certains harnais et ustensiles de guerre ; les abus commis en la monnaie de Bourges ; l'affaire des marques ; les sommes reçues, soit de la ville de Toulouse, soit des États de Languedoc, soit d'ailleurs ; l'enlèvement des « coquins et ruffiens [1]. »

Jacques Cœur ayant demandé que cette énumération fût mise par écrit, afin qu'il pût y répondre, on lui en délivra aussitôt copie [2].

La teneur des articles fut remise à l'accusé dans une seconde audience, qui eut lieu le même jour. Il se récria sur la brièveté du délai qui lui était donné, et sur l'inutilité de conférer avec ses facteurs Jean Thierry et Pierre Jobert, qu'on offrait de faire comparaître ; il manifesta le désir de pouvoir communiquer avec l'évêque d'Agde (alors absent), avec Guillaume de Varie (qui était hors du royaume), avec son fils l'archevêque de Bourges. Finalement il se décida à se mettre en rapport avec

---

1. Procès, l. c., f° 26-28.
2. Id., f° 28-29 v°.

Thierry et Jobert. Ceux-ci furent aussitôt introduits devant les juges, qui leur firent prêter serment « de bien et loyaument executer ce qui leur sera chargé par ledit Jacques Cueur, au bien et prouffit d'iceluy Jacques Cueur, et à l'honneur du Roy et de sa justice, et de ne parler audit Cueur, ne monstrer par signe ne autrement fors des matières dont on leur parlera. » Les deux facteurs purent ensuite conférer avec l'accusé, en présence des juges.

Le lendemain, 27 juin, Jacques Cœur comparut de nouveau devant ses juges — savoir Chabannes, Barbin, Tudert, Couzay, Tourettes, d'Auxerre et Castellain, — et conféra une seconde fois avec ses facteurs, auxquels il remit un mémoire contenant des instructions pour procéder à la recherche des documents qu'il avait à produire et prendre à cet égard des informations auprès de certaines personnes[1]. Jacques Cœur fut autorisé en outre à écrire à tous ceux de ses amis auxquels il voudrait s'adresser pour produire ses moyens de défense.

Le 28 juin, l'accusé, en présence des juges, conféra pour la troisième fois avec Thierry et Jobert, et leur remit quatre lettres, l'une pour l'archevêque de Bourges, une autre pour l'évêque d'Agde et les deux dernières pour deux de ses facteurs. Un délai lui fut donné jusqu'au 1er septembre pour fournir ses moyens de défense, ce qui fut accepté par lui[2].

Nous avons des lettres du Roi, en date du 17 juillet, adressées à Jean d'Estampes, évêque de Carcassonne, Otto Castellain, « et autres commissaires ordonnés sur le fait de Jacques Cœur au pays de Languedoc. » Par ces lettres, Charles VII déclarait que Jacques Cœur avait été et était détenu en ses prisons « pour certains grands crimes, delicts et excez à luy imposez, » et que, en examinant son procès, « fait sur ce à grande et meure deliberation, » il avait été décidé par lui, les gens de son grand conseil, et certains commissaires ordonnés pour faire le procès, qu'il serait accordé à l'accusé un délai pour fournir ses moyens de défense; que, du consen-

---

1. Ce mémoire se trouve in-extenso dans le Procès, fº 31 vº 33.
2. Procès, l. c.

tement de Jacques Cœur, Jean Thierry, secrétaire du Roi, et Pierre Jobert devaient se rendre en Languedoc et en Provence pour procéder à des informations ; en conséquence, le Roi ordonnait que toutes facilités fussent données aux dits Thierry et Jobert pour la tâche qu'ils avaient à remplir, et que, moyennant récépissé, toutes les pièces qu'ils réclameraient leur fussent fournies [1].

Dans l'intervalle qui s'était écoulé depuis l'arrestation de Jacques Cœur, ses amis avaient agi auprès du Pape. Au mois de mai 1452, Nicolas V se décida à faire une démarche en sa faveur : un clerc de la Chambre apostolique fut envoyé au Roi, et le cardinal d'Estouteville, qui était alors en France comme légat, fut chargé d'intercéder en faveur de l'argentier [2] ; en outre, par un bref en date du trois des nones de mai (5 mai), adressé à Jacques Cœur, le Pape, en reconnaissance du dévouement dont il avait fait preuve envers le Vicaire de Jésus-Christ et l'Église romaine, et faisant droit à ses sollicitations, concédait à lui et aux patrons de ses navires certains avantages [3]. Ceci n'était d'ailleurs que la confirmation de faveurs données antérieurement, soit pour Nicolas, soit pour son prédécesseur [4]. Les démarches du Pape en faveur de Jacques Cœur coïncidèrent-elles avec la décision royale du 14 juin? Furent-elles pour quelque chose dans les ménagements dont on semblait user à son égard? Nous ne savons. Ce qui est certain, c'est que Nicolas V intervint pour demander la « délivrance » de l'argentier.

---

1. Procès, *l. c.*, f° 81 et suiv. — A la suite se trouve le procès-verbal des opérations de Jean Thierry et de Pierre Jobert.
2. « Nostre dit Saint Père lui a rescript par le clerc de la chambre apostolique qui est venu vers nous pour le fait de l'argentier qu'il se tirast pour ladicte matière vers vous. » Lettre de l'archevêque de Narbonne au Roi. Original, Coll. Le Grand, IV, n° 23. Il est fait mention de cette ambassade dans le procès-verbal de la vente des biens de Jacques Cœur : « Parce qu'il estoit venu de par deçà ung ambaxadeur de par nostre Saint Père le Pape pour pourchasser la delivrance dudit feu Jacques Cœur. » Archives, KK 328, f° 400, dans Clément, t. I, p. 263.
3. Ce bref a été publié à plusieurs reprises, par Buchon (*l. c.*, p. 664), par Champollion-Figeac (*Mélanges*, t. II, p. 470), par Pierre Clément (t. II, p. 275), par l'abbé Albanès (*Revue des Sociétés savantes*, 6° série, t. II, 1875, p. 431).
4. Bref d'Eugène IV, en date du 6 septembre 1446 ; Bref de Nicolas V, en date du mois d'octobre 1448. Procès, *l. c.*, f°s 77 et 79.

Parmi les moyens de défense employés par Jacques Cœur, il en est un auquel il s'attacha avec persévérance, espérant par là échapper à la justice séculière, savoir la revendication du privilège de cléricature. Il prétendit qu'il était clerc tonsuré, et invoqua des lettres de tonsure qui lui auraient été délivrées. On fit beaucoup de recherches pour s'assurer de la réalité du fait; on entendit plusieurs témoins; on interrogea les barbiers employés en divers lieux par l'argentier : on ne put arriver à faire la preuve[1]. La chose avait d'ailleurs peu d'importance, car on était en droit d'invoquer contre Jacques Cœur les décisions de la Cour romaine portant que la tonsure ne peut servir de privilège aux clercs mariés, puisqu'ils la prennent non dans un but pieux, mais dans une pensée de fraude[2].

Cependant les délais donnés à Jacques Cœur étaient expirés. Charles VII, qui était alors aux Montils-les-Tours, fit transférer l'accusé au château de Tours et ordonna de poursuivre la procédure; une nouvelle commission fut donnée. Aux juges précédemment institués furent adjoints d'autres officiers et conseillers, soit du Parlement de Paris, soit du Parlement de Toulouse ou d'ailleurs[3].

C'est à la date du 13 janvier 1453 que fut donnée cette commission[4]. Le lendemain, Jacques Cœur subit un nouvel interrogatoire. Le procès suivit son cours jusqu'au 22 mars. Ici nous n'avons sur les faits que des témoignages fort suspects ; les lettres de Louis XI de 1462 et la plaidoirie de l'avocat des fils de

---

1. Dépositions recueillies les 21 juin 1452, à Montrichard, par Tudert et Tourettes ; de juin à novembre 1452, par Tudert, Tourettes, d'Auxerre et Couzay ; le 29 juin, par Barbin et Tudert ; le 1ᵉʳ juillet par Barbin, d'Auxerre et Castellain. Procès, *l. c.*, fᵒˢ 51, 17 vᵒ-18 (et double fᵒ 53-54).

2. Voir une décision d'Honorius III, donnée en 1218, citée par Chardon, *Histoire de la Reine Bérangère*, p. 71. On lit en effet dans Bouteiller, *Somme rural, ou le grand costumier général de practique, civil et canon*, au titre VII, *Des clercs mariés* : « Dit la decretale que clerc marié, ja fust ce qu'il eust habit et tonsure, s'il s'entremettoit de choses layes, comme de marchandises layes, d'office lay, si ne devroit il en ce cas, ne ès pourchas qui pour ce se font, jouir de privilège de clergie. »

3. Arrêt de condamnation.

4. Cela résulte de la plaidoirie d'Halé, où on lit : « Dit que le xiiiᵉ jour de janvier 452 (v. st.) furent bailléez autres commissions avec les premières, *scilicet* à d'Aubusson, Chastelain et plusieurs autres ; leur fut baillée puissance de besongner ès procès encommencez selon la forme de l'interrogatoire donné. »

Jacques Cœur. D'après ces témoignages, l'accusé ayant comparu devant ses juges, ceux-ci lui dirent « qu'il se advisast bien, et que, s'il ne disoit la verité, on procederoit contre luy par gehenne et torture [1]. » Le lendemain, on le mit en présence des instruments de supplice et on fit venir les « torturiers, » qui « le firent depouiller, et après le lièrent par les poings et par les jambes pour le vouloir gehenner [2]. » Jacques Cœur déclara qu'il était clerc, qu'il avait été pris « en habit et tonsure de clerc ; » qu'on lui avait toujours fait tort et qu'on agissait encore injustement à son égard ; que, pour cela, il en appelait de la question et de la procédure [3]. Certains des juges lui dirent que, « puisqu'il se mettoit en telles matières, la question luy en seroit plus dure [4]. » On mit alors en délibération le point de savoir s'il jouirait ou non du privilège de clerc, et on conclut pour la négative ; on refusa également de déférer à son appel [5]. L'interrogatoire commença, et porta sur l'empoisonnement, le transport des harnais, l'enlèvement de l'esclave. En présence des menaces qui lui furent faites, dépouillé et lié comme il l'était, « il dit qu'il diroit ce que l'on voudroit, mais qu'il avoit dit la verité [6]. » On lui demanda s'il s'en rapportait à la déposition des frères Tainturier ; il répondit « qu'ilz estoient ses hayneux, mais que, s'il sembloit aux commissaires qu'il le deust faire, qu'il en estoit d'accord [7]. »

Le 27 mars, on lui lut ses « confessions, » où il persévéra, par crainte de la question ; mais il persévéra aussi dans ses justifications [8]. « Et, disent les lettres de Louis XI, pour le grand desplaisir qu'il avoit d'estre si longuement prisonnier et le doubte qu'il avoit de ladicte question, se confiant de la

---

1. Lettres de Louis XI, dans Clément, t. II, p. 367. « Dit que le xxie jour de mars 1453 fut ordonné que feu Jacques Cœur seroit mis en question pour savoir la verité des matieres. » Plaidoirie de Halé. — Si le fait de la torture est exact, comment se peut-il que Jean Cœur, archevêque de Bourges, l'ait passé sous silence dans son appel du 28 mai 1453 (Procès, f° 50 v°) ?
2. Lettres de Louis XI.
3. Plaidoirie de Halé et lettres de Louis XI.
4. Plaidoirie de Halé.
5. Plaidoirie de Halé.
6. Même source.
7. Même source.
8. Même source.

grace de nostre feu seigneur et père, lequel en tous cas, reservé celuy des poisons, les avoient pardonnés et aboly, se rapporta a la deposition des tesmoings qui avoient deposé contre luy ès autres cas que desdictes poisons, combien qu'il dist qu'il n'avoit point commis lesdiz cas, et que lesdiz tesmoings estoient ses hayneux [1]. »

C'était le moment où Charles VII se préparait à partir pour sa seconde campagne de Guyenne. Il quitta Montils-les-Tours vers le 12 avril pour prendre le chemin de Saintonge. Le 2 mai il était à Lusignan. C'est là qu'il manda tous les commissaires et se fit apporter, avec la procédure entière, tout ce qui avait été produit par Jacques Cœur pour sa justification. En même temps, l'accusé fut transféré du château de Tours au château de Poitiers. Une dernière intervention se produisit alors en sa faveur : son fils, l'archevêque de Bourges, le réclama en qualité de « clerc solu [2]. » Sur le refus qui lui fut opposé, il protesta, demandant acte de sa protestation et en appelant du jugement qui allait être rendu.

Le 29 mai, à Lusignan, le Roi, siégeant en son grand Conseil, entouré de plusieurs princes du sang, de ses conseillers, des commissaires ordonnés pour le procès, et d'autres notables clercs réunis en grand nombre, procéda à un dernier examen de la cause. Après « grande et mure délibération, » l'arrêt fut prononcé par le chancelier Jouvenel des Ursins. Vu les procès et confessions de Jacques Cœur et tout ce qui avait été produit pour sa décharge devant les commissaires, vu et considéré ce qui était à voir et considérer en la matière, Jacques Cœur était déclaré coupable des crimes de concussion et d'exaction, de faux, de transport de grandes quan-

---

1. Clément, t. II, 368.
2. C'était ainsi qu'on appelait non seulement ceux qui n'avaient point contracté mariage, mais ceux qui avaient perdu leur femme. Or, Macée de Léodepart venait de mourir. On lit dans la plaidoirie d'Halé : « Depuis le procès parachevé est advenu la mort de la femme feu Jacques Cœur. Il fut requis par l'evesque de Poictiers luy estre rendu comme clerc solu en habit de tonsure, et offrit de monstrer de la clericature, mais n'en fut tenu compte, dont l'evesque de Poictiers appela. » — Il paraît que ce n'est qu'après le prononcé de l'arrêt que l'évêque de Poitiers intervint (Voir Clément, t. II, p. 176). — Plus haut Halé avait prétendu qu'au cours du procès l'archevêque de Tours avait réclamé Jacques Cœur comme son clerc.

lités d'argent chez les Sarrasins, de transport de billon d'or et d'argent en grand nombre hors du royaume, et par là criminel de lèse-majesté. Toutefois, disait le Roi, « pour aucuns services à nous faits par ledit Jacques Cueur, et en contemplation et faveur de nostre saint Père le Pape, qui nous a pour luy rescript et fait requeste, et pour autres consideracions à ce nous mouvans, nous avons remis et remettons audit Jacques Cueur la peine de mort, et l'avons privé et declaré inhabille à tousjours de tous offices royaux et publics ; et avons condamné et condamnons ledit Jacques Cueur à nous faire amende honorable en la personne de nostre procureur, nue teste et sans chaperon ny ceinture, à genoux, tenant en ses mains une torche ardente de dix livres de cire, en disant que mauvaisement, induement et contre raison il a envoyé et fait presenter harnais et armes au soldan ennemy de la foy chrestienne et de nous, aussy fait vendre aux Sarrazins ledit enfant, et fait mener et transporter auxdiz Sarrazins grande quantité d'argent blanc, et aussy transporté et fait transporter grande quantité de billon d'or et d'argent hors du royaume contre les ordonnances royaux, et qu'il a exigé, prins, levé, recelé et retenu plusieurs grandes sommes de deniers, tant de nos deniers que de nos pays et subjects, en requerant à ce mercy à Dieu, à nous et à justice. » En outre, Jacques Cœur était condamné à racheter l'esclave chrétien aux Sarrasins, ou sinon à en racheter un autre ; à restituer, pour les sommes recelées, indûment retenues ou extorquées sur les pays ou sujets du Roi, cent mille écus, et à payer une amende profitable de trois cent mille écus, avec emprisonnement jusqu'à pleine satisfaction. Ses biens étaient confisqués et la peine du bannissement à perpétuité portée contre lui. Enfin, l'arrêt se terminait par cette déclaration : « Et au regard des poisons, pour ce que le procez n'est pas en estat de juger pour le present, nous n'en faisons aucun jugement et pour cause. »

L'arrêt du 29 mai 1453 fut enregistré au Parlement de Toulouse le 5 avril de l'année suivante[1].

---

1. Nous ne possédons point le texte original de l'arrêt de condamnation ; il a été publié par M. Pierre Clément, t. II, p. 293-309, assez incorrectement, d'après les ma-

En même temps que Jacques Cœur était frappé, ceux qui avaient été ses premiers accusateurs subissaient également une condamnation : nous n'avons pas la sentence rendue contre Jeanne de Vendôme, dame de Mortagne ; mais nous savons qu'elle fut condamnée à faire amende honorable devant le procureur général et bannie du royaume[1].

Tels furent les motifs apparents de la sentence rendue contre Jacques Cœur. Dans cette disgrâce soudaine qui frappa d'étonnement les contemporains[2], dans cette condamnation qui a soulevé l'indignation des historiens, faut-il voir uniquement l'œuvre de la cupidité, de l'envie et de la haine? Jacques Cœur fut-il vraiment la victime innocente de ces « chiens de palais » si justement flétris par les âmes honnêtes de ce temps[3]? N'y eut-il pas une cause secrète, soigneusement dissimulée, qui suffirait à tout expliquer? C'est ce qu'il nous faut rechercher en terminant.

Nous avons vu que l'accusation formulée au début, avec celle d'empoisonnement — accusation sur laquelle l'histoire est restée muette[4], — était une conspiration contre la personne du Roi. Le procès de 1462 nous révèle ce fait important. On distingue soigneusement des autres chefs d'accusations ce qu'on appelle les « cas vilains. » Le Roi, répète-t-on,

---

manuscrits du Procès. Nous nous sommes servi de deux copies du temps qui se trouvent aux Archives nationales, dans les registres P 1374, cote 2126, et KK 328, f° 8 v°.

1. Chartier, t. III, p. 43-44. Cf. extrait du compte de la vente des biens de Jacques Cœur dressé par Jean Dauvet (dans Clément, t. I, p. 201), et lettres de Louis XI déjà citées (t. II, p. 369).

2. « Quis autem aliquando æstimare potuisset ut Carolus rex, cui tam fideliter ac sedulo ministrarat, et ad cujus tantam familiaritatem atque, ut a cunctis æstimabatur, amicitiam accesserat, in eum postea tam durus et severus esse potuisset? » Thomas Basin, t. I, p. 316.

3. « Cum alicui bono et honesto homini aliquis *canum palatinorum* invidiam conflare vellet, atque in eum regiam indignationem excitare, illud sibi pro crimine velut capitali impingebatur quod de pulchra Agnete locutus fuisset. » Thomas Basin, t. I, p. 313-14.

4. Seul Douamy, qui avait pris connaissance du procès de 1462, y fait allusion (Clément, t. II, p. 370) en ces termes dédaigneux : « Par la première commission pour le faire arrêter, les commissaires n'avoient charge que de l'examiner sur les poisons, *et une prétendue conspiration contre le Roi* dont il se purgea aussi facilement que de l'accusation du poison donné à Agnès Sorel. »

avait promis d'exonérer Jacques Cœur de toute poursuite s'il était reconnu innocent relativement à la *conspiration* et à l'*empoisonnement*[1]. Or, le silence le plus complet est gardé sur la conspiration, et l'on glisse sur l'empoisonnement, au sujet duquel l'arrêt ne se prononça pas, « le procès n'étant pas en état de juger pour le présent. » Ce silence n'est-il pas significatif? La brusque arrestation de Jacques Cœur ne semble-t-elle pas avoir été une mesure politique[2]? Le Roi ne voulait-il pas atteindre en lui l'ami secret, le complice de son fils révolté, qui ne cessait, du fond du Dauphiné, de s'agiter et d'intriguer, de ce fils contre lequel il allait bientôt être obligé de sévir, car il devenait un danger pour l'État.

Un historien célèbre, dont le sens historique est si sûr lorsqu'il n'est point obscurci par les préjugés religieux ou politiques, n'a pas craint d'écrire[3] : « Jacques Cœur prêtait de l'argent au Dauphin; l'argent prêté au Dauphin pour troubler le royaume fut peut-être son véritable crime. »

C'est là une pure conjecture, dira-t-on. Il faut convenir que la preuve est impossible à faire : Louis XI était trop intéressé à détruire tous les indices accusateurs de son indigne conduite

---

1. C'est ce qu'on lit dans la plaidoirie d'Halé. A quoi Ganay répondait : « A ce que partyes adverses ont dit que le feu Roy declara, au cas que feu Jacques Cueur ne seroit trouvé chargé des cas touchant sa personne et de la personne de damoiselle Agnès, qu'il vouloit qu'on ne luy demandast riens des autres cas, dit qu'il n'en scet riens, et en tout le procès n'en est faicte mention, et n'est recevable aucun d'alleguer chose qui vient du Roi s'il n'a mandement patent à ce. »

2. Nous trouvons dans une dépêche d'Angelo Acciajuoli, ambassadeur florentin qui se trouvait à la Cour au mois de janvier 1452 (et avec lequel le Roi, depuis son séjour à Villedieu, avait eu plusieurs entretiens relativement aux négociations diplomatiques entamées alors avec la république de Florence et le duc de Milan), le passage suivant, qui mérite d'être noté, à cause de l'allusion qui y est faite à une conversation du Roi avec l'ambassadeur au sujet de Jacques Cœur : « ... Stando mi con alcuni gentilhuomini, mi feco richiamare, e ragionommi di alcune facende appartenenti all' argentieri; et satisfactogli di quello che mi domandava... » Dépêche du 22 janvier 1452. Archives de Florence.

3. Michelet, *Histoire de France*, t. V, p. 366, 376, 379 et 381. Avant Michelet, Gaillard écrivait au dernier siècle (*Histoire de la rivalité entre la France et l'Angleterre*, t. IV, p. 109-110) : « Le préjugé le plus fort contre l'innocence du fameux Jacques Cœur se tire de ses liaisons avec le Dauphin, dont il sembla toujours rechercher l'appui contre Charles VII... Louis XI fit revoir le procès de Jacques Cœur, et tout opposé qu'était ce prince à l'administration de Charles VII, tout ami de Jacques Cœur, tout ennemi du comte de Dammartin-Chabannes, qui avait présidé à la condamnation de Jacques Cœur et qui avait eu part à la confiscation, Louis ne trouva pas de quoi faire réformer ce jugement. »

à l'égard de son père, et nous savons qu'il n'épargna rien pour cela; mais certains faits doivent être notés.

Nous avons des lettres de Louis XI en date du mois d'avril 1463, par lesquelles il rend à Geoffroy Cœur les biens disponibles restant de la succession de son père. Or, dans ces lettres, le Roi s'exprime en ces termes : « Ayans en memoire les bons et louables services à nous faiz par ledit feu Jacques Cœur [1]. »

A peine arrivé au trône, Louis XI donne aux fils de Jacques Cœur des lettres les autorisant à poursuivre devant le Parlement la révision du procès de leur père. Il leur prodigue ses bienfaits : Jean Cœur, archevêque de Bourges, est appelé à siéger dans le grand Conseil [2]; Henri Cœur, en faveur duquel, étant dauphin, il écrivait une chaleureuse recommandation au chapitre de Saint-Martin de Tours [3], est nommé maître clerc extraordinaire de la Chambre des comptes [4], puis maître ordinaire et doyen [5]; Geoffroy Cœur devient valet de chambre et échanson du Roi [6]. Jacquelin Trousseau, époux d'une fille de Jacques Cœur, est au nombre des maîtres d'hôtel du Roi [7].

Plusieurs de ceux qui étaient dans l'intimité de l'argentier de Charles VII sont l'objet des mêmes faveurs : son associé, Guillaume de Varie, prend place aussitôt parmi les conseillers du nouveau Roi et est nommé général des finances [8]. Son prin-

---

1. Ces lettres ont été publiées par Clément, t. II, p. 371. — « Louis XI, dit P. Clément à propos de cette lettre (t. II, p. 251), Louis XI reconnaissait que Jacques Cœur lui avait rendu *de bons et louables services*. On a conclu de là que celui-ci avait, à l'époque de sa prospérité, prêté de l'argent au Dauphin, et que telle avait été la cause de sa disgrâce; mais les circonstances dans lesquelles parurent ces lettres et le vague de cette accusation prouvent qu'elle n'était nullement fondée. »

2. Il contresigne en cette qualité des lettres de Louis XI, le 20 août 1461.

3. Le 28 juin 1460, Louis, encore dauphin, écrivait de Genappe aux doyen et chapitre de Saint-Martin de Tours pour leur recommander, « tant chèrement que povons et sur tout le plaisir et service que nous vouldriez faire, » que la première prébende vacante fût donnée à Henri Cœur. *Lettres de Louis XI*, t. I, p. 141.

4. Par lettres du 2 août 1461.

5. Ce sont les titres que lui donne Louis XI dans les lettres pour la révision du procès.

6. Il est qualifié de valet de chambre dans les lettres pour la révision du procès et d'échanson dans les lettres d'août 1463. — Il devint chevalier et maître d'hôtel du Roi.

7. Voir *Lettres de Louis XI*, t. II, p. 366-67.

8. Il fut nommé, par lettres données à Avesnes le 30 juillet 1461, général conseiller sur le fait des finances.

cipal facteur, Pierre Jobert, devient receveur général des finances en Normandie, puis en Languedoc[1].

D'autres personnages, qui avaient été les amis et peut-être les complices de Jacques Cœur, ou qui avaient été à cette époque disgraciés par Charles VII, sont l'objet des faveurs les plus marquées :

Jean de Xaincoins, le receveur général des finances condamné pour exaction en 1451, est nommé maître extraordinaire de la Chambre des comptes[2];

Jean de Bar, seigneur de Baugy, l'ancien général des finances, ami de Jacques Cœur, qui fut l'objet de poursuites peu après le procès de celui-ci, entre aussitôt dans le Conseil du nouveau Roi et devient l'un de ses plus intimes confidents[3].

Bertrand de Beauvau, sire de Précigny, qui appelait Jacques Cœur son compère[4], et qui, compromis dans l'affaire de Xaincoins, avait été disgracié, est nommé président de la Chambre des comptes[5].

Ces faits doivent être enregistrés, et le témoignage public de la reconnaissance du Dauphin, devenu Roi, en faveur de Jacques Cœur, a une portée qu'on ne saurait méconnaître. Si Jacques Cœur rendait au fils révolté de si « bons et louables services, » ne méritait-il pas les rigueurs du père ? Ne devait-il pas être sévèrement châtié ? Les moyens employés furent blâmables ; la délation, l'envie et la haine eurent leur part dans l'affaire ; la curée qui suivit fut révoltante : le fait n'en subsiste pas moins. Il doit être mis dans la balance de l'histoire.

Le procès de Jacques Cœur a un épilogue.

Le 1er juin 1453, Charles VII donnait commission à son procureur général Jean Dauvet pour exécuter l'arrêt du 29 mai.

1. Il entra aussitôt en fonctions.
2. Par lettres du 16 août 1462.
3. Nommé bailli de Touraine le 3 août 1461 ; maître des comptes le 7 septembre suivant ; chambellan du Roi, général des finances, capitaine de Tours et d'Amboise.
4. « Une cedulle en papier signée B. de Beauvau, donnée le xxe jour de juillet CCCC XLVIII, par laquelle il dit : « Mon compère, je vous prie que faictes delivrer…, » etc. Ms. fr. nouv. acq. 2497, f° 3. Cf. f° 31.
5. Par lettres du 6 juin 1462.

Le même jour, il chargeait Otto Castellain et Jean Briçonnet de tenir le compte des condamnations prononcées.

Le 2 juin, Dauvet se transportait au château de Poitiers, en compagnie du chancelier et des juges. Malgré les suprêmes démarches de l'évêque de Poitiers, Jacques Jouvenel des Ursins, dont Jacques Cœur avait été le collègue dans les grandes ambassades de 1448 et 1449, qui envoya des délégués porteurs des lettres de tonsure qu'on avait, paraît-il, enfin retrouvées et chargés de réclamer Jacques Cœur comme *clero solu*, justiciable, à ce titre, de la juridiction ecclésiastique ; malgré l'appel formulé par ce prélat, et la demande de sursis jusqu'au retour du message envoyé au Roi, l'arrêt fut exécuté : le 5 juin, dans la salle du prétoire du Palais, en présence d'une foule nombreuse, Jacques Cœur, à genoux devant le procureur général, nu-tête, une torche au poing, confessa ses torts et fit amende honorable en requérant « merci à Dieu, au Roi et à justice. »

Tandis que le procureur général se mettait à l'œuvre et poursuivait cette laborieuse série d'opérations qui s'appelle la vente des biens de Jacques Cœur et qui dura plusieurs années[1], l'ex-argentier du Roi tenait prison au château de Poitiers. Il y resta jusqu'au mois d'octobre 1454, époque où il réussit à s'évader[2]. Il se rendit dans un couvent situé près de Montmorillon[3], mais il n'y resta pas longtemps. Le 11 février 1455, Dauvet, étant en Forez à parcourir les mines exploitées jadis par Jacques Cœur, reçut une lettre du Roi. Celui-ci, alors à Mehun-sur-Yèvre, lui annonçait « l'échappement et fuite de Jacques de l'église et franchise où il estoit, » et lui ordonnait de « faire diligence le

---

1. Le procès-verbal des opérations de Jean Dauvet se trouve aux Archives nationales, sous la cote KK 328 ; c'est un in-4° de 509 folios, et encore il est incomplet de quelques feuillets.

2. On lit dans le sixième compte de Mathieu Beauvarlet : « Hugues de Pendrau, escuyer, xxvii l. x s., en faveur des nouvelles qu'il luy a apportées de la prise de Jacques Cuer, lequel s'estoit eschappé du chastel de Poitiers où il estoit retenu prisonnier (27 octobre 1454). » Cabinet des titres, 685, f° 181.

3. « Messire Johan le Damoisel, chevalier, conseiller au Parlement, xxiii l. pour avoir esté de Melun au lieu de Durat (?) près Montmorillon, devers Jacques Cuer, estant illec en franchise, pour luy dire et remonstrer aucunes choses. » *Id.*, f° 181 v°.

quérir et serchier partout, se on le pourroit trouver, et faire arrester et constituer prisonnier¹. »

Dauvet écrivit aussitôt à Tanguy du Chastel et à d'autres personnages en Languedoc. Il ne tarda point à apprendre que Jacques Cœur était à Beaucaire, dans un couvent de cordeliers. Enlevé peu après par Jean de Village, avec le concours de deux de ses anciens facteurs, Jacques Cœur s'embarqua sur le Rhône et gagna Tarascon, où il se trouvait sur les terres du roi René; de là il se rendit à Marseille, puis à Nice, où il fit voile vers Rome.

Il fut accueilli avec empressement par le pape Nicolas V qui, en plein consistoire, le justifia de certaines accusations concernant la Cour romaine. Nicolas V mourut le 25 mars 1455. Mais son successeur, Calixte III, mit à profit les rares facultés de l'ancien conseiller de Charles VII : il lui confia le commandement d'une flotte destinée à opérer contre les infidèles. C'est au cours de cette expédition que Jacques Cœur mourut, dans l'île de Chio, le 25 novembre 1456.

Sur son lit de mort il avait recommandé ses enfants à la bonté du Roi. Cette prière ne trouva pas Charles VII insensible. Elle arriva à ses oreilles au moment même où il venait de faire arrêter le successeur de Jacques Cœur, cet Otto Castellain qui avait figuré dans le procès et qui, à tous les crimes qui lui valurent une juste condamnation, ajoutait celui de se livrer à la magie².

Déjà, au mois de novembre 1456, Charles VII avait fait remettre cinq mille écus aux enfants de Jacques Cœur³. Au mois de février 1457, Jean de Village, Guillaume de Varie, d'autres encore, reçurent des lettres de rémission⁴. Au mois d'août

1. Archives, KK 328, f° 312 v°.
2. On lit dans les lettres de rémission délivrées en décembre 1459 à Jean Mignon (Archives, JJ 190, n° 14; éd. par le comte de Reilhac, t. II, p. 326) que Mignon avait fait et livré à Otto Castellain deux figures de cire dites d'envoûtement : « l'une pour mettre feu Jacques Cœur, nostre argentier lors, en male grace et lui faire perdre son office d'argentier; l'autre pour faire que ledit Oeto Castellan, Guillaume Gouffier et ses compagnons feussent en nostre bonne grace et amour. »
3. Archives, KK 328, f° 383 v°. — Déjà en novembre 1453, sur la requeste de Ravant Cœur, Charles VII leur avait donné 500 l. (Ibid., f°s 108 et 115).
4. Rémission à Jean de Village (février 1457) JJ 191, n° 234; publié par Clément, t. II, p. 295. Rémissions pour Jean Forest, facteur de Jacques Cœur (février 1457),

suivant, Ravant et Geoffroy Cœur furent remis en possession de la maison de leur père à Bourges et de tous les biens qu'il possédait en Berry, ainsi que de diverses maisons à Lyon et des mines de Pampelleu et de Cosne ; en outre, Charles VII abandonna aux deux fils de Jacques Cœur et à Guillaume de Varie les créances et biens meubles dont il n'avait pas été fait emploi, moyennant quoi les héritiers de Jacques Cœur déclarèrent renoncer à toute revendication sur la succession de leur père[1]. Par lettres en date du 11 mai 1459, Charles VII autorisa ceux qui, au mépris de ses ordonnances, avaient recélé des biens, dettes et autres choses ayant appartenu à Jacques Cœur, à en faire la déclaration, afin que le profit en revînt à Ravant et Geoffroy Cœur et à Guillaume de Varie[2]. Enfin, par lettres du 28 septembre 1460, Henri Cœur fut nommé maître lay de la Chambre des comptes[3].

L'archevêque de Bourges voulut, au début du règne de Louis XI, faire réviser le procès de son père. Agissant en son nom et en celui de ses frères, il adressa dans ce but une requête au Roi. L'affaire fut introduite devant le Parlement. Mais elle n'aboutit qu'à la constatation de la régularité de la procédure, de la gravité des juges, de l'impossibilité de faire casser la sentence[4]. L'un des avocats consultés par Jean Cœur lui avait donné le conseil de s'abstenir. Le motif qu'il invoquait mérite d'être consigné ici : « Ce qui le meut principalement est pour ce qu'il sait bien que la pluspart des notables gens de ladicte

---

JJ 191, n° 235 ; pour la veuve de Guillaume Guinart, parente de Jacques Cœur (février 1447), JJ 191, n° 242 ; pour Bertrand de Naulle (15 avril 1457) JJ 187, n° 290 ; pour Étienne de Manne, employé de Guillaume de Varie (août 1457), JJ 187, n° 47 ; pour Antoine, Hugues et Rostaing Noir, employés de Jacques Cœur (idem), JJ 187, n° 68.

1. Lettres du 5 août 1457 ; publiées par P. Clément, t. II, p. 350-58. Cf. actes de la renonciation de Guillaume de Varie et de Jean Cœur, archevêque de Bourges, Henri Cœur, doyen de l'église de Limoges, Regnaut (lisez Ravant) et Geoffroy Cœur, fils de Jacques Cœur, Bourges, 2 septembre 1455. Ms. latin 9049, f°s 71 et 72 v°, et dans les manuscrits du Procès.

2. Clément, t. II, p. 359-61.

3. Cabinet des titres, 1099, f. 102 v°.

4. Registres du Parlement, aux Archives nationales, X^{2a}30, f° 125 v° ; 32 aux dates suivantes : 20 mai, 9 juin et 4 août 1462 ; 33, au 19 janvier 1464. Cf. Interpolations de la chronique scandaleuse, dans la Bibliothèque de l'École des chartes, t. XVI, p. 201.

Cour ont si grande et si bonne estimation du feu Roy que à grande peine leur pourroit tomber en l'entendement de rescinder ou retracter ladicte sentence, mesmement consideré que ledit procès a esté conduit par gens de grande autorité et en grand nombre, et ladicte sentence donnée en grande deliberation[1]. »

. Avis de La Réaulte. Voir consultation des avocats, dans Clément, t. II, p. 315.

CHAPITRE V

LE MARIAGE DU DAUPHIN

1450-1451

Attitude du Dauphin; ses relations avec le duc de Savoie; négociations en vue de son mariage avec Charlotte de Savoie. — Ouvertures faites au Roi par le Dauphin; ambassades envoyées par le jeune prince. — Réponse du Roi; instructions données à l'évêque de Maillezais. — Le Roi apprend que le Dauphin se marie sans son consentement; envoi du roi d'armes Normandie. — Mission remplie par Normandie; mariage du Dauphin; célébration des noces du prince de Piémont avec Yolande de France. — Situation des affaires italiennes depuis la fin de 1447; échec du duc d'Orléans; propositions faites au roi René par la république de Florence au sujet de la revendication de ses droits sur le royaume de Naples. — Nouvelle intervention du duc d'Orléans en Lombardie; préparatifs militaires; la tentative échoue. — Triomphe de Sforza. — Attitude du duc de Savoie; ses relations avec Charles VII; il se refuse à donner aucune satisfaction au Roi.

Le Dauphin, à peine installé dans son gouvernement du Dauphiné, s'y comporta en souverain indépendant. Établissement d'un parlement à Grenoble, création d'une université à Valence, réforme des monnaies, règlements administratifs, il touchait à tout, sans se soucier de l'autorité paternelle, ne conservant avec son père que des rapports de pure convenance : c'est ainsi que, le 1ᵉʳ janvier 1449, il lui envoya un léopard[1]. De son côté, le Roi continuait à faire des présents au Dauphin, à l'occasion du renouvellement de l'année[2]. Mais Louis ne ces-

---

1. « A Francisco Bargy, qui amena au Roy de par Monseigneur le Dauphin, le 1ᵉʳ janvier 1448 (n. st.), ung liepart. » Rôle du 27 mars 1450. *Supplément aux preuves de la Chronique de Mathieu d'Escouchy*, p. 17.
2. En 1448, Guillaume Lauregnac (l'Auvergnat), huissier d'armes du Roi; en 1449, Perceval Pelourde, un de ses valets de chambre, sont chargés de porter au Dauphin les étrennes du Roi. *Lettres de Louis XI*, t. I, p. 218; *Supplément aux preuves*, etc., p. 17.

sait point ses intrigues : il entretenait à la Cour des espions qui le tenaient au courant de tout ce qui se passait[1]; il cherchait à débaucher les serviteurs de son père[2]; il ne craignait pas de nouer des relations avec des princes justement suspects au Roi.

Dès le commencement de 1448, il se mit en rapport avec le duc de Savoie, en vue de son mariage avec Charlotte, fille du duc, et de la conclusion d'un traité d'alliance[3]. Au mois de mai 1449, le bâtard d'Armagnac vint offrir au duc l'appui du Dauphin dans sa lutte contre Sforza, et lui exprimer le désir qu'avait le jeune prince de se rendre à sa Cour, pourvu qu'il y pût trouver la duchesse et ses filles[4]. Un projet de traité, communiqué par cet ambassadeur[5], fut soumis par le duc Louis à son père Amédée VIII (l'antipape Félix V)[6]. Le vieil Amédée, tout en formulant certaines réserves, donna un avis favorable[7], et l'on se prépara à recevoir la visite annoncée[8]. Mais le Dauphin ne passa point les Alpes[9]. Les négociations se poursuivirent

[1]. « Habebat in domo paterna qui cuncta sibi quæ nosse potuissent nuntiarent. » Th. Basin, t. III, p. 215.

[2]. « Satagebat in dies milites patris, qui ad ejus ordinaria stipendia militabant, duresque, quacumque arte poterat, de servitio patris sui educere, et ad delphinatum suum attrahere. » Thomas Basin, t. I, p. 285; cf. t. III, p. 215.

[3]. Archives de Turin, Protocolli, 101, f. 114, 114 v° et 117. Des ambassadeurs de Savoie étaient près du Dauphin en février 1448 (à Romans) et le 24 juillet suivant (à Valence). Compte de Nicolas Erlant, dans Le Grand, VII, f. 176; Lettres de Louis XI, t. I, p. 218. — Charlotte de Savoie avait été accordée, par acte du 11 mars 1443, à Frédéric duc de Saxe, fils aîné de l'électeur (Guichenon, Histoire diplomatique..., p. 531).

[4]. Ms. de Genève 154, document n° 45. Instructions du duc de Savoie à l'évêque de Turin et au seigneur de Luyrieux. Voir Gaullieur, Correspondance du pape Félix V (Amédée VIII) et de son fils Louis, duc de Savoie, etc., dans Archiv für Schweizerische Geschichte, t. VIII (1851), p. 32. Nous devons à l'obligeance de M. Frédéric Borel, qui prépare une édition du curieux recueil de Genève, la communication de plusieurs des documents visés ou analysés par Gaullieur en 1851.

[5]. Projet d'accord entre le Dauphin et le duc de Savoie. Ms. 154 de Genève, n° 17. Texte dans Gaullieur, l. c., p. 326-27.

[6]. Gaullieur, l. c., p. 321.

[7]. Voir la réponse d'Amédée VIII, en date du 11 juin 1449. Gaullieur, p. 330-32. Dans une autre lettre, Amédée recommandait à son fils de ne rien conclure sans son avis (Id., p. 311).

[8]. Gaullieur, l. c., p. 316.

[9]. Les princesses de Savoie étaient à Thonon, à la cour d'Amédée VIII, et ce prince se refusait à leur laisser faire le voyage au-delà des monts qui, disait-il, « pouvoit estre chose dangereuse pour leurs personnes, qui sont encore jeunes et tendres. » C'est là, sans doute, ce qui empêcha la visite du Dauphin.

nonobstant : le 25 juillet 1449, le duc Louis donnait des pouvoirs pour traiter[1]; le 2 août suivant était conclu à Briançon un traité d'alliance « et perpétuelles unions, amitiés et bienveillances[2]. »

C'était le moment où s'ouvrait la campagne de Normandie. Durant cette campagne, le Dauphin qui, un jour, avait accusé les conseillers du Roi d'avoir « le cœur anglais[3], » se tint systématiquement à l'écart[4]. Enfermé dans son Dauphiné comme dans une forteresse, entouré d'aventuriers et d'hommes suspects, il se livrait à toutes les fantaisies d'un caprice sans frein et d'un pouvoir sans limites. Après avoir laissé sa place vide à l'heure de la lutte, il osa réclamer une part de la victoire et solliciter le gouvernement de la Normandie. Pour cela, il s'adressa à l'évêque de Lisieux et à d'autres notables personnages, cherchant à les gagner, et à provoquer une démarche des états de la province pour lui faire obtenir ce qu'il convoitait. Mais la chose fut ébruitée, et Thomas Basin s'empressa de transmettre au Roi, qui s'inquiétait de ces menées, les lettres mêmes du Dauphin[5].

Dans le courant de 1449, les négociations relatives au mariage suivirent leur cours. Le jeune prince fit parvenir (10 septembre) un mémoire contenant ses demandes, qui se résumaient ainsi : une dot de quatre cent mille écus, soldée immédiatement ; si l'argent manquait, en attendant le paiement intégral, remise entre ses mains du comté de Nice avec toutes ses dépendances[6]. Le duc Louis accueillit favorablement ces ouvertures, et proposa seulement quelques modifications aux

---

1. Archives de Turin, *Protocolli*, 101, f. 50.
2. Chacun des alliés devait, deux mois après qu'il en serait requis, fournir à l'autre « mille chevaux, bien en point, pour trois mois. » Original aux Archives de Turin, *Negoz. con Francia*, paquet IX, n° 9; copie moderne à la Bibliothèque nationale, Le Grand, vol. VII, f. 201.
3. Voir le Dicté cité plus haut, t. IV, p. 207.
4. « Nonobstant la guerre qui depuis est survenue et autres grans affaires qui fort touchent le royaume, ne lui a fait savoir, ainsi que devoit faire, quel le plaisir du Roy seroit qu'il feist, dont il a esté bien esmerveillé, car se fait l'eust il eust fait son devoir, et le Roy lui eust faicte tele response que par raison deust avoir esté content. » Instructions du 23 février 1451 à l'évêque de Maillezais. Ms. fr. 16537, f. 62.
5. Thomas Basin, *Apologie*, t. III, p. 213-46.
6. Ms. de Genève, n° 67, p. 319-20 ; cf. Gaullieur, p. 358-59.

clauses du contrat¹; mais Amédée VIII ne se montra pas si bien disposé : il écrivit au cardinal de Turin et aux autres ambassadeurs de Savoie envoyés au Dauphin, pour leur enjoindre de ne point se départir des instructions qu'il avait données au sujet du mariage².

En présence des difficultés que rencontrait l'exécution de son dessein, le Dauphin se décida à s'adresser à son père. En même temps qu'il envoyait un ambassadeur à la cour de Savoie³, et tout en continuant à agir en allié de ce prince et en souverain indépendant⁴, il fit partir Geoffroy Chausson, un de ses maîtres d'hôtel, pour la Normandie, où Charles VII se trouvait alors⁵. Dans son impatience de recevoir la réponse attendue, il envoya message sur message⁶.

Charles VII restant sourd à ces sollicitations, un nouvel ambassadeur vint réclamer une solution. Le Roi rompit alors le silence. Il répondit qu'il ne pouvait prendre une décision au sujet du mariage de son fils avant l'issue de la guerre avec l'Angleterre. Pourtant, si la paix était conclue entre lui et Henri VI, il agréerait volontiers une alliance avec une fille du duc de Buckingham, dont il avait été question antérieurement.

Le Dauphin fit partir alors une troisième ambassade. Ses envoyés, Geoffroy Chausson⁷ et Rogerin Blossel, furent reçus par le Roi à Montbazon au mois de novembre 1450. Voici l'exposé qu'ils présentèrent au nom de leur maître.

Obéissant aux volontés du Roi, le Dauphin a attendu jus-

---

1. Voir Gaullieur, p. 359-60.
2. Ms. de Genève, n° 68; Gaullieur, p. 357.
3. Au mois de février 1450, Jean de Montespedon, dit Houaste, premier valet de chambre du Dauphin, fut envoyé à la cour de Savoie (Le Grand, VII, f. 277 v°).
4. Le 23 mai, il passait avec lui un traité relatif à l'extradition des malfaiteurs qui, de la Savoie, se réfugiaient dans la principauté d'Embrun et dans le Dauphiné. Archives de Turin. Voir Bianchi, Materie politiche, p. 170.
5. « Geoffroy Chausson, maistre d'hostel, part prestement de la ville d'Estelle, au pays de Valentinois, pour Normandie, vers le Roy, sur le fait de son mariage, en avril 1450. » Extraits du troisième compte de Nicolas Erlant, dans Le Grand, VII, f. 278.
6. « Bertrand de Leslang va porter lettres au Roy et audit Chausson et (sic) Normandie, à la fin d'avril. » — « Rochefort, poursuivant, fait le même voiage porter lettres à Chausson en may. » Id., ibid.
7. C'était un des chambellans du Dauphin, Jean de Daillon, seigneur de Fontaines; cela résulte du texte de la « Remontrance » de Geoffroy Chausson, citée plus loin.

qu'au moment présent pour s'occuper de son mariage ; mais sa condition et son âge lui font une loi de ne point différer plus longtemps. Le Roi et tout le royaume doivent désirer qu'il ait des enfants. Jadis le Roi l'a marié suivant ses propres convenances ; aujourd'hui qu'il est en âge de savoir ce qui lui est bon et agréable, il veut prendre une femme à son gré et « ordonner d'elle et de son état à son bon plaisir. » Des démarches ont été faites de trois côtés : près du duc de Savoie, près du comte de la Marche, près du comte de Laval ; ces trois projets lui agréent également. Le Roi connaît assez la puissance des maisons de la Marche et de Laval ; quant à la maison de Savoie, il sait ce qu'elle est. De ce côté, on offre une dot de deux cent soixante mille écus ; le Dauphin trouverait des facilités pour le recouvrement du duché de Milan, de Gênes et d'autres seigneuries, car le duc de Savoie l'assisterait de toute sa puissance. Le Dauphin préfère donc cette alliance, bien que la princesse ne soit point encore d'un âge suffisant.

Les ambassadeurs faisaient valoir, outre les considérations déjà alléguées en faveur d'une prompte conclusion, la pauvreté du Dauphin, qui était bien grande, comme chacun le pouvait savoir. Le Dauphin avait à tenir « état de fils aîné de Roi, » et il ne possédait ni seigneurie ni revenus pour soutenir son état et celui de sa femme. Il demandait donc que le Roi lui donnât une seigneurie au moyen de laquelle il pût vivre honorablement et qui demeurât à ses enfants, s'il en avait et s'il venait à mourir avant le Roi. Le marier sans qu'il eût une seigneurie et de quoi soutenir son état ne serait point chose convenable. Le Roi pourrait donner à son fils le duché de Guyenne, qui ne lui était pas de grande valeur, et le Dauphin s'emploierait à le conquérir. Si le Roi trouvait que ce fût un danger pour la couronne, à cause de la transmission aux enfants, il n'avait qu'à désigner une autre seigneurie.

Les ambassadeurs ajoutaient que leur maître les avait chargés de s'adresser au Roi et non à d'autres, en le priant de le tenir toujours en sa bonne grâce et de ne point ajouter foi aux mauvais rapports qu'on faisait sur son compte. Le Roi devait aussi considérer que le Dauphin avait toujours été « chassé et débouté » sans aucune cause, et qu'on avait porté contre lui des accusations contre lesquelles il n'avait cessé de protester[1].

Charles VII ne se pressa point de répondre. Comme d'habitude il envoya des étrennes à son fils[2]. Au mois de février, il chargea un de ses conseillers, Thibaud de Lucé, évêque de Maillezais, d'aller faire connaître au Dauphin ses intentions.

Le Roi désirait que son fils fût marié conformément « au bien et profit de lui et du royaume. » Le mariage avec une princesse de Savoie ne lui paraissait point convenable : la jeune fille n'était pas d'un âge suffisant, et déjà la maison royale avait contracté des alliances avec la maison de Savoie. Quant aux deux autres, il n'y avait point à s'en occuper ; d'ailleurs le Dauphin ne paraissait pas y songer sérieusement. Il semblait au Roi que le mariage de Portugal, dont autrefois le Dauphin l'avait fait entretenir[3], serait avantageux, tant à cause de l'âge de la princesse qu'en raison de l'accroissement d'alliances qui en résulterait pour le royaume, ainsi que de l'affaiblissement des ennemis, ce qui est « la vraie forme accoutumée être requise par les rois de France et leurs enfants touchant leurs mariages. » D'autre part, des ouvertures avaient été faites jadis relativement à une union avec la sœur du roi de Hongrie, union qui présenterait encore de grands avantages.

Quant à la demande du duché de Guyenne, le Conseil n'avait point été d'avis que ce duché fût mis hors des mains du Roi ni donné à aucun de ses enfants, malgré les requêtes qui s'étaient produites à ce sujet. Lors de la conclusion du mariage du Dauphin, on verrait quelle terre pourrait lui être donnée.

---

1. « Remontrance faicte au Roy et à Messeigneurs de son conseil de par monseigneur le Dauphin. » Ms. fr. 15537, f. 5. — Elle fut présentée au Conseil du Roi à Tours, par Geoffroy Chausson et Rogerin Dosset, le 23 novembre 1450, et enregistrée avec la signature d'Adam Rolant, notaire et secrétaire du Roi.

2. « A Jehan Seviteau, orfèvre, pour une petite chayne d'or que le Roy a fait prendre et achetter de lui et pour avoir mis en euvre et prendu à ladicte chaîne ung gros diamant envoyé par ledit seigneur à monseigneur le Dauphin pour ses estrenes de ceste année. Pour ce, LI L XVII s. VI d. t. » Rôle du 2 avril 1451. *Supplément aux preuves de Mathieu d'Escouchy*, p. 25.

3. Sur le projet de mariage du Dauphin avec Éléonore de Portugal — la princesse qui devint en 1452 l'épouse de l'empereur Frédéric III, — voir Santarem, *Quadro elementar das relações políticas e diplomáticas de Portugal* (t. I, p. 351 et t. III, p. 87-88), d'après Zurita, l. XV, chap. LVIII.

En réponse aux plaintes formulées, le Roi faisait dire que jamais il n'avait chassé son fils. Celui-ci avait été autorisé à se rendre en Dauphiné « pour faire épaule au fait de Gênes, » recevoir l'hommage de ses sujets, et obtenir d'eux quelque aide; il devait incontinent s'en retourner vers le Roi. Au lieu de cela, le Dauphin n'est point revenu, et, durant la guerre, il n'a jamais demandé ce que le Roi voulait qu'il fît. Il a mécontenté le Roi par son attitude à l'égard des églises du Dauphiné : des remontrances devront lui être faites sur ce point. On prétend qu'il veut s'emparer du Comtat-Venaissin, qui appartient au Pape : par là il agirait contre Dieu et contre l'Église. De plus, il a empêché le « fait de l'argentier » et a mis des entraves au commerce[1].

L'évêque de Maillezais était en outre porteur d'instructions secrètes. Recommandation lui était faite de vanter le mariage de Portugal et le mariage de Hongrie. Si le Dauphin ne parlait ni de revenir vers le Roi, ni d'envoyer vers lui pour connaître ses intentions, on lui reprocherait le long délai qui s'était écoulé depuis son départ, et l'inconvenance de sa conduite. Au cas où il se refuserait à revenir, on s'informerait des motifs de sa défiance. Si le Dauphin prononçait à ce sujet le nom du sénéchal (Brezé), du comte de Dammartin, ou d'autres personnages de l'entourage du Roi, on lui répondrait que nul d'entre eux ne voudrait rien faire qui pût déplaire au Dauphin, et que d'ailleurs le Roi ne le souffrirait pas. Au besoin on lui rappellerait qu'il avait chassé les quatre conseillers que le Roi avait placés près de lui lors de son départ[2], et que depuis il avait renvoyé plusieurs des gens de sa maison, sous prétexte qu'ils faisaient savoir au Roi ce qui s'y passait[3].

---

1. Ms. fr. 16537 (ancien Résidu Saint-Germain, 113), f. 61. Ce précieux manuscrit, qui contient toutes les pièces relatives au Dauphin Louis, a malheureusement disparu de la Bibliothèque nationale depuis quelques années. Il m'a été impossible de le revoir et de compléter sur les documents les notes que j'avais prises autrefois. Je ne puis donc indiquer d'une façon plus précise ce qui concerne le « fait de l'argentier. »

2. C'étaient Charles, sire de Culant, Jacques de Chabannes, Baudouin de Tucé et Théaulde de Valpergue.

3. Ms. fr. 15537, f. 61. — On voit par les comptes que le motif ostensible donné à l'ambassade de l'évêque de Maillezais était « le fait de l'église de Viviers ; » il était accompagné de Pierre Aude, notaire et secrétaire du Roi. Cabinet des titres, 685, f. 111 v°. Cf. Le Grand, VI, f. 307 v°.

Les instructions données à l'évêque de Maillezais portaient la date du 23 février. A peine était-il parti que d'étranges rumeurs parvinrent à la cour des Montils : on disait que le Dauphin, se passant du consentement du Roi, était au moment de célébrer son mariage. Le 28 février, Dunois envoya chercher le roi d'armes Normandie[1], et lui demanda s'il était prêt à se rendre en Savoie pour y remplir une mission de la part du Roi. Normandie répondit qu'il ferait volontiers ce qui plairait au Roi. Dunois lui remit alors deux lettres, l'une pour le duc de Savoie, l'autre pour les gens du Conseil de ce prince : « Vous irez devers Monseigneur de Savoie, lui dit-il, et vous « présenterez ces lettres à lui et à ceux de son Conseil. Et, au « cas où le mariage de Monseigneur le Dauphin ne serait point « accompli, vous direz à Monseigneur de Savoie que le Roi se « donne grand merveille de ce qu'il traite et fait traiter le « mariage de Monseigneur le Dauphin et de sa fille sans en « avertir le Roi, et qu'il semble au Roi que c'est peu priser sa « personne. Vous direz en outre au Conseil que le Roi est très « mécontent de ceux qui mènent cette affaire, et que c'est à « son grand déplaisir, car la fille n'est point en âge d'avoir « lignée, ce que désirent fort le Roi, ceux de son sang et les « États de son royaume. Vous ne vous chargerez d'aucune ré- « ponse de bouche, mais vous rapporterez une réponse écrite[2]. »

Que s'était-il passé entre l'ambassade du Dauphin et le départ de l'évêque de Maillezais ?

Sans même attendre la réponse du Roi, le Dauphin avait pris ses mesures pour conclure son mariage. Le 9 décembre 1450, Louis donnait procuration à deux de ses conseillers, envoyés au cardinal de Sabine (Amédée VIII) et au duc de Savoie[3]. Amédée VIII étant mort sur ces entrefaites, un

---

1. Il s'appelait Roger de Golant, ainsi que nous l'apprenons d'un compte du temps. Voir *Preuves de Mathieu d'Escouchy*, p. 300.

2. Procès-verbal de Normandie, publié par Duclos, p. 82 et suiv. J'ai revu ce texte sur une copie collationnée sur l'original, à Villeneuve-la-Comtesse, le 2 octobre 1451, par le notaire Adam Rolant ; elle se trouve dans le ms. fr. 18983, f° 43.

3. Pouvoir à Yves de Scepeaux, chancelier, et à Aymar de Poisieu, dit Capdorat, maître d'hôtel. Archives de l'Isère, B 3181 ; copie moderne dans Le Grand, VI, f. 305. — Remarquons que, le 27 décembre, le Dauphin ordonnait de saisir et mettre en sa main les biens des sujets du duc de Savoie étant en Dauphiné. Archives de l'Isère, B 3181.

nouveau pouvoir fut délivré, à la date du 28 janvier[1], à Jean, bâtard d'Armagnac, et à Antoine Bolomier[2]. Le 14 février suivant, le contrat de mariage était dressé à Genève. La dot de la princesse était fixée à deux cent mille écus d'or, payables par échéances à partir de la célébration des fiançailles, et son douaire à dix mille écus[3]. La cérémonie devait être célébrée à Chambéry, où résidait alors la cour de Savoie.

Le roi d'armes Normandie arriva dans cette ville le 8 mars, à dix heures du matin. Ayant pourvu au logement de ses chevaux, il entra dans une église jusqu'à ce qu'il pût faire avertir de sa venue le duc de Savoie. Reconnu par plusieurs des gens du duc et du Dauphin, sa présence fut signalée à ce dernier. Aussitôt deux des familiers du jeune prince, le maître d'hôtel Jean de Heraumont et le pannetier Jean Raymon, vinrent lui demander qui l'envoyait. Normandie répondit qu'il était porteur de lettres du Roi pour Monseigneur de Savoie. Les familiers du Dauphin, après être retournés près de leur maître, revinrent à la charge : le Dauphin faisait demander les lettres destinées au duc, se chargeant de les faire parvenir sans que le roi d'armes pût encourir aucun blâme. Normandie répondit qu'il ne remettrait les lettres qu'à celui auquel il avait mission de les porter de la part du Roi. « Allez-vous ébattre quatre ou cinq jours à Grenoble, » dirent les envoyés du Dauphin, « et l'on vous deffraiera bien. » Normandie refusa. Les deux émissaires allèrent consulter le Dauphin ; puis ils revinrent : « Puisque vous ne voulez envoyer vos lettres ni vous en aller « ébattre, dirent-ils, envoyez à Monseigneur la créance que « vous avez charge de dire à Monseigneur de Savoie. »

Normandie avait appris que la célébration du mariage devait

---

1. Pouvoir à Jean, bâtard d'Armagnac, chambellan et maréchal de Dauphiné, et à Antoine Bolomier, général des finances. Archives de Turin, *Negoz. con Francia*, paquet IX, n° 14 ; et dans le contrat de mariage du 14 février. Ces ambassadeurs avaient faculté, « sy besoing est, d'espouser ladicte damoiselle » au nom du Dauphin. — Le même jour, le Dauphin donnait des lettres patentes portant restitution aux sujets du duc de Savoie des châteaux et biens qu'ils possédaient en Dauphiné et qui avaient été confisqués pour manque de services féodaux. Charavay, *Archives des missions scientifiques*, t. VII, p. 463.

2. Brienne, 80, f° 39. Se trouve dans Léonard, t. I, p. 49, dans Guichenon et dans du Mont.

3. Il y a *Geraumont* dans Duclos. Cf. *Lettres de Louis XI*, t. I, p. 58, 217, 229.

se faire le lendemain. Espérant la retarder, il se décida à faire part de sa créance au maître d'hôtel Heraumont. Peu après, Bolomier et plusieurs serviteurs du duc de Savoie vinrent trouver le roi d'armes, réclamant les lettres dont il était porteur. « Je ne les baillerai qu'à Monseigneur de Savoie, » répondit-il. — « Mais vous ne les lui pouvez bailler; avisez un autre « à qui vous les voudrez bailler. » — « Je les baillerai volon- « tiers à son chancelier et aux gens de son Conseil, car j'ai des « lettres à leur adresse. » Introduit dans le château, il vit venir le chancelier et plusieurs conseillers. Là, au milieu de la cour, sous un « appentis, » Normandie remit ses lettres, priant qu'on fît diligence de transmettre au duc de Savoie celles qui lui étaient destinées. Un moment après, le chancelier et les autres conseillers revinrent : « N'avez-vous rien à « dire ? » — « Non; les lettres portent la substance de ma « créance. » Normandie ajouta pourtant : « Le Roi se donne « grand merveille de ce que Monseigneur de Savoie fait traiter « le mariage de Monseigneur le Dauphin et de sa fille sans le « lui faire savoir. » Il n'eut aucune réponse. On le fit souper avec les maîtres d'hôtel du duc de Savoie, et Jean Raymon l'emmena coucher en son logis.

Le lendemain, Normandie alla à l'église entendre la messe. Là il trouva Raymon, qui lui dit : « Monseigneur le Dauphin « m'a enchargé de vous dire de faire bonne chère, et qu'on « vous tiendra bien aise, et bientôt serez dépêché. » Le roi d'armes se rendit au château; il vit entrer dans la chapelle le Dauphin, qui portait une longue robe de velours cramoisi fourrée d'hermines; puis la princesse Charlotte, vêtue d'une cotte ajustée, avec un manteau de velours cramoisi; il était trop loin pour pouvoir distinguer par qui elle était conduite.

Ceci se passait le mardi 9 mars. Le vendredi, Normandie attendait encore une réponse. Enfin le héraut Dauphin vint lui remettre deux lettres pour le Roi, l'une du duc de Savoie, l'autre des gens de son Conseil. « Voilà votre réponse, lui dit-il, « vous pouvez bien vous en aller. » Normandie partit aussitôt[1].

1. Procès-verbal de Normandie, rédigé par Jean de la Loère, notaire et secrétaire du Roi. Duclos, *Recueil de pièces pour servir de suite à l'histoire de Louis XI*, p. 82-89.

La lettre du duc de Savoie portait la date du 12 mars. « Mon très redouté seigneur, écrivait-il en substance, plaise vous savoir que, le dixième jour de ce mois de mars, j'ai reçu vos gracieuses lettres écrites le dernier jour de février, dans lesquelles est fait mention que, au mariage de Monseigneur le Dauphin avec ma belle fille Charlotte, qui déjà, de longtemps, est en pourparlers, on ne procède plus avant à votre déplaisance. Sur quoi, très excellent prince, vous plaise savoir que, un jour avant la réception de vos lettres, par la volonté de Dieu tout puissant, la cérémonie des noces était accomplie, en grande solennité et honneur des seigneuries. » Le duc ajoutait que son père le légat (c'est-à-dire Amédée VIII) l'avait entretenu de cette matière peu avant sa mort, et l'avait assuré que le Roi avait donné son consentement au mariage. Il exprimait l'espoir que, tout bien considéré, le Roi ne prendrait point la chose en déplaisance, mais louerait le Dieu tout puissant qui avait tout dirigé, et s'en réjouirait pour le très grand bien qui certainement en pourrait résulter [1].

Le lendemain du jour où cette lettre fut remise à Normandie, un nouveau traité d'alliance était conclu entre le Dauphin et le duc de Savoie [2]. De son côté le prince de Piémont, en considération de l'honneur que le Dauphin faisait à son père et à sa mère, et à tout « l'hôtel de Savoie » par l'alliance contractée avec sa sœur, le reconnaissait pour son « bon et espécial seigneur et maître, » et promettait de le servir de corps, de biens et de toute sa puissance envers et contre tous, sans excepter le Roi. Si celui-ci, mécontent des « espousailles, » voulait faire quelque dommage au Dauphin, le prince de Piémont l'aiderait de tout son pouvoir, ainsi qu'il lui plairait de l'ordonner [3].

Pendant le séjour du Dauphin à Chambéry, et sur ses instances, on procéda à la célébration des noces d'Amédée, prince

1. Original, Du Puy, 762, f. 23. — Texte incorrect dans Duclos, *l. c.*, p. 89. — L'original de la lettre des gens du conseil du duc de Savoie se trouve dans le ms. 18983, f. 29.
2. Archives de Turin, *Negoz. con Francia*, paquet IX, n° 11.
3. Archives de Turin, *Negoz. con Francia*, paquet IX, n° 12. Édité par Charavay, *l. c.*, t. VII, p. 308. — Le 15 décembre suivant, Anne de Chypre, duchesse de Savoie, promettait d'assister le Dauphin, mari de sa fille (*Id., ibid.,* n° 13).

de Piémont, avec Yolande de France, fille de Charles VII. Le contrat de mariage remontait au 16 août 1436[1]. Élevée à la cour de Savoie, la princesse était parvenue à sa dix-septième année[2]. Un tel acte, accompli en dehors de toute participation du Roi, était de nature à ajouter à son mécontentement : nous verrons plus loin qu'il fut l'objet de vives réclamations de la part de ce prince.

Un autre mariage se négociait alors à la cour de Savoie : celui d'une fille du duc avec un fils de François Sforza[3]. Il faut ici faire un retour en arrière, et examiner ce qu'étaient devenues les affaires italiennes depuis la défaite de Regnault de Dresnay devant Bosco, en octobre 1447.

Le duc d'Orléans, on l'a vu, arrivait au moment même où cet événement portait un coup fatal à sa cause[4]. L'annonce de la venue de ce prince avait excité en Italie une vive émotion. Mais son prestige ne tarda pas à s'évanouir. Éconduit par les Milanais, qui préféraient rester dans l'anarchie que se donner un maître[5]; imparfaitement secondé par les Vénitiens, qui ne lui témoignèrent qu'une sympathie stérile[6]; joué par Sforza qui, employant tour à tour la force et l'astuce, cherchait à supplanter tous ses rivaux[7], que pouvait faire le duc ? Malgré l'intervention de Charles VII en sa faveur[8], malgré les démarches du duc de Bourgogne auprès de Sforza[9], malgré les encoura-

1. Voir t. III, p. 325.
2. Yolande était née le 23 septembre 1434.
3. Procès-verbal de Normandie, dans Duclos, p. 89.
4. Voir t. IV, p. 251.
5. Il leur avait envoyé une ambassade aussitôt après son arrivée. Voir le rapport des envoyés de Frédéric III, dans Chmel, *Materialien*, t. I, part. II, p. 261 et suiv.
6. Voir l'intéressante étude de miss Mary Robinson : *The claim of the House of Orleans to Milan*, dans l'*English Historical Review* (janvier 1888). L'auteur a eu communication de nombreux documents extraits des Archives de Venise.
7. Les négociations du duc avec Sforza sont mentionnées dans le rapport de M. Maurice Faucon déjà cité (*Archives des missions scientifiques et littéraires*, t. VIII, p. 70).
8. Gaucourt fut envoyé à Milan à la fin de 1447. Le P. Anselme, t. VIII, p. 367.
9. Le 28 septembre 1447, le duc de Bourgogne avait envoyé un héraut à Sforza, « cui nonnulla commisimus in facto illustr. fratris nostri honorandissimi et ducis Aurelianensis et Mediolanensis » (Sickel, dans *Archiv für Kunde Oesterreichischer Geschichtsquellen*, t. XIV, p. 193, note 2). Le 7 janvier 1448, il s'adressa à la république de Florence pour demander son intervention auprès des Milanais en faveur du duc (Desjardins, t. I, p. 62).

gements qu'il reçut de Frédéric III[1], il se trouva réduit à l'impuissance. Ses démarches à Venise restèrent sans effet, et, au mois d'août 1448, il quitta l'Italie, sans avoir obtenu d'autre résultat que le maintien de sa domination dans la seigneurie d'Asti[2].

Tandis que le duc d'Orléans échouait de la sorte dans sa revendication du duché de Milan, une nouvelle occasion sembla s'offrir au roi René de faire valoir ses prétentions sur le royaume de Naples.

Au mois de novembre 1447, Alphonse V avait déclaré la guerre à la république de Florence et envahi le territoire florentin. Fort alarmée de cette agression, la République envoya vers René pour le presser de se mettre en avant et de revendiquer la possession de sa couronne. Depuis l'expédition de Charles VII à Gênes, René se tenait en Provence, prêt à profiter des événements. Alphonse V ne négligeait aucune occasion de molester son rival : malgré la trêve existant encore entre les deux princes, une galère aragonaise avait pénétré jusque dans le port de Marseille[3]. Un ambassadeur florentin, Antoine de' Pazzi, vint trouver René pour lui demander son concours en faveur de la République. Accueilli avec bienveillance, il fut autorisé par le Conseil des Dix à faire des ouvertures relativement à une assistance armée. René fut sollicité de se mettre en campagne à la tête de huit mille chevaux, et d'enrôler sous ses drapeaux une troupe de quatre mille chevaux, composée d'Italiens, force indispensable pour assurer le succès[4]. Florence fournirait quatre mille chevaux ; Venise, son

---

1. Lettre du 12 juin 1448, visée par Champollion Figeac, *Louis et Charles d'Orléans*, p. 351. — La lettre en question ne figure point dans le *Regeste* de Chmel ; elle est aux Archives nationales, K 68, n° 31.
2. *Memoriale Secundini Venturæ*, dans *Mon. Hist. patriæ, Scriptores*, t. III, col. 895.
3. Voir Lecoy de la Marche, *le Roi René*, t. I, p. 269.
4. « Questo diciamo perchè sempre s'è veduto che in Italia si vince co' Italiani, et etiamo perchè quelli Italiani, che non fassomo colla Sua Serenità e con noi, sarebbera contro la sua celsitudine e contro noi, perchò si acconarebbero con la parte adversa. Sicchè in ogni modo ci pare necessario che la Sua Excellenza rechi danari per conducre almeno fino a quatro mila cavalli de' nostri Italiani. » Lettre d'Antonio de' Pazzi, 30 novembre 1447, dans Fabroni, *Magni Cosmi Medicei Vita*, t. II, p. 188 et s.

alliée, ennemie du roi d'Aragon, agirait de son côté et fournirait un subside : la victoire devait être prompte et assurée. Si le roi de France et le Dauphin concluaient un accord avec Gênes, on aurait toute facilité pour le passage de l'armée et le concours d'une flotte. Le Pape ne manquerait point de se montrer favorable, et, si l'on était en force, de fournir le passage et des vivres; il donnerait même peut-être une seconde armée. Comment, alors que le Roi de France tenait entre ses mains l'affaire du « pape Félix, » Nicolas V refuserait-il de lui complaire? Jamais plus belle occasion ne s'était présentée pour le roi René de recouvrer ses États et de conquérir honneur et gloire [1]. L'ambassadeur déclarait que tout le peuple florentin était naturellement dévoué à sa cause et disposé à le soutenir énergiquement, sans calculer dépense ni péril.

De telles ouvertures ne pouvaient manquer de séduire le roi René. Mais, avant de se prononcer, il voulut connaître l'avis du Roi : il lui envoya donc le sénéchal d'Anjou (Louis de Beauvau) et Guy de Laval, seigneur de Loué, pour lui faire part des propositions qu'il avait reçues et solliciter son concours; en attendant il se borna à donner de bonnes paroles à l'ambassadeur, et à dire que la succession du duché de Milan appartenait à son neveu le duc d'Orléans : il fallait tout d'abord que les Florentins s'employassent auprès des Milanais pour le faire reconnaître comme duc [2]. Charles VII répondit à son beau-frère à la date du 28 janvier 1448 : il était pour le moment dans l'impossibilité de lui prêter son appui, à cause du différend soulevé par les Anglais au sujet de l'occupation du Mans; il l'engageait toutefois à entrer dans les vues des Florentins et à les seconder de tout son pouvoir [3].

Les Florentins voulaient bien favoriser les prétentions du roi René au trône de Sicile, mais ils n'étaient nullement dispo-

---

1. ... La Sua Serenità non ebbe mai nè potrebbe havere più comodo ne più opportuno tempo che ha al presente, alla recuperatione del suo stato et della gloria sua et honore. » Même lettre.

2. C'est du moins ce que dit Fabroni, l. c., t. II, p. 193.

3. Lettre, traduite en italien, aux archives de Florence, Legazioni e Commissarii, Missive e responsive, IX, f. 31. Cette lettre fut aussitôt communiquée aux Florentins par Antoine de' Pazzi. Dépêche du 29 février 1448, l. c., f. 15.

sés à appuyer les droits du duc d'Orléans sur le duché de Milan. Cosme de Médicis, tout-puissant dans le conseil des Dix, était intimement lié avec Sforza, et secondait les vues ambitieuses de celui-ci. D'ailleurs, l'intérêt de la défense dominait tout. Au mois de mars 1448, une ambassade se rendit à Venise pour s'entendre avec le sénat sur les moyens de poursuivre la lutte contre le roi d'Aragon ; elle avait en même temps pour mission d'engager le sénat à soutenir Sforza dans le Milanais et à appuyer la revendication du royaume de Naples par le roi René[1].

Mais déjà la république de Florence était en négociations secrètes avec Alphonse V[2], qui, peu de mois auparavant, avait conclu avec Gênes une ligue offensive et défensive[3], et qui ne tarda pas à entrer en pourparlers avec Sforza[4]. Le roi d'Aragon continua mollement les opérations militaires. Au mois de mai, il entreprit le siège de Piombino. Durant le siège, quatre galères florentines, venues pour ravitailler la place, furent capturées par la flotte d'Alphonse V. A la nouvelle de cet échec, René offrit à la République plusieurs navires tout équipés, ornés de ses étendards, pour remplacer ceux qu'elle avait perdus[5]. Mais la guerre ne fut point de longue durée : le siège de Piombino fut levé, et Florence délivrée de ses soucis.

C'était le temps où Charles VII envoyait à Rome la grande ambassade chargée de faire obédience en son nom à Nicolas V. Jacques Cœur, qui en faisait partie, eut mission de ravitailler Finale, où le marquis del Caretto, allié de la France, tenait tête aux Génois[6]. Raphaël Adorno était venu récemment trouver le

---

1. Dépêche chiffrée du 29 février 1448, avec traduction. Ms. italien 1585, f. 31-35 ; lettre du 9 mars 1448, visée par Desjardins, *Négociations diplomatiques*, t. I, p. 62 ; dépêche du 10 avril, visée par Buser, *Die Beziehungen der Mediceer zu Frankreich*, p. 363.
2. Lettres de Nicodème da Pontremoli à Sforza. Ms. ital. 1585, f. 29 et 34 ; cf. Buser, p. 361-62.
3. Archives de Gênes, *Materie politiche*, mazzo XII.
4. Voir ms. italien 1585, f. 26, 29, 30, 31.
5. Lecoy de la Marche, *l. c.*, p. 270, note 2.
6. Sur le ravitaillement de Finale, voir Berry, p. 431. — Le Roi fit remettre 2,750 l. t. au marquis par Jacques Cœur (reçu du 12 mai 1450 : *Pièces originales*, 604 : CARETTO), lequel reçut cinq mille livres pour « le paiement de l'armée et avitaillement. » (*Pièces originales*, 790, n° 9.)

Roi[1], qui ne perdait point l'espoir de reprendre sur Gênes ses desseins interrompus. Malgré l'alliance des Génois avec Alphonse V, René d'Anjou réussit, au mois d'août 1448, à conclure avec eux un traité par lequel étaient garanties les relations commerciales de ses sujets de Provence avec Gênes[2]. Sur ces entrefaites, Sforza remporta sur les Vénitiens la victoire de Caravaggio (15 septembre), et René, qui entretenait avec le célèbre condottiere d'amicales relations et voulait le gagner à sa cause, lui écrivit pour le complimenter[3].

Cependant les Milanais, serrés de près par Sforza qui, vainqueur des Vénitiens, s'était retourné contre eux, implorèrent l'assistance de tous les princes intéressés dans l'affaire. Le roi des Romains, le roi d'Aragon, le duc de Bourgogne, et même Charles VII et le Dauphin, furent sollicités tour à tour. De son côté, le duc d'Orléans, qui était rentré en France au mois d'août, supplia le Roi de lui accorder une armée pour soutenir ses droits en Lombardie : Charles VII y consentit. Le duc s'assura le concours du duc de Bretagne, du duc de Bourbon et du comte de Foix, et obtint du duc de Bourgogne la promesse d'un envoi de troupes[4]. Au mois de novembre, Jean Foucault partit avec un contingent d'hommes d'armes français qui devait être rendu à destination pour Noël[5]. L'armée de Bourgogne, ayant à sa tête Jean de Chalon, seigneur d'Arguel, se mit en marche quelques mois plus tard[6]. Le duc d'Orléans, après une apparition à la cour de Philippe le Bon, se

1. Cabinet des titres, 685, f. 120.
2. Lecoy de la Marche, l. c., p. 272, note 2.
3. Voir les instructions données par René à Honoré de Berra, envoyé par lui vers Sforza, Ms. italien 1585, f. 7. Cf. lettre de Sforza du 21 février 1449, Id., f. 61.
4. Voir lettres du duc d'Orléans à la communauté d'Asti, en date des 14 et 28 novembre et 4 décembre 1448, dans Faucon, l. c., p. 71-72. — Le duc de Bourgogne joua un rôle actif en faveur du duc pendant les premiers mois de 1449 : ambassade au duc et au Roi (janvier) ; ambassade en Savoie et à Venise (février), nouvelles ambassades (mars-mai), correspondance avec le duc, rien ne fut épargné. Archives du Nord, B 2002, f. 91 v°-92, 93, 109 v° ; 2008, f. 116 v°-117 ; Archives nationales, KK 270, f. 32 et 32 v°.
5. Lettre du 14 novembre. — Nous voyons par les comptes que Blain Loup, seigneur de Beauvoir, était à la tête des hommes d'armes français. Cabinet des titres, 685, f. 143.
6. Lettre du duc d'Orléans, en date du 7 janvier 1449. Olivier de la Marche, t. II, p. 116-117.

rendit à Lyon, où les gens d'armes français et bretons vinrent le joindre. Mais, à la nouvelle de la prise de Fougères, en présence d'une rupture imminente avec l'Angleterre, Charles VII rappela ses troupes[1]. Les espérances du duc d'Orléans s'évanouirent d'un seul coup. A quoi pouvaient désormais lui servir et la convention passée, à ce moment même, par Dunois avec Amédée VIII en vue d'une conquête du Milanais[2], et l'autorisation qu'il reçut du duc Louis de Savoie de traverser ses États à la tête de mille cavaliers[3] ? Seule l'armée de Bourgogne franchit les monts, mais c'est à peine si l'on rencontre la trace de sa marche. L'action militaire du duc d'Orléans fut nulle[4] ; son action diplomatique[5] n'eut point un meilleur résultat. Quant au duc de Savoie, il eut beau entrer en campagne : son lieutenant, Jean de Compey, se fit battre à Castiglione (6 juillet 1449). En eût-il été autrement, le duc d'Orléans n'aurait point bénéficié du succès : en même temps que le duc de Savoie traitait avec lui il se liguait avec le roi d'Aragon[6], et c'est ce prince qui aurait recueilli les fruits de la victoire.

C'en était donc fait des prétentions du duc d'Orléans sur le duché de Milan. Sforza gagnait sans cesse du terrain, et le jour n'était point éloigné où les Milanais, épuisés et harassés, allaient se jeter dans ses bras. Le 26 février 1450, la république de Milan traitait avec le gendre de Philippe-Marie ; le 25 mars suivant, François Sforza faisait son entrée triomphale dans la capitale de la Lombardie[7]. En même temps les Florentins

1. Cabinet des titres, 685, f. 151 ; lettre de rémission en date d'octobre 1452 : Archives, JJ 181, n° 137.
2. Au mois de mars 1449, Dunois conclut avec Amédée VIII une convention, aux termes de laquelle le duc d'Orléans et le duc de Savoie devaient reconquérir en commun les terres qui avaient appartenu au feu duc de Milan et qui étaient occupées soit par les Milanais, soit par Sforza ; le duc d'Orléans devait avoir pour sa part le comté de Pavie, le duc de Savoie le Novarrais ; les conquêtes devaient être partagées par moitié. Ms. de Genève, 154, f. 147 et 271. Voir Gaullieur, dans *Archiv für Schweizerische Geschichte*, t. VIII, p. 300, et Sickel, *Sitzungsberichte*, etc., t. XX, p. 228 et suiv.
3. Lettre du 7 juillet 1449. Archives de Turin, *Protocoll*, 92, f. 270.
4. Olivier de la Marche, t. II, p. 116-117.
5. Au mois de juin 1449, des ambassadeurs du duc d'Orléans et du duc de Bourgogne étaient à Asti. Voir Gaullieur, *l. c.*, p. 337.
6. Traité du 27 juin 1449. Le 21 octobre suivant, le duc de Savoie concluait un traité avec Sforza.
7. Voir *Il conquisto di Milano per Francisco Sforza* ; mémoire de M. Fr. Bertolini, publié dans l'*Archivio storico italiano*, nouv. série, t. XV (1862), p. 46 et 52-54.

concluaient la paix avec Alphonse V (4 juin), qui signait aussi un traité avec Venise (2 juillet).

Sforza était désormais duc de Milan. Il s'empressa de faire part de son avènement au Dauphin[1], et écrivit au Roi pour lui prodiguer ses assurances de fidélité à la couronne de France[2].

L'attitude du duc de Savoie dans les affaires italiennes n'avait pu qu'augmenter les défiances et les griefs de Charles VII à son égard. La mort du vieil Amédée, survenue à cette époque (7 janvier 1451), lui enlevait un intermédiaire précieux et autorisé auprès du Roi. Autant Amédée VIII, par sa gravité et sa prudence, avait, malgré les torts qu'il s'était donnés comme antipape, conquis l'estime et le respect de tous[3], autant le duc Louis inspirait peu de confiance par sa légèreté, son irrésolution, sa faiblesse à l'égard de sa femme, la belle Anne de Chypre, qui, avec ses favoris les Cypriotes, était maîtresse absolue[4]. Amédée n'avait cessé d'être en bons rapports avec Charles VII[5]; Louis s'était aliéné ce prince en lui donnant de justes motifs de plainte. Au moment même où il aurait dû chercher à regagner ses bonnes grâces, il travaillait, cédant aux conseils du Dauphin, à contrecarrer sa politique en Italie[6]. Pour mieux voiler ces intrigues et empêcher un accord du Roi avec Sforza, il se disposait à lui envoyer une ambassade quand il apprit que Charles VII avait donné mission à l'évêque nommé de Béziers (Louis d'Harcourt)[7] et à Girard le Boursier de se

---

1. Lettre du 4 décembre 1450, aux archives de Milan; publiée par M. Et. Charavay, *Lettre de Louis XI*, t. I, p. 224. — La lettre du Dauphin à Sforza, publiée p. 42 à la date du 28 mai 1450, est évidemment de 1452.
2. Lettre du 1er janvier 1451. Archives de Milan, *Lettere missive*, vol. II, f. 312 v°.
3. « Fuit temporis suis vir mediocris stature, gravitate, maturitate, prudentia et discrecione ornatissimus..., a suis multum dilectus et a vicinis formidatus. » *Chronica latina Sabaudiæ*, ap. *Monum. Hist. Patriæ, Scriptor*, t. I, col. 614.
4. « Largissimus promissor, inconstans, variabilis, magis consiliis privatis et uxori proprie quam suorum doctorum ac fidelissorum adherebat.... Ciprianos amore uxoris magis quam proprios filios diligebat. » *Id.* col. 615, 616; cf. col. 621. — Chastellain (t. III, p. 53) le qualifie de « prince de povre vertu et de petit effet. »
5. On a la mention d'une lettre adressée par Charles VII à Amédée VIII le 23 mars 1450. Ms. latin 5414A, f. 73.
6. « Les choses que doit dire Pierre Bolomier à Monseigneur le Daulphin de par Monseigneur le duc. » Archives de Turin, *Negoz. con Francia*, n° 14, f. 3 et 8.
7. Louis d'Harcourt occupa le siège de Béziers du 13 octobre au 10 décembre 1451; il fut promu ensuite à l'archevêché de Narbonne.

rendre à la cour de Savoie¹. Le duc résolut d'attendre la venue de ces ambassadeurs.

Ceux-ci arrivèrent à la fin de juillet. Ils étaient porteurs d'une lettre de Charles VII, « assez ample, » et étaient chargés d'exprimer au duc le mécontentement du Roi de ce que, sans son consentement, il avait fait procéder à la célébration du mariage de Yolande de France avec le prince de Piémont.

Le duc de Savoie s'excusa du mieux qu'il put, protestant de la pureté de ses intentions, exposant les préliminaires de l'affaire, réglée du vivant de son père : tout était prêt pour célébrer les noces aussitôt après Noël, et la chose n'avait été empêchée que par la mort d'Amédée. Le Dauphin, étant venu pour son mariage, avait voulu que celui de sa sœur s'accomplît en même temps. Le duc y avait consenti, ne croyant point en cela déplaire au Roi : il pensait, au contraire, lui être agréable en cédant aux instances du Dauphin, car, disait-il, « le père et le fils, c'est une même chose; » il offrait d'ailleurs de servir le Roi, en toutes choses, à son bon plaisir, mettant à la disposition de ce prince « sa personne, ses biens, ses pays et sujets, pour le servir toutes les fois qu'il lui plairait de les employer². »

Au moment même où les ambassadeurs de Charles VII arrivaient à la cour de Savoie, le duc préparait, de concert avec le Dauphin, une entreprise militaire : un corps de troupes devait être rassemblé à la date du 15 août, et le bâtard d'Armagnac était désigné pour en prendre le commandement³. Le Dauphin se tenait prêt, de son côté, car le 17 septembre il passait la revue de ses gens de guerre⁴; mais la peste, qui sévissait alors en Italie, empêcha de donner suite à ce projet.

1. Ils avaient également mission de se rendre près du Dauphin. Ms. fr. 20886, nos 5 et 6.
2. Réponse du duc de Savoie aux ambassadeurs du Roi. Archives de Turin, Négoc. con Francia, paquet IX, n° 14, f. 7; Instructions à l'évêque de Lausanne et autres ambassadeurs. Archives de Turin, l. c., f. 24; éditées par le Mis Costa de Beauregard, Familles historiques de Savoie : les seigneurs de Compey (Chambéry, 1844, in-8°), p. 92-94.
3. Ordonnance du 23 juillet, aux Archives de Turin, l. c., f. 5. Le mandement du duc de Savoie pour appeler ses gens d'armes sous les ordres du bâtard d'Armagnac fut donné à Bourg le 22 juillet 1451. Id., f. 6.
4. Archives de la Côte d'Or, B 11930.

Est-ce cette même ambassade qui fut chargée de porter plainte au duc de Savoie sur la saisie, opérée à Genève par ordre du duc de Savoie, des biens que Jacques Cœur y possédait? Nous l'ignorons. La réponse du duc à ce sujet porte la date du 10 octobre [1].

Le 18 octobre suivant, le duc donnait des instructions à trois de ses conseillers, envoyés vers Charles VII. Après avoir félicité le Roi du succès de ses armes en Guyenne, ils devaient d'abord l'entretenir de la demande faite par lui relativement à la mise en liberté de Claude de Lornay condamné à mort; puis ils devaient répondre aux observations présentées au sujet du mariage du prince de Piémont; enfin ils avaient charge de faire observer que le Roi s'était engagé à payer trente mille écus sur la dette contractée par lui envers le duc Amédée lors de la conclusion du mariage: le duc n'avait pas réclamé cette somme, tenant compte des « affaires » qui occupaient le Roi, et n'avait point laissé pour cela de faire à la princesse l'assignation de son douaire [2].

Ainsi, malgré cet échange d'ambassades, tout restait en suspens : ni du côté de son fils, auquel il avait envoyé plusieurs messages [3], ni du côté du duc de Savoie, le Roi n'avait obtenu la moindre satisfaction.

---

1. Archives de Turin, *Negoz. con Francia*, paquet IX, n° 14, f. 20.
2. Instructions à l'évêque de Lausanne, Jean de Compey et Jean de Chissy, citées plus haut. — L'évêque de Lausanne avait en outre une mission spéciale à remplir auprès de Dunois : il s'agissait d'empêcher à tout prix le triomphe définitif de Sforza, et, pour cela, de décider le duc d'Orléans à se mettre de nouveau en avant. En outre, un message fut envoyé au duc d'Orléans, au nom du duc et de la duchesse. Archives de Turin, *l. c.*, f. 22.
3. Nous avons dit que Louis d'Harcourt et Girard le Boursier avaient charge d'aller trouver ce prince; on a la preuve que Gonsalvo d'Ars, huissier d'armes du Roi, lui fut envoyé au mois d'août 1451 (Cabinet des titres, 685, f. 141 v°). On remarquera que cette ambassade coïncidait avec l'arrestation de Jacques Cœur, qui venait d'être opérée.

CHAPITRE VI.

L'EXPÉDITION CONTRE LE DUC DE SAVOIE

Charles VII est de nouveau sollicité d'intervenir en Italie ; situation des affaires dans cette contrée ; mission donnée à Acciajuoli par la république de Florence. — Réception de l'ambassadeur Florentin ; ses entretiens avec le Roi ; difficultés que rencontre la conclusion d'un traité ; traité du 21 février 1452. — Dispositions secrètes de Sforza à l'égard de la France ; sa duplicité. — Voyage de Frédéric III en Italie ; le conflit, prêt à éclater, est retardé par sa venue. — Rupture entre Sforza et la république de Venise ; Charles VII se prépare à secourir son nouvel allié. — Il profite de cette occasion pour châtier le duc de Savoie ; appel des seigneurs Savoisiens à Charles VII ; négociations avec le duc de Savoie ; elles aboutissent à une rupture ; Charles VII s'avance à main armée contre le duc. — Relations de Charles VII avec le Dauphin ; ambassades envoyées par ce prince à son père ; réponse du Roi ; nouvelles ambassades ; mise en demeure au Dauphin de réparer ses torts. — Intervention du cardinal d'Estouteville en faveur du duc de Savoie ; voyage du duc à Feurs auprès du Roi ; traité du 27 octobre. — Le Dauphin offre ses services au Roi contre les Anglais en Guyenne ; réponse de Charles VII ; menaces de rupture ; le cardinal d'Estouteville s'emploie à la pacification du différend ; singulières prétentions du Dauphin, qui prend une attitude de plus en plus menaçante.

Tandis que les relations entre Charles VII et le duc de Savoie s'envenimaient de la sorte, la France fut de nouveau sollicitée d'intervenir dans les affaires italiennes.

La prise de possession du duché de Milan par François Sforza avait modifié profondément la situation. Une ligue ne tarda point à se former contre le nouveau duc. Guillaume de Montferrat, d'abord emprisonné par Sforza, puis relâché, n'eut rien de plus pressé que de pousser son frère le marquis à s'allier contre ce prince avec la république de Venise et avec le duc de Savoie. Malgré la paix conclue entre le roi d'Aragon et la république de Florence, Alphonse V restait étroitement uni à la république de Venise. Le 16 avril 1451, un traité était signé entre le roi d'Aragon, le duc de Savoie et le marquis de

Montferrat : le duc et le marquis déclaraient adhérer à la ligue existant entre le roi d'Aragon et la république de Venise, et s'engager à fournir un nombre déterminé de soldats au cas où la guerre se rallumerait. Le 20 juin suivant, Venise chassait de son territoire les marchands florentins. Alphonse V, qui méditait une entreprise sur Florence et Gênes, prenait une mesure analogue dans le royaume de Naples. Enfin, le 20 novembre, un traité particulier était conclu entre le roi d'Aragon et le duc de Savoie : il était stipulé que les conquêtes faites par les deux princes, soit en Italie, soit en Provence, seraient partagées à raison d'un tiers au duc et deux tiers au roi [1].

Au mois de juillet, le duc de Savoie, informé que Sforza cherchait à obtenir la protection de la France et se proposait même de lui offrir l'hommage du duché de Milan, avait envoyé un ambassadeur au Dauphin pour lui faire part de la situation et lui soumettre le plan d'une action commune contre Sforza [2].

Un choc formidable se préparait. D'un côté, Venise, l'âme de la ligue; Venise qui, pour se débarrasser de Sforza, ne reculait devant aucun moyen — pas même le poison [3], — et, avec elle, le roi d'Aragon, le marquis de Montferrat, le duc de Savoie, et, derrière ce prince, le Dauphin; de l'autre, le duc de Milan et la république de Florence, qui venaient de sceller leur alliance par un nouveau traité (20 juillet) [4]. Pour être

---

1. Voir Sismondi, *Histoire des républiques italiennes*, t. IX, p. 386 et suiv.; Perrens, *Histoire de Florence depuis la domination des Médicis jusqu'à la chute de la république*, t. I, p. 137 et suiv.; Canetta, *La Pace di Lodi*, dans la *Rivista storica Italiana*, t. II, p. 518 et suiv., etc.
2. Instructions à Pierre Bolomier, 14 juillet 1451. Archives de Turin, *Negos. con Francia*, paquet IX, n° 14, f. 3. Dans une lettre de Sceva de Curte, envoyé de Sforza près de Frédéric III, en date du 7 février, on voit que l'ambassadeur faisait valoir à son maître les avantages qu'il trouverait dans une alliance avec la France : « Non obstando che varie et grande partiti siano offerti alla S. V. et maximo da la corona de Franza. » Ms. ital. 1585, f. 180; Buser, *Die Beziehungen der Mediceer zu Frankreich*, p. 369. Cf. lettre de Sforza du 15 mars, ms. ital. 1599, f. 230.
3. Voir les indications recueillies par M. Lanemsky dans la *Revue historique*, t. XX, p. 110, et dans son ouvrage : *Secrets d'État de Venise* (Saint-Pétersbourg, 1884, gr. in-8), p. 9 et suiv., et 100-62.
4. Le traité était fait sur ces bases : assistance réciproque pendant dix ans, avec cette réserve que ce pacte ne dérogeait point à la paix conclue un an auparavant entre les Florentins et le roi d'Aragon, sinon au cas où celui-ci, allié des Vénitiens, attaquerait l'une des parties. Voir sur la situation politique de l'Italie et sur cette alliance une lettre de Nicodemo de Pontremoli, agent de Sforza à Rome (3 juin 1451), publiée par Buser, *l. c.*, p. 370.

prêts à tout événement, les Florentins avaient procédé (12 juin) à la nomination des décemvirs de la guerre.

C'est dans ces conjonctures que la république de Florence décida l'envoi d'un ambassadeur à la Cour de France. Le choix porta sur un personnage considérable, allié aux Médicis, ami intime de Cosme, alors en possession d'une influence prépondérante : c'était Angiolo Acciajuoli, l'un des décemvirs de la guerre, rompu aux affaires politiques, auxquelles il n'avait cessé d'être mêlé depuis trente-cinq ans. Ses instructions portent la date du 10 septembre[1].

Acciajuoli avait mission tout d'abord de féliciter le Roi sur le récent triomphe de ses armes. Il ne devait point tarir d'éloges à ce sujet[2]. La cité florentine, qui s'était associée si vivement aux malheurs du royaume[3], avait été transportée de joie à la nouvelle des victoires de Charles VII ; non seulement les hommes, mais les femmes, et jusqu'aux enfants, avaient pris part à la commune allégresse[4]. Pouvait-on oublier les innombrables bienfaits dont Florence était redevable à la très chrétienne maison de France, à laquelle elle devait son existence et ses développements[5] ?

L'ambassadeur devait exposer ensuite l'état de l'Italie et la déplorable situation où la haine du roi d'Aragon avait placé la République, à cause de son dévouement à la maison de France ; les actes d'hostilité des Vénitiens, dont l'insatiable ambition tendait à la conquête de la Lombardie ; la conclusion d'une alliance entre la république de Venise et le roi d'Aragon, con-

---

1. Ces instructions se trouvent aux archives de Florence, *Dieci di Balia. Legazioni e Commissarii*, III, n° 8; elles ont été publiées par Desjardins, *Négociations diplomatiques*, t. I, p. 62-71.
2. « Usando parole alte, magnifiche, e convenienti alla sublimità di tanto principe e alla materia della quale avete a parlare. »
3. « Per li tempi sinistri di quel regno, tutta la città nostra parea languida ed afflitta. »
4. « Vorremmo adunque che fosse possibile che la Sua Serenità vedesse i lieti gesti o la letizia del nostro popolo, perché vedrebbe non solamente gli uomini ma le donne, nè solamente li giovani o li vecchi, ma li teneri fanciulli e fanciulle, con parole e con gesti, dimostrare come questa gloriosissima vittoria sieno giocondo alli animi loro. »
5. « Riducendo a memoria l'innumerabili beneficii ricevuti, tanta moltitudine ne accorre alli animi nostri che ci confonde, e non sapremo da qual principio e in che luogo potessimo fare fine. »

duisant à un partage secret de l'Italie ; le danger qui en résultait pour la république de Florence, dont les citoyens étaient poursuivis avec acharnement sur terre et sur mer, jusque dans leurs ports, jusque dans leurs villes. Déjà la République s'était alliée avec le duc de Milan ; mais elle avait recours au Roi, comme à son père, à son bienfaiteur, à son protecteur, en qui reposait tout l'espoir du peuple[1]. Elle laissait au Roi le soin d'apprécier le moyen de lui venir en aide, se confiant pleinement en sa sagesse. Et si le Roi voulait envoyer en Italie, soit le roi René, soit un autre prince de sa maison, pour conquérir le royaume qui lui appartenait de droit, la République était prête à se mettre toute entière à sa disposition[2].

Acciajuoli partit aussitôt pour la France. Il s'arrêta au passage à Bologne, qui gardait la neutralité ; à Lodi, où il se rencontra avec Sforza et reçut de lui une mission spéciale près de Charles VII ; à Belgioso, où il visita madama Bianca, épouse de Sforza ; enfin chez le marquis de Montferrat, qui lui fit de trompeuses protestations d'amitié, et à la cour duquel il se croisa avec des ambassadeurs de Venise et d'Alphonse V se rendant en Savoie[3]. Le 16 octobre il était à Lyon[4], où il apprit que le Dauphin et le duc de Savoie étaient réunis à Châtillon-en-Bresse[5]. Sans se détourner de sa route pour aller les saluer[6], il se dirigea vers l'ouest de la France, où Charles VII se trouvait alors tandis que ses capitaines conquéraient la Guyenne, et arriva le 14 novembre à Saint-Maixent[7]. Le lendemain il fut reçu par le Roi.

1. « Come a padre, benefattore e protettore della città nostra, e nel quale tutta la speranza del nostro popolo, per ogni tempo, si è riposata e riposa. »
2. « Poteva te affermare che, quando la Sua Sublimità volesse fare potentemente tale impresa, poteva mettere per certissimo avere gli animi, e li corpi, e le facultà di tutto il nostro popolo. »
3. Dépêches d'Acciajuoli des 20 et 27 septembre, 3 et 8 octobre. Archives de Florence.
4. « Scrivo da Lione, dove è giunto per cammino non molto usato e per luoghi male habitati, per schivare la peste da cui è afflitta Savoia e il Dalfinato. » Dépêche du 16.
5. Sans doute Châtillon-la-Palud.
6. « Non vi vado, écrit-il, perchè incomodo all'andata mia et perchè ogni cosa pende secondo che il Re vorrà. »
7. Dépêche du 27 novembre. — Acciajuoli était accompagné d'un autre Florentin, François Ventura, d'un envoyé de la duchesse de Milan, Georges del Mayno (lettre de la duchesse du 10 octobre) et de Jean Cossa, envoyé du roi René (lettre du cardinal d'Estouteville du 1er décembre).

Il lui présenta les lettres de la Seigneurie et du duc de Milan. Puis, dans un discours latin qui nous a été conservé[1], il fit l'exposé de sa charge. Après avoir protesté du dévouement de la Seigneurie et de François Sforza à la maison de France et félicité le Roi sur ses conquêtes; après avoir rappelé ce que la Seigneurie avait fait pour le triomphe des droits du roi René dans le royaume de Naples et témoigné des regrets qu'elle éprouvait de n'avoir pu agir plus efficacement, il se borna, sans aller du premier coup aussi loin que ses instructions l'y autorisaient, à réclamer l'intervention de Charles VII dans la lutte qui se préparait entre la Seigneurie et le duc de Milan, d'une part, et les Vénitiens et le roi d'Aragon, d'autre part; il s'efforça de mettre le Roi en garde contre les intrigues du marquis de Montferrat et de son frère Guillaume, dont il dévoila la perfidie, les trames contre la France, l'alliance avec le duc de Savoie; il pria le Roi de donner à son représentant en Italie, le bailli Regnault de Dresnay, des instructions pour agir en faveur de la Seigneurie et du duc de Milan contre leurs ennemis; enfin il lui demanda d'intervenir auprès du duc de Savoie qui, au mépris des traités passés avec le duc de Milan, et dans lesquels le marquis de Montferrat et ses frères figuraient comme hommes liges de la Savoie, souffrait de leur part des agissements qui étaient une violation formelle de ses engagements.

Le Roi répondit séance tenante à l'ambassadeur[2]. Il rendait grâce à la Seigneurie des courtoises paroles qu'elle lui avait fait transmettre, et de l'allégresse avec laquelle elle avait accueilli son heureuse fortune. Les Florentins avaient raison de se réjouir plus que tout autre peuple, car la Couronne avait toujours aimé leur communauté; il ne doutait nullement qu'eux et Sforza n'eussent fait tout leur possible pour éviter que le roi René fût chassé du royaume de Naples; mais, au plaisir de Dieu, il le recouvrerait avec leur aide. Il connaissait

---

1. « Hæc sunt ea quæ Regi Francorum dominus Angelus de Acciaolis ex parte ducis Mediolani et Communitatis Florentiæ exposuit. » Du Puy, 760, f. 60.
2. Tout ceci est tiré de la dépêche d'Acciajuoli en date du 18 novembre. Archives de Florence, *l. c.*, f° 82.

le caractère du roi d'Aragon et savait à quoi s'en tenir sur ses dispositions à l'égard de la Couronne : le roi d'Aragon était l'ennemi des Florentins, et en raison de son sentiment personnel, et en raison de l'attachement qu'ils témoignaient pour la maison de France. Quant aux Vénitiens, il s'émerveillait de ce qu'ils se montrassent si ingrats envers la Seigneurie et si oublieux de son amitié ; mais il lui semblait qu'ils ne recherchaient que leur propre intérêt. Ce n'était point chez lui chose nouvelle d'être persuadé que les Florentins ne voudraient conclure ni paix ni ligue qui fût contraire à la maison de France, ce dont non seulement lui mais tout le monde leur était reconnaissant. Il approuvait la ligue faite avec Sforza ; quant au projet de prendre la cour de Rome pour arbitre de la paix, il savait de qui émanait ce dessein. Il était d'ailleurs favorable à la paix, surtout si, en la concluant, la Seigneurie réservait les droits de la maison de France. Mais, étant donnés les agissements du roi d'Aragon et des Vénitiens, il lui semblait douteux que la Seigneurie pût se lier à eux. Il était nécessaire d'examiner ces choses, et, moyennant la grâce de Dieu, on arriverait à une bonne conclusion. Le Roi termina en disant qu'il voulait entretenir de nouveau l'ambassadeur, et en savoir plus long sur les desseins de la Seigneurie et du comte François, dont leur envoyé devait être bien informé.

Dans une seconde conversation avec l'ambassadeur, le Roi lui demanda quels étaient les desseins des Florentins, et ce qu'ils attendaient de lui en leur faveur et en faveur de Sforza. Accajuoli répondit que, tout d'abord, il fallait que Sa Majesté s'occupât de pacifier la guerre de Catalogne et qu'elle examinât avec le duc de Milan et la Seigneurie le caractère de l'alliance à conclure, sous forme de ligue ou de confédération, comme il paraîtrait honnête et convenable. Après avoir entendu ces explications, le Roi réfléchit un instant et reprit en ces termes : « Nous avons bien compris ce que vous nous avez « dit. Pour le moment, nous ne vous ferons d'autre réponse. « Mais si vous voulez examiner le moyen de réaliser ce qui « nous paraît être le désir de la Seigneurie et du comte, nous « sommes assez disposés à y complaire. »

Le jour suivant, Charles VII envoya l'amiral de Bueil dire de sa part à l'ambassadeur qu'il savait combien il était mal logé, et qu'il l'autorisait à se rendre à un lieu, situé à dix lieues, où lui-même devait se rendre dans un délai de quatre jours. Acciajuoli écrivit à ce moment aux Dix de la Balie qu'il tenait de personnages de la Cour que le Roi avait témoigné sa satisfaction de la démarche faite au nom de la Seigneurie et du duc de Milan; l'ambassadeur augurait favorablement du résultat de sa mission[1].

Acciajuoli se rendit à Auxances, lieu qui lui avait été assigné, et où le Roi ne tarda pas à arriver; il n'en revenait pas de le voir se loger dans une habitation qui pouvait être convenable pour un comte, mais qui était peu digne d'un si grand prince. Dans une troisième audience, ayant sollicité le Roi de lui faire connaître son sentiment, il reçut la réponse suivante : « Nous « avons le désir de faire ce que nous entendons être agréable « au comte François et aux Florentins, mais nous vous de- « mandons de prendre patience pendant quelques jours. La « chose est d'importance et mérite d'être examinée. » Revenant ensuite sur la guerre de Catalogne et sur les affaires d'Italie, qui avaient fait l'objet des précédents entretiens, le Roi s'informa de l'état des forces du roi d'Aragon et des Vénitiens, de celles de Sforza et des Florentins. Acciajuoli entra à ce sujet dans des détails circonstanciés. Puis il posa cette question : « Votre Seigneurie pense-t-elle que la paix sera conclue avec « l'Angleterre[2]? » Le Roi répondit : « Cela dépend des Anglais, « qui occupent injustement ce qui m'appartient. Au plaisir de « Dieu, j'entends le leur reprendre[3]. »

Charles VII ajourna l'ambassadeur, pour poursuivre la négociation, au moment où il serait réinstallé à Tours[4].

1. Dépêche du 18 novembre.
2. C'était le moment où le Pape envoyait comme légat le cardinal d'Estouteville, pour travailler à une pacification entre l'Angleterre et la France. Voir le chapitre suivant.
3. Dépêche du 3 décembre.
4. On voit par les dépêches d'Acciajuoli à la Seigneurie et à Sforza, en date du 21 décembre, que déjà, à ce moment, Charles VII avait accepté en principe l'alliance proposée et était entré dans l'examen des conséquences de cette alliance. Acciajuoli

Plus de deux mois s'écoulèrent sans qu'on pût arriver à une conclusion. Peu s'en fallut même que les choses n'aboutissent à une rupture. Dans les derniers jours de décembre, par suite d'une indiscrétion des Génois, la nouvelle parvint à la Cour qu'un traité venait d'être conclu par les Florentins et Sforza avec la république de Gênes. Charles VII eut communication de la teneur de ce traité, et n'ignora même pas les clauses secrètes qui l'accompagnaient. Grande fut l'émotion occasionnée par cette nouvelle, et ce ne fut pas trop de toute l'habileté du négociateur pour triompher des hésitations et des répugnances du Roi [1].

Le traité avec Florence et Milan fut pourtant signé le 21 février 1452 [2]; il contenait les clauses suivantes :

Si quelque guerre, offense ou injure est faite en Italie à la république de Florence ou au duc de Milan, et que le Roi soit requis de leur venir en aide, il leur prêtera son secours, et en-

---

ajoutait que le Roi avait bien cent cinquante mille hommes sous les armes, et qu'il était à croire que si, comme tout le faisait supposer, la paix avec l'Angleterre était conclue, il ferait quelque entreprise, telle que celle de Catalogne : « Non ha niuna impresa che gli sia più commoda che quella di Catalogna, ne dove egli habbia più juste querelle... Hora questo è quello ch' io vi so dire della intentione del Re circa alla guerra di Catalogna. » Dans une autre lettre du même jour, adressée au duc de Milan, l'ambassadeur disait que, dans l'entourage du Roi, on songeait toujours à Gênes : « Di questi dì facti di Genova me tuto parlata assai da altri che dal Re, e è loro molto a cuore. » Archives de Florence.

[1]. Voici comment Acciajuoli raconte l'entretien qu'il eut à ce sujet avec le Roi : « Pure io deliberai parlarne col Re et dirgli di questa lega facta, et etiamdio mostrargli le cagioni che l'avevano mosso, et pregare la Maestà sua che dovessi per contemplatione vostra non pigliare (sic) alcuna admiratione, allegandogli quante commodità si levavano a' nemici, non solo vostri, ma suoi, et che questa era la via colla quale la Signoria Sua harebbe da' Genovesi tucto quello che volessi sanza fare loro altro scandolo o turbatione; et le Signorie Vostre sarebbono a questo buon mezo quando piacessi alla Signoria Sua. Le prime sue parole furono queste : « Resteranno o Fregosi signori Genova conquesta vostra lega? » Io gli risposi ch' io non havevo alcuna informatione di questo. Stette sospeso et domandomi : « Per quanto tempo voi habbiate facto questa lega? » Risposigli non havere alcun' aviso. Et non mi fece altra risposta : « Se non se, stato alquanto sospeso. » Dépêche du 22 janvier 1452. Archives de Florence.

[2]. Dans une dépêche du 21 février, Acciajuoli exposait comment il avait pu triompher de la résistance du Roi. L'arrivée du roi René, survenue à ce moment, avait facilité la conclusion. « Et è, disait-il, tuta opera di Dio et la mente buona che ha il Re di Francia et il Re di Sicilia a facti vostri... Et pensiero del Re è di mandare suoi ambasciadori da voi per intendere più cose, ma credo che non mandera se prima non ha risposta della giunta mia. » Archives de Florence, Signori, Carteggio, Responsive, Originali, 8, f. 221 v°. — Il n'est pas inutile de faire observer que le roi René avait, dans le courant de 1451, conclu avec Sforza un accord auquel il est fait allusion dans une dépêche d'Acciajuoli en date du 9 octobre 1451.

verra même un prince du sang ou un de ses capitaines avec tel nombre de gens qu'il jugera convenable; il empêchera qu'aucun de ses sujets ne donne assistance à leurs ennemis. La présente convention durera jusqu'au jour saint Jean-Baptiste de l'année suivante (24 juin 1453), le Roi espérant que d'ici-là un accord pourra s'établir par l'intermédiaire de princes de son sang ou de princes italiens. Le Pape et le roi des Romains sont exceptés du traité.

De leur côté, la république de Florence et le duc de Milan considéreront toute offense ou injure faite au Roi en Italie comme s'adressant à eux-mêmes et en poursuivront les auteurs avec toute leur puissance. Si le Roi leur envoie un secours armé, aucune paix ou trêve ne pourra être conclue sans son agrément. Pendant la durée du présent traité, aucune paix, trêve ou autre convention ne sera faite qui soit en opposition avec ce qui y est stipulé. Jusqu'au jour fixé (24 juin 1453) ils devront au Roi l'assistance quand ils en seront requis, sauf contre le Pape et le Roi des Romains[1].

Le même jour, le Roi donna des lettres patentes contenant ses engagements à l'égard de ses deux alliés[2]. Quant à ceux-ci, ils devaient adhérer au traité dans un délai de quatre mois. La république de Florence donna son adhésion le 22 mars[3] et le duc de Milan le 3 avril[4].

Nous avons une lettre écrite par Charles VII à Sforza à la date du 21 février[5]. Le Roi déclarait connaître les « bon vouloir

---

1. Le traité passé par Acciajuoli se trouve, sous sa forme primitive, dans le ms. italien 1580 de la Bibl. nationale, f. 72 : c'est une copie moderne qui paraît avoir été faite sur le document de l'*Archivio di San Fedele* à Milan. On le retrouve, mais sans la contre-partie (engagements pris par le Roi), aux Archives de Florence : *Signori, Carteggio, Responsive, Originali*, 8, f. 22 v°, et dans les instruments notariés des 22 mars et 3 avril 1452, cités plus loin.
2. Lettres de Charles VII en date du 21 février 1452. Original, Archives de Florence, *Riform., Atti publici*, à la date. Cf. mêmes Archives, registre 8, cité ci-dessus, f. 23 ; Archives de Milan, registre intitulé : *Leghe, Pace, ed altre cose d'importanza* (1441-1407), f. 326 ; Bibl. nationale, ms. fr. 5009, f. 215 v° (sans date). Texte édité par Desjardins, *l. c.*, t. I, p. 72.
3. Instrument notarié dans Le Grand, vol. VII, f. 317 et suiv.
4. Instrument notarié dans le ms. ital. 1580, f. 69.
5. Il est à remarquer que le Roi ne donnait pas à Sforza le titre de duc de Milan. La lettre porte cette suscription : « A nostre chier et amé cousin le conte Francisco Sforce. » Copie du temps, aux Archives de Milan, *Leghe, Pace,* etc., f. 326 ; elle a été publiée par M. Leroy de la Marche, *le Roi René*, t. II, p. 265.

et affection » que le comte François et ses prédécesseurs avaient toujours montrés à l'égard de la Couronne et de la maison d'Anjou; il lui en savait gré; il avait entendu avec plaisir l'exposé fait par Acciajuoli, et lui avait donné son expédition, ainsi que l'ambassadeur le ferait savoir au comte[1].

Sforza répondit au Roi le 1er avril suivant : il se répandait en remerciements, en louanges, en protestations de dévouement[2].

Quelles étaient alors ses véritables dispositions à l'égard de la France ? Un mémoire secret, qui lui fut présenté au mois de septembre 1451, va nous les révéler.

On croyait alors à Milan à la venue prochaine du Roi à Lyon. On disait qu'une réunion des États du royaume allait se tenir pour prendre une délibération au sujet des desseins de Charles VII sur l'Italie. L'entreprise semblait imminente et pleine de vraisemblance ; il convenait d'en envisager les conséquences et d'y apporter bonne et prompte provision, afin de conjurer le péril qui menaçait l'État de Milan et l'Italie tout entière. Le Roi veut d'abord s'emparer de Gênes ; ensuite il lui paraîtra plus aisé de prendre le restant de la Lombardie. La Lombardie conquise, il lui semblera moins difficile de s'emparer du reste de l'Italie, car, ayant Gênes, il voudra occuper tous les ports jusqu'à la Sicile. Une fois en possession de l'Italie, il se croira digne de ceindre la couronne impériale. Il voudra l'avoir d'une façon ou de l'autre, et ensuite rien ne s'opposera à ce qu'il ait la Papauté à sa discrétion. Après cela, il cherchera à se venger du duc de Bourgogne, du duc de Savoie, d'autres princes encore qui, d'une façon publique ou occulte, se sont montrés favorables aux Anglais. « Que tel soit, ajoutait-on, le dessein des Français, les considérations suivantes le prouvent : leur ambition naturelle; le désir, conforme à la raison, d'em-

---

1. En partant de Tours, Acciajuoli reçut de magnifiques présents. Les comptes de Mathieu Beauvarlet contiennent la mention suivante : « Pierre de Janailhac, marchant, me mixxy l. x s. t., pour deux flacons, deux pots et six escuelles d'argent présentées et données par messire Jehan de Jambes, chevalier, maistre d'hostel du Roy, à messire Angelo Alclonne, chevalier florentin, venu en ambassade devers le Roy de par les Florentins. » Cabinet des titres, 685, f. 157 v°.

2. Lettre en copie moderne dans le ms. Ital. 1600, f. 117.

ployer hors du royaume les gens d'armes dont ils n'ont plus besoin contre les Anglais ; la soif d'argent dont ils sont possédés, et la croyance qu'ils pourront s'en emplir les poches dans cette Italie qu'ils supposent toute pleine d'or. » Le principal et plus sûr moyen de parer à un tel danger réside dans une paix universelle entre les États italiens, y compris Venise et le roi d'Aragon[1].

On remarquera que ce mémoire porte presque la même date que les instructions données par la république de Florence à Acciajuoli. Avant de se rendre en France, cet ambassadeur s'était entendu avec Sforza. Lui, l'envoyé de Florence, il avait paru à la cour comme représentant du duc de Milan aussi bien que de la République. Or, si l'on compare le texte de ses instructions avec le discours qu'il prononça devant le Roi, on constate que le ton d'enthousiasme lyrique, de chaleureux dévouement qu'on rencontre dans le premier document a fait place à une réserve où semble apparaître l'influence de Sforza[2]. Malgré les efforts de Blanche-Marie Visconti, toute française de cœur, pour pousser son mari à une étroite alliance avec Charles VII[3], Sforza hésitait à s'engager. A ce moment même (4 novembre), il signait avec les Florentins et les Génois le traité[4] dont il a été parlé plus haut, et ce traité était dirigé

---

1. Mémoire du 12 septembre 1451. Bibl. nat., ms. ital. 1585, f. 229. Édité en partie par Buser, *l. c.*, p. 372-74. — Il est assez curieux de constater qu'on ait en alors à Milan la pensée d'un accord avec Venise, alors que tous les correspondants de Sforza ne tarissaient pas sur « la desonesta de Venetiani, » sur leur « ambitione intollerabile, » et que l'un d'eux disait au Pape que c'étaient des hommes diaboliques et sans honneur : « Homini diabolici et che non hanno honore, conscientia, ne Dio innanti ali ochii. » Lettre de Pontremoli du 1 décembre 1451, citée par M. Canetta, *l. c.*, p. 562.

2. Dans ses instructions du 10 septembre, Acciajuoli avait été chargé de s'entendre avec Sforza et d'agir conformément à ses intentions.

3. Lettre du 10 octobre 1451. La duchesse avait longuement conféré avec Acciajuoli ; elle envoyait en son propre nom Georges del Mayno en France ; elle félicitait son mari de ce qu'il avait donné le nom de Charles à leur dernier enfant : « Confortiamo la S. V. chel la faza battizare el nostro puto mettendoli omnino nome *Charles*, come estato dicto per reverentia de la preferta maesta del Re de Franza. » Ms. ital. 1590, f. 311.

4. Ligue offensive et défensive pendant cinq ans. Original aux Archives de Gênes, *Materie politiche*, mazzo XII. Cf. Lunig, *Codex Italiæ diplomaticus*, t. III, col. 1598. On peut y lire la clause suivante : « Et si etiam contracta et conclusa contra et adversus serenissimum et christianissimum dominum regem Francorum, ac quacumque agente pro eo, et specialiter etiam illustrissimum principem dominum Delphinum vel etiam illustri-

plus encore contre la France que contre la république de Venise[1].

C'était le moment où l'Italie tout entière était sous l'émotion d'un événement depuis longtemps attendu, mais qui allait enfin s'accomplir : le roi des Romains Frédéric III s'apprêtait à venir à Rome pour la cérémonie de son couronnement. On le savait ami des Vénitiens et du roi d'Aragon ; on craignait à la cour de Milan qu'il ne désignât Alphonse V pour son vicaire et ne fit en Italie quelque « nouvelleté[2]. » On ne redoutait pas moins, on l'a vu, l'influence de la France : au mois de novembre 1451, Sforza faisait dire au Pape par Nicodème de Pontremoli, son représentant à Rome, que Charles VII prétendait à l'empire, et qu'il ne s'endormait pas[3]. Nicodème devait insister sur les dangers que la venue des étrangers pouvait faire courir à l'Italie et même au Saint-Siège[4].

Sur ces entrefaites, Frédéric III arriva à Canale (1er janvier 1452), et se rendit à Florence en passant par Padoue, Ferrare et Bologne. Les Florentins lui firent une splendide réception (30 janvier)[5]. Sa fiancée, Éléonore de Portugal, débarquée à Livourne le 2 février, le joignit à Sienne. Ils firent leur entrée à Rome le 9 mars. La cérémonie du mariage fut célébrée le 16 par Nicolas V, et le couronnement eut lieu le 19. De Rome, les nouveaux époux se rendirent à Naples, où leur séjour fut signalé par des fêtes magnifiques. L'empereur, qui n'avait pas voulu reconnaître Sforza comme duc de Milan, resserra les

---

simum principem dominum ducem Sabaudie, ac quacumque agentem pro eis, et quolibet eorum qui post hac durante pres. federo bellum facerent aut moverent vel fieri aut moveri facerent alicui ex dictis partibus in Italia. » Archives de Gênes.

1. Dans sa dépêche du 22 janvier 1452, Acciajuoli s'exprimait ainsi à ce sujet : « A di xxviii di dicembre ricevetti vostre lettere di di xv di novembre, per le quali intendo essere facta la lega de' Genovesi e il capitulo secreto, et non obstante ch'io creda che fussi stato utile che tale novella havessi dimorato qualche di a sentirsi di quà, nientedimeno di tutto si vuole ringratiare Dio, et sperare che habbia a essere a utilità et di voi et degli amici vostri. » Archives de Florence.

2. Dépêche de Nicodemo da Pontremoli, en date du 22 novembre, publiée par Canetta, la Pace di Lodi, dans la Rivista storica italiana, t. II, p. 521.

3. « Recordando ad Sua Santita chel Re de Franza pretende al imperio, et non dorme. » Même dépêche.

4. Même dépêche.

5. Voir Pastor, Histoire des Papes, etc., t. II, p. 131-35; Perrens, Histoire de Florence depuis la domination des Médicis, t. I, p. 116-17.

liens qui l'unissaient déjà au roi d'Aragon[1]. Puis il repartit, traversant Rome, Florence et Ferrare — où il fit, pour la forme, une vaine tentative de pacification entre les États italiens et conféra à Borso d'Este le titre de duc de Modène (18 mai), — enfin Venise, où il passa dix jours (21 mai-1er juin). Il avait paru en Italie plutôt en voyageur qu'en souverain ; sa médiocrité, son avarice avaient produit une fâcheuse impression : « il retourna dans son pays, dit un éminent contemporain, laissant derrière lui une piètre opinion de ses talents[2]. »

La présence de l'empereur avait retardé l'explosion prête à se produire ; elle éclata au moment où il regagnait l'Allemagne. Le 16 mai, les Vénitiens déclaraient la guerre au duc de Milan ; le 12 juin, le roi d'Aragon dénonçait aux Florentins la rupture de la trêve. Sforza entra aussitôt en campagne. Charles VII se trouvait par là mis en demeure de remplir ses engagements envers ses nouveaux alliés.

Dans l'intervalle qui s'était écoulé depuis la conclusion de son alliance avec Florence et Milan, Charles VII avait reçu des ouvertures du roi d'Aragon[3], et un envoyé de Sforza lui avait apporté la ratification du traité, en date du 3 avril[4]. A la nouvelle de la déclaration de guerre, il ne perdit pas un moment

1. Scova de Curte écrivait de Sienne, le 18 avril, à Sforza : « Si dice l'imperatore havero facto certe confederatione, non posso anchora quallo certo, ma so bene per relatione fide digna chel re d'Aragona ha havuto un singulare displacere de la lega del Re de Franza, e credo sera anche casone de farlo tenere tollo. » Ms. ital. 1586, f. 93 ; cf. dépêche de Nicodemo da Pontremoli à Sforza (Rome, 7 mai 1452), dans Canetta, l. c., p. 563. On lit dans une lettre du secrétaire du cardinal d'Estouteville, écrite de Bourges, le 16 juin 1452 : « Per opera del Re de Aragona lo Imperatore havere facto a Napoli uno suo fradello duca di Milano, et lo Re li ha cesso ogni rasone che li porta competere nelo dicto ducato. » Ms. ital. 1586, f. 139. Le traité conclu par le roi d'Aragon avec l'empereur est du 15 avril. Chmel, Materialien, t. II, p. 10.
2. Saint Antonin, archevêque de Florence, cité par Pastor, Histoire des Papes..., t. II, p. 149. Voir tout le récit de l'habile historien, p. 136-150.
3. Acciajuoli écrivait de Lyon, à la date du 6 mars, qu'avant son départ de Tours un héraut du roi d'Aragon était arrivé porteur d'une lettre de ce prince pour le comte de Dunois : « la quale conteneva, che mandava gli ambasciatori suoi al Re di Francia con commissioni che sarebbero grate al Re. » Archives de Florence, Dieci di Balìa, 3, n° 18.
4. Archives de Milan, Leghe, Paci, etc., f. 320 v°. — L'ambassadeur était Job de Palatio. — La république de Gênes protesta contre le traité, comme contraire aux stipulations faites le 1 novembre (voir quatre documents aux archives de Gênes, Materie politiche, mazzo XII). Au moment de la ratification du traité avec Charles VII, Sforza avait ordonné de rendre à Dieu des actions de grâce dans toutes les villes de sa domination.

pour agir¹ ; il fit partir un messager chargé de se rendre auprès du marquis de Montferrat et de son frère Guillaume, et de porter ses instructions au bailli Dresnay² ; il envoya à Venise un ambassadeur pour déclarer à la République que ce qu'elle entreprendrait contre Sforza serait considéré comme dirigé contre le Roi, et l'informer qu'un corps de dix mille hommes était prêt à marcher au secours de son allié³ ; il écrivit au duc de Milan et à la république de Florence pour leur annoncer qu'il avait résolu d'envoyer une armée en Italie⁴ ; enfin il fit dire au Dauphin de prévenir le duc de Savoie que ce prince eût à s'abstenir de favoriser les Vénitiens et leur ligue, sous peine d'avoir affaire à lui⁵. Déjà, à ce moment, le grand maître Jacques de Chabannes était parti pour Lyon à la tête de mille lances, tout prêt à se porter sur le Dauphiné et sur la Savoie⁶. Charles VII sentait la nécessité d'agir avec vigueur, afin de déjouer les intrigues de ses ennemis, qui voulaient profiter des événements pour former une ligue contre lui⁷.

Le mouvement de troupes ordonné par le Roi n'avait point pour but unique de porter secours au duc de Milan. Charles VII

---

1. Déjà, de Tours, avant le 7 avril, le Roi avait écrit au roi René (Ms. 685, f. 159). Job de Palatio était aussi chargé d'une mission auprès de ce prince.

2. Mission donnée à Louis de Valpergue, envoyé « hastivement » de Montrichard à Asti (fin mai) (ms. 685, f. 159). Voir lettre de Job de Palatio du 1ᵉʳ juillet (ms. Italien 1586, f. 142) ; lettre de Conrad de Follano du 9 juillet (ms. Italien 1601, f. 17.)

3. Lettre de Georges de Annono du 20 juillet (Ms. Italien 1586, f. 153).

4. Lettres en date du 17 juillet. Celle adressée à la république de Florence a été publiée par Desjardins, *l. c.*, p. 73, et par M. Ét. Charavay à la suite de son *Rapport* (p. 35 du tirage à part). Cf. ms. 685, f. 159. Sforza écrivait le 4 août à Pierre de Pusterla : « Li ambassatori delli Serenissimi Re de Franza et Re Renato sonno pur ancora qua, ma te avisamo che sono venuti cum cose tante legiere che gli faciamo pocho fondamento. » (Ms. Italien 1601, f. 76 ; cf. f. 78 v°.)

5. Lettre de Georges de Annono.

6. Même lettre. — On lit dans une lettre écrite de Turin le 31 juillet : « Vi aviso chomo nel paeso di Borgo in Bressa e de Lionesse, sono gionti più di cavalli mᵉ de la giente del Re de Franza. » (Ms. Italien 1586, f. 160.)

7. Un des agents de Sforza lui écrivait de Casale, à la date du 24 avril : « Et havendo noviter havuto adviso da uno mio intimo amico, persona notabile e bon servitore de la S. V., che doppoi la liga fata tra la Maesta del Re de Franza, la S. V. e la comunita di Firenze e tractata, e quasi tenese si debia concludere in palese, o vero in secreto e occulto, lega et intelligentia fra potentissimi principi, cio e lo re d'Engilterra, duca di Bergogna, et il Dalphino cum lo re di Ragona, Venetiani, e duca di Savoia. Del imperatore anchora crede. » (Ms. ital. 1586, f. 103.) — Il y a aux Archives de Milan (*Francia dal… al 1470*) une dépêche envoyée de Florence à Sforza, où l'on parle des intrigues du Dauphin et de l'impossibilité où ce prince et le duc de Savoie sont d'agir efficacement.

trouvait enfin l'occasion de se venger des offenses du duc de Savoie et d'imposer sa loi au Dauphin.

Certains seigneurs savoisiens, qui avaient voulu secouer le joug de Jean de Compey et des Cypriotes de l'entourage de la duchesse Anne, s'étaient vus condamnés, par une sentence du duc (17 avril 1451)[1], à un exil perpétuel, avec confiscation de tous leurs biens. Ils formulèrent un appel au roi de France, « comme à celui qui est le plus haut et le plus noble Roy du monde et nommé avant tous autres le très chrestien Roy, protecteur de l'Église, chef et colonne de toute noblesse, à qui toutes gens désolés contre raison trouvent et ont coutume de trouver souverain remède[2]. » Un échange d'ambassades entre le Roi et le duc de Savoie[3] n'ayant amené aucun résultat, Charles VII se décida à agir à main armée.

Dès le 10 juin, il avait notifié au duc l'alliance conclue avec les Florentins et Sforza, en lui déclarant que, s'il faisait ou laissait faire quelque chose à leur préjudice, ce serait à son très grand déplaisir, et qu'il prendrait leur cause en main, ainsi qu'il y était tenu, car son honneur était engagé dans l'affaire[4].

De Bois-Sire-Amé, à la date du 4 août, il écrivit aux habitants de la Bresse et du Bugey que le duc de Savoie, par suite du mauvais gouvernement de certains étrangers qui l'entouraient, ayant laissé le désordre s'introduire dans son pays, il s'était décidé à intervenir. Le Roi ne voulait pas laisser tomber en une telle désolation une maison qui lui était alliée d'aussi

---

1. « Requeste présentée au Roy Charles VII par les seigneurs et gentilshommes chassés des estats de Savoye, » dans Guichenon, *Histoire de Bresse et de Bugey*, Preuves, p. 26-27.

2. La date est dans un document relatif à l'affaire des nobles de Savoie. Ms. latin 17770, f. 61.

3. Jean de Lornay fut envoyé de Tours vers le duc de Savoie au commencement de 1452 (Cabinet des titres, 685, f. 159). Le grand maître Chabannes et Élie de Pompadour, évêque d'Alet, furent désignés pour aller en Savoie (Ms. 685, f. 159) ; mais nous voyons qu'au mois de juillet Chabannes, accompagné de Pierre de Chambes, panetier du Roi, part de Mehun et se rend en passant près du duc de Bourbon (*Id.*, f. 159 v°). La mission de Chabannes faisait place à un commandement militaire ; la suite de la mission diplomatique fut confiée à l'évêque d'Alet et à Girard le Boursier. (Lettres du duc de Savoie du 21 septembre ; *Pièces originales*, 471 : Boursier (le).

4. Original aux archives de Turin, *Francia, Lettere principi*.

près, et à laquelle il avait donné une de ses filles, unie au prince de Piémont, héritier du duché de Savoie ; il entendait y tenir la main « par toutes bonnes voies, honnêtes et raisonnables, » et avait envoyé des ambassadeurs au duc pour lui remontrer ces choses en présence des gens des bonnes villes et des trois États de ses pays ; la réunion était fixée au 20 août, et une solution devait être donnée dans cette assemblée [1].

Les ambassadeurs envoyés en Savoie étaient Élie de Pompadour, évêque d'Alet, et Girard le Boursier, maître des requêtes de l'hôtel [2] ; ils avaient mission de se plaindre au duc des « grands torts, entreprises et outrages » que lui et les siens avaient commis, « au très grand préjudice, mépris et contempt du Roi et des droits de sa souveraineté et seigneurie, » et de le sommer d'en faire réparation [3].

Loin d'obéir aux injonctions du Roi, le duc de Savoie avait continué ses agissements et ses intrigues. Il était entré en pourparlers avec Gênes pour l'acquisition de toute la Seigneurie [4] ; il préparait une expédition de concert avec le Dauphin [5] ; il était en correspondance avec le comte d'Armagnac qui, pour prix de son concours, demandait que le Dauphin lui abandonnât les quatre châtellenies de Rouergue, autrefois confisquées sur lui et données par le Roi à son fils [6] ; il continuait à être en relations avec le roi d'Aragon [7]. Après avoir entendu les envoyés de Charles VII, il se borna à répondre qu'il enverrait au Roi une notable ambassade pour besogner sur la matière de façon à lui donner satisfaction.

---

1. Lettre de Charles VII aux bourgeois de la ville de Bourg et autres des bailliages de Bresse et de Bugey, dans Guichenon, *Histoire de Bresse et de Bugey*, première partie, p. 83.
2. Lettre du duc de Savoie, en date du 21 septembre.
3. Même document, et Jean Chartier, t. II, p. 320.
4. Le 10 février, le duc donnait ses pouvoirs à des ambassadeurs envoyés à Gênes. Archives de Turin, *Protocoll*, 70, f. 380. Voir Cibrario, *Origine e progressi delle Istituzioni della monarchia di Savoia*, 2º édit., p. 95.
5. Le 22 février, il donnait ordre au gouverneur de Nice de fournir les choses nécessaires aux navires du Dauphin s'ils abordaient dans ce port. *Protocoll*, 70, f. 380.
6. Lettre du 17 avril. *Protocoll*, 70, f. 467.
7. Le 20 mai, Alphonse V donnait des lettres de créance à un ambassadeur près du duc de Savoie. Archives de Turin, *Trattati diversi*, mazzo V, nº 8.

Charles VII reçut bientôt cette ambassade[1]; mais il constata avec surprise qu'elle n'avait nul pouvoir pour lui fournir la réparation demandée; en outre, le duc gardait le silence sur la déclaration qui lui avait été faite relativement aux Florentins et à Sforza. Enfin, à ce moment même, le Roi apprit que le duc avait fait entrer des gens d'armes dans le duché de Milan.

Une telle attitude ne pouvait être supportée plus longtemps. Un héraut partit incontinent, porteur d'une sommation: le Roi demandait au duc, une fois pour toutes, de lui faire réparation; sauf quoi il se mettrait en mesure d'obtenir cette réparation comme il le jugerait bon et que Dieu le lui conseillerait[2].

En recevant cette sommation, le duc de Savoie écrivit au Roi. Il était « grandement merveilleux et déplaisant » de ce que, « par sinistres et non vraies informations, » le Roi fût tellement courroucé contre lui que les choses en fussent venues à ce point; il n'avait jamais refusé de traiter avec le Roi; ses ambassadeurs étaient encore auprès de lui; son chancelier avait été député[3] pour faire connaître amplement au Roi ses « raisons, » et prendre conclusion. Le duc protestait contre les faux rapports adressés au Roi: il n'avait jamais envoyé de gens d'armes contre le comte François; il s'était abstenu de le faire par honneur et révérence envers le Roi, ce qui lui avait fait éprouver de grands dommages; il avait été jusqu'à licencier ses capitaines et autres gens d'armes étant en Milanais. Si certains de ses sujets avaient pris les armes contre le comte, cela avait été à son insu et contrairement à ses ordres. Il ne pouvait croire que, « pour telles occasions, » le Roi qui, de sa personne, ainsi que chacun le proclamait, était, grâce à Dieu, « fourni de toute loyauté, justice et prudhommie, » fût disposé à agir ou à laisser agir aussi rigoureusement contre lui et ses sujets, lesquels avaient été siens et encore voulaient se montrer tels, et dont il pouvait se servir comme de ses

---

1. Le pouvoir du duc de Savoie porte la date du 5 septembre. Archives de Turin, *Protocolli*, 91, f. 525.
2. Lettre citée du 21 septembre. Cf. Jean Chartier, t. II, p. 320.
3. Lettre du duc de Savoie, en date du 18 septembre, accréditant auprès du Roi Jacques de la Tour, son chancelier. Original, Ms. fr. 2811, n° 25.

propres sujets. Il terminait en prenant Dieu à témoin que jamais il n'avait desservi le royaume ni les pays et sujets du Roi [1].

Quand cette lettre parvint à destination, Charles VII était déjà en Forez à la tête de son armée [2]. Parti de Bourges dans les premiers jours de septembre, il avait, avant son départ, notifié à Sforza et aux Florentins sa résolution de venir s'installer à Lyon, bien accompagné de gens de guerre, pour s'opposer aux entreprises du duc de Savoie et de tous ceux qui voudraient porter dommage à Sforza et aux Florentins ; ses gens d'armes étaient sur la Saône et le Rhône ; il avait pleine confiance, moyennant la grâce de Dieu, de conduire les choses de telle façon que ni le duc de Savoie, ni aucun autre, n'attaquerait ses alliés ; il s'était employé auprès de Berne et des Suisses [3] pour empêcher leur alliance avec la ligue ennemie, et avait obtenu les assurances de concours les plus formelles en faveur de Sforza et des Florentins [4].

A la nouvelle de l'intervention à main armée du Roi, le duc de Milan avait été transporté de joie. Dans l'effusion de sa reconnaissance, il prit soudain la résolution d'abandonner à Charles VII, comme marque de sa déférence à l'égard de la Couronne, la châtellenie d'Annono [5]. Grâce à l'intervention de

1. Lettre en date du 21 septembre. Ms. fr. 18983, n° 16. — Nous avons trouvé aux archives de Turin (*Protocoll.*, 105, f. 25) la minute d'une lettre du duc au Dauphin, datée de Genève le 20... (en blanc). Elle nous semble être du 20 septembre. Dans cette lettre, le duc se déclare décidé à faire passer ses gens d'armes en Bresse, « se mesler est » — « Toutevoyes, monseigneur, dit-il, à vostre bonne supportacion, il me semble que de les y fere venir ce ne sera que tousjours indigner le Roy, qui l'est assés. »
2. L'original de la lettre du duc porte : « Ou conseil à Feurs, par Guienne le herault, XXVII° jour de septembre CCCCLII. »
3. Ambassade de Jean de Lornay. Ms. 685, f° 159.
4. Bourges, 21 août 1452. Archives de Florence, *Dieci di Balia, Carteggio, Responsive,* 22, f° 201. — Nous n'avons que le texte italien de cette lettre ; elle a été publiée par Desjardins, *Négociations diplomatiques,* t. I, p. 75 (avec la date fautive du 31 août). — Sur les messages portés en Italie, voir les comptes : Ms. 685, f° 169.
5. Voir la lettre adressée par Sforza à sa femme en date du 22 août. « Considerato che questo stato de Lombardia non po stare senza la appogio overo del imperatore, o della prefatta maesta della corona de Franza, havimo deliberato fare bon fondamento in essa corona de Franza, vedendo con quanta liberalita et affectione se mossa ad questi favori nostri senza essere richiesta, per tanto per monstrare uno grande signo de liberalita verso la prefata maesta, havimo deliberato di fare mittere nello mane desso Bayli la terra et rocha nostra de Annono, perche cossi siamo comfortati ad fare. » Ms. Ital. 1601, f° 101. Cf. lettre du Conseil secret à Sforza, en date du 15 septembre, *id.*, f° 157.

Louis de Valpergue, ambassadeur du Roi, et des envoyés du roi de Sicile, le marquis de Montferrat avait consenti, en son nom et au nom de son frère Guillaume, à s'en remettre à la médiation du Roi dans leur querelle avec le duc de Milan[1], et des négociations venaient de s'ouvrir sous les auspices de ces ambassadeurs[2]. Sforza était informé que le bailli de Dresnay, gouverneur d'Asti, avait reçu l'ordre de marcher à son secours avec toutes les forces dont il disposait[3], et de rompre avec Guillaume de Montferrat si celui-ci ne consentait à désarmer[4] : le cas ne tarda point à se produire, car les négociations avec Guillaume n'aboutirent point[5]. Le 9 septembre, les ambassadeurs de Charles VII et du roi René étaient auprès de Sforza[6], ainsi que Fouquet de Vachères, envoyé du Roi, qui revenait d'une ambassade près de la république de Florence. Le duc chargea celui-ci de remettre à Charles VII, avec une lettre[7], un mémoire où, entre autres choses, il réclamait avec instance l'envoi des quatre cents lances rassemblées à Lyon[8]. Trois jours après arrivait un nouvel ambassadeur du Roi[9], porteur de la lettre en date du 21 août, mentionnée plus haut.

Le duc de Milan n'était pas seulement en relations avec le

---

1. Traité du 8 juillet, Legrand, VII, f° 981. — Voir l'accord passé le 3 juillet entre Guillaume de Montferrat et Daniel Arrigi, ambassadeur du roi René. Ms. italien 1586, f° 74.
2. Voir pouvoir de Sforza, en date du 21 août. Ms. italien 1601, f° 99. Cf. lettre de Sforza du 22. Id., Ibid., f° 100 v°.
3. Lettre du 22 août, l. c.
4. Lettre de Sforza du 26 août, l. c., f° 100.
5. Sforza fit même arrêter Jean della Noce, auquel il avait donné pouvoir pour traiter et qu'il accusait de l'avoir trahi. Voir plusieurs lettres du duc, en date des 5 et 6 septembre, dans ms. italien 1601, f° 126 et suiv.
6. Lettre du duc au roi René, en date de ce jour. Archives de Milan, Lettere missive, XIII, f° 230.
7. Minute, aux Archives de Milan, Corresp. con Carlo VII, etc. ; copie dans Lettere missive, XIII, f° 228.
8. Archives de Milan, Francia, Istruzioni sec. XV. — Le 8 Sforza avait adressé une lettre au Roi pour le mettre au courant de ce qui concernait les Montferrat. Id., Lettere missive, XIII, f° 228 v° ; cf. lettres à Dresnay et au cardinal d'Estouteville, f° 229 v°, 231 v°, 232.
9. C'était Nicolas Riolay, secrétaire du Roi (Cabinet des titres, 685, f° 159) ; il est fait mention de sa venue dans une lettre de Sforza à Georges de Annono en date du 12 septembre (Lettere missive, XIII, f° 230.)

Roi : il entretenait une correspondance avec le Dauphin, qu'il traitait avec toutes sortes d'égards et qui lui répondait de la façon la plus courtoise [1]. Et pourtant le Dauphin était le gendre du duc de Savoie, l'ennemi déclaré de Sforza! Mais le rusé prince aimait à jouer un double jeu, et quant à l'ancien condottiere il ne lui déplaisait point d'entretenir des intelligences avec les cours qui lui étaient le plus hostiles : il s'adressait même au duc de Savoie en personne, comme s'il eût eu l'espoir de le ramener à son alliance pour agir contre les Vénitiens [2].

Les relations du Dauphin avec son père étaient alors fort tendues. Au commencement de 1452, Louis s'était vu privé de sa pension; de plus, il était menacé de se voir enlever les quatre châtellenies de Rouergue. Le Dauphin se hâta de faire partir deux de ses conseillers [3] pour se justifier des « charges » produites contre lui. « Vu la surséance de la guerre, écrivait-il à son père le 27 février, je compte cette année m'employer à votre service. Je désire avoir quelque recompensation, comme Château-Thierry, comme la seigneurie d'Asti, qui touche de si près à mon beau-père de Savoie, sauf à donner quelque indemnité à mon oncle d'Orléans [4]. » Quand il vit que ses démarches étaient inutiles, et que le Roi, passant outre, avait rendu au comte d'Armagnac les quatre châtellenies confisquées sur son père [5], il conclut un traité (2 juillet) par lequel il consentait à abandonner au comte les quatre châtellenies et la seigneurie de Beaucaire en Rouergue, moyennant la somme

1. Voir lettre du Dauphin à Sforza, en date du 28 mai 1452 (publiée avec la date fautive de 1450, *Lettres de Louis XI*, t. I, p. 42); lettre de Sforza du 11 juin (ms. italien, 1600, f° 219.)
2. Voir lettres du 11 juin 1454. Ms. italien 1600, f° 216 et 219.
3. Le sire d'Estissac, premier chambellan du Dauphin, et François Portier, procureur général du Dauphin près des États de Dauphiné.
4. Cette lettre est visée par Le Grand, dans son *Histoire manuscrite de Louis XI*, t. I, f. 151; l'original, dérobé à la Bibliothèque nationale, où il se trouvait dans la collection Le Grand, faisait partie du cabinet de M. de Lajariette (voir le *Catalogue*, 1860, n° 1820).
5. Lettres du mois de février 1451. Archives, JJ 181, n° 30; Fontanieu, 121-22. — Cette mesure était prise « par l'advis et deliberacion de nos très chiers et amez freres et cousins le Roy de Cecile et duc d'Orléans et de nos très chiers et amez cousins les contes d'Angoulesme, de Clermont et de Richemont, de Eu, de Vendosme, de Castres, de Penthievre et de Dunois. » Il n'était pas fait la moindre allusion au don antérieur en faveur du Dauphin.

de vingt-deux mille écus d'or[1]. Au mois de juillet, un écuyer d'écurie du Dauphin, Louis de Fontaines, était à Mehun près du Roi ; il lui présenta trois chevaux offerts par le prince[2]. Quand il apprit la marche en avant du Roi[3], Louis fut vivement ému : il fit partir un de ses principaux conseillers, Gabriel de Bernes, qui joignit Charles VII à La Palisse, où il s'était arrêté un moment (10-17 septembre). Le Dauphin faisait dire à son père qu'il avait appris sa venue à la tête d'une grosse armée, et que le bruit courait que son dessein était d'envahir le Dauphiné. Le Roi était, paraît-il, mécontent de lui, et voulait lui enlever ce pays; il aurait même ordonné de le mettre en procès, disant qu'il y avait quatorze points autorisant un père à déshériter son fils, et que le Dauphin en avait déjà commis sept[4].

Charles VII accueillit avec indulgence l'envoyé de son fils (attaché par lui à la personne du Dauphin dès l'âge le plus tendre)[5], et écouta jusqu'au bout la créance qu'il était chargé de lui exposer. Puis il prit la parole. « Je n'ai pas, dit-il, « entrepris mon voyage pour cette cause et je n'ai l'intention « de rien demander à mon fils. Je croyais qu'il s'était du tout « réduit à m'obéir et à se bien gouverner. Mais, sur mon che- « min, j'ai été informé du contraire, dont moult me déplaît. « Vous retournerez vers mon fils, et lui direz et remontrerez « l'esclandre qui est partout de son gouvernement, et le dé- « plaisir que moi et les seigneurs de mon sang en avons, « et aussi les trois états de mon royaume. Dites lui qu'il y baille « provision de lui-même ; autrement je serai contraint d'as-

---

1. Du Chesne, 117, f. 113. — Cession faite par le Dauphin en date du 9 juillet, sous réserve des stipulations du traité. Doat, 219, f. 3 ; Le Grand, VII, f. 338.
2. Ms. 685, f. 158.
3. Tous les détails qui suivent se trouvent dans Mathieu d'Escouchy (t. I, p. 424 et suiv.), qui reproduit ensuite les pièces relatives à cette négociation. Il y a aussi une relation des faits dans une lettre missive de Charles VII, en date du 8 novembre 1452, qui se trouve en copie dans la collection de dom Grenier, vol. 100, f. 86 (d'après les *Registres aux Chartres de l'hôtel de ville d'Amiens*). On trouvera ce document parmi les *Pièces justificatives*.
4. Il y a *trois* dans d'Escouchy, mais *sept* dans la lettre du Roi. — Je combine les deux versions, qui sont d'ailleurs généralement concordantes.
5. Voir la notice de M. Charavay sur Gabriel de Bernes. *Lettres de Louis XI*, t. I, p. 360-63.

« sembler les seigneurs de mon sang et autres, en bon et suf-
« fisant nombre, pour avoir avis et conseil de pourvoir à son
« fait. Il seroit trop plus honnête pour lui que de soi même il
« y mît remède que je le fisse par contrainte. Quant au procès
« dont il parle, jamais il n'en a été fait : depuis le procès de
« Guillaume Mariette, aucun procès n'a été fait par mon ordon-
« nance. Et, en ce qui touche au troisième point, bien que les
« enfants puissent faire contre leur père des choses qui
« donneroient lieu à de grandes corrections, néanmoins je n'ai
« jamais entendu parler de cette matière. »

Gabriel de Bernes porta cette réponse au Dauphin, et ne tarda point à revenir près du Roi, qu'il trouva à Cleppé[1]. Louis avait été peu satisfait des paroles de son père, mais il faisait contre fortune bon cœur ; Bernes venait annoncer que le Dauphin était décidé à faire « haut et bas » ce qu'il plairait au Roi de lui commander ; il suppliait donc qu'une ambassade, composée de membres du Conseil et de princes du sang, lui fût envoyée pour lui faire connaître le bon plaisir du Roi, car il craignait toujours qu'il n'y eût quelque mauvais fonds dans ce que Bernes lui avait rapporté.

Charles VII répéta qu'il n'avait nullement entrepris son voyage pour affaire concernant le Dauphin. Si celui-ci n'était résolu à exécuter ce qu'il lui ordonnerait, mieux valait qu'il y réfléchît et qu'il prît à loisir une résolution. Le Roi n'avait pas hâte d'user de contrainte. Mais si, une fois qu'il aurait fait connaître sa volonté, le Dauphin ne voulait point s'y soumettre, son mécontentement ne ferait que s'accroître.

Gabriel de Bernes insista, disant que, si le Roi ne cédait au désir de son fils et ne lui envoyait une ambassade, le Dauphin était capable de s'enfuir hors du royaume, « comme tout désespéré, » et d'aller en quelque lieu « qui ne serait bon ni honnête[2]. »

Le Roi qui, comme le dit un chroniqueur, « de tout son cœur désiroit réduire et retirer à soi le Dauphin[3], » se

---

1. Le Roi était arrivé dans ce lieu le 25 septembre.
2. Mathieu d'Escouchy, t. II, p. 427, et lettre du 8 novembre.
3. Mathieu d'Escouchy, t. I, p. 428.

décida à faire partir un de ses conseillers et chambellans, Jean de Chambes, seigneur de Montsoreau, en le chargeant de dire à son fils qu'il « avisât bien et pensât à son fait, » car il était préférable que le Roi ne lui fît pas encore savoir sa volonté s'il n'était disposé à s'y rendre. Louis reçut Montsoreau avec empressement, et fit de grandes protestations de soumission. Toutes les fois qu'il le voudrait, le Roi pouvait lui faire savoir son bon plaisir et sa volonté : il y obéirait de point en point; mais il le suppliait qu'il lui plût être content que, pour cette fois, il n'allât pas vers lui, tant par crainte des rapports qui avaient été faits sur son compte qu'à cause de certains pèlerinages qu'il disait avoir fait vœu d'accomplir avant de se rendre près du Roi.

Le sire de Montsoreau revint, accompagné de Gabriel de Bernes, et le Roi, croyant à la bonne foi du Dauphin, se décida enfin à lui faire connaître ses intentions. Il chargea donc Bernes de dire à son fils qu'il enverrait prochainement vers lui. Mais Bernes ne fut pas plutôt revenu près de son maître, qu'il fit savoir à Montsoreau que le Dauphin entendait qu'il ne fût pas question de deux points qu'il avait toujours expressément réservés, savoir de venir en personne trouver le Roi et de donner congé à certains de ses serviteurs.

On comprend qu'avec de telles dispositions les négociations ne pouvaient guère aboutir. On n'en continua pas moins les échanges d'ambassades : les seigneurs de Torcy et de Montsoreau partirent avec un mémoire détaillé contenant les griefs du Roi[1]. Ils portaient sur l'atteinte portée aux libertés de l'Église en Dauphiné, sur l'opposition faite à la prise de possession de l'archevêché de Vienne par Jean du Chastel, sur l'occupation des places appartenant à l'église de Lyon, sur certaines « violences, contraintes ou menaces » faites lors du mariage du Dauphin, sur la présence en Dauphiné de certains serviteurs du Roi partis sans son congé et à l'insu de leurs

---

[1]. Le texte de leurs instructions et de la réponse du Dauphin se trouve dans Mathieu d'Escouchy, t. I, p. 491 et suivantes, et dans les *Mélanges* de la *Collection des documents inédits*, t. II, p. 191 et suiv.

chefs, sur l'accueil donné à des rebelles en Dauphiné. Le Roi voulait que son fils se conduisît honorablement, en suivant l'exemple de ses prédécesseurs les rois très chrétiens, et que sa renommée fût pure de toute tache tant dans le royaume que dans les pays voisins, car c'était une des grandes joies qu'il pût goûter que de le voir se conduire « bien sagement et honorablement » en toutes ses affaires; il était disposé en ce cas à tout oublier et à lui rendre ses bonnes grâces, comme un père doit agir à l'égard de son fils.

Le Dauphin reçut froidement cette ambassade, et se contenta de répondre qu'il enverrait prochainement vers son père; que son intention n'était pas de se rendre auprès de lui, et qu'il n'abandonnerait jamais les serviteurs qui jusque-là lui avaient témoigné tant de dévouement [1].

Charles VII trouva la réponse « bien étrange; » mais il fut encore plus étonné quand les ambassadeurs du Dauphin[2] lui remirent[3] un mémoire où ce prince, reprenant article par article les plaintes de son père, se contentait de lui donner de vaines paroles sans offrir de satisfaction réelle[4]. Le Roi assembla son Conseil et mit l'affaire en délibération. Puis il fit venir les ambassadeurs et leur dit : « Louis ne répond point « clairement à certains des articles que nous lui avons envoyés « par les seigneurs de Torcy et de Montsoreau; mais, pour vous « expédier, nous vous ferons délivrer notre réponse[5]. »

Cette réponse était une mise en demeure, nette et précise, de réparer les torts dont le Dauphin s'était rendu coupable, en le sommant de s'expliquer clairement sur les reproches qu'il avait passés sous silence et qui tous étaient fondés « en termes de raison[6]. »

---

1. Mathieu d'Escouchy, t. I, p. 131-35.
2. C'étaient Jean Girard, archevêque d'Embrun, Guillaume de Courcillon, Gabriel de Bernes et Jean Faultrier, doyen de Thonon. Le mémoire porte la date du 11 octobre. On a une lettre du Dauphin à son père, écrite le 13. Original, ms. fr. 2811, n° 26; éd., *Lettres de Louis XI*, t. I, p. 56.
3. Le 21 octobre. *Lettres de Louis XI*, t. I, p. 57.
4. Mathieu d'Escouchy, p. 436-39.
5. Id., ibid., p. 440.
6. Id., ibid., p. 440-41.

En présence de cette sommation, qui ne lui permettait aucune échappatoire, le Dauphin garda le silence [1].

Cependant le duc de Savoie faisait tout au monde pour apaiser le courroux du Roi ; son chancelier était venu trouver ce prince à Feurs, et de continuels échanges de communications avaient lieu entre le duc et le Roi [2]. Sur ces entrefaites se produisit une intervention qui prévint le conflit. Le cardinal d'Estouteville retournait à Rome, après avoir rempli la mission dont il avait été investi par le Pape ; il se porta médiateur, et, avec l'agrément de Charles VII, alla trouver à Genève le duc de Savoie. Celui-ci fit demander au Roi l'autorisation de se rendre auprès de lui, promettant de donner pleine satisfaction et d'accomplir tout ce qu'on exigerait de lui. Il fut convenu que le duc viendrait à Lyon, où iraient l'attendre deux ambassadeurs du Roi, l'amiral de Bueil et le grand-maître Jacques de Chabannes. Le duc ne tarda point à arriver, en compagnie du cardinal. L'amiral et le grand-maître se portèrent à sa rencontre et le conduisirent à son logis. « Monseigneur, « dirent-ils, faites bonne chère et ne vous souciez de rien, car « vous êtes en pleine sécurité dans la ville du Roi, et vous ne « devez pas plus avoir de crainte que si vous étiez à Genève. « Soyez assuré que vous n'aurez mal ni déplaisir. » Pourtant le duc était loin d'être rassuré ; il voulut avant tout se rendre favorables les envoyés du Roi. Il vint, un matin, trouver le cardinal d'Estouteville, et lui dit : « Monseigneur mon cousin, « il me semble, et vous m'en avez bien informé, que c'est « très bon signe qu'il plaise à Monseigneur le Roi que j'aille « devers lui. Par ma foi, je le ferais volontiers ; mais mon « partement a été si hâtif que je n'ai pu disposer de beaucoup « de choses comme je l'eusse voulu. Et je suis encore plus « content de ce qu'il a plu à Monseigneur le Roi d'en- « voyer jusqu'ici son amiral et son grand-maître d'hôtel : par

1. « Oncques puis ne nous feist response touchans les choses dessus dictes. » Lettre du 8 novembre 1452.
2. Jean d'Amancy alla trois fois trouver le duc de la part du Roi. Enquête publiée parmi les pièces justificatives de l'édition du *Jouvencel*, t. II, p. 300 et suiv.

« quoi je suis délibéré de leur faire quelque gratuité, afin qu'ils
« aient meilleur courage en la conduite de mes affaires avec
« Monseigneur le Roi et à toujours. Car je ne doute pas, con-
« sidérant ce que vous m'avez dit, que je ne m'en retourne très
« satisfait, et je suis décidé, s'il en est ainsi, de bien garder et
« entretenir, toute ma vie, l'amour de Monseigneur le Roi. On
« m'a dit aussi beaucoup de bien d'un nommé le seigneur de
« Villequier, qui passe pour très bon prudhomme, et très sage,
« et prudhomme de son âge. Monseigneur le Roi l'a nourri,
« par quoi il me semble qu'il le doit mieux connaître. Et certes,
« mon cousin, vous savez que, dans toutes cours faut-il avoir
« moyens. Or je sais qu'on a donné de moi à entendre à Mon-
« seigneur le Roi moult de choses qui ne valent guères, les-
« quelles ne se trouveront jamais véritables. A cette fin je
« veux leur faire une obligation où vous serez présent, car je
« n'ai pas eu espace de prendre assez grand argent pour mon
« voyage, à cause de mon hâtif partement[1]. » Le duc fit venir
alors plusieurs des seigneurs de sa suite et envoya chercher
un notaire[2]. Plusieurs obligations furent souscrites en faveur
de Chabannes, de Bueil et de Villequier[3]. Puis le duc fit appeler les deux premiers, et, en présence du cardinal, leur demanda de le bien servir auprès du Roi et de lui concilier les
bonnes grâces de leurs amis, en particulier du sire de Villequier; il ajouta qu'il n'épargnerait rien pour les récompenser,
promettant de leur donner largement des biens, et d'agir de
même à l'égard de tous ceux qui lui rendraient de bons offices. Si toutefois les choses ne tournaient point à son gré, il
entendait que les obligations souscrites fussent de nul effet[4].

1. Déposition de Jean Valeran, trésorier d'Avranches, attaché à la personne du cardinal d'Estouteville, Ms. fr. 18089, f. 51. Édité par MM. Favre et Lecestre, le *Jouvencel*,
t. II, p. 384.
2. Même déposition, p. 385; Déposition de Boniface de Valpergue, p. 382. Un autre
témoin croit que les obligations ne furent passées à Lyon qu'au retour : voir p. 381.
3. Un témoin dit que la somme totale se montait à vingt-quatre ou vingt-cinq mille
écus. Il paraît établi que l'obligation de Chabannes était de douze mille, et que celles de
Bueil et de Villequier étaient chacune de dix mille. Voir p. 382 et suiv.; *Introduction
biographique*, t. I, p. CLXXXVI, note 4, et *Souvenirs du règne d'Amédée VIII*, par le
Mis Costa de Beauregard, p. 103 note.
4. Déposition de l'amiral de Bueil, dans l'édition du *Jouvencel*, t. II, p. 307.

Le duc de Savoie quitta Lyon le lendemain, en compagnie des envoyés du Roi. Durant le voyage, il se montra de plus en plus gracieux, prodiguant les promesses de dons et de pensions. Tout en manifestant sa gratitude, Bueil refusa la pension qui lui était offerte, disant qu'il avait assez des biens qu'il tenait du Roi; pour le reste, il le prendrait volontiers[1].

On arriva le 18 à Cleppé. Les pourparlers ne furent pas longs : le duc eut bientôt fait sa paix avec le Roi, car, le 27, tous les arrangements étaient pris et le traité était signé.

Le Roi, en souvenir des anciennes alliances qui existaient entre la maison de France et la maison de Savoie, voulant les renouveler, concluait avec le duc une alliance perpétuelle, avec promesse de le défendre, lui et ses successeurs, envers et contre tous, sauf le Pape, l'empereur et les rois de Castille et d'Écosse. De son côté, le duc de Savoie déclarait renoncer à toutes alliances et promesses qu'il pourrait avoir conclues au préjudice du Roi, de sa seigneurie et de ses alliés, et promettait de servir lui et ses successeurs envers et contre tous, sauf le Pape et l'empereur, jusques au nombre de quatre cents lances, accompagnées de gens de trait, qu'il serait tenu, deux mois après qu'il en serait requis, d'envoyer au Roi, en leur donnant la solde accoutumée[2]. L'engagement pris par le duc devait être, dans un délai de deux mois, garanti par la signature de deux cents seigneurs de Savoie, choisis par le Roi[3].

D'autres actes, relatifs à l'hommage du marquisat de Saluces[4]; au douaire de Yolande de France, fiancée depuis 1436 au prince de Piémont[5]; à la succession du duc, assurée au prince de Piémont[6]; à l'affaire des églises de Lyon et de Mâcon[7], furent

1. Même déposition, p. 308.
2. Acte original, aux Archives de Turin, *Trattati*, paquet 9, n° 15; copie du temps dans du Chesne, 20, f. 22.
3. Cet acte est en déficit dans le carton J 502 du Trésor des chartes; l'original est à la Bibliothèque de l'Institut, portefeuille 95 de Godefroy.
4. Lettres du duc de Savoie, Archives nationales, J 286, n° 14. — Si, dans un délai de six mois, le duc ne fournissait ses preuves, l'arrêt du Parlement adjugeant au Dauphin le marquisat de Saluces devait recevoir son exécution.
5. Lettres du duc de Savoie. Original, Archives nationales, J 502, n° 22.
6. Lettres du duc de Savoie. Original, Archives nationales, J 502, n° 23 (en déficit dans le carton).
7. Lettres du duc de Savoie. Original, Archives nationales, J 502, n° 21.

passés le même jour. Enfin le duc de Savoie, par une cédule signée de sa main, promit de rendre leurs biens, dans un délai de trois mois, aux seigneurs bannis par lui, et d'annuler la sentence de condamnation[1].

Le duc de Savoie ne tarda pas à prendre congé du Roi, en témoignant une vive satisfaction de l'accord si heureusement opéré.

Le conflit avec le duc de Savoie était apaisé; mais le différend avec le Dauphin, cause première de la guerre qui avait failli éclater, subsistait et n'était pas près de toucher à son terme.

Deux jours avant la signature du traité de Feurs, le Dauphin, dont les émissaires étaient répandus de toutes parts, écrivait à son père (25 octobre) : « Mon très redouté seigneur, vous plaise savoir que j'ai su qu'il était descendu une grosse armée d'Anglais en Bordelais; et, pour ce que autrefois j'ai été averti que vous fûtes aucunement déplaisant de ce que, en votre conquête de Normandie et de Bordelais, je ne vous offris mon service[2]..., maintenant je vous envoie mon amé et féal conseiller et chambellan le sire de Barry, pour vous y offrir mon service et y mettre corps et biens, si votre plaisir est de me faire cette grace de m'en donner la charge et m'y employer[3]. »

La lettre arriva à Cleppé le 27 octobre[4]. Charles VII ignorait encore la descente de Talbot en Guyenne. Cette nouvelle, qui aurait pu nuire aux arrangements avec le duc de Savoie, fut

---

1. Archives de Turin, *Protocoll.*, 91 f. 529 v°; Guichenon, *Histoire de Bresse et du Bugey*, t. I, *Preuves*, p. 28. — Par un autre acte passé à Tours, le Roi restitua au duc de Savoie une somme de soixante-trois mille ducats d'or qui lui avait jadis été prêtée par Amédée VIII (Voir ci-dessus, t. III, p. 326). Le duc de Savoie en donna quittance le 31 octobre. Archives nationales, J 475, n° 96.

2. « Ce que ils, ajoutait le Dauphin, par Estissac, Remon et Benoist, en s'adressant à beau cousin de Dunoys, non obstant que estoye en piteux estat de ma personne, et me desplaist de tout mon cuer s'il ne vint à vostre notice. »

3. Le texte, que j'avais donné dans les *Preuves de la Chronique de Mathieu d'Escouchy* (p. 420), a été publié par M. Étienne Charavay (*Lettres de Louis XI*, t. I, p. 57) d'après l'original, en sa possession. Cf. Mathieu d'Escouchy, t. I, p. 412.

4. Annotation au dos de l'original de la lettre du Dauphin.

soigneusement dissimulée[1]. Le Roi fit venir l'envoyé du Dauphin et, en présence de son Conseil et du cardinal d'Estouteville, lui répondit en ces termes : « Au temps de la conquête du « duché de Normandie, et depuis au recouvrement de la « Guyenne, plusieurs choses n'ont pas été faites de la part de « mon fils qui depuis ont été mises à fin sans son aide ; les « gens qu'il a assemblés n'ont point été mandés pour servir à « garder le duché de Guyenne ; s'il eût obéi comme il devait le « faire et comme un fils le doit à son père, par raison j'eusse « fait à ses offres telle réponse qu'il en eût été content[2]. » Le seigneur de Barry repartit sans avoir d'autres paroles.

Pour éviter que le Dauphin, si habile dans l'art du mensonge, ne donnât le change à l'opinion, Charles VII fit rédiger, à la date du 8 novembre, une circulaire où il exposait tout au long ce qui s'était passé entre lui et son fils[3]. De son côté, Louis continua ses armements[4]. La nouvelle en vint aussitôt à Cleppé[5] ; elle excita la fureur du Roi : peu s'en fallut qu'il ne dirigeât contre le Dauphin les forces dont il disposait. Mais la descente des Anglais l'obligeait à user de ménagements. Quant au Dauphin, la signature du traité de Cleppé et les bruits qui couraient sur les desseins du Roi à son égard lui donnèrent à penser[6]. Profitant du passage d'un ambassadeur du Roi qui se rendait près du duc de Savoie[7], il rentra en pourparlers. Le cardinal d'Estouteville, qui avait à traiter avec le Dauphin des affaires intéressant la Cour pontificale, s'employa à la pacification. Il se rendit à Vienne, en compagnie de deux conseillers du Roi,

1. Déposition dans l'édition du Jouvencel, t. II, p. 372.
2. Mathieu d'Escouchy, l. c.
3. Cette curieuse circulaire, datée de Moulins le 8 novembre, a été extraite par D. Grenier (vol. 100, p. 80) d'un *Registre aux chartes de la ville d'Amiens* ; on la trouvera aux *Pièces justificatives*.
4. Mathieu d'Escouchy, p. 112 : « Et très-souvent avecq estandars desployés se faisoient les ouvrages dessus dictes. » Lettre du 8 novembre 1452.
5. Ce fut par les gens du duc de Savoie que le Roi l'apprit. *Ibid.*
6. Dans le rapport de Gérard le Boursier sur la mission qui lui fut donnée en décembre, il est question de « la grant crainte que mondit seigneur (le Dauphin) a de sa personne, païs, serviteurs et subjetz, pour plusieurs rapports qui lui ont esté faitz et font de jour en jour (Fr. 15537, f. 21). »
7. C'est ce qui résulte d'une pièce qui se trouve dans le manuscrit fr. 15537, f. 27.

Élie de Pompadour, évêque d'Alet, et Gérard le Boursier. Sur ses instances, le Dauphin consentit à faire, en présence des représentants de son père, des « excusations et justifications, » et déclara s'en rapporter au cardinal[1]. Mais celui-ci était rappelé en Italie : il dut se borner à régler le démêlé survenu dans le Comtat venaissin entre les officiers du Pape et ceux du Dauphin[2].

La négociation avec le Roi se poursuivit par l'intermédiaire des ambassadeurs que nous venons de nommer. Apprenant que son fils paraissait entrer dans la voie d'une soumission absolue, Charles VII lui écrivit au commencement de décembre. Gérard le Boursier et Louis de Fontaines, porteurs de cette lettre, étaient chargés de remettre au prince des articles dont la rédaction avait été arrêtée en Conseil. A la réception du message royal, Louis était à Pierrelatte, occupé à chasser. Après avoir écouté longuement les deux envoyés et examiné les articles, il dit que la matière était grave, qu'elle demandait à être discutée en Conseil, et s'informa du nombre des conseillers qui avaient participé à la rédaction des articles[3]. Quelques jours plus tard, on tint une conférence à Valence. Le Dauphin était retombé dans ses hésitations. Quelle sûreté lui donnait le Roi, lui qui en voulait une « si ample et si étroite ? » Le Roi lui avait promis, au temps où le prévôt de Montjeu se mêlait de ces matières, de lui donner « sûretés raisonnables, telles de quoi il devrait être content ; » il était naturel que la sûreté vînt d'abord du Roi, car, disait le Dauphin, « il est son Roi, père, et souverain seigneur ; sa puissance est trop plus grande sans comparaison que la sienne, et sûreté dépend de plus grand au moindre[4]. » D'ailleurs, de son côté, Louis était prêt à donner telle sûreté qu'on lui demanderait, et tellement que Dieu et le monde connaîtraient qu'il se mettait en tout devoir. Ce qu'il

---

1. Lettre du cardinal d'Estouteville, datée de Vienne, 10 novembre 1452, publiée par M. Charavay, *Lettres de Louis XI*, t. I, p. 210.
2. Autre lettre du 22 novembre, *l. c.*, p. 211.
3. « Dist qu'il n'y avoit eu que le Roy, messeigneurs l'admiral, de Torcy et le trésorier maistre Jehan Bureau. » Relation de Gérard le Boursier, Ms. fr. 15537, f. 21.
4. Même relation.

avait offert, il l'avait fait « franchement et à la bonne foi ; » si le Roi persistait à lui tenir cette rigueur, c'est qu'il voulait le déshériter, ainsi qu'on le lui avait autrefois rapporté[1].

Ainsi, c'est le Roi qui doit s'engager et non le Dauphin. Louis veut d'abord avoir la parole de son père ; il fera ensuite tout ce qu'on voudra, et prendra même les engagements les plus sacrés. Tel est le sens de la réponse, signée de sa main, qui fut donnée le 16 décembre[2]. En d'autres termes, le Dauphin retirait ce qu'il avait offert spontanément, et démasquait ses batteries.

Charles VII donna à Moulins, le 8 janvier 1453, sa réponse à la nouvelle communication de son fils. Il y rappelait les circonstances dans lesquelles les négociations s'étaient rouvertes, exprimait son regret du refus persistant du Dauphin de se rendre auprès de lui, et terminait ainsi : « Afin que les sei-

---

[1]. « Et combien qu'il ne soit grant besoingu que mondit seigneur donnast nulles seurtez au Roi, considéré le bon vouloir qu'il a..., toutesfois, si son plaisir est de les prandre de luy, il sera content de les bailler et se y bouter si avant que Dieu et tout le monde congnoistra qu'il se mect en tout devoir ; lui suppliant très humblement que il lui plaise de icelles prandre en toute douleur et sans grant rigueur, ne prandre de luy chose qui ne soit bonne et honnorable ne qui ou temps avenir peust porter prejudice au Roy, son royaume, ne à mondit seigneur, veu que ce que il a offert il a fait franchement et à la bonne foy ; que quant le Roy lui vouldroit tenir ceste rigueur, seroit à presumer qu'il a entencion de le desheriter, ainsi que autresfois lui a esté rapporté. » (Même relation.)

[2]. En voici le texte, d'après l'original, qui se trouve dans Du Puy, vol. 762, f. 19 :

« Sur les articles qu'il a pleu au Roy envoyer à Monseigneur par le Boursier d'Espaigne, dont le premier est qu'il baille son scellé et promesse, et jure et promette de ne faire ne souffrir faire à son povoir chose qui doye desplaire au Roy, semble à mondit seigneur que le Roy demande chose bien generale, veu qu'il demande les seuretez contenues si estroites.

« Et touchant lesdictes seuretez qu'il plaist au Roy demander, comme dit est, pour ce qu'il n'appartient pas à Monseigneur asseurer le Roy, et aussi n'est pas chose raisonnable ne honnourable pour le Roy qu'il veille estre asseuré de luy si non que le Roy l'asseurast premierement, mondit seigneur supplie très humblement au Roy qu'il luy plaise lui faire premierement les seuretez qui lui sont necessaires comme filz et maindre de trop que n'est le Roy, et puis que le plaisir du Roy est d'avoir des seuretez de lui, mondit seigneur est content pour lui obeyr de les lui bailler selon lui, et pour ce qu'il dist au Boursier à Vienne de la grant affection qu'il avoit qu'il se bouteroit ès dictes seuretez aussi avant que le Roy, qui seroit bien dangereuse chose pour lui, quelque dangier qu'il y ait, pour complaire au Roy comme dessus, est content de le faire, suppliant très humblement au Roy qu'il luy plaise ne prandre riens en rigueur, et en quelque façon qu'il pldra au Roy appointer la chose qu'il lui plaise l'avoir pour recommandé, sans souffrir que sur les appointemens on lui cerchast aucune nuysable occasion, veu qu'il le fait franchement et à la bonne foy.

« Fait à Valence le XVI° jour de decembre CCCC LII. — LOYS. — BOURRÉ. »

gneurs dessusdits et autres[1] pussent dorénavant avoir aucune bonne espérance touchant la conduite de mondit seigneur (le Dauphin), le Roi fut mu d'accepter lesdites offres ; et puisque ainsi est que mondit seigneur fait aucunes difficultés ès choses dessus dites, le Roi s'en déporte, car, Dieu merci, il est assez sûr des seigneurs de son sang[2]. »

Le Dauphin n'avait pu réussir à faire tomber son père dans le piège qu'il lui tendait ; il ne dissimula pas plus longtemps : il poursuivit ses préparatifs de guerre, acheta des armes, réunit la noblesse du Dauphiné, fortifia ses places, envoya des émissaires de tous côtés. Furieux du traité conclu par le duc de Savoie avec le Roi, il n'attendit qu'un prétexte pour se tourner contre son beau-père et l'attaquer à main armée.

Un événement qui ne saurait être passé sous silence s'était accompli peu après la signature du traité de Feurs : nous voulons parler de l'alliance de Charles VII avec les Cantons suisses.

Le traité du 28 octobre 1444[3] avait été l'œuvre personnelle du Dauphin, accomplie sans aucune participation de Charles VII ; c'était un acte répondant aux préoccupations du moment et n'engageant point l'avenir ; seules les relations commerciales entre le royaume et les Cantons avaient été l'objet d'une stipulation. Un auteur contemporain prétend que, après la conclusion de ce traité, les Suisses offrirent au Dauphin de le servir, au nombre de quatre mille hommes, partout où il les voudrait employer[4]. Si cette proposition fut réellement faite, elle fut déclinée par le Dauphin, qui n'avait alors que trop de gens de guerre à son service.

Il n'en est pas moins curieux de constater que ce chiffre de quatre mille combattants se retrouve mentionné, à deux ans

---

1. Le Dauphin avait offert de demander au roi de Sicile, au duc de Calabre, au comte du Maine, aux ducs d'Orléans, de Bretagne, de Bourbon et d'Alençon, aux comtes de Clermont, d'Armagnac, de Foix, etc., de donner leurs scellés pour garantir les promesses qu'il ferait.
2. Ms. fr. 16537, f. 28.
3. Voir t. IV, p. 32-33.
4. Mathieu d'Escouchy, t. I, p. 29.

de distance, dans un document émané de la chancellerie royale. C'était en 1446, à l'époque où Charles VII tournait ses regards vers l'Italie ; il préparait avec la Savoie la conclusion d'un traité lui permettant à la fois d'accomplir ses desseins en Italie et d'assurer la pacification de l'Église ; une alliance avec les Cantons suisses devait être le corollaire de l'alliance avec la Savoie. Les pouvoirs et instructions donnés par Charles VII pour traiter de la conclusion de « bonnes et vraies alliances, ligues et confédération » précisaient les conditions du pacte à intervenir : les Confédérés devraient servir le Roi, à leurs dépens, pendant trois mois, avec quatre mille hommes ; le Roi prêterait aux Suisses la même assistance, mais à leurs dépens[1]. La négociation ne paraît point avoir été entamée. Mais, en 1448, l'intervention de Charles VII dans la querelle entre le duc de Savoie et la ville de Fribourg[2] fournit à la diplomatie royale l'occasion de nouer des relations avec les représentants des Cantons. A partir de cette époque, Charles VII joua le rôle de médiateur entre les Cantons et le prince qu'il avait pendant longtemps regardé comme son gendre et qu'il venait de marier à Éléonore d'Écosse, nous voulons dire le duc Sigismond d'Autriche, toujours en démêlés avec les Suisses. Malgré le pacte conclu pour trois années (24 juin 1450) entre Sigismond et les Confédérés, bien des difficultés subsistaient. Nous constatons la présence d'un ambassadeur français en Suisse en janvier-février et en juillet 1452[3]. Au mois d'août, Jean de Lornay, seigneur savoyard employé par Charles VII dans les négociations diplomatiques, est envoyé en Suisse pour prendre part à des conférences qui doivent se tenir à Feldkirch entre les représentants du duc Sigismond et les Suisses[4]. Ces conférences s'ouvrent au mois d'octobre ; pendant leur durée, on jette les bases d'un traité entre Charles VII et les Cantons : les

---

1. Ms. latin 17770, f. 49 et 50. Cf. *Étude sur les relations de Charles VII et de Louis XI avec les Cantons suisses*, par Bernard de Mandrot, p. 14-15.
2. Voir t. IV, p. 307-08.
3. *Die Beziehungen der Eidgenossenschaft zum Auslande, in den Jahren 1117 bis 1459*, von Theodor von Liebenau, dans le t. XXXII du recueil *Der Geschichtsfreund* (1877), p. 30, d'après les Archives de Lucerne.
4. Cabinet des titres, 685, f. 159. Cf. Liebenau, *l. c.*, p. 31.

députés de Berne sont chargés de rédiger l'acte à soumettre à l'approbation du Roi[1]. Dans les derniers jours d'octobre, Jean de Lornay va le porter à Cleppé[2] ; il revient avec une lettre du Roi investissant le gouvernement de Berne du mandat de donner au traité sa forme définitive et de l'expédier à sa chancellerie revêtu du sceau des Cantons[3]. Le traité fut passé le 8 novembre 1452 ; il contenait les stipulations suivantes : libre circulation dans le royaume pour les ambassadeurs, marchands et sujets des ligues ; engagement du Roi de ne faire aucune entreprise contre les communautés de la ligue de la Haute Allemagne et de n'accorder le passage dans ses États à aucun de leurs ennemis ; engagement des Confédérés d'observer fidèlement l'alliance avec le Roi très chrétien et ses successeurs, de n'assister aucun de ses adversaires, et de ne permettre que personne, dans l'étendue de leurs territoires, ne prête assistance ou secours d'aucun genre aux ennemis du Roi ; facilité donnée aux sujets du Roi de traverser la contrée des Confédérés, d'y séjourner et d'en revenir, à charge de ne leur causer aucun préjudice[4].

La pensée qui avait inspiré l'alliance avec les Cantons suisses apparaît nettement dans ce qui suivit la conclusion de ce traité.

Charles VII avait ajourné la réception des ambassadeurs chargés de lui apporter l'acte et d'en recevoir la ratification au moment où il serait revenu en Touraine. Quand ils arrivèrent, au mois de février, il leur fit grande fête ; les princes et seigneurs rivalisèrent de prévenances[5]. Les ambassadeurs, émerveillés et charmés, repartirent avec les lettres de ratification, en date du 27 février 1453[6]. Le 28 mars suivant, le Conseil de

---

1. Liebenau, l. c., p. 31 et 90.
2. Le compte de Mathieu Beauvarlet mentionne, au mois d'octobre, un voyage d'Antoine de Lornay, envoyé de Feurs vers les Suisses (Ms. 685, f. 100 v°). Y eut-il deux personnages du même nom employés dans les négociations ? Est-ce une erreur de copiste ? — Le 11 janvier 1453, Charles VII donnait à Jean de Lornay une pension de 300 livres (Ms. 685, f. 102 v°).
3. Liebenau, p. 91.
4. *Amtliche Sammlung der Eidgenössischen Abschiede*, t. II, p. 260 et 869.
5. Lettre du Conseil de Berne du 23 mars, dans Liebenau, p. 92. Cf. Mandrot, p. 20.
6. *Abschiede*, t. II, p. 873 ; Lenglet du Fresnoy, *Preuves des Mémoires de Commines*, t. II, p. 300.

Berne faisait part aux magistrats de Lucerne du résultat de l'ambassade : « Notre gracieux seigneur le Roi de France, disait-il, a écrit à tous les confédérés, en recommandant aux ambassadeurs Bernois de leur dire qu'il est dans l'intention de se tirer aux champs, à bref délai, avec tous ses princes, seigneurs et gens de guerre, pour aller mettre le siège devant une ville dont les Anglais se sont emparés. Le Roi demande aux Confédérés de lui fournir mille gens de pied avec quatre hommes de bonne autorité, lesquels auront sous eux douze hommes d'armes à cheval, armés de lances, qui conduiront la troupe. Ce n'est pas que le Roi ait besoin de ce contingent, car, avec l'aide de Dieu, il a assez de monde pour combattre les Anglais. Mais les Confédérés, qui se sont toujours montrés prudents et vertueux, en seront plus redoutés dans toute la chrétienté et en retireront gloire et profit ; et aussi l'amitié et bonne intelligence qui sont entre Sa Majesté et eux en seront partout augmentées[1]. »

Malgré l'avis favorable de Berne, la proposition fut repoussée : les Cantons répondirent que les Confédérés n'avaient pas coutume d'envoyer leurs soldats prendre du service à l'étranger[2].

L'alliance avec les Cantons suisses, si elle ne donnait pas à Charles VII tous les résultats qu'il pouvait en espérer, devait avoir pour la France une importance considérable ; elle eut dès lors pour effet immédiat de tenir en respect le duc de Savoie et le Dauphin, de prévenir à la fois la défection de l'un, les intrigues de l'autre.

---

[1]. Lettre du Conseil de Berne, *l. c.*, p. 4 ; traduite en partie par M. de Mandrot, p. 26-27.
[2]. Lettre du Conseil de Berne du 16 juillet. Liebenau, *l. c.*, p. 91.

CHAPITRE VII

LA LÉGATION DU CARDINAL D'ESTOUTEVILLE

1451-1452

Motifs de l'envoi du cardinal d'Estouteville comme légat. — Caractère de ce personnage. — Démarche préalable faite par lui auprès de Charles VII; le Roi refuse de le recevoir à titre de légat. — Le cardinal part néanmoins et triomphe de la résistance du Roi. — Le cardinal à Lyon, puis à Tours. — Impossibilité où il se trouve de remplir le premier objet de sa mission, la pacification de la France et de l'Angleterre. — Affaire de l'abrogation de la Pragmatique sanction; relations de Charles VII avec le Saint-Siège à ce sujet; assemblées du clergé à Bourges en 1444, à Rouen et à Chartres en 1450; résultats négatifs de ces assemblées; le Roi en convoque une nouvelle à Bourges. — Le cardinal d'Estouteville s'occupe, en attendant, de la révision du procès de Jeanne d'Arc, et procède à la réforme de l'Université. — Il insiste en vain pour avoir un nouvel entretien avec le Roi avant de se rendre à Bourges; entretien du cardinal avec l'archevêque de Narbonne; dispositions du clergé. — Opinion exprimée par l'archevêque de Reims dans une épître au Roi. — Assemblée de Bourges; la Pragmatique de Saint Louis y est produite; succès de la fraude; opposition de quelques prélats à la Pragmatique sanction. — Ambassade de l'archevêque de Tours à Rome. — Lettre de Nicolas V au Roi. — Conclusion.

Dans les pages qui précèdent, nous avons vu apparaître un personnage considérable, venu en France comme légat du Pape. La légation du cardinal d'Estouteville se rattache à de graves affaires politiques ou religieuses; elle mérite d'être l'objet d'une étude attentive. Nous allons essayer d'en indiquer le but réel, de faire connaître les circonstances au milieu desquelles elle se produisit, d'en dégager les résultats.

Le principal motif qui semble avoir déterminé Nicolas V à envoyer un légat à Charles VII était une pensée de conciliation entre les princes chrétiens : il s'agissait de procurer une paix définitive entre la France et l'Angleterre.

Mais, à côté de ce motif, officiellement mis en avant, il y en avait un autre qui, pour avoir été passé sous silence dans les lettres d'investiture, n'en avait pas moins une haute importance : nous voulons parler des rapports de Nicolas V avec Charles VII et de l'abrogation de la Pragmatique sanction, vivement désirée par la Cour de Rome.

La situation de l'Italie, la perspective d'une intervention de la France dans les luttes soulevées par les rivalités des puissances italiennes préoccupait alors vivement le Saint-Siège : le cardinal avait également mission de sonder à cet égard les intentions de Charles VII.

Le cardinal était enfin chargé de travailler à la réforme des collégiales, des écoles, et spécialement de l'Université de Paris, au sein de laquelle de nombreux abus s'étaient glissés.

Le cardinal d'Estouteville allait donc toucher à la plupart des questions qui s'agitaient en ce moment, et y apporter, au nom du Saint-Siège, sa part d'action et d'influence.

Les progrès constants de l'Islamisme [1] causaient à la catholicité tout entière un légitime effroi ; il était naturel que Nicolas V, marchant sur les traces de ses prédécesseurs, travaillât à mettre un terme aux guerres qui s'agitaient entre les princes chrétiens, afin d'unir toutes les forces contre les Turcs. L'empire grec de Constantinople, fragile barrière opposée à l'invasion musulmane, était alors à la merci du sultan Amurath, et un nouvel assaut contre le faible héritier des Paléologue était imminent. En dehors de la Hongrie et de la Cour de Rome, aucun État ne se préoccupait d'arrêter le flot de l'invasion. Le nouveau sultan qui venait de succéder à Amurath, Mahomet II, jeune, entreprenant, doué de rares qualités, ne pouvait manquer de se tourner vers Constantinople quand l'occasion paraîtrait favorable. Le trône impérial était occupé, depuis le mois de novembre 1448, par Constantin Paléologue, prince sans autorité, sans prestige, dénué des ressources militaires et financières qui lui auraient permis de résister à ce choc. Quelque temps auparavant, à la réception d'une lettre adressée au Roi,

---

1. Voir t. IV, p. 254.

où, du vivant de l'empereur Jean son frère, Constantin faisait part des efforts tentés pour s'opposer aux infidèles, Charles VII avait répondu par des félicitations auxquelles se mêlait le regret que le défaut d'union entre les États chrétiens et la guerre qu'il avait à soutenir contre les Anglais le missent dans l'impossibilité de lui prêter assistance; il n'aurait, disait-il, rien plus à cœur que de combattre les infidèles, à l'exemple de ses ancêtres; si la paix se faisait avec ses adversaires, il s'empresserait de déférer à la requête qui lui était adressée [1].

Le prince de l'Église auquel Nicolas V confiait la mission de travailler à réconcilier la France et l'Angleterre, était un Français, fixé depuis longtemps à Rome, et qui, malgré la haute situation dont sa famille jouissait dans le royaume, était tout Italien de cœur [2].

Guillaume d'Estouteville était le second fils de Jean, seigneur d'Estouteville, bouteiller de France sous Charles VI, et de Marguerite d'Harcourt. Jean était mort en Angleterre durant sa captivité (1436), et son fils aîné Louis lui avait succédé dans la charge de grand bouteiller [3]. Né vers 1400, Guillaume entra dans l'Ordre de Saint-Benoît, et ne tarda pas à aller résider à la Cour pontificale, où la faveur d'Eugène IV le mit en possession d'importantes dignités. Cardinal le V des Ides d'août 1437 (28 août) — d'autres disent le 18 décembre 1439 — il avait le titre d'archidiacre d'Outre-Loire au diocèse d'Angers, quand, le 30 mars 1439, le Pape l'appela à occuper ce siège épiscopal; il en garda le titre [4] sans en remplir la charge, qui fut dévolue à son compétiteur Jean Michel, élu du chapitre [5]. Eugène IV le dédommagea en l'appelant (3 novembre 1439) à l'évêché de Digne; en 1441, il reçut en commande l'évêché de Nîmes, et

---

1. Lettre datée de Razilly, Ms. lat. 5414 A, f. 71. A la suite se trouve une lettre du chancelier datée de Saint-Martin de Candes, le 23 août. Ces indications se rapportent évidemment à l'année 1446.

2. « Conosco lui essere più Italiano che Francese. » Lettre de J. B. degli Artezani da Cremone, secrétaire du cardinal, à Cicho de Calabria, chancelier du duc de Milan, 16 juin 1452. Ms. Ital. 1586, f. 133.

3. Voir le P. Anselme, t. VIII, p. 90.

4. Il est appelé le *Cardinal d'Angers*, et c'est avec ce titre qu'il signe des lettres en date des 1er et 21 décembre 1451.

5. Voir plus haut, t. III, p. 308-09.

en 1444 celui de Béziers; enfin, en janvier 1450, il fut promu à l'évêché de Lodève. Il était en outre prieur de Beaumont-en-Auge, de Grandmont près Rouen, de Saint-Martin des Champs, et abbé du Mont Saint-Michel [1]. Guillaume acquit ainsi une fortune considérable, dont, par la suite, il devait faire un usage qui rendit à Rome son nom célèbre [2].

Le cardinal d'Estouteville n'était point, paraît-il, des plus édifiants parmi les membres du sacré collège [3] : les tristes mœurs du temps avaient marqué sur lui leur empreinte; toutefois il est permis de penser que les légèretés de sa vie ne furent que passagères. Sous le pontificat d'Eugène IV, Guillaume d'Estouteville fut l'un des trois cardinaux chargés d'instruire le procès de canonisation de saint Bernardin, et Nicolas V lui confirma cette mission. On sait que la canonisation fut proclamée le jour de la Pentecôte de l'année 1450 (24 mai). C'est peu de temps après cette grande solennité, qui eut dans toute l'Italie un grand retentissement [4], que Nicolas V désigna le cardinal pour remplir en France les fonctions de légat.

Par un bref en date des Ides d'août (13 août), il fut investi de la mission de travailler à une pacification entre Charles VII et Henri VI, afin que les deux princes qui étaient à la tête de la république chrétienne pussent unir leurs forces contre les infidèles [5]. C'était sur l'initiative du duc de Bourgogne, qui venait d'envoyer dans ce but une ambassade à Rome [6], que cette

---

1. *Gallia christiana*, t. III, col. 1128; t. VI, col. 360, 455, 562; t. XI, col. 90, 528, 852 et *Instr.*, col. 58 et 119.
2. Voir Pastor, *Histoire des Papes depuis la fin du moyen âge*, trad. fr., t. II, p. 7.
3. Le P. Anselme dit (t. VIII, p. 91), qu'il eut d'une dame romaine deux enfants naturels, qui s'établirent dans le royaume de Naples où ils laissèrent postérité.
4. Voir Pastor, t. II, p. 72 et suiv.
5. « ... Et cum Franciæ et Angliæ regna sint firmissima et fortissima præsidia reipublicæ Christianæ, iis regnis laborantibus, consequens esse universam Christianitatem opportuna subventione carentem, cum summo periculo etiam fidei catholicæ laborare, præsertim diversis plagis mundi infidelibus contra christianos insurgentibus, ad pacificandum præfatum regnum Franciæ convertimus omnes nostros sensus et spiritus. » Raynaldi, ann. 1451, § VII.
6. On lit dans une dépêche envoyée de Rome à Sforza, à la date du 8 juillet : « Gli ambasciadori del duca di Borgogna furono qui et esposono al santo Padre l'animo et desiderio del loro signore essere di fare impresa dell'acquisto di terra santa, supplicando alla Sua Beatitudine accio che questo posso seguire mandi suoi legati a tractare pacie tra Re di Francia et Re d'Ynghilterra. » Ms. Ital. 1682, f. 106.

tâche était entreprise[1]. En même temps le Pape chargeait le cardinal Nicolas de Cusa, alors légat en Allemagne, où il procédait, avec un zèle admirable, à la réforme de l'Église, de se rendre en Angleterre pour agir auprès de Henri VI tandis que le cardinal d'Estouteville s'emploierait auprès de Charles VII[2].

Les relations entre la cour de Rome et la France étaient alors assez tendues. Le Pape savait que le Roi n'avait pas renoncé à provoquer la réunion d'un concile, dont il avait été parlé lors des négociations pour la renonciation de l'antipape Félix V au trône pontifical. Charles VII désirait que ce concile fût tenu à Lyon[3], et il avait même envoyé un ambassadeur à Rome pour entretenir Nicolas V à ce sujet[4]. En outre, les desseins que l'on prêtait au Roi en Italie n'étaient point sans éveiller les susceptibilités du Souverain Pontife et sans exciter ses craintes[5].

Le cardinal d'Estouteville résolut de prendre les devants, afin de se ménager un accueil favorable. Avant même d'avoir reçu l'investiture officielle, il s'adressa au Roi pour lui faire part des intentions du Pape[6]. Dans une seconde lettre, datée du 28 août, le cardinal annonçait que, conformément à ce qu'il avait écrit au Roi, le Pape avait désigné deux légats chargés

---

1. « Dum ad pacificandum ipsa regna continuo reddemur attentione solliciti, dilectus filius nobilis vir Philippus, dux Burgundiæ, intensis desideriis affectans inter reges et principes ipsos aliqua salubria et honesta pacis et amicitiæ media reperiri, et regna ipsa eorumque incolas in pacis et quietis dulcedine complectens, insignem ad nos ambassiatam destinavit per quam, inter cetera nobis destinare curavit jam tempus, ut sperabat, adesse congruum et propitium ut inter eosdem reges et principes pacis et concordiæ foedera tractarent, plurimumque opportunum et saluberrimum existere. » Bref du XVIII des Calendes de septembre, adressé à Nicolas de Cusa. Raynaldi, l. c.

2. Bref du 13 août. Pastor, édit. allemande, t. I, p. 663. — Il ne semble pas que Nicolas de Cusa se soit rendu en Angleterre. Voir Pastor, édit. française, t. II, p. 98, note, 120 et suiv., 124-125.

3. Voir un mémoire adressé à Sforza, en date du 12 septembre 1451, qui se trouve dans l'*Archivio Sforzesco* (ms. ital. 1585, f. 223), et qui a été reproduit en partie par Buser (*Die Beziehungen der Mediceer zu Frankreich*, p. 372-74). On y lit (ms. ital. 1585, f. 223, v°) : « Ha etiam il Papa ad presens a la voluntate soa, per il timore del concilio che se debe fare in brevi a Lione secondo la conventione cum la Sanctitate Soa facte ne la unione tractata per mezanitate desso Re de Franza... »

4. Il est question de cette ambassade et du projet de Concile dans une lettre citée par Voigt (*Enea Silvio*, t. II, p. 19-20, note), d'après les archives de Kœnigsberg.

5. Voir chap. VI, p. 163-65.

6. Cela résulte de la lettre qui suit.

de se rendre, l'un en France, l'autre en Angleterre. « Et, ajoutait-il, pour ce qu'il sait bien que je suis votre sujet et serviteur et ne ferai en cette matière chose qui ne vous soit agréable, plutôt que nul autre il m'a ordonné à aller vers vous. » Le cardinal disait en terminant qu'il envoyait Guillaume Seguin, protonotaire apostolique, pour exposer au Roi l'objet de sa mission, et qu'il se proposait de partir dans un délai de six à sept jours[1].

A l'arrivée de Guillaume Seguin, qui joignit le Roi à Taillebourg, le Conseil délibéra sur la communication faite au nom du cardinal ; la réponse fut donnée le jour même[2], en présence de Charles VII. Le Roi ne peut croire, disait-on, que monseigneur d'Estouteville, « qui est noble et sage seigneur, » vienne en France, « pour aucune grosse matière touchant la paix des royaumes de France et d'Angleterre, » sans avoir pour cela son agrément ; ce n'est point une affaire qu'on doive mettre en négociation sans avoir préalablement averti le Roi. L'envoyé du cardinal était chargé d'écrire à son maître « qu'il voulût un peu delayer son partement de Rome jusqu'à ce que sur ce il eût le bon vouloir du Roi, et qu'il eût fait savoir au Roi les matières pour lesquelles il venoit et à quelle requête. » Si le cardinal était déjà en route et près des frontières du royaume, il serait averti de n'y point entrer à titre de légat, car le Roi avait le privilège que nul ne pouvait se porter comme légat dans ses États, et pour rien au monde il ne voudrait souffrir que ce privilège fût enfreint ; « et, disait-on en terminant, ne seroit pas honneur à mon dit seigneur d'Estouteville de commencer à y essayer et à la fin soi en désister[3]. »

Le mécontentement du Roi était-il motivé uniquement par

1. Original, ms. lat. 9071, f. 32.
2. Il faut noter que la lettre du cardinal porte : « Du cardinal d'Estouteville. R. le XXVIIIe jour de septembre mil CCCCLI à Taillebourg ; » et le document visé ici commence ainsi : « Le XXVIe jour de septembre l'an CCCCLI, à Taillebourg, Me Guillaume Seguin apporta lettres au Roy de Mgr le cardinal d'Estouteville... »
3. Copie du temps, ms. fr. 1001, f. 42. — Il y avait parmi les manuscrits Joursanvault un document ainsi visé (n° 403) : « Refus du Roi de recevoir Guillaume d'Estouteville comme légat du Pape. » Le même n° contenait plusieurs lettres originales du cardinal d'Estouteville au Roi.

la violation du privilège qu'il invoquait? Il semble y avoir, dans la réponse faite à l'envoyé du cardinal, une allusion à l'intervention du duc de Bourgogne. Au mois de juin précédent le Roi avait été sollicité, au nom de ce prince, de s'associer à une croisade contre les Turcs, et, dans ce but, de faire la paix avec l'Angleterre quand il en serait requis par le Pape[1]. L'ambassadeur avait même annoncé que des démarches avaient déjà été faites auprès du roi d'Angleterre[2]. Charles VII n'ignorait pas qu'une autre ambassade bourguignonne s'était rendue à Rome pour solliciter le Pape de prendre en main l'affaire de la pacification; c'en était assez pour exciter sa susceptibilité. Que se proposait Philippe le Bon? Était-il bien sincère dans le désir qu'il témoignait de s'opposer aux démonstrations menaçantes des infidèles? Pourquoi cet empressement à solliciter à la fois Henri VI et Charles VII de se réconcilier et le Pape de s'interposer? Le duc de Bourgogne ne cherchait-il pas, au moyen de cette intervention du Saint-Siège, à prévenir une attaque contre Calais, qui semblait alors imminente, et qui lui apparaissait comme une menace pour sa propre sécurité?

En tout cas, la conclusion de la paix entre la France et l'Angleterre était une difficile entreprise. Au lendemain de la conquête de la Guyenne, alors que les Français étaient dans l'ivresse du triomphe et les Anglais sous le coup de la double humiliation qu'ils venaient de subir et de la perte de leurs conquêtes, elle présentait évidemment fort peu de chance de succès. Sur quelles bases aurait-elle pu s'opérer? Loin de renoncer à aucun de ses avantages, Charles VII avait l'intention bien arrêtée de les compléter par l'occupation de Calais : les

---

1. Dans le discours adressé par l'évêque de Chalon au Roi, dans les premiers jours de juin 1451, pour le déterminer à entreprendre une croisade, l'ambassadeur du duc de Bourgogne faisait luire la perspective d'une paix avec l'Angleterre, conclue par la médiation de son maître : « Nous avons ordonnance de vous supplier qu'il vous plaise, en faveur de ladicte sainte matière et pour l'onneur et reverence de Jhesu Crist, encliner vostre très noble courage à tout bien de paix ou de longues treves avecques vostre adversaire le roy d'Angleterre toutes et quantes foiz que en serez prié et requis par nostre saint Pere ou ses legats de par luy. » Ms. fr. 5737, f. 23.

2. « A nostro partement de devers luy il avoit envoyé en Angleterre querir sauf conduit pour quarante ou cinquante chevaulx, affin de exhorter le roy de Angleterre de avoir advis sur le petit estat de la chrestienté et qu'il se vueille disposer à tout bien et bon moyen de paix ou de longues treves envers vous. » *Idem, ibid.*

dépêches de l'ambassadeur florentin Acciajuoli, que nous avons citées plus haut, ne laissent aucun doute sur ce point ; elles nous montrent que, si la paix devait se conclure avec l'Angleterre, c'était à la condition qu'elle abandonnerait Calais, et qu'on estimait que le gouvernement anglais subirait cette condition. Mais pouvait-on espérer, au cas où l'assentiment de Henri VI serait acquis, que son peuple tolérerait que la paix fût faite au prix de tels sacrifices ? L'Angleterre était humiliée, indignée, frémissante ; elle songeait bien plus à prendre sa revanche contre le vainqueur qu'à accueillir des ouvertures de paix. C'était donc une entreprise bien chimérique que celle d'un accommodement ; c'était se mettre au travers de projets sérieusement conçus, de préparatifs militaires activement poursuivis, et que Charles VII ne paraissait nullement disposé à abandonner.

Tel était l'état des choses au moment où le cardinal d'Estouteville arrivait en France.

Il avait, au passage, visité le duc de Milan, avec lequel il entretenait d'affectueuses relations, et aussi le duc de Savoie et le Dauphin. Nous avons deux lettres du cardinal à Sforza, en date des 1er et 27 décembre. Dans la première, il annonçait le dessein de se rendre à bref délai vers le Roi et de s'entendre avec l'ambassadeur de Florence pour agir conformément aux intérêts du duc ; dans la seconde, il lui disait qu'après avoir de nouveau conféré avec le duc de Savoie et le Dauphin il était revenu à Lyon, où il avait été reçu honorablement, comme légat du Pape, par ordre du Roi très chrétien, lequel avait député vers lui plusieurs prélats et seigneurs pour l'accompagner à travers le royaume, et qu'il allait partir pour joindre le Roi à Tours[1].

Que s'était-il passé dans l'intervalle ? En recevant la réponse faite à son envoyé, le cardinal avait écrit de nouveau à Charles VII. La lettre, tout entière de sa main, était datée de

---

1. Ms. italien 1585, f. 229 et 238. — Le cardinal était encore à Lyon le 17 janvier 1452 : ce jour-là le Conseil de ville lui fit offrir deux douzaines de torches de cire de deux livres et deux douzaines de boîtes de confitures. Archives mun. de Lyon, BB 5, f. 157 v°.

« Castel Saint-Jehan en Lombardie » (*Castel-San-Giovanni*), le 23 octobre. Apprenant que sa nomination comme légat avait été accueillie avec défaveur, le cardinal en témoignait son profond chagrin. S'il eût pu savoir que la chose déplaisait au Roi, il se serait efforcé de s'excuser auprès du Pape. Mais il n'avait pas seulement mission de négocier la paix, négociation où il avait ordre de prendre pour guide les volontés du Roi ; il avait à traiter « plusieurs autres grandes matières et charges, » et il était persuadé que, quand il plairait au Roi d'en entendre l'exposé, jamais Roi n'aurait été si content d'un Pape que le Roi ne le serait du Pape actuel, et le Roi verrait clairement que le cardinal était un loyal sujet et serviteur. « Et vous jure sur ma foi, ajoutait-il, que si j'eusse su que cette chose ne vous eût été agréable avant mon partement de Rome comme je l'ai su plus de quinze jours après mon partement, jamais je n'eusse entrepris mon voyage, dussè-je perdre tout mon état et honneur envers notre Saint Père et le Saint-Siège apostolique, car je vous désire obéir comme à mon souverain seigneur et crains déplaire de tout mon cœur. » Le cardinal envoyait un de ses serviteurs pour supplier le Roi de désigner un lieu où il pût l'entretenir des matières que le Pape l'avait chargé de lui exposer, bien certain que, quand il l'aurait ouï, il serait très satisfait. « Et pour l'honneur de Dieu et du Saint-Siège apostolique, disait-il, ne faites pas ce deshonneur à notre Saint Père et à moi, votre très obéissant sujet et serviteur, de ne moi vouloir recevoir comme légat en votre royaume, considéré, que, en temps passé, avez reçu d'autres cardinaux comme légats en votre royaume, et qui n'étoient pas vos sujets comme moi ; car ce seroit un grand deshonneur au Pape et à moi une confusion perpétuelle en cour de Rome et dans toute l'Italie ; et là où j'ai quelque peu de réputation, en Italie et cour de Rome, de quoi je vous puis mieux servir, je la perdrois en tout si cette confusion me souffriez être faite, et serois de tout infamé et vitupéré ; et mieux me vaudroit être mort, car tous les Italiens et courtisans diroient que je serois en votre male grâce, et ne seroit homme qui fît compte de moi. Et pour Dieu, mon souverain seigneur, ne veuillez pas mettre en totale confusion et despération votre loyal sujet et serviteur, qui tout le temps de sa vie vous a servi loyalement à son pouvoir, autant que cardinal qui fut en cour passé vingt ans. J'en appelle en témoins tous ceux de votre royaume qui ont été à Rome en l'an jubilé naguère passé ; et se daigne votre grande clémence et miséricorde soi incliner à me pardonner, moi qui ai failli vous faire grand service et désirant trop ardemment vous voir sur tous les princes et seigneurs du monde. » Le cardinal terminait en déclarant que si, quand le Roi lui aurait donné audience, il voulait qu'il s'en retournât vers le Pape, il serait prêt à obéir à ses commandements comme son vrai sujet et serviteur[1].

Voyant que le cardinal était déjà en route, et ne pouvant empêcher sa venue, Charles VII s'était décidé à le recevoir ; il faut dire qu'aux instances du cardinal s'était jointe une démarche du Pape, qui avait envoyé au Roi un ambassadeur[2]. L'évêque de Clermont et l'évêque de Tulle eurent mission de se rendre à Lyon au-devant du légat du Saint Siège[3], et un écuyer d'écurie du Roi, Rogerin Blosset, alla leur porter les instructions royales[4]. Les deux prélats arrivèrent le 29 décembre à Lyon, et se mirent aussitôt en relation avec le cardinal d'Estouteville. « Nous avons trouvé monseigneur le cardinal, écrivaient-ils au Roi en date du 30 décembre, bien disposé et de bon vouloir à vous obéir et faire tout ce que vous plaira lui ordonner ; et nous avons besogné avec lui sur la matière de point en point, selon la forme et teneur de nos instructions. » Blosset, en retournant vers le Roi, était chargé de lui communiquer tous les documents relatifs aux négociations que le cardinal se proposait d'entamer, et de rapporter aux deux prélats de nouvelles instructions[5].

1. Original au British Museum, *Additional manuscripts*, 21512, f. 2.
2. Dans une dépêche du 3 décembre, datée de Poitiers, Angelo Acciajuoli disait : « Niente feci, per lo ambasciadore del Papa, che lo tenne tucto di occupato. » Archives de Florence.
3. « Mgr l'evesque de Clermont, conseiller du Roy, m^e l. pour son voyage à Lyon au devant du cardinal d'Estouteville, qui venoit en ambaxade devers le Roy. — Mgr l'evesque de Tuelle, m^e l., idem. » Cabinet des titres, 685, f. 166 v°.
4. Cela résulte de la lettre des deux évêques, citée ci-dessous.
5. Original, ms. lat. 0071, n° 33. — On lit au verso : « R. des evesques de Clermont et de Tuelle le vme jour de janvier M CCCC LI. » — Rogerin Blosset fut renvoyé de nouveau, en janvier, à Lyon, au-devant du cardinal (ms. 685, f. 158 v°).

Sur ces entrefaites, Guillaume d'Étampes, évêque nommé de Montauban, revint de Rome. Il était porteur d'une lettre du Pape, et chargé par celui-ci d'exposer de sa part certaines choses au Roi. Charles VII répondit à Nicolas V qu'il différait sa réponse jusqu'au moment où il aurait conféré avec le cardinal d'Estouteville [1].

Le cardinal arriva à Tours au mois de février 1452 [2]. Il commença par exposer au Roi la requête du Souverain Pontife, savoir « qu'il voulût bien faire la paix avec le roi d'Angleterre. » La guerre qui se poursuivait entre les deux princes portait un grand préjudice à la foi catholique, et en porterait un plus redoutable encore si, dans un bref délai, un bon accord ne s'établissait entre les deux royaumes ; car on voyait de jour en jour les mécréants faire des entreprises contre les chrétiens et conquérir de nouveaux pays [3].

Le Roi examina la requête, et fit répondre qu'il avait toujours voulu et voulait encore la paix, afin d'obvier à l'effusion du sang chrétien et de procurer le bien de la chose publique ; il était prêt à tendre à ce but par toutes bonnes voies ; il s'était mis en son devoir à diverses reprises pour y parvenir, et se rendrait volontiers aux justes raisons qu'on invoquerait à ce sujet ; il était également disposé à s'employer contre les mécréants en tout ce qui lui serait possible, soit secours d'hommes, soit subvention financière, et à consacrer une partie de ses ressources à repousser et chasser les Sarrasins [4].

Telle fut, en substance, d'après Jean Chartier, la réponse donnée au cardinal. Le chroniqueur officiel ajoute que l'archevêque de Ravenne [5], à défaut, sans doute, de Nicolas de Cusa, retenu en Allemagne, se rendit en Angleterre pour adresser la

---

1. Lettre sans date, écrite à Tours. Ms. latin 5114 A, f. 91 v°.
2. Il venait de recevoir du pape un nouvel évêché en commende : le 26 janvier 1452, Nicolas V annonçait au clergé de Maurienne qu'il avait nommé le cardinal d'Estouteville évêque de Maurienne. *Chartes du diocèse de Maurienne* (Chambéry, 1861, in-8°), p. 272.
3. Jean Chartier, t. II, p. 325.
4. Même source.
5. C'est par erreur que Chartier dit (p. 326) : « L'arcevesque de Ravenne, qui estoit de la maison et famille des Ursins de Rome. » L'archevêque de Ravenne était alors Bartholomeo Roverella, et non Latino Orsini. Voir Ughelli, *Italia sacra*, t. II, p. 391.

même requête à Henri VI, et solliciter son concours contre les infidèles. Mais l'envoyé du Saint-Siège ne reçut, paraît-il, d'autre réponse que la suivante : « Quand nous aurons autant « conquis de pays sur le roi de France que le roi de France en « a conquis sur nous, il sera temps alors de parler de cette « matière[1]. »

Si la mission du cardinal d'Estouteville se fût bornée à ce qui en était le but ostensible, elle n'avait plus de raison d'être : l'échec était complet. Mais cette mission était loin d'être remplie : elle avait pour but véritable d'amener Charles VII à consentir à l'abrogation de la Pragmatique sanction. Malheureusement les détails sur les négociations entamées à ce sujet nous manquent absolument. Essayons toutefois de réunir les rares données qu'on possède. Il nous faut d'abord examiner ce qu'était devenue l'affaire de la Pragmatique depuis le point où nous l'avons laissée[2].

La question des rapports de l'Église et de l'État n'avait cessé d'être agitée entre Eugène IV et Charles VII. Le pape avait fait d'incessants efforts pour obtenir l'annulation d'un acte qu'il regardait avec raison comme attentatoire à la dignité et aux droits du Saint-Siège[3]. A l'époque où Charles VII prit en main l'affaire du schisme, les relations entre Rome et la cour de France étaient assez tendues. Nous en avons pour preuve ce passage des instructions données par Charles VII à l'archevêque d'Aix, au mois de décembre 1446 : « *Item* soit remontré à notre Saint Père la grande foule et deshonneur qui, depuis peu de temps en ça, a été faite au Roi et à sa couronne en cour de Rome en plusieurs manières, ce que bonnement le Roi ne pourroit plus tolérer ni dissimuler. Et premièrement au regard des églises cathédrales, desquelles le Roi est protecteur et duquel la temporalité d'icelles est tenu et non d'autres,

---

1. Chartier, t. II, p. 326.
2. Voir tome III, p. 355 et suiv.
3. Voir tome III, p. 372 à 382. Thomas Basin dit à ce propos (t. I, p. 319) : « Ad eam vero abolendam... non paucis referri possit quoties legatos ad dictum regem Romanus pontifex destinavit, nunc cardinales, nunc inferiores prelatos. »

sans être sujette ou tenue d'aucun duc ou comte, ou autre seigneur du royaume de France. Et, par ce moyen, les bulles que notre Saint Père a accoutumé d'envoyer après ce que aucun est promu à archevêché ou évêché se doivent adresser au Roi et non à autre, comme à celui à qui en appartient la délivrance de la temporalité, et auquel l'on doit faire les foi et hommage ou serment de fidélité de la temporalité d'icelle église et non à autre. Toutefois, puis aucun temps en ça, par le moyen d'aucuns étant en cour de Rome, notre Saint Père a fait adresser ses bulles et ses lettres de la promotion d'archevêchés ou évêchés à aucuns ducs ou autres seigneurs sujets du Roi, ce qui ne se doit faire, et qui est à la grande foule et deshonneur de la couronne, et aussi à la grande charge des églises cathédrales, car par ce sembleroit que la temporalité fût sujette d'autre que du Roi, qui ne fut oncques vu en ce royaume ni autre part. »

Souvent le Pape faisait directement les promotions aux sièges vacants sans consulter le Roi. Charles VII avait fait entendre à ce sujet de vives représentations. L'archevêque d'Aix était chargé de demander au Pape « que dorénavant il veuille pourvoir aux églises cathédrales de ce royaume et du Dauphiné de personnes plaisantes et agréables au Roi et à lui féables, pour les inconvénients qui en pourroient advenir, et ne pas lui faire pis que notre Saint Père fait aux rois d'Espagne et d'Angleterre, et aussi en aucuns lieux de ce royaume, auxquels lieux il ne pourvoit d'archevêchés et d'évêchés sinon au bon plaisir des rois et autres princes..... Et pour ce soit requis à notre Saint Père que, quand aucun archevêché ou évêché vacquera en ce royaume à sa disposition, il lui plaise d'attendre l'avis et requête du Roi, afin d'y pourvoir de personne à lui plaisant et féable, car il y a trop grand intérêt[1]. »

Nous ignorons quelle suite fut donnée à ces réclamations. La mort d'Eugène IV, survenue à ce moment; les négociations

---

1. « Mémoire et instructions à monseigneur l'arcevesque d'Aix sur ce qu'il a à besoigner devers nostre Saint Père pour les affaires du Roy, ainsi que plus amplement le Roy lui a dit et aussi lui a esté remonstré par les gens de son Conseil. » Bibliothèque de l'Institut, Portefeuilles de Godefroy, 124, f. 36.

entamées pour la pacification de l'Église empêchèrent sans doute qu'elles fussent l'objet d'un sérieux examen. Mais il n'est pas douteux que, lors de la grande ambassade envoyée, en juillet 1448, pour faire obédience au nouveau pape, et dans les autres échanges d'ambassades entre la cour de Rome et la France, les points en litige n'aient été agités. Nous savons même qu'en cette année un ambassadeur fut chargé de demander formellement au Roi l'abrogation de la Pragmatique[1]. Mais l'intervention de Charles VII dans l'affaire du schisme, le rôle prépondérant qu'il y joua, la nécessité de ménager un prince qui rendait à l'Église un service aussi signalé, durent imposer à Nicolas V une certaine réserve dans les revendications au sujet de la Pragmatique.

Charles VII n'avait cessé de s'appuyer sur le clergé de son royaume et de le convoquer à des réunions solennelles. C'est pour se conformer à ses vœux qu'il avait édicté la fameuse loi connue sous le nom de Pragmatique sanction. Il se trouvait en présence de deux courants contraires : d'un côté, la cour de Rome ne cessait de réclamer contre la Pragmatique sanction et d'en demander l'abrogation; de l'autre, l'immense majorité du corps épiscopal proclamait, avec l'archevêque de Reims, Jean Jouvenel des Ursins, la Pragmatique une loi « juste et sainte[2]. » Tout en maintenant l'édit de Bourges, Charles VII ne se refusait pas à accueillir les représentations du Saint-Siège. Certains prélats faisaient même un grief au Roi de son attitude à l'égard de la cour de Rome, et lui reprochaient de ne point faire observer assez strictement la Pragmatique. On allait jusqu'à dire qu'il la violait : « Vous la rompez, disait Jean Jouvenel dans son épître *Verba mea auribus*, en écrivant à notre Saint Père, en promettant d'envoyer argent largement, qui est très mal fait; et ceux qui vous le conseillent, voire qui ne vous en avertissent, font mal[3]. »

C'est pour répondre au désir d'Eugène IV que le Roi avait

---

1. Voir Du Boulay, *Historia Universitatis Parisiensis*, t. V, p. 513.
2. Ms. fr. 2701, f. 100 v°.
3. *Id.; ibid.*

décidé, en 1444, la réunion d'une assemblée du clergé[1]. Elle devait se tenir à Bourges, au mois de mai[2]. Différée jusqu'au mois de septembre[3], elle paraît avoir été tenue[4]; mais elle n'eut aucune importance. Nous voyons que, dès l'année suivante, l'Université demandait au Roi de provoquer la réunion à Paris d'une autre assemblée de prélats de son royaume[5].

A cette même époque un nouvel envoyé du Saint-Siège vint réclamer l'abrogation de la Pragmatique[6]. Nicolas V fit renouveler cette requête peu de temps après son élévation au pontificat[7]. Des pourparlers furent entamés entre l'évêque de Minturnes, ambassadeur du pape, et le Conseil royal; des articles préliminaires furent même rédigés[8]. Sur la demande du légat de Nicolas V[9], une assemblée du clergé fut convoquée à Rouen aussitôt après l'occupation de cette ville (novembre 1449); elle devait se tenir le 31 décembre[10]. Son objet spécial était de soumettre au clergé de France les difficultés survenues entre le Saint-Siège et la Couronne relativement à la Pragmatique[11]. L'assemblée de Rouen, qui siégea durant la seconde quinzaine de janvier 1450[12], paraît avoir été peu

1. Voir Ch. Jourdain, *Index chronologicus*, etc., p. 269.
2. Quittance donnée le 26 mars 1444 pour avoir porté à tous les prélats de la sénéchaussée de Carcassonne des lettres du Roi les convoquant à Bourges pour le mois de mai, Fontanieu, 119-120.
3. C'est ce qui résulte d'une délibération de l'Université de Paris en date du 21 août. Jourdain, *Index chronologicus*, etc., p. 269.
4. Voir le *Journal du prieur Maupoint*, dans les *Mémoires de la Société de l'histoire de Paris*, t. IV, p. 31.
5. Instructions aux ambassadeurs envoyés au Roi, dans Du Boulay, t. V, p. 535.
6. Du Boulay, t. V, p. 533-34.
7. *Id., Ibid.*, p. 543.
8. Épître de Jean Jouvenel, déjà citée, f. 101.
9. Cela résulte du texte de la délibération prise à ce sujet par l'Université de Paris. Du Boulay, t. V, p. 549.
10. Le 17 novembre 1449, on donnait au chapitre de Notre-Dame de Paris communication d'une lettre du Roi portant convocation pour le 31 décembre. Registres capitulaires, aux Archives, LL 116, f. 402 v°. — La lettre de convocation n'étant point parvenue à certains destinataires, le Roi en adressa une nouvelle de Jumièges, le 11 janvier 1450, au chapitre de Saint-Martin de Tours. *Thesaurus novus anecdotorum*, t. I, col. 1818.
11. Registres capitulaires, *l. c.*, f. 402 v° et 405. On lit dans une lettre de Charles VII à Nicolas V, en date du 9 mars : « Super quibusdam differentiis inter Vestram Sanctitatem et Ecclesiam nostram gallicanam concordandis ». Ms. lat., 5414, f. 91, et *Spicilegium*, t. III, col. 785.
12. Cela est établi par les registres capitulaires de la cathédrale de Rouen, que M. Ch. de Beaurepaire a bien voulu dépouiller à notre intention. Le chapitre nomma

nombreuse. Absorbé par les soins de sa campagne, le Roi ne put y prendre part, et l'on n'aboutit à aucune conclusion¹.

Peu après, Charles VII adressa aux prélats et gens d'église une nouvelle convocation pour une assemblée qui devait se tenir à Chartres le 15 mai 1450². Il fit part de ses intentions au duc de Bourgogne³ et au Dauphin. Le premier prit des mesures pour se faire représenter à Chartres⁴. Le second, à la date du 12 avril, convoqua les prélats du Dauphiné pour s'entendre sur l'objet de la réunion et nommer des députés : « Nous avons reçu, écrivait-il, certaines lettres de Monseigneur par lesquelles nous écrit que faisions assembler les prélats et clergé de notre pays pour envoyer à certaine journée prise au lieu de Chartres, au quinzième jour du mois de mai prochain, touchant le fait de l'Église... Et sommes avertis que c'est pour la cassation et rupture de la Pragmatique sanction, qui est la chose qui touche grandement nous, vous, et tout le bien du pays⁵. »

La réunion eut lieu au jour fixé, sous la présidence de Jacques Jouvenel des Ursins, évêque de Poitiers et patriarche d'Antioche. Parmi les prélats qui y assistèrent, on cite Jean Jouvenel des Ursins, archevêque de Reims, Pierre Beschebien, évêque de Chartres, et Thomas Basin, évêque de Lisieux;

---

le 17 janvier ses délégués. — Les délégués du chapitre de Notre-Dame de Paris présentèrent les 9 et 13 février leur rapport sur l'assemblée à laquelle ils avaient pris part. Archives nationales, LL 116, f. 411 v° et 413.

1. C'est ce qui résulte de la lettre de Charles VII du 9 mars. Il fut question à Rouen des privilèges de l'Université : le 17 janvier 1450 (et non 1451), l'Université entendait le rapport présenté par ses délégués envoyés au concile de Rouen pour la tuition et conservation de ses privilèges (Du Boulay, t. V, p. 554).

2. Lettre de Charles VII à Nicolas V, en date du 21 mars 1450. Ms. lat. 5111⁸, f. 91. Le 17 avril, le chapitre de Notre-Dame de Paris, conformément à une lettre reçue du Roi, désignait ses délégués à l'assemblée de Chartres. Archives, LL 116, f. 427. — Le chapitre de la cathédrale de Rouen nomma ses délégués le 6 mai. Registres capitulaires.

3. Le 13 avril 1450, le héraut Berry, porteur de la missive royale, était près du duc à Bruxelles. Lettre du duc de Bourgogne au Roi, dans le ms. fr. 5041, f. 13.

4. Lettres du duc en date du 10 mai 1450, donnant à Guillaume Fillastre, évêque de Toul, et à Antoine Haveron, prévôt de Mons, des pouvoirs pour le représenter à l'assemblée de Chartres. Original, Fontanieu, 877, n° 62. — Les ambassadeurs furent employés à cette mission du 10 mai au 26 juin. Archives du Nord, B 2001, f. 179 v°, 184 et 189; 2008, f. 111 et 111 v°.

5. Lettre du Dauphin à l'évêque de Grenoble en date du 12 avril 1450. *Lettres de Louis XI*, t. 1, p. 117.

comme à Rouen, le Pape fut représenté par l'évêque de Minturnes[1]. Le procès-verbal de la première séance fut rédigé par Miles d'Illiers, doyen de Chartres[2].

Que se passa-t-il à Chartres ? Les documents qui pourraient nous éclairer à cet égard ont disparu[3]. Il n'est pas douteux que la question en litige fut posée, mais non tranchée ; le Roi, d'ailleurs, était absent[4].

Nous n'avons pour nous renseigner que quelques passages d'une épître de Jean Jouvenel où il est fait allusion à cette assemblée. Il ne sera pas inutile de les reproduire :

« Et est vray que par vostre ordonnance les prelats de vostre royaume ont esté assemblés à Rouen et à Chartres pour le fait de la Pragmatique sanction, et cuidoient que y deussiés estre ; et à Chartres avoient en leur ymaginacion que vous ou monseigneur vostre chancellier dussiés estre presens. Et y eut par aucuns des clameurs et plaintes faictes, qui furent baillées par escript à moy mesme, car la chose me touchoit fort à cause de mon esglise, pour les mettre par escript. Et mesmement se plaingnoient et complaignoient, car les esglises où vous avez droit de regale, quant elles vacquent en regale, vous donnés les profits de la regale, c'est assavoir du temporel de l'esglise, à aucuns particuliers, et, se ne les donnés, si les prennent-ils, ou vos officiers, ce qu'ilz en pevent avoir sans riens mettre en repparacions[5]. »

Il paraît que, sur la question qui devait être l'objet principal du débat, les avis furent partagés : certains prélats allèrent jusqu'à mettre en doute le droit du Roi à édicter un acte tel

---

1. Lettre de Charles VII à Nicolas V, en date du 9 mars. Ms. latin 5414¹, f. 91, et dans *Spicilegium*, t. III, col. 785. Le légat pontifical avait quitté Paris le 2 mai pour se rendre à Chartres (Archives, LL 116, f. 430).
2. Voir un document cité par M. de Léphuis, *Histoire de Chartres*, t. II, p. 100. — L'Université de Paris fut représentée à l'assemblée. Voir Du Boulay, t. V, p. 551.
3. On lit dans l'« Inventoire des sacz et lettres du Roy estans à Tours » en 1461 (ms. fr. 2809, f. 80 v°) : « *Item* ung autre sac où sont les besoignes et choses traictées à l'assemblée des prelaz et gens d'eglise à Chartres en l'an M CCCC L. » — Rien ne nous est resté de ces documents.
4. Charles VII était alors à Argentan, se préparant à entreprendre le siège de Caen.
5. Ms. fr. 2701, f. 108.

que la Pragmatique. L'archevêque nous révèle le fait en ces
termes :

« Je suis prelat, comme indigne, et ne vouldroye pas dire chose
qui fut ou deshonneur de nostre Saint Père. De toutes les personnes
ecclesiastiques, que il n'y ait abus, il en y a largement. Et, comme
chef et la première personne ecclesiatique[1], appelés vos prelas et
ceulx de votre sanc, et y povez pourvoir. Et pour ce que, à Chartres,
aucuns en vouldront faire doubte, je me levé et dis que, l'an mil
III^c IIII^{xx} et XVIII, la matière fut hautement traitée, et conclut que
vous povés presider au conseil de vostre esglise de France, et, par
leur advis et de ceulx de vostre sang et conseil, conclurre au fait
des libertez et franchises de vostre esglise et en faire loy, ordonnance et pragmatique sanction, et icelle faire garder et observer
par toutes voyes doues et raisonnables[2]. »

L'assemblée de Chartres ne donna satisfaction ni au Pape,
qui demandait l'abrogation de la Pragmatique, ni aux prélats
du royaume qui, tout en sollicitant la réforme de certains abus,
réclamaient la stricte exécution de l'édit de 1438. C'est ainsi que,
dès 1445, l'évêque Jean Jouvenel avait laissé percer son mécontentement. Dans son Discours sur la charge de chancelier,
il disait : « Une bonne conclusion une fois prinse, jamais ne se
doit muer ou changer ; et mesmement quant elle concerne le
bien publique et utilité du royaume ; ne le Roy n'en devoit pas
du tout croire les gens d'esglise, et devoit appeller gens laiez
clers ad ce congnoissans, car par le moyen des collacions que
entreprend le Pape et des procès qui vont à court de Romme,
tout l'or de ce royaume, qui est le vray et pur sang d'icelluy,
s'en pert, et est comme en une manière de extinacion d'un
corps humain évacué de sang auquel on tient la chandelle en
la main[3]. »

---

1. Ailleurs, dans la même épitre (f. 89), Jouvenel dit : « Et est ung Roy comme ung
vaillant preslat, car, au regart de vous, mon souverain seigneur, vous n'estes pas sim-
plement personne laye, mais preslat ecclesistique, le premier en vostre royaume qui
soit aprez le Pape, le bras dextre de l'Esglise. »
2. Ms. fr. 2701, f. 100 v°. Passage cité par Godefroy dans son recueil des historiens
de Charles VI, p. 620.
3. Ms. fr. 2701, f. 47 v°.

C'est seulement en 1452 que, dans une nouvelle assemblée tenue en présence du cardinal d'Estouteville, les points en litige furent remis en discussion, et cette fois, avec une solennité inaccoutumée.

Le cardinal n'avait point tardé à reconquérir les bonnes grâces du Roi qui, pendant son séjour à Tours, lui fit cadeau d'une haquenée[1]. De Tours, il se rendit à Rouen où, d'accord avec Charles VII, il prit en main l'affaire de la révision du procès de Jeanne d'Arc, sur laquelle nous reviendrons ultérieurement : du 2 au 6 mai, il procéda à l'audition de nombreux témoins. Le 11 mai, il était à Paris[2], d'où il rendit compte au Roi de ce qu'il avait fait à Rouen[3]. Là, le cardinal s'occupa d'un des objets de sa mission : la réforme de l'Université de Paris.

Dès 1447, on s'était occupé de cette matière, et des commissaires avaient été désignés à cet effet. A l'arrivée du cardinal, Charles VII nomma une commission composée de l'évêque de Paris; l'évêque de Meaux; Arnaud de Marle, président au Parlement; Georges Havart, maître des requêtes; Guillaume Cotlin, président aux enquêtes; Miles d'Illiers, doyen de Chartres et conseiller au Parlement; Robert Ciboule, chancelier de l'église cathédrale de Paris, et Jean Simon, avocat du Roi, pour travailler à la réforme de concert avec le légat pontifical et s'occuper spécialement des privilèges royaux[4]. Le cardinal se fit représenter les anciens statuts, en particulier ceux rédigés en 1366 par les cardinaux de Montaigu et de Saint-Marc. Après un examen approfondi, il promulgua, à la date du 1er juin, le nouveau code qui devait régir l'Université, et qui touchait, pour chacune des facultés, à tous les points de discipline, de morale et d'enseignement[5].

Pendant son séjour à Paris, le cardinal d'Estouteville ne s'occupa point exclusivement de la réforme de l'Université. Le

1. « Loys Soreau, escuyer, mss XVI l. V s. pour une haquenée donnée au cardinal d'Estouteville. » Cabinet des titres, 685, f. 165.
2. Archives, LL 117, f. 191.
3. Lettre en date du 22 mai. Procès de Jeanne d'Arc, t. V, p. 366.
4. Ils sont nommés dans les lettres du cardinal. Du Boulay, t. V, p. 577.
5. Voir ces statuts, qui furent promulgués le 20 juin suivant, dans Du Boulay, t. V, p. 562-77. Cf. Crevier, *Histoire de l'Université de Paris*, t. IV, p. 172-91.

31 mai, il donna des lettres autorisant Marguerite d'Orléans, veuve de Richard de Bretagne et ses filles, à sortir quand elles le voudraient du monastère de Longchamps, où elles s'étaient retirées[1]. De Paris il se rendit à Orléans, où, le 9 juin, il accorda des indulgences pour la célébration de la fête annuelle du 8 mai en l'honneur de Jeanne d'Arc[2].

L'assemblée du clergé qui devait se tenir à Bourges, avait été fixée d'abord au 1er mai; elle fut ensuite renvoyée au mois de juin. Avant de s'y rendre, le cardinal désirait vivement avoir un nouvel entretien avec le Roi : il écrivit à celui-ci pour le solliciter. Charles VII lui envoya l'archevêque de Narbonne, chargé de conférer avec lui. Ce prélat joignit le cardinal à Chartres vers le 1er juin[3], et s'empressa de rendre compte au Roi de sa mission. Le cardinal avait résolu d'aller trouver le Roi, si c'était son bon plaisir, avant l'assemblée de Bourges, dans le dessein de connaître son sentiment sur le fait de la « modération » de la Pragmatique, car il avait le ferme vouloir de se gouverner et conduire conformément à son bon plaisir; il avait vu plusieurs des prélats qui devaient assister à l'assemblée, et, dans les conversations échangées avec eux, il avait constaté que la plupart ne voulaient avoir aucun souverain, fût-ce le Pape ou un autre ; si donc l'initiative en cette matière et la « modération » ne venaient du Roi, il lui serait difficile de prendre avec eux une conclusion qui fût à l'honneur du Saint-Père et au sien propre, et il y aurait de grands délais[4]. Le cardinal avait su par le Pape que des gens dignes de

1. Ms. fr. 2707, f. 192.
2. *Procès de Jeanne d'Arc*, t. V, p. 299.
3. Tous les détails qui suivent sont extraits d'une lettre de Louis d'Harcourt, archevêque de Narbonne, au Roi, en date du 2 ou 3 juin, qui se trouve en original dans le recueil de Le Grand, vol. IV, n° 23. — Le quantième est resté en blanc; mais on lit au dos : « De Mgr de Narbonne, le v° jour de juing 1452. » Cette lettre a été publiée dans l'ouvrage de Pinsson : *Caroli septimi Francorum Regis Pragmatica Sanctio* (1666, in-fol.), p. 980.
4. « Avec ce il avait parlé à plusieurs des prelaz de vostre royaume de ladicte journée, et, en communicant avec eulx, avoit de la plus part senty qu'ilz ne vouldroient avoir ne cognoistre point de souverain, ne Nostre Saint-Père, ne autre, et que se l'ordre de ceste matière et la moderacion ne partoit aucunement de vous, que à peine il pourroit avec iceulx prendre conclusion qui feust ne à l'onneur de Nostre dit Saint Père ne au sien, et que il n'y eust grand trait et longueur de temps. » Lettre de l'archevêque de Narbonne.

foi l'avaient informé des intentions des Anglais : ceux-ci étaient décidés à ne point entendre à la matière de la paix, pour laquelle il avait eu sa charge principale; le cardinal désirait donc que, les autres affaires une fois expédiées, il pût retourner en Italie, car il ne voulait pas prolonger davantage son absence. Le cardinal avait su également qu'on avait dit au Roi qu'il avait excédé les termes des lettres remises par lui aux Montils; il protestait à ce sujet, car, disait-il, il ne serait point trouvé qu'il eût rien fait en dehors de ce qu'il avait promis. En outre, il avait mission d'entretenir le Roi du fait de l'argentier.

Charles VII était alors au château de Chissay, occupé à l'examen de la procédure contre Jacques Cœur. L'archevêque de Narbonne fit observer au cardinal que, vu le « petit logis » où se trouvait le Roi, la présence du duc d'Alençon et de plusieurs seigneurs qui occupaient tout le château, il serait difficile qu'il pût être reçu. D'ailleurs le Roi se proposait de se rendre très prochainement à Bourges. Chercher à le joindre auparavant serait retarder encore la réunion de l'assemblée, car le Conseil ne pourrait quitter Montrichard tant que le cardinal serait à la Cour, et les prélats mandés à Bourges, sachant que personne n'était encore arrivé, retarderaient leur départ.

Le cardinal insista cependant pour voir le Roi, ne fût-ce que l'espace d'une soirée; il lui semblait que sa venue profiterait beaucoup à sa matière et à son fait. Depuis son départ, on avait retardé la date de l'assemblée et fait certaines mutations. Durant son séjour à Paris, plusieurs parlaient de l'affaire en termes fort différents; il en aurait volontiers avisé le Roi. Finalement, par déférence pour les désirs de ce prince, il se décida à poursuivre sa route : il déclara qu'il passerait par Orléans, où il s'arrêterait le jour du Saint-Sacrement; de là, s'il n'avait aucune nouvelle du Roi, il gagnerait Bourges.

Le cardinal était dans cette ville le 16 juin[1]. Dans les premiers jours de juillet, Charles VII arriva au château de Mehun;

---

1. Cela résulte de la lettre de son secrétaire, écrite le 16 juin, à Bourges. Ms. Ital. 1586, f. 133.

il put donc donner satisfaction au cardinal et s'entretenir avec lui avant la réunion. A ce moment, le Roi venait justement de faire partir pour Rome un de ses serviteurs, porteur d'un message adressé au Pape[1].

Le cardinal — on a pu le voir par la lettre de l'archevêque de Narbonne — était fort préoccupé des dispositions qui se manifestaient au sein du clergé de France. Si de rares prélats se montraient disposés à seconder les vues du Saint-Siège, l'immense majorité était hostile à toute pensée de révocation, et même de « mutation » de la Pragmatique. Voici ce que nous pouvons lire à ce sujet dans l'épître déjà citée de l'archevêque de Reims :

« Nostre Saint Père Eugène, et aussi Notre Saint Père Nicolas, qui est de present, ont envoyé devers vous pour faire de vostre consentement aucunes mutations ; sur lesquelles requestes avez par diverses foys assemblé vos prelats, et y a eu de diverses ymaginations et oppinions, et riens n'a esté ne mué ne conclud.

« On dit que de present à monsoigneur le cardinal d'Estouteville avez fait response que de reschef assemblerez vos prelats sur ceste matière ; mais je ne puis pas bien congnoistre quelle necessité il en est, ne n'a espoir[2] esté ; car tous vos prelats, comme vos humbles chappellains, sont prez et apparelliés, et ainsi l'ont dit et declaré à toutes leurs assemblées, de obeyr à Nostre Saint Père et à vous. Ayez seulement cinq ou six conseillers bien prins, non ayans enffans à pourveoir, et ne prenés pas ceulx qui en ont eu de pourveus, ou de leurs amis ; car il n'est doubte que ilz seroient trop favorables. Et se bon vous semble demandez par serement à part à aucuns de vos prelats qui leur en semble, et que on considère la povreté et vuidenge d'argent de vostre Royaume ; sur quoy aussi elle est fondée ; et puis en faictes ce que bon vous semblera. Et en ce vous dies les parolles dictes ad ce vaillant empereur Josué : *Quecumque volueris faciemus obediemus et tibi*. Mais il y a plus. Je sauroye voulentiers à ceulx qui sont d'oppinion de assembler les

---

1. On voit par une lettre de Georges de Annono que le 19 juillet 1452, un envoyé du Roi du nom de Richard passa par Vigevano, se rendant auprès du Pape. Ms. Ital. 1586, f. 159.
2. Expression familière à Jean Jouvenel et qu'on retrouve souvent dans ses *Épitres*. Elle est employée également par Georges Chastellain.

prelats se il est en la voulenté et disposition des prelats de la muer. On dit que l'imagination de vostre conseil si est que ilz la vous firent faire, et que sans eulx vous ne la devez point muer; ou ilz firent mal de le vous conseiller, ou ilz firent bien. Se ilz firent mal, pourquoy de la deliberation de ceulx de vostre sang et conseil en faictes vous une Pragmatique sanction? Se la chose fut justement et sainctement faicte, pourquoy fait on l'assemblée sinon pour la muer [1]? »

Non seulement l'archevêque de Reims estimait que l'assemblée ne devait point être tenue, mais il pensait que, si des réformes — dont il ne méconnaissait point la nécessité — devaient être opérées, c'était au Roi à en prendre l'initiative. Selon ce prélat, le Roi devait mettre le Pape en demeure de réunir un concile général, ainsi que, comme il le disait, Nicolas V s'y était engagé. Le Roi s'y ferait représenter et tiendrait la main à l'exécution des résolutions prises. Au besoin même, on se passerait du Pape. Voici, en effet, ce qu'on lit dans la même Épître :

« Et croy que, se il vous plaisoit de vous adviser et reformer les abbus qui sont en vostre royaume, que vous feriez bien que, par vostre moyen, en ung bon Consille general, remesde y feust mis. Et se Nostre Saint Père ne vouloit convoquer le Consille pour y remedier et pourveoir, que, aprez ce que auriez remedié aux abbus qui touchent les juridiction et police temporelles, que y devriez par bon conseil y mettre remesde se cause y trouvez. Et qui vouldroit cerchier les escriptures anciennes, les deffaultes des prebtres ont esté causes en divers temps que les princes temporels, voire aucunesfoys les tirans, ont fait sur l'Esglise et aultre peuple de merveilleux exploix. Et se on me dit pourquoy je ne dy aussi bien que on ait recours au Pape pour reformer telz abbus, car c'est à luy affaire; et ne scay que faire de moy repentir d'avoir mis en escript ce que dessus est dit; toutevoye il n'y a riens que je n'aye trouvé en escript; et ne vouldroye pas dire que en Nostre Saint Père ne ès cardinaulx, ne aultres estans en court de Romme, les choses dessus dictes ayent lieu [2]. »

1. Ms. fr. 2701, f. 100 v°.
2. Ms. fr. 2701, f. 115.

Quel était le sentiment de Jean Jouvenel sur la question qui devait être résolue à Bourges? Le passage suivant est fort instructif sous ce rapport :

« Et encores y a il une aultre chose forte à considerer, c'est assavoir que c'est du contenu de la Pragmatique sanction. C'est consentir que les status, ordonnances, constitutions et loys des sains consilles generaulx des Saints Pères et de vos predecesseurs soient gardés et observez; ont puissance vous ne les prelas de vostre royaume les immuer ou innover, ou conseillier effectuellment chose qui les doye muer ou interpreter? je croy que non. Et combien que ce soit les decrès du conseil de Basle, toutevoye ceux qui estoient à Basle ne les ont pas fait de nouvel; ce sont les anciens que ilz ont ordonnez estre gardés et observez; et se aucune chose y a esté muée, ce a esté plus les adoulcir que aultrement, et ce qui par eulx fut fait fut à paine ratifflé et emologué par Nostre Saint Père Eugène. Et si dit on que Nostre Saint Père Nicolas, qui au jour d'uy est, a dit plainement que il ne luy en chault. Et tout ce qu'il fait faire ses diligences de la muer ou changer ce sont aucuns aspoir cardinaulx et aultres de court de Romme qui ne ont regard que à leur singulier proffit pour mener les grans estas et bobans desplaisans à Dieu et au monde... Et se on me disoit que ès assemblées où j'ay esté mon oppinion estoit, en effect, que il la valoit mieulx muer, bien est vray que j'ay dit que de deux maulx le mendre est à eslire, et que c'est mains mal, tout consideré, de la muer et changer selon les articles pourparlées entre les ambaxadeurs du Pape et de vostre conseil, que d'en user comme on fait, car la forme et manière d'en user estoit inciville et desraisonnable, de present en partie la chose cesse; et ne faisoient pas les prelas, au moins aucuns, leur devoir selon le contenu d'icelle, mesmement au regard de conferer les benefices. Et croy en tout bon jugement que il fault practiquer la regle de droit : *Nichil est enim tam naturale unumquaque dissolvi quam eo ligamine quod ligatum est.* C'est assavoir que la response du Roy devroit estre que Nostre Saint Père fist consille general, ainsi qu'il l'a promis, comme l'en dit; et que le Roy y envoieroit, et ce qui seroit deliberé et conclud le Roy tendroit; et espoir ce seroit ung grant bien; car le Pape par ce moyen se esmouveroit plus tost à la tenir[1]. »

1. Ms. fr. 2701, f. 100 v°-101.

C'est dans le courant du mois de juillet que s'ouvrit l'assemblée de Bourges, la plus nombreuse et la plus solennelle de toutes celles qui aient été tenues sous le règne de Charles VII, car, indépendamment de la présence d'un légat du Saint-Siège, elle comptait des représentants des provinces récemment soumises à la domination royale. A l'assemblée de 1438, on n'avait pu convoquer les prélats et gens d'église de la Normandie et de la Guyenne : cette fois, la France entière était rassemblée autour du Roi et du légat[1]. Avec les membres de l'épiscopat et les délégués des chapitres et universités[2], Charles VII avait convoqué des docteurs en théologie[3] et des conseillers du Parlement[4]. Nicolas de Fribois, notaire et secrétaire du Roi, récemment entré dans le Conseil, tenait la plume.

Il serait du plus haut intérêt de connaître les discussions auxquelles se livrèrent les membres de l'assemblée et les délibérations prises. Par malheur, nous ne sommes guère mieux renseignés sur ce qui se passa à Bourges en 1452 que sur ce qui s'était passé à Chartres en 1450[5].

Un point d'une grande importance résulte néanmoins des rares données que nous possédons. C'est que, pour la première fois, on vit alors apparaître cette fameuse Pragmatique de saint Louis sur laquelle, jusque-là, l'histoire était restée muette.

---

1. Le troisième compte de Mathieu Beauvarlet contient la mention suivante : « A Jehan le Gentils et Nicolas de Saint-Remi, chevaucheurs de l'écurie du Roy, envoyez à plusieurs prélats avec lettres closes du Roy touchant le fait de l'assemblée des prélats et gens d'église qui devoit estre prochainement après à Bourges pour le fait de la Pragmatique Sanction. » Extrait dans Le Grand, vol. IV, n° 23, et vol. VI, f. 302.

2. Le 21 juin, l'Université de Paris nommait ses délégués. Jourdain, *Index chronologicus*, etc., p. 271. Du Boulay dit le 20 (t. V, p. 577).

3. « Guillaume Bouillé, docteur en théologie, xx l. pour sa despense qui luy conviendra faire à Bourges à l'assemblée des prélats et gens d'église qui y doit estre pour le fait de la Pragmatique Sanction. » Troisième compte de Mathieu Beauvarlet : Cabinet des titres, 685, f. 158.

4. « Me Estienne de Montdidier et messire Pierre de Tuillières, conseillers au Parlement, pour un voyage à l'assemblée de l'Église de France tenue à Bourges en juillet et aoust 1452, ne 1. » Douzième compte d'Étienne de Honney, dans le ms. 685 du Cabinet des titres, f. 152 v°.

5. Les pièces existaient cependant ; on lit dans le compte de Mathieu Beauvarlet : « Noël de Fribois, conseiller du Roy, xl l., en septembre, pour plusieurs escriptures faictes à Bourges pour le fait de la Pragmatique. » (Ms. 685, f. 158.) C'est le même Noël de Fribois qui dressa l'expédition authentique de la Pragmatique sanction de 1438, conservée aux Archives nationales (J 911, n° 1).

Voici ce qu'on lit dans un mémoire sur le rétablissement de la Pragmatique de 1438, présenté par Thomas Basin à Louis XI à la fin de 1464 :

« Item, et n'est pas chose nouvelle que les Roys et princes catholiques aient donné remèdes et provisions contre telles et semblables entreprises faictes par court de Romme contre les decrez des sains Pères et les libertez et droitures tant de l'Église gallicane que d'autres. Car ainsi ont fait voz très nobles et dignes progéniteurs et antecesseurs, *comme saint Loys en son temps, duquel j'ai veu l'ordonnance escripte et scellée en semblables matières, qui fut monstrée et exhibée aux convencions solemnelles faictes de l'Église gallicane à Chartres et à Bourges,* par la convocacion de vostre feu père, de bonne memoire[1]. »

D'un autre côté, on lit dans l'épître précitée de Jean Jouvenel des Ursins, adressée à Charles VII :

« Et n'estes pas le premier Roy qui a fait telles choses : car qui bien voit l'histoire de Phillppe le Conquerant, il ordonna ; *si fist saint Loys, qui est saint et coroné, et fault dire qu'il fist très bien ;* vostre père et aultres les ont approuvées[2]. »

Voilà donc deux prélats, défenseurs passionnés de la Pragmatique de 1438, qui, pour la première fois, invoquent la Pragmatique de saint Louis, et l'un d'eux va jusqu'à affirmer qu'il A VU L'ORDONNANCE ESCRIPTE ET SCELLÉE qui fut produite à Chartres et à Bourges.

Nous avons, en effet, une copie informe, sur papier, de la fameuse Pragmatique, d'une écriture du XVe siècle, n'ayant ni date, ni signature, avec ce titre : *Coppia Pragmatice sanctionis sancti Ludovici Francorum regis, producte in congregatione Carnotensi anno Domini mill. CCCC quinquagesimo*[3].

---

1. *Œuvres de Thomas Basin*, t. IV, p. 89. M. Quicherat se trompe (t. I, p. 319, note) en plaçant en septembre 1440 l'assemblée de Bourges à laquelle l'évêque de Lisieux fait allusion ; il s'agit de l'assemblée de 1452.
2. Ms. fr. 2701, f. 101 ; cf. Godefroy, *Histoire de Charles VI*, p. 692.
3. Archives, P 1338², cote 60 Ier. Cette copie a été signalée par M. Ch. Gérin, dans son livre intitulé : *Les deux Pragmatiques attribuées à saint Louis*, 2e édition. Paris, 1869, in-12, p. 212.

On lit dans un ancien inventaire de la Chambre des comptes : « Copie extraicte en la Chambre des comptes à Molins et signée par Gilbert Gayet et Jean Regnart, secretaires de monseigneur le duc, des lettres par lesquelles Pape Martin octroya au Roy Philippe que aucun ne puisse proufferer sentence de interdit ou excommuniement ou royaume de France sans mandement du Saint Siège apostolique. Et auxdites lettres est attaché les pareilles lettres du Pape Gregoire ; *et en outre y est attachié la copie de la Pragmatique sanction du Roy saint Loys, escripte en papier et produite en la congregation faite à Chartres*, et fut donnée ladite Pragmatique sanction à Paris au mois de mars l'an mil IIᵉ LXVIII[1]. »

Ce n'est donc point en 1438, à la première assemblée de Bourges d'où sortit la Pragmatique de Charles VII, que, comme certains l'ont pensé, la Pragmatique de saint Louis fit son apparition : c'est au plus tôt en 1450. « La Pragmatique, comme la remarqué justement M. Viollet, apparaît pour la première fois au XVᵉ siècle ; elle n'est citée ni au XIIIᵉ ni au XIVᵉ siècle, et elle se montre fort à propos pour aider au succès de la Pragmatique de Charles VII[2]. » Ce fut le moyen suprême mis en avant par certains prélats, défenseurs ardents des « libertés de l'Église gallicane, » pour empêcher l'abrogation d'un acte attentatoire aux droits du Saint Siège, acte vivement attaqué dès lors par d'autres prélats qui n'avaient cessé de prendre auprès du Roi la défense de l'Église romaine[3].

Parmi ceux-ci, nous pouvons citer Guillaume de Montjoye, évêque de Béziers de 1424 à 1451, auteur d'un traité contre la Pragmatique[4] ; Bernard du Rozier, chanoine de Toulouse, réfé-

---

1. Inventaire des titres estant en la Chambre des comptes à Villefranche en Beaujolois (septembre 1469-mars 1470). Copie de 1751. Archives, R 4*, 1110, f. 35 vᵒ. — Cette note, copiée par Du Puy (vol. 755, f. 5), a été citée par M. Ch. Gérin, *l. c.*, p. 211.
2. *Bibliothèque de l'École des chartes*, t. XXXI, p. 186.
3. Le docteur Karl Rösen, dans son opuscule : *Die Pragmatische Sanction welche unter dem namen Ludwig's IX... auf uns gekommen ist* (München, 1853, in-8ᵒ), se demande si l'auteur de la fraude ne serait pas Thomas Basin.
4. « Putamusque ad haec tempora pertinere tractatum alium satis prolixum, quem equè ac superiorem reperimus in Bibliotheca Collegii Navarrici Parisiensis, auctore Guillelmo de Montjoye, episcopi Biterrensi, quem Rex de his consuluerat : distinctum in quatuor Avisamenta, ut vocat, hoc est monita seu concilia. » Spondæ, *Annalium em. card. Cæs. Baronii Continuatio*, t. II, p. 360.

rendataire des papes Eugène IV et Nicolas V, évêque de Bazas en 1447, de Montauban en 1451, archevêque de Toulouse en 1452[1] ; Pey Berland, le saint archevêque de Bordeaux, qui se fit représenter à l'assemblée de Bourges et donna le mandat formel de demander l'abrogation de la Pragmatique[2] ; Élie de Bourdeille, évêque de Périgueux en 1447, depuis archevêque de Tours et cardinal, qui figura parmi les opposants de l'assemblée de Bourges et se montra sous Louis XI l'un des prélats les plus hostiles à cet acte : on lui doit une dissertation contre la Pragmatique[3] ; enfin Richard Olivier, l'official de la cathédrale de Rouen dont le rôle avait été si considérable lors de l'occupation de cette ville, évêque de Coutances en 1453, cardinal en 1456, qui fut condamné en 1458 à une amende de dix mille livres pour avoir attaqué publiquement la Pragmatique[4].

Ce fut, à coup sûr, un trait de génie de la part des défenseurs de l'acte de 1438 que d'avoir introduit dans le débat un document dont l'authenticité était, à la vérité, douteuse, mais que, en l'absence de tout moyen de contrôle, on n'hésita point à accepter.

Rien ne montre mieux le succès de la fraude que le mémoire où, quelques années plus tard, Élie de Bourdeille s'attachait à démontrer que la Pragmatique attribuée à saint Louis ne saurait être invoquée pour justifier la Pragmatique de 1438; qu'elle n'est point en contradiction avec l'esprit de piété et de dévouement au Siège apostolique qui animait le saint Roi ; que d'ailleurs les faiblesses des saints ne doivent pas être imitées.

Le Parlement de Paris devait, à son tour, s'emparer de la Pragmatique de saint Louis et en affirmer l'existence. On lit dans les remontrances adressées à Louis XI au sujet de l'abro-

---

1. « Ac nihilominus contra eam ipsosque ejus fabricatores, ac Regis edictum, archiepiscopus Tolosanus (Bernardus, ut puto, de Rosserglo, inclytus juris professor) eodem tempore tractatum edidit pro auctoritate sedis apostolicæ, titulo : *Accensus veri Luminis Francorum, christianissimi Regis et Regni, contra tenorem Pragmaticæ Sanctionis.* » Sponde, *l. c.* Voir ms. lat. 4242, f. 407 v°-550.
2. *Chronique bordelaise*, t. I, p. 18 ; Sponde, t. II, p. 475.
3. *Opus pro Pragmaticæ sanctionis abrogatione* (Rome, 1486, in-4), imprimé par Pinsson dans son recueil sur la Pragmatique.
4. Voir *Gallia christiana*, t. XI, col. 893.

gation de la Pragmatique (faite par ce prince en date du 27 novembre 1461) : « Item et entre les autres, l'an 1268, par le Roy saint Loys fut faite une ordonnance et edict general, par lequel il voulut et ordonna qu'on pourveust par election aux prelatures et dignitez electives, et par collations et presentations des collateurs et patrons aux benefices non electifs, et que toutes exactions et charges, importunitez de pecunes, imposées ou à imposer par cour de Rome en ce royaume, cessassent, ne feussent aucunement levées ou exigées, comme ces choses et autres plus à plein apparent par les ordonnances du Roy saint Loys, qui fut de telle renommée que chacun sait... Lesdites ordonnances ont esté longtemps observées et gardées[1]. »

Les décisions de l'assemblée de Bourges furent communiquées au Pape par une ambassade à la tête de laquelle fut placé Jean Bernard, archevêque de Tours. Ce prélat partit pour Rome au mois d'octobre, porteur d'une lettre du Roi, et muni d'instructions et de pouvoirs[2]. Nous ne possédons point le texte de ces documents, mais nous avons la lettre écrite par Nicolas V au Roi, à la réception de l'ambassade ; elle nous permettra d'apprécier la nature des communications faites au Souverain Pontife et l'accueil qu'elles reçurent[3].

Le Pape avait entendu l'exposé fait par l'archevêque. Il com-

---

1. *Ordonnances*, t. XV, p. 196. — C'est par erreur que Du Puy, en publiant ce document (*Traités des droits et libertés de l'Église gallicane*, t. I, p. 3 et suiv.) lui assigne la date de 1461 ; le texte même établit qu'il est postérieur à la mort de Pie II, survenue le 16 août 1464. — Déjà dans un édit donné par le Roi en son Parlement, en date du 17 février 1464, on avait mentionné en ces termes la Pragmatique de saint Louis : « Quodque anno Domini millesimo ducentesimo sexagesimo octavo, mense martii, glorioso memorie sanctus Ludovicus, quondam Rex Francie, predecessor noster, suo edicto perpetuo ordinaverit, » etc. *Ordonnances*, t. XVI, p. 161.
2. « Mgr l'arcevesque de Tours, XII° l. pour aller au mois d'octobre, par l'ordonnance du Roy et de l'advis de l'Église de France naguères assemblée à Bourges, devers le Pape luy remonstrer et faire savoir la response faicte à Mgr le cardinal d'Estouteville touchant la matiere pour laquelle il estoit venu. » Quatrième compte de Mathieu Beauvarlet, *l. c.*, f. 166 v°. Cf. Legrand, IV, n° 23, et VI, f. 302. — Les documents relatifs à cette ambassade sont visés dans l'inventaire cité ci-dessus (Fr. 2899, f. 82) : « Et le voyage que fit Mgr de Tours à Romme, touchant l'assemblée des prelaz à Bourges pour la Pragmatique, avecques aucuns doubles d'instructions et povoirs. »
3. Cette lettre porte la date du 1er février. — Le cardinal d'Estouteville était rentré à Rome le 3 janvier (Pastor, *l. c.*, t. II, p. 96 note).

prenait que le royaume de France, épuisé par quarante années de guerre, ne pût plus soutenir des charges acceptées de grand cœur alors qu'il était en paix et florissant ; il n'aurait pas l'ingratitude d'oublier avec quel empressement, avec quelle sollicitude, au début de son pontificat, alors que le schisme divisait l'Église, le Roi lui avait rendu la paix et l'unité : ce serait un crime de ne point avoir sans cesse en mémoire le zèle et le dévouement avec lesquels le Roi avait contenu ceux qui voulaient jeter le trouble dans l'Église. Dieu a permis que, dans un temps où la charité d'un grand nombre est refroidie et où règne l'indignité, Sa Majesté, animée de la charité du Christ, soit placée à la tête du royaume très chrétien. Puisse-t-Il conserver pour son Église et pour le Saint-Siège la personne du Roi ! Puisse le pontife jouir longtemps de sa protection et l'avoir pour défenseur ! Le Pape ajoutait :

« Tels sont les sentiments que nous avons exprimés au dit archevêque, en présence de nos vénérables frères les cardinaux de la Sainte Église Romaine, désirant non l'or et les richesses du royaume très chrétien de France, mais uniquement le salut des âmes. En vous envoyant, en effet, des ambassadeurs et des légats, ce n'était pas le désir d'acquérir des biens temporels qui nous animait ; ce n'était point la soif de posséder ces richesses terrestres et passagères : nous n'avions souci que des biens éternels, je veux dire du salut des âmes. Nous prions donc Votre Majesté de croire que, maintenant encore, nous n'avons d'autre but ni d'autre désir que de veiller au salut des âmes et de les retenir des voies de la perdition. Car, en ce qui concerne le salut, on ne peut apporter l'excuse de l'ignorance : là se vérifie surtout cette parole de l'apôtre : *Si quelqu'un veut ignorer la loi divine, il sera lui-même ignoré et rejeté de Dieu.* Aussi avons-nous supplié et supplions-nous encore Votre Majesté de rejeter ce qu'elle ne peut conserver sans blesser sa conscience.

« Que sert, en effet, à l'homme de gagner l'univers s'il vient à perdre son âme ? et quel bien pourrait-il recevoir en échange du bonheur éternel ? L'Église est une ; la foi qu'elle enseigne est une : c'est donc par les mêmes lois qu'elle doit gouverner et régner dans le monde entier. Personne, quel que soit son pouvoir, ne peut se soustraire à ces lois s'il veut demeurer dans le bercail de Jésus-Christ, et être du nombre de ces brebis que le Christ a confiées à Pierre en lui disant : « Pais mes agneaux. » Que celui qui agira autrement sache bien qu'il encourera les peines que les saints canons et le droit ecclésiastique infligent à ceux qui transgressent les lois de l'Église. Penser le contraire équivaudrait à douter du pouvoir apostolique.

« Si nous ne vous parlions de la sorte, ou nous méconnaîtrions nos devoirs de successeur de Pierre, à qui sont confiées les brebis du Seigneur, ou nous semblerions exclure Votre Majesté du nombre de ces brebis, et nous ne pourrions apporter aucune excuse de notre silence au tribunal de ce Pontife Éternel qui jugera les vivants et les morts et dont nous sommes ici bas le représentant.

« Nous avons développé plus au long au susdit archevêque ces pensées que nous venons d'exprimer brièvement à Votre Majesté. Nous le chargeons de les lui commenter et de les lui expliquer pleinement. Daigne Votre Majesté accorder une entière confiance à ce qu'il lui dira à ce sujet, et aussi à propos de certaines affaires particulières que nous lui avons confiées, afin qu'il les rapporte à Votre Sérénité, à laquelle nous recommandons très affectueusement notre personne, le Siège apostolique et l'Église toute entière[1]. »

Ainsi se termina la légation du cardinal d'Estouteville.

Elle n'avait réussi que sur un point secondaire : la réforme de l'Université. La paix avec l'Angleterre n'avait même pas été l'objet d'un préliminaire de négociations. La Pragmatique sanction n'avait pu être ni abrogée ni même « modérée. » Mais le rôle du cardinal comme pacificateur n'avait pas été complètement stérile : avant de regagner l'Italie, il avait, on l'a vu, prévenu une rupture imminente entre le duc de Savoie et la France, et il s'était entremis dans la querelle du Dauphin avec son père. Enfin il avait pris en main une affaire qui tenait fort à cœur au Roi : la révision du procès de Jeanne d'Arc, et il allait appuyer auprès de la cour de Rome les instantes démarches de Charles VII en faveur de la réhabilitation de la Pucelle.

1. *Spicilegium*, t. III, p. 790-91.

CHAPITRE VIII

RELATIONS AVEC LE DUC DE BOURGOGNE
INTERVENTION DANS L'AFFAIRE DES GANTOIS

1449-1453

Le duc de Bourgogne envoie de nombreuses ambassades au Roi ; ses réclamations incessantes ; réponse faite à Caen aux ambassadeurs du duc. — Nouvelle ambassade à Montils-les-Tours. — Envoi par le Roi d'une grande ambassade ; instructions données ; réfutation de tous les griefs allégués par le duc. — Ambassade du duc relativement à son projet de croisade ; discours de l'évêque de Chalon. — Affaire des Gantois. Appel fait par eux au Roi ; le duc prend les devants auprès de lui : lettre et ambassade. — Lutte à main armée entre le duc et les Gantois. — Ceux-ci implorent l'intervention royale ; le Roi profite de cette occasion pour demander la restitution des villes de la Somme. — Exposé de cette affaire ; enquête faite par ordre du Roi ; échange de communications à ce sujet avec le comte de Saint-Pol et le sire de Croy. — Désignation d'ambassadeurs pour se rendre à la Cour de Bourgogne ; instructions qu'ils reçoivent. — Portrait du comte de Saint-Pol ; situation fausse où il se trouve. — Arrivée des ambassadeurs ; leur réception par le duc ; difficultés qu'ils rencontrent dans l'accomplissement de leur mission ; ils se rendent à Gand et obtiennent enfin du duc la conclusion d'une trêve. — Conférences de Lille. Les ambassadeurs abordent le point délicat de leur mission ; ils échouent honteusement. — Sentence arbitrale prononcée dans l'affaire de Gand ; protestation des Gantois ; les ambassadeurs reçoivent du duc des gratifications. — Seconde phase de l'affaire des Gantois. — Nouvelle ambassade de Charles VII ; instructions qu'elle reçoit. — Les ambassadeurs sont reçus avec hauteur par le duc ; on leur fait attendre leur réponse ; paroles échangées avec les conseillers du duc ; réponse insolente qui leur est faite verbalement. — Séjour des ambassadeurs à Tournai ; triste rôle qu'ils jouent ; le Roi se décide à les rappeler. — L'affaire des Gantois se dénoue par la voie des armes ; triomphe du duc.

Les concessions faites par Charles VII au duc de Bourgogne, à la suite de la conférence de Paris[1], n'avaient point donné à ce prince complète satisfaction. Dans le courant de 1449, il n'envoya pas moins de trois ambassades au Roi, chargées de transmettre de nouvelles plaintes[2]. En janvier 1450, il

---

1. Voir t. IV, p. 375-84.
2. Ambassade d'Antoine Hanneron et de Pierre de Goux : 9 avril-31 mai ; ambassade de Pierre de Goux : 2-12 juin ; ambassade de Jean de Molesmes : 21 septembre-30 novembre. Archives du Nord, B 2002, f. 85 v°, 115 et 123 v° ; B 2002, f. 86 ; B 2002,

fit rédiger des instructions pour une autre ambassade. Charles VII poursuivait alors sa campagne en Normandie, d'où il adressait parfois des messages à son cousin pour lui faire part de ses succès[1]. Tandis qu'il se dirigeait vers Caen, deux lettres successives lui annoncèrent l'intention où était le duc de députer vers lui une notable ambassade[2]. Cette ambassade partit dans les premiers jours de mai ; elle se composait d'Antoine, seigneur de Croy, de Jean de Croy, seigneur de Chimay, de Jean de Poitiers, seigneur d'Arcey, de Valeran de Soissons, seigneur de Moreuil, de Toison d'Or, de Jean Lorfèvre, conseiller et maître des requêtes, et de Jean de Molesmes[3].

Les ambassadeurs avaient mission tout d'abord de réclamer l'exécution des décisions prises, lors de la conférence de Paris, relativement à sept points déterminés : empiètements de juridiction commis par les officiers royaux dans des villes de la châtellenie de Bar ; affaire des enclaves ; affaire des aides d'Auxerre ; affaire du grenier à sel de Mâcon ; affaire du grenier à sel de Marcigny ; affaire du grenier à sel d'Auxerre ; affaire des aides de Ham et de Bohain. Il devaient ensuite traiter les questions suivantes : affaire des marchands de Dieppe, affaire de l'église de Saint-Bertin ; ajournement donné au seigneur d'Anthoing et à d'autres officiers du duc ; poursuite faite par le comte d'Eu relativement à une obligation de trois mille

---

f. 135 et 144. Une conférence fut tenue à Langres, au mois de juillet, pour régler certaines limites territoriales (Du Puy, 113, f. 25, 27 et 108 s. V G Colbert, 65, f. 236 et 775.) — Le 7 décembre 1449 un chevaucheur de l'écurie part de Bruges pour porter au Roi des lettres closes du duc. Archives du Nord, B 2002, f. 135.

1. De Rouen il lui envoya un valet de chambre, Jean de la Grange, porteur de lettres closes (Rôle dans *Preuves de Mathieu d'Escouchy*, p. 379) ; au commencement de 1450, le duc fait des gratifications à deux poursuivants d'armes, Martainville et Colombiers, qui lui ont apporté des lettres closes du Roi (Archives du Nord, B 2004, f. 303).

2. Ambassade de Jean Boudault, écuyer d'écurie du duc : 30 janvier-17 février 1450 ; ambassade de Jean de Molesmes : 27 février-27 mars. Archives du Nord, B 2004, f. 136 et 131 v°. — A ce moment, Charles VII donna commission (28 mars) à quatre de ses conseillers pour se transporter à Mâcon et faire une enquête sur l'affaire du sel. Archives de la Côte-d'Or, B 11176.

3. 4 mai-21 juillet. Archives du Nord, B 2004, f. 113, 132 ; B 2008, f. 96 v°, 105, 105 v°, 106 v°, 113. Archives de Bruxelles, n° 1921, f. 169 (Compte de Guillaume de Poupet, année 1452, transporté au dernier siècle de Lille à Bruxelles). Cf. lettre de Jean Singet (ou Fruget ?) aux Archives de la Côte-d'Or, B 11912, n° 250, publiée dans la nouvelle édition d'Olivier de la Marche, t. II, p. 208 note.

écus contractée envers lui et dont le duc soutenait la nullité; procès pendant entre le seigneur de Saveuse et le seigneur de Torcy; appel du duc contre une sentence du bailli de Rouen[1].

A toutes ces questions, d'une importance fort secondaire, la chancellerie royale donna réponse dans un mémoire rédigé à Caen le 3 juillet 1450[2]. Il fut décidé que des commissaires seraient désignés de part et d'autre pour examiner les points litigieux, et que, à la date du 1er janvier suivant, il y aurait simultanément plusieurs réunions : l'une à Saint-Omer, la seconde à Langres, la troisième à Villefranche[3].

En outre il fut convenu qu'une « journée » se tiendrait à Eu, le 1er septembre suivant, au sujet de l'affaire des marchands de Dieppe et de Harfleur, et une autre à Mâcon, à la même date, pour s'occuper de l'affaire des enclaves[4].

Une question politique d'un ordre supérieur paraît avoir été abordée à Caen par les ambassadeurs bourguignons : celle du mariage du comte de Charolais, veuf de Catherine de France, avec une autre jeune fille du Roi[5].

Pendant la tenue des conférences d'Eu et de Mâcon, une nouvelle mission fut donnée à Jean de Molesmes, qui se rendit près du Roi[6]. Nous avons un long mémoire, rédigé par la chan-

1. « La charge des ambaxeurs de Monseigneur le duc de Bourgogne. » Archives de la Côte-d'Or, B 11907; Bibl. nat., collection de Bourgogne, 99, p. 480, et Le Grand, VII, f. 213.
2. « Responce faite aux articles bailliez par les ambaxeurs de Monseigneur de Bourgogne. » Mêmes sources.
3. Même document.
4. Conférence d'Eu, continuée à Rouen et à Dieppe : 26 août-12 octobre; 26 octobre-22 novembre; 12-30 décembre; mission du seigneur d'Auxy, Jean Potel, etc., au nom du duc. Archives du Nord, B 2004, f. 191 v°, 201 v°-202 v°, 205 v°, 208 v°; 2008, f. 98 v° et 152; 2017, f. 113 v°; cf. Archives nationales, J 798, n° 14. — Conférence de Mâcon, transférée à Villefranche : 27 août-14 septembre; mission de Jean Jacquelin et Gérard de Plaine, au nom du duc. Archives du Nord, B 2008, f. 116. — Les commissaires du Roi étaient Blaise Greslé, Pierre Balarin, Jean Jossart, seigneur de Chastillon et Jean Nancey (Archives de la Côte-d'Or, B 11176). Voir les Doléances et requêtes faites à Villefranche : Archives de la Côte-d'Or, B 11908, et Bibl. nat., collection de Bourgogne, 99, p. 892-902.
5. Jean Chartier, t. II, p. 223.
6. Son ambassade dura du 7 septembre au 28 octobre (Archives du Nord, B 1001, f. 132 v° et 204). En même temps le duc fit partir un de ses écuyers d'écurie, Hervé de Mériadec, chargé de se rendre près du Roi en Touraine, près du duc de Bretagne à sa nouvelle entrée dans son duché, « et devers plusieurs autres princes et grans seigneurs en diverses marches de ce royaume et aucuns extremitez d'icelui, pour aucunes ma-

cellerie royale en réponse aux plaintes formulées au nom du duc et qui roulaient sans cesse sur les mêmes points[1].

A la fin de décembre 1450, le duc de Bourgogne fit partir une ambassade, à la tête de laquelle était Jean de Croy[2]; elle arriva à Montils-les-Tours au commencement de janvier 1451. Le duc faisait une fois de plus exposer certaines doléances contenues dans onze articles[3].

Charles VII avait fait preuve, dans ses relations avec le duc de Bourgogne, d'une patience poussée jusqu'à la longanimité. Mais il s'irritait de cette persistance à reproduire les mêmes griefs, à en inventer de nouveaux. Cette fois la mesure était comble ; il fit savoir aux ambassadeurs que, après en avoir délibéré dans son Conseil, il avait décidé d'envoyer au duc une ambassade pour lui porter sa réponse, et désigna aussitôt, à cet effet, Jacques Jouvenel des Ursins, archevêque de Reims, le sire de Gaucourt, Guy Bernard, archidiacre de Tours, et Jean Dauvet, procureur général[4].

Le choix des ambassadeurs indiquait l'importance de la mission qui leur était confiée ; elle apparaît mieux encore à la lecture des instructions royales.

Ces instructions étaient divisées en trois parties. Dans la première, le Roi faisait répondre aux points mentionnés par les ambassadeurs du duc; dans la seconde, il énumérait ses propres griefs; dans la troisième, il donnait à l'archevêque de Reims et à son procureur général une mission spéciale relative-

---

tières secretes dont mon dit seigneur ne veult autre declaration estre faicte. » (Archives de Bruxelles, 1921, f. 169 v°.) Sa mission dura du 12 septembre au 23 décembre 1450 ; l'envoyé du duc se rendit en dernier lieu près du roi d'Angleterre (Archives du Nord, B 2004, f. 113 v°).

1. Archives, J 257, n° 77).
2. Elle se composait, avec le seigneur de Chimay, de Jean de la Driesche, Jean de Molesmes et Guillaume Rolin, seigneur de Beauchamp, et fut employée du 29 décembre 1450 au 4-9 mars 1451. Archives du Nord, B 2004, f. 211 v°; 2008, f. 96 v°, 106, 119 v°, 129 v°.
3. Ce document est visé dans les instructions de Charles VII du mois d'avril suivant. D. Plancher, t. IV, p. cxcvii.
4. « Messire Raoul, seigneur de Gaucourt, chevalier, conseiller et premier chambellan du Roy me l. pour avoir esté en fevrier de Tours en ambassade devers Mgr le duc de Bourgogne, avec Mgr l'arcevesque de Rheims et Jehan Dauvet, procureur general, pour le fait du traité d'Arras et autres matieres. » — « Me Guy Bernard, maistre des requestes, vi xx xvii l. x s. pour semblable cause. » Cabinet des titres, 685, f. 141 v°.

ment à l'affaire de Flandre. Sans se départir de la modération qui lui était habituelle, le Roi parlait en souverain : le triomphe de ses armes lui avait donné un ascendant qu'il faisait sentir à son arrogant vassal.

Les ambassadeurs bourguignons l'avaient entretenu de onze questions : 1° Arrêt donné par le Parlement au profit du sire de Torcy contre le sire de Saveuse ; 2° Procès fait contre le comte de Joigny, à la requête du sire de Gaucourt et du chancelier ; 3° Affaire de la « bateure » de Thibaut de la Haye ; 4° Termes « estranges » tenus par le Parlement à l'égard du duc ; 5° Limites et enclaves de la Bourgogne ; 6° et 7° Greniers à sel de Mâcon et de Marcigny ; 8° Aides de Ham ; 9° Affaire du sire d'Anthoing ; 10° Impôt mis sur le vin en Bourgogne ; 11° Procès du comte d'Eu. Sur chacun de ces points réponse était donnée aux plaintes articulées.

Le Roi arrivait ensuite aux réclamations que ses ambassadeurs étaient chargés de présenter.

En voici le résumé :

Le Roi a été informé qu'empêchement a été donné à l'exécution de plusieurs arrêts du Parlement, ainsi que de mandements royaux, et que les gens chargés de cette exécution ont été, les uns emprisonnés, les autres tellement menacés que les arrêts et mandements n'ont point eu d'effet. Déclaration sera faite des cas particuliers.

Des usurpations et entreprises ont été faites par les officiers du duc et se poursuivent chaque jour relativement aux droits et cas royaux, dont on enlève la connaissance au Roi et à ses représentants.

Bien qu'il n'appartienne qu'au Roi de donner des lettres de rémission, de relèvement, d'anoblissement, d'amortissement et autres lettres de grâce, le duc en donne indifféremment aux sujets et habitants des pays et seigneuries qu'il tient dans le royaume, et ce au préjudice du Roi et de son autorité.

Le Roi a été informé que le duc a établi des péages et tributs, tant par eau que sur terre, sur les vins, blés et autres denrées et marchandises, au mépris de ses droits, au préjudice du commerce et de la chose publique. On précisera les faits.

Le duc a rendu des ordonnances sur le cours des monnaies et a fait publier ses mandements en Flandre, en Picardie et en Artois, ce qui est entreprendre sur l'autorité royale.

Les gens du duc empêchent les sujets et habitants de ses pays et seigneuries de poursuivre leurs appels en Parlement ou ailleurs; ceux qui ont voulu le faire ont été, soit emprisonnés, soit transportés en Franche-Comté ou dans d'autres pays hors du royaume, et condamnés à de grosses amendes. En les contraignant ainsi à se désister de leurs poursuites, on a porté directement atteinte au ressort et à la souveraineté du Roi.

Les officiers du duc s'efforcent d'usurper et d'empêcher les droits de bourgeoisie et autres que le Roi a de toute ancienneté au bailliage de Sens.

Un cas de pendaison s'est produit à Beaune, en dépit des lettres de rémission données par le Roi.

Vers l'année 1444, trois officiers du duc (on les nomme) ont abattu les panonceaux et bâtons royaux placés dans la maison d'un bourgeois du Roi, à Goncourt, au bailliage de Chaumont.

Des empiètements sur la juridiction royale ont été commis dans le comté d'Ostrevant et dans le comté de Hainaut.

On rappellera les autres « usurpations, entreprises et excès » commis par les gens du duc contre le Roi et ses sujets, dont les ambassadeurs ont par devers eux le détail.

On remontrera, « en bons termes et par bonnes raisons, » la gravité de ces excès et entreprises, au préjudice du Roi et de ses droits.

On fera ressortir, « en bons, grands et honorables termes, » l'autorité royale et les droits, dignités, prééminences et prérogatives de la couronne de France, et que « l'honneur de ceux qui en sont issus est de les maintenir et garder, sans rien entreprendre au contraire; car de tant qu'ils sont plus grands et plus prochains, ils y sont plus tenus et obligés. »

On dira que le Roi a voulu que toutes ces choses soient « remontrées » au duc, car il ne croit pas que, si celui-ci en avait été dûment averti, il eût souffert qu'elles fussent accomplies.

Le Roi a donc espérance que, une fois avisé, le duc y mettra tel remède qu'il appartient.

Les ambassadeurs s'entendront avec le duc sur la manière dont seront faites les réparations.

Et comme un des ambassadeurs du duc (Jean Van den Driessche)[1] s'est permis, « en proposant devant le Roi, » de dire au nom de son maître que le traité d'Arras n'était point observé et que le duc voudrait bien savoir comment dorénavant il aurait à vivre sous le Roi « et comment il s'y pourra fier, » les ambassadeurs diront que le Roi « s'est donné grande merveille de ces paroles, » car de sa part le traité n'a point été violé et il n'a fait ni autorisé à faire aucune chose à l'encontre; tandis que, depuis le traité, le duc a souffert et toléré, de la part de ses officiers, plusieurs excès et entreprises contre l'autorité du Roi et au préjudice de ses droits et souveraineté. Le Roi les a « doucement passés; » il a oublié et pardonné certains d'entre eux; il a fait plus, pour complaire au duc, qu'à l'égard de tous autres princes et seigneurs de son sang. Le Roi pense qu'il en a bien souvenance : d'ailleurs, s'il le désire, ses ambassadeurs pourront le lui rappeler. Le duc n'a donc aucun motif de crainte : rien ne l'empêche d'avoir pleine et entière confiance dans le Roi. De son côté, le Roi ne doute pas que le duc n'ait vouloir et intention de se conduire toujours envers lui comme bon et obéissant parent.

Le même ambassadeur a dit qu'il y a autour du Roi des gens de son Conseil qui n'ont point les affaires du duc pour recommandées et qui lui sont hostiles. Le Roi s'en étonne, car jamais il ne sut ni ne s'aperçut qu'il y eût auprès de lui homme, de quelque état qu'il fût, n'ayant bonne volonté à l'égard du duc et ne voulant « entretenir tous termes de bon amour et bonne paix. » S'il eût su qu'il en fût autrement, il n'eût pas été content, et y eût donné provision, comme il le ferait encore le cas échéant.

---

1. Ce Jean Van den Driessche était un huissier de la chambre du Conseil que les magistrats de Gand avaient condamné en 1446 à un exil de cinquante ans; le duc l'avait marié richement et l'avait comblé d'honneurs. Voir Kervyn de Lettenhove, *Histoire de Flandre*, t. III, p. 275.

Enfin, le Roi s'étonne de ce que cet ambassadeur se soit permis de dire que les réponses données naguères à Jean de Molesmes n'avaient point été faites au sçu du Roi, car on ne saurait dire ni même penser que le Conseil du Roi se permît une telle faute ou que le Roi ne s'aperçût pas d'une si étrange licence[1].

L'instruction relative au « fait de Flandre » portait que, conformément à l' « appointement de Paris, » le Roi s'était décidé, bien que son droit de souveraineté fût incontestable, et que, comme souverain, il fût seul juge, à nommer des commissaires pour trancher la question des appels de Flandre de concert avec les représentants du duc. Les ambassadeurs avaient charge de faire ressortir la « grande douceur, courtoisie, et, à proprement parler, grâce » dont le Roi avait fait preuve en agissant ainsi, car, en « faveur et contemplation » du duc, il lui avait octroyé ce que nul souverain ne devrait céder en des matières touchant à sa couronne et à sa seigneurie souveraine; c'était ce que jamais roi de France n'avait fait. On pourrait remontrer « gracieusement » au duc que, « à bien entendre cette matière en la conséquence, lui-même, qui est un des plus grands principaux princes de France, et l'un des principaux et plus puissants membres de la très chrétienne Couronne[2]..., » devait être le premier à maintenir les prérogatives de la souveraineté du Roi.

Les ambassadeurs de Charles VII arrivèrent à Bruxelles vers le 15 mars[3], et y séjournèrent pendant deux mois et demi[4].

1. Minute dans le ms. fr. 5010 f. 89; édité *Histoire de Bourgogne*, t. IV, p. xcvii et suiv.
2. Les « Instructions pour Flandres, » en date du 14 février 1451, se trouvent en copie du temps dans le ms. fr. 5010, f. 151. Malheureusement, il y a dans le manuscrit une lacune importante : le texte s'arrête à la phrase citée et dont il nous a fallu dégager le sens.
3. Van den Driessche est mandé près du duc à Termonde à partir du 18 février, tant pour l'ambassade de l'archevêque de Reims que pour autres affaires (Archives du Nord, B 2008, f. 120). — Le 11 mars, un chevaucheur de l'écurie va de Bruxelles, porter des lettres closes du duc au Roi et au Conseil (*Id.*, f. 162). — Du 17 au 20 mars, Georges Chastellain fait un voyage secret (*Id.*, f. 127 v°). La date du 15 mars est fixée par les mandats de paiement dont il est question dans la note suivante.
4. Les ambassadeurs employèrent si bien ce temps que, par lettres patentes du 10 juin 1451, Philippe le Bon fit compter à l'archevêque de Reims dix francs, à Jean Dauvet six francs, et à Etienne Cordier deux francs par jour de vacation, pour soixante quinze jours à partir du 15 mars. Archives du Nord, B 2008, f. 94 r° et v°.

Nous avons le texte des réponses faites par eux aux requêtes formulées au nom du duc : elles sont, à peu de chose près, conformes au texte des instructions royales [1].

Le duc de Bourgogne se montrait alors fort préoccupé de la situation de la chrétienté en Orient. Reprenant d'anciens projets interrompus, il annonçait l'intention d'intervenir de nouveau dans la lutte contre les Turcs. Au commencement de mai 1451, il désigna des ambassadeurs pour se rendre, d'une part, vers le Pape et le roi d'Aragon, de l'autre, vers Charles VII, afin de les entretenir de ses desseins. Les ambassadeurs envoyés à Rome et à Naples furent Jean de Croy, seigneur de Chimay, Jacques de Lalaing, Toison d'Or et l'abbé d'Everbode; ceux qui allèrent en France furent Jean Germain, évêque de Chalon, André, seigneur de Humières, et Nicolas le Jaul, maître des requêtes [2]. On a conservé le texte du long discours prononcé, en présence du Roi, par l'évêque de Chalon [3]. C'est une pressante exhortation à prendre part à la croisade; l'orateur fait ressortir la déplorable situation de la religion chrétienne en Orient, et indique les moyens d'y porter remède. Jamais l'occasion n'a été plus favorable. Le Roi est sorti triomphant des adversités qu'il a supportées avec une si grande patience; en lui accordant la paix, Dieu lui a offert la faculté d'employer sa puissance et sa sagesse au relèvement de la foi chrétienne. Par la pacification de l'Église, menée à une glorieuse fin après deux années d'efforts, il a fait un acte plus notoire de sainte religion que s'il fût allé nu-pieds à Jérusalem. Le Roi a mis provision à ses gens de guerre : aujourd'hui la discipline est si grande au sein de son armée que durant les cinq mois que l'évêque a employés à courir pour joindre le duc

---

1. Ms. fr. 5040, f. 131.
2. Le départ des ambassadeurs pour Rome eut lieu le 11 mai; ils sont nommés dans les comptes (Archives du Nord, B 2008, f. 100 et 145; Archives de Bruxelles, 1921, f. 153 v° et 177 v°) et dans le *Liber de virtutibus Philippi*, etc., de Jean Germain (Ludwig, *Reliquiæ manuscriptorum*, t. XI, p. 83, et *Chroniques belges*, p. 77-78). Cf. Olivier de la Marche, t. II, p. 205; *Livre des faits de messire Jacques de Lalain*, dans les *Œuvres de G. Chastellain*, t. VIII, p. 249. Le départ des ambassadeurs envoyés au Roi s'effectua du 1er au 8 juin (Archives du Nord, B 2017, f. 114 v° et 116).
3. Manuscrit petit in-f° de 24 feuillets, coté Fr. 5737, avec une miniature en tête, représentant Charles VII donnant audience aux trois ambassadeurs.

et le Roi, depuis Lyon jusqu'à la mer d'Anvers et de là jusqu'à la mer de Bordeaux, il n'a vu ni su que l'on ne pût porter de l'or sur sa tête par tout le royaume. De toutes parts les églises se relèvent, les châteaux se reconstruisent, les villes et les villages se repeuplent. Que le Roi ait donc égard aux doléances de la chrétienté; qu'il s'emploie au relèvement de la foi. On fera plus avec le Roi en un an qu'on ne pourrait faire sans lui en trois ans. Le duc de Bourgogne est prêt à s'entremettre pour la conclusion de la paix avec l'Angleterre; il offre au Roi de le servir en Grèce ou en Syrie, selon que ce prince en décidera. Si le Roi cède aux désirs du duc, on criera : « Honneur, gloire et victoire à Charles, Roy de France, dit le Victorieux, nouveau David, nouveau Constantin, nouveau Charlemaigne, qui, après ses conquestes et que Dieu luy a donné paix de tous costez, il s'est employé au relievement de la sainte foy catholique; dont il sera repeuz et saoulez non mye seulement de memoire, par cronicques et histoires, mais de la grosse du froment de gloire perpetuelle et bonne renommée! »

Charles VII était alors trop absorbé par les soins à donner aux affaires de son royaume pour pouvoir s'associer à une croisade contre les Turcs. Les projets du duc de Bourgogne étaient, d'ailleurs, à longue échéance : il avait lui-même de graves affaires qui réclamaient toute son attention : au sein de ses états, un orage commençait à poindre et menaçait de prendre de vastes proportions.

Dès le 7 mars de l'année précédente, les habitants de Gand avaient, par un acte d'appel, placé leurs privilèges et coutumes sous la protection du roi de France[1]. Philippe ne redoutait rien tant qu'une intervention de Charles VII dans sa querelle avec les Gantois. Au commencement de 1451, il écrivit à ce sujet au Roi, et chargea ses ambassadeurs de l'entretenir de cette affaire. Dans une lettre, en date du 29 juillet, il annonça l'envoi d'une ambassade spéciale, chargée de parler du « fait de Gand. » Averti que les Gantois avaient envoyé ou se proposaient d'envoyer une députation pour obtenir du Roi certains

---

1. Kervyn de Lettenhove, *Histoire de Flandre*, 2ᵉ édition, t. III, p. 273.

mandements ou provisions contre lui, au préjudice de ses droits de seigneurie, le duc en informait le Roi « en toute humilité, » le suppliant, ainsi qu'il l'avait déjà fait à deux reprises, que, au cas où les Gantois s'adresseraient à lui, il ne leur voulût octroyer aucune provision avant de l'avoir entendu en ses raisons et en son bon droit, ainsi qu'il lui en avait donné « vrai espoir, » et tout au moins suspendre sa décision jusqu'à la prochaine venue d'ambassadeurs qui le mettraient pleinement au courant et lui feraient connaître les « estranges manières » que ceux de sa ville de Gand avaient tenu et tenaient envers lui. « En ce faisant, mon très redouté seigneur, concluait le duc, vous ferez œuvre de justice, et à moi grand honneur et parfait plaisir, dont je me réputerai de plus en plus tenu et obligé envers vous[1]. »

Au commencement d'août, le duc de Bourgogne fit partir deux ambassadeurs pour la cour de France[2]; une nouvelle ambassade[3] vint encore, au mois de décembre, entretenir le Roi de la « conspiration détestable » des Gantois, de leur révolte ouverte contre l'autorité du duc, et des attentats commis à l'égard de plusieurs notables personnages de leur ville; le duc espérait, avec l'aide de Dieu et de ses bons sujets, venir à bout de la rébellion; il demandait une fois de plus que, dans le cas où les Gantois solliciteraient l'assistance du Roi, celui-ci ne leur donnât ni ne permît qu'il leur fût donné aucun appui[4].

Charles VII se borna à répondre qu'il ne voulait nullement soutenir les Gantois en chose déraisonnable, mais qu'il les réprimerait au besoin, en maintenant les droits et prérogatives de sa souveraineté, comme aussi les droits du duc et de sa

---

1. L'original de cette lettre est dans le ms. fr. 5041, f. 19; elle a été publiée par M. Kervyn dans la première édition de son *Histoire de Flandre*, t. IV, p. 516 (avec la date fautive de 1452), et par M. Gachard, dans ses *Analectes historiques* (*Bulletins de la commission royale d'histoire*, 2ᵉ série (1859), t. XII, p. 362).
2. C'étaient Guilbert Dausque et Nicolas le Bourguignon. Archives du Nord, B 2008, f. 127; Archives de Bruxelles, 1921, f. 186 v°.
3. Elle se composait de Guiot Pot et de Nicolas le Bourguignon (Archives de Bruxelles, 1921, f. 170 v° et 187). Le voyage des ambassadeurs dura du 13 décembre 1451 au 9 février 1452.
4. Ms. fr. 5042, f. 29; édité *Preuves de la Chronique de Mathieu d'Escouchy*, p. 413.

seigneurie, s'ils y portaient atteinte. Au cas où les Gantois s'adresseraient à lui, le Roi était bien averti de ne leur donner aucunes lettres provisoires dont ses droits et ceux du duc pussent être amoindris ; il veillerait à la conservation desdits droits de façon à ce que le duc en soit satisfait[1]. Les échanges de communications entre le duc et le Roi se poursuivirent durant les premiers mois de 1452[2].

La ville de Gand était, depuis quelques mois, en pleine révolte : le 11 novembre 1451, deux partisans du duc avaient été mis à mort ; le 3 décembre, une nouvelle élection d'échevins consacrait le triomphe de l'anarchie ; dès le lendemain, une attaque fut dirigée sur Biervliet. Deux manifestes successifs du duc (15 et 31 mars 1452) annoncèrent l'intention de réprimer la sédition à main armée. Une dernière tentative de conciliation fut faite par une députation composée de six abbés, de trois chevaliers et de députés de toutes les villes de la châtellenie de Gand : le duc consentit à entrer en négociation ; mais les capitaines de Gand, qui étaient à la tête du mouvement, voulurent mettre une barrière infranchissable entre le duc et les rebelles : le 7 avril ils envoyèrent surprendre le château de Gavre ; le 14, une attaque fut dirigée sur Audenarde : la guerre était inévitable. Le comte d'Étampes entra en campagne, et les hostilités commencèrent le 21 avril. Dès le 24, le siège d'Audenarde était levé et les Gantois étaient mis en déroute. Le duc de Bourgogne et son neveu s'avancèrent jusque sous les murs de Gand, où régnait l'anarchie la plus complète. Mais une réaction s'opéra : les trois capitaines qui avaient dirigé l'expédition d'Audenarde furent mis à mort, et de nouvelles élections placèrent le pouvoir aux mains de la haute bourgeoisie. Tout enflammé du succès de ses armes, le duc envoya au Roi (28 avril) un long récit de la défaite des Gantois :

1. *Histoire de Bourgogne*, t. IV, preuves, p. ccm.
2. Un nouvel ambassadeur, Jean Jacquelin, partit le 5 février pour aller trouver le Roi à Tours, et fut employé à cette mission jusqu'au 29 mars (Archives de Bruxelles, 1921, f. 167 et 215). Le 23 février, un chevaucheur de l'écurie partit de Bruxelles pour aller « devers ledit M° Jehan Jacquelin et monseigneur l'arcevesque de Tarente eulx porter response, estans devers le Roy à Tours, de certaines lettres qu'ilz avoient escript à mondit Seigneur touchans aucunes matières secrettes. » (*Id., ibyd.*, f. 218.)

« Lesquelles choses, mon très redouté seigneur, disait-il, vous écrivons et signifions volontiers, pour ce que je sais certainement que de votre grâce les aurez à plaisir et qu'elles vous seront agréables[1]. »

C'est à ce moment que se produisit la démarche tant redoutée du duc. A la date du 24 mai 1452, une lettre fut rédigée pour être portée au Roi. Elle portait cette souscription : « Vos très humbles et obéissants sujets les chevetaines, échevins des deux bans, deux doyens conseillers, et toute la communauté de la ville de Gand. » Les Gantois s'adressaient au Roi comme à leur « souverain seigneur, » à celui qui « sur tous autres » devait être « véritablement et pleinement informé du gouvernement de ce pays de Flandre, ensemble de l'état, affaires et dispositions de cette ville. » Ils lui exposaient longuement la façon dont ils avaient été « grevés et chargés en plusieurs manières, » au mépris des promesses du duc de Bourgogne ; la rigueur dont celui-ci avait usé à leur égard, les laissant sans justice, ne voulant point recevoir leurs excuses, quelques supplications qu'ils aient faites à diverses reprises ; les désordres qui en étaient résultés ; la nécessité où ils avaient été de se donner de nouveaux chefs ; la guerre ouverte enfin qui s'étoit allumée, guerre qui leur était « moult dure, griesve et desplaisante, car tous vrays naturels sujets doivent sur toutes choses bien comprendre et doloir la rigueur et indignation de leur naturel prince. » Mais ils avaient l'intention, avec l'aide et la grâce de Dieu, de soutenir de tout leur pouvoir, puisque la nécessité les y forçait, la conservation de leur droit, le maintien de leurs privilèges, franchises, libertés, coutumes et usages. « Vous, comme nostre souverain seigneur, disaient-ils, vous en estes gardien et conservateur au mieux que pour vous. Nous vous supplions donc, très excellent, très hault et très puissant prince nostre très cher sire et souverain seigneur, en toute humilité, que de vostre très noble et benigne grace vous plaise en ceste matière, que nous vous si-

---

[1]. L'original de cette lettre est dans le ms. fr. 5041, f. 2. Elle a été publiée par M. Kervyn, *Histoire de Flandre*, 1re édition, t. IV, p 506, et dans les *Preuves de la chronique de Mathieu d'Escouchy*, p. 415.

gnifflons ainsi que naturellement tenus et obligés y sommes (et laquelle nous eussions dès pieça signiffiée si n'eussions épargné de faire complainte de nostre dit très redouté seigneur et prince, et esperé qu'il se deust avoir ravisé de nous conduire en justice et recevoir en sa grace), remedier, gardant vostre haulteur et souveraineté, ainsi que à vous et vostre très noble Conseil semblera pertinent et expedient, et nous, par ce porteur, sur ce signifier vostre très noble responce, afin que nous, ayant su par icelle responce ce qu'il vous en plaira faire, nous puissions conduire et ordonner selon que besoin nous sera[1]. »

Le Roi n'avait pas attendu cette requête pour envoyer une ambassade au duc de Bourgogne. Il voulait profiter de cette occasion pour revendiquer la possession des villes de la Somme, cédées conditionnellement en vertu du traité d'Arras, et en demander la restitution sans indemnité.

Ce n'était point d'ailleurs, dans l'esprit du Roi, chose nouvelle qu'une telle revendication.

Avant même que la conquête de la Normandie et l'expulsion des Anglais fussent venues modifier la situation, il en avait conçu le projet. S'il en faut croire Georges Chastellain, diverses tentatives avaient été faites pour rentrer, sans bourse délier, en possession des villes de la Somme[2], et l'on avait songé à les faire réclamer par le Dauphin, comme héritier de la couronne non consentant au transport[3]. Nous avons la trace de négocia-

---

1. Original, Ms. fr. 5041, f. 33; édité *Histoire de Bourgogne*, t. IV, *preuves*, p. CCIII.

2. « Donc que cecy vray soit appert quand, par deux ou trois fois, le Roy s'est assayé de les ravoir par demande, et a envoyé des ambassadeurs à ceste cause par devers le possessant, sans encores luy offrir les deniers sur quoy s'estoit obligé, mais faisant dire que autant et plus que les deniers montoient il en avoit levé et receu... Et voyant que ces terres ne pourroit ravoir sans satisfaction des deniers, contendi à faire payement par vieilles debtes trouvées en la chambre des comptes à Paris... Auxquels ambassadeurs proposans cecy, fut suffisamment respondu, et aussi à la matière, tellement que peu y proffitèrent. » Chastellain, t. IV, p. 17.

3. « Et par ainsi doncques, quand tous ces moyens quis faillirent (et lorsque) le Roy avoit jà son royaume tout entier doé à luy, exceptées lesdites terres de Somme, dont l'envie se sourdy grande en cœurs de plusieurs, imaginèrent de les recouvrer par mauvaisté de cestuy futur Roy, qui faindroit non vouloir consentir au compact de son père, qui estoit et eust esté chose damnable et honteuse, et directement contre la paix et toute équité divine et humaine. » Chastellain, t. IV, p. 18. Cf. t. III, p. 51-54. —

tions entamées par Dunois et Précigny avec les ambassadeurs du duc, au sujet des « pays engagés[1]. » Au commencement de 1449, Charles VII avait ordonné de procéder à ce sujet à une enquête. Dans des lettres du 9 janvier de cette année[2], il déclarait que son procureur général lui avait fait exposer que, lors de la conclusion du traité d'Arras, certains pays avaient été abandonnés au duc de Bourgogne pour en jouir jusqu'au moment où une somme de quatre cent mille écus d'or lui serait comptée afin d'en opérer le rachat ; mais que, quoique le duc et les gens de son conseil eussent dit aux ambassadeurs royaux et leur eussent concédé que, si le Roi concluait avec les Anglais soit une paix définitive, soit une trêve de longue durée, le duc rendrait et délivrerait les dits pays sans prendre ni réclamer la somme de quatre cent mille écus ni autre chose quelconque, le traité n'en faisait pas mention ; le procureur général craignait donc que, le cas échéant, le duc ne fît difficulté de rendre lesdits pays sans paiement de la somme susdite. En conséquence, le Roi donnait commission à Jean Tudert, conseiller et maître des requêtes de son hôtel, à Guillaume de Vie et Robert Thiboust, conseillers au Parlement, et à Jacques Aude, notaire et secrétaire, greffier du grand Conseil, de faire une enquête relativement à cette question et de mettre en forme authentique les dépositions des témoins qui seraient entendus.

L'enquête fut ouverte dès le lendemain[3]. On fit comparaître

---

Dans le procès de Guillaume Mariette, il est fait allusion à cette revendication. Brezé, se servant de l'intermédiaire de l'agent du Dauphin, faisait dire au duc de Bourgogne : « Monseigneur dit... qu'il recouvrera les pays engaigez, sans riens bailler, et que encores y aura-t-il des escus plus de c^m, etc. — *Item* recouvrera Ly (Lille), Do (Douai) et que par tous ses pays en tiendra de ses plus fortes places, etc. » *Preuves de Mathieu d'Escouchy*, p. 277.

1. « Monseigneur le comte de Dunois et de Longueville, messire Bertrand de Beauvau, chevalier, seigneur de Précigny, pour les frais et despens qu'il leur a convenu faire en traitant et appaisant avec les ambaxadeurs du duc de Bourgogne *touchant les pays engagez*, vi^m vi^c xxv l. » Compte d'Antoine Raguier, trésorier des guerres, commis par le Roi, à la nomination du duc de Bourgogne, à la recette d'une taille de 36,000 fr. aux pays sis sur la rivière de Somme transportés au duc par le traité d'Arras. Cabinet des titres, 685, f. 131.

2. Ces lettres ont été publiées par Lenglet du Fresnoy, dans son édition des *Mémoires de Commines*, t. II, p. 403 et suiv.

3. Le procès-verbal original de cette enquête, revêtu des signatures des commissaires, se trouve dans le ms. fr. 10365, p. 47. Il a été publié par Lenglet du Fresnoy, *l. c.*, p. 404-407.

successivement André du Bœuf, notaire et secrétaire du Roi, le connétable de Richemont et le maréchal de la Fayette, qui avaient pris part aux négociations relatives au traité d'Arras. Il résulta de cette enquête et spécialement de la déposition d'André du Bœuf, que la cession des villes de la Somme n'avait été faite que pour protéger les frontières du duc contre une invasion anglaise et pour l'aider à soutenir la lutte; que non seulement la promesse sus-mentionnée avait été faite, mais que le duc avait donné des lettres patentes par lesquelles il s'engageait, au cas où la paix serait conclue avec les Anglais, à restituer sans aucune indemnité les villes de la Somme[1].

On ne peut que s'étonner de l'ignorance où semblait être la chancellerie royale sur ce qui avait été stipulé à cet égard à Arras, car les lettres patentes dont le connétable de Richemont ne se rappelait pas l'existence et dont le maréchal de la Fayette ne parlait même pas, croyant que la clause en question avait été insérée dans le traité d'Arras, — ces lettres, d'une si haute importance, elles existaient en bonne et due forme[2]. Elles avaient été données à la date du 30 septembre 1435. Le duc s'y engageait,

[1]. *Déposition d'André du Bœuf*: « Et outre fut dit à luy qui parle par feu mondit seigneur le chancellier que, en ayant paix avec lesdiz Anglois, que mondit seigneur de Bourgoigne rendroit au Roy franchement et quictement lesdictes terres et seigneuries...; et scet luy qui parle veritablement que, au jour que ledit traictié fut fait, ou environ iceluy jour, il vist tenir à feu mondit seigneur le chancellier unes lettres patentes en parchemin seellées du seel de mondit seigneur de Bourgoigne en cire vermeille; et disoit iceluy feu monseigneur le chancellier audit feu messire Christophle (d'Harcourt) que c'estoit les lettres de promesses de mondit seigneur de Bourgoigne de rendre lesdictes terres et seigneuries franchement et sans rien payer, parmy ayant paix ausdiz Anglois. »
Déposition du connétable de Richemont: « Interrogé se mondit seigneur de Bourgoigne ou ses gens firent lors ou depuis aucunes promesses à mesdiz seigneurs et autres ambassadeurs du Roy de rendre et restituer lesdictes terres engagées toutes et quantes fois que le Roy feroit paix ou longue treve aux Anglois, sans payer ladicte somme de quatre cens mille escus pour laquelle lesdictes terres sont engagées, et si de ce en furent faictes ou accordées aucunes lettres, dit qu'il n'en scet aucunes choses. »
Déposition du maréchal de la Fayette: « Se recorde que finablement lesdiz gens de mondit seigneur de Bourgoigne consentirent et accorderent que, en baillant lesdictes terres en gaiges à mondit seigneur de Bourgoigne de quatre cens mille escus, ou cas que le Roy feroit paix final aux Anglois, il recouvrast lesdictes terres engaigées pour lesdiz quatre cens mille escus sans payer aucune chose. Et cuidoit certainement que lesdictes promesses sur ce faictes par lesdiz gens de mondit seigneur de Bourgoigne fussent escriptes oudit traictié; et n'est pas souvenant qu'ils accordassent restituer lesdictes terres s'il avenoit que le Roy prinst longue treve aux Anglois. »

[2]. Nous les avons mentionnées plus haut. Voir t. II, p. 558.

au cas où la paix avec les Anglais serait faite, à restituer sans indemnité les villes de la Somme ; mais sa promesse était conditionnelle ; elle était subordonnée : 1º au cas où le roi d'Angleterre aurait, avant le 1ᵉʳ janvier 1436, adhéré aux offres contenues dans les lettres des ambassadeurs français en date du 7 septembre 1435 ou renoncé à la couronne (et l'accomplissement de la promesse ne devait avoir lieu qu'après que la publication de la paix aurait été faite à Amiens) ; 2º au cas où le roi d'Angleterre accepterait le délai de sept ans qui lui était donné pour faire les déclarations et renonciations demandées, et où, après ces sept années écoulées, la paix aurait été faite et publiée.

Les deux lettres patentes du 30 septembre avaient été remises aux ambassadeurs français qui, le 1ᵉʳ octobre, en avaient délivré un récépissé [1]. On comprend d'autant moins l'absence de mémoire du connétable de Richemont et du maréchal de la Fayette que l'un et l'autre figuraient parmi les signataires de l'acte du 1ᵉʳ octobre.

L'enquête ordonnée par Charles VII n'élucidait point la question : on restait dans l'équivoque. Il est permis de se demander comment les graves enquêteurs ne songèrent point à se mettre en possession du document qui seul pouvait faire jaillir la lumière.

Quoi qu'il en soit, l'enquête ne fut point poursuivie. Ce n'est que près de trois ans plus tard, à la date du 6 novembre 1451, qu'on interrogea un nouveau témoin. C'était Raoul le Bouvier, chanoine d'Angers, qui avait figuré au congrès d'Arras comme l'un des représentants du duc d'Alençon. Mais le déposant n'avait point été mêlé aux négociations secrètes qui accompagnèrent la conclusion du traité ; il ne put que répondre négativement à la question qui lui était posée : savoir s'il n'entendit point dire que, « s'il advenoit que les Anglois feussent deboutez et mis hors de Normandie, par puissance ou autrement, en ce cas monseigneur de Bourgogne seroit tenu de rendre icelles

---

[1]. Voir t. II, p. 558, note 5.

villes (de la Somme) au Roy sans aucun payement de ladicte somme (de quatre cent mille écus)[1]. »

Charles VII voulait à tout prix rentrer en possession des villes de la Somme. S'il en faut croire Georges Chastellain, il aurait eu le dessein de lever sur ses sujets la somme nécessaire pour le rachat, mais le Parlement s'y serait refusé[2]. Quoi qu'il en soit, le Roi s'était décidé à agir. Un échange de communications avec le comte de Saint-Pol[3] lui donnait lieu d'espérer que le duc de Bourgogne prêterait à ses propositions une oreille favorable[4]. Le 21 février 1452, il écrivit à Antoine de Croy, lequel, ainsi que son frère le seigneur de Chimay, avait promis au comte de s'employer dans les négociations qui s'ouvriraient à ce sujet. Le Roi consentait à ce qu'une « journée » fût tenue entre ses envoyés et les représentants du duc pour traiter de cette matière ; il manifestait sa satisfaction de ce que le sire de Croy et son frère, auquel il écrivait pareillement, y prissent part, car, disait-il, « les besoingnes n'en pourront que mieulx valoir[5]. »

Mais la tournure que prirent les affaires de Flandre empêcha la réalisation immédiate de ce projet. A la date du 5 juin, Charles VII signa des instructions pour les ambassadeurs chargés de se rendre à la cour du duc : c'étaient Louis de Luxembourg, comte de Saint-Pol, Louis de Beaumont, sénéchal de Poitou, Guy Bernard, archidiacre de Tours, maître des requêtes, et Jean Dauvet, procureur général[6]. Leurs instructions

---

1. Original signé de cette déposition. Ms. fr. 5041, n° 18.
2. Voir Chastellain, t. IV, p. 358.
3. « Cardin des Essars, escuyer, gouverneur et capitaine d'Aumalle, pour un voyage devers le comte de Saint-Pol et le duc de Bourgogne, c. l. » (Onzième compte d'Étienne de Bonney, Cabinet des titres, 685, f. 150 v°.) — « Cardin des Essars, escuyer, xl. l. v s. pour aller par devers le comte de Saint-Pol. » (Troisième compte de Mathieu Beauvarlet, Id., ibid., f. 159.)
4. « Certaines ouvertures ont esté faites entre eux (Saint-Pol et le duc) sur les difficultez qui pourroient estre à cause d'aucunes noz terres et seigneuries. » Lettre du Roi au sire de Croy, publiée par M. de Reiffenberg dans les Bulletins de la Commission royale d'histoire de Belgique, t. IV, p. 62. — Nous la donnons aux Pièces justificatives.
5. Même lettre.
6. « Messire Loys de Beaumont, chevalier, seigneur du Plessis Macé et de la Forest, conseiller et chambellan du Roy, xl. pour un voyage devers Mgr le duc de Bourgogne en Flandre. — Me Guy Bernard, maistre des requestes, pour ledit voyage, m l. —

portaient sur deux points : le recouvrement des villes de la
Somme ; la pacification du différend entre le duc et les Gantois.

Relativement au premier point, les ambassadeurs devaient
dire que le Roi avait été informé des « paroles et ouvertures »
échangées entre le comte de Saint-Pol et le duc, et aussi entre
le comte de Saint-Pol et le sire de Croy et Jean de Croy, son
frère, touchant la restitution des villes, châteaux, terres et seigneuries situés sur la rivière de Somme, cédés au duc lors du
traité d'Arras. Depuis, le duc avait écrit au Roi « qu'il estoit
bien content d'entendre en la matiere et pour y besoigner
commettre de ses gens, et qu'il desiroit en ce et en toutes autres
choses complaire au Roy. » Le Roi en avait été et en était bien
joyeux et avait ferme confiance que le duc le voudrait ainsi
faire ; il se fiait singulièrement en lui comme en son bon parent. Comme il avait semblé au Roi, par les nouvelles qu'il
avait reçues du duc, que celui-ci était disposé à s'occuper de
cette matière, et que, de son côté, le Roi en avait présentement
le loisir, il avait décidé d'envoyer ses ambassadeurs pour traiter
de la restitution desdites terres, en demandant au duc que son
plaisir fût de les lui rendre et restituer.

Relativement au second point, les ambassadeurs devaient
dire que le Roi avait été informé, tant par ce que le duc lui
avait écrit et fait savoir que autrement, du démêlé qui existait
entre lui et les Gantois, et de ce que lesdits Gantois s'étaient
efforcés et s'efforçaient de faire plusieurs entreprises, excès et
voies de fait tant contre la souveraineté et les droits du Roi
que contre les droits du duc. Le Roi avait singulier vouloir et
affection au bien du duc et entendait maintenir son droit partout où il appartiendrait ; il avait aussi pleine confiance que le
duc voudrait maintenir, suivant son pouvoir, l'autorité et la
souveraineté royales, ainsi qu'il le lui avait fait, d'ailleurs, savoir par ses lettres. Et comme les Gantois et leurs alliés et
complices s'étaient mis en armes, et avaient fait des sièges et

Me Jehan Dauvet, conseiller et procureur general, pour ledit voyage, me J. » Cabinet
des titres, 685, f. 150 v° ; cf. f. 166. — Georges Chastellain, parlant de Guy Bernard
(t. III, p. 33), l'appelle « homme bien notable et discret, bon clerc et de grant auctorité
au conseil du Roy. »

de grandes invasions, et que pareillement le duc s'était mis en armes et avait fait contre eux de grandes assemblées de gens de guerre, et que déjà il y avait eu des voies de fait, le Roi, qui, comme souverain seigneur, était tenu de procurer toute bonne raison et de nourrir paix et amour entre ses sujets, considérant que par de telles invasions et guerres particulières qui au temps passé avait existé au pays de Flandre plusieurs inconvénients étaient advenus dans le royaume, lesquels, à l'occasion de la présente guerre, pourraient se renouveler, désirant y pourvoir et ayant en vue les droits, prééminences et prérogatives de sa souveraineté et de sa couronne, aussi bien que la décharge de sa conscience, avait chargé ses ambassadeurs d'exposer ces considérations au duc, afin que son plaisir fût de les mettre au courant de la matière et de la cause du débat existant entre lui et les Flamands, et que les ambassadeurs pussent travailler à l'apaisement du différend et y faire tout ce qu'ils pourraient, au bien et à la conservation des droits et de la souveraineté du Roi et aussi des droits du duc [1].

Quel était le personnage qui figurait au premier rang parmi les ambassadeurs? C'était un membre de la maison de Luxembourg, vassal du duc de Bourgogne. — Louis de Luxembourg, comte de Saint-Pol, était alors âgé d'environ trente-quatre ans. Engagé, au début, dans le parti bourguignon, il avait fait, à l'âge de quinze ans, ses premières armes au service des Anglais. Rallié à la cause royale après le traité d'Arras, il prit part au siège de Dieppe en 1443, et il fut armé chevalier par le Dauphin. Nous l'avons vu apparaître à la Cour en 1445 ; il devint, par le mariage de ses deux sœurs, beau-frère du comte du Maine et du connétable de Richemont. Il figura avec honneur dans la campagne de Normandie, et sut se concilier la faveur du Roi, qui lui donna une pension de trois mille livres. C'était un brillant seigneur, célèbre par sa jactance, renommé pour ses bonnes fortunes, mais qui n'était guère préparé au rôle de diplomate que Charles VII, se fiant à des assurances données par lui à

---

1. Ces instructions se trouvent dans le ms. 5010, f. 77-81 ; elles ont été publiées par M. Kervyn de Lettenhove, *l. c.*, 1re édit., t. IV, p. 510.

la légère, l'appelait à jouer¹. On se demande comment le Roi avait pu choisir un tel représentant et quelle confiance il pouvait lui inspirer. Le comte de Saint-Pol préludait déjà à ce rôle de duplicité qui devait lui être si fatal et le conduire un jour à l'échafaud.

Le comte n'était point à la Cour au moment où le Roi le désignait comme ambassadeur. Ses collègues devaient le prendre en passant par Paris, et, s'ils ne le rencontraient pas en son hôtel, lui assigner un rendez-vous à Tournai; là ils s'entendraient avec lui sur la façon dont il convenait de procéder et sur le moment à choisir pour faire au duc de Bourgogne des ouvertures relativement au point délicat de leur mission : la restitution des villes de la Somme. On ignorait donc à la Cour que le comte de Saint-Pol se trouvait alors dans les rangs de l'armée bourguignonne, combattant ces mêmes Gantois que le Roi chargeait ses ambassadeurs de réconcilier avec le duc de Bourgogne ? Le véritable chef de l'ambassade fut le procureur général Jean Dauvet : c'est sur ce personnage, étranger aux affaires diplomatiques², qu'allait porter tout le poids de cette négociation si épineuse.

Les ambassadeurs arrivèrent le 11 juin à Saint-Amand, à quatre lieues de Tournai³; c'est là que le comte de Saint-Pol vint les joindre : ils lui donnèrent communication de lettres closes du Roi à son adresse et des instructions royales. De là ils se rendirent à Tournai, où l'esprit de sédition qui régnait en Flandre avait fait sentir son influence et où l'intervention des représentants de la Couronne était fort nécessaire⁴. Le duc de Bourgogne, averti par eux de leur venue, répondit qu'il

---

1 « Utinam non nimium in eumdem confisus, ab eo tempestive declinasset! Forsitan ad casum ad quem pervenit perductus nunquam fuisset. » *Chronique d'Adrien de But*, p. 247. — « Il estoit orgueilleux oultre bord et à l'encontre de ses meilleurs, » dit Chastellain (t. IV, p. 131), qui ajoute : « Et estoit le plus extrêmement dissolu sur femmes par multitude que nul à peine son pareil. » Et ailleurs (t. II, p. 179) : « Vaillant chevalier estoit en guerre, et assez heureux et merveilleux solliciteur de Madame Vénus. »

2. C'était un ancien conseiller du roi René, solliciteur de ses causes au Parlement.

3. Tout ce qui suit est emprunté à la relation des ambassadeurs, en date du mois de septembre, qui se trouve dans le ms. fr. 5041, f. 82, et a été publié dans les *Preuves* de D. Plancher, *Histoire de Bourgogne*, t. IV, p. ccv.

4. Relation des ambassadeurs, *l. c.* Cf. *Chroniques de Flandre*, t. III, p. 191.

était absorbé par les soins de la guerre, et les invita à se rendre à Bruxelles pour s'entendre avec ses conseillers. Arrivés dans cette ville le 16 au soir, les ambassadeurs trouvèrent le chancelier Rolin, l'évêque de Tournai et les autres conseillers du duc, venus pour les recevoir. Interrogés sur l'objet de leur mission, les ambassadeurs répondirent, en termes généraux, qu'ils étaient chargés de traiter deux questions, dont l'une était relative à la pacification du différend entre le duc et les Gantois, mais que la nature de la matière les obligeait à ne s'en ouvrir qu'au duc en personne et à lui exposer eux-mêmes leur charge et créance. Le comte de Saint-Pol, sachant dans quelles dispositions se trouvait alors le duc, leur recommanda de se bien garder de l'entretenir pour le moment de l'affaire des villes de la Somme. Après un échange de paroles entre les ambassadeurs et les représentants du duc, ceux-ci déclarèrent qu'ils feraient savoir à leur maître la venue des envoyés du Roi et le désir manifesté par eux de l'entretenir en personne. Une lettre des ambassadeurs fut en même temps transmise au duc.

Le 19 juin, Philippe leur fit dire de se rendre à Termonde et que, de là, ils pourraient venir le joindre. Arrivés dans cette ville, les ambassadeurs reçurent une lettre du Roi, apportée par un chevaucheur de son écurie. Le Roi leur envoyait copie de la lettre des Gantois en date du 24 mai et de la réponse qu'il y avait faite.

Le 20 juin, les ambassadeurs allèrent trouver le duc au camp de Waesmunster. Ils furent reçus en présence du comte de Charolais, du duc de Clèves, du comte d'Étampes, du seigneur de Croy, de Jean de Croy et d'autres seigneurs. Les ambassadeurs exposèrent leur créance : elle contenait deux points ; mais, vu son « occupation » et la « disposition » où il était, ils déclarèrent qu'ils ne l'entretiendraient que de l'un de ces points, celui relatif à la pacification de la guerre de Flandre. Ils firent ressortir les inconvénients qui pouvaient résulter de cette guerre, le désir que le Roi avait de s'employer à la conclusion de la paix, en sauvegardant tout ensemble ses propres droits et ceux du duc ; ils s'exprimèrent avec la plus grande modération, afin de ne point heurter les sentiments du duc.

A peine avaient-ils fini de parler que Philippe, sans consulter son Conseil, leur répondit sèchement : « Les gens de Gand sont « les chefs de toute rébellion ; ils m'ont fait les plus grands « outrages ; il est besoin d'en tirer telle punition que ce soit « exemple à jamais. J'ai l'intention, à l'aide de Dieu, de leur « remontrer tellement leur outrage, que ce sera à l'honneur de « tous princes chrétiens. Si le Roi étoit bien informé de l'état « des choses, de la mauvaise rebellion des Gantois et des termes « qu'ils ont tenu, il seroit sans nul doute bien content de me « laisser faire sans me faire parler de paix. Je vous prie donc « que vous en veuilliez déporter. Je reconnais, d'ailleurs, que « le Roi est souverain du comté de Flandre, et je lui voudrois « obéir et complaire en tout ce que je pourrois[1]. » Le duc ajouta que le lendemain il donnerait plus ample réponse.

Les ambassadeurs passèrent la nuit à Termonde, et revinrent le lendemain près du duc ; ils le trouvèrent entouré de son chancelier et de l'évêque de Tournai. Le chancelier prit la parole ; il exposa longuement les « grandes offenses » dont les Gantois s'étaient rendus coupables envers le duc ; des négociations étaient entamées, par l'intermédiaire des députés des nations étrangères résidant à Bruges et des députés des trois états de Flandre, et les comtes de Charolais et d'Étampes s'étaient portés médiateurs ; le duc remerciait le Roi de son bon vouloir ; il était content que ses ambassadeurs s'employassent à l'apaisement des hostilités par voie amiable, en s'entendant avec les princes médiateurs et avec les députés susnommés.

Les ambassadeurs firent connaître l'intention où ils étaient de se rendre à Gand, afin d'y exposer leur créance « au bien de la besogne. » — « Ce ne seroit point honneur et sureté à vous d'y aller, » répondit le chancelier. Les ambassadeurs insistèrent, disant que travailler à la pacification avec d'autres que les Gantois ce ne serait pas bien garder l'honneur et autorité du Roi ; d'ailleurs, ils n'avaient ni puissance ni charge de

---

1. Relation citée ; cf. Chastellain, t. II, p. 308-309. Voir le discours que Jean Germain place dans la bouche du duc. *Oratio ad Pium Papam*, p. 198.

le faire, et ils ne le pourraient, oseraient ni voudraient ; quant à aller à Gand, ils n'y voyaient point de deshonneur ni de « double » ; ils étaient persuadés que le duc ne leur donnerait aucun empêchement à cet égard : ils demandèrent donc que les hostilités fussent suspendues pendant qu'ils seraient à Gand et qu'ils y travailleraient à la pacification.

Le duc de Bourgogne leva alors la séance, disant qu'une nouvelle conférence aurait lieu dans la journée entre les ambassadeurs et ses conseillers pour examiner la façon de procéder à la pacification et trancher la question du voyage à Gand.

On fit tout au monde pour empêcher les ambassadeurs d'effectuer ce voyage ; mais finalement on se résigna à les laisser intervenir auprès des Gantois[1].

Dans le rapport circonstancié où les ambassadeurs exposaient ces faits au Roi, ils disaient : « En vérité, Sire, cette matière est bien grande et dangereuse, et difficile à manier ; et la guerre est bien dure, car on n'y prend homme à merci ; et se brûlent villes et villages ; et font grands dommages tant d'une part que de l'autre ; toutefois ceux de Gand ont toujours eu du pire jusqu'ici. Et à cette occasion, monseigneur de Bourgogne est fort dur et difficile. »

On était, en effet, en pleine guerre, et le moment de l'intervention royale ne pouvait être plus mal choisi. Le 14 juin, les troupes bourguignonnes avaient franchi l'Escaut près de Rupelmonde : le comte de Saint-Pol et le sire de Chimay avaient eu à livrer un sanglant combat. Le 16, trente ou quarante mille hommes, sous les ordres du duc, s'avançaient à travers la vaste plaine qui sépare Rupelmonde de Basele : une bataille avait été livrée ; elle s'était terminée par la défaite des Gantois ; mais Jacques de Lalaing et le sire de Chimay avaient été blessés, et le duc avait vu périr Cornille, l'un de ses bâtards, pour lequel il avait une grande prédilection. Le 17, une flotte nombreuse avait amené des renforts venus de Hollande. Le

---

[1] Relation citée ; cf. Chastellain, t. II, p. 310.

duc s'était avancé le 18 jusqu'à Waesmunster, dans l'espoir que les Gantois viendraient y implorer sa clémence [1].

Pendant ce temps un héraut français, parti le 15 juin de Tournai, était arrivé à Gand et avait remis aux habitants une lettre des ambassadeurs annonçant qu'ils avaient reçu du Roi pleine autorité pour faire cesser la guerre et prononcer sur les démêlés qui l'avaient occasionnée [2]. Les Gantois répondirent aussitôt qu'ils « ne desiroient que l'amiablité du Roy et estre de lui preservez et entretenuz en justice. » Une nouvelle lettre ne tarda pas à parvenir aux ambassadeurs : on les pressait de se rendre à Gand, « afin qu'on les pust advertir tout au long des affaires et besoingnes [3]. »

Les ambassadeurs partirent le 23 juin. Le lendemain, dans un *post-scriptum*, ils faisaient part au Roi de la réception qui leur avait été faite : « Nous arrivâmes hier au soir en cette ville de Gand, et vindrent au devant de nous, à une lieue loin de la ville, plusieurs échevins et bourgeois en grand appareil; et nous firent bien grande reception et honneur, en montrant qu'ils étoient tant joyeux que merveille de notre venue; et parlèrent à nous en si grand honneur, révérence et humilité du Roi que plus on ne pourroit. Et aujourdhui au matin sont venus vers nous en grand nombre, et leur avons présenté les lettres closes du Roi; et après nous ont dit qu'ils remercient le Roi très humblement du bon mémoire qu'il a eu d'eux, et qu'ils en sont très joyeux, et ont grand désir et affection à ladite pacification, comme ils disent... Et à la vérité nous semble que l'apaisement est nécessaire, car nous voyons les choses bien difficiles et bien dangereuses [4]. »

Tandis que les ambassadeurs du Roi remplissaient à Gand leur mission pacificatrice, le duc de Bourgogne, pour venger la mort de son bâtard, faisait mettre à feu et à sang le pays des Quatre Métiers. Tous les villages qui avaient pris part à la re-

---

1. Sur tous ces faits voir Blommaert, *Guerre de la ville de Gand contre le duc de Bourgogne* (Gand, 1841, in-8° de 63 p.), et Kervyn de Lettenhove, *Histoire de Flandre*, 2e édition, t. III, p. 318 et suiv.
2. Le texte est dans Kervyn, 1re édition, t. IV, p. 425-26.
3. Kervyn, *l. c.*, p. 426-27.
4. *Histoire de Bourgogne*, t. IV, preuves, p. CXVII.

bellion furent incendiés. On dit que plus de quatre mille manoirs devinrent la proie des flammes [1].

Le 26 juin, une députation se présenta devant le duc, en compagnie des ambassadeurs du Roi : elle se composait de l'abbé de Tronchiennes et de plusieurs représentants de la ville de Gand, et venait solliciter une suspension d'armes d'un mois. Philippe, dont la colère avait été calmée par une manifestation hostile — presque une révolte — qui venait de se produire au sein de son armée, consentit à accorder une trêve de trois jours. Le 29 juin, Dauvet retourna à Gand pour rendre compte des négociations entamées et proposer une pacification sur les bases suivantes : maintien de l'autorité du duc de Bourgogne; conservation des privilèges des Gantois; reconnaissance du droit d'arbitrage des ambassadeurs du Roi, avec l'amende pour seule sanction au cas où les Gantois seraient reconnus coupables de quelque délit. L'assemblée de la Commune, aussitôt consultée, accepta la médiation des ambassadeurs, mais non leur arbitrage; elle entendait réserver non seulement ses privilèges et la faculté de se justifier près du duc, mais encore le droit de ratifier toutes les conditions du rétablissement de la paix [2].

Le 30 juin, le duc de Bourgogne recommença les hostilités. Son armée se répandit dans le pays de Waes, brûla Axel, pilla toute la contrée. Le 7 juillet, les ambassadeurs vinrent trouver le duc à Witteren : toutes leurs instances pour obtenir une nouvelle trêve restèrent sans résultat. Ils négociaient toujours et s'efforçaient d'obtenir l'adhésion des conseillers du duc à une formule de soumission rédigée d'accord avec les Gantois [3]. Enfin, le 19 juillet, le duc consentit à accorder une trêve qui fut définitivement conclue le 21, et qui devait durer jusqu'au 1er septembre. Pendant ce temps des conférences devaient se tenir à Lille avec les ambassadeurs du Roi et les députés de la ville de Gand [4].

---

1. Du Clercq, l. II, ch. XVI.
2. Kervyn, t. III, p. 330.
3. Lettre des ambassadeurs aux Gantois en date du 9 juillet. *Histoire de Bourgogne*, t. IV, p. ccvii.
4. Le 19 juillet, André, seigneur de Humières, allait à Lille joindre l'évêque de Tournai, le chancelier Rolin et plusieurs conseillers du duc assemblés pour le fait des Gan-

Le 26 juillet, les Gantois adressèrent une lettre au Roi pour le remercier de son intervention ; ils annonçaient qu'ils avaient accepté son arbitrage pour vider à l'amiable leur différend avec le duc de Bourgogne ; ils espéraient que les ambassadeurs du Roi les maintiendraient en la possession de leurs droits [1].

Le duc de Bourgogne ne tarda pas à venir présider en personne aux négociations. Le 21 août, les ambassadeurs du Roi se rendirent auprès de lui, à Roubaix. Jugeant le moment venu, ils abordèrent le point principal de leur mission. En présence du comte de Charolais, du comte d'Étampes, du chancelier, des évêques de Tournai et de Cambrai, des deux Croy et d'autres conseillers du duc, Jean Dauvet prit la parole. « Le Roi a été
« informé, dit-il, de certaines paroles et ouvertures échangées
« entre monseigneur de Bourgogne et monseigneur de Saint-
« Pol, et aussi entre monseigneur de Saint-Pol et monseigneur
« de Croy et messire Jean de Croy, son frère, sur les difficultés
« qui pourroient se produire entre le Roi et monseigneur de
« Bourgogne à cause de certaines terres et seigneuries. Le Roi
« a compris que ces paroles s'appliquoient à la restitution des
« villes, châteaux et seigneuries étant sur et par deçà la ri-
« vière de Somme, baillées par le Roi à monseigneur de Bour-
« gogne au traité d'Arras. Monseigneur de Bourgogne a écrit
« au Roi qu'il étoit bien content d'y entendre et desiroit, en ce
« et en toutes autres choses, complaire au Roi. Le Roi en a été
« et en est très joyeux et content de lui ; il a ferme confiance
« que ainsi le voudroit faire, et se confie à lui entièrement
« comme à son bon parent. Monseigneur de Bourgogne peut
« aussi se tenir sûr que le Roi lui voudroit complaire en toute
« chose. Le Roi nous a donc députés et ordonnés pour venir
« par devers monseigneur de Bourgogne, garnis de bonne
« puissance, pour recevoir lesdites terres. Nous requerrons
« donc Monseigneur que son plaisir soit rendre et restituer
« icelles villes, châteaux, terres et seigneuries. »

---

tois, « lesquels s'estoient soubzmis en certains ambaxadeurs envoiez de par le Roy pour l'appaisement de mon dit seigneur (le duc) vers eulx. » Archives du Nord, B 2017, f. 115 v°-116 ; cf. Archives de Bruxelles, 1921, f. 186.

1. *Histoire de Bourgogne*, t. IV, preuves, p. ccviii.

Immédiatement, et sans s'entretenir avec ses conseillers, le duc de Bourgogne répondit :

« Je me donne merveille de ce que vous me dites touchant
« la restitution des terres, vu que oncques je n'en ai parlé à
« monseigneur de Croy ni à messire Jean. Et s'ils se sont avan-
« cés d'en parler, je les désavoue et ils en paieront la lamproie.
« Le traité a été fait si solennellement et par tant de gens no-
« tables, comme chacun sait, que mon intention n'est pas de
« me départir d'aucune chose contenue audit traité. La ma-
« nière et les causes du transport de ces terres ont été décla-
« rées au traité, auquel je me rapporte. Jamais je ne me serois
« soumis ni me soumettrai, de si grande chose comme du fait
« du traité et desdites terres, à deux ou trois personnes. »

Le sénéchal de Poitou fit observer que, alors même que le seigneur de Croy et son frère n'eussent point averti le Roi de cette matière, le Roi avait bien cause et occasion de demander et requérir la restitution de ces terres qui lui appartenaient.

Le seigneur de Croy et Jean de Croy se levèrent et déclarèrent que jamais ils n'avaient parlé, ni au comte de Saint-Pol, ni à d'autres, du recouvrement desdites terres ; ils avaient seulement échangé avec le comte certaines paroles sur les difficultés existant entre les officiers du Roi et monseigneur de Bourgogne, disant que ce serait bien fait de les apaiser.

Le comte de Saint-Pol, prenant la parole, déclara à son tour que ce que les Croy lui avaient dit, il l'avait fait savoir au Roi par Cardin des Essarts.

Après cet échange d'observations, les ambassadeurs se retirèrent pour aviser à ce qu'ils répondraient au duc de Bourgogne ; ils décidèrent de faire la réponse suivante, qui lui fut aussitôt communiquée.

« Au regard des paroles échangées entre monseigneur de
« Saint-Pol et lesdits de Croy, nous nous en rapportons à ce
« qu'il en est. Mais, quoiqu'il en soit, le Roi en a été averti. De
« plus, il semble, par les lettres mêmes que monseigneur de
« Bourgogne a écrites au Roi, déclarant que, sur les difficultés
« qui pourroient surgir entre le Roi et lui à cause de certaines
« des terres du Roi il étoit content de commettre de ses gens et

« que le Roi commit des siens pour pacifier lesdites difficultés,
« en bon entendement, ces lettres se doivent appliquer et en-
« tendre aux dites terres. Car ces terres, par le texte même du
« traité, n'ont point été transportées incommutablement, mais
« se doivent restituer. Et ainsi, en parlant de questions ou
« difficultés pour certaines terres, il faut plus entendre de ces
« terres que de nulles autres. Et posé que jamais n'en ait été
« parlé, le Roi a bien cause et matière d'en parler. Relative-
« ment à ce qu'a dit monseigneur de Bourgogne sur la manière
« dont a été fait le traité, nous répondrons que, en requérant
« la restitution susdite, nous ne venons en rien contre le traité.
« Nous avons charge de nous adresser à sa personne et non à
« autre, pour lui parler privément et rondement de cette ma-
« tière, sans entrer en grands arguments. Et en supposant que
« l'article du traité faisant mention desdites terres porte que
« ces terres furent transportés au rachat de quatre cent mille
« écus, toutefois, quand on parla, lors du traité, de bailler
« ces terres à monseigneur de Bourgogne, la cause et occa-
« sion du bail qui lui en fut fait fut pour résister aux An-
« glais de Normandie et pour assurer les terres de monsei-
« gneur de Bourgogne et supporter la guerre de ce côté ; et
« fut dit et expressement accordé de la part de monseigneur
« de Bourgogne que toutes fois qu'il y auroit paix ou longues
« trèves entre le Roi et les Anglais, et que le Roi auroit re-
« couvré le duché de Normandie, monseigneur de Bourgogne
« seroit tenu de rendre et restituer au Roi, franchement et
« quittement, lesdites terres. Or le Roi a eu premièrement
« longues trêves avec les Anglais ; après il a conquis le duché
« de Normandie ; ainsi les conditions sont advenues. Par quoi
« il s'ensuit bien clairement que monseigneur de Bourgogne
« est tenu de rendre et restituer franchement au Roi icelles
« terres, et que le Roi a bien cause de les demander, et que,
« en ce faisant, il ne vient en rien contre le traité. »

A cette argumentation spécieuse, qui ne s'appuyait point, et pour cause, sur le texte du traité, mais sur une interprétation fort discutable et peu conforme à l'exactitude des faits, le duc de Bourgogne n'eut pas de peine à répondre victorieusement.

« Le Roi m'a mandé par plusieurs fois, dit-il, qu'il ne vouloit
« en rien enfreindre ledit traité. Je veux bien garder le
« mien et le garderai. Il ne faut point entrer aux causes du
« transport desdites terres ; chacun les sait. Mieux vaut se
« déporter d'en parler. Assurément il n'y a prince en ce
« royaume qui plus voulût complaire au Roi que moi, ni qui
« l'ait fait davantage quand le temps s'en est ordonné. Toute-
« fois, la matière est grande ; il y écheoit bien penser. J'y
« aurai avis et je vous ferai donner plus ample réponse. »

Quinze jours s'écoulèrent avant que les ambassadeurs eussent une nouvelle audience. Le duc leur déclara, que, ainsi qu'il l'avait déjà dit, le traité d'Arras avait été fait aussi solennellement que chacun le savait, en présence des légats du pape et d'ambassadeurs de tous les princes chrétiens ; il avait alors auprès de lui plusieurs de ses parents et amis, et avait consulté les états de son pays. Il ne voudrait rompre ni enfreindre le traité, ni rien faire qui y fût contraire, sans grande délibération et sans l'avis de ses parents et amis, et des états de ses pays. Assurément il était disposé à complaire et faire service au Roi en tout ce qu'il pourrait ; mais, pour le présent, il ne lui était point possible de faire d'autre réponse.

Les ambassadeurs eurent beau insister, revenir sur les arguments déjà invoqués, soutenir qu'il « avait été dit et expressément promis et accordé de la part de monseigneur de Bourgogne et de ses commissaires que, au cas où il y auroit paix ou longues trèves, ou que le Roi auroit recouvré le duché de Normandie, il seroit tenu de rendre et restituer au Roi lesdites terres franchement et quittement, » le duc fut inflexible. « Toutes les convenances et promesses faites au traité, dit-
« il, y sont bien déclarés et écrites. On sait bien les causes du
« bail et transport desdites terres, et je les dirois bien ; mais
« je ne le veux point dire pour l'honneur du Roi [1]. »

Ainsi se termina, sur ce point, la mission si malencontreusement donnée par le Roi à ses ambassadeurs.

---

1. Relation des ambassadeurs. Ms. fr. 5040, f. 209 ; éditée par Kervyn, *Histoire de Flandre*, 1re édition, t. IV, p. 517-22.

Devait-on être plus heureux en ce qui concernait la pacification entre le duc et les Gantois?

La conférence de Lille fut loin d'y mettre un terme. Le procureur général Dauvet et ses collègues, en écrivant le 30 août aux Gantois, étaient forcés d'avouer qu'il leur avait été impossible d'arriver à aucune bonne conclusion. Parvenus à la veille du terme fixé pour la suspension d'armes, ils déclaraient qu'ils avaient fait défense aux députés de Gand de procéder par les armes et par voie de fait; ils les engageaient à avoir recours au Roi, leur souverain seigneur, qui avait la volonté de leur donner remède et provision [1].

Pourtant, à la date du 4 septembre, une sentence arbitrale fut rendue par les ambassadeurs: elle était entièrement favorable aux prétentions du duc de Bourgogne [2]. Accueillie à Gand par un cri de colère, elle fut rejetée le 8, à l'unanimité par la *Collace*. Maine, le héraut du Roi qui l'avait apportée, fut contraint de se déguiser pour éviter d'être maltraité, et s'enfuit à franc étrier jusqu'à Lille.

Une protestation fut rédigée le 21 septembre et portée au Roi par un religieux cordelier. Les Gantois rappelaient les promesses faites en son nom et les réserves consenties par les ambassadeurs pour le maintien de leurs privilèges. « Et néanmoins, disaient-ils, vos ambassadeurs ont fait tout au contraire, mettant arrière et délaissant leurs susdites promesses; car, après le partement de nos députés de Lille et sans la présence d'aucun d'eux, ils ont prononcé un très rigoureux et très mauvais appointement contre nous, contre nos droits, et nos privilèges, franchises, libertés, coutumes et usages. » Après avoir établi la légitimité de leur résistance, ils concluaient ainsi: « Pour ce, très cher seigneur, que toutes ces choses sont très mauvaises et frauduleuses, contre votre vraie intention et le contenu de vos lettres, et aussi contre droits, privilèges, etc.,... et pour ce à rebouter de toutes nos forces, nous nous complaignons très rigoureusement à Votre Royale

---

1. *Histoire de Bourgogne*, t. IV, *preuves*, p. ccviii.
2. Elle se trouve en original aux Archives de Bruxelles: Pièces restituées par l'Autriche (juillet 1861), n° 786.

Majesté, comme raison est, et nous vous supplions en toute humilité qu'il vous plaise les délinquants corriger et aux dites fautes remédier et pourvoir[1]. »

C'est ainsi que se dénoua cette longue négociation : Charles VII n'avait certes pas à se louer de la façon dont ses ambassadeurs l'avaient conduite. Le duc, au contraire, devait en être pleinement satisfait : aussi témoigna-t-il sa gratitude aux envoyés du Roi par des largesses que ceux-ci ne firent aucune difficulté d'accepter : le comte de Saint-Pol reçut deux mille écus d'or[2] ; le sénéchal du Poitou, l'archidiacre de Tours et le procureur général du Roi eurent la somme énorme de vingt quatre mille livres[3]. On voit qu'ils étaient grassement rétribués de leurs peines. Le chroniqueur officiel de Philippe le Bon n'est-il pas bien fondé à célébrer la générosité de son maître et à dire que, à la cour de France, on ne se conduisait pas d'une façon aussi magnifique[4] ?

La négociation pour l'affaire de Gand n'en resta pas là ; elle devait avoir un épilogue, plus regrettable encore que ce qui

---

1. *Histoire de Bourgogne*, t. IV, preuves, p. CCX.
2. Ce n'est pas à propos de ce don princier, mais en parlant de libéralités dont le bailli de Berry fut plus tard l'objet que Chastellain fait cette remarque (t. III, p. 28).
3. « A messire Loys de Luxembourg, conte de Saint Pol, la somme de deux mil escuz d'or, laquelle mondit seigneur le duc lui a de sa grace donnée et octroyée pour une fois, en consideracion des vacacions qu'il a faictes avec les ambaxadeurs du Roy en certaine sentence et appointement par eulx rendue entre mon avant dit seigneur et ceulx de sa ville de Gand, pour lors rebelles et desobeissans envers luy, et aussi pour les frais et despens soustenus par ledit conte de Saint Pol à ceste cause. » Mandement du 22 septembre 1452, porté dans le compte de 1455. Archives du Nord, B 2020, f. 317 v°. — Ce qui ajoute à la signification de ce don, c'est que le duc détestait le comte de Saint Pol ; cela résulte d'un passage de Chastellain (t. III, p. 132) : « Celui de Brederode, qui mesme estoit de son ordre, estoit celuy du monde, avecques le conte de Saint Pol, que plus héoit pour celle heure. »
4. « Aux seneschal de Poytou, l'archediacre de Tours et au procureur general du Roy, la somme de six mille livres sur la somme de xxiiii l. que mon dit seigneur lui (sic) a de sa grace donné et octroyé pour une fois, pour cause de leurs vacacions, frais et despens qu'ils ont fait par long temps qu'ilz ont sejourné quant ils ont esté en ambaxade par devers luy de par le Roy pour traitier et appointier de la guerre et different qu'il avoit en ladicte année mil IIIIc LII à l'encontre desdis de Gand, comme il peut apparoir par mandement donné le XVIe jour de decembre M CCCC LII. » Archives de Bruxelles, 1921, f. 310 v°. — *Nota*. Le passage a été barré dans le compte, et, en marge, on lit : « Neantmoins, attendu la grandeur de cette somme, il semble que le mandement doust estre chargié de quittance. »

avait précédé. C'est ici qu'on va voir combien la diplomatie royale s'était égarée et à quel point les misérables arguties du procureur général Dauvet avaient compromis le prestige de Charles VII.

En dépit de la sentence arbitrale du 4 septembre, la lutte ne tarda point à recommencer avec un nouvel acharnement. Le duc de Bourgogne donna le commandement supérieur de ses troupes au maréchal de Bourgogne, qui prit les mesures les plus violentes : ce fut une véritable guerre d'extermination ; elle se prolongea durant plusieurs mois, non sans avantages pour les Gantois dont les soldats, dits « compagnons de la Verte-Tente, » ravageaient le pays et tenaient sans cesse les Bourguignons en échec.

Justement courroucé de la conduite de ses ambassadeurs et fort mécontent de l'issue de leurs négociations, Charles VII se décida à intervenir une seconde fois. Il l'aurait fait peut-être à main armée, si un grave événement ne s'était produit à ce moment : l'occupation de Bordeaux et de la Guyenne par Talbot. Quand on apprit en Flandre cette nouvelle, un des familiers du duc laissa échapper cette parole : « Plût à Dieu « que les Anglais fussent aussi bien à Rouen et par toute la « Normandie qu'à Bordeaux ! N'eût été la prise de Bordeaux « nous eussions eu à besogner[1]. »

On prétend que, en réponse à la protestation des Gantois, Charles VII leur envoya aussitôt des lettres dans lesquelles il désavouait la sentence rendue par ses ambassadeurs, comme obtenue par fraude et contrairement à sa volonté[2]. Ce qui est certain, c'est que, au mois de décembre 1452, il désigna trois ambassadeurs pour se rendre près du duc de Bourgogne et des Gantois. C'étaient Guillaume de Menypeny, seigneur de Concressault, chevalier écossais devenu récemment conseiller et

---

1. Relation des ambassadeurs de Charles VII, dans Kervyn, *Histoire de Flandre*, 1re édition, t. IV, p. 525. — On a la trace d'une ambassade envoyée par le duc au Roi du 23 septembre 1452 au 31 décembre suivant (Archives de Bruxelles, 1921, f. 159 et 265). Au mois d'octobre, un secrétaire du Dauphin était près du duc. Id., (Ibid., f. 355).

2. C'est du moins ce qu'on lit dans une chronique flamande citée par M. Kervyn, *l. c.*, p. 457.

chambellan du Roi¹ ; Guillaume de Vie, conseiller au parlement, et Jean de Saint-Romain, conseiller à la Cour des aides². Leurs instructions portent la date du 11 décembre. En voici le résumé.

Le Roi a reçu les plaintes des Gantois sur ce que ses ambassadeurs ont excédé les termes de leur mandat. Comme souverain il doit justice à tous ses sujets ; il envoie donc vers les Gantois pour savoir les causes de leurs plaintes, les motifs pour lesquels ils n'ont point voulu adhérer à la sentence arbitrale et ont repris les voies de fait. Mais il a tenu à ce que ses ambassadeurs se transportassent auparavant près du duc de Bourgogne pour l'informer de leur mission et savoir s'il avait quelque chose à leur notifier. Après avoir été à la cour du duc, les ambassadeurs se rendront à Gand ; ils exprimeront le regret du Roi de ce qu'aucun bon appointement n'a pu être conclu et le désir qu'il a de voir cesser les voies de fait ; ils demanderont aux Gantois quelle provision ils réclament, les assurant que le Roi est toujours disposé à leur faire rendre justice et que c'est pour eux la meilleure voie à suivre. Si les Gantois requièrent un ajournement en cas d'appel, ou une autre voie judiciaire, les ambassadeurs le notifieront aussitôt au Roi, afin qu'il donne ses lettres dans ce sens. Les ambassadeurs devront en même temps porter plainte au duc relativement à des excursions faites par ses gens de guerre dans le Tournésis et à l'asile que trouvent dans ses États les maraudeurs anglais³.

Les ambassadeurs quittèrent Paris le 16 janvier 1453⁴. Arrivés à Tournai le 23, ils y passèrent quelques jours pour faire une enquête sur les maux commis dans la région par les gens

---

1. Il venait de remplir une mission en Écosse, au cours de laquelle il était tombé aux mains des Anglais.
2. Voir Cabinet des titres, 685, f. 166 v°.
3. Original, ms. fr. 5040, f. 45 ; édité *Histoire de Bourgogne*, t. IV, preuves, p. CCX.
4. Tous les détails qui suivent sont empruntés à la lettre des ambassadeurs en date du 17 février 1453 (original, ms. fr. 5041, f. 53 ; éd. par Gachard dans les *Comptes rendus de la commission royale d'histoire* (2ᵉ série, t. XII, p. 361), et à leur relation en date du 29 mai (Ms. fr. 5040, f. 45 ; éd. par Kervyn, *Histoire de Flandre*, 1ʳᵉ édition, t. IV, p. 523 et suiv.).

du duc. De là ils écrivirent aux Gantois pour les informer de leur venue et demander un sauf-conduit[1]. Le 29 ils étaient à Lille, où résidait alors le duc de Bourgogne. On leur fit attendre huit jours une audience, sous prétexte que le duc était malade et ne pouvait les recevoir. Enfin, ils furent reçus le 5 février, dans la soirée. Le duc était dans sa chambre, assis sur une chaise placée au chevet de son lit. A sa droite étaient le comte de Charolais, le chancelier et plusieurs membres de son conseil. Il se leva pour prendre les lettres du Roi et porta la main à son chaperon en disant : « Comment se fait monseigneur le Roi ? » Quand Menypeny lui eut répondu, il s'assit, et entendit l'exposé de la mission des ambassadeurs. Le duc se borna à faire dire par son chancelier qu'il consulterait son conseil et donnerait sa réponse. Puis, se levant, il fit un salut de la tête, souleva son chaperon et congédia les ambassadeurs.

Cet accueil n'était pas de nature à rassurer les envoyés du Roi. En arrivant à Lille, ils avaient appris que le bâtard de Saint-Pol était prêt à partir pour aller, soit à Calais, soit en Angleterre[2]. Ils surent plus tard que le duc les aurait fait attendre encore davantage s'il n'avait voulu connaître ce qu'ils avaient à lui dire avant d'expédier le bâtard. Quelques démarches qu'ils pussent faire, ils demeurèrent trois semaines sans recevoir la moindre communication. Ils voyaient bien qu'on voulait lasser leur patience et les renvoyer sans daigner leur répondre ; ils ne doutaient point d'ailleurs, que la réponse qu'ils recevraient ne fût négative en ce qui concernait l'affaire de Gand ; on leur avait laissé clairement entendre que, s'ils se rendaient à Gand, jamais ils n'en rapporteraient de nouvelles au Roi. Apprenant que les Gantois étaient en pourparlers avec le duc et qu'ils avaient envoyé des députés à Bruges pour conférer avec le comte d'Étampes, ils se demandèrent ce qu'ils avaient à faire. Ils savaient que le duc n'avait

---

1. Lettre du 14 janvier. Texte dans la relation du 29 mai.
2. Les comptes de Lille mentionnent un voyage du bâtard de Saint-Pol à Calais, du 14 au 26 février, « pour aucunes matières touchant les abstinences de guerre d'entre les pays et seigneuries de mondit seigneur et le royaulme d'Angleterre. » Archives du Nord, B 2020, f. 176.

pas « grande fiance » au Roi ni à eux ; qu'il lui semblait que leur venue ne pouvait être qu'à son préjudice, car on lui avait dit que, « n'eût été l'empêchement de Bordeaux, l'armée du Roi se fût tournée sur lui. » D'un autre côté, le seigneur de Créquy n'avait point laissé ignorer aux ambassadeurs qu'ils faisaient « grand déplaisir » au duc en lui parlant de la « matière de Gand, » et d'autres serviteurs du duc le leur avaient répété. Ils pensaient que, si quelque arrangement était fait avec les Gantois pendant leur séjour à Lille, le duc demeurerait « en sa grande dissidence du Roi ; » ils craignaient en outre que le bâtard de Saint-Pol, dans sa mission près des Anglais, ne tramât avec eux quelque chose de fâcheux. Ils n'ignoraient point qu'un secrétaire du duc d'Alençon était venu apporter des lettres de son maître au duc, qui les avait ouvertes avec empressement ; que d'un autre côté, un jeune gentilhomme était à la cour de Bourgogne de la part du Dauphin, sous le prétexte de rapporter deux gerfauts à son maître.

Après s'être concertés, ils se décidèrent à aller trouver Pierre de Bauffremont, seigneur de Charny, qui, en l'absence du grand chambellan Antoine de Croy, remplissait son office. « Monseigneur, lui dirent-ils, nous voyons bien que monsei-
« gneur de Bourgogne se défie du Roi et ne nous donne ré-
« ponse, dont, en bonne foi, il a grand tort. Nous ne sommes
« point venus ici en son préjudice ni pour lui faire quelque
« déplaisir, mais seulement pour les causes que nous lui avons
« dites. Afin que vous connaissiez que nous avons bonne vo-
« lonté envers monseigneur de Bourgogne, parlez à nous en
« chevalier. Nous savons bien que les Gantois sont à Bruges,
« avec monseigneur d'Étampes, pour traiter. Dites-nous que
« nous nous déportions un peu de temps jusqu'à ce qu'on voie
« si l'appointement se fera, et nous nous gouvernerons telle-
« ment que monseigneur de Bourgogne ne pourra pas dire que
« nous ayons mauvaise volonté et que nous veuillions empê-
« cher ledit appointement. » — Charny répondit : « Puisque
« vous parlez en chevaliers, je vous dis que c'est le plus grand
« déplaisir que le Roi puisse faire à monseigneur de Bourgogne
« que de se mêler de cette besogne de Gand, car nous savons

« bien que le Roi ne voudroit pas que nous eussions mieux
« que nous avons. Et je vous jure, par l'ordre que je porte, que
« c'est le bien et profit du Roi que vous vous en alliez sans
« autre chose faire et sans vous en mêler plus avant. Je crois
« que si vous le faisiez ainsi, Monseigneur feroit quelque
« chose [1]. » Charny ajouta que, quelque provision que les Gan-
« tois eussent du Roi, le duc n'y obéirait pas et n'en continue-
rait pas moins la guerre. Les ambassadeurs répondirent
qu'ils ne se retiraient point et que, autant que cela leur serait
possible, ils avaient l'intention d'accomplir leur charge.

Le lendemain, Saint-Romain alla voir le chancelier, qu'il
trouva en compagnie de Charny, et lui répéta que lui et ses collègues ne voulaient nullement entraver la conclusion du traité
qui se négociait avec les Gantois. Le chancelier feignit d'i-
gnorer la négociation et dit à Saint-Romain : « Je m'ébahis de
« ce que le Roi envoie vers les Gantois pour leur faire justice,
« car, s'ils la veulent avoir, ils la doivent bien aller quérir. »
Saint-Romain répondit que les Gantois avaient envoyé vers le
Roi, mais que ce prince, ayant été sollicité par le duc de lui
venir en aide quand il en aurait besoin, n'avait pas voulu répondre à la requête des Gantois avant d'avoir été « bien averti
et informé des deux côtés. »

L'embarras des ambassadeurs ne faisait que s'accroître; ils
se bornèrent à solliciter la réponse attendue depuis longtemps.

Elle vint enfin. Le chancelier, en présence du duc, du comte
de Charolais et de plusieurs seigneurs, fit la déclaration suivante :

1° En ce qui touche le fait de Gand, à cause des grands outrages, désobéissance et rebellion des Gantois, le duc ne peut
consentir à ce que les ambassadeurs se rendent à Gand; ils
ne doivent point y aller pour plusieurs raisons, ou tout au
moins ils doivent surseoir à ce voyage pendant un certain
temps.

---

[1]. L'un des ambassadeurs, Saint-Romain, interprétait cette parole dans ce sens que le duc leur donnerait de l'argent.

2º En ce qui touche le fait relatif aux Anglais de Calais, dont le Roi se plaint, la chose est advenue par la faute du comte d'Eu et de ses gens qui, chaque jour, font des courses devant Calais. D'ailleurs, Madame de Bourgogne a toujours fait ce qu'elle a pu sous ce rapport, et elle fera encore du mieux qu'elle pourra.

3º En ce qui touche le fait des logis et les autres maux qui sont l'objet de réclamations de la part des sujets du Roi, les gens du Roi ont, par le passé, fait pis aux pays du duc ; on ne peut entretenir des gens d'armes sans que parfois ils ne fassent quelque mal. Le duc est au courant de ce qui s'est passé, et il n'a pas de réparation à donner.

Les ambassadeurs demandèrent que cette réponse leur fût remise par écrit. Le chancelier s'y refusa, disant qu'il n'en était pas besoin. Les ambassadeurs se bornèrent alors à dire qu'ils feraient savoir à leur maître les intentions du duc ; puis ils se retirèrent.

Le lendemain ils allèrent prendre congé du chancelier, qui leur dit que le duc désirait connaître leurs projets et savoir s'ils entendaient surseoir à leur voyage. Les ambassadeurs, voulant éviter de donner prise au duc et de lui offrir un prétexte pour « consentir quelque chose vilaine avec les Anglais, » répondirent qu'ils lui feraient savoir leur décision, et qu'ils avaient l'intention d'attendre quelque temps à Tournai pour voir la tournure que prendraient les négociations.

Les ambassadeurs avaient, dès le 17 février, fait connaître au Roi l'étrange façon dont ils avaient été reçus et les craintes qu'ils concevaient au sujet de l'accomplissement de leur mission. Ils s'empressèrent de lui donner avis de la réponse qui leur avait été faite.

Le Roi approuva la conduite de ses ambassadeurs; il les autorisa à rester à Tournai jusqu'à ce qu'ils eussent pu voir si l'accord se ferait entre le duc et les Gantois, et à renoncer au voyage de Gand s'ils le jugeaient convenable. En ce cas, les ambassadeurs devraient écrire aux Gantois pour exposer le motif de leur venue et provoquer une réponse de leur part, afin qu'il apparût bien que le Roi n'entendait dénier la justice à aucun de ses sujets, mais la leur administrer ainsi qu'il appartiendrait par raison [1].

A la date du 28 mars, les ambassadeurs adressèrent une nouvelle lettre au Roi [2]. Le duc était à Lille et une députation des Gantois s'était rendue à Seclin. Ils avaient su que le bâtard de Saint-Pol était allé vers les Anglais pour la conclusion d'une alliance; il était revenu et était reparti aussitôt. Madame de Bourgogne était partie à la hâte de Lille pour se rendre à Gravelines, où elle était encore [3]; on disait que l'alliance entre le duc et les Anglais était faite et que bientôt six à huit mille Anglais allaient arriver à Calais. Mais le duc allait avoir fort à faire du côté du Luxembourg : plusieurs villes s'étaient soustraites à son obéissance; le duc avait fait partir le seigneur de Croy et la guerre s'était rallumée. Le duc préparait une grosse armée.

Conformément aux instructions du Roi, les ambassadeurs écrivirent à plusieurs reprises aux Gantois. Mais il était facile de voir, par les réponses qui leur furent faites [4], que les Gantois se souciaient peu de l'intervention royale et ne cherchaient qu'à s'accommoder avec le duc. Aussi les ambassadeurs résolurent-ils de ne point se rendre à Gand. Sachant d'ailleurs combien le duc de Bourgogne était hostile à ce voyage, ils craignaient de le pousser à bout. Les bruits les plus alarmants étaient répandus : un jour on disait que l'alliance entre les Anglais et le duc était conclue; un autre jour que le mariage du comte de Charolais avec la fille du duc d'York était résolu. Les ambassadeurs estimaient que, si le Roi eût donné aux Gantois un mandement de justice, le duc n'y eût point obéi, ce qui, selon eux, « eût été grand inconvénient, attendu les termes où le Roi est de présent » (allusion à

---

1. Lettre du 6 mars 1453, insérée dans la relation du 29 mai. Kervyn, *l. c.*, p. 529.
2. Original, Du Puy, 762, f. 116. Éditée Kervyn, *l. c.*, p. 522.
3. Les comptes nous apprennent que la duchesse fut à Gravelines, ayant en sa compagnie le sire de Humières, le bâtard de Saint-Pol, etc., du 10 mars au 30 avril 1453. Il s'agissait ostensiblement d'une « journée pour le fait de la marchandise. » Archives du Nord, B 2017, f. 118 v°; 2020, f. 177.
4. Lettre du 22 mars; autre lettre, sans date; lettre du 31 mars. Relation des ambassadeurs, *l. c.*, p. 530 et suiv.

la situation de la Guyenne)¹. Ils écrivirent donc une dernière lettre aux Gantois pour leur faire connaître le motif qui les décidait à ne point aller à Gand, et leur répéter que le Roi était prêt à leur faire justice et à leur donner toutes provisions aimables et raisonnables en justice s'ils l'en requéraient ; pour cela ils devraient s'adresser à leur procureur en Parlement ; ils avaient d'ailleurs pleine latitude pour traiter avec le duc de Bourgogne².

Sur ces entrefaites, les ambassadeurs reçurent une lettre du Roi, datée du 14 avril. Le Roi leur donnait l'ordre de s'en revenir, « en se départant de par delà le plus agréablement pour chacune des parties que possible leur seroit³. » Ils n'avaient point attendu cette lettre pour se mettre en route. Ils se rendirent à Lille pour prendre congé du duc, et savoir si, comme les Gantois le leur avaient écrit, le prince était dans l'intention d'entrer en négociations. La réponse fut négative. Le seigneur de Charny profita de l'occasion pour faire entendre à Saint-Romain, l'un des ambassadeurs, des paroles mal sonnantes pour son maître : « Le peuple de France, dit-il, est mécontent « du Roi, pour les tailles et aides qui courent et la mangerie « qui se fait au Royaume ; il y a là grand danger. » — Saint-Romain répondit que, dans les pays du duc, l'aide du vin montait dans une seule ville à un chiffre plus élevé que toutes les aides du Roi en deux villes. Quant aux tailles, le Roi n'en imposait que pour ses gens d'armes, et elles ne s'élevaient qu'à quatorze ou seize sous par feu. Pour les « mangeries », la provision était bien aisée à mettre, et le Roi y avait bonne volonté. Les ambassadeurs quittèrent Lille, emportant une lettre du duc pour le Roi⁴.

Ainsi se termina cette seconde ambassade, aussi stérile que la première, et dont le résultat était non moins humiliant

---

1. Relation des ambassadeurs, *l. c.*, p. 631.
2. La lettre est dans la relation des ambassadeurs du 29 mai, *l. c.*, p. 634-36.
3. Le texte est dans la relation des ambassadeurs du 29 mai, *l. c.*, p. 637.
4. Relation citée. Les ambassadeurs repassèrent par Tournai, d'où ils partirent le samedi de Quasimodo (14 avril) pour retourner en France ; ils passèrent le mardi suivant par Compiègne. Archives de Compiègne, CC 19 ; extraits des registres de Compiègne dans D. Grenier, XX bis, 2ᵉ partie, f. 22.

pour la Couronne. Quant à l'affaire des Gantois, elle se dénoua par la voie des armes. La guerre reprit au mois de juin 1453, avec plus de violence que jamais. Après la prise de Poucques, après celle de Gavre, que le duc célébra dans une lettre triomphante, adressée à Charles VII (25 juillet), où il annonçait en *post-scriptum* que les Gantois imploraient sa merci[1], un traité fut conclu à la date du 30 juillet. Les Gantois durent subir la loi du vainqueur.

1. « Me suy incliné à leur pardonner leurs dictes deffaultes, et demain me doy trouver devant ma dicte ville de Gand, atout mon armée, pour recevoir desdiz de Gand ladicte amende honorable, et moy fere par eulx obeïssance. » Original, Ms. fr. 5041, f. 16 et 17; éd. *Preuves de la chronique de Mathieu d'Escouchy*, p. 425-29.

CHAPITRE IX

LA SECONDE CONQUÊTE DE LA GUYENNE

1452-1453

Situation de la Guyenne; mécontentement des habitants; députation envoyée au Roi; conjuration contre la France. — Expédition de Talbot; la Guyenne redevient anglaise. — Mesures prises par Charles VII. — Doubles opérations au sud et à l'est de Bordeaux; Talbot, après un défi aux chefs de l'armée du Médoc, évite tout engagement. — L'armée de la Dordogne prend Chalais et Gensac et assiège Castillon. — Talbot marche au secours de cette ville; bataille de Castillon; déroute des Anglais. — Soumission de Castillon, de Saint-Émilion et de Libourne. — Opérations de l'armée du Médoc : prise de Castelnau; sièges de Blanquefort et de Cadillac. — Le Roi arrive à la tête de l'armée de réserve; prise de Fronsac; siège de Bordeaux. — Part prise par le Roi aux opérations militaires; assaut livré à Cadillac, suivi de la reddition de la ville et du château; soumission de Blanquefort. — Les Bordelais, pressés par la famine, se décident à entrer en composition; députation reçue par le Roi, qui rejette ses offres de soumission. — Reprise des hostilités; ouvertures faites par le sire de Camoys à Joachim Rouault; nouvelle députation envoyée à Lormont; négociations entamées; traité conclu; abolition accordée aux Bordelais. — Bordeaux est livré au Roi; prise de Bénauges et de Rions. — La Guyenne reconquise en cinq mois.

Grâce à l'ascendant de ses armes, Charles VII avait imposé sa domination à la Guyenne; mais, malgré les concessions faites, les privilèges libéralement accordés[1], il n'avait point con-

---

1. Par le traité du 12 juin 1451, le Roi avait promis de maintenir les habitants de la Guyenne dans leurs « franchises, privilèges, libertez, statuts, loix, coustumes, establissemens, stiles, observances et usances, » de les « garder de tort et de force, de soy mesme et de tous autres, » laissant pleine liberté à ceux qui ne voudraient pas lui prêter serment de se retirer où ils voudraient, tout en conservant la possession de leurs biens; il avait donné à tous « abolition generale de tous cas civils et criminels; » à ceux qui resteraient, il avait accordé une entière liberté commerciale, l'exemption de tout service militaire, de toutes contributions, du logement des gens de guerre; ses officiers étaient tenus de prêter serment de maintenir les privilèges de Bordeaux; défense serait faite à son procureur qu'il ne « vexe ou travaille aucuns des habitans d'icelle ville et du pays sans requeste de partie et sans qu'il y ait auparavant due et convenable information faicte. »

quis les sympathies de la population. Un grand nombre de seigneurs gascons demeuraient fidèles à l'Angleterre; plusieurs restèrent en relations avec le gouvernement de Henri VI, et reçurent de lui des faveurs et des encouragements; ceux-là même qui avaient traité avec Charles VII et obtenu des avantages personnels[1] ne craignirent point d'accepter, soit des titres seigneuriaux, soit des fonctions. On eût dit que la Guyenne n'était point soustraite à l'obéissance du roi d'Angleterre et que celui-ci continuait à en être le souverain de droit[2].

Pendant la première année qui suivit l'occupation française, le traité du 12 juin 1451 fut strictement observé. Mais, au bout d'un an, le sénéchal de Guyenne, Olivier de Coëtivy, et les autres officiers royaux manifestèrent des exigences de nature à exciter les susceptibilités des Bordelais. Ils prétendirent imposer des tributs pour l'entretien des troupes, et les motifs qu'ils alléguèrent ne firent qu'augmenter le mécontentement[3]. Les Bordelais réclamèrent avec énergie. N'ayant rien obtenu des représentants du Roi, ils résolurent de s'adresser directement à ce prince : une députation partit, au mois de juillet 1452, pour aller le trouver et lui porter plainte[4]. Les habitants de Bordeaux avaient des lettres scellées du grand sceau royal, consacrant le maintien de leurs privilèges; sous le gouvernement des rois d'Angleterre, ils avaient toujours été exempts d'impositions et de tailles, et n'avaient point été assujettis à recevoir de garnisons : ce serait leur causer un notable préjudice, si, par crainte de malheurs incertains et invraisemblables, on les astreignait à des charges fort lourdes ; en cas d'attaque, ils sauraient bien défendre leur contrée et leur ville

---

1. Pierre de Montferrant, soudic de la Trau ; Gaillard de Durfort, seigneur de Duras ; Jean de la Lande ; Jean, seigneur d'Anglade ; Bernard Angevin, seigneur de Rauzan, et plusieurs autres, étaient pensionnés sur le trésor royal. Voir Troisième compte de Mathieu Beauvarlet, dans le ms. 685 du Cabinet des titres, f. 151 v°.

2. M. Ribadieu, dans son *Histoire de la conquête de la Guyenne*, cite (p. 260 et suiv.) de nombreux actes rendus, en 1451 et 1452, par le gouvernement anglais en faveur du Captal de Buch, de son fils le comte de Candale, de Bernard Angevin et de nombreux seigneurs ou bourgeois. Cf. Mathieu d'Escouchy, t. I, p. 413.

3. Thomas Basin, t. I, p. 256-58.

4. La députation trouva le Roi à Bourges. Or, l'itinéraire de Charles VII nous montre qu'il était à Mehun-sur-Yèvre dès le commencement de juillet 1452.

contre l'ennemi ; point n'était pour cela besoin de garnisons ; au temps de la domination anglaise, ils avaient bien su résister aux Français qui les cernaient de toutes parts ; ils pouvaient actuellement se défendre contre les Anglais dont ils étaient séparés par la mer[1]. Les députés bordelais réclamaient donc l'observation des engagements contractés à leur égard[2]. Après avoir mis l'affaire en délibération dans son Conseil, Charles VII fit répondre que la conservation de la Guyenne exigeait des sacrifices dont il ne pouvait exempter les Bordelais ; des troupes étaient nécessaires pour assurer la sécurité de la province ; il fallait que l'impôt servant à leur solde fût perçu sur les habitants[3].

Les députés, de retour à Bordeaux, rendirent compte de leur mission ; une violente indignation se manifesta. Elle fut à son comble quand le comte de Clermont, gouverneur de la Guyenne, ordonna à tous barons, seigneurs, nobles et sujets du Roi en Guyenne de se mettre en armes, prêts à partir au premier signal, et prescrivit de tenir les places fortes en état de défense et de les approvisionner en cas de péril. Dans son mandement, le comte s'appuyait sur une délibération des Trois États de la province, récemment assemblés à Bordeaux[4].

Cependant, une conjuration s'était formée pour secouer le joug de la France ; elle s'étendit bientôt à toutes les classes de la population. A la tête des conjurés étaient, avec un haut dignitaire ecclésiastique, le doyen de Saint-Seurin[5], la plupart

---

1. Thomas Basin, t. I, p. 258-59.
2. Voici la clause du traité du 12 juin 1451, relative aux gens de guerre : « Si le Roy laisse aucunes gens d'armes en ladicte cité et ville de Bourdeaulx et païs de Guyenne pour la seureté, garde et deffense d'iceulx, il les payera de leurs gages. »
3. Thomas Basin, t. I, p. 259.
4. Le mandement du comte de Clermont est daté de Libourne le 21 août ; le texte que nous avons sous les yeux est adressé « au souldic de la Trau, seigneur de Lesparre, ou à son capitaine audit lieu. » (*Pièces originales*, 1657 : LYNAU.) Le seigneur de Lesparre dont il est ici question n'était pas Pierre de Montferrant, mais Amanieu d'Albret, seigneur d'Orval, auquel la seigneurie de Lesparre avait été donnée par lettres du mois d'août 1450.
5. Il est appelé *Dominus Petrus de Tastasto* dans la Relation latine de la conquête de Guyenne publiée par M. Barckausen (*Archives historiques du département de la Gironde*, t. XII, p. 343), et Pierre de Tastar dans des lettres de Henri VI du 9 janvier 1451 (Bréquigny, 83, f. 49).

des seigneurs gascons : Bernard Angevin, seigneur de Rauzan ; Bertrand de Montferrand ; Gaillard de Durfort, seigneur de Duras ; le sire de la Lande, le sire d'Anglade, lesquels n'avaient cessé d'entretenir des rapports avec l'Angleterre. Deux personnages qui avaient en Guyenne une situation considérable, Gaston de Foix, comte de Candale, et Pierre de Montferrand, soudic de la Trau et seigneur de Lesparre¹, s'offrirent pour aller solliciter l'intervention du gouvernement de Henri VI et l'envoi d'une armée en Guyenne : ils partirent secrètement dans le courant d'août².

Les circonstances étaient favorables au succès de cette démarche : le duc de Somerset venait de sortir vainqueur d'une nouvelle attaque dirigée contre lui. Au mois de février 1452, le duc d'York avait été contraint de déposer les armes et de prêter serment de fidélité à la royauté ; Somerset était resté seul maître. Une amnistie générale, rendue sur l'initiative personnelle de Henri VI, donna alors au pouvoir royal un regain de popularité, et un voyage entrepris par le Roi dans les cantons de l'ouest affermit son autorité³. Le moment était donc propice pour répondre à l'appel des Bordelais. Le gouvernement anglais, craignant depuis quelques mois une attaque sur Calais⁴, avait réuni une flotte prête à prendre la mer, et Talbot avait été désigné comme chef du corps expéditionnaire⁵ ; on n'avait qu'à en changer la destination : par lettres des 1ᵉʳ et 2 septembre, le comte de Shrewsbury fut investi de la lieutenance en Aquitaine, avec les pouvoirs les plus étendus⁶.

Malgré son âge avancé⁷, le grand capitaine conservait toute

---

1. Le seigneur de Lesparre avait épousé une fille naturelle du duc de Bedford.
2. Mathieu d'Escouchy, t. II, p. 28-29 ; Chartier, t. II, p. 330-31 ; Th. Basin, t. I, p. 260-61 ; Berry, p. 168.
3. Voir la savante introduction placée par M. J. Gairdner en tête des *Paston Letters*, t. I, p. LSII et suiv.
4. Voir plus haut, p. 54.
5. Lettres de Henri VI du 27 juin 1452 : nomination de Talbot (Carte, *Rôles gascons*, t. II, p. 328).
6. Voir ses provisions de lieutenant (1ᵉʳ septembre), et les pouvoirs qui lui furent donnés (2 septembre), dans Bréquigny vol. 33, et dans Rymer, t. V, part. II, p. 42.
7. Talbot avait alors environ quatre-vingts ans.

sa vigueur : il brûlait du désir de prendre sa revanche des humiliations que Charles VII avait fait subir à l'Angleterre. On réunit quatre ou cinq mille hommes, choisis parmi les plus expérimentés : avec cette troupe d'élite, Talbot ne doutait pas du succès de l'entreprise.

Il partit le 17 octobre 1452. La flotte anglaise, favorisée par le vent, parvint le quatrième jour en vue de la Guyenne[1]. Le débarquement s'effectua sur la côte du Médoc, près de Soulac, dans une crique aujourd'hui ensablée qui porte le nom de « l'anse à l'Anglot[2]. » D'après une tradition conservée dans le pays, un soulèvement populaire aurait éclaté à l'arrivée du corps d'armée, lequel ne serait parvenu sous les murs de Bordeaux qu'après avoir livré plusieurs combats et réduit certaines forteresses[3]. La rapidité de la marche, la facilité avec laquelle s'opéra l'occupation de Bordeaux ne permettent guère d'accepter cette tradition : il n'est point douteux que les Anglais furent accueillis comme des libérateurs, et qu'ils rencontrèrent peu de résistance de la part des troupes royales[4]. Le soulèvement des Bordelais, la prompte arrivée de Talbot, rendirent tous les efforts inutiles. Coëtivy voulut au moins sortir de la ville les armes à la main : il en fut empêché par les habitants et fait prisonnier avec les siens[5]. Le 23 octobre, Bordeaux était occupé par Talbot. Muni de la plénitude des

---

1. La Relation latine citée plus haut place le débarquement au 4 octobre, l'arrivée devant Bordeaux au 11, et l'occupation de la ville au 15.
2. Ribadieu, l. c., p. 272.
3. Ribadieu, p. 272-73.
4. Mathieu d'Escouchy raconte (t. I, p. 113 et suiv.) que le comte de Clermont et plusieurs capitaines, attirés dans un guet-apens par les seigneurs gascons qui étaient de connivence avec les Anglais, faillirent être pris par Talbot entre Macau et Bordeaux, et parvinrent à grand'peine à gagner Bourg.
5. Coëtivy, fait prisonnier par Berthodel de Rivière et Louis de Bretails, fut emmené en Angleterre, avec ses capitaines, en compagnie de plusieurs seigneurs gascons et du sous-maire de Bordeaux, Jean du Puy de Fou, restés fidèles à leurs serments; il y demeura jusqu'en 1457 (Ribadieu, p. 277-79 ; Stevenson, t. II, p. 497 et suiv.). — Sur la connivence des Bordelais, voir l'enquête faite en février 1451, dans Le Grand, vol. IV, f. 20. — On a une quittance de 1,500 l., donnée par Saintrailles le 27 mars 1453, pour le « paiement de ses gens et pour moy aider à racheter de prison et remettre sus mes gens qui ont esté prins par les Anglois à la prinse de Bordeaux. » *Pièces originales*, 2356 : Poton, n° 21.

pouvoirs civils et militaires¹, il prit aussitôt la direction des affaires. Sa tâche lui fut rendue facile par la soumission des principales places : à la première sommation Blanquefort, Libourne, Castillon, Rions, Cadillac, Saint-Macaire, Langon, etc., ouvrirent leurs portes. En présence de l'adhésion spontanée des habitants, les garnisons françaises furent réduites à l'impuissance. En quelques jours tout le Bordelais fut recouvré; il ne resta au pouvoir de Charles VII que Fronsac, où Joachim Rouault était parvenu à introduire six cents lances; Bourg et Blaye, occupées par de forts détachements².

Chose curieuse, tandis que les Anglais, persuadés que Calais était sérieusement menacé, s'apprêtaient à protéger cette place, on croyait en France à une prochaine descente sur les côtes de Normandie. C'est de ce côté que toutes les mesures de défense avaient été prises, et c'est sans doute ce qui fit renoncer à l'entreprise projetée sur Calais. Au mois de novembre 1452, Dunois avait été nommé lieutenant en Normandie³; Gaucourt avait été envoyé à Harfleur⁴. Le connétable de Richemont, chargé depuis 1450 du gouvernement de la province, se trouvait à Dieppe vers le mois d'août en compagnie de Dunois et d'autres commissaires royaux venus pour procéder à une « réformation » générale, quand il apprit la formation de « l'armée d'Angleterre. » Aussitôt il se concerte avec Dunois, mande Brezé et Floquet, avec lesquels un conseil de guerre est tenu à Rouen. Toutes les mesures sont prises : le connétable se tiendra à Caen, à Carentan et aux alentours, investi du soin de veiller sur la Basse-Normandie⁵; Dunois

---

1. Il fut accueilli comme un vice-roi. « On l'appela le *roi Talbot*, et c'est ainsi, dit M. Ribadieu (p. 282), que l'appellent encore dans leurs légendes les paysans du Médoc et les riverains des deux fleuves. »

2. Chartier, t. II, p. 332-33; Th. Basin, t. I, p. 264. On voit par le Troisième compte de Beauvarlet (*l. c.*, p. 166 v°) que le Roi avait envoyé en octobre Boniface de Valpergue pour pourvoir à la sûreté de Blaye. — Les Anglais se répandirent aussitôt dans toute la contrée et la ravagèrent : on voit par une lettre de rémission (octobre 1453, Archives, JJ 182, n° 4) que, vers le 10 novembre, ils vinrent courir en la paroisse de Vanxains, près de Ribérac (Dordogne).

3. Lettres de provision en date du 27 mars 1452. Ms. fr. 5909, f. 223 v°.

4. Deuxième compte de Beauvarlet, f. 150 v°.

5. Le 22 septembre, à Caen, Richemont ordonnait au vicomte d'Auge d'assembler des troupes pour s'opposer à une invasion anglaise. British Museum, *Additional Charters*, 12422.

s'établira à Dieppe jusqu'à ce qu'on sache où s'opérera la descente; on rassemble les garnisons; on tient tous les francs-archers prêts; on transporte de l'artillerie de Paris à Rouen, et on la distribue entre les places les plus exposées; on organise le « guet de la mer; » enfin on se prépare, par tous les moyens possibles, à repousser une tentative d'invasion qui paraît imminente[1].

Du côté de la Guyenne, on se croit tranquille : on vit sur la foi des serments. Tout à coup on apprend que, sans coup férir, Talbot s'est rendu maître de toute la contrée. C'est une conquête nouvelle à entreprendre. Au témoignage de Thomas Basin, Charles VII supporta cet échec avec un mâle courage et s'occupa aussitôt d'y porter remède[2].

Il fallait tout d'abord contenir l'ennemi dans la province : pour cela, le Roi envoya un corps de troupes sous les ordres du maréchal de Jalognes et du sire d'Orval[3]; puis il passa l'hiver à réunir l'argent et les forces nécessaires[4]; il convoqua le ban et l'arrière-ban; il mit sur pied les francs-archers dans les provinces du centre et du midi[5].

1. Mémoire présenté au Roi par le bailli de Caux Havart. Ms. fr. 18442, f. 111 (éd. Cosneau, *l. c.*, p. 611); documents divers dans Cosneau, p. 615.
2. « Non est proinde consternatus animo, sed magnanimiter casum adversum ferens, statim de remedio apponendo cogitavit. » Th. Basin, p. 262. — « Comme prudent et saige n'en fist oncq semblant ne chière plus marrie, ainçois et en toute haste manda gens d'armes de toutes pars. » *Histoire de Gaston de Foix*, f. 71 v°.
3. Voir Mathieu d'Escouchy, t. II, p. 31.
4. Au mois de novembre 1452, Jean de la Gardette, prévôt de l'hôtel, fut envoyé de Moulins en Auvergne pour faire déloger certains gens de guerre qui y étaient; Pierre de Bintivile, pannetier du Roi, fut envoyé à Bergerac et aux environs pour mettre ordre aux gens de guerre; Jean de Lizac, huissier d'armes, fut envoyé en Lyonnais (Compte de Beauvarlet, f. 166 v° et suiv.). — Par lettres du 8 janvier 1453, le Roi donnait commission pour demander aux États de Languedoc une somme de cent mille francs (Ms. fr. 20409, f. 11). Dans l'impossibilité où l'on était de faire de l'argent à bref délai, des emprunts furent contractés (Archives, K 69, n° 105; Ms. fr. 26081, n° 6560; Fontanieu, 121-22). Une somme de quatre mille quatre cents livres fut, par lettre du 3 mars 1453, imposée en sus de la taille, dans les pays de Languedoïl, pour l'achat de quatre cents brigandines (Ms. fr. 21426, f. 11).
5. On voit par des lettres de Charles VII, en date des 17 février et 22 juin 1453, que les nobles du royaume et autres, tenant fief et arrière-fief, avaient été mandés (Ms. fr. 5909, f. 233 et 238 v°). Le 2 janvier 1453, Charles VII donnait ordre au sénéchal de Limousin de lever des troupes destinées à tenir tête aux Anglais, « tant en nostre pays de Guyenne où naguères sont venus et descendus et en icelui prins nostre cité de Bourdeaux et autres villes et places d'environ, qui en noz pays et duchié de Normandie. » (Document extrait des archives des Basses-Pyrénées, publié dans la *Revue des*

En Angleterre, le gouvernement ne resta point inactif. Au commencement de mars, une nouvelle armée de quatre mille hommes, sous les ordres du vicomte Lisle, fils de Talbot, et de Roger, baron de Camoys, fit voile pour Bordeaux ; elle apportait de vastes approvisionnements[1].

Ce fut Talbot qui entama les hostilités. Il mit le siège devant Fronsac, et obligea les défenseurs de la place à capituler[2]. Mais il ne poursuivit pas son attaque : il allait se trouver en présence d'un déploiement de forces considérable.

A la fin du printemps, quatre corps d'armée étaient prêts à envahir la Guyenne. Le premier, commandé par le comte de Clermont, lieutenant général du Roi et gouverneur de la Guyenne, se tenait sur la frontière méridionale ; le second, sous les ordres du comte de Foix, investi du titre de lieutenant général, avait été rassemblé en Béarn et ne tarda point à opérer de concert avec le comte de Clermont ; le troisième, sous les ordres des maréchaux de Jalognes et de Lohéac, de l'amiral de Bueil, de Jacques de Chabannes et du comte de Penthièvre, qu'accompagnaient Joachim Rouault, le seigneur de Boussac et Louis de Beaumont, sénéchal de Poitou, devait opérer sur la Dordogne ; enfin le quatrième, dont le Roi s'était réservé le commandement, formait l'arrière-garde ou la réserve.

Le comte de Clermont avait autour de lui le sire d'Albret, Saintrailles, Valpergue, le sire d'Orval, le sire de Culant, et Pierre de Beauvau, seigneur de la Bessière, qui conduisait la compagnie du comte du Maine ; le comte de Foix était accompagné de son frère le vicomte de Lautrec, de Geoffroy de Saint-Belin, bailli de Chaumont ; de Pierre de Louvain, du bâtard de

---

sociétés savantes, en 1877, t. VI, p. 311.) On nomme des commissaires pour la levée des francs-archers. Jean de Meauze, écuyer, seigneur de Maugouverne, capitaine des francs-archers de Touraine, reçoit 100 l. pour se mettre en équipage (Quatrième compte de Beauvarlet, f. 165 v° et 166). — Au mois d'avril, Jean Tibergeau va chercher cent hommes d'armes et deux cents archers que le duc de Bretagne avait promis au Roi. De son côté, Tanguy du Chastel, écuyer d'écurie, va en Bretagne, « pour avoir le navire dudit pays. » (*Id.*, f. 166 v°.)

1. Chartier, t. III, p. 333. — Le 30 janvier 1453, un mandement de Henri VI ordonnait le paiement des troupes qui devaient partir sous les ordres de Jean, vicomte Lisle. Stevenson, t. II, p. 479. Cf. lettres du 17 février, dans *Lettres des Rois*, etc. ; t. II, p. 481, et documents publiés par Stevenson, t. II, p. 486 et 491.

2. Chartier, *l. c.*

Beaumanoir, etc.[1]. Après avoir réduit Saint-Sever[2], les deux lieutenants du Roi s'avancèrent à travers le Bazadais et le Bordelais, sans rencontrer de résistance, et pénétrèrent dans le Médoc. Là, ils ne tardèrent point à recevoir un message de Talbot, apporté par deux hérauts, et daté du 21 juin, « sous les Landes de Bordeaux. » Le capitaine anglais, agissant comme représentant du roi d'Angleterre, leur faisait savoir qu'il s'était mis sur les champs pour avoir affaire à eux, honorablement, sans porter dommage au pauvre peuple et au pays. « Et pour ce que de vous ne pouvons bonnement avoir certaines nouvelles, disait-il, et que chacun jour changez logis et pays, nous, afin que Dieu n'en soit déplaisant et le pauvre peuple grevé ni détruit, si ainsi est que vous veuilliez demeurer et attendre en lieu raisonnable et champ ouvert, et avoir affaire l'un avec l'autre, nous vous faisons savoir que, dedans trois jours prochain venant, nous y serons en notre personne, si vous ne vous reculez et que la faute soit en vous[3]. » Les deux hérauts étaient chargés de rapporter la réponse à leur maître.

Le comte de Clermont se chargea de répondre. Pour faire passer au capitaine anglais son « envie de le voir, » il lui promettait, en parole de prince, qu'il l'attendrait pendant trois jours sans déloger ; Talbot « n'y sauroit venir de heure que il ne le trouvât là, tout prêt et appareillé de le recevoir, et de jouer au tire poil et à tous autres essais où chacun pourroit mieux festoyer son compagnon[4]. »

---

1. L'*Histoire de Gaston de Foix* nomme ici Jacques de Chabannes ; mais Chabannes était au troisième corps, que nous verrons plus loin opérer sur la Dordogne. La présence à l'armée du comte de Foix du sire de Culant, qui avait été récemment convaincu de malversations, et disgracié, nous paraît fort douteuse. — Il y avait aussi dans l'armée royale des seigneurs gascons : les comptes nous apprennent (ms. 685 du Cabinet des titres, f. 165 v°) qu'Almery de Durfort, seigneur de Duras, reçut du Roi un harnais, au mois de juin.

2. Ce fait est mentionné dans le Troisième compte de Mathieu Beauvarlet, où on lit ce passage : « Jacques de la Jude, escuier, lequel fut le premier qui entra dedans Saint-Sever quant la place fut réduite en l'obéissance du Roy, xvII l. x s., en avril. » Le compte est de l'année 1452-53 et va du 1ᵉʳ octobre au 30 septembre. Le paiement eut lieu en avril 1453.

3. Nous avons publié cette lettre dans notre *Supplément aux Preuves de Mathieu d'Escouchy*, p. 33. Cf. *Histoire de Gaston de Foix*, f. 72 v°.

4. *Histoire de Gaston de Foix*, l. c.

Le comte se concerta avec le comte de Foix, et les deux corps d'armée se rapprochèrent de telle sorte qu'ils n'étaient qu'à un quart d'heure de distance, prêts à se joindre pour tenir tête à l'ennemi. Talbot, ayant sous ses ordres six à sept mille combattants, vint occuper un gros village du nom de Martignas, situé entre les bois de Candale et Illac. Mais, à la nouvelle de la concentration des deux corps du comte de Clermont et du comte de Foix, le capitaine anglais hésita : il se demanda si, dans de telles conditions, il était prudent d'engager une action[1]. Oubliant qu'il avait dit aux Bordelais qu'il leur amènerait prisonniers, le lendemain, le comte de Clermont et tous les Français, il s'arrêta soudain. Quand l'armée française se présenta devant Martignas, elle n'y trouva personne à qui parler : on apprit par les gens du village que Talbot n'avait fait « que repaistre les chevaulx bien legièrement, » et que, après une halte de deux heures, il avait rebroussé chemin. C'est en vain que l'on se mit à sa poursuite : deux lieues plus loin on rencontra cinq à six cents archers, accablés de fatigue, incapables de faire la moindre résistance, qui furent taillés en pièces. Quant à Talbot, il s'était replié en toute hâte sur Bordeaux.

Les vivres manquaient dans le Médoc : il fut décidé que, afin de pourvoir plus facilement à leur subsistance, les deux corps d'armée se sépareraient de nouveau; ils se répandirent de côté et d'autre, attendant qu'une sortie des Anglais fournît l'occasion de livrer bataille[2].

Pendant ce temps, le troisième corps avait commencé ses opérations par le siège de Chalais, ville de l'Angoumois qui

---

1. « Sy pensa en soy mêmes qu'il estoit mieulx proye pour noz gens que noz gens n'estoient pour luy, et qu'ils estoient trop puissans. » *Histoire de Gaston de Foix*, f. 73.

2. Tous ces faits ne se trouvent relatés que dans l'*Histoire de Gaston de Foix*. Le Roi était tenu au courant de toutes les opérations : « Jehan de la Tonnière, escuier, homme d'armes de la compagnie du seigneur (sic) de Clermont, XXVII l. x s. en juin pour les nouvelles de la guerre de Guyenne, et autant en juillet. » (Quatrième compte de Beauvarlet, f. 165 v°.) Par lettres du 27 juillet, les généraux des finances ordonnaient le paiement de 1200 l. t. à Jean de Nerbonne, qui avait présidé à l'envoi d'une somme de dix mille francs de Montpellier à Toulouse, pour le paiement des comtes de Foix et d'Armagnac et du seigneur d'Albret et de leurs gens, « et avoir apporté les nouvelles de la course et autres bons exploiz de guerre faiz par Mgr le comte de Clermont et ceulx de sa compaignie au païs de Médoc. » (Ms. fr. 26081, n° 6589.)

avait ouvert ses portes aux Anglais. Joachim Rouault décida, par sa vaillance, le succès de l'attaque : investi le 12 juin, Chalais fut emporté au bout de quelques jours, malgré une vive résistance. Le sire d'Anglade, venu au secours de la place, dut rebrousser chemin et rentra dans Bordeaux[1]. L'armée de la Dordogne, poursuivant sa marche, s'avança jusqu'à Gensac, au sud de la Dordogne, et s'en empara (8 juillet)[2]. De là, sur l'avis de Jean Bureau, on alla assiéger Castillon. C'est en ce lieu que devait se décider le sort de la Guyenne.

Les forces réunies devant Castillon s'élevaient à environ dix-huit cents lances[3], avec un corps de francs archers; elles étaient sous les ordres de l'amiral de Bueil, du grand-maître Chabannes, des maréchaux de Lohéac et de Jalognes, du comte de Penthièvre, etc.[4]. Les opérations du siège, dirigées par Jean Bureau, Joachim Rouault et le sire de Boussac, commencèrent aussitôt. La garnison envoya en toute hâte prévenir Talbot. Loin de céder aux instances des Bordelais qui, lui rappelant la promesse qu'il avait faite de les protéger contre les Français, le pressaient de marcher contre eux et de faire lever le siège de Castillon, le lieutenant du roi d'Angleterre répondit : « On « les peut bien encore laisser approcher de plus près. Soyez « sûrs que, au plaisir de Dieu, j'accomplirai ma promesse « quand je verrai que temps et heure sera. » Ces paroles soulevèrent de violents murmures; en présence de cette démonstra-

---

1. Dès le début se manifesta le caractère de la nouvelle campagne : on ne fit aucune merci aux seigneurs gascons pris les armes à la main ; ils furent exécutés, tandis que les Anglais furent mis à rançon. Mathieu d'Escouchy, t. II, p. 31 ; Chartier, t. II, p. 331. — Chartier donne la date du 3 juin ; la date du 12, qui paraît plus vraisemblable, se trouve en variante dans un manuscrit.

2. Mathieu d'Escouchy, t. II, p. 32 ; Berry, p. 468. — La date est fournie par la relation latine citée plus haut.

3. Berry et Chartier disent seize à dix-huit cents. Seul Mathieu d'Escouchy dit quatre mille, chiffre évidemment exagéré.

4. Jean, seigneur de Bueil, est désigné dans le commentaire de Tringant comme chef de l'armée qui opérait sur la Dordogne (Jouvencel, t. II, p. 290). Jean Chartier ne fait pas de distinction entre les capitaines qui, dit-il, « estoient tous commissaires pour la conduite d'icelle armée et pour la mettre en bon ordre (t. III, p. 1). » Le P. Anselme dit (t. V, p. 573) que le comte de Penthièvre avait été, par lettres du 19 mars 1453, nommé lieutenant général de l'armée du Roi. Nous n'avons pas rencontré ces lettres. — Pierre de Beauvau, à la tête de la compagnie du comte du Maine, avait quitté l'armée du comte de Clermont pour prendre part à l'attaque de Castillon (*Histoire de Gaston de Foix*).

tion, Talbot se décida à agir[1]. Mais une autre version, plus vraisemblable, nous montre le vieux capitaine aussi prompt à saisir cette occasion de se mesurer avec l'ennemi qu'il l'avait été à se retirer devant les armées réunies des comtes de Clermont et de Foix. Dans le Médoc, il se trouvait en présence de forces considérables, avec une brillante cavalerie, et il n'était point maître de choisir le lieu et l'heure du combat; du côté de la Dordogne, il pensait n'avoir affaire qu'à un corps peu nombreux, composé en majeure partie d'infanterie, et traînant à sa suite « grand charroi et artillerie : » ce devait être une proie facile à saisir[2]. Talbot n'hésita point : il partit à la hâte, à la tête d'environ sept mille hommes, et marcha droit sur Castillon[3]. Il trouva les Français retranchés dans un vaste camp situé à deux kilomètres à l'est de la ville, entre la Dordogne et la Lidoire, et adossé à cette rivière[4].

1. Mathieu d'Escouchy, t. II, p. 34-35.
2. « Les seigneurs qui estoient delà la Gironde estoient grant puissance et gens à cheval et ne les trouveroit sinon à leur plaisir, et les autres ne luy pouvoient tuer, ainsi qu'il luy sembloit. » *Commentaire du Jouvencel*, par Guillaume Tringant, éd. du *Jouvencel*, t. II, p. 296. — Les défenseurs de Castillon avaient fait dire à Talbot « que les Francoys qui là estoient venuz mettoyent grant peine d'eulx clorre et fortiffier comme gens qui desjà avoient grant paour, et que il leur sembloit, à la contenance que ledit Francoys monstroyent, que se Tallebot y voulloit venir, il les desconfiroit et en auroit si beau marché qu'il vouldroit. » *Histoire de Gaston de Foix*.
3. Sur la bataille de Castillon, voir Mathieu d'Escouchy, t. II, p. 35 et suiv.; Chartier, t. III, p. 3 et suiv.; Berry, p. 469-70; Th. Basin, t. I, p. 265-68; Æneas Sylvius, *Europae status*, cap. XXXIX ; lettre du 19 juillet 1453, publiée dans la *Bibliothèque de l'École des chartes*, t. VIII, p. 246-47 ; un récit qu'on n'a point encore utilisé et qui se trouve dans l'*Histoire de Gaston de Foix*; enfin une lettre de Charles VII, malheureusement très brève, en date du 22 juillet, que nous avons rencontrée aux archives municipales de Lyon. — Le chiffre de l'armée de Talbot nous est fourni par deux sources irrécusables : la lettre du Roi du 22 octobre et la lettre sur la bataille en date du 19. Les chroniqueurs varient dans leur évaluation : huit cents à mille combattants à cheval et quatre à cinq mille hommes de pied (Berry et Chartier); sept à huit mille combattants (*Histoire de Gaston de Foix*); huit à dix mille combattants (Mathieu d'Escouchy); plus de dix mille (Thomas Basin). Ce qui paraît certain, c'est que les Français étaient inférieurs en nombre aux Anglais; cela résulte du passage suivant du *Jouvencel* (t. II, p. 65) : « A Castillon en Pierregort, les Angloys, beaucoup plus grande puissance que les Francoys, marcherent et allerent requerir les Francoys jusques en leur champ, » etc.
4. « Et à leur venue, maistre Jehan Bureau, avecques ses pionniers, fist clorre ung champ grant et spacieux, très bien clos et advironné de larges et profons fossez ; et oudit champ il fist mectre tout le bagaige et l'artillerie. » (*Histoire de Gaston de Foix*, f. 73 v°.) — Voir la description donnée par M. Léo Drouyn dans son savant ouvrage : *La Guienne militaire* (t. II, p. 99), description accompagnée d'un plan dressé sur les lieux mêmes en juillet 1862.

L'armée royale, dont la majeure partie était concentrée dans le camp, qui avait environ six cents mètres de longueur sur deux ou trois cents de largeur, occupait en outre une abbaye, plus tard le prieuré Saint-Florent, qui dominait Castillon ; enfin, sur le plateau du mont Horable, près du village de Capitourian, se tenaient les Bretons du comte d'Étampes, au nombre de deux cent quarante lances, sous les ordres des sires de la Hunaudaye et de Montauban. On avait employé la nuit à fortifier le camp, entouré de fossés profonds et défendu par une puissante artillerie. Talbot attaqua aussitôt l'abbaye, défendue par huit cents francs-archers sous les ordres de Joachim Rouault et de Pierre de Beauvau. Les archers, terrifiés par l'impétuosité des Anglais, qui poussaient le cri de guerre de leur vieux capitaine, abandonnèrent l'abbaye, et se replièrent dans la direction du camp retranché, poursuivis par l'ennemi[1]. Sur le bruit de la venue de Talbot, Jacques de Chabannes était sorti du camp, et s'était avancé à la tête de deux cents lances. De concert avec Rouault et Beauvau, il protégea la retraite des francs-archers. Un engagement très vif eut lieu ; une centaine d'hommes furent tués de part et d'autre. Rouault, renversé de cheval, ne dut son salut qu'au dévouement de ses francs-archers, auxquels il avait juré de vivre et de mourir avec eux. Chabannes, un instant entouré, fut délivré par ses gens. Bref la retraite put s'opérer[2]. Talbot rallia ses gens et regagna l'abbaye. Là, s'emparant des vivres abandonnés par les Français, il fit défoncer les tonneaux et distribuer du vin à ses soldats[3]. Il était encore de bonne heure ; le comte de Shrewsbury fit célébrer la messe par son chapelain[4]. Le saint sacrifice allait

---

1. Ce camp était à dix-huit cents mètres environ de l'abbaye.
2. Tous les Français se trouvèrent ainsi rassemblés dans le camp : « En petit de heure, tout s'y trouva pour illec vivre ou mourir ensemble, » dit l'*Histoire de Gaston de Foix*.
3. « Beuvolent dedans avec leurs salades comme en beau let. » *Histoire de Gaston de Foix*.
4. « Et pour ce que ladite escarmouche avoit esté faicte sy matin que encores icellui seigneur de Tallebot n'avoit pas oy la messe, un chappelain se prepara de illec chanter la messe. » (Math. d'Escouchy, t. II, p. 38.) Tous les chroniqueurs sont unanimes à dire que l'action fut engagée de très bonne heure ; aussi est-ce avec surprise que nous lisons dans la lettre du Roi que les Anglais « vindrent environ neuf heures du matin pour secourir la place de Castillon. »

commencer, quand on vint lui annoncer que les Français abandonnaient leur parc et s'enfuyaient[1] : « Jamais, s'écria-t-il, je n'ouïrai messe, ou aujourd'hui j'aurai rué jus la compagnie des Français qui est devant moi. » Et il donna l'ordre de marcher en avant.

Les Anglais s'avancent en poussant leur cri de guerre : *Talbot ! Talbot ! Saint-Georges !*[2] Monté sur une petite haquenée, le vieux capitaine est vêtu d'une simple casaque de velours rouge[3]. En vain veut-on l'arrêter, lui représentant que c'est un faux rapport et qu'il convient d'attendre tranquillement le choc de l'ennemi : il répond par des injures à son porte-étendard[4] qui lui donne ce conseil, et l'écarte, dit-on, d'un coup d'épée à travers le visage.

Arrivé devant les palissades, Talbot commence à crier : « A pied ! A pied tout le monde ! » Ses hommes d'armes, soutenus par les archers qui peu à peu arrivent et se mettent en ligne[5], sont accueillis par une décharge formidable : trois cents bombardes, veuglaires, couleuvrines et ribaudequins, dont le feu

---

1. Les Français avaient mis pied à terre et renvoyé les chevaux hors du camp ; un nuage de poussière s'éleva sur leur passage et fit croire à l'évacuation du camp. Thomas Basin, t. I, p. 263 ; *Chronique martinienne*, f. 295.

2. Les Anglais avaient dix à douze bannières déployées (*Histoire de Gaston de Foix*). Plusieurs étendards étaient « chargés d'inscriptions et devises injurieuses au mespris et desdain des bons François (Chartier). »

3. On dit que c'est au moyen de ce subterfuge que Talbot se mit en règle avec sa conscience : il ne crut pas violer ainsi le serment qu'il avait prêté de ne point porter les armes contre Charles VII (Voir Du Clercq, p. 77). Mais cette casaque était une *brigandine* (Mathieu d'Escouchy, t. I, p. 41), c'est-à-dire « un vêtement de toile épaisse ou résistante ou de cuir, sur lequel étaient clouées des écailles de fer… recouvertes d'une autre toile épaisse servant de doublure à la dernière étoffe extérieure qui était en drap, en velours ou en soie. » (René de Belleval, *Du Costume militaire des Français en 1446*, p. 62 et suiv. Cf. Victor Gay, *Glossaire archéologique du moyen âge et de la renaissance*, au mot BRIGANDINE.) On ne peut donc dire que Talbot « n'estoit point armé. » Il faut ajouter qu'il résulte des témoignages contemporains que Talbot n'avait fait que pour une année le serment de ne point porter les armes contre la France. — Sur la prétendue brigandine de Talbot conservée au château d'Amboise, voir Belleval et V. Gay, et un article de M. Le Roux de Lincy dans la *Bibliothèque de l'École des chartes*, t. IX, p. 418.

4. Thomas Basin le nomme : il s'appelait Thomas Evringham.

5. On lit dans l'*Histoire de Gaston de Foix* : « Et feit un grant [tort] aux Angloys ce que leurs gens de pié ne peurent pas tous venir si tost que ceulx de cheval ; et pour ce qu'ilz estoient fort armez, ilz venoient las et hors d'alaine ; et à la mesure qu'ilz arrivoient les Françoys en tuoient tant qu'ilz vouloient. »

est dirigé par le fameux artilleur Giribault, lancent leurs projectiles qui font de nombreuses victimes[1]. Les Anglais hésitent. Talbot les ramène, les forme en tortue; abrités derrière leurs boucliers, ils attaquent les retranchements. Talbot réussit à faire planter sur le bord du fossé la bannière de saint Georges et celle d'Angleterre. Une mêlée terrible s'engage; pendant plus d'une heure, on lutte corps à corps.

Soudain, des hauteurs voisines, les sires de Montauban et de la Hunaudaye descendent avec leurs Bretons et prennent l'ennemi en flanc[2] : ce mouvement décide de l'issue du combat. Les Anglais s'arrêtent pour faire face à ce corps de troupes fraîches. La « terrible tempête » de l'artillerie[3] ne cesse de pleuvoir sur eux. Saisissant l'occasion, les Français s'élancent hors de leur camp, les uns à pied, les autres à cheval, et chargent avec fureur. Talbot, quoique blessé, tient bon. Un coup de couleuvrine l'atteint à la jambe et le renverse sous son cheval. Les archers français l'entourent et le percent de leurs traits. Son fils, qui l'avait vainement engagé à fuir[4], meurt à ses côtés en s'efforçant de le protéger[5]. Les Anglais, voyant tomber leur chef, s'enfuient en désordre[6]. Les uns veulent regagner leurs vaisseaux[7] ou franchir la Dordogne au gué de Rozan; les autres prennent la route de Saint-Émilion. Un corps d'environ deux mille hommes, sous la conduite des seigneurs

---

1. Les fossés du camp avaient été disposés de telle façon que de quelque côté que l'ennemi se présentât, il était foudroyé de plusieurs points à la fois, dit M. Léo Drouyn (la Guienne militaire, l. c.), qui ajoute qu'il a parfaitement reconnu, en 1862, la trace de ces fossés, lesquels, comblés qu'ils étaient par les propriétaires riverains, tendaient dès lors à disparaître.
2. L'Histoire de Gaston de Foix dit que Pierre de Beauvau, avec les gens du comte du Maine, faisait partie de ce corps d'armée.
3. Jean Chartier, t. III, p. 6.
4. Voir le traité rapporté par Æneas Sylvius et cité par nous dans notre édition de Mathieu d'Escouchy, t. II, p. 11, note.
5. C'est un Breton, Olivier Giffart, qui eut l'honneur de s'emparer de la bannière de Talbot. Fragment intitulé : la destrousse de Talebot, dans un manuscrit de la Bibliothèque Sainte-Geneviève (Histoire, L² 2, f. 131); cf. Quicherat, édit. de Thomas Basin, t. I, p. 269, note.
6. « Et ne sariés ymaginer ne penser la grande desconfiture et le cri qui lors fut entre lesdiz Anglois. » Lettre du 19 juillet.
7. Il résulte de la lettre du Roi que des navires amenèrent par la Dordogne une partie de l'armée; elle parle des Anglais qui se sauvèrent « en leurs navires. »

gascons, se replie en bon ordre sur Castillon et réussit à pénétrer dans la place. Les Français, « lassés, travaillés, hors d'haleine, » renoncent à poursuivre l'ennemi; seul le comte de Penthièvre, avec ses troupes, donne la chasse aux fuyards dans la direction de Saint-Émilion. L'armée anglaise est anéantie : trente chevaliers et quatre mille soldats ont péri; dans la chaleur de l'action on a tué impitoyablement[1]. On rapporte que, de nos jours encore, on retrouve des ossements dans la plaine qui fut le théâtre de cette lutte sanglante. Du côté des Français les pertes ont été sensibles; quelques-uns des chefs, l'amiral de Bueil, Jacques de Chabannes, Pierre de Beauvau sont blessés, mais sans gravité.

Malgré le renfort amené par les seigneurs gascons, Castillon ne pouvait opposer une longue résistance : la ville capitula le 20 juillet. De là, l'armée marcha aussitôt sur Saint-Émilion[2] et sur Libourne, qui ouvrirent leurs portes.

Charles VII était encore à La Rochefoucauld[3]. Il accueillit avec grande joie la nouvelle de la victoire signalée remportée par ses troupes et fit aussitôt chanter un *Te Deum*. En recevant la gorgerette de Talbot, que Jacques de Chabannes lui avait envoyée : « Dieu face merci, dit-il, au bon chevalier! » Par une circulaire adressée à ses bonnes villes, il fit part de cet heureux événement et ordonna de rendre au ciel des actions de grâces[4].

---

1. « Car nul n'estoit retenu prisonnier. » (Lettre du 19 juillet.) Pourtant l'*Histoire de Gaston de Foix* dit : « Et de prisonniers il y en eult bien de sept à huit cens. » Et on lit dans la lettre du Roi : « Et beaucoup de prisonniers, desquels on n'a encores peu bonnement savoir le nombre. »
2. Traité de reddition, en date du 21 juillet. Voir *Ordonnances*, t. XIV, p. 280.
3. C'est dans cette ville que, dès le 23, il ordonna de faire une enquête sur certains incidents qui s'étaient produits à la prise de Castillon et qui avaient causé parmi ses capitaines une vive émotion. Voir Ms. fr. 18442, f. 40 (document publié en partie par le P. Daniel, *Histoire de la milice françoise*, t. I, p. 410, et intégralement dans notre *Supplément aux Preuves de Mathieu d'Escouchy*, p. 94); Du Chesne, 108, f. 35 et suiv.
4. Lettres des généraux des finances en date du 9 août 1453, ordonnant le paiement de 64 l. à Pierre de la Place, chevaucheur de l'écurie du Roi, « pour le deffrayer de partie de sa despense qu'il a faicte à nous apporter en ceste ville de Montpellier lettres closes dudit seigneur touchant les bonnes nouvelles de la desconfiture naguères faicte sur les Anglois devant la place de Castillon en Peuregort, où le sire de Talebot et plusieurs autres seigneurs d'Angleterre en grand nombre avoyent esté tuez et autres prins prisonniers,

Nous avons laissé les comtes de Clermont et de Foix dans le Médoc. Afin d'empêcher le ravitaillement de Bordeaux, ils ravagèrent la contrée et firent main basse sur tous les vivres[1]. Puis ils se portèrent sur Castelnau, qu'ils assiégèrent le 14 juillet : la place, défendue par Gaston, seigneur de l'Isle, n'opposa pas une longue résistance[2]. Le comte de Clermont marcha ensuite dans la direction de Bordeaux ; il parut devant Blanquefort, dont il espérait s'emparer par surprise ; mais ce château, vieux donjon à six tours avec enceinte crénelée, était occupé par Gaillard de Durfort, seigneur de Duras, qui s'y était enfermé après la défaite de Castillon ; une première attaque demeura infructueuse : il fallut en entreprendre le siège. Le comte de Foix, de son côté, traversa le Bas-Médoc et se présenta devant Cadillac à la tête d'environ quatre cents lances et de cinq à six mille arbalétriers. Le capitaine, un Gascon nommé Gaillardet, était venu devant Castelnau lui faire des offres de soumission. Le comte espérait que, durant la nuit, Gaillardet tiendrait sa promesse : vain espoir ; il dut entreprendre un siège en règle. La place était très fortifiée : Chabannes, le comte de Castres, le maréchal de Jalognes et Jean Bureau, arrivèrent avec huit cents lances et une puissante artillerie. Pendant le siège, deux corps de troupes furent détachés : l'un sous les ordres de Saintrailles, alla s'emparer de Saint-Macaire ; l'autre, commandé par le sire d'Albret, occupa Langon et Villandraut[3].

Deux sièges importants étaient donc entrepris simultanément, l'un au nord, l'autre au sud de Bordeaux, et la capitale de la Guyenne allait être attaquée à son tour.

---

lesquelles nouvelles ledit seigneur fait savoir par tout son royaume pour en faire rendre graces à Dieu et fere solemnitez ès églises ainsi que bien faire se doit. » (Ms. fr. 20081, n° 6592.) — Les registres de délibération de Compiègne mentionnent les « notables processions » faites, à partir du 15 juillet, « pour la prosperité du Roy et la desconfiture de Talebot et autres Anglois en Bordelois. » (*Bibliothèque de l'École des chartes*, t. XXIV, p. 496.)

1. Chartier, t. III, p. 11-12 ; Berry, p. 470. — M. Ribadieu paraît avoir exagéré les ravages qu'aurait faits l'armée du comte de Clermont. Voir p. 320 et suiv.

2. Le 20 juillet, elle était livrée au comte de Foix. Lettres du comte en date de ce jour, citées plus loin.

3. Berry ; Chartier.

L'armée de réserve s'ébranla le 28 juillet[1]; elle était commandée par le Roi en personne, qui avait autour de lui les comtes du Maine, d'Angoulême, de Castres, de Vendôme, d'Étampes et de Nevers. Charles VII s'arrêta à Libourne (8 août), d'où il envoya assiéger Fronsac, qui n'opposa point de résistance. Puis, pénétrant dans l'Entre-Deux-Mers, il vint s'établir (13 août) au château de Montferrant, à douze kilomètres de Bordeaux[2]. Une partie de son armée campa à Lormont, sur la rive droite de la Garonne; une autre, dont faisait partie Jean Bureau, alla renforcer devant Cadillac le corps du comte de Foix.

Le siège de Bordeaux était une difficile entreprise. La ville avait trois enceintes, dont l'étendue formait une circonférence de près de six mille mètres. De grosses tours, au nombre de vingt, protégeaient les murs, défendus en outre par le fleuve, dont la largeur en cet endroit n'est pas moindre de six cents mètres[3]. Une flotte importante gardait l'entrée du port. Il fallait à la fois opérer le blocus de la ville au moyen d'une armée navale, et mettre l'armée de terre à l'abri d'un coup de main. Charles VII avait rassemblé depuis longtemps des navires venus de Bretagne, d'Espagne, de La Rochelle ; il les plaça dans l'embouchure de la Gironde, et fit construire à Lormont, sur les bords du fleuve, une vaste bastille, où il logea ses troupes et son artillerie, sous les ordres de l'amiral de Bueil, nommé lieutenant du Roi sur la mer et sur terre au delà de la Gironde[4], et dont l'ascendant grandissait chaque jour[5]. De leur côté, les défenseurs de Bordeaux élevèrent sur la Garonne, à un kilomètre de la ville, une bastille « merveilleusement forte » pour protéger leur flotte.

1. La date est fixée par une lettre du Roi au chancelier Jouvenel et au sire de Torcy, publiée dans notre *Supplément aux preuves de Math. d'Escouchy*, p. 37. Cf. Berry, p. 471.
2. « Ce château fort se trouvait sur la hauteur qui sépare Bassens et Ambarès; on y voit encore les douves et un endroit qu'on appelle *la place de Montferrant* ; mais les ruines en ont servi à construire le château de Beauval, le bourg de Bassens et le Carbon-Blanc, qui fut commencé en 1500. » L'abbé O'Reilly, *Histoire complète de Bordeaux*, 2ᵉ édit., t. II, p. 31 note; cf. p. 62, et Ribadieu, *les Châteaux de la Gironde*, p. 328.
3. Voir *Bordeaux vers 1450*, par M. Léo Drouyn. Bordeaux, 1874, in-4.
4. Voir Favre, *Introduction biographique au Jouvencel*, l. c., p. CCVI.
5. Id., ibid., p. CCVII.

Roger, baron de Camoys, nommé sénéchal de Guyenne, avait pris le commandement après la bataille de Castillon. Il réunit l'assemblée des États et passa un traité [1] par lequel il s'engageait, moyennant le remboursement de ses dépenses, à assurer la défense de Bordeaux et des places qui restaient encore aux Anglais. Les Bordelais redoutaient avant tout de retomber sous le joug de la France : ils déclarèrent qu'ils aimaient mieux mourir que de se soumettre [2], et s'en remirent à Camoys du soin de la résistance [3]. Aussitôt, la solde des capitaines fut assurée ; le procureur du roi fut chargé d'aller en Angleterre chercher du secours [4] ; des mesures furent prises pour envoyer des renforts à Libourne, à Cadillac, à Blanquefort ; on pourvut à la garde de la bastille en construction, des portes et des lieux fortifiés [5]. Il était d'autant plus urgent d'organiser la défense que déjà des défections se produisaient dans les rangs des seigneurs gascons, et que certains, pressentant une défaite imminente, entraient en composition avec Charles VII [6]. Camoys avait autour de lui Thomas Clifton, les bâtards de Somerset et de Salisbury, et tous les seigneurs gascons qui étaient parvenus à regagner Bordeaux : le sire de Lesparre, le sire de Rauzan, le sire de Duras, etc.

1. « Cy ensuit ce que le seigneur de Camoys demande à ceulx de la cité de Bordeaulx, qu'il leur a loyaument presté à la propre requeste, et dont le conseil, tant pour le Roy son souverain seigneur que ceulx qui estoient esleuz pour gouverner la cité, lui promisdrent loyaument rembourser sans en avoir aucun domaige. » Document sans date, copie du temps, dans Du Chesne, 108, f. 31-33.

2. « Ilz respondirent tous à une voix, crians piteusement, qu'ilz avoient plus cher morir que venir à ladicte subgercion du Roy. » Idem.

3. « Ilz respondirent qu'ilz avoient esleu ledit sire de Camoys leur gouverneur et encores eslisoient, et lui prioient humblement de ordonner tout ce qui lui sembleroit bon, tant en fortifficacions comme de trouver façon d'entretenir les gens d'armes, par quoy resistacion peust estre faicte contre le Roy. » Idem.

4. On n'avait pas attendu cet appel désespéré des Bordelais pour préparer l'envoi de nouveaux secours. Durant les mois de juillet et d'août, on s'occupait de faire partir une armée dont lord Bonville devait être le chef. Voir *Proceedings and ordinances*, t. VI, p. 143, 151 et suiv. ; Stevenson, t. II, p. 481-492.

5. La dépense s'éleva à 17,600 francs : « somme que ledit seigneur de Camoys a mis à la requeste des trois estaz du païs de Guienne, qui se monte la somme de xviiim vic fr., monnoye de Bordelois. »

6. Par lettres du 20 juillet, le comte de Foix donnait des lettres d'abolition à Gaston de Lile, chevalier, seigneur de L'Isle et de la Rivière, en considération de ce qu'il avait remis Castelnau aux mains du comte, ainsi que d'autres places, « et aussi qu'il a faiz à mon dit seigneur (le Roi) et à nous plusieurs services et advertissemens proufitables touchant le fait de la conqueste dudit pays. » Archives, JJ 182, n° 11.

Charles VII était, nous l'avons dit, au château de Montferrant, appartenant à Bertrand, seigneur de Montferrant, l'un des Gascons qui avaient violé leurs serments. Mais il ne restait point inactif : il allait et venait, se portant à Lormont, à Saint-Macaire, peut-être même à Cadillac[1], partout où se trouvaient ses gens, « donnant cœur et courage aux chefs de son armée et à tous ses gens de guerre[2]. » Le 19 septembre, un premier assaut fut livré à Cadillac : la ville fut emportée, et les Anglais se réfugièrent dans le château ; ils ne tardèrent pas à demander à capituler, offrant de payer dix mille écus et de s'en aller « chacun un blanc bâton au poing. » On consulta le Roi. Charles VII répondit qu'il avait assez d'argent, et qu'il entendait avoir la garnison à discrétion. Les défenseurs de Cadillac finirent par céder : ils demeurèrent prisonniers, et s'engagèrent à procurer la reddition de Bénauges et de Rions[3]. Le capitaine Gaillardet, Gascon d'origine, eut la

1. Jean Chartier dit que le Roi se trouva en personne à l'assaut de Cadillac : « Le dix-huitième (al. 27 et 28) jour dudit mois de juillet, le Roy en personne, et son ost, assaillirent ladite place de Cadillac, laquelle d'abord fut prinse et emportée d'assault. » Ainsi s'exprime le chroniqueur officiel (t. III, p. 14), et la chose semblerait ne pouvoir être contestée. Mais, d'abord, l'itinéraire du Roi nous le montre les 18, 27 ou 28 juillet (jours indiqués par les différentes variantes) à La Rochefoucauld ou à Angoulême. D'un autre côté, il est constant que l'assaut ne fut livré qu'après plusieurs semaines de siège, et le 19 septembre seulement (Math. d'Escouchy, t. II, p. 64). Enfin, on voit par les détails de la capitulation qu'au moment de l'assaut Charles VII était devant Bordeaux (Id., ibid.). Une chronique un peu postérieure (cotée L 354, à la Bibl. nationale) dit : « A la prise d'aucunes places fut le Roi présent, car il estoit tiré en Angolesme et de là audit païs de Bordeloys. » Enfin, voici ce qu'on lit à ce sujet dans les comptes du temps : « Pierre de Dinteville, escuyer, pannetier du Roy, XXV l. qu'il avoit donné du sien et mxv vi l. en septembre pour avoir descouvert les chemins entre Genissac et Saint-Macaire, neuf lieues de pays, et de Saint-Macaire au siège de Cadillac, affin que le Roy, bagues, chariots et sommiers de son hostel y peussent passer aysement sans danger, et pour eschelles faites pour l'assaut dudit Cadillac. » — « Johan de Sommelon, escuyer, seigneur dudit lieu, LVIII l. XV s. en septembre pour avoir conduit le Roy et douze arbalestriers et une bombarde depuis Tarbe (?) jusques au siège devant Cadillac. » Quatrième compte de Beauvarlet, f. 162 et 165 v°.

2. Le Jouvencel, t. I, p. 31. — « Tant comme le siège dura à Cadillac, le Roy fut à Montferrant et à Saint-Macaire, allant et venant de l'un à l'autre, pour tousjours reconforter ses gens tant ceux qui tenoient le siège que ceux de la Bastille et du navire... Et en vérité le Roy notre souverain seigneur y travailla et peina grandement, en reconfortant et ordonnant le fait de son ost et de son armée, en allant de place en place, en mandant et commandant à ses armées et compagnies ce qu'ils avoient à faire. » Berry, p. 471 et 472. Cf. Martial d'Auvergne, t. II, p. 154.

3. Mathieu d'Escouchy, t. II, p. 67. — Par lettres données à Saint-Macaire, au mois de septembre, Charles VII confirma le traité et reddition de Bénauges, en date du 25 septembre. Ordonnances, t. XIV, p. 262.

tête tranchée[1]. A la nouvelle de la capitulation de Cadillac, le seigneur de Duras traita avec le comte de Clermont pour la remise de Blanquefort, et, s'échappant à travers les marais, il parvint à gagner Bordeaux.

Toutes les forces de l'armée royale étaient désormais concentrées devant la capitale de la Guyenne. Le comte de Clermont était établi du côté du Médoc. La ville se trouva ainsi complètement bloquée, et la famine commença bientôt à s'y faire sentir. D'autre part, dans le camp de Charles VII, une épidémie se déclara, et fit d'inquiétants ravages[2]. Le grand maître Chabannes fut emporté; Pierre de Beauvau mourut aussi, soit de la peste, soit par suite des blessures reçues à Castillon[3].

Les Bordelais avaient vu successivement tomber toutes les places qui s'étaient efforcées de résister. D'un autre côté les Anglais commençaient à se lasser d'une lutte sans espoir. Pour prévenir toute désertion, le baron de Camoys avait fait dégréer les navires qui se trouvaient dans le port. Des conflits s'élevaient chaque jour entre les Gascons, acharnés dans une résistance où leur vie était engagée, et les Anglais qui se désintéressaient du sort des armes. Un conseil fut tenu; on décida qu'un sauf-conduit serait demandé au Roi pour entrer en composition.

Dans les derniers jours de septembre, cent notables habitants, gens d'église, nobles, jurats et bourgeois, se rendirent au château de Montferrant. Admis en présence de Charles VII, ils lui demandèrent de les recevoir à merci, offrant de remettre entre ses mains la ville de Bordeaux, moyennant qu'ils eussent la vie sauve et qu'ils conservassent leurs biens. Le Roi ré-

---

1. Mathieu d'Escouchy, t. II, p. 50; *Histoire de Gaston de Foix.*
2. « La mortalité estoit très grant en nostre ost par terre et encores plus ou navire, qui estoit chose de très grant esbahissement à toutes manières de gens. » Lettre de Charles VII en date du 28 octobre.
3. La mort de Jacques de Chabannes mit fin à un différend qui s'était élevé entre lui et Jean de Bueil, relativement au rôle joué par eux à Castillon, chacun s'attribuant l'honneur de la victoire. Voir l'*Introduction biographique* de M. Favre au *Jouvencel*, p. ccii et suiv. — Parmi les documents inventoriés à Tours au commencement du règne de Louis XI (Ms. fr. 2899, f. 81), se trouvait « l'information sur la bataille de Castillon. »

pondit en personne à la députation : « Si vous n'avez charge
« d'autrement parler, dit-il, vous avez sûreté de venir de-
« vers nous et de vous en retourner : vous pouvez dresser
« votre chemin du retour quand bon vous semblera ; car de la
« requête que nous faites ne ferons rien, attendu les grandes
« fautes que par ci-devant avons trouvé en vous. Et c'est notre
« intention, à l'aide de notre Créateur, d'avoir la ville, tous
« ceux qui sont dedans, et leurs biens, à notre plaisir et vo-
« lonté, pour de leurs corps prendre punition selon ce qu'ils
« ont offensé pour avoir été contre leurs serments et féautés
« à nous faits par ci-devant, en telle manière que ce sera
« exemple aux autres et mémoire au temps à venir[1]. »

La députation, toute troublée et « moult dolente, » reprenait
déjà le chemin de Bordeaux, quand survint Jean Bureau : « Sire,
« dit-il, je viens d'autour de la ville, et j'ai regardé et bien
« visité à mon pouvoir les places convenables à asseoir votre
« artillerie ; mais si tel est votre bon plaisir, je vous promets,
« et sur ma vie, qu'en peu de temps je vous rendrai la ville
« toute détruite et dévastée par vos engins volants, en telle
« manière que ceux qui vivent dedans ne sauront où tenir, et
« vous les aurez du tout à votre bon plaisir et volonté. —
« Faites bonne diligence, reprit le Roi, car mon intention n'est
« pas de partir d'ici sans les avoir mis en mon obéissance[2]. »

Les hostilités reprirent avec vigueur. Une nouvelle flotte, arrivée de La Rochelle[3], était venue renforcer celle qui était
établie en face de la bastille de Lormont. La bastille construite
par l'ennemi sur la rive opposée fut attaquée sans relâche. Les
Bordelais, de plus en plus pressés par la famine, craignirent de
se trouver à la merci du vainqueur. Dans les premiers jours
d'octobre, Camoys fit des ouvertures à Joachim Rouault qui,
pendant l'occupation française, avait rempli les fonctions de
connétable de Bordeaux ; il lui offrit un sauf-conduit pour
venir dans la ville et recevoir les propositions des habitants.

1. Mathieu d'Escouchy, t. II, p. 71.
2. Id., ibid.
3. Id., p. 72 et 76. La date du 8 octobre, donnée par le chroniqueur, ne peut se
concilier avec les faits : le traité d'évacuation fut signé le 8.

Rouault, ayant obtenu l'agrément du Roi, vint trouver Camoys, qui lui fit bon accueil. Un nouveau conseil fut tenu : on décida qu'une députation serait envoyée à Lormont pour traiter avec les représentants du Roi.

Le vendredi 5 octobre avant midi, la députation, à la tête de laquelle était le baron de Camoys, se présentait à Lormont. Elle fut reçue par l'amiral de Bueil, qu'entouraient les commissaires désignés par le Roi, savoir le chancelier, Jean d'Estouteville, Louis de Beaumont et Jean de Chambes. On dîna en l'hôtel de l'amiral, et on tint une première conférence, qui n'aboutit à aucun résultat. La députation revint le lendemain. On rouvrit les pourparlers, sans arriver à un accord. Les Bordelais consentaient, moyennant que le Roi leur donnât des lettres d'abolition, à rendre leur ville, en renonçant à tous privilèges et en payant une somme de cent mille écus ; les commissaires royaux exigeaient le paiement de cent mille marcs d'argent et demandaient la livraison aux mains du Roi de vingt personnes à son choix. Camoys, pendant ce temps, avait jeté avec l'amiral de Bueil les bases d'un traité réglant les conditions relatives aux Anglais, à leur flotte, à leur artillerie, aux facilités qui leur seraient données pour se rendre en Angleterre, avec denrées et marchandises, et pour emporter tous leurs biens meubles. Cet arrangement, qui paraît avoir été conclu dès le 5 octobre [1], fut signé définitivement le 8 ; il portait reddition de la bastille et remise de tous les prisonniers qui avaient été faits [2].

Le 9 octobre, Camoys, accompagné de huit ou dix notables, tant Anglais que Bordelais, vint trouver le Roi au château de Montferrant. « Sire, dit-il, je viens devers vous et vous amène
« ces chevaliers, écuyers et bourgeois de la ville de Bordeaux,
« vous suppliant qu'il vous plaise leur remettre et pardonner l'of-
« fense qu'ils ont faite et commise envers vous, et leur donner
« abolition de corps et de biens meubles et immeubles, et ils

---

1. Certaines des stipulations devaient recevoir dès le 6 octobre leur exécution, à moins qu'il ne faille lire xvi° au lieu de vi° dans le texte, dont nous n'avons qu'une copie non authentique.

2. Ce traité ne se trouve que dans le ms. fr. 5909, f. 213, et encore incomplet. Il a été publié pour la première fois dans l'édition du *Jouvencel*, t. II, p. 361.

« renonceront à tous privilèges. Si vous baillerai et mettrai en
« votre obéissance la ville et cité de Bordeaux, et de plus il vous
« donneront cent mille écus. Vous pourrez toujours prendre
« d'eux ce qu'il vous plaira. Pour Dieu, Sire, ayez pitié et
« merci d'eux. » Sans répondre à Camoys, Charles VII fit
sortir la députation et tint conseil. Il fut unanimement reconnu
qu'il fallait accepter ces propositions, tout en maintenant la
condition posée à Lormont, savoir la remise de vingt des plus
coupables, entre lesquels les sires de Lesparre et de Duras.

Cette décision prise, les députés furent rappelés et on leur
fit connaître les intentions du Roi. Camoys se récria, discuta
longuement, et finit par céder, moyennant que les vingt seigneurs auraient la vie sauve et que le Roi se contenterait de les bannir à perpétuité[1].

Le même jour des lettres patentes étaient données, par lesquelles le Roi, sur la supplication des habitants de Bordeaux, leur accordait pleine et entière abolition, moyennant le paiement de cent mille écus, mais en retenant leurs privilèges jusqu'à son bon plaisir et en exemptant de l'amnistie vingt personnes, auxquelles toutefois il accordait la vie sauve et l'autorisation d'emporter autant de biens meubles qu'elles pourraient ; le Roi autorisait en outre quarante des habitants à se retirer où ils voudraient, emportant leurs biens meubles, avec faculté de pouvoir, dans un délai d'un mois, vendre, donner ou transporter leurs héritages[2].

Le 12 octobre, douze otages, moitié Anglais moitié Gascons, furent livrés en garantie du traité. Le 14, les autres otages et la bastille furent remis aux gens du Roi. Conformément au traité, les portes de la ville devaient s'ouvrir le 16 ; un délai de trois jours fut accordé : c'est seulement le 19 que les bannières de France flottèrent sur les tours de Bordeaux[3]. Les Anglais com-

---

1. Mathieu d'Escouchy, l. c.
2. Ces lettres se trouvent, en copie du temps, dans le registre X¹ᵃ 8605, f. 170, aux Archives nationales, et à la Bibliothèque nationale, dans le ms. fr. 5909, f. 211 v°, et dans Du Chesne, 108, f. 15 ; elles ont été publiées dans le recueil des *Ordonnances*, t. XIV, p. 271 note.
3. C'est ce qui est établi par une circulaire du Roi, en date du 28 octobre, que l'on trouvera aux *Pièces justificatives*. On remarquera la parfaite conformité du récit de Mathieu d'Escouchy avec cette source officielle (voir t. II, p. 76).

posant la garnison purent se retirer avec les honneurs de la guerre. Fidèle à ses habitudes de libéralité à l'égard des vaincus, Charles VII fit distribuer un écu à chacun d'eux, et, pour protéger leur embarquement, les fit accompagner par ses hérauts, officiers d'armes et gens de guerre [1].

Il ne restait que deux places à soumettre : Rions et Bénauges, comprises dans la capitulation de Cadillac, avaient refusé d'ouvrir leurs portes. Ce n'étaient point les Anglais qui résistaient ainsi, c'étaient les Gascons. Il y eut même des rixes entre Anglais et Gascons. Charles VII, dédaignant d'employer la force pour triompher de cette opposition, fit bloquer étroitement les deux forteresses : prises par la famine, elles durent se rendre [2].

Le Roi ne fit point aux Bordelais l'honneur d'entrer dans leurs murs. Quand le dernier Anglais eut disparu du sol de la Guyenne, il partit pour Lusignan, d'où il regagna Montils-les-Tours, laissant, pour présider au gouvernement de la province, le comte de Clermont, assisté de Jean Bureau et de Théodore de Valpergue.

En moins de cinq mois la seconde conquête avait été opérée. Ce grand résultat, si brillamment obtenu, et auquel Charles VII avait pris une notable part, fut célébré par des réjouissances publiques. Une des premières médailles qui aient été frappées est consacrée à en perpétuer le souvenir. On y voit, au droit, Charles VII armé en guerre, l'épée nue, au galop de sa monture ; sur le revers, le Roi est assis en majesté, tenant l'épée d'une main et le sceptre de l'autre. La légende du revers est ainsi conçue :

REGNA PATER POSSIDENS, IN PACEQUE LILIA TENENS
HOSTIBUS FUGATIS, REX, VIVUS, SEPTIME REGNANS
KAROLE, FEROX REBELLIBUS, SUBDITIS EQUUS,
ERGA TUOS JUSTUS, IN HOSTIS FORTIS ET VERAX [3].

---

1. Mathieu d'Escouchy, t. II, p. 77.
2. Id., ibid., p. 78.
3. Voir le curieux mémoire de M. Vallet de Viriville : *Notice historique sur la médaille frappée à la monnaie de Paris en souvenir de l'expulsion des Anglais de 1415 à 1460.* Paris, s. d. (1867), gr. in-8° de 53 pages. — L'auteur y décrit huit types

L'œuvre commencée par Jeanne d'Arc, dont le Roi poursuivait alors la réhabilitation auprès de la cour de Rome, était heureusement et définitivement accomplie : les Anglais étaient « boutés hors de *toute France*. » Charles VII avait bien mérité ce surnom de *victorieux* que la reconnaissance publique lui décerna, et qui a été consacré par la postérité.

différents. Le premier type fut frappé en 1451, après la première campagne de Guyenne. L'exergue porte :

    QVANT JE TY PAIF SANS DIFERANCE
    AV PRVDENT ROI AMI DE DIEV
    ON OBEISSOIT PARTOVT EN FRANCE
    FORS A CALAIS QVI EST FORT LIEV.

Un autre type, qui paraît être de 1454, offre l'exergue suivant :

    GLORIA, PAX, TIBI SIT, REX KAROLE, LAVSQUE PERENNIS ;
    REGNUM FRANCORUM TANTO DISCRIMINE LABENS,
    HOSTILI RABIE VICTA VIRTUTE REFORMANS,
    CHRISTI CONSILIO LEGIS ET AUXILIO.

Il est intéressant de remarquer que ces médailles étaient frappées, à un grand nombre d'exemplaires, en or, en argent, en cuivre doré, et qu'elles se répandaient ainsi, non seulement parmi les seigneurs de la cour et les capitaines, mais parmi les simples archers. C'était comme une sorte de *médaille militaire* qu'on portait sur le pectoral de l'armure ou sur la salade, et qui se conservait ensuite dans les familles.

CHAPITRE X.

LA CAMPAGNE DE LOMBARDIE

1452-1453

Conséquences de la mission diplomatique d'Acciajuoli. La « guerre de Catalogne. » — Relations de Charles VII avec l'Aragon et avec la Castille. La diversion souhaitée par l'ambassadeur Florentin n'a pas lieu. — La campagne de Charles VII contre le duc de Savoie favorise Sforza, mais il n'obtient pas d'assistance armée en Italie. — Nouvelle ambassade des Florentins au Roi ; instructions qu'elle reçoit. — Dispositions favorables de Charles VII. — Ambassade du Roi en Italie. — Arrivée des ambassadeurs florentins à Lyon. — Négociations avec le marquis de Montferrat ; instructions envoyées par Charles VII à Jean Cossa. — Nouvelles instructions de la république de Florence à Acciajuoli. — Démarches réitérées de Sforza auprès du Roi. — Arrivée de l'ambassadeur florentin à Tours ; traité du 11 avril, stipulant le passage du roi René en Lombardie à la tête d'une armée. — Départ du roi René ; difficultés qu'il éprouve pour se rendre en Italie. — Attitude du duc de Savoie, qui refuse de lui laisser traverser ses états ; intervention du Roi ; intervention du Dauphin. — Vues personnelles de ce prince ; il prend les armes contre son beau-père. — Le roi René reçoit des offres de la république de Gênes et en profite pour gagner l'Italie par mer. — Le duc de Savoie, en présence de l'attitude menaçante de son gendre, lui livre passage ; desseins du Dauphin sur Gênes, contrecarrés par le roi René, qui le décide à battre en retraite. — Double jeu du Dauphin, qui cherche à s'allier avec les Vénitiens contre Sforza. — Le roi René en Lombardie ; ses lenteurs, son entrée en campagne ; succès obtenus sur les Vénitiens. — La mauvaise saison vient interrompre les opérations. — Négociations pour la paix sous les auspices de Nicolas V. Dispositions des Florentins et de Sforza. — Brusque départ du roi René. — Ambassade de Sforza au Roi ; effet produit à la cour de France par la retraite du roi René ; mécontentement de Charles VII. — Appréciation du rôle de René.

Quelles avaient été les conséquences des négociations entamées par Angelo Acciajuoli, au nom de la république de Florence et du duc de Milan, et du traité conclu à la date du 21 février 1452 ?

Nous avons vu que, dans ses dépêches, l'ambassadeur florentin faisait allusion à la « guerre de Catalogne. » Il supposait que Charles VII, une fois la paix faite avec l'Angleterre, emploierait ses gens d'armes à quelque expédition ; il estimait que l' « entreprise de Catalogne » serait la plus facile, celle où il aurait la plus juste querelle¹.

L'attention de Charles VII était attirée en ce moment au-delà des Pyrénées, à un double titre : par la revendication de certains droits de la reine Marie d'Anjou en Aragon, par la lutte engagée entre la Castille et la Navarre à l'occasion de la querelle du prince de Navarre avec son père.

Par son testament en date du 16 septembre 1420, Yolande de Bar, reine d'Aragon, avait fait donation entre-vifs à sa fille Yolande, reine de Sicile, de tous ses biens meubles et immeubles. Celle-ci, à son tour, par un acte passé à Saumur le 16 février 1440, avait donné à sa fille Marie d'Anjou, reine de France, la baronnie de Cocentayna au royaume de Valence, et les baronnies de Burgia et de Magallon en Aragon, avec cession de tous ses droits sur les royaumes de Valence et d'Aragon et sur la principauté de Catalogne. En outre, par le contrat de mariage de Yolande d'Aragon avec Louis, roi de Sicile, une somme de cent soixante mille florins avait été assurée à Yolande, et cent mille francs restaient dus sur cette somme.

Peu après la mort de sa mère, Marie d'Anjou réclama de la couronne d'Aragon la délivrance des terres qui lui appartenaient du chef de Yolande et le paiement des cent mille francs. A partir de 1446, de nombreuses ambassades furent envoyées, de multiples réclamations formulées, sans qu'aucune satisfaction pût être obtenue². Au mois d'avril 1450, Michel Nigri, ambassadeur de la reine d'Aragon (qui avait été chargée par Alphonse V de suivre l'affaire) se rendit à la cour de France : des conférences furent tenues en présence de la Reine ; elles furent sans résultat³. On était à la veille d'une rupture : le droit de marque fut dénoncé ; nous avons des lettres du 17 décembre 1450 par lesquelles Charles VII suspendait jusqu'à la

---

1. Voir plus haut, p. 159-61.
2. Voir le volumineux dossier de ces négociations aux Archives nationales, Trésor des chartes, J 595.
3. Archives, J 595, n° 26. — Cette même année Bernard Aubert, chevalier catalan, vint en ambassade de la part de la reine d'Aragon, et reçut du Roi 750 écus. — *Supplément aux preuves de d'Escouchy*, p. 20.

Saint-Jean de l'année suivante les actes d'hostilité à l'égard du roi d'Aragon, dans l'espoir que, d'ici là, un accord pourrait s'établir. Au mois de mars 1451, une huitième ambassade partit pour l'Aragon ; elle n'aboutit pas plus que les précédentes[1]. Au moment où Angelo Acciajuoli se trouvait à la cour (janvier 1452), le comte de Dunois reçut une lettre du roi d'Aragon lui annonçant l'envoi d'une ambassade vers Charles VII[2]. Cette ambassade arriva le 23 mai[3]. Au mois de juin, les ambassadeurs aragonais étaient à Blois, attendant l'expédition que le Roi devait leur donner[4].

En dehors de cette cause de conflit entre la France et l'Aragon, la querelle du prince de Navarre avec son père, le roi de Navarre Jean II, frère d'Alphonse V, faillit entraîner une intervention armée de Charles VII : le roi de Castille avait pris le parti de Don Carlos ; la guerre s'était allumée entre la Castille et le Navarre, et le roi de Castille sollicitait le Roi d'agir contre le roi de Navarre.

Les relations de Charles VII avec la Castille, dans ces dernières années, n'avaient été ni fréquentes, ni importantes. L'indolence proverbiale de Jean II, sa nullité comme souverain et même comme homme privé[5], ne permettaient guère de profiter des avantages que l'alliance castillane pouvait offrir. Quand, en 1450, Charles VII réclama de Jean II une déclaration authentique constatant qu'il avait eu pour agréable la rupture avec l'Angleterre et le recouvrement de la Normandie opéré par les armes royales, quand il lui demanda, aux termes des traités, son concours pour chasser les Anglais de la Guyenne[6], il se heurta à des hésitations, à des résistances, et

---

1. Archives, J 595, n° 33.
2. Dépêche du 6 mars 1452. Archives de Florence.
3. La date est fixée par une annotation de la lettre de la reine d'Aragon, en date du 6 mai, que les ambassadeurs apportaient au Roi. Ms. latin 10152, f. 97.
4. Voir lettres du duc d'Orléans en date du 14 juin 1452. *Pièces originales*, 532 : BRUCELLES.
5. L'historien espagnol Cavanilles l'appelle « el indolente D. Juan » et dit de lui : « Valia poco como hombre menos como rey. » *Historia de España*, t. IV, p. 133 et 147.
6. Ambassades de Jean le Boursier, seigneur d'Esternay, en 1449, et de Gérard le Boursier et de Inigo d'Arceo, en 1450. Cabinet des titres, 685, f. 144, 144 v° ; *Pièces originales*, 83 ; ARCEO ; 474 : BOURSIER (le) ; Ms. fr. 20977, p. 355.

même à des récriminations qui avaient lieu de le surprendre de la part d'une puissance jusque-là si fidèle à l'alliance avec sa couronne. Il fallut une longue et épineuse négociation pour obtenir la déclaration demandée[2]. Aussi le Roi ne montra-t-il pas un grand empressement à répondre, soit aux sollicitations du prince de Navarre[3], soit aux instances du roi de Castille en sa faveur[4]. Pourtant il se décida à entrer dans les vues de Jean II de Castille : il agit auprès du comte de Foix qui, adversaire de Don Carlos, et s'autorisant indûment de son titre de lieutenant général du roi de France, avait réclamé près de Jean II au sujet de l'attitude prise par ce prince[5], et fit défense au comte, ainsi qu'à ses autres vassaux, d'assister le roi de Navarre dans sa lutte contre le roi de Castille[6]. Conformément au désir manifesté par Jean II, il donna, au mois d'avril 1451, des lettres patentes où étaient exposés les motifs de la rupture avec l'Angleterre[7], et envoya Jean d'Aulon porter ces lettres en Castille[8]. Enfin, au mois de janvier 1452, sur la requête présentée par un ambassadeur castillan[9], il fit partir le même ambassadeur pour faire publier à Bayonne la guerre contre le roi de Navarre et ses partisans, ennemis de Don Carlos[10]. Le 6 mars Jean II donnait des lettres portant déclaration de guerre, au nom du roi de France, à Jean, roi de Navarre[11].

On ne voit point pourtant que, soit à l'égard de l'Ara-

---

1. Voir les documents contenus dans le ms. latin 6024, f. 64, 65, 66, 74, 54, 56.
2. Lettres du roi de Castille en date du 12 septembre 1450. Ms. latin 6024, f. 85.
3. Ms. latin 5956A, f. 212.
4. Lettres du roi de Castille en date du 24 août 1450. Ms. latin 5956A, f. 211, et 6024, f. 90.
5. Voir la requête du comte de Foix au roi de Castille; la réponse du roi au comte, et les lettres du roi à Charles VII en date du 10 octobre 1450. Ms. latin 6024, f. 80, 82 et 79.
6. Lettres sans date dans le ms. fr. 5909, f. 218.
7. Lettres du 2 avril 1451. Ms. fr. 5909, f. 185; éditées par Cosneau, *le Connétable de Richemont*, p. 624.
8. Cabinet des titres, 685, f. 145.
9. Dépêche d'Acciajuoli du 22 janvier 1452. Archives de Florence.
10. Dépêche du même en date du 27 février (*ibid.*); Cabinet des titres, 685, f. 159.
11. Lettres de ce jour dans Du Chesne, 107, f. 364. Jean d'Aulon retourna encore en Castille dans le courant de 1452. Cabinet des titres, 685, f. 155 v°.

gon[1], soit à l'égard de la Navarre, les choses aient été poussées plus loin : la diversion sur laquelle l'ambassadeur florentin paraissait compter pour paralyser l'action d'Alphonse V en Italie ne se produisit point.

Il n'en fut pas de même du côté de la Savoie : l'expédition de Charles VII, au mois de septembre 1452, fut fort utile à Sforza, directement menacé alors par le duc de Savoie[2]. Mais les troupes royales ne franchirent pas les monts, comme l'espérait Sforza, et comme, à ce moment même, il en avait fait au Roi la demande expresse. La république de Florence, en présence du danger qui la menaçait, avait, elle aussi, insisté pour une prompte intervention[3]. À la fin de septembre, une mission nouvelle fut donnée à Angelo Acciajuoli, auquel fut adjoint Francesco Ventura[4]. Les instructions remises aux deux ambassadeurs portent la date du 28 septembre[5]. Le Roi était sollicité d'entrer en Italie à main armée pour protéger la République contre les entreprises du roi d'Aragon. Cette intervention permettrait à la « très glorieuse maison de France » de recouvrer les royaumes qui lui appartenaient, et de procurer par là à la race des rois très chrétiens une incomparable gloire. Le roi aurait pour auxiliaire, avec la république de Florence, le duc de Milan et la communauté de Gênes. Dans le royaume de Naples, la majeure partie des grands et du peuple se déclareraient en faveur de la France. Le Roi devrait venir en personne ou envoyer un représentant avec des forces considérables, en rapport avec la réputation d'un si grand prince et avec une entreprise aussi utile et aussi glorieuse pour sa

---

1. Nous avons la trace d'une ambassade de Gaucourt à Naples auprès du roi d'Aragon dans le courant de l'année 1452 (Ms. fr. 20083, f. 18, et *Pièces originales*, 1292 : Gaucourt, n° 63). Peut-être se rattachait-elle aux difficultés dont nous avons parlé ci-dessus et prévint-elle la rupture.

2. Voir lettre de Sforza à Antoine de Tricio, 15 octobre 1452. Ms. Italien 1601, f. 213.

3. Lettre du 1er septembre 1452; elle est en copie du temps dans le Ms. fr. 5909, f. 226.

4. Désignation faite le 16 septembre d'Angelo Acciajuoli et de François Ventura pour se rendre en France. Archives de Florence, *Signori. Legazione e Commissarli*, 6, f. 123.

5. Instructions aux ambassadeurs florentins, Archives de Florence, *Signori. Elezioni*, etc., f. 36-40 v°. Éditées par Fabroni, t. II, p. 200-211.

maison : il ne fallait pas moins de quinze mille chevaux. Le Roi pouvait être assuré du concours de la république de Florence et du duc de Milan. La République mettrait sur pied trois mille cinq cents ou quatre mille cavaliers; le duc au moins quinze mille. Il serait formellement stipulé qu'aucune paix ne pourrait être conclue sans l'assentiment du Roi.

Point n'était besoin de tant insister auprès de Charles VII pour qu'il remplît ces engagements : il en avait fait donner l'assurance à Sforza par un nouvel ambassadeur[1], et celui-ci l'en avait remercié à la date du 5 octobre[2]. Le duc était tellement satisfait des bonnes dispositions du Roi qu'il se proposait de lui envoyer un ambassadeur, en même temps que ceux de la république de Florence, pour lui exprimer toute sa gratitude et l'engager à appuyer énergiquement la revendication du royaume de Naples par le Roi René[3]. En attendant le départ de son ambassadeur[4], Sforza combinait avec le bailli Dresnay, gouverneur d'Asti, les opérations à entreprendre[5]; il ne doutait pas qu'avec l'appui du roi de France il ne pût recouvrer toutes les possessions que ses ennemis lui avaient enlevées[6].

Informé de la prochaine venue de l'ambassade des Florentins et du duc de Milan, Charles VII écrivit à celui-ci (27 oc-

---

1. Nous avons nommé plus haut cet ambassadeur; c'était Nicolas Rielay, notaire et secrétaire du Roi.

2. Lettre de Sforza au Roi. Archives de Milan, *Lettere missive*, XIII, f. 277. Cf. lettre de même date au roi René. *Idem*.

3. « Ad rengratiarla de tanta benignita et liberalita et optima dispositione et animo quale ha monstrato et monstra verso de' signori Fiorentini et noy..., et ultra et ringratiare che hanno a fare essi ambassatori alla prefata mayesta, hanno ad intendere se la dispositione soa è de attendere et dare adiuto al Re Renato circa la recuperatione del regno de Sicilia, perche questa cosa affaria grandemente per la signoria vestra et signori Fiorentini et noy. » Lettre de Sforza à la république de Gênes. Archives de Milan, *Lettere missive*, XIII, f. 289. — Dans cette lettre, Sforza s'efforçait d'amener la république de Gênes à marcher d'accord avec les Florentins et avec lui, insistant sur l'intérêt qu'elle y avait et déclarant qu'il n'existait avec la France d'autres intelligences ni obligations que celles que la Seigneurie connaissait.

4. A la date du 17 octobre, Sforza donnait à son ambassadeur, Georges de Mayno, des lettres de créance pour le Roi, le roi René, le duc de Savoie, le comte du Maine, et plusieurs seigneurs de la Cour. *Lettere missive*, XIII, f. 309.

5. Lettre du 8 octobre à Job de Palatio; lettre du 10 à Dresnay. Archives de Milan, *Lettere missive*, XIII, f. 286 et 291 v°.

6. Lettre du 10 octobre à Pierre de Pusterla. *Id., ibid.*, f. 293.

tobre) que son intention était d'envoyer lui-même des ambassadeurs en Italie¹ ; il désirait, afin que les négociations pussent aboutir plus rapidement, que le départ de l'ambassade fût différé jusqu'au moment où ses envoyés seraient à Milan et auraient été entendus par Sforza². Fouquet de Vachères, porteur de cette lettre, était chargé d'en remettre également une à la république de Florence.

Dans l'assemblée du clergé tenue récemment à Bourges, il avait été décidé que l'archevêque de Tours se rendrait à Rome pour en communiquer les résultats au Pape. Mission lui fut donnée de s'arrêter en passant à Milan et à Florence, et Jean Cossa, conseiller du roi René, lui fut adjoint³. Les deux ambassadeurs partirent au mois de novembre, porteurs de lettres du Roi pour Sforza et pour les Florentins. Le Roi annonçait que Bordeaux venait d'ouvrir ses portes aux Anglais, et que cet événement absorbait toute son attention ; il donnait de bonnes espérances pour le printemps ; il annonçait qu'il avait décidé le duc de Savoie à abandonner les Vénitiens⁴.

Sur ces entrefaites, les ambassadeurs florentins arrivèrent à Lyon près du Roi⁵. Ils reçurent un gracieux accueil. Mais les événements qui venaient de s'accomplir en Guyenne rendaient impossible toute intervention armée en Italie : c'est par les voies diplomatiques que, pour le moment, on était réduit à agir. Il fut convenu que les ambassadeurs se rendraient auprès du marquis de Montferrat et de son frère, pour tâcher, de concert avec les envoyés du Roi, de les amener à un accord

---

1. « Pour aucunes choses qui touchent nostre honneur et le bien de vous. » Lettre du 27 octobre.

2. Lettre du 27 octobre 1452. Original, Bibliothèque du M¹ˢ Trivulci à Milan ; Copie, Archives de Milan, *Lettere missive*, XIII, f. 417. — Cette lettre fut portée au duc par Fouquet de Vachères : c'est ce qui résulte de la missive royale et du troisième compte de Mathieu Beauvarlet (*l. c.*, f. 159 et 166 v°), où est mentionné l'envoi de Fouquet au duc de Milan et à la république de Florence.

3. Lettre de créance, en date du 6 novembre, Bibliothèque du M¹ˢ Trivulci. Sur la mission de Jean Cossa, voir le ms. 685, f. 166 v°.

4. Lettre du 7 novembre. Archives de Florence. Ind. par Desjardins, *Négociations diplomatiques*, t. I, p. 77. — La lettre à Sforza, en date du 6, est une simple lettre de créance. Original, Bibliothèque du M¹ˢ Trivulci, à Milan.

5. Le 28 novembre, Sforza écrivait qu'il avait reçu des lettres d'Acciajuoli, datées de Lyon. Ms. ital. 1691, f. 210.

avec le duc de Milan, et qu'ils reviendraient au mois de janvier, en compagnie d'un ambassadeur de Sforza[1]. Charles VII ne renonçait point toutefois à porter secours à ses alliés : malgré la nécessité de marcher contre les Anglais en Guyenne, il résolut de laisser à Lyon un corps d'armée de deux mille cinq cents hommes, prêt à franchir les monts sur la réquisition des Florentins et de Sforza[2].

Les négociations avec le marquis de Montferrat et son frère Guillaume n'aboutirent pas aussi facilement qu'on l'espérait. Les obstacles vinrent d'un côté où on ne les attendait point. Les Montferrat acceptaient de s'en remettre à l'arbitrage du Roi (ils l'avaient déjà fait, on l'a vu, par un acte en date du 8 juillet précédent); mais Sforza ne voulait s'y soumettre que pour les faits accomplis postérieurement à la convention passée par lui avec Charles VII. En outre, dans le but d'intimider le marquis et de le forcer à faire la paix, il se préparait à employer la voie des armes. A cette nouvelle, Charles VII envoya à Jean Cossa une lettre contenant ses instructions (12 janvier 1453). « Nous serions bien desplaisans, disait-il, que les choses cheussent en grande aigreur. » Jean Cossa avait charge de se rendre auprès de Sforza, en compagnie de Pierre des Barres, porteur de la lettre, pour obtenir un sursis ou une trêve de six mois; plutôt que de rompre la négociation entamée, on devait se contenter de l'offre faite par Sforza[3].

---

1. Même lettre et lettre du 8 décembre à Pierre de Campo Fregoso (f. 251), où on lit: « Da noi sonno gionti li magnifici oratori Fiorentini, quali andarono dalla maesta del Re de Franza, et ne hanno referito che dalla prefata maesta furono ricevuti cum bono et alegro vulto, et factoli assay honore e careze come a quelli quali da essa maesta erano stati aspectati cum summo desyderio, et che per la novita sequita de Bordes, non possetano venire ad altro effecto de quello, perche essi erano andati considerato chel prefato Re se accostava verso quelle parte per lo recuperamento de Bordes, quale non dubitava ne faria difficultate alcuna che recuperarla subito. Et tandem chel prefato Re gli dixe che se dovesseno retornare dalla maesta soa per tucto lo mese de zenaro proximo futuro insieme con lo nostro ambassatore, et che allora con commodita et acconcio attendera a quelle cose che erano da fare et che faria delle cose che sariano grate alla liga nostra, » etc. — Il y a aussi des détails sur cette ambassade dans une lettre de la République de Florence à Nicolas Soderini, en date du 13 décembre. Archives de Florence, *Signori. Carteggio. Missive*, 37, f. 2.

2. Lettre de Sforza à Bartholomeo Colione, son capitaine d'armes, en date du 4 janvier 1453. Ms. ital. 1602, f. 3.

3. Copie du temps. Ms. fr. 10238, f. 214. Voir aux *Pièces justificatives*.

Le 26 janvier 1453, la république de Florence donnait de nouvelles instructions à son ambassadeur Angelo Acciajuoli. Estimant avec raison que la présence des Anglais à Bordeaux devait empêcher Charles VII d'agir en personne, la Seigneurie sollicitait l'envoi du roi René, ou tout au moins de son fils le duc de Calabre, avec deux mille chevaux. Elle s'engageait à verser six mille francs par mois; le roi René ou son fils auraient le commandement de toutes les troupes florentines pendant la durée de la guerre. L'ambassadeur devait presser le roi René de passer en Italie pour conférer avec le duc de Milan et obtenir le concours de la marine de Gênes. Avant de se rendre en France, il avait mission de s'entendre avec le duc de Milan[1].

Celui-ci avait envoyé au Roi un ambassadeur, relativement à l'affaire du marquis de Montferrat. Nous avons les instructions données par Sforza à la date du 2 février. Il insistait sur la nécessité où l'attitude déloyale des Montferrat le mettait d'agir à main armée contre eux : c'était, d'ailleurs, le seul moyen de les amener à faire la paix. Il priait le Roi d'enjoindre au bailli Dresnay de rompre avec les Montferrat, lesquels faisaient dire dans toute l'Italie qu'ils étaient en bonne intelligence avec le roi de France; une fois délivré de tout souci de ce côté, Sforza se proposait de tourner toutes ses forces contre les Vénitiens[2]. Dans un *post-scriptum* du 4, le duc faisait part à son envoyé de l'initiative que le Pape, sur les vives instances du roi d'Aragon et des Vénitiens, s'était décidé à prendre en faveur de la paix[3]. Le même jour, il écrivit au Roi pour le mettre au courant de la situation et lui annoncer le prochain départ d'Acciajuoli[4]. Le 13, au reçu d'une communication faite au nom du Roi par l'archevêque de Tours et Jean Cossa, Sforza lui adressa une nouvelle lettre[5]. Le lendemain, il remit à Cossa un mémoire résumant tous les faits, avec mission de le communiquer au Roi et au roi René[6]; enfin, le 17, il donna à Acciajuoli

---

1. Archives de Florence, *Dieci di Balia*, 3, f. 37 v°.
2. Lettre à Abraham Ardizzi. Ms. Ital. 1602, f. 31.
3. *Id., Ibid.,* f. 32.
4. *Id., Ibid.,* f. 35.
5. Archives de Milan, *Lettere missive*, XIII, f. 131 v°.
6. Mêmes archives, *Francia, Istruzione sec. XV.*

des lettres de créance pour ces deux princes, pour le Dauphin et pour le duc de Calabre[1].

L'ambassadeur florentin arriva à Tours au commencement de mars; il y reçut un message de Sforza, lui faisant part des relations que les Montferrat entretenaient avec le roi d'Aragon et les Vénitiens, qui avaient envoyé des ambassadeurs afin de contrecarrer les desseins du Roi[2], et des ouvertures faites par le roi d'Espagne, qui manifestait le désir d'entrer dans la ligue contre le roi d'Aragon[3]. Acciajuoli ne tarda pas à conclure un traité (en date du 11 avril), aux termes duquel le roi René devait entrer en Italie le 15 juin au plus tard, à la tête d'une armée de deux mille quatre cents cavaliers, pour secourir le duc de Milan et la république de Florence et combattre leurs ennemis. Seul le Pape était excepté du traité. La République allouait au roi René une somme de dix mille florins d'or par mois; elle devait lui remettre le commandement de toutes ses troupes. La provision d'argent commencerait à courir un mois avant l'arrivée du prince; une fois parvenu, soit dans le comté d'Asti, soit à Alexandrie, René toucherait une somme de vingt mille florins. Le roi René et la république de Florence pourraient se délier de leurs engagements en se prévenant mutuellement deux mois à l'avance, et la République demeurerait quitte de toute obligation moyennant une indemnité de vingt mille florins pour les frais du retour des troupes françaises. Si René voulait revenir en France ou en Provence, il en aurait la faculté, pourvu qu'il fît venir son fils, le duc de Calabre, qui serait constitué généralissime à sa place[4].

On voit que Charles VII n'intervenait pas dans ces arrangements, conclus pourtant sous ses yeux et avec sa participation;

---

1. Archives de Milan, *Lettere missive*, XIII, f. 412 v°.
2. « Com li quali dicti de Monferrata tractano per el contrario tucto quello e la volunta et dispositione della maesta del Re de Franza. »
3. Lettre du 6 mars. Ms. italien 1602, f. 45. — Le même jour le duc avisait Dresnay que les Montferrat faisaient fabriquer de la fausse monnaie à l'effigie du Roi. Archives de Milan, *Lettere missive*, XXXIV, f. 461.
4. Traité passé à Tours, le 11 avril 1453, au nom du roi René. Texte aux archives des Bouches-du-Rhône, publié par M. Lecoy de la Marche, *le roi René*, t. II, p. 265 et suiv.; Il est en copie à la Bibl. nationale dans le ms. italien 1602, f. 57.

mais il promettait de remettre à son beau-frère le soin de régler tout ce qui concernait les affaires de la France en Italie, et de lui prêter assistance ; il était d'ailleurs animé des plus amicales dispositions : « J'espère, dit-il à l'ambassadeur, que « la ligue que j'ai conclue sera éternelle[1]. »

La nouvelle des arrangements pris à Tours arriva promptement à Florence, et y fut accueillie avec une vive allégresse[2]. La Seigneurie adressa aussitôt au roi René une lettre de félicitations, en le priant de hâter sa venue[3]. René ne reçut cette lettre qu'à son arrivée en Provence. Il avait quitté le 4 mai son château d'Angers, en compagnie de Jean Cossa, de Guy de Laval, seigneur de Loué, et d'autres seigneurs de sa cour[4], et salué le Roi au passage. Celui-ci remit à Jean Cossa des instructions, et le chargea de visiter le duc de Milan, les Florentins, le marquis de Montferrat et le Pape[5]. René arriva en Provence au commencement de juin ; le 29, il était encore à Aix, où il rédigea son testament[6].

Les préparatifs de l'expédition avaient retardé son entrée en campagne. Le 4 juillet, de Sisteron, il écrivait à Sforza qu'il se disposait à aller le joindre, et qu'il le tiendrait au courant de sa marche : « J'ai honte, disait-il, de vous écrire du fond de ces montagnes. Bientôt, avec l'aide de Dieu, je pourrai vous

---

1. « El so mo disse queste parole che luy intandeva che la nostra liga durasso sempre et che venendo il Re de Sicilia in Italia deliberava comettere a luy tucto lo caso do costa et che luy lo voleva aiutare. » Lettre d'Accaiuoli à Sforza, en date du 21 avril 1453. Bibl. nat., ms. Italien 1602, f. 60. — Pourtant, en raison de la situation de la Guyenne, Charles VII se refusa à prolonger la ligue conclue le 21 février 1452. Cf. Instructions de la république de Florence à ses envoyés à Gênes, 8 mai 1453. Archives de Florence, *Dieci di Balia*, 3, f. 50.

2. Lettre de Nicodème de Pontremoli à Sforza, 2 mai, et *Post-scriptum* du 3 mai. Ms. Ital. 1586, f. 202-203 ; et Buser, *l. c.*, p. 379-382.

3. Lettre du 10 mai 1453, aux archives de Florence, *Signori*, 38, f. 77 v°; publiée par M. Lecoy de la Marche, t. II, p. 273.

4. Mémorial de la Chambre des comptes d'Angers (Arch. nat., P 1334, f. 145), cité par Lecoy, t. I, p. 275, note 3.

5. Quatrième compte de Mathieu Beauvarlet. Cabinet des titres, 685, f. 166 v°. Par son rôle en date du 10 avril 1453, Charles VII avait attribué à Jean Cossa une somme de 750 l. t. « pour et au lieu de la somme de cinq cens escus que le Roy lui a ordonné et donné en faveur des bons services qu'il lui a faiz et fait de jour en jour. » Ms. fr. 20683, f. 45.

6. Lecoy de la Marche, t. I, p. 276.

parler de plus près[1]. » Mais René rencontrait de sérieux obstacles pour pénétrer en Italie. La république de Gênes ne voyait pas sans inquiétude l'arrivée d'une armée française, et n'était guère disposée à entrer dans les vues de Sforza[2]; quant au duc de Savoie, auquel on avait demandé le passage des troupes par ses états, il avait opposé un refus formel.

Ce prince, léger et inconstant, ne s'était nullement préoccupé de tenir les engagements contractés par lui à Feurs à l'égard des nobles savoisiens. Le Roi lui avait envoyé ambassades sur ambassades[3] pour le mettre en demeure de s'exécuter, sans obtenir autre chose que de vagues promesses. Au commencement de 1453, une conférence avait eu lieu à Lyon, et n'avait amené aucun résultat[4]. Quel fond le Roi pouvait-il faire sur les promesses du duc? Quelle valeur pouvait avoir l'acte passé à ce moment (Genève, 15 mai) portant confirmation de l'abolition en faveur des seigneurs savoisiens[5]? Dans un entretien avec l'un des nombreux ambassadeurs députés vers lui, le duc n'avait-il pas laissé échapper cette parole cynique : « Vous savez bien que les princes ne sont point tenus d'accomplir leurs promesses[6] ! » Non content de se mettre aussi gravement dans son tort, le duc n'avait cessé d'entretenir des relations avec les ennemis du Roi, et il venait de contracter une alliance avec les Montferrat[7].

1. Lettre en italien. Archives de Milan, *Carteggio dei Principi*, pezza 3; publiée par Lecoy, t. II, p. 272. — Nous avons une lettre précédente de René, datée de Saint-Pourçain, 10 mai, qu'Acciajuoli était chargé de remettre. Ms. ital. 1586, f. 206.
2. Voir lettre de Sforza à Cosme de Médicis, 6 juin 1453. Ms. italien 1602, f. 97.
3. Ambassade de Jean de Saint-Romain, en novembre 1452 (quatrième compte de Mathieu Beauvarlet, *l. c.*, f. 166 v°); ambassade de Jean d'Aulon, de Pierre des Barres et de Jean d'Amancy, en janvier (Déposition de Jean d'Amancy, 22 janvier 1453; ms. fr. 18983, f. 53); ambassade de Jean d'Aulon et de Jean Tudert, en février (*Pièces originales*, 2894, TUDERT, n° 30); ambassade de Pierre des Barres, en avril (quatrième compte de Mathieu Beauvarlet, f. 166); ambassade de Jean Tudert, en juin (*Id.*, f. 167).
4. Pouvoir du duc de Savoie à ses ambassadeurs, en date du 12 janvier 1453. Bianchi, p. 171. L'évêque d'Alet, Jean d'Aulon et Gérard le Boursier se rendirent à Lyon, au nom du Roi. (Déposition de Jean d'Amancy, *l. c.*)
5. Le Grand, VIII, f. 4.
6. « Respondi entre autres paroles les motz qui s'ensuivent : « Vous savez bien que « les princes ne doivent point tenir leurs promesses. » Déposition de Jean Tudert. Ms. fr. 18983, f. 47.
7. Traité en date du 16 juin 1453, où le marquis de Montferrat est appelé par le duc son fils, comme si le mariage projeté avec Marguerite de Savoie était déjà réalisé. Ms. italien 1586, f. 212.

A la nouvelle du refus fait par le duc de livrer passage au roi René, Charles VII lui écrivit, le priant « bien affectueusement » de donner à René l'autorisation de traverser ses États. Le duc envoya un de ses secrétaires, chargé d'exposer les craintes qu'il avait à ce sujet et qui motivaient son opposition. Dans une lettre en date du 13 juillet 1453, le Roi revint à la charge : « Il ne nous a pas semblé, disait-il, que, pour les craintes susdites, vous dussiez avoir refusé le passage à notre dit frère, vu mêmement ce qui fut dit et appointé entre vous et nous quand dernièrement vous fûtes devers nous au lieu de Cleppé, dont vous devez bien avoir souvenance ; et semble bien que le fassiez plus en faveur d'autres que autrement, dont nous donnons grande merveille. Et pour ce vous prions de rechef, très acertes, que ledit passage vous veuilliez donner à icelui notre frère et à ses gens, sans plus mettre la chose en délai[1]. »

Le Dauphin, qui désirait vivement le succès de l'entreprise du roi René, dans l'espérance d'obtenir Gênes, et qui lui avait promis d'y prendre part, intervint, lui aussi, auprès du duc de Savoie. Toutes ses démarches n'aboutirent qu'à une fin de non-recevoir[2]. Louis écrivit alors à son beau-père qu'il était décidé à marcher en personne contre lui, et qu'il réussirait à faire passer qui il voudrait. « Pour rien au monde, » répondit le duc, « je ne livrerai passage, car je suis l'allié du roi d'Ara-« gon et des Vénitiens[3]. » Au reçu de cette déclaration, le Dauphin, enchanté au fond d'avoir rencontré l'occasion d'une rupture qu'il cherchait depuis plusieurs mois[4], leva une armée et fit disposer son artillerie. Le sire de Précigny et Ferry de

---

1. Original, aux archives de Turin, *Francia, Lettere principi*. Voir le texte aux *Pièces justificatives*.
2. Voir réponse du Dauphin aux remontrances, « soubz couleur de raisons, » à lui présentées par le duc de Savoie. Ms. latin 17770, f. 57-59.
3. Lettre de Bertrand de Beauveau, citée plus loin.
4. Dans une lettre du 27 juillet, écrite à Sforza par Abraham Ardizzi, on lit : « Dicono che Dalfino se offerisse per forza accompagnarlo fino in Ast, et passare per la via di Susa, et sul ponte di Torino, et conducto chel sia in Pedemonti, vole far guerra al duca de Savoya et cerchare la destructione soa... Et dice chel duca de Savoya non gli ha atteso cosa cho gli habia promessa et non seria meraviglia che gli remandasse la figliola soa. » Archives de Milan, *Francia dal... al 1470*.

Lorraine vinrent le joindre avec des troupes du roi René. Louis entra en campagne : le 9 août, il s'avança pour forcer le passage gardé par l'armée de Savoie.

Impatient de remplir ses engagements, le roi René n'avait point attendu l'issue de ce conflit. Les Génois, qui s'étaient enfin décidés à entrer dans les vues de Sforza[1], lui avaient fait des offres de service[2]; il leur demanda de lui fournir des navires : les Génois envoyèrent deux galères armées et un grand nombre de bateaux; de son côté, René avait armé plusieurs vaisseaux; il s'embarqua le 3 août à Marseille, et aborda à Vintimille[3].

Cependant le duc de Savoie, en face de l'attitude si résolue de son gendre, changea de ton. Il lui fit dire qu'il ne s'attendait pas à lui voir prendre la chose si à cœur et à venir en personne traverser son pays; il était disposé à lui livrer passage; il lui ferait même ouverture de toutes les places et le laisserait librement entrer avec tous autres en sa compagnie, pour peu qu'on n'entreprît rien contre son duché. Le Dauphin n'eut garde de refuser cette promesse. Mais il lui fallut attendre dix jours avant d'être autorisé à franchir le pas de Suse. « Sire, écrivait Précigny au Roi à la date du 17 août, Monseigneur s'est bien et honnêtement gouverné jusqu'ici, et m'a dit qu'il nous conduira de bon cœur hors des dangers de Savoie, car autrement nous ne passerions point[4]. »

En présence du refus réitéré du duc de Savoie, Charles VII lui avait écrit une deuxième fois pour le mettre en demeure de livrer passage au roi de Sicile. Précigny reçut le message royal au moment où le fait venait de s'accomplir. « Il m'a semblé, écrivait-il, vu que nous passons, comme dit est, en la compagnie de Monseigneur, et que le duc de Savoie a fait appointement par autre voie que la vôtre, et que le passage qu'il

---

1. Pierre de Campo Fregoso l'avait déclaré à Sforza dans une lettre du 20 juin. Archives de Gênes, *Liber litterarum Gothardi*, 18-1791, à la date.
2. Lettres du doge en date des 22 et 28 juin. *Id., ibid.*
3. On attendait René dès le 21 juillet. Lettre de Benoît Doria. Archives de Florence, *Dieci di Balìa, Carteggio. Responsive*, 22, f. 266.
4. Lettre de Bertrand de Beauvau au Roi. Original dans Le Grand, IV, f. 49.

nous donne n'est que par force et non point pour l'amour de vous ni d'autre, qu'il n'est besoin de lui présenter vos lettres, afin que d'autant moins lui en sachiez gré ; mais je les porterai au roi de Sicile, qui vous en remerciera peu après. »

Ce retard dans l'arrivée de l'armée française en Italie devait avoir de déplorables conséquences, et Précigny le sentait bien : « Par ma foi, Sire, disait-il, il y a si grand dommage pour le roi de Sicile au retardement de son passage que je ne vous le saurois écrire[1]. »

Au moment où Précigny écrivait cette lettre, le roi René s'avançait vers Asti. Sur le chemin, il reçut une lettre du Dauphin. Louis disait qu'il était appelé à Gênes par le parti français ; que l'entreprise ne pouvait manquer de réussir et qu'il était décidé à la tenter ; il donnait rendez-vous à René pour le 19 à Villanova, près d'Asti, afin de combiner la chose avec lui. René pouvait compter que, une fois maître de la seigneurie de Gênes, le Dauphin lui donnerait tout l'appui qu'il pourrait souhaiter ; il n'aurait ainsi ni sollicitations à faire, ni obligations à avoir à qui que ce fût[2].

A la lecture de cette lettre, le roi René fut bouleversé. L'entreprise projetée par le Dauphin renversait tous ses desseins : c'était la rupture de l'alliance avec les Florentins ; c'était un coup fatal porté au succès de son expédition : il résolut de faire tout au monde pour entraver l'exécution des projets du Dauphin, dont il déplorait le caractère entreprenant et les méchantes intentions[3].

Sur son passage, le Dauphin avait eu une entrevue avec le marquis de Montferrat, qui était venu le trouver. En entrant en Italie, il avait envoyé aux Génois un message où il leur annonçait sa venue, se présentant comme leur défenseur. Grand fut l'émoi à Gênes, où l'on se prépara à la résistance et où l'on s'occupa d'empêcher à tout prix l'expédition du Dauphin. Des

---

1. Même lettre.
2. Dépêche de Nicolas Soderini, ambassadeur florentin à Gênes, en date du 22 août. Archives de Florence, *Dieci di Balia. Carteggio. Responsive*, 22, f. 303. Cf. Buser, p. 384.
3. Tous ces détails sont empruntés à la dépêche de Nicolas Soderini, déjà citée. Cf. Lecoy de la Marche, t. I, p. 277.

sollicitations furent adressées au duc de Milan, à la république de Florence, au roi René pour intervenir auprès de Charles VII et obtenir de lui qu'il interdît à son fils toute entreprise sur Gênes.

L'entrevue de Villanova aboutit au résultat désiré. René représenta au Dauphin que la république de Gênes avait facilité sa venue en Italie, et qu'il ne permettrait pas qu'une attaque fût dirigée contre elle. Il alla plus loin : il demanda au Dauphin de se retirer. Louis céda, la rage dans le cœur, jurant de se venger de l'affront que son oncle lui infligeait.

La vengeance ne tarda pas. Le 31 août, le Conseil de Venise délibérait sur une proposition transmise, dans le plus grand secret, par un ambassadeur du marquis de Montferrat : c'était une offre de concours faite par le Dauphin à la république de Venise. Le Dauphin se déclarait prêt à marcher en personne contre le duc de Milan, avec quatre mille chevaux et deux mille fantassins ; il s'était assuré de l'appui de Guillaume de Montferrat et d'autres seigneurs de son parti ; il demandait un subside de six mille écus d'or. Le Conseil examina l'affaire avec le plus grand soin ; mais il déclina l'offre pour le moment, se réservant de l'accepter dans des conjonctures plus favorables[1].

La retraite du Dauphin fut accueillie à Gênes par un soupir de soulagement. Le doge, Pierre de Campo Fregoso, écrivit à ce prince pour le féliciter d'être rentré en France sur les conseils du roi René ; il se confondait en protestations de dévouement à l'égard de la maison de France, se déclarant prêt à accomplir tout ce que le Roi et le Dauphin lui demanderaient[2].

Le roi René était enfin libre d'agir. Mais, au lieu d'entrer immédiatement en campagne, profitant de la stupeur causée par son entrée en Italie où jusque-là on s'était refusé à croire à sa venue[3], il entama des négociations avec le marquis de

---

1. Délibération du Conseil de Venise, en date du 31 août 1459. Archives de Venise, *Secreta*, col. XIX, f. 211 ; publié par Lecoy de la Marche, t. II, p. 213. Cf. t. I, p. 277-78.

2. Lettre du 11 septembre 1459. Archives de Gênes, *Liber litterarum Gotardi*, 18-1791, à la date ; publ. par Lecoy de la Marche, t. II, p. 212.

3. « Che mai nessuno poteva credere che mai venisse di Francia in Lombardia con gente. » *Istoria Braschana*, dans Muratori, *Rerum Italicarum scriptores*, t. XXI, col. 883.

Montferrat et son frère[1]. Les hostilités furent suspendues, et le 15 septembre, à Alexandrie, un compromis fut passé[2]. René partit aussitôt après pour Pavie, où la duchesse de Milan vint à sa rencontre; de là il s'avança pour opérer sa jonction avec Sforza. C'est seulement à la date du 10 octobre que René fit porter aux Vénitiens sa déclaration de guerre[3]. Les proviseurs de l'armée ennemie lui écrivirent qu'ils n'avaient point qualité pour y donner réponse, et qu'ils la transmettaient à la république de Venise[4]. A ce moment la République venait de repousser des propositions d'accommodement qui lui avaient été faites par Jean Cossa, ambassadeur du roi René, et par un envoyé du marquis de Montferrat[5]; elle manifesta son étonnement de ce que le roi René prenait les armes contre elle, car il n'avait aucun motif d'entreprendre cette guerre.

La belle saison s'était écoulée sans que les opérations militaires eussent été entamées. Enfin, au milieu d'octobre, René et Sforza, à la tête de sept mille chevaux et d'une nombreuse infanterie, attaquèrent les Vénitiens. Du 14 octobre au 12 novembre, tout le Brescian fut soumis. Mais l'inclémence du temps empêcha de poursuivre ces avantages. Après la réduction des provinces de Bergame et de Crema, il fallut s'arrêter. René se retira à Crémone; de là il vint, le 7 décembre, s'établir à Plaisance.

Pendant cette campagne, les négociations en vue de la paix, entamées depuis plusieurs mois par le Pape, avaient suivi leur cours. La prise de Constantinople par les Turcs, survenue le 29 mai, était pour le Souverain Pontife un motif de plus de travailler à pacifier l'Italie, afin de concentrer tous les efforts contre l'ennemi de la chrétienté. La république de Florence était entrée dans les vues de Nicolas V, et s'employait auprès de Sforza. Celui-ci n'était point éloigné de prêter l'oreille à des

---

1. Dès le 10 août, René avait écrit à Sforza pour lui demander de lui envoyer un fondé de pouvoir pour traiter avec le marquis. Lecoy de la Marche, t. II, p. 273; lettre de Sforza à René, 22 août. Ms. Italien 1602, f. 136.
2. Voir le texte dans l'*Histoire de Montferrat*, par Benevenuto de San Georgio (Moratori, *Rerum Italicarum scriptores*, t. XXIII, col. 731).
3. Texte dans Lecoy, t. II, p. 275.
4. Texte dans Lecoy, t. II, p. 277.
5. Réponse de la république de Venise, en date du 9 octobre, dans Lecoy, t. II, p. 271.

propositions de paix; mais il tenait à ménager le roi René et à ne point mécontenter Charles VII[1].

Au fond le duc de Milan n'aurait pas été fâché de se passer d'un concours que désormais il estimait être pour lui plus compromettant qu'utile. Les Florentins lui avaient fait savoir que leurs ressources s'épuisaient, et que si, avant le mois de novembre, on n'obtenait point un résultat décisif, ils chercheraient à pourvoir à leur sécurité par d'autres moyens[2]. Il n'ignorait pas que le doge de Gênes était en relations avec le Roi et lui avait fait offrir de mettre Gênes entre ses mains[3]. D'autre part, le Dauphin n'avait pas renoncé à ses vues ambitieuses de ce côté, et, à ce moment même, il cherchait à entrer en pourparlers avec les Génois[4]. Sforza voulut se rapprocher du Dauphin : il lui fit faire des ouvertures par Acciajuoli. Louis y prêta une oreille favorable; il mit seulement pour condition à son alliance que Sforza lui faciliterait l'acquisition de Gênes et de Savone[5]. Sans prendre aucun engagement, Sforza entretint les espérances du prince[6].

A la nouvelle de la prise de Bordeaux, Sforza écrivit au Roi pour le féliciter et se mettre entièrement à sa disposition; il

1. Voir instructions de Sforza en date du 21 octobre (ms. italien 1580, f. 232), et lettres du 27 octobre à Dietisalvo de Nerone (*Id.*, 1602, f. 217).
2. Desjardins, *l. c.*, t. I, p. 77.
3. Lettre de Sforza à Pierre Cotta en date du 20 septembre 1453, et lettre du même à Acciajuoli en date du 22. Ms. italien 1602, f. 185 et 188.
4. Le 15 octobre, Pierre de Campo Fregoso refusait le sauf-conduit demandé par Charles d'Armagnac pour se rendre à Gênes. Rapport Charavay, dans *Archives des missions*, t. VII, p. 470 (d'après archives de Gênes).
5. Lettre de Sforza à Acciajuoli, en date du 22 septembre. *Id., ibid.*, f. 188. «... Che lo desyderio del Dalphino era che nuy gli concedessemo chel se podesse acquistare Zenoa et Savona, et se non Zenova al manco Savona, cum intentione de adiutare et favorire nuy cum cio chel podesse fare. » Il est curieux de constater que Sforza opposait aux prétentions du Dauphin les démarches faites par les Génois auprès de Charles VII : « Al che respondendogli diressemo che nuy non possevamo promettere cosa alcuna delle facti de Zenova ni de Savona, sì per respecto della legha havemo cum quella comunità et duse, etsi ancora perche intendevamo o chel duse et comunità predicta hanno mandato dalla maesta del Re de Franza o che sonno per mandarli per prendere accordio et darsi alla maesta soa. »
6. On voit par les instructions de Sforza à Thomas de Reate, en date du 8 janvier 1454, que le Dauphin lui envoya Guillaume de Mauléon; Sforza évita de donner réponse à l'ambassadeur, prétextant les opérations militaires qui l'absorbaient. Peu après il lui fit transmettre la déclaration suivante : « Certificando la signoria soa che del stato della persona di figlioli, et d'ogni nostra cosa, po et porra sempre disponere como delle altre cose soe proprie; et diretí alla signoria soa che delli facti de Zenoa a nuy non e parso

exprimait toute sa gratitude pour le concours que le roi René lui avait donné, et à la faveur duquel il avait déjà pu reconquérir sur les Vénitiens une partie de son territoire ; il annonçait l'intention de reprendre bientôt les opérations militaires [1]. Les Florentins écrivirent à leur tour, vantant la sagesse et la diligence du roi René ; grâce aux efforts de ce prince, il était permis de compter, soit sur une victoire définitive, soit sur une paix avantageuse [2].

Cependant, René n'avait pas tardé à s'apercevoir qu'un refroidissement sensible s'était opéré dans les dispositions de Sforza et des Florentins. Il ne se laissait pas prendre aux belles paroles du premier, et il constatait que les seconds montraient peu d'empressement à remplir leurs engagements [3]. Soudain, il se décida à abandonner la partie et à rentrer en France. Dans le courant de décembre 1453, il fit part de cette résolution à Sforza, lui disant qu'il allait demander au Roi du secours. Sforza se montra fort ému de ce départ subit : il accourut auprès de René pour s'efforcer de le retenir : tout fut inutile. Le 3 janvier 1454, le roi de Sicile s'éloigna, promettant d'envoyer son fils pour le remplacer : de cette façon, disait-il, les conventions faites demeureraient intactes, et les confédérés auraient à leur tête un chef plus jeune et plus énergique. D'Alexandrie, le 8 janvier, René écrivit à Sforza pour lui dire que ses bons traitements l'avaient vivement touché et avaient rendu indissoluble leur vieille amitié ; il s'éloignait uniquement afin de le mieux servir ; son départ ne pouvait en aucune façon être considéré comme un abandon de la cause commune [4].

ne pare de procedere altramente per reverentia della serenissima maestà del Re de Franza suo patre; quale li ha havuto et ha pur alcune pratiche, siche non voressimo fare cosa fosse molesta alla sua maestà. » Ms. Italien 1586, f. 238 v°.

1. Lettre du 15 décembre, en minute italienne, aux archives de Florence, *Francia dal ..... al 1470*; en latin à la Bibl. nat. dans le ms. Italien 1602, f. 239.
2. Archives de Florence, *Signori. Cancellaria*, 39, f. 26 ; éditée par Desjardins, l. c., p. 78.
3. C'est en vain que René les mettait en demeure de payer les sommes qu'ils devaient lui remettre chaque mois. Archives de Florence, *Signori. Carteggio. Missive*, 38, f. 152 v°, 203, 207 v°; 39, f. 19, 25.
4. Lettre de René, dans Leroy, t. II, p. 278. — Avant le départ de René, le marquis de Montferrat avait renouvelé le pacte du 8 juillet 1453 : traité du 30 décembre 1453, dans Le Grand, IV, n° 20.

A la même date, Sforza envoya à Charles VII un ambassadeur[1], chargé de le féliciter de ses victoires sur les Anglais et de rendre grâces pour le secours prêté à la république de Florence et à lui, et pour l'envoi du roi René. Le Roi avait dû être informé par celui-ci du succès de la campagne contre les Vénitiens. Malgré les instances des Florentins et les siennes, le roi René avait pris le parti de retourner en France. En présence de cette résolution, on avait dû se contenter de la promesse faite par ce prince d'envoyer à sa place son fils, le duc de Calabre. Pour colorer cette retraite, des plaintes avaient été formulées par le roi René contre Sforza : ces plaintes n'étaient ni bonnes, ni honnêtes, ni justes, ni vraies, mais au contraire frivoles et légères; elles n'avaient nul fondement. Le roi René avait reçu tels honneurs qu'on eût rendus à Dieu s'il était venu sur la terre; on l'avait mis, lui et les siens, à couvert, tandis que les Italiens restaient exposés à la pluie et au vent. A la vérité le duc n'avait pu, retenu qu'il était par les soins de la guerre, se rendre auprès de René aussi souvent que cela eût été de son devoir, mais ce prince en savait la cause et avait agréé les excuses qui lui avaient été présentées à ce sujet[2].

Il peut paraître étrange que le roi René se soit déterminé à quitter l'Italie sans consulter Charles VII. C'est pourtant à l'insu du Roi que son départ s'effectue. Aussi l'étonnement ne fut pas moins grand à la cour de France qu'en Italie. L'habile diplomate que la république de Florence avait, à trois reprises, député vers Charles VII, Angelo Acciajuoli, raconte ainsi l'incident. René avait écrit de Lombardie au sire de Précigny de trouver un moyen de le faire rappeler par le Roi. La lettre tomba aux mains de Charles VII, curieux de savoir les nouvelles d'Italie; elle lui révéla la « vileté » de son beau-frère[3]. Le Roi s'emporta, maudissant le jour où René était né, disant qu'il avait ruiné l'influence et l'honneur de la France en Italie,

---

1. Thomas de Reate. Il devait se rendre d'abord près du roi René et du Dauphin, et ensuite vers le Roi. Voir ses instructions, en date du 1 janvier 1454. Bibl. nat., ms. Ital. 1586, f. 298. Cf. Buser, p. 387.
2. Bibl. nat., ms. Ital. 1586, f. 298; cf. Lecoy, t. I, p. 281.
3. « Et cognobe la vilita del Re Renato. »

et que, maintenant, il cherchait à racheter ses torts en accusant Sforza et les Florentins. Aussitôt, il écrivit à René pour lui donner l'ordre de ne point partir et lui annoncer l'envoi d'un secours. La lettre n'arriva qu'après le départ du roi de Sicile. Le mécontentement du Roi s'en accrut. Il était furieux contre René, contre tous ceux qui l'avaient accompagné en Italie, les appelant traîtres et fourbes. « Le roi René, concluait Acciajuoli, est justement blâmé en France aussi bien qu'en Italie. On ne peut désormais avoir aucune estime pour son caractère[1]. »

Y eut-il dans l'étrange conduite du roi René autre chose que faiblesse et incurie? On a voulu l'excuser en disant que, joué par le duc de Milan[2], il n'avait pas voulu se résigner au rôle de dupe. On a ajouté qu'il « était un prince trop religieux pour ne pas comprendre les raisons qui poussaient le Pape à rétablir la paix et à réunir en un seul faisceau toutes les forces de l'Italie, afin de les opposer à l'invasion menaçante des Turcs. » On a dit enfin que Charles VII, une fois édifié sur le fond des choses, changea d'avis au sujet de la brusque retraite de son beau-frère et reconnut publiquement les services qu'il avait rendus en Italie[3]. La vérité est que René, en tous ses actes, avait fait preuve d'autant de légèreté que d'imprévoyance : il n'était pas de taille à jouer le grand rôle auquel la confiance du Roi l'avait appelé. On ne peut nier qu'il n'ait compromis, sinon l'honneur, au moins le prestige de la France, et que, soit au point de vue des intérêts généraux qui lui étaient confiés, soit au point de vue du but personnel qu'il se proposait d'atteindre, il n'ait échoué misérablement.

1. Lettre d'Acciajuoli au duc de Milan, en date du 17 juin 1454. Archives de Milan, *Dominio Sforzesco;* publiée en partie par Lecoy, t. II, p. 279. Il a été impossible de retrouver cette dépêche à Milan; elle a échappé à mes investigations comme à celles de l'obligeant archiste, M. Adriano Cappelli.
2. « Fu da lui beffato. » *Giornale da Napoli,* dans Muratori, t. XXI, col. 1131.
3. Lecoy de la Marche, t. I, p. 285-86.

CHAPITRE XI

L'ADMINISTRATION DE 1449 A 1458

ROYAUTÉ, ADMINISTRATION CENTRALE, PARLEMENT, ÉTATS GÉNÉ-
RAUX, CLERGÉ, NOBLESSE, TIERS ÉTAT, FINANCES, ARMÉE, COM-
MERCE, INDUSTRIE.

Charles VII rentre dans la voie des aliénations du domaine; aliénations faites; villes unies à la couronne. — Libéralité à l'égard des princes du sang; affaire de l'hommage du duc Pierre de Bretagne. — Changements dans le personnel des grands officiers. — Impôt mis d'office dans les provinces du Languedoïl; remplacement de la taille par une aide; États du Languedoc; États de Normandie; sommes imposées dans cette province, soit d'office, soit d'accord avec les États; États provinciaux. — Rapports de Charles VII avec le clergé; mesures prises à son égard; l'université de Paris ramenée au droit commun en matière de juridiction; fondation de l'université de Caen. — Charles VII fait dresser l'état des nobles et des gens tenant fief ou arrière-fief; instructions données pour mettre sur pied le contingent formé par la noblesse; part qu'elle prend aux expéditions de Normandie et de Guyenne; mesures en faveur de la noblesse. — Rapports avec les villes; mesures en faveur des classes populaires et des municipalités. — Mesures financières : impôts levés; révision des feux; fabrication d'écus; monnaies décriées; le *quart de sel*; emprunts contractés; liquidation d'anciennes dettes. — Mesures prises à l'égard de l'armée : règlements de police intérieure pour les compagnies d'ordonnances et les francs archers; désordres partiels qui subsistent. — Mesures prises pour favoriser le commerce et l'industrie.

Les aliénations du domaine, qui avaient un moment cessé, reprennent à partir de 1450. Au mépris des sages prescriptions de ses ordonnances, et malgré la vive opposition du Parlement et de la Chambre des comptes, Charles VII dispose de terres appartenant au domaine, soit pour récompenser ses lieutenants et capitaines à l'occasion de la campagne de Normandie, soit pour donner à certains de ses familiers des marques de sa faveur.

Le 16 janvier 1450 (à l'abbaye de Jumièges), en considération des grands et notables services du comte de Dunois, il lui confirme le don du comté de Longueville, en y ajoutant la seigneurie d'Anneville[1].

Au mois de janvier 1450 (à l'abbaye de Jumièges), le Roi, en considération des services rendus par Prégent, seigneur de Coëtivy, amiral de France, lui donne la baronnie de Lesparre en Guyenne, appartenant à la couronne par droit de confiscation, et étant encore aux mains des ennemis[2]. Cette baronnie fut attribuée, après la mort de l'amiral de Coëtivy, tué au siège de Cherbourg, à Amanieu d'Albret, seigneur d'Orval, par lettres données à Écouché au mois d'août 1450[3].

Le 20 février 1450 (à l'abbaye de Grestain), Charles VII donne à Guillaume Gouffier, en récompense de ses services durant la campagne de Normandie, la seigneurie de Roquecezière en Rouergue, qui avait appartenu à Agnès Sorel[4].

Le 7 juillet 1450, il donne à André de Villequier la vicomté de Saint-Sauveur-le-Vicomte en Cotentin, attribuée au début du règne au bâtard d'Orléans, et récemment recouvrée sur les Anglais. Ce don (auquel Dunois avait consenti par une renonciation à tous ses droits) était fait « non obstant que ladicte confiscation ne soit pas du temps de ces dernières guerres et quelzconques restrinctions ou mandements au contraire[5]. »

Le 14 août 1450, il donne à Jean, sire de Bueil, le revenu des ville et vicomté de Carentan, jusqu'à concurrence de quatorze cents livres par an[6].

Le 22 octobre suivant, Charles VII donne à Villequier les

---

1. Archives, X¹ᵃ 8605, f. 127. Le 15 avril 1450, Dunois consentit au transport fait par le Roi de la seigneurie d'Anneville aux religieux de l'abbaye de Jumièges (Ms. lat. 5424, f. 105).

2. Archives, JJ 180, n° 19; cf. *Bibliothèque de l'École des chartes*, t. XVI, p. 5 note.

3. Archives, P 2299, f. 28. Nouvelles lettres en octobre, *Id.*, f. 30.

4. Lettres signées de la main du Roi. *Vidimus* original. Archives, P 19074, cote 15891. Il fallut de nouvelles lettres, en date du 30 mars, qui sont visées par Blanchard, t. I, p. 205, et par le P. Anselme, t. V, p. 607. (Ceci rectifie ce que nous avons dit plus haut, note 5 de la p. 65).

5. Archives, JJ 180, n° 127; éd. Delort, *Essai critique sur Charles VII et Agnès Sorel*, p. 224. — De nouvelles lettres furent données au mois d'août à Écouché et leur enregistrement n'eut lieu que de l'exprès commandement du Roi. Voir plus haut, p. 60, note 5.

6. Voir Archives, PP 118, f. 275; Bibl. nat. Ms. fr. 20195, f. 12, et 21105, p. 113; Blanchard, *Compilation chronologique*, t. I, col. 266. Cf. *Le Jouvencel*, t. I, p. CLXXVIII, note 1.

îles et dépendances d'Oléron, Marennes, la Tour-de-Brou, etc., confisquées en dernier lieu sur Jacques de Pons[1] ; dans de nouvelles lettres, ayant le même objet, rendues quelques jours plus tard, il fait introduire une clause spéciale : le Roi ordonne l'exécution de son don « non obstant l'ordonnance par nous faicte à Bourges sur le fait de nos finances, le seiziesme jour de novembre l'an mil quatre cens quarante et sept, et quelzconques autres ordonnances par nous ou nos predecesseurs faictes de non aliener, donner ou transporter en tout ou en partie aucune chose de nostre domaine ou qui nous soit advenu par confiscation ou autrement en quelque maniere que ce soit, et aussi non obstant quelzconques deffences et inhibicions faictes à nos dictes gens des comptes et tresoriers de non verifier ne expedier nos lettres de dons et transports sur ce faiz, car ainsi nous plaist estre fait[2]. »

Le 12 novembre suivant, Charles VII donne encore à Villequier la seigneurie d'Issoudun, dont avait joui Agnès Sorel, avec la capitainerie et tous les revenus du grenier à sel d'Issoudun[3].

Le 17 décembre suivant, il donne à Guillaume Gouffier les terres et seigneuries d'Oiron, Rochefort, etc., confisquées sur Jean de Xaincoins[4].

Vers ce moment Charles VII donne à Jean d'Estouteville, seigneur de Torcy, certains biens confisqués, d'une valeur de deux cents livres de rente, et des maisons à Lisieux[5].

Le 31 mars 1451, Charles VII donne à la comtesse de Dunois la capitainerie de Meulant, et, sa vie durant, la jouissance de la seigneurie de Meulant[6], et, le 17 septembre suivant, il ordonne d'entériner ces lettres[7].

1. Archives, JJ 180, n° 13.
2. Archives, JJ 185, n° 95. Voir ci-dessus, p. 61-62.
3. Lettres signées de la main du Roi. Archives, P 2290, p. 56 ; Coll. de D. Housseau IX, n° 3910.
4. Lettres visées par le P. Anselme, t. V, p. 607. Nouvelles lettres le 9 avril 1451 visées au dossier Gouffier (*Pièces originales*, 307, f. 269 v°).
5. Voir la lettre missive du Roi en date du 19 février 1451, publiée aux *Pièces justificatives*.
6. Lettres indiquées dans le ms. fr. 21405, p. 115, et visées par La Roque, *Histoire de la maison d'Harcourt*, t. III, p. 731 (avec la date du 30 juin).
7. Lettre missive, dans le ms. latin 11831, n° 9. Voir aux *Pièces justificatives*.

À la même date, en considération des grands, notables et continuels services à lui rendus par le connétable de Richemont, le Roi lui donne à vie les fruits, profits et revenus de la vicomté de Gavray[1].

Le 2 juin 1451, il donne à Fouquet Guldas, son maître d'hôtel, la terre de Civray et l'étang de Jumeaulx dans la châtellenie d'Amboise[2].

Le 4 juin suivant, il donne à Jacques de Chabannes, grand maître d'hôtel, la terre et la seigneurie de Curton[3].

En novembre suivant, Charles VII déclare que la terre de Chesson doit être comprise dans le don fait au sire de Villequier par lettres du mois d'octobre 1450[4].

Le 9 mars 1452, le Roi donne au comte d'Eu, sa vie durant, la ville de Neufchâtel[5].

Plusieurs villes de Guyenne, récemment recouvrées sur les Anglais, reçurent le privilège d'union à la couronne : ainsi Bourg, Saint-Émilion, Bayonne et Dax, en septembre 1451[6]. A la demande des habitants de Pons et de Montferrant, et en récompense de leur fidélité, Charles VII leur accorda la même faveur[7].

Nous avons vu de quels égards Charles VII entourait les princes du sang. Les campagnes de Normandie et de Guyenne lui fournirent une nouvelle occasion de leur témoigner sa bienveillance. Le comte de Dunois qui, malgré la tache de sa naissance, était traité à l'égal des princes, fut institué lieutenant général en Normandie et chargé du commandement de Guyenne lors de la première expédition ; Jean de Bourbon, comte de Clermont, gendre du Roi, fut nommé gouverneur de

---

1. Lettres signées de la main du Roi. *Vidimus* original, *Pièces originales*, 502 : Bretagne, n° 6 ; éd. Cosneau, *le Connétable de Richemont*, p. 624.
2. Lettres signées de la main du Roi. Archives, JJ 185, n° 234. — Même clause que dans les lettres d'octobre 1450.
3. Archives, P 2299, f. 199 (avec la date fautive d'*août*) ; Fontanieu, 121-122.
4. Lettres signées de la main du Roi. Archives, JJ 185, n° 253. Cf. *Archives historiques de la Saintonge et de l'Aunis*, t. VI, p. 297.
5. Lettres indiquées dans le ms. fr. 21405, p. 115.
6. *Ordonnances*, t. XIV, p. 171, 173, 175, 180.
7. Lettres de 1451 et de mai 1452. *Id., ibid.*, p. 197 et 205.

cette province, et eut la lieutenance générale durant la seconde expédition.

Nous avons énuméré les pensions que touchaient les princes sur le trésor royal, et dont — sauf le duc d'Alençon, coupable de haute trahison — ils continuèrent à jouir jusqu'à la fin du règne.

D'autres faveurs furent données aux princes du sang : le duc d'Orléans reçut douze mille livres par an pour la garde du comté d'Asti[1]. Le duc d'Angoulême reçut en 1451 et années suivantes, cinq mille livres « pour entretenir son estat » et mille livres pour la réparation de ses châteaux[2]. Le comte de Dunois eut de larges dons à l'occasion du recouvrement de la Normandie[3]; il reçut en outre l'hôtel confisqué sur Jean de Xaincoins, à Tours[4], et, en 1450, le Roi lui donna une somme de trois cent soixante-quinze livres tournois[5]. René d'Anjou eut, en 1450, un don de quatre mille livres[6], et la reine de Sicile toucha, de 1450 à 1452, une somme annuelle de mille livres[7]. Le duc de Bourbon reçut la moitié des profits et émoluments sur les nouveaux acquêts dans les pays de Bourbonnais, Auvergne, Forez et Beaujolais[8]. Le comte de Clermont reçut deux mille livres en 1449 et autant en 1450[9]. Le comte de Penthièvre reçut cinq mille deux cents livres en 1450, quatre mille livres en 1451, et deux mille livres en 1452[10]. Il n'est pas jusqu'au comte d'Armagnac qui, malgré les fâcheux souvenirs laissés par son père, n'ait eu part aux faveurs royales. Admis à l'hommage de ses seigneuries le 25 novembre 1450[11], il reçut six cents livres

1. Voir lettre du duc d'Orléans en date du 21 mai 1451. *Pièces originales*, 517, DUNOIS.
2. Cabinet des titres, 685, f. 111 v°, 155 v°, 163 v°.
3. Voir note supplémentaire sur les dons faits par le Roi lors du recouvrement de la Normandie.
4. Jean Chartier, t. II, p. 215.
5. Rôle du 2 avril 1451. *Supplément aux Preuves de d'Escouchy*, p. 27.
6. Cabinet des titres, 685, f. 141 v°.
7. Id., ibid., f. 111 v°, 155 v°, 163 v°.
8. Voir les lettres du 9 avril 1451. Archives, P 1356², cote 301.
9. Ms. fr. 20890, n°⁸ 54 et 55; *Supplément aux Preuves de d'Escouchy*, p. 16 et 28.
10. Cabinet des titres, 685, f. 111 v°, 155 v°, 163 v°. Cf. quittance du 1er mars 1452. *Pièces originales*, 2230 : PENTHIÈVRE.
11. Archives, J 777, n° 12.

en 1450, deux mille deux cent trente-sept livres en 1451 et quatre mille cent vingt-cinq livres en 1452[1]. Par lettres du mois de février 1452, le Roi lui restitua les quatre châtellenies de Rouergue confisquées sur son père[2]; en reconnaissance de cette libéralité, le comte déclara, par lettres du 15 avril 1452, que, s'il mourait sans héritiers, ses biens présents et à venir appartiendraient au Roi[3]. Son cousin, le comte de Castres, reçut mille livres en 1451 et autant en 1452[4]. Enfin Charles de Bourgogne, comte de Nevers, qui avait suivi le Roi dans sa campagne de Normandie, reçut un don de cinq cents livres[5].

Nous avons vu que Charles VII avait, en mars 1446, fait preuve d'une grande modération à l'égard du duc de Bretagne, dans l'accomplissement de la formalité de l'hommage[6]. Quand le duc Pierre vint rendre hommage à Montbazon, le 3 novembre 1450, il se montra plus sévère. Le Roi voulait que le duc lui rendît l'hommage lige au lieu de l'hommage simple. Après que le duc eut quitté son épée, le comte de Dunois, grand chambellan, s'avança et lui dit : « Monseigneur de Bretagne, vous faites hom-
« mage lige de la duché de Bretagne et de la pairie de France
« au Roy nostre souverain et lige seigneur qui cy est, et jurez,
« par la foy et serment de vostre corps, de luy servir et obeyr
« comme vostre souverain et lige seigneur contre toutes per-
« sonnes qui peuvent vivre et mourir, sans aucuns excepter, et
« il vous y reçoit sauf son droit et l'autruy, et vous en baise
« en la bouche. » — Le duc de Bretagne, se tournant vers le Roi, prit la parole en ces termes : « Monseigneur, je vous fais
« ce que mes predecesseurs ont accoustumé faire à messei-
« gneurs vos predecesseurs et non autrement, et à vous et non
« autrement. » Le Roi donna au duc le baiser usité; puis celui-ci fléchit le genou. Mais le chancelier intervint; il dit au duc que son hommage était l'hommage lige. Sur quoi le chancelier de Bretagne, Jean de la Rivière, et Jean Loisel, un des

---

1. *Pièces originales*, 93 : Armagnac, n°ˢ 131, 136, 138 et 139.
2. Archives, JJ 181, n° 30.
3. Ms. latin 9019, f. 11 v°.
4. Cabinet des titres, 685, f. 165 v° et 163 v°.
5. Lettres du 25 novembre 1450, visées par le P. Anselme, t. I, p. 252.
6. Voir t. IV, p. 183.

conseillers du duc, protestèrent, déclarant que l'hommage était simple. Une discussion s'éleva à ce sujet. Le Roi se contenta, pour le moment, de la déclaration du duc; celui-ci rendit ensuite l'hommage lige pour le comté de Montfort, la terre de Neaufle et les autres seigneuries qu'il tenait du Roi. Mais, le 20 novembre suivant, la question fut soulevée de nouveau. En présence du Roi, l'un de ses conseillers, Étienne de Cambray, évêque d'Agde, déclara qu'il y avait ambiguïté dans la formule employée par le duc, et qu'il convenait qu'une explication fût donnée à cet égard. Le duc présenta alors une cédule contenant ces mots : « Monseigneur, j'entends vous avoir fait « tel hommage de mon duché de Bretaigne et en la forme et « manière comme mes predecesseurs ont fait à messeigneurs « vos predecesseurs. » Il s'agenouilla ensuite devant le Roi, et le supplia de ne point porter préjudice aux droits et privilèges de son duché. Le Roi se fit relire la déclaration et demanda au duc si c'était ainsi qu'il l'entendait. Le duc répondit affirmativement, et, s'agenouillant une seconde fois, renouvela sa requête. Le Roi le releva, et dit qu'il n'entendait point porter préjudice à ses droits, mais qu'il était constant que le duché de Bretagne était tenu en hommage du roi de France, comme le comte de Laval et le seigneur de Lohéac, qui étaient présents, pouvaient l'en assurer ; que cela n'avait jamais fait doute, et qu'il entendait que cet hommage fût un hommage lige, malgré les difficultés qui avaient pu être soulevées à cet égard. Le duc se borna à déclarer qu'il entendait ne point porter préjudice aux droits et privilèges de son duché, et qu'il en demandait acte[1].

Quelques mutations eurent lieu dans le personnel des grands officiers durant la période qui nous occupe. Par lettres du 29 mai 1449, Charles VII, considérant que son peuple pouvait à peine supporter le fardeau que faisait peser sur lui l'entretien des gens de guerre, déclara supprimer les charges de grand

---

1. Acte de l'hommage dans d'Argentré, *Histoire de Bretaigne*, p. 653, et dans D. Morice, t. II, col. 1511; cf. Jean Chartier, t. II, p. 218-19.

bouteiller et de grand pannetier[1]. Les titulaires, Louis, seigneur d'Estouteville, et Antoine de Chabannes, en conservèrent le titre, mais d'une façon purement honorifique. La mort de Prégent de Coëtivy laissa vacante, au mois d'août 1450, la charge d'amiral de France : elle fut donnée à Jean, seigneur de Bueil[2]. Jean d'Estouteville, seigneur de Torcy, fut appelé au poste de grand maître des arbalétriers en remplacement de Jean, sire de Graville, mort en 1449. Le grand aumônier, Jean d'Aussy ou d'Auxy, évêque de Langres, mourut en 1453 ; il ne fut point pourvu à son remplacement : la charge resta vacante jusqu'à la fin du règne. Après la destitution de Charles, sire de Culant, en mai 1451, sa charge fut donnée à Jacques de Chabannes ; nous voyons par un compte du temps que Charles VII l'avait promise à Guillaume d'Harcourt, comte de Tancarville : celui-ci fut dédommagé par un don de mille livres[3]. A la mort de Jacques de Chabannes (20 octobre 1453), la charge de grand maître échut au sire de Gaucourt[4]. A côté du grand chambellan en titre, qui était le comte de Dunois, il y avait un premier chambellan : c'était toujours Gaucourt, qui conserva ces fonctions jusqu'à sa nomination comme grand maître ; il fut alors remplacé par le sire de Villequier[5]. Nous avons vu que la charge de grand veneur était restée vacante en 1446 : en 1451, Jean Sorcau en était titulaire[6]. Le grand fauconnier, Philippe de la Châtre, s'étant démis de sa charge en 1453, Charles VII, par lettres du 15 juin de cette année, désigna son fils Georges pour le remplacer[7]. Enfin, vers 1452, Charles VII pourvut d'un nouveau titulaire la charge de grand maître des eaux et forêts : elle échut à Guillaume d'Harcourt, comte de Tancarville[8].

1. Archives, P 1358², cote 511. — Le P. Anselme, qui mentionne cette réforme (t. VIII, p. 669), place au 29 mars 1450 la date de ces lettres.
2. Voir le Jouvencel, t. I, p. CLXVI.
3. Ms. 685, f. 111 v°.
4. Par lettres du 25 novembre 1453. Ms. fr. 5909, f. 210.
5. Villequier prend ce titre dans une quittance du 10 décembre 1453 et dans des lettres du 24 février 1454.
6. Ms. 685, f. 111.
7. C'est la date donnée dans le Précis historique des principales branches de la maison de la Châtre, p. 100. — Le P. Anselme (t. VIII, p. 751) donne la date de 1452. Dans le quatrième compte de Mathieu Beauvarlet (1ᵉʳ octobre 1452-30 septembre 1453), Philippe est encore porté comme grand fauconnier.
8. Le P. Anselme, t. VIII, p. 898.

Absorbé par les soins de sa double conquête, Charles VII ne devait s'occuper de compléter ses réformes en matière judiciaire ou financière qu'après l'expulsion définitive des Anglais : de 1449 à 1453, l'administration de la justice n'offre guère d'acte qui mérite d'être enregistré. Mentionnons seulement une ordonnance, en date du 12 avril 1452, par laquelle le Roi ordonnait au Parlement de renvoyer aux juges ordinaires les causes dont la connaissance leur appartenait, ne gardant que celles qui, aux termes des anciens règlements et du droit ordinaire, étaient de son ressort, comme celles touchant au domaine, aux pairs et à la régale[1].

Charles VII continuait à fixer d'office le montant de la taille dans les provinces de Languedoïl. En septembre 1449, il imposa une somme de deux cent quarante mille livres pour faire face aux frais de la conquête de la Normandie[2] ; en décembre 1450, il imposa une somme de cent vingt mille livres[3]. Mais, à partir de 1451, voulant alléger les charges qui pesaient sur ses sujets, il remplaça la taille par une aide[4] comprenant : 1° douze deniers par livre sur toutes denrées et marchandises vendues, revendues ou échangées ; 2° le quatrième du vin et autres breuvages vendus en détail ; 3° le vingtième du vin vendu en gros ; plus les autres aides qui « par délibération des gens des trois Estats ont accoustumé avoir cours[5]. » Ces aides furent, dans plusieurs provinces, remplacées par une taille directe, ou *équivalent aux aides*[6].

Les États du Languedoc tinrent régulièrement leurs réunions d'année en année.

---

1. *Ordonnances*, t. XIV, p. 202.
2. Ms. fr. 20109, f. 8 ; Clairambault, 203, p. 8035 ; Ms. fr. 21427, n° 11 ; Ms. fr. 20591, n° 37.
3. Clairambault, 137, p. 2417 ; *Pièces originales*, 158 : Ayssé ; 2404 : Puy du Fou ; Ms. fr. 20109, n° 10 ; Ms. fr. 26080, n°ˢ 6337 et 6338.
4. Elle s'appelait « l'aide du payement des gens d'armes. » Voir document du 23 septembre 1451, ms. fr. 25968, n° 693, où l'on indique que cet impôt fut « mis sus » à Montbazon en avril 1451.
5. Lettres sans date, dans le ms. fr. 5009, f. 197 v°. Il est fait allusion à ces lettres dans d'autres lettres en date du 3 août 1452, *Chartes royales*, XVI, n° 264.
6. Voir Thomas, *Les États provinciaux de la France centrale sous Charles VII*, t. I, p. 167, 218, 271 ; t. II, p. 269.

En mars 1450, les États siègent à Montpellier, sous la présidence de Jean d'Estampes, évêque de Carcassonne, et des autres commissaires royaux; un impôt de cent soixante-dix mille livres est voté, plus les sommes suivantes : six mille livres pour les affaires du Roi et du pays; six mille livres pour les commissaires; quatre mille livres pour Jacques Cœur, en dédommagement des dépenses qu'il avait faites à l'armée pendant la campagne de Normandie; mille livres à l'évêque de Carcassonne pour l'expédition des lettres d'abolition données en mai 1448 aux habitants du Languedoc, pour le rabais des dix mille livres sur l'équivalent aux aides et les autres lettres obtenues en faveur de la province; enfin mille livres à l'archevêque de Toulouse pour les frais de son ambassade en Normandie vers le Roi, afin d'obtenir un rabais sur l'équivalent aux aides[1].

En février-mars 1451, les États se réunissent à Toulouse. Une somme de cent vingt mille livres est votée, plus six mille livres pour les affaires du Roi et du pays, mille livres « pour l'apaisement d'aucunes questions touchant l'imposition foraine, » cinq mille livres pour les commissaires, quatre mille pour Jacques Cœur, mille pour l'évêque de Carcassonne et quatre cents pour l'archevêque de Toulouse. En outre, une somme de dix mille livres est imposée en diminution de l'équivalent aux aides[2]. Les États demandent au Roi la création d'une commission spéciale pour examiner les doléances de la province et y donner satisfaction[3].

Cette commission fut instituée par lettres du 13 avril 1452. Elle se composait de l'évêque de Carcassonne, de Tanguy du Chastel, de Jacques de Meaux, premier président au Parlement de Toulouse, de Gilles Le Lasseur et Jean Gentian, conseillers

---

1. D. Vaissete, t. V, p. 13; *Pièces originales*, 93 : Armagnac, n° 131; 305 : Bernix; 1089 : Eudon; 2218 : Petit; 3039 : Voxdes; Ms. fr. 25906, n° 112; Ms. fr. 26081, n° 6605; Ms. fr. 25967, n° 334; Archives, K 68, n°⁸ 30¹-39².
2. D. Vaissete, t. V, p. 14; *Pièces originales*, 93 : Armagnac, n° 131 et suiv.; 1123 : Fenoil; Ms. fr. 26080, n°⁸ 6335, 6356 et 57; Ms. fr. 25967, n° 335-338; Clairambault, 200, p. 8309; Fontanieu, 121-122, au 8 juin 1451.
3. D. Vaissete, t. V, p. 15.

au même Parlement, et d'Étienne Petit, trésorier général du Languedoc[1].

Une réunion spéciale des États fut convoquée au Puy, au mois de mai suivant, pour dresser le cahier des doléances; elle fut présidée par Jean de Bourbon, évêque du Puy. Une somme de cent mille francs fut votée par les États, qui donnèrent en outre quinze cents livres aux commissaires royaux[2].

En février-mars 1453, les États s'assemblent à Montpellier, sous la présidence de l'évêque de Carcassonne, de Tanguy du Chastel et des autres commissaires royaux; une somme de cent vingt-six mille livres est votée[3].

A partir de 1450, la Normandie fut appelée à participer aux dépenses nécessitées par l'entretien des gens de guerre. Au mois d'avril, le Roi, de sa propre autorité, imposa sur la province une somme de cent mille francs[4]. Au mois d'avril suivant, il leva une somme de soixante-six mille livres « pour le recouvrement de Cherbourg et autres affaires[5]. » A la fin de cette année, Charles VII provoqua une réunion des États de Normandie; elle fut convoquée pour le 30 novembre, et se prolongea jusqu'au 4 ou 5 janvier suivant. Les commissaires royaux, à la tête desquels était le comte de Dunois, exposèrent que les charges de la province, pour l'entretien des huit cents lances fournies de la grande ordonnance et des huit cents petites payes logées en Normandie, étaient de quatre cent mille livres. En considération de la misère des habitants, la demande fut modérée à la somme de deux cent quatre-vingt-dix mille livres, qui devait être levée « sur toutes manières de gens

---

1. D. Vaissete, t. V, preuves, col. 6.
2. D. Vaissete, t. V, p. 15; Pièces originales, 93 : ARMAGNAC, n° 138; 501 : BRESQUIT; 610 : CASSAIGNE; 617 : CASTILLON; 704 : CHATELAIN; 741 : CHEVALIER (dossier 16920, n° 21); 1277 : GARCIE; 1430 : GUERIN (dossier 32365); Ms. fr. 26081, n°s 6160, 6171, 6192; Ms. fr. 25967, n° 344; Ms. fr. 20390, n° 56; Clairambault, 159, p. 4471.
3. D. Vaissete, t. V, p. 15; Ms. fr. 26081, n° 6865; Ms. fr. 25967, n° 343.
4. Charles royales, XV, n° 232.
5. Pièces originales, 224 : BAUGY (dossier 5043, n° 2); 1616 : LANNOY (dossier 38229, n° 26); Ms. fr. 26080, n°s 6390 et suiv., 6319, 6323; Fontanieu, 121-22, au 28 novembre 1450. — On remarquera le rapport qui existe entre ce chiffre de 66,000 fr. et celui de 60,000 fr., montant de la somme avancée par Jacques Cœur pour la capitulation de Cherbourg.

laïques du pays, le plus justement et egalement que faire se pourroit, le fort portant le faible. » Les États votèrent seulement soixante-quinze mille livres pour le premier trimestre de 1451[1]. En mars 1451, le Roi ordonna de lever dans la province, sauf le pays de Caux, une somme de cent vingt-cinq mille livres pour l'entretien de ses gens de guerre pendant les second et troisième trimestres[2]. En octobre, on leva une somme de soixante mille francs pour le dernier trimestre[3].

Au mois de décembre 1451, Pierre de Brezé, grand sénéchal de Normandie, manda près de lui les conseillers de la ville de Rouen et les délégués du chapitre pour entendre des « propositions » qui intéressaient toute la province. Elles concernaient la *charte aux Normands*, dont le Roi avait promis la confirmation, les « compositions » octroyées aux différentes villes lors de leur réduction, la création d'une chancellerie, d'une chambre des comptes et d'une juridiction de généraux sur le fait des aides. Des mémoires, rédigés à ce sujet, furent communiqués à la réunion, qui donna son adhésion aux « propositions » du grand sénéchal[4].

Au mois de novembre 1452, eut lieu à Rouen une nouvelle réunion d'États. Chacun fut appelé à donner son avis sur les questions posées l'année précédente par le grand sénéchal : les vœux des États furent formulés dans des cahiers ; ils portaient sur la réduction des charges de la province, la confirmation de la *charte aux Normands*, la création de l'Université de Caen, etc[5].

On ne voit pas que les États aient voté aucune imposition. En décembre 1451, le Roi avait ordonné de lever, pour l'année

---

1. *Pièces originales*, 741 : CHEVALIER (dossier 16920, n° 20) ; 1083 : ESTOUTEVILLE, n° 157; *Chartes royales*, XVI, n°s 236 et 237; lettres de Charles VII du 20 mars 1451 : cabinet de l'auteur ; Ms. fr. 26080, n°s 0300 à 302, 319, 323, 345. Voir la savante dissertation de M. Ch. de Beaurepaire : *Les États de Normandie sous le règne de Charles VII* (Rouen, 1875, in-8), p. 5 et suiv.
2. *Chartes royales*, XVI, n°s 210 et 212; — Archives, K 68, n° 16; *Pièces originales*, 2289 : PIQUET ; Ms. fr. 26080, n° 6311.
3. *Chartes royales*, XVI, n° 265.
4. Beaurepaire, *l. c.*, p. 12-13.
5. M. de Beaurepaire reproduit (p. 14-16) le cahier des chanoines de la cathédrale, qui devait être conforme aux autres cahiers.

suivante, la somme de deux cent vingt-trois mille livres pour le paiement des gens de guerre[1], dont le nombre avait été réduit d'un quart. En décembre 1452, on imposa une somme de deux cent quarante-huit mille cent livres[2]. Peu après, le Roi fixa à deux cent cinquante mille livres la taxe annuelle de la Normandie[3].

Jusqu'ici nous avons vu les États provinciaux se réunir annuellement dans plusieurs provinces, telles que le Poitou, l'Auvergne, le Limousin, la Marche, etc., pour déterminer la quote-part de ces provinces. Une révolution s'opère à partir de 1451. Ces États ne tiennent plus leurs sessions d'une façon régulière : la quote-part de chaque province est fixée d'office par le gouvernement royal ; l'impôt, d'ailleurs, se trouva notablement réduit par suite de la mesure mentionnée plus haut. M. Antoine Thomas, dans ses travaux si approfondis sur les États provinciaux sous Charles VII, constate que l'Auvergne et le Limousin, en particulier, virent leurs charges notablement allégées : « C'étaient là, dit-il, des mesures propres à concilier au Roi les populations longtemps surchargées et à leur faire accepter, sans trop de regrets, la levée de l'impôt faite désormais en vertu de la seule autorité royale[4]. » La répartition sur chaque province, au lieu d'être faite par des commissaires nommés chaque fois à cet effet, est opérée par les élus sur le fait des aides[5]. Constatons toutefois que certains États provinciaux se réunirent encore, à des intervalles indéterminés : nous les voyons solliciter le remplacement des aides par une somme fixe, sous le nom d'*équivalent des aides*, et présenter des doléances au Roi[6].

---

1. Ms. fr. 26080, n° 6419. Cf. Beaurepaire, p. 30. Dans des lettres du 3 août 1452, il est question d'une somme de 125,000 l., mise en recouvrement (British Museum, *Additional Charters*, n° 6095).

2. Beaurepaire, *l. c.*, p. 30. — Au mois d'octobre 1453 on leva une somme de 60,000 l. Voir *Pièces originales*, 997 : DAMPIERRE (dossier 21376, n° 4) ; 990 : DENAIE.

3. Lettres du 26 février 1451, citées par M. de Beaurepaire, p. 32-33. Cf. Ms. fr. 26082, n°s 6653, 6689, 6709, 6765, 6773.

4. *Les États provinciaux*, etc., t. I, p. 165.

5. Thomas, *l. c.*, t. I, p. 166-69, 171-72.

6. Thomas, t. I, p. 173, 271 ; t. II, p. 269, 271. — En février 1452, une députation des états du Limousin vint trouver le Roi à Tours (Cabinet des titres, 685, f. 155 v°).

La question de la Pragmatique a été traitée plus haut en ce qui touche aux réclamations dont elle fut l'objet de la part du Saint-Siège ; il y aurait toute une étude à faire sur son application dans le royaume et sur les abus qui, en dépit de l'édit de 1438, ne cessèrent de se produire. On a pu entendre déjà, à cet égard, les plaintes de l'archevêque Jean Jouvenel ; ses épîtres, son discours à son frère sur la charge de chancelier, sont remplis de doléances semblables : abus dans la collation des bénéfices, ingérence dans les élections, saisie du temporel, atteinte à la juridiction temporelle des évêques, usage excessif du droit de régale, il dénonce tout avec une implacable rigueur ; il n'est pas moins sévère à l'égard du clergé : « Et qui vouldroit, dit-il, reciter tous les abus de l'Eglise et les vices des subgets d'icelle, on auroit beaucop affaire. Et nous avons la Pragmatique Sanction, que je tieng juste, saincte et raisonnable, et que le contenu d'icelle, bien entretenu, est pourfitable pour la chose publique de vostre royaume ; mais je croy que il n'y ait preslat de vostre royaume, ne chappitres, ou aultres personnes ecclésiastiques. Et n'est doubte que il y a des abus largement, que pleut à Dieu que tout, tant en spiritualité que en temporalité, fust bien reformé... Les plusieurs n'entendent que à toute ambicion, convoitise et rapine, et les aultres sont josnes d'aage et de congnoissance que c'est d'estre prelats. » Mais c'est toujours au gouvernement royal, c'est au Roi lui-même que le prélat réformateur fait remonter la responsabilité du mal : « Dont vous, ajoute-t-il, et ceulx qui sont autour de vous sont causes ; car vous voulés qu'ilz soient prelats, et escripvés à chappitres pour les eslire, au Pape pour les pourveoir ; et afferme l'en que c'est merveilles de leurs suffisances ; et quant ilz y sont on trouvera que ce sont les plus convoiteux et pompeux qui y soient[1]. »

Certaines élections épiscopales pouvaient justifier les véhéments reproches de Jean Jouvenel, telles que celles de Charles de Bourbon, un enfant de douze à treize ans, nommé,

---

[1]. Ms. fr. 2701, f. 114 et v°.

en 1447, à l'archevêché de Lyon[1]; de Jean Cœur, âgé de vingt-cinq ans, nommé la même année à l'archevêché de Bourges; de Philippe de Lévis, qui, en 1450, à quinze ans, succéda à son oncle comme archevêque d'Auch[2], sans parler de la nomination de Geoffroy Soreau à l'évêché de Nîmes en 1450[3]. Mais la plupart des évêques nommés alors sont d'éminents personnages. Nous pouvons citer : Jean d'Estampes, évêque de Nevers en 1445; un autre Jean d'Estampes, évêque de Carcassonne en 1446; Élie de Bourdeilles, évêque de Périgueux (1447); Guillaume Chartier, évêque de Paris (1447); Élie de Pompadour, évêque d'Alet (1448); Étienne de Cambray, évêque d'Agde (1448); Bernard du Rosier, évêque de Montauban (1450); Louis d'Harcourt, archevêque de Narbonne (1451); Martin Berruyer, évêque du Mans (1452); Guillaume d'Estampes, évêque de Montauban (1452); Richard Olivier, évêque de Coutances (1453).

Les compétitions au sujet des sièges épiscopaux furent nombreuses et prirent parfois un caractère sérieux de gravité. Dans les instructions données en 1440 à l'archevêque d'Aix, nous trouvons mentionnée la compétition qui s'était produite pour le siège de Nevers, disputé entre Jean d'Estampes, conseiller du Roi, et Jean Trongon[4]; en 1448, l'élection de Thibaut d'Aussigny au siège d'Orléans, dont le Roi voulait pourvoir Pierre Bureau, donna lieu à des difficultés qui se prolongèrent durant plusieurs années[5]; en 1452, l'élection de Denis de

---

1. Il devint cardinal en 1476.
2. Il devint cardinal en 1473.
3. Voir sur ce prélat, désigné partout sous le nom de *Floreau*, la notice de M. Vallet de Viriville, qui lui a restitué son véritable nom : *Bibliothèque de l'École des chartes*, t. XI, p. 298-300. Geoffroy Soreau se montra d'ailleurs un prélat recommandable à tous égards ; il était bénédictin.
4. « *Item* soit aussi remonstré à nostre Saint Père les termes et les manières qui ont esté dernièrement tenues en court de Romme pour l'église de Nevers, et comment on a culdé troubler et empeschier à tort celui qui avoit esté esleu, qui estoit vray conseiller et officier du Roy, pour y pourvoir autre, dont le Roy s'est bien esmerveillé, veu que sondit conseiller est notable homme et estoit constitué en une des principales dignitez de ladicte église. » Bibliothèque de l'Institut, Portefeuille 121 de Godefroy. — Par une lettre datée de Bourges, Charles VII avait recommandé Jean d'Estampes à Eugène IV et l'avait prié d'approuver son élection (Ms. lat. 5114A, f. 90 v°.
5. Voir le mémoire de Mlle de Foulques de Villaret : *Élection de Thibaut d'Aussigny au siège épiscopal d'Orléans*, dans les *Mémoires de la Société archéologique de l'Orléanais*, t. XIV, p. 65-111.

Montmorency au siège de Tournai entraîna aussi des démêlés : il avait pour compétiteur Jean Jouffroy, auquel Nicolas V avait conféré l'investiture sur la demande du duc de Bourgogne ; Charles VII échoua, malgré l'intervention du Parlement[1] ; en 1453, un conflit, qui alla jusqu'à l'effusion du sang, éclata dans l'évêché de Nîmes et nécessita l'intervention royale[2].

Nous voyons qu'en juillet 1450 le Roi fit saisir le temporel de l'évêché du Puy, parce que le titulaire, Jean, bâtard de Bourbon, qui occupait ce siège depuis 1444, n'avait encore ni rendu hommage ni prêté serment de fidélité, déclarant qu'il n'y était point tenu. Ce prélat alla trouver à Nîmes les commissaires qui avaient agi au nom du Roi et obtint, pour se mettre en règle, un délai jusqu'à la Toussaint[3].

En février 1452, à l'occasion de ce qui s'était passé dans l'évêché de Thérouanne, Charles VII maintint son droit de régale et déclara que, en recevant le serment de fidélité de l'évêque et en lui délivrant les fruits du temporel de son évêché, il n'avait pas renoncé à ce droit : jusqu'à ce que l'évêque eût prêté serment en personne, le Roi entendait donner les bénéfices vacants en régale comme il était d'usage en pareil cas[4].

Nous rencontrons, pour cette période, des lettres d'exemptions d'impôts et redevances accordées ou confirmées aux chartreux de Villeneuve près Avignon (janvier 1450) ; à l'abbaye de Savigny au diocèse d'Avranches (décembre 1450) ; au monastère de Fontaine-Notre-Dame en Valois (février 1451) ; aux doyen et chanoines de l'église de Bordeaux (23 juin 1451) ; à l'hôpital de Saint-André de Bordeaux (juin 1452) ; à l'église de Saint-Seurin *extra muros* à Bordeaux (*idem*).

Des privilèges sont concédés ou maintenus à l'abbaye de Grandmont (mai 1450), à l'abbaye des Loges-de-Marchies au diocèse d'Avranches (12 décembre 1450), au monastère de Fon-

---

1. Voir *Gallia Christiana*, t. III, col. 311-358.
2. *Histoire générale de Languedoc*, t. V, p. 15.
3. *Id., ibid.*, p. 13.
4. Lettres du 24 février 1452, *Preuves des Libertez de l'Église gallicane*, t. I, part. II, p. 122 ; *Ordonnances*, t. XIV, p. 190.

taine-Notre-Dame en Valois (février 1451), à l'archevêque de Bordeaux (septembre 1451), à l'église de Bordeaux (23 juin et septembre 1451), à l'église de Saint-Maclou à Bar-sur-Aube (janvier 1452), au monastère de Notre-Dame de Mouzon au diocèse de Reims (avril 1452).

Des lettres de sauvegarde sont données en faveur de l'église de Toul (janvier 1450), de l'hôpital du Pont-Saint-Esprit (février 1450), de l'abbaye de Savigny (9 août 1450), des religieux du Mont-Saint-Michel (décembre 1450), de l'hôpital du Roi à Rouen (janvier 1451), de l'hôpital de Coutances (25 février 1451), des religieux de Saint-Mansuy (6 mai 1451), de l'abbaye de Grâce-Sainte-Marie (août 1451), de l'abbaye de Saint-Romain-les-Blaye (*idem*), de l'hôpital Saint-Jacques à Bordeaux (6 septembre 1451), de l'église de Bayonne (septembre 1451), de l'abbaye de Chaalis (avril 1452), du chapitre de Sainte-Radegonde (10 mai 1452), des Célestins de Rouen (août 1452), de l'évêque de Rodez (18 septembre 1452), des religieux de Saint-Martin-des-Champs à Paris (8 décembre 1452), de l'abbaye de la Greneterie 28 avril 1453), du couvent de la Rose-Notre-Dame-les-Rouen (8 août 1453).

Des lettres d'amortissement sont accordées au chapitre de Saint-Cire d'Issoudun (octobre 1449), à l'abbaye de Jumièges (mars 1450, 29 janvier et 3 février 1451), à l'abbaye de Saint-Denis (novembre 1450), aux Célestins de Thury (1450), aux religieux de Saint-Jean-les-Amiens (janvier 1451), à l'église de Lizieux (mars 1451), à l'église d'Angers (avril 1451), à l'abbaye du Bec (mai 1451), à l'église de Cloué (juin 1451), à l'église de Notre-Dame de Loches (décembre 1451), aux religieux du Mont Saint-Michel (mars 1452).

Les autorisations de fortifications devinrent plus rares : nous n'en rencontrons qu'une, donnée au prieur et aux religieux de Noirlac au diocèse de Bourges (23 octobre 1450).

En revanche, les lettres d'octrois et concessions diverses accordées aux maisons religieuses sont nombreuses : nous citerons celles en faveur du chapitre de Saint-Aignan d'Orléans (3 avril 1449), du chapitre et de l'hôpital du Puy (7 août 1449), de l'abbaye de Saint-Denis (18 septembre 1449 et 15 novembre

1451), de l'ordre des Célestins (30 novembre 1449), des religieux de Saint-Maixent (30 mai 1450), de l'abbaye de Fécamp (17 octobre 1450), des églises de Notre-Dame de Pontoise, Notre-Dame de Montfort et Notre-Dame de Cléry (31 décembre 1450), du chapitre de Sens (janvier 1451), de l'église de Saint-Amé à Douai (mars 1451), des chanoines de Loches (mars 1452), des religieux du Mont-Carmel (avril 1452), du chapitre de l'église d'Avranches (août 1452).

Dans les lettres accordant au chapitre et à l'hôpital du Puy le droit d'aller quêter pour les pauvres dans tout le royaume et même au dehors, on lit les considérants suivants, qui méritent d'être cités[1] :

« Icelle eglise, qui est de fondacion royal, est entre les autres eglises de nostre royaume l'une de celles ou la benoiste Vierge Marie, mère de nostre Sauveur Jhesu Christ, est especialment reverée, et fust le benoist oratoire d'icelle dedyé en ladite eglise du Puy dès le commencement de la chrestienté et du temps de saint Pierre, premier vicaire de Dieu en terre; et certain temps après l'image de ladite Dame, laquelle Jhéremie le prophète en l'onneur de la future vierge avait faicte, fut par ung sainct Roy de France nostre predecesseur recouverte de la main du grant souldan et miraculeusement apportée au lieu du Puy, auquel lieu ladite benoiste Vierge Marie, en son dit oratoire, fait tous les jours, sans cesser, miracles evidens à ceux qui y ont reffuge; et pour ce, de toutes contrées, tant de nostre royaume que de toute chrestianté, affluent sans cesser chascun jour pour visiter ledit image en ladite eglise de toutes nacions pour avoir remede de leurs necessitez..... Pour ce est-il que nous, ce consideré et mesmement en l'honneur de la glorieuse Vierge mère de nostre dit Sauveur Jhesu Christ, en l'honneur de laquelle lesdites eglise et hostel Dieu sont fondées, et des aumones et œuvres de charité qui chascun jour y sont faictes, et aussi afin que nous y soions participans esdites aumosnes et biens faiz d'icelles, avons voulu, » etc.

Nous avons mentionné la part prise par le gouvernement royal à la réforme opérée par le cardinal d'Estouteville au sein

[1]. Lettres du 7 août 1449, données à Amboise, et contresignées par le chancelier, le sire de Précigny et Jacques Cœur. *Ordonnances*, t. XIX, p. 236.

de l'Université de Paris. Charles VII n'avait pas attendu l'intervention du légat du Saint-Siège pour faire sentir son autorité à ce corps, devenu une puissance dans l'État. L'Université se prévalait fièrement de son double privilège en matière d'impôts et en matière de juridiction. Charles VII s'était efforcé de la ramener peu à peu au droit commun. En 1437, à l'occasion du siège de Montereau, il avait imposé une aide sur la ville de Paris; les officiers royaux demandèrent à l'Université l'autorisation de percevoir cette aide sur ses suppôts : elle y consentit « pour cette fois et pour ce cas seulement, » et Charles VII délivra des lettres constatant que cette contribution ne pouvait tourner au préjudice de l'Université ni porter atteinte à son privilège [1]. Mais en 1441, lors du siège de Pontoise, Charles VII revint à la charge [2]. L'Université, voyant ses suppôts menacés dans leurs franchises, suspendit ses leçons et prédications durant trois mois, et ne les reprit que sur une déclaration royale consacrant le maintien de ses privilèges [3]. En 1444, nouveau conflit, nouvelle suspension, suivis de l'envoi, en décembre 1445, d'une ambassade vers le Roi pour lui signaler les prétentions arbitraires des officiers royaux [4]. Le privilège d'exemption, quelque menacé qu'il fût, ne subsistait pas moins; celui de juridiction reçut une atteinte plus directe : en 1446, à l'occasion d'une querelle de l'Université avec le Parlement, Charles VII décida que dorénavant le Parlement connaîtrait des causes concernant l'Université et ses suppôts [5]. En 1453, au lendemain de la réforme du cardinal d'Estouteville, certains écoliers de l'Université ayant été arrêtés par ordre du lieutenant criminel et emprisonnés au Châtelet, une véritable émeute éclata. L'Université suspendit ses leçons et prédications; elle réclama l'emprisonnement du prévôt de Paris et de son lieutenant et porta l'affaire devant le Roi; celui-ci la renvoya à

---

1. Lettres du 2 septembre 1437. *Ordonnances*, t. XIII, p. 239.
2. *Journal d'un bourgeois de Paris*, p. 361.
3. *Idem*, p. 364 note.
4. *Idem*, p. 375 et note 3; Instructions aux ambassadeurs, dans Du Boulay, t. V, p. 375 et suiv.
5. Lettres du 26 mars 1446. *Ordonnances*, t. XIII, p. 457.

l'examen du Parlement. Le conflit ne fut apaisé qu'à la fin de 1454[1].

A peine Charles VII fut-il maître de Caen que les habitants de cette ville le sollicitèrent de donner son investiture à l'Université établie par le gouvernement anglais. Par lettres du 30 juillet 1450, le Roi autorisa à titre provisoire l'exercice des Facultés, sauf celle des lois[2]. Mais, deux ans plus tard, cédant aux instances des États de Normandie, il donna, à la date du 30 octobre 1452, ses lettres d'érection, déclarant attribuer à l'Université de Caen les franchises et privilèges dont jouissaient dans son royaume les autres Universités[3].

Signalons encore des lettres en faveur de l'Université de Nîmes, dont les statuts furent confirmés (décembre 1446)[4].

Dans les luttes militaires qui avaient rempli son règne, Charles VII n'avait cessé de faire appel au concours de sa noblesse. Par la formation des compagnies d'ordonnance, il lui avait assuré une place privilégiée : ces compagnies étaient composées exclusivement de nobles; elles comprenaient environ six mille hommes. Mais elles étaient insuffisantes pour des entreprises aussi considérables que la conquête de la Normandie et la conquête de la Guyenne. Le service féodal continuait d'être exigé, sous la dénomination d'arrière-ban.

Dans des lettres sans date, qui nous ont été conservées, Charles VII prit des mesures qui devaient lui permettre de mener à bonne fin ses grandes opérations contre les Anglais.

Considérant que les nobles et tous ceux qui tiennent des fiefs et des arrière-fiefs sont obligés de défendre le Roi et la chose publique contre les ennemis du royaume quand besoin en est et que le Roi les mande, et que, au temps passé, un notable dommage est résulté tant de ce que les dessus dits n'étaient pas en état convenable que de ce que les mandements

---

1. Du Boulay, t. V, p. 378 et suiv.; Jourdain, *Index chronologicus*, etc., p. 272 et suiv.; *Émeute de l'Université de Paris en 1453*, par Douet d'Arcq, dans la *Bibliothèque de l'École des chartes*, t. V, p. 479-89.
2. Original aux Archives du Calvados; éditées par le comte Amédée de Bourmont, *la Fondation de l'Université de Caen* (Caen, 1883, in-8°), p. 259.
3. *Ordonnances*, t. XIV, p. 219; Bourmont, *l. c.*, p. 270.
4. Archives, JJ 178, n° 81.

étaient soudains et précipités, ce qui faisait que les nobles ne pouvaient se mettre en armes en temps voulu qu'au moyen de dépenses excessives et en engageant leurs terres et fiefs — ce qui avait obligé le Roi à se servir dans ses guerres d'autres que de ses sujets, dont il était résulté de grandes pilleries et autres maux et excès, — Charles VII, afin d'obvier à ces inconvénients et de pourvoir à la sûreté de son royaume, et en même temps afin d'avoir promptement des gens aptes à le servir en cas de guerre, « voulant aussi remettre sus en son royaume le fait et estat de noblesse qui, le temps passé, avoit esté moult abessé, » décide, par grande et mûre délibération avec plusieurs princes du sang, gens du grand Conseil et autres notables gens de guerre en grand nombre, que tous nobles du royaume, et autres tenant fiefs et arrière-fiefs, seront tenus d'être prêts pour venir le servir quand il les mandera. Dans ce but, il établit, dans les bailliages et sénéchaussées du royaume, des commissaires auxquels des instructions spéciales seront données. En conséquence, il ordonne que ces commissaires se transporteront dans tous les lieux qui leur seront désignés pour dresser les noms et surnoms des nobles et gens d'autres conditions tenant des terres en fiefs ou arrière-fiefs du Roi, et en constater la valeur ou les revenus ; les commissaires feront ensuite commandement aux nobles et autres tenant fiefs de se tenir prêts, chacun selon son état et la nature et faculté de son fief, à le venir servir dans un délai de six mois après la signification ; la solde sera de quinze livres par mois pour l'homme d'armes et de sept livres dix sous pour l'archer. Les nobles devront prêter serment d'être en mesure et en habillement convenable au temps fixé[1].

Nous avons également les instructions données aux commissaires royaux en vertu de cette ordonnance[2].

La mesure fut aussitôt mise à exécution[3] ; elle aboutit à la

1. Ms. fr. 5909, f. 206 v°.
2. Idem, f. 207 v°.
3. Nous avons l'indication de lettres en date du 11 mai 1449 par lesquelles Charles VII donne commission pour la recherche des francs fiefs dans la seigneurie de Montdoubleau en Vendômois. D. Villevieille, Trésor généalogique, 67, f. 133 v°. Cf. acte de remplacement du 15 août 1449, cité plus loin.

formation d'une liste contenant les noms et surnoms de tous les nobles du royaume[1].

Des instructions détaillées furent rédigées pour les baillis et sénéchaux afin de faire connaître aux nobles l'équipement qu'ils devaient avoir quand ils seraient mandés par le Roi ; elles indiquaient les différentes parties de l'armement pour l'homme d'armes et pour l'archer, et le montant de la solde[2].

Lors de la première expédition de Guyenne, le Roi, voulant être en mesure de s'opposer à une descente des Anglais sans nuire à sa conquête, ordonna « de faire mettre et tenir en estat et habillement convenable une partie des nobles du royaume, » principalement dans les lieux voisins des frontières les plus exposées ; ils devaient se tenir prêts pour le 1er juin 1451, sans quitter leurs hôtels avant d'être mandés[3].

Les nobles furent de nouveaux mandés à l'occasion de la deuxième campagne de Guyenne[4] : nous avons des lettres en date du 27 février 1453 par lesquelles le Roi détermine les conditions dans lesquelles l'appel des barons et autres nobles sera effectué et quelles exemptions seront accordées[5].

Le 22 juin suivant, ayant appris que, en vertu de l'ordre donné par lui, on poursuivait certains nobles qui ne s'étaient pas rendus à l'armée, Charles VII, après avoir constaté que la noblesse s'était rendue à son appel « en bon et suffisant nombre » et tellement que, pour le présent, il en était « bien content, » déclara que tous les nobles qui n'étaient point venus à son mandement seraient tenus pour excuser d'y venir ou envoyer jusqu'à ce qu'ils fussent de nouveau mandés, pourvu

---

1. « *Primo* ung sac où sont les noms et surnoms des nobles du royaume envoyez par les bailliz et seneschaux en l'an M CCC LII. « Inventoire des sacz et lettres du Roy estans à Tours, » dans le ms. fr. 2899, f. 80 v°.
2. Ms. fr. 5909, f. 158-v°. — Nous trouvons dans la *Revue anglo-française*, 2e série, t. II (1844), p. 86, un curieux acte de remplacement consenti, à la date du 15 août 1449, entre des écuyers poitevins au sujet de l'exécution de la mesure prescrite par Charles VII ; le Poitou avait été taxé à trente lances, désignées par le vicomte de Thouars, commis à cet effet par le Roi.
3. Ms. fr. 5909, f. 202 v°.
4. Voir chapitre IX, p. 267.
5. Ms. fr. 5909, f. 293.

qu'ils se tinssent, en état et habillement convenable, chacun selon son état, prêts à partir au premier signal[1].

De nombreuses lettres d'anoblissement furent données par le Roi à l'occasion des campagnes de Normandie et de Guyenne.

Sont anoblis pour services rendus en Normandie, d'une façon générale : Nicolas le Normant (avril 1451); Jacques Binel, queux du Roi et sa femme (juillet 1451); Étienne le Clerc (1451); Robert Onffroy (mai 1453). — Sont anoblis pour services rendus au recouvrement d'Alençon : Jean du Mesnil, Jean le Rabinel et Jean de Saint-Denis (fin de 1449), Guillaume le Bouleur (mars 1450), Guy Fortin (avril 1450). — Est anobli pour services rendus au recouvrement d'Essay, Blanchet Piffault (mai 1450). — Sont anoblis pour services rendus à la reddition de Rouen : Jean le Roux (nov. 1449); Jean Basin et sa femme (mars 1450). — Est anobli pour services rendus à la reddition de Berneville : Jean Griselaine (janvier 1451). — Est anobli pour services rendus en la compagnie du connétable de Richemont, Étienne Boynet (février 1452). — Est anobli pour services rendus durant la campagne de Guyenne, Bernard Raffin, bourgeois de Libourne (septembre 1451).

Nous relevons encore des lettres d'anoblissement données à Jean Alardeau, maître de la chambre aux deniers de la reine de Sicile (janvier 1450); à Léger Arnoul, notaire et secrétaire du Roi (février 1450); à Robert le Gras, vicomte de Pont-Audemer (mars 1451); à Jean de Jodonia, chirurgien du Roi, attaché à sa personne depuis 1418 (idem); à Nicolas Guy, licencié ès lois, conseiller du Roi (avril 1451); à Étienne Baudenot, bourgeois d'Épinal (mai 1451); à Jean de Belayo, verdier de la forêt de Saint-Sever en la vicomté de Vire (juillet 1451); à Philippe Pagain, bourgeois de Saint-Maixent (18 novembre 1451); à Étienne Petit, receveur général des finances en Languedoc (avril 1452); à Laurent Morel et à sa femme (idem), à Mathieu Caillet (idem), à Naudin de Bonnoy, clerc des offices de l'hôtel et secrétaire de la Reine (mai 1452). Le nombre des anoblis-

---

b. Ms. fr. 5909, f. 238 v°.

sements que nous avons rencontrés, pour la période dont il s'agit ici, est de trente-six[1].

Des maintenues de noblesse sont accordées à Richard de Malortie, l'écuyer qui s'était distingué contre les Anglais à la veille de la bataille de Formigny (24 janvier 1451), et à Guillaume des Pujolz, demeurant à Carcassonne (février 1452).

Nous rencontrons un certain nombre de lettres de légitimation, données à Louis Rolin, fils naturel de Nicolas Rolin (novembre 1449); à Regnault de Grassel (février 1450); à Jean de Miremont (juin 1450); à Mathieu de Rouvroy, fils naturel du seigneur de Saint-Simon (juillet 1450); à Robert et Jeanne Dauphin, enfants naturels de Robert Dauphin, évêque d'Alby (mai 1451); à Antigone, fille naturelle de Humphroy, duc de Glocester, et femme de Jean d'Amancier, écuyer d'écurie du Roi (juin 1451); à Odille de Sernez, fils naturel de Mathieu de Sernez, chambellan du Roi (mars 1452); à Raymond de Giresme, fils naturel de Nicolas de Giresme, grand prieur de France (idem); à Guillaume Genès, fils naturel de Guillaume Genès, dit l'Auvergnat, huissier d'armes du Roi (juillet 1452); à Guillaume le Franc, fils naturel de Guillaume le Franc, conseiller et médecin du Roi (idem); à Jean de Rochechouart, fils naturel de Louis, seigneur de Breviande (septembre 1452).

Des lettres concédant le droit de haute justice sont données à Robert de Dreux, baron d'Esneval (18 décembre 1449); à Jean, sire de Lucé (20 février 1450); à Dreux Budé, notaire et secrétaire du Roi (mai 1450); à Guillaume d'Harcourt, comte de Tancarville (1er mai 1450); à Jean Bureau (10 août 1451); à Louis, seigneur d'Estouteville (12 février 1452); à Pierre Frotier (juin 1452).

Plusieurs autorisations pour la construction de garennes sont accordées à Jean de Vechu, écuyer, seigneur de Foujou, chambellan du comte de Nevers (10 mars 1451); à Simon, seigneur de Montigny (juin 1452); à Regnault Thierry, premier chirurgien du Roi (juillet 1452); à Jean Vigenère, juge à Saint-Pour-

---

1. *Catalogue des actes.* Voir ms. fr. 4139, f. 71 et suiv.

cain (janvier 1453). — Georges, seigneur de Clère, chambellan du Roi, reçoit une confirmation du droit de chasse accordé en 1271 par Philippe le Hardi à Nicolas de Maleperains (mars 1452). C'était un privilège fort envié : nous voyons que, par lettres du 18 août 1452, Charles VII fit défense à tous gens non nobles de chasser la grosse bête ou tout autre gibier, de quelque manière que ce fût[1].

Des autorisations de posséder des biens en France et d'en disposer sont accordées à Jacquemin Hairolde, marchand, natif de Milan (février 1450); à Gasparin et Balthazar de Trez (mars 1450); à Gonsalve d'Ars, écuyer espagnol (19 février 1452); à Gilles Nonne, bourgeois d'Avesnes en Hainaut, employé sous les ordres du comte de Penthièvre, et à sa fille (janvier 1453); à Robin Petillo ou Petilloeth, écossais, écuyer d'écurie du Roi (3 mars 1453).

Des autorisations de fortifier leurs châteaux sont données à Jean Blanchet, seigneur des Gueyrols en Poitou (20 mars 1451); à Palamèdes de Pompilhac (avril 1451); à Jean de Mortemer, seigneur de Couhé et du Plessis-Sénéchal en la châtellenie de Lusignan (juin 1451); à Louis Marechal, seigneur d'Appinac en Velay (juillet 1452); à Jean Rostaing (octobre 1452); à Nicole de Giresme, grand prieur de France (novembre 1452); à Jean d'Estouteville, seigneur de Torcy (mars 1453).

Il serait impossible d'entrer dans l'examen des nombreuses lettres de rémission données pendant la dernière moitié du règne de Charles VII. Toutefois il est une catégorie de ces actes qui mérite une mention : ce sont ceux qui concernent de hauts fonctionnaires ou des seigneurs en possession de la faveur royale. On peut constater que plusieurs des personnages qui entouraient le trône n'étaient point sans reproche et que tôt ou tard la justice les pouvait atteindre. C'est pour se mettre à l'abri de ces poursuites que nous voyons des seigneurs comme Pons-Guillaume, seigneur de Clermont-en-Lodève, conseiller et chambellan du Roi (février 1450); Englebert d'Enghien, conseiller et chambellan du Roi (janvier 1451); Antoine

---

1. *Ordonnances*, t. XIV, p. 297.

de Levis, comte de Villars (août 1452); Jean de Rosnivinen (mai 1453); François, seigneur de Grantmont, conseiller et chambellan du Roi (mai 1453), etc., demander et obtenir des lettres de rémission.

Nous avons mentionné l'édit de Compiègne, en date du 22 août 1429, par lequel Charles VII remettait ceux de ses sujets qui lui étaient restés fidèles en possession de tous les biens qui leur avaient été enlevés, sans qu'ils eussent aucunement à entrer en compte avec les détenteurs de ces biens : il fut confirmé à la date du 28 octobre 1450, et le Roi en ordonna l'exécution qui n'avait pu avoir lieu jusque-là[1]. Par d'autres lettres données à Villedieu le 4 novembre 1451, Charles VII, considérant que durant les guerres et divisions qui avaient longtemps régné dans son royaume, plusieurs de ses sujets ont quitté leur pays et abandonné leurs biens, à cause des charges qu'ils avaient à supporter et qu'ils hésitent à revenir, quoique la paix et la tranquillité soient maintenant assurées, craignant d'être soumis aux impôts, déclare que tous ceux qui présentement demeurent dans des pays non contribuables et qui voudraient se fixer dans des pays contribuables seront exempts de toutes tailles, tant de celle imposée ou à imposer pour le paiement des gens de guerre que d'autres quelconques, et cela pendant une durée de huit années à partir du jour de leur retour[2].

Par lettres du 1er décembre 1451, Charles VII, voulant décharger son peuple des contraintes rigoureuses que les seigneurs, capitaines et autres officiers commis à la garde des villes faisaient peser sur lui en ce qui concernait les guet et garde, ordonne que ceux de ses sujets qui n'étaient pas sur la frontière ou exposés à des attaques de l'ennemi ne feraient le guet qu'une fois par mois au plus, et qu'on ne pourrait exiger des défaillants une amende supérieure à dix deniers[3].

Au cours de ses conquêtes en Normandie et en Guyenne,

1. *Ordonnances*, t. XIV, p. 102 et suiv.
2. Ms. fr. 5909, f. 201 v°.
3. *Ordonnances*, t. XIV, p. 185.

Charles VII accorda à un certain nombre de villes, rentrées dans son obéissance, des lettres confirmant leurs privilèges. En Normandie, on peut citer Mantes (26 août 1449), Lisieux (août), Rouen (18 septembre et novembre), Avranches (mai 1450), Bayeux (mai); en Guyenne, Bergerac (décembre 1450), Duras (16 juin 1451), Saint-Macaire (*idem*), Bourg (23 juin), Dax (juillet et septembre), Libourne (juillet), Sauveterre (décembre), Bénauges (septembre 1453). De semblables lettres furent données en faveur de l'Entre-Deux-Mers (décembre 1451). Les privilèges des villes suivantes furent également confirmés : Castelnaudary (octobre 1450), Charroux (mars 1451), Montferrand (mai 1452).

Des exemptions totales d'impôts furent concédées aux habitants de Pont-Audemer (5 septembre 1449), aux consuls de Puy-la-Roque en Quercy (3 décembre 1449), aux habitants de Quillebeuf (25 juin 1450). La ville de Valognes obtint en raison des grandes pertes subies durant la campagne de 1450 et moyennant le paiement de deux mille francs, décharge de tout ce qu'elle devait au Roi (8 juillet 1452).

Diverses concessions et faveurs sont accordées aux habitants de Carentan (novembre 1449), de Dieppe (17 octobre 1450 et 22 septembre 1451), du Puy (17 octobre 1450), de Varennes (août 1451), de Houdain (16 janvier 1453); des octrois d'aides pour l'entretien de la ville ou des fortifications sont faits à Verneuil (septembre 1449), à Clermont (4 octobre 1449), à Senlis (décembre 1449), à Montpellier (17 juillet 1450), à Lisieux (8 septembre 1450), à Meaux (2 septembre 1451), à Saint-Émilion (21 septembre 1451), à Paris (16 mars 1453); des dons en argent sont faits aux villes de Chartres, de Saint-Jean-d'Angely, de Loudun, de Châtellerault, de Saint-Maixent, de Poitiers, de Blois, etc.[1].

Signalons encore des lettres données à Taillebourg au mois de septembre 1451, réglant, sur la demande de la communauté de la ville de Montreuil-sur-Mer et d'accord avec elle, la forme de l'élection des maire, échevins et conseillers[2].

1. Cabinet des titres, 685, f. 142, 142 v°, 156 v°, 161.
2. *Ordonnances*, t. XIV, p. 178.

De nombreuses lettres d'abolition furent accordées aux villes rentrées sous la domination royale ; on peut citer Verneuil (août 1449), Neufchâtel (septembre), Séez et Domfront (octobre), Bayeux (mai 1450), Caen (juin 1450), Vire (novembre 1450), Bergerac (24 novembre 1450), Dax et Bayonne (septembre 1451), Valognes (8 juillet 1452), Langoiran (25 août 1453), Bénauges (septembre 1453), Bordeaux (9 octobre 1453). La même abolition se retrouve dans les lettres confirmant les redditions de Lisieux (août 1449), Coutances et Gournay (septembre), Rouen, Carentan et Argentan (novembre), Libourne (20 juillet 1451), Saint-Émilion (21 septembre 1451 et 17 août 1453).

Par lettres données à Argentan au mois de mai 1450, Charles VII accorda une abolition générale aux sujets de René, roi de Sicile, duc d'Anjou, de Bar et de Lorraine, qui avaient commis quelques désordres dans la guerre entre ce prince et le comte de Vaudemont [1]. Par d'autres lettres données à Montluçon en septembre 1450, une abolition générale fut accordée aux gens des trois États du Quercy pour tous crimes, délits, désobéissances, etc., dont ils se seraient rendus coupables [2]. Enfin, les habitants de Lyon reçurent, le 18 juin 1453, des lettres d'abolition pour avoir usé de diverses monnaies étrangères dont le cours était interdit [3].

La ville de Tournai fut l'objet de plusieurs mesures. Le 12 décembre 1449, à Montivilliers, le Roi autorise les habitants à vendre cinq cents livres de rente pour l'aider à recouvrer Harfleur; le 30 mars suivant, Charles VII les autorise à racheter les rentes précédemment vendues et à les revendre à un taux plus élevé; le même jour, il les autorise à vendre trois cent cinquante livres de rente pour l'aider à recouvrer la Normandie [4]. Le 1er décembre 1451, en attendant l'envoi de certains de ses conseillers, il donne commission à Henri de Marle, maître des requêtes, pour aller à Tournai procéder à une in-

1. Archives, JJ 180, n° 114.
2. Archives, JJ 180, n° 52.
3. Archives, JJ 185, n° 312.
4. Archives de Tournai. Nous devons à M. Armand d'Herbomez la communication de tous les actes émanés de Charles VII qui sont conservés dans ces archives.

formation sur les infractions faites aux ordonnances royales et opérer la réforme des officiers de la ville[1]; le 26 mai 1452, Guy Bernard et Jean Dauvet, ambassadeurs du Roi près du duc de Bourgogne, agissant comme réformateurs au nom de Charles VII, règlent l'exercice de la juridiction du bailliage de Tournai : ce règlement fut approuvé par Charles VII et porta le nom de *Traité de Saint-Pourçain*[2]; le 17 novembre 1452, Charles VII, en considération des grands services à lui rendus par la ville de Tournai, remet aux magistrats les peines qu'ils peuvent avoir encourues pour avoir fait acte de magistrats avant que leur élection ait été reconnue par le Roi[3]; le 22 juin 1453, il ordonne aux habitants de se conformer aux décisions de Guy Bernard et de Jean Dauvet pour ce qui concerne le gouvernement de la ville[4].

Thomas Basin parle[5] des députations solennelles des provinces qui venaient à la Cour apporter leurs doléances, et prétend qu'elles n'étaient guère écoutées. Nous avons la trace de semblables ambassades envoyées par la ville de Tours en 1446 et en 1452[6]; par la ville de Lyon en 1449, en 1452 et en 1453[7]; par la ville de Poitiers en 1449 et en 1452[8]; par la ville de Compiègne en 1449 et en 1451[9]; par les habitants du Nivernais en 1451[10]; par la ville de Rouen en 1453[11]. Il ressort des renseignements fournis par les archives communales que plusieurs de ces députations eurent quelque peine à arriver

---

1. Dans le procès-verbal d'Henri de Marle. Du Puy, 388, f. 99.
2. Voir Gachard, *Collection de documents inédits*, t. I, p. 22.
3. Archives de Tournai.
4. *Idem.*
5. Voir t. I, p. 326.
6. Archives communales de Tours, *Registres des comptes*, XXIX, f. 202; XXXIII, f. 50 v°.
7. Archives communales de Lyon, BB 5, f. 83, 86, 86 v°, 90 v°, 160, 182 v°, 197 et suiv., 210 v°; CC 402, n°s 8, 9, 10, 35-37.
8. Archives communales de Poitiers, dans les *Mémoires de la Société des Antiquaires de l'Ouest*, t. VII, p. 300-101, et dans la *Bibliothèque de l'École des chartes*, t. I, p. 230.
9. Archives communales de Compiègne, dans la *Bibliothèque de l'École des chartes*, t. XXIV, p. 495 et 496.
10. Cabinet des titres, 685, f. 161.
11. Archives communales de la Seine-Inférieure, cités par M. Ch. de Beaurepaire, *les États de Normandie sous le règne de Charles VII*, p. 18 et suiv.

jusqu'au Roi et que leurs démarches n'eurent pas toujours le succès désiré. Pourtant nous voyons que, quand Jean le Roux et Martin des Essarts vinrent réclamer de Charles VII l'exécution des promesses faites aux habitants de Rouen, le Roi se montra fort mécontent de la négligence de son secrétaire, Charles Chaligaut, et qu'il envoya aussitôt, au sujet de ce retard, une lettre missive aux conseillers de Rouen. Il fit plus : il fit partir le bailli de Caux, Jean Havart, avec mission de déclarer qu'il avait son pays de Normandie en singulière recommandation, qu'il voulait le soulager et supporter, et qu'il ordonnait que Jean le Roux se transportât de nouveau vers lui, en compagnie du sire d'Esternay, général des finances, pour l'exécution de tout ce qui avait été promis. On peut constater, par les actes rendus au commencement de 1454, que prompte et entière satisfaction fut donnée aux habitants de Rouen[1].

Le recouvrement de la Normandie entraîna une modification dans les circonscriptions financières; au lieu de trois généralités, il y en eut quatre : la Normandie vint s'ajouter aux pays de Languedoil, aux pays d'Outre-Seine et Yonne, au Languedoc. Chacune avait son receveur général. Dans la première, Mathieu Beauvarlet succède à Jean de Xaincoins quand celui-ci est arrêté[2]; dans la seconde, le titulaire est Étienne de Bonney, qui remplit la charge depuis 1440; dans le troisième, c'est Étienne Petit; le titulaire de la quatrième charge fut Macé de Launoy. Étienne Chevalier, nommé maître-clerc des comptes le 15 août 1449, continuait de remplir les fonctions de contrôleur de la recette générale, et Antoine Raguier celles de trésorier des guerres, conjointement avec Martin Roux. Mais nous constatons que, à la date du 3 janvier 1453, Étienne Chevalier fut remplacé par Laurens Girard, notaire et secrétaire du Roi. Les trésoriers de France étaient Jean Bureau, Jean Hardouin et Pierre Bérard; les généraux des finances Jean le Picard,

1. Beaurepaire, l. c.
2. Son premier compte, dont les extraits manquent dans le ms. 685 du Cabinet des titres, comprenait tout ou partie de l'année finissant le 30 septembre 1450.

Jean le Boursier et Jean de Bar, lequel fut remplacé (4 octobre 1452) par Pierre Doriolle[1].

La double préoccupation de Charles VII, en matière financière, fut d'une part de se procurer les ressources nécessaires pour ses campagnes de Normandie et de Guyenne, et de l'autre de ne point écraser ses sujets sous le poids de trop lourdes contributions.

Il demanda à ses provinces de Languedoïl une taille du montant de 240,000 livres, en septembre 1449, et une autre de 120,000, en décembre 1450. Il reçut du Languedoc : 170,000 livres, en mars 1450; 120,000, en février 1451; 100,000, en mai 1452; 106,000, en mars 1453.

La Normandie lui fournit, on l'a vu, 166,000 livres en 1450, 260,000 en 1451, 223,000 en 1452, et 248,100 en 1453.

Dès 1447, Charles VII avait ordonné de procéder à la révision générale des feux dans son royaume, afin d'asseoir d'une façon régulière l'impôt des gens de guerre[2]. En 1451, Étienne de Cambray, évêque d'Agde, fut chargé, avec plusieurs autres conseillers du Roi, de faire la visite des feux dans toutes les élections[3]. Au mois de novembre, étant à Villedieu, Charles VII déchargea plusieurs élections d'un certain nombre de lances et détermina leur part dans la contribution pour l'entretien des compagnies d'ordonnance[4].

La campagne de Normandie avait amené une grande rareté de numéraire en fait de monnaie d'or : pour payer ses gens de guerre, Charles VII avait fait apporter de toutes les parties de son royaume les écus qu'on avait pu se procurer; on dut se servir de monnaies étrangères. Pour remédier à cette situation,

---

1. Ms. 685, *passim*. — Par lettres du 2 juin 1452, Charles VII décida que les taxations faites par ses trésoriers et ses généraux des finances devaient être signées de leur main. *Ordonnances*, t. XIV, p. 225.

2. Le 16 juin 1447, Jean, seigneur de Chazeron, est l'un des commissaires ordonnés « pour faire la revue et visitacion des feuz et beluges » du bas pays d'Auvergne. *Pièces originales*, 726 : CHAZERON. — « Messire Georges de Clere, chevalier, XXVII l. x s. pour avoir esté en octobre (1447) de Bourges en la marche de Limousin pour faire la serche des feux qu'il avoit commencé. » (Dixième compte de Xaincoins, ms. 685, f. 126 v°.)

3. Voir lettres du 13 novembre 1451. Ms. fr. 20878, n° 61.

4. Lettres du 9 novembre 1451. Mss. fr. 21426, f. 1; 21427, f. 38.

le Roi, à la date du 18 mai 1450, prescrivit la fabrication, dans ses monnaies, d'écus de soixante-dix et demi de poids au marc, à vingt-trois carats et un huitième, et à un huitième de remède ; les marchands devaient recevoir soixante-douze écus pour le marc d'or fin[1]. Charles VII avait ordonné de payer aux marchands le marc d'or apporté dans les monnaies à raison de quatre-vingt-dix-neuf livres. Les maîtres de la monnaie de Tournai représentèrent que ce prix était plus faible que celui qu'on payait dans les pays voisins, ce qui faisait que les marchands cessaient d'apporter l'or à Tournai : par lettres du 3 février, le Roi augmenta ce prix de cinq sous à prélever sur son droit de seigneuriage[2]. Par lettres des 16 et 30 mai 1453, Charles VII décria diverses monnaies étrangères, en raison de la disproportion existant entre ces monnaies et celles de France[3]. Après la réduction de la Guyenne, les ouvriers et monnayeurs du duché de Guyenne sollicitèrent le maintien de leurs privilèges : le Roi le leur accorda[4]. Un peu auparavant, usant de son droit de créer, à son joyeux avènement, un monnayeur en chaque monnaie du royaume, il avait nommé un Poitevin monnayeur en la monnaie de Bordeaux[5].

Nous avons parlé déjà de la révolution financière opérée en 1451 dans les pays de Languedoïl : la substitution des aides à une taille fixe ; elle eut pour résultat de faire passer la répartition de l'impôt, dont des commissaires spéciaux avaient été chargés jusque-là, aux élus sur le fait des aides, qui concentrèrent en leurs mains toute l'administration financière. Cela augmenta notablement leurs attributions. Aussi Charles VII, par lettres du 20 mars 1452, considérant que le ressort de plusieurs élections était tellement étendu que les élus sur le fait des aides et des autres impositions ordonnées pour la guerre, avaient parfois leurs sièges à de si longues distances de ceux qui y étaient ajournés qu'il en résultait de sérieuses difficultés,

---

1. *Ordonnances*, t. XIV, p. 80.
2. Id., ibid., p. 121.
3. Id., ibid., p. 258 et 259.
4. Lettres du mois de septembre 1451. Id., ibid., p. 182.
5. Lettres du 10 juillet 1451. Id., ibid., p. 151.

ordonna que les juges des châtellenies pourraient être commis par les élus pour connaître en première instance des causes entre les habitants et le fermier des aides [1]. Mais bientôt, sur les représentations faites au Roi que les juges des châtellenies, substitués aux élus, n'étaient point experts en matière d'aides et que la multiplication des juges serait plus abusive qu'utile, il révoqua cette ordonnance et décida qu'il serait établi par les baillis et sénéchaux des sièges pour les élus, de telle sorte qu'il n'y eût pour chaque siège qu'un ressort de cinq à six lieues ; ces sièges devraient être établis dans les villes appartenant au Roi sans moyen, ou en d'autres lieux convenables ; les élus devraient y siéger deux fois par semaine et y résider ou y avoir des commis dont ils répondraient ; les élus devraient expédier les parties sommairement sans entendre de plaidoirie ; ils devraient aviser aux moyens de mieux affermer les aides ; ils se réuniraient pour asseoir et imposer les tailles ; les juges ordinaires ne prendraient plus connaissance des affaires concernant les tailles et aides ; les écoliers des universités seraient seuls exceptés, mais non les officiers ne résidant pas ou n'exerçant pas en personne leur office [2].

Par d'autres lettres, Charles VII déclara que la connaissance des causes concernant les tailles et aides appartenait aux généraux sur le fait de la justice des aides en leur auditoire à Paris ; que désormais les gens du grand conseil ne s'occuperaient plus de ces causes, qui seraient renvoyées, en l'état où elles étaient, aux généraux des aides [3].

Le Roi avait remplacé, en Poitou, Saintonge et gouvernement de La Rochelle, la gabelle par un impôt de cinq sous par livre, appelé le *quart de sel*. Cet impôt était de peu de valeur à cause des abus : le Roi régla la façon dont il serait levé [4] ; outre ces dispositions très minutieuses, en affermant l'impôt, Charles VII ordonna, par lettres du 31 mars 1452, que tous

---

1. *Ordonnances*, t. XIV, p. 239, note.
2. Lettres du 26 août 1452. *Ordonnances*, t. XIV, p. 238-247. — Les clercs qui écrivirent et grossoyèrent cette ordonnance reçurent 30 l. Ms. 685, f. 159.
3. Lettres du 29 novembre 1452. *Ordonnances*, t. XIV, p. 251.
4. Ordonnances de 1451. *Id., Ibid.*, p. 199-202.

ceux qui feraient commerce de sel dans cette contrée seraient tenus de déclarer leurs noms, surnoms et demeure, et de donner caution de payer le quart de sel lorsqu'ils voudraient le transporter en Guyenne, Périgord, Limousin ou ailleurs [1].

Au mois de novembre 1450, le roi René présenta au Roi des doléances au sujet des lourdes charges qui pesaient sur les habitants de l'Anjou et en demanda la suppression, ou tout au moins la réduction. Charles VII examina les requêtes de son beau-frère et y fit donner réponse ; puis il désigna deux commissaires, Guy Bernard et Mathieu Beauvarlet, pour se rendre sur les lieux et faire droit, autant que le permettraient les intérêts de la Couronne, à ces réclamations. Un appointement fut passé à Angers, à la date du 8 janvier 1451, entre le roi René et les commissaires royaux [2].

Charles VII dut avoir recours à l'emprunt pour assurer la solde de ses troupes durant la campagne de Normandie. Une somme de trente mille francs lui fut prêtée, au mois de novembre 1449, par les habitants de Rouen pour faire le siège d'Harfleur [3] ; un nouvel emprunt fut sollicité au mois de mai 1450 pour les sièges de Caen et de Falaise [4] ; une somme de soixante mille francs fut prêtée par Jacques Cœur pour le siège de Cherbourg [5], et l'on dit que Jacques Cœur avança d'autres sommes pour le recouvrement de Falaise et de Domfront [6]. Au mois de janvier 1450, le Roi décida que, pendant une année, il prélèverait la moitié des aides, barrages et autres subsides levés dans les villes pour la réparation des fortifications et autres dépenses communales ; et comme les ressources résultant de ce prélèvement ne pouvaient alimenter le trésor à brève échéance, il ordonna d'emprunter sur les habitants aisés du Poitou la moitié du montant des impositions levées dans leurs villes pour l'entretien des fortifications : cet emprunt de-

1. *Ordonnances*, t. XIV, p. 102.
2. Voir les documents publiés par M. Marchegay, *Archives d'Anjou*, t. II, p. 305-339.
3. Rôle du 7 mai 1451 dans le ms. fr. 20083, f. 16.
4. Richard, *Notes à propos de quelques documents sur l'histoire de Caen et de Rouen*, p. 28.
5. Ms. fr. 20616, n° 5 ; *Pièces originales*, 799 : Cœur, n° 17. — Voir note supplémentaire sur le prêt de Jacques Cœur.
6. Thomas Basin, t. I, p. 241.

vait être remboursé au fur et à mesure du recouvrement de ces impositions[1]. Nous voyons que deux ans plus tard, à l'occasion de la seconde campagne de Guyenne, un impôt supplémentaire de quatre mille quatre cents livres fut levé sur les pays de Languedoïl pour l'achat de quatre cents brigandines[2].

La liquidation d'anciennes dettes, dont nous avons déjà parlé, se poursuit durant les années 1450 à 1453. On continue d'année en année à payer au comte de Dunois une somme de treize cent soixante-quinze livres que le Roi lui avait attribuée en 1443 en remboursement d'anciennes dettes[3]. En 1450, on rembourse intégralement un prêt de deux mille deux cents livres contracté en 1422[4]. En 1451 et 1453, on solde les frais de l'ambassade envoyée en Écosse en 1436 pour chercher la Dauphine[5]. Une somme de trente-neuf livres, prêtée par Jean Tiphaine, clerc de la Sainte-Chapelle, en 1437, lors du siège de Montereau, est inscrite sur un rôle de paiement signé par le Roi à la date du 10 décembre 1450[6]. De 1450 à 1452, on solde des pensions dues depuis 1442 et années suivantes[7]. Le 23 mai 1450, le Roi ordonne de payer à Pierre de la Motte, connétable de Carcassonne, les sommes dues pour la pension de cinq cents livres à lui octroyée en 1447, outre ses gages, et dont il n'avait pas été payé[8]. En 1452, on rembourse à Martin Roux, trésorier des guerres, une somme de mille livres qu'il avait avancée en février 1449 pour le paiement des capitaines envoyés en Lombardie[9]. Par lettres du 29 avril 1452, Charles VII

---

1. Lettres du 29 mai 1450. Archives, K 60, n° 41; Fontanieu, 121-22.
2. Lettres du 3 mars 1453. Ms. fr. 21426, f. 14.
3. Cabinet des titres, 685, f. 116 v°, 117 v°, 151 v°; *Supplément aux Preuves de d'Escouchy*, p. 27.
4. « Estienne Pelourde, escuyer, eschançon du Roy, m° l. restans de ijᵐ ijᶜ qu'il avoit presté en 1422. » Cabinet des titres, 685, f. 110. Cf. plus haut, t. IV, p. 433 note.
5. « M° Emery Martineau, n° l. sur vjᶜ l. à cause de son voyage fait par ordonnance du Roy en 1436 au royaume d'Escoce querir feue Madame la Dauphine de Viennois. » Ms. 685, f. 110. Le solde fut payé en 1453 : voir f. 166 v°.
6. Voir document du 22 décembre 1450. Ms. fr. 26080, n° 6416.
7. « Messire Jean le Boursier, chevalier, seigneur d'Esternay, conseiller et chambellan du Roy, xvjᶜ xxxv l. restans de ses pensions des années 1442, 1443, 1444, 1445 et 1446. — Mgr l'evesque de Maillezais, c l. sur vjᶜ de sa pension de l'an 47. — M° Jehan Lescuyer, secretaire du Roy et greffier des comptes, mvᶜˢ xix l. xvii s. vi deniers de reste de ses gages de greffier de l'année 45. Ms. 685, f. 110 v° et 151.
8. *Chartes royales*, XV, n° 223.
9. Ms. 685, f. 151.

ordonna de payer à Jean d'Estampes, évêque de Carcassonne, à Jean d'Estampes, évêque de Nevers, et à Robert d'Estampes, son chambellan, une somme de six mille livres en acquit de plusieurs sommes, s'élevant à douze mille livres, en lesquelles le Roi était tenu à feu Robert d'Estampes, leur père, maître des comptes, tant pour prêts faits à plusieurs et diverses fois que pour le restant de ses gages et d'autres dettes[1].

Toutes les dettes de la Couronne ne furent pas remboursées : ainsi une somme de vingt-quatre mille livres, prêtée par Jean de Bueil — peut-être pour la conquête de la Normandie, — n'était pas remboursée à la mort de Charles VII[2]. Il y a plus ; le Roi continua à emprunter : ainsi, en 1449, les comptes mentionnent le remboursement de cinq cents livres avancées par Étienne de Bonney, receveur général, et de six cent quatre-vingt-sept livres dix sous avancés par Jean le Picart, conseiller du Roi et général des finances[3]. Le 25 mars 1451, Charles VII se fait prêter une somme de cent livres par Colin Martin, receveur de l'aide et du paiement des gens d'armes en Saintonge[4].

La meilleure preuve du plein succès de la combinaison adoptée par Charles VII pour la réorganisation de son armée nous est fournie par le brillant résultat des campagnes de Normandie et de Guyenne, qui excita l'admiration des contemporains. A côté des hommes d'armes de la grande ordonnance, il y avait les hommes d'armes de la petite ordonnance : c'était un nouvel effectif qui venait s'ajouter aux compagnies d'ordonnances créées en 1445. Il formait un contingent presque aussi considérable que le premier : c'est ainsi que nous constatons que, en 1450, il y avait en Normandie huit cents lances fournies et huit cents petites payes. Pour les hommes de la première catégorie, la solde est, pour chaque mois, de quinze cents livres tournois par homme d'armes et de sept livres dix sous

---

1. Quittance du 24 août 1452. Ms. fr. 25967, n° 399.
2. Voir Introduction de M. Camille Favre à l'édition du *Jouvencel*, t. I, p. ccxliii, note 1.
3. Ms. 685, f. 135.
4. Ms. fr. 20136, f. 1. — Voir aux *Pièces justificatives*.

par archer; pour ceux de la seconde, elle est de dix livres par homme d'armes et de cent sous par archer.

Des règlements avaient été faits, au terme desquels les commissaires désignés à cet effet devaient passer les montres, de trois mois en trois mois, dans les lieux où les gens de guerre étaient logés; chaque commissaire avait près de lui un clerc du receveur général, qui opérait le paiement de la solde, et un notaire qui recevait les quittances; les commissaires devaient veiller à ce que la lance ne fût pas composée d'un plus grand nombre de gens et de chevaux que celui qui avait été fixé; défense était faite aux capitaines et gens de guerre de dépasser le nombre de six chevaux par lance, afin d'éviter la charge qui en résulterait pour le peuple; les gens de guerre devaient autant que possible être logés dans des villes closes ou dans les plus grosses bourgades, là où il y avait justice et juridiction ordinaire, afin qu'on pût les tenir en bon ordre et bonne justice; les débats qui pouvaient surgir devaient être portés devant les juges ordinaires, lesquels devaient avertir des plaintes formulées les chefs de chambre ordonnés par les capitaines dans chacun des logis assignés; les délinquants devaient être livrés à la justice ordinaire; on pouvait au besoin procéder à leur égard à une arrestation préalable; le clerc du receveur général devait rembourser tout ce qui aurait été pris indûment; sur les cent lances de leur compagnie, les capitaines ne pouvaient donner congé à la fois qu'à vingt lances, et pour trois mois au plus[1].

Nous avons un règlement donné à Montivilliers, le 4 janvier 1450, pour la police de l'armée; le Roi y règle de la façon la plus minutieuse ce que les gens de guerre doivent payer pour les vivres, le fourrage, etc.; rien ne doit être pris sans paiement; les archers doivent se loger avec leur lance; en cas d'infraction au règlement, le délinquant doit rendre ce qu'il a pris et être privé de ses gages pendant quinze jours; chaque semaine, le capitaine doit faire crier l'ordonnance royale en son

---

[1]. Ces dispositions générales sont rappelées dans un règlement postérieur qui se trouve au vol. 499, f. 190 de la Collection Du Puy.

logis et par tous les lieux où se trouvent les gens de guerre de sa compagnie ; le capitaine est tenu de répondre de ses gens[1].

Un règlement analogue fut promulgué avant la campagne de Guyenne[2].

Par des lettres du 9 novembre 1451, Charles VII déclara qu'après le recouvrement de la Normandie et de la Guyenne, pour établir une juste répartition dans les charges qu'imposait le paiement des gens de guerre, il avait mandé vers lui les États des différentes provinces pour être informé dans chaque élection du nombre des feux, et que, ayant entendu les rapports qui lui avaient été présentés, après mûre délibération, il avait réduit, dans certains pays, le nombre de lances qui y étaient entretenues et en avait installé d'autres dans les pays trop peu chargés[3].

A la date du 14 mai 1451, une ordonnance, spéciale à la Normandie, fut rendue. Le Roi, voulant obvier aux abus qui, au temps passé, avaient existé relativement au paiement de ses gens de guerre, et afin que, faute de paiement, les gens de guerre n'aient cause de rien prendre sur ses sujets, ordonnait que les gens de guerre étant en Normandie pour la garde de la contrée seraient payés de leurs gages et solde et les chefs et capitaines de leur état par un commissaire spécial préposé à cet effet pour chaque trimestre, selon les montres et revues qui seraient passés par Jamet de Tillay, bailli de Vermandois, désigné pour cela par le Roi, ou par ses lieutenants ; il commettait donc Macé de Launoy, receveur général des finances en Normandie, qui déjà avait fait le paiement des deux premiers trimestres de 1451, pour faire celui du troisième trimestre, en lui donnant ordre de faire le paiement de cinq cent soixante lances et de quatre cent soixante payes logées en Normandie pour ce trimestre, à raison de trente-une livres tournois par mois pour chaque lance fournie, l'état du capitaine en ce compris ; et de dix livres tournois par petite

---

1. Ms. fr. 5909, f. 203.
2. Il est inséré dans la *Chronique de Mathieu d'Escouchy*, t. I, p. 325-28.
3. Mss. fr. 21426, f. 2 ; 21827, f. 38.

paye ; il indiquait le nombre de lances et de petites payes existant sous chaque capitaine. Macé de Launoy avait pouvoir de percevoir les sommes nécessaires sur les receveurs particuliers chargés de la recette [1].

Afin d'assurer l'exécution des mesures prises par lui, Charles VII, au mois de mai ou de juin 1452, donna commission au connétable, à l'archevêque de Narbonne et à quatre autres de ses conseillers de se transporter en Normandie « pour mettre ordre et police tant sur le fait des gens de guerre establiz à la garde dudit pays que aux autres choses touchant le bien et proffit d'iceluy [2]. » Nous avons un « appointement » fait au mois d'août avec les habitants de Dieppe pour le paiement des dix-huit lances en garnison dans leur ville [3].

En réglant minutieusement ce qui concernait les compagnies de la grande et de la petite ordonnance, Charles VII n'oublia pas les francs-archers. Par un règlement donné au château de Villedieu le 9 novembre 1451, il édicta les dispositions suivantes. Les capitaines des francs-archers prêteront serment au Roi ou à ceux qu'il ordonnera à cet effet, savoir les sénéchaux et baillis ; ils devront connaître les noms des francs-archers de leur capitainerie, savoir comment ils sont habillés et armés, et les obliger à se tenir en état ; s'ils trouvent des francs-archers qui ne sont point en état, ils consigneront leur nom sur un rôle, et, avec le concours des sénéchaux ou baillis et des élus, les remplaceront ; s'ils constatent que le nombre d'un archer par cinquante feux n'est point observé, ils en désigneront de nouveaux, d'accord avec les élus ; si des francs-archers ont vendu ou mal entretenu leurs habillements de guerre, ils les forceront à les remplacer et à se mettre en état à leurs frais ; ils passeront les montres et revues des archers de leur charge, avec le concours des élus et du lieutenant du sénéchal ou bailli, tous les quatre mois, ou au moins tous les six mois, et n'assembleront point leurs gens en un seul lieu à

---

1. Ms. fr. 5909, f. 195 v° ; éd. Cosneau, *le Connétable de Richemont*, p. 613.
2. Ms. fr. 26081, n° 6539 ; Ms. fr. 26083, n° 48 ; *Pièces originales*, 2821 : Tiboust ; *Idem.*, 2604 : Sage (le).
3. Ms. fr. 26081, n° 6525 ; éd. Cosneau, *l. c.*, p. 612. Cf. p. 432-33.

cet effet, « pour les moins travailler et pour éviter la pillerie, » mais ils les réuniront par quarante ou cinquante dans chaque châtellenie et ne les feront venir que de quatre ou cinq lieues; aussitôt la première montre passée, ils enverront au Roi l'état de leurs compagnies; chaque capitaine aura cent vingt livres tournois de gages et vingt livres pour ses chevauchées, qui seront payées chaque année par les receveurs ordonnés pour le paiement des gens d'armes et sur mandement du Roi[1].

Est-ce à dire que, malgré tout le soin apporté par Charles VII à la bonne tenue de son armée, tout désordre cessa? C'était impossible. Si les chroniqueurs sont unanimes à rendre hommage à la discipline des troupes, il ne faut pas se dissimuler que des excès furent commis. On en pourrait citer plusieurs exemples. Ce sont des Anglais détroussés et tués par des francs-archers, malgré le sauf-conduit dont ils étaient porteurs[2]; ce sont des rixes entre gens de guerre[3], des vols[4], des sévices[5], des pilleries même[6]. On lit dans des lettres de rémission données en mars 1453 : « Aucun temps après que feusmes retournez du recouvrement de nostre pays et duchié de Normandie, plusieurs, eulx disans compaignons de guerre, commencèrent à fere plusieurs larrecins et pilleries en plusieurs lieux du païs du Maine; et pour ce que estoit à doubter que lesdictes pilleries creussent et que maulx multiplassent en icelui païs, fut de par nous et par moien de noz lettres patentes ou autrement crié et publié notoirement que telles manières de gens qui ainsi seroient trouvez mal faisans et avoir pillé ou volé feussent prins, apprehendez et menez à justice, et que se, en les apprehendant pour cause de leur deffense ou desobéissance, mort s'ensuivoit, nous pardonnions le cas advenu[7]. »

1. *Ordonnances*, t. XIV, p. 4. Nous avons revu le texte, assez incorrect, de ce document sur une copie contemporaine qui se trouve dans le ms. fr. 5909, f. 201. A la suite est la formule de commission pour les capitaines.
2. Après la prise de Pont-Audemer. Lettres de rémission de novembre 1450. Archives, JJ 186, n° 31.
3. Lettres de rémission de novembre 1449. Archives, JJ 180, n° 13.
4. Lettres de rémission de novembre 1449. Archives, JJ 180, n°s 18 et 29; cf. JJ 181, n° 275.
5. Archives, JJ 185, n°s 2, 31, 42, 45, 115, 306; 181, n° 219; 182, n°s 17, 96, etc.
6. Lettres de rémission, vers 1453 (sans date); Archives, JJ 181, n° 220.
7. Archives, JJ 181, n° 218.

En 1450 une députation des habitants du Poitou vient trouver le Roi pour lui représenter les charges de la province, « tant à l'occasion des tailles que aussi de l'armée qui est passée par ledit pays pour aller en Gascogne, et à l'occasion desquelles le pays s'est fort dépopulé[1]. » En 1451, on envoie à Taillebourg pour se plaindre au Roi des gens d'armes étant autour de Poitiers, « qui faisoient merveilleux maux[2]. » Dans des lettres de rémission données en juin 1451, il est constaté que les habitants de Charroux avaient fait transporter ailleurs les chevaux et juments, « afin que les gens de guerre qui passoient de jour en jour près d'illec ne les prensissent pour les rançonner[3]. »

L'artillerie fut, de la part de Charles VII, l'objet des soins les plus vigilants : « Pareillement, dit Jean Chartier, estoit grosse la provision que le Roy avoit mise en son artillerie pour le fait de la guerre et de sa garde, où il avoit le plus grant nombre de grosses bombardes, gros canons, veuglaires, serpentines, crapaudines, couleuvrines et ribaudequins qu'il n'est pas de memoire qu'homme eust jamais veu Roy chrestien avoir si nombreuse artillerie tant à la fois, ni si bien garnie de pouldres, manteaux et de toutes autres choses pour faire aprouches et prendre villes et chasteaulx, ne qui eust plus grant foison de charroy pour les mener, ne meneurs plus experimentez pour les gouverner qu'il en avoit, lesquels meneurs estoient payez et souldayez de jour en jour[4]. »

Charles VII ne cessa de faire preuve de sa sollicitude pour les marchands de son royaume : c'est ainsi que le pourvoyeur de son hôtel, Jean de Saint-Mesmin, reçut en 1450 deux mille livres pour le dédommager des pertes et dommages qu'il avait eues à supporter[5]. Par lettres du 12 février 1452, il autorisa les marchands de vin de la ville de Paris à contraindre par prise de corps leurs débiteurs[6].

---

1. Extraits de comptes tirés des archives de Poitiers, dans les *Mémoires de la Société des antiquaires de l'Ouest*, t. VII, p. 401.
2. Id., ibid., p. 408, et *Bibliothèque de l'École des chartes*, t. I, p. 230.
3. Archives, JJ 185, n° 120.
4. Jean Chartier, t. II, p. 237.
5. Cabinet des titres, 685, p. 142.
6. Ordonnances, t. XIV, p. 188.

Deux compagnies rivales qui avaient leur siège, l'un à Paris, l'autre à Rouen, dominaient sur la haute et la basse Seine et interceptaient la navigation. Pour couper court à leurs différends, Charles VII décida, par lettres du 7 juillet 1450, que les habitants de Rouen ne seraient pas obligés de prendre compagnie française pour naviguer dans la haute Seine, et que les habitants de Paris pourraient descendre et mettre à couvert à Rouen leurs vins et autres marchandises [1].

Depuis longtemps le Roi s'était préoccupé de rendre la rivière d'Eure navigable. Des travaux avaient été exécutés, et, en 1446, des bateaux chargés de trente-deux tonneaux de vin pouvaient descendre du port de Nogent-le-Roi jusqu'à la Seine. Mais ces travaux furent entravés, entre Nogent et Chartres, par le mauvais vouloir des riverains. Le 23 avril 1449, Charles VII renouvela ses mesures contre les riverains récalcitrants et ordonna la continuation des travaux. Brezé, dont la seigneurie de Nogent était traversée par l'Eure, intervint : le 8 juillet 1453 une transaction fut conclue pour faciliter la navigation, tout en sauvegardant les intérêts des riverains [2].

Malgré l'ordonnance rendue par Charles VII, le 15 mars 1431, par laquelle il abolissait tous péages sur la Seine et les rivières adjacentes, les seigneurs riverains ne s'attribuaient pas moins le droit de lever certains péages, au grand détriment de la compagnie des marchands fréquentant la Seine. Charles VII renouvela ses prohibitions en 1436, en 1438, en 1445, en 1448 : toutes ces mesures restèrent inefficaces. Aussi Charles VII vint-il en aide à la compagnie des marchands en autorisant ceux-ci à lever certains droits sur les marchandises [3].

Diverses mesures furent prises en faveur des ports. Par lettres du 24 septembre 1449, Charles VII défendit de faire entrer les épiceries et drogueries par d'autres ports que ceux

---

1. Voir *Ordonnances*, t. XV, p. 463 ; *Revue des Sociétés savantes*, t. II, p. 147, note 2, et t. IV, p. 183 ; Chéruel, *Histoire de l'administration monarchique en France*, t. I, p. 123 note.
2. E. de Lépinois, *Histoire de Chartres*, t. II, p. 95-102.
3. Lettres des 30 juillet 1449, 13 octobre 1450, 3 avril 1451. Voir Mantellier, *Histoire de la communauté des marchands fréquentant la rivière de Loire*, t. II, p. 214-216.

d'Aiguemortes et de La Rochelle¹. Une somme de mille livres fut donnée en cette même année pour la réparation du port d'Aiguemortes².

Après la conquête de la Normandie, Charles VII autorisa le rétablissement des foires qui se tenaient à Argentan et à Neufchâtel³. Des concessions de foires et marchés furent faites à Amplepuis (1ᵉʳ juillet 1450 et février 1452), à Saint-Jouin-de-Marne en Poitou (20 et 22 novembre 1450, à Nogent-le-Roi (mars 1451), à Morle (15 avril), à Bourg (septembre 1451), à Bourges (octobre 1451), à l'île de Marennes (1ᵉʳ mars 1452)⁴.

Diverses lettres attestent la sollicitude du gouvernement royal pour l'industrie. Signalons la confirmation des règlements sur l'exercice du métier de ferronnerie et sur les droits des ferrons en Normandie (juillet 1450) ; l'approbation des statuts des épiciers de Paris (décembre 1450), des tailleurs de La Rochelle (janvier 1451), des chapeliers, bonnetiers, etc., de Rouen (mars 1451), des orfèvres de Bordeaux (23 juin 1451), des tailleurs de Tours (juin 1451), des chirurgiens et barbiers de Bordeaux (juillet 1451), des fabricants de patins de Tours (juillet 1452), des chausseliers de Pontoise (20 février 1453)⁵. Une ordonnance fut rendue, à la date du 29 mars 1452, pour régler tout ce qui concernait le métier d'armurier, brigandinier, etc.⁶. Par lettres du 11 mai 1449, Charles VII ordonna que les prévôt et échevins de Lille fissent exécuter les statuts concernant les gens de métier, nonobstant toutes appellations et sans préjudice d'icelles⁷.

1. D. Vaissete, t. V, p. 13.
2. *Supplément aux preuves de d'Escouchy*, p. 3.
3. Archives, JJ 180, n° 107 ; — Ms. fr. 5909, f. 266 v°.
4. Archives, JJ 189, n° 15 ; — Ms. latin 5419, f. 60 v°, et *Cartulaire de Saint-Jouin*, publié par Grandmaison, p. 81 ; — Archives, JJ 185, n° 85 ; — Archives, JJ 181, n° 287 ; — *Ordonnances*, t. XIV, p. 172 ; — Archives, JJ 185, n° 233 ; — Archives, JJ 184, n° 220.
5. *Ordonnances*, t. XV, p. 511 ; — *Idem*, t. XIV, p. 115 ; — *Idem*, t. XIV, p. 117, et t. XV, p. 60 ; — *Idem*, t. XIV, p. 125 ; — *Idem*, t. XIV, p. 145 ; — *Idem*, t. XIV, p. 152 ; — *Idem*, t. XIV, p. 157 ; — *Idem*, t. XIV, p. 291 ; — *Idem*, t. XIX, p. 522.
6. *Idem*, t. XVI, p. 679 et 680.
7. *Idem*, t. XIV, p. 48.

LIVRE VI

CHARLES VII PENDANT SES DERNIÈRES
ANNÉES

1454-1461

CHAPITRE I

LA RÉHABILITATION DE JEANNE D'ARC

1450-1456

Accusations formulées contre Charles VII au sujet de la réhabilitation de Jeanne d'Arc. — A peine en possession de Rouen, le Roi charge Guillaume Bouillé d'instruire la cause ; premières dépositions recueillies ; résultats de cette enquête. — Intervention du cardinal d'Estouteville : Information canonique à Rouen ; consultations demandées aux plus célèbres docteurs. — Charles VII fait intervenir la mère et les frères de Jeanne d'Arc : supplique adressée au Pape ; Callixte III autorise l'instruction de la cause et désigne trois commissaires pour y procéder. — Isabelle Romée comparait devant les délégués apostoliques ; constitution du tribunal ; citations aux personnes intéressées dans la cause ; réquisitoire du promoteur ; l'enquête est ordonnée. — Audition de nombreux témoins ; résultats de l'enquête. — Reprise des audiences du tribunal ; examen des documents de la procédure ; *Recollection* de Jean Bréhal, Inquisiteur de la foi ; fin du procès de révision ; sentence de réhabilitation. — Conclusion.

Aucune histoire, plus que celle de Charles VII, n'a été l'objet de cette « conspiration contre la vérité » dénoncée par Joseph de Maistre, au début de ce siècle, et qui dure encore.

La réhabilitation de Jeanne d'Arc, qui aurait dû, ce semble, être portée à l'actif de Charles VII, comme un des actes qui l'honorent le plus, a été mise à son passif par certains écrivains empressés à flétrir une mémoire sacrifiée d'avance. Elle a servi de thème à des accusations qui ne sauraient être passées sous silence, car elles tendent à la fois à dénaturer le caractère de la réhabilitation, et à rabaisser la figure de notre immortelle Pucelle.

En entreprenant de réviser la sentence des juges de Rouen, on se serait proposé un triple but :

« 1º Établir que le procès avait été imaginé uniquement par

haine contre le roi de France et pour « déprécier son honneur, » et faire oublier que la haine contre le roi de France avait eu pour auxiliaire la haine contre l'inspiration religieuse de Jeanne; en d'autres termes, faire ressortir exclusivement le côté anglais et politique de l'affaire, et effacer le côté clérical;

« 2° Montrer que Jeanne avait été soumise en toute chose au Pape et à l'Église, afin qu'il n'y eût plus à imputer au Roi d'avoir été conduit au sacre par une hérétique ;.

« 3° Rétablir officiellement la renommée prophétique de Jeanne, quant aux faits d'Orléans et de Reims, en y ajoutant une vague promesse que les Anglais seraient chassés de France, en étouffant le souvenir des prédictions suivant lesquelles cette expulsion eût dû être l'ouvrage de Jeanne elle-même, et en couvrant d'un voile épais tout ce qui s'est passé entre le sacre et la catastrophe de Compiègne, surtout la rupture de Jeanne avec le Roi[1]. »

Tel est le plan qui a été « suivi sans déviation jusqu'au bout. » Pour cela, on a « fait subir aux témoins l'influence de la direction des enquêtes. » Les uns ont été « dispensés de comparaître; » d'autres, « qui auraient eu des choses très importantes à dire, ont été écartés systématiquement; » on a « mutilé, supprimé même des dépositions ; » on a « restreint ce qui regardait l'enquête de Poitiers et évité tout interrogatoire sur les événements de la fin de 1429 et sur ceux de 1430 ; » enfin on a accumulé les ombres sur la question de savoir si Jeanne entendait soumettre à une autorité humaine quelconque l'autorité de sa révélation, l'authenticité de sa mission[2]. — « Si nous savons la vérité sur l'opinion que Jeanne elle-même avait de sa mission, si aucune partie essentielle de sa vie ne nous échappe plus aujourd'hui, ce n'est point grâce au procès de réhabilitation ; c'est malgré le procès[3]. »

---

1. Henri Martin, *Histoire de France*, t. VI, p. 455 ; *Jeanne Darc* (Paris, Furne, 1857, in-12), p. 295. — Dans cette nouvelle édition, on a effacé le mot *prophétique* au § 3.
2. Henri Martin, *Histoire de France*, t. VI, pages 265, 459-60, 509, note 2 ; *Des récentes études critiques sur Jeanne Darc* (à la suite de *Jeanne Darc*), p. 356.
3. Jules Quicherat, *Aperçus nouveaux sur l'histoire de Jeanne d'Arc*, pages 119, 150, 151.

D'autres n'ont pas été aussi loin, mais, au fond, leur pensée était la même. Tout en reconnaissant que la réhabilitation de la Pucelle fut « une bonne action de Charles VII, » et qu'il en poursuivit l'accomplissement « avec cette ténacité qu'il mettait à exécuter les décisions de sa conscience ; » tout en constatant que « les juges de la réhabilitation étaient la probité même, » et que ceux qui eurent l'honneur de prononcer la sentence étaient « trois hommes de bien, » M. Jules Quicherat, l'éminent éditeur des deux *Procès de Jeanne d'Arc*, ne différait guère, dans ses conclusions, de M. Henri Martin. Nous en avons pour preuve, outre ses *Aperçus nouveaux sur l'histoire de Jeanne d'Arc*, deux lettres qu'il nous fit l'honneur de nous adresser quand, au début de notre carrière, nous prîmes en main, contre l'écrivain qu'on n'a pas craint de qualifier d' « historien national, » la défense de la vérité historique[1].

« Dans le cas particulier sur lequel vous me demandez de m'expliquer, écrivait M. J. Quicherat, je ne puis pas me plaindre qu'il (M. H. Martin) ait travesti ma pensée. Il a paraphrasé, dans une forme qu'il était le maître de choisir, ce que j'avais dit froidement, sèchement, ainsi qu'il convenait à une exposition purement critique. C'est bien mon opinion que des retranchements ont été faits dans plusieurs dépositions ; que l'instruction a été incomplète en ce sens qu'il n'y a pas eu d'enquêtes à Reims, à Lagny, à Saint-Denis, à Compiègne, et dans tant d'autres lieux où l'acte d'accusation prétendait que Jeanne avait failli ; c'est mon opinion encore que l'absence du formulaire d'après lequel ont été interrogés les témoins constitue un vice de forme dans l'instrument du procès. J'ai expliqué ces irrégularités par la raison d'état qui s'opposait à ce que la réhabilitation de Jeanne portât préjudice à d'autres réputations, et j'ai ajouté qu'elles ne devaient pas empêcher de considérer les juges comme d'honnêtes gens, parce qu'ayant pour mandat de rechercher seulement la pureté et l'orthodoxie de la Pucelle, ils ont pu croire leur jugement suffisamment fondé du moment qu'ils livraient au public des preuves déjà surabondantes de l'une et de l'autre. De tout cela que résulte-t-il ? Que la réhabilitation de Jeanne a été complète au point de vue judiciaire, mais

---

1. Voir t. I, Introduction, p. XLIII.

qu'elle ne l'a pas été au point de vue historique, et qu'après le procès de 1456 un voile épais est resté effectivement étendu sur toute la partie de sa vie comprise entre le sacre et l'événement de Compiègne[1]. »

Et dans une seconde lettre :

« Quand je dis que l'honneur de tout le monde devait être sauf, j'ai commencé par établir avec la plus grande insistance combien la conduite de Charles VII me paraissait blâmable et j'ai amené la série de mes déductions à ce point que, les choses étant comme je les conçois, l'honneur du roi était celui qui avait le plus besoin d'être couvert ; j'entends que le roi fait partie de ce *tout le monde* que j'ai allégué..... Mon opinion est bien que le procès de réhabilitation a été dirigé et arrangé de manière à cacher les torts commis envers la Pucelle et par le roi, et par ses confidents, et par tous les personnages attachés ou ralliés à son gouvernement[2]. »

Pour achever de mettre en lumière la pensée de M. Quicherat, il faut citer un passage de ses *Aperçus nouveaux* :

« Les juges de la réhabilitation étaient la probité même. Mais, parce que c'est là un fait constant, il ne faut pas que la critique s'abdique devant leur procès, ni que tout ce qui est dedans soit accepté sans observation.

« Les dépositions des témoins, qui en forment la partie capitale, ont l'air d'avoir subi la plupart de nombreux retranchements. Il n'y en a qu'une, par exemple, où soit relaté un seul trait, le seul fourni par la réhabilitation, de toute la partie si ignorée de la vie de Jeanne qui s'écoula entre le retour de Paris et sa captivité. Pour tout ce que Gaucourt a dit de la délivrance d'Orléans et du voyage

---

1. Lettre en date du 11 novembre 1856. — M. Quicherat disait ensuite : « J'ajoute que je n'ai pas lu l'article de M. Martin auquel vous faites allusion, et qu'en général je ne lis des innombrables écrits dont Jeanne d'Arc est à présent l'objet, que ceux qu'on me fait l'honneur de m'envoyer. Je donne mon avis à ceux qui me le demandent et je laisse chacun faire de ma publication l'usage qui lui plaît... Je jouis maintenant de la récompense de mon travail ; elle n'est pas de chercher à avoir raison contre M. tel ou tel ; mais bien de voir tant d'esprits distingués s'exercer sur les textes que j'ai mis au jour. En vous réitérant l'assurance de l'intérêt qu'auront toujours pour moi vos ouvrages, je suis votre bien affectionné. »
2. Lettre du 17 novembre 1856.

de Reims, on met seulement « qu'il concorde avec le sire de Dunois. » La déposition de Manchon en 1456 ne contient plus certaines choses qu'il avait avouées en 1450, etc., etc. Quant au formulaire d'après lequel eurent lieu les interrogatoires, tant à Orléans qu'à Paris et à Rouen, il manque au procès.

« Je vois là autant de suppressions commandées par les circonstances. Le principe de la prescription en matière criminelle n'était pas consacré au XVᵉ siècle; mais entre 1431 et 1455 avaient été accordées des amnisties qui équivalaient à la prescription. L'honneur de tout le monde devait être sauf, de sorte que les juges, bornant le devoir des témoins à articuler sur l'innocence de la Pucelle, purent, ou retrancher de leurs dépositions les passages qui auraient compromis d'autres personnes, ou leur laisser la faculté d'éluder les questions, lorsque la réponse leur eût été préjudiciable à eux-mêmes.

« La même raison expliquera pourquoi il n'y eut d'enquêtes ni à Compiègne, ni à Senlis, ni à Lagny, lieux que l'accusation avait désignés comme le théâtre principal des soi-disant méfaits de la Pucelle; pourquoi on n'appela point à déposer certaines personnes dont le témoignage aurait été d'un grand poids, comme par exemple l'évêque de Digne, Pierre Turelure, qui avait été de la commission de Poitiers; le duc de Bourbon, Poton de Xaintrailles et d'autres encore; pourquoi des témoins cités tant en 1452 qu'en 1456, ne comparurent pas ou du moins ne furent pas mentionnés comme ayant comparu; pourquoi d'anciens assesseurs de Pierre Cauchon figurèrent au tribunal de la réhabilitation comme témoins de ses actes, et cependant ne déposèrent point[1]. »

Ainsi, si nous comprenons bien les reproches adressés à Charles VII, en travaillant à la réhabilitation de Jeanne d'Arc le Roi aurait obéi à une pensée toute personnelle. Faire casser le procès inspiré par la haine contre lui; se laver du reproche d'avoir été conduit au sacre par une hérétique; jeter un voile épais sur ce qu'on a osé appeler ses *trahisons* envers la Pucelle[2], tel est le but qu'il aurait poursuivi.

---

1. *Aperçus nouveaux sur l'histoire de Jeanne d'Arc*, p. 150-153.
2. M. J. Quicherat intitulait un article publié par lui en 1866, dans la *Revue de la Normandie* : *Nouvelles preuves des trahisons essuyées par la Pucelle* (livr. du 30 juin 1866).

D'autres ont reproché à Charles VII de n'avoir pas, à Rouen même, aussitôt après l'occupation de cette ville, « anéanti sur l'heure la sentence monstrueuse » de 1431, et d'avoir montré « trop de respect pour une œuvre de colère que la politique seule avait inspirée. » Au lieu de cela, a-t-on dit, au bout de « quatre mois, il manifeste timidement une velléité de révision dans une commission adressée par lui, de Rouen, le 15 février 1450, à Bouillé, universitaire de Paris, un des membres de son grand Conseil. » Et l'on fait honneur de la réhabilitation au cardinal d'Estouteville, qui en aurait été le véritable promoteur[1].

Il nous faut donc étudier avec soin le procès de réhabilitation pour en déterminer le caractère et montrer si les reproches adressés à Charles VII ont un sérieux fondement.

Aussi bien, après avoir raconté l'achèvement de l'œuvre si miraculeusement commencée par Jeanne d'Arc et montré comment s'accomplit la prophétie faite par elle, en termes si expressifs, en face de ses juges[2], sommes-nous heureux de revenir à la libératrice du royaume et de lui rendre un nouvel hommage en exposant comment fut vengée sa mémoire, comment les impérissables traits de cette merveilleuse figure ont été conservés à la postérité dans une solennelle enquête, la plus vaste et la plus consciencieuse dont un personnage historique ait été l'objet. Le procès de réhabilitation, c'est en

---

1. O'Reilly, *Les deux procès de condamnation, les enquêtes et la sentence de réhabilitation de Jeanne d'Arc* (Paris, 1878, 2 vol. in-8º), t. I, p. LXXXIII-LXXXIV, XCV, XCVII, XCIX.

2. Interrogatoire du 1er mars 1431 : « Item dicit quod antequam sint septem anni, Anglici dimittent majus vadium quam fecerint coram Aurelianis et quod totum perdent in Francia. Dicit etiam quod prefati Anglici habebunt majorem perditionem quam unquam habuerunt in Francia; et hoc erit per magnam victoriam quam Deus mittet Gallicis.... Dixit etiam quod illud per revelationem scit, æque bene sicut sciebat quod eramus tunc ante ipsam.... Interrogata per quem scit istud futurum : respondit quod hoc scit per sanctas Katharinam et Margaritam. » — Interrogatoire du 17 mars : « Et verrés « que les Françoys gaigneront bien tost une grande besoingne que Dieu envoyeroit aux « Françoys; et tant qu'il branlera presque tout le royaume de France. » — « Interrogée se Dieu hait les Angloys : respond que de l'amour ou haine que Dieu a aux Angloys ou que Dieu leur feit à leurs ames ne sçait rien; mais sçait bien que ilz seront boutez hors de France, excepté ceulx qui y mourront, et que Dieu envoyera victoire aux Françoys et contre les Angloys. » *Procès*, t. I, p. 84-85, 171, 178. Cf. p. 252, 252, 331-32.

quelque sorte la cause de béatification qui s'ouvre en présence des contemporains de la Pucelle, qui, tour à tour, viennent témoigner de son orthodoxie, de sa sainteté, de son irrésistible ascendant, de ses miraculeux exploits.

Charles VII est maître de Rouen. Sa première pensée se tourne vers la victime du procès de 1431. Nous l'avons dit[1], pour que la révision de l'odieuse sentence pût être entreprise, il fallait trois choses : la possession de Paris, où siégeait l'Université qui avait joué un rôle si important dans l'affaire; la possession de Rouen, théâtre de la condamnation et du supplice; l'agrément du Saint-Siège, qui seul avait qualité pour réviser un jugement rendu par des juges ecclésiastiques. Deux des conditions sont remplies; pour obtenir la troisième, il faut une information préalable. Le Roi ne perd pas un instant pour y faire procéder : le 15 février 1450, des lettres de commission sont données à Guillaume Bouillé pour instruire la cause. Un tel document doit être intégralement reproduit.

« Charles, par la grace de Dieu, Roy de France, à nostre amé et feal conseiller maistre Guillaume Bouillé, docteur en theologie, salut et dilection.

« Comme ja pieça Jehanne la Pucelle eust esté prinse et apprehendée par nos anciens ennemis et adversaires les Anglois, et amenée en ceste ville de Rouen, contre laquelle ilz eussent fait faire tel quel procez par certaines personnes à ce commis et deputez par eulx; en faisant lequel procez ilz eussent et ayent fait et commis plusieurs faultes et abbus, et tellement que, moyennant ledit procez et la grant haine que nos ditz ennemis avoient contre elle, la firent morir iniquement et contre raison, très cruelement. Et pour ce que nous voulons savoir la verité dudit procez, et la manière comment il a esté deduit et procedé, vous mandons et commandons, et expressement enjoignons, que vous vous enquerez et informez bien et diligentement et sur ce que dit est, et l'informacion par vous sur ce faicte apportez ou envoyez finablement, close et scellée, par devers nous et les gens de nostre grand Conseil; et

1. Voir t. II, p. 255.

avec ce tous ceulx que vous saurez qui auront aucunes escriptures, procez, ou autres choses touchant la matière, contraignez les, par toutes voies deues et que verrez estre à faire, à les vous bailler pour les nous apporter ou envoyer, pour pourveoir sur ce ainsi que verrons estre à faire et qu'il appartiendra par raison ; car de ce faire vous donnons pouvoir, commission, et mandement especial par ces presentes. Si mandons et commandons à tous nos officiers, justiciers et subgetz que à vous et à vos commis et deputez, en ce faisant, ilz obeissent et entendent diligemment.

« Donné à Rouen, le quinziesme jour de fevrier, l'an de grace mil quatre cens quarante neuf[1], et de nostre règne le vingt huitiesme.

« *Ainsi signé :* Par le Roy, à la relation du grant conseil, Daniel[2]. »

Guillaume Bouillé, d'abord proviseur du collège de Beauvais à Paris, procureur de la nation de France de 1434 à 1437, recteur de l'Université en 1439, devint doyen de la cathédrale de Noyon. Comme le montre le document que nous venons de reproduire, il était docteur en théologie et conseiller du Roi ; non qu'il fût, ainsi qu'on l'a dit, membre du grand conseil, où il ne siégea jamais ; mais il avait le titre de conseiller, dont Charles VII honorait les personnages de mérite. C'est donc un universitaire que le Roi désigne pour réviser l'œuvre inspirée et en bonne partie dirigée par des universitaires.

Le commissaire royal se mit aussitôt à l'œuvre. Les 4 et 5 mars 1450, il procéda à l'interrogation de sept témoins, savoir : Frère Jean Toutmouillé, de l'ordre des frères prêcheurs du couvent des Jacobins de Rouen, docteur en théologie, qui avait assisté au supplice ; frère Isambard de la Pierre,

---

1. Vieux style, c'est-à-dire 1450.
2. Ce document a été donné par M. Quicherat (*Procès*, t. II, p. 1) d'après les manuscrits du procès de réhabilitation. M. Quicherat ajoute en note qu'Edmond Richer, qui avait reproduit les lettres de Charles VII dans son *Histoire de la Pucelle*, restée manuscrite (Fontanieu, Portefeuille 285), ajoute les indications suivantes : « Avec paraphe, et scellé de cire jaune sur simple queue ; et sur ledit sceau, couvert de parchemin, est escrit : *Mandatum Regis ad Guilletmum Bouillé, decanum Noviomensem super informacione facienda de processu alias facto contra Johannam dictam la Pucelle.* » — On remarquera que la lettre émane de la chancellerie royale restée à Rouen. Le Roi était à ce moment à l'abbaye de Jumièges où, le 9 février, Agnès Sorel venait de mourir.

de l'ordre de Saint-Augustin, l'un des assesseurs du procès ; frère Martin Ladvenu, de l'ordre des frères prêcheurs du couvent de Saint-Jacques de Rouen, « especial confesseur et conducteur de la Pucelle en ses derreniers jours ; » frère Guillaume Duval, du même couvent, docteur en théologie, l'un des assesseurs ; Guillaume Manchon, curé de Saint-Nicolas le Painteur, notaire en la cour archiépiscopale, qui avait rempli les fonctions de greffier principal ; Jean Massieu, curé de Saint-Candes, jadis doyen de la chrétienté de Rouen, appariteur au procès ; enfin Jean Beaupère, chanoine de Rouen, docteur en théologie, l'un des assesseurs du procès, où il avait joué un rôle considérable.

On avait là des témoins d'une haute importance et dont les dépositions devaient être décisives pour la direction à donner à l'affaire. Remarquons que ces dépositions sont écrites en français et qu'elles ne sont point, comme nous le trouverons plus tard, la réponse à des articles rédigés d'avance. Ici toute latitude est laissée au témoin : il raconte ses souvenirs, il dit ce qu'il sait, ce qu'il a vu, ce qu'il a entendu.

Or ces sept dépositions mettent en pleine lumière l'esprit de haine et de « vengeance perverse » qui animait les juges[1] ; leur intention de porter atteinte à l'honneur du Roi[2] ; les traitements barbares et les indignes outrages infligés à la victime[3] ; l'acharnement féroce de Pierre Cauchon, auquel Jeanne avait dit : « Évêque, je meurs par vous ! » et qui témoigna une joie brutale quand elle tomba dans le piège qu'il lui avait tendu[4] ; les menaces prodiguées aux juges qui laissaient voir un sentiment de justice ou de pitié[5] ; les moyens odieux employés pour surprendre des paroles ou des aveux dont on pût s'emparer[6] ; les irrégularités et les nullités de la procédure[7] ; la façon « subtile et cauteleuse » dont on dirigeait les interroga-

1. *Procès*, t. II, p. 3, 7, 10, 12, 15.
2. *Id., ibid.*, p. 10, 15.
3. *Id., ibid.*, p. 4, 5, 7, 8, 18.
4. *Id., ibid.*, p. 4, 8.
5. *Id., ibid.*, p. 10-13, 16-21.
6. *Id., ibid.*, p. 10-12.
7. *Id., ibid*, p. 11-13.

toires[1] ; l'appel adressé par la Pucelle au Pape et au Concile[2] ; le défaut de participation du juge séculier à la sentence[3] ; la courageuse protestation de la Pucelle, en pleine place publique, quand elle entendit le prédicateur qualifier son Roi d'hérétique[4] ; les circonstances admirables de sa mort, dignes des martyrs de la foi[5] ; l'émotion de la multitude à la vue d'un tel spectacle[6] ; le repentir de certains juges ; enfin le miracle qui se produisit sur le bûcher, où le cœur de la victime fut respecté par les flammes[7].

On avait désormais en main les preuves nécessaires pour pouvoir obtenir la chose indispensable, sans laquelle toutes les enquêtes demeuraient vaines : l'assentiment et l'intervention du Saint-Siège. Jeanne d'Arc avait été jugée par un tribunal ecclésiastique ; un tribunal ecclésiastique pouvait seul réviser la sentence. Jeanne d'Arc avait été surtout condamnée pour de prétendues erreurs en matière de foi ; la justice royale était incompétente pour se prononcer sur son orthodoxie[8]. Mais ici grande était la difficulté. La cour de Rome, mal renseignée sur l'affaire, circonvenue de bonne heure par la diplomatie anglaise, si prompte et si habile à donner le change, dans toute l'Europe, à l'opinion, ne paraissait point disposée à entrer dans les vues du Roi[9]. Céderait-elle enfin ? Ce ne pouvait être là que le résultat de laborieux et persévérants efforts.

1. *Procès*, t. II, p. 5, 8, 10.
2. *Id., ibid.*, p. 4, 13.
3. *Id., ibid.*, p. 6, 8, 20.
4. *Id., ibid.*, p. 15, 17.
5. *Id., ibid.*, p. 3, 6, 9, 14, 15, 19.
6. *Id., ibid.*, p. 7, 19, 20.
7. *Id., ibid.*, p. 7, 15.
8. Cf. Marius Sepet, *Jeanne d'Arc*, édit. illustrée (Tours, 1885, gr. in-8°), p. 449. Ce remarquable ouvrage, où l'auteur a repris et développé ses précédentes études, est de ceux que tout le monde devrait avoir sous les yeux : il est écrit de main de maître.
9. « Les négociations engagées par le Roi pour obtenir cette mesure n'étaient point sans difficultés. Le Saint-Siège, dont la sagesse et la prudence admirables s'appuient sur les maximes éprouvées d'une tradition séculaire, s'est toujours attaché à tenir, autant que possible, la balance égale entre les diverses nations chrétiennes. Cette ligne de conduite lui semblait à bon droit encore plus importante à maintenir après les déchirements du schisme d'Occident, à peine apaisé. Comme il n'est guère douteux que les sollicitations de Charles VII furent vivement combattues par la diplomatie anglaise, qui, dès le lendemain du supplice de Jeanne d'Arc, s'était attachée, en calomniant sa victime, à présenter au Pape sous un jour favorable l'odieux procès de Pierre Cauchon, le Souverain

Ne nous étonnons donc pas, comme on a eu tort de le faire[1], de ce qu'aucune suite n'ait été donnée à l'information de Guillaume Bouillé : pour agir avec tous les éléments de succès, il fallait attendre le moment favorable.

Cette occasion parut se présenter. A la fin de 1451, on l'a vu, le cardinal d'Estouteville vint en France, en qualité de légat du Saint-Siège. Le cardinal n'était point bien vu du Roi, qui d'abord avait refusé de le recevoir. Que fit-il? Deux choses qui étaient de nature à lui concilier la faveur royale : la réforme de cette Université qui s'était montrée, au temps de Jeanne d'Arc, l'adversaire si ardente de la royauté; l'ouverture canonique des informations relatives au procès de Rouen. Le cardinal se rend à Rouen dans les derniers jours d'avril 1452. Là, agissant de sa propre autorité, comme légat du Pape, il ouvre, avec l'assistance de frère Jean Bréhal, de l'ordre des frères prêcheurs, inquisiteur de la foi au royaume de France, et le concours de Guillaume Bouillé[2], une nouvelle information, préalable et préparatoire, en vue de la révision du procès de Jeanne d'Arc[3]. On procède comme si la première enquête, faite par la juridiction civile, n'avait pas eu lieu, et un certain nombre de témoins, ayant figuré au procès ou se trouvant alors à Rouen, sont assignés à comparaître devant le cardinal et l'inquisiteur, pour être interrogés sur les douze articles d'un questionnaire qui comprend les points suivants. Le procès a été fait par l'évêque de Beauvais en haine de Jeanne d'Arc et dans le dessein de la faire mourir, parce qu'elle avait porté les armes contre les Anglais; l'évêque, mettant l'Église en seconde ligne, a requis le duc de Bourgogne et le comte de Ligny de livrer Jeanne au roi d'Angleterre, et a demandé qu'elle lui fût

---

Pontife dut sans doute hésiter à blesser l'Angleterre par une décision à laquelle on aurait pu attribuer le caractère d'une faveur politique accordée au roi de France. » Marius Sepet, l. c., p. 462.

1. O'Reilly, l. c., t. I, p. LXXXIV; t. II, p. 513.
2. C'est ce qui résulte d'une lettre du cardinal, en date du 22 mai, citée plus loin.
3. « Propter famam currentem et multa quæ quotidie, ejus legatione durante, super dicto processu contra dictam Johannam agitato, ferebantur, assumpto secum prædicto venerabili patre magistro Johanne Brehal, inquisitore, nonnullas informationes præambulas et præparatorias fecit et fieri ordinavit. » Procès de réhabilitation, dans Quicherat, t. II, p. 202.

livrée à n'importe quel prix ; les Anglais avaient une telle terreur de la Pucelle, qu'ils cherchaient par tous les moyens à la faire mourir, afin de se débarrasser d'elle et d'être délivrés de leurs craintes ; l'évêque favorisait le parti anglais, et avant l'ouverture du procès, il permit que la Pucelle fût détenue au château de Rouen, dans une prison séculière, entre les mains de ses ennemis, bien qu'il y eût des prisons ecclésiastiques où l'on pouvait légitimement détenir ceux qui étaient inculpés de crimes contre la foi ; l'évêque n'était point le juge compétent et sa compétence a été contestée maintes fois par Jeanne ; Jeanne était une jeune fille simple, bonne et catholique, ayant la fréquente habitude de se confesser et d'entendre la messe, d'où l'on pouvait conclure qu'elle était fidèle et bonne chrétienne ; Jeanne a déclaré plusieurs fois, au cours de son procès, qu'elle se soumettait au jugement de l'Église et du Pape, et ce qu'elle disait paraissait procéder plutôt du bon que du mauvais esprit ; Jeanne ne comprenait pas ce qu'on entendait par l'Église quand on l'interrogeait sur sa soumission à l'Église : elle croyait qu'il s'agissait des ecclésiastiques qui l'entouraient, lesquels suivaient le parti des Anglais ; comment a-t-elle pu être condamnée comme relapse, alors qu'elle entendait se soumettre à l'Église ? après avoir été condamnée à porter l'habit de femme, Jeanne fut contrainte à reprendre le costume masculin : d'où il résulte qu'en la déclarant relapse pour ce fait, les juges cherchaient, non à obtenir sa soumission, mais à la faire mourir ; bien qu'il fût constant pour les juges que Jeanne s'était soumise à la sainte Église et qu'elle fût bonne catholique, néanmoins ces juges, soit en faveur des Anglais, soit cédant à la crainte, l'ont condamnée très injustement, comme hérétique, à la peine du feu ; tout ceci, savoir la condamnation de Jeanne par la haine et la partialité des juges, est attesté comme notoire par le bruit public et l'opinion populaire, soit dans la ville et le diocèse de Rouen, soit dans tout le royaume de France [1].

Cinq témoins comparurent, les 2 et 3 mai, devant le cardinal

---

1. Voir ces douze articles, *Procès*, t. II, p. 203-205.

et l'inquisiteur. C'étaient : Guillaume Manchon; Pierre Migel, prieur de Longueville, l'un des assesseurs du procès; Isambard de la Pierre; Pierre Cusquel, bourgeois de Rouen; Martin Ladvenu[1]. Trois d'entre eux avaient été entendus par Guillaume Bouillé en 1450. Le 6 mai, le cardinal quitta Rouen et donna une délégation à Philippe de la Rose, qui, les 8 et 9 mai, de concert avec l'inquisiteur Bréhal, interrogea — d'après un nouveau questionnaire en vingt-sept articles qui n'était que le développement du précédent[2] — dix-sept témoins, savoir : Nicolas Taquel, curé de Bacqueville au diocèse de Rouen; Pierre Bouchier, curé de Bourgeauville au diocèse de Lisieux; Nicolas de Houppeville, bachelier en théologie; Jean Massieu, l'huissier du procès; Nicolas Caval, chanoine de Rouen, l'un des assesseurs; Guillaume du Désert, chanoine de Rouen, l'un des assesseurs; Guillaume Manchon, Pierre Cusquel et Isambart de la Pierre, tous trois déjà interrogés par le cardinal; André Marguerie, chanoine de Rouen, l'un des assesseurs; Richard de Grouchet, l'un des assesseurs; Pierre Migel et Martin Ladvenu, déjà interrogés par le cardinal; Jean Fabri ou Le Fèvre, de l'ordre de Saint-Augustin, l'un des assesseurs; Thomas Marie, ancien prieur de Saint-Michel près Rouen, de l'Ordre de Saint-Benoît; Jean Illquier, curé de Heudicourt; enfin Jean Favé ou de Favé, maître des requêtes de l'hôtel du Roi, demeurant à Rouen[3].

L'intervention du cardinal d'Estouteville et les informations faites à Rouen par ses soins[4] marquaient un pas en avant vers

---

1. Voir les dépositions de ces quatre témoins, *Procès*, t. II, p. 297-309.
2. Voir ces vingt-sept articles, *Procès*, t. II, p. 311-316.
3. Voir les dépositions de ces dix-sept témoins, *Procès*, t. II, p. 317-377. — On remarquera que Jean Massieu avait déjà été interrogé en 1450. Il y avait donc quatre de ces témoins qui firent trois dépositions, et cinq qui en firent deux à quelques jours d'intervalle.
4. Le 22 mai, le cardinal écrivait de Paris à Charles VII : « Vous plaise sçavoir que vers vous s'en vont présentement l'inquisiteur de la foy et maistre Guillaume Bouillé, doyen de Noyon, lesquels vous refereront bien au plain tout ce qui a esté fait au procès de Jehanne la Pucelle. Et pour ce que je say que la chose touche grandement vostre honneur et estat, je m'y suys employé de tout mon povoir et m'y employeray tousjours, ainsy que bon et féal serviteur doibt faire pour son seigneur, comme plus amplement serez informé par les dessusdiz. » Original, collection de D. Grenier, 238 (Paquet 27, n° 2); publié par Quicherat, t. V, p. 366.

le but poursuivi, mais ce n'était point encore un pas décisif : Il fallait décider la cour de Rome à se prononcer. Charles VII, de concert avec le cardinal, avait décidé que des consultations sur le procès seraient demandées aux canonistes, aux théologiens et aux légistes les plus renommés. Afin de faciliter la tâche des consulteurs, Guillaume Bouillé fut chargé de rédiger un mémoire [1] contenant l'exposé de la procédure suivie par les juges. Il le fit dans un long travail, resté inédit, pour la majeure partie, jusqu'à ces derniers temps [2]. « L'ouvrage est plutôt de théologie que de droit, dit M. Quicherat ; il a aussi un côté politique, en ce que l'auteur s'applique à démontrer à tout propos que le Roi était tout à fait résolu à provoquer la révision du procès de Rouen [3]. » Il s'ouvre, dans la rédaction primitive, par un hommage au Roi [4] qui disparut ensuite, pour un motif dont il est aisé de se rendre compte [5]. Le cardinal d'Estouteville, de retour à Rome, chargea deux habiles théologiens de prendre la plume : l'un, Paul Pontanus, avocat consistorial au tribunal de la Rote, qui avait été son secrétaire de légation

---

1. M. Quicherat écrit (t. II, p. 1 note) : « On verra d'après le préambule qu'il a dû être composé avant la délivrance des pouvoirs énoncés dans la présente commission (en date du 15 février 1450). » Mais ce préambule dit (voir t. III, p. 327 et s.) que Bouillé a fait ses *advisamenta* sur le procès de Rouen, *ut ex eis aliqualis præbeatur occasio utriusque juris divini pariter et humani peritissimis doctoribus, latius ac perampliùs inquirendi veritatem*... D'où il résulte que le mémoire a été composé seulement lorsqu'on résolut de consulter les docteurs, afin de faciliter leur tâche, c'est-à-dire dans le courant de 1452. C'est d'ailleurs ce que reconnaît plus loin (t. III, p. 322 note) le savant éditeur des *Procès*. M. Quicherat constate encore (t. V, p. 165 ; cf. t. III, p. 313) que « Thomas Basin dit qu'il prit connaissance du fait de la Pucelle d'après un registre expédié à son adresse par Guillaume Bouillé et qui contenait, outre la copie des douze articles et celle de l'abjuration, le mémoire à consulter de Paul Pontanus. »

2. Il a été publié *in extenso*, en 1889, par M. Pierre Lanéry d'Arc, dans son livre intitulé : *Mémoires et consultations en faveur de Jeanne d'Arc par les juges du Procès de réhabilitation* (Paris, Alph. Picard, in-8°), p. 329-349. Le P. Ayroles en a donné, en 1890, une traduction partielle dans son ouvrage : *La Pucelle devant l'Église et son temps* (Paris, Gaume, gr. in-8°), p. 212-232.

3. Quicherat, *Procès*, t. V, p. 467.

4. Id., ibid. — Voir t. III, p. 322 : « *Ad honorem et gloriam Regis regum qui causas defendit innocentum, nec non ad exaltationem regis Francorum seu domus Franciæ, quæ numquam legitur hæreticis favorem præbuisse aut quovismodo adhæsisse.* »

5. On verra plus loin que Charles VII s'effaça pour laisser intervenir la famille de la Pucelle.

en France, rédigea un *avis* et une *consultation*[1]; l'autre, Théodore de Lellis, auditeur de Rote en cour de Rome, et l'un des plus savants canonistes du xve siècle[2], est l'auteur d'un remarquable traité, trop peu connu et qui mériterait les honneurs d'une traduction intégrale[3].

Sur l'initiative de Charles VII, qui donna à cet effet des instructions spéciales à l'inquisiteur Jean Bréhal et des commissions par lettres patentes[4], plusieurs mémoires furent demandés, soit en France, soit à l'étranger, à des hommes d'une science éprouvée[5]. Parmi les mémoires rédigés, nous pouvons citer ceux de Robert Ciboule, recteur de l'Université et chancelier de Notre-Dame à Paris[6]; d'Élie de Bourdeille, évêque de Périgueux[7]; de Thomas Basin, évêque de Lisieux[8]; de

---

1. Le texte latin, dont M. Quicherat n'a donné (t. II, p. 50-67) qu'un fragment, a été publié par M. Lanéry d'Arc, *l. c.*, p. 35-71. Cf. le P. Ayroles, *l. c.*, p. 243-60, qui ne cite que l'*Avis*.

2. « Né d'une famille noble de Teramo, dit M. Quicherat (t. II, p. 22 note), il tenait à vingt-cinq ans les assises de la Rote. Pie II, qui l'appelait *sa harpe* à cause de son éloquence, le fit évêque de Feltre en 1462; en 1465, il fut transféré au siège de Trévise. Après avoir été sous trois papes la lumière du tribunal romain, après avoir fait abjurer Georges Podiebrad et rempli les missions les plus importantes, il mourut à l'âge de trente-huit ans. » Son mémoire a été publié par M. Quicherat, t. II, p. 22-58. Cf. le *Sommaire du Procès*, dressé par lui et publié par M. Lanéry d'Arc, p. 17-33.

3. M. Marius Sepet a été le premier à le faire connaître au grand public par la traduction d'un certain nombre de passages dans la nouvelle édition de sa *Jeanne d'Arc* parue en 1885 (voir p. 450 et suivantes). Cf. le P. Ayroles, p. 263-270.

4. C'est ce qui résulte d'une lettre de l'inquisiteur Jean Bréhal (*Procès*, t. II, p. 71), où il est dit : « Commisit et injunxit quatenus sapientibus universis, ubicumque expediro viderem, legitima communicando super processu documenta fideliaque extracta, ipsorum sententias perscrutarer et exigerem etiam, et ab exteris permaxime, ut favor omnis videatur in peculiari causa exclusus; » de la consultation d'Élie de Bourdeille (t. III, p. 306); enfin de l'*Histoire* de Thomas Basin, où on lit (t. I, p. 81) : « Pulsis enim de Normannia Anglicis, idem Carolus per plures regni sui praelatos et divini atque humani juris doctos homines, diligenter processum praedictum examinari et discuti fecit; et de ea materia plures ad eum libellos conscripserunt. » Cf. t. IV, p. 93.

5. Un mémoire fut demandé par Jean Bréhal à frère Léonard, professeur de théologie, lecteur du couvent des frères prêcheurs à Vienne en Autriche, et inquisiteur de la foi pour la province de Salzbourg, dont on connaît dix traités ascétiques et moraux dédiés à l'empereur Frédéric III. Lettre datée de Lyon, le 31 décembre (s. d.), dans Quicherat, *Procès*, t. II, p. 70-71 ; cf. t. V, p. 431.

6. Son mémoire porte la date du 2 janvier 1453 (Voir *Procès*, t. III, p. 320-327, et t. V, p. 407); il a été publié par M. Lanéry d'Arc, p. 351-93; cf. le P. Ayroles, p. 274-91.

7. *Procès*, t. III, p. 300-308; t. V, p. 412 et 461. Le texte dans Lanéry d'Arc, p. 99-186; cf. le P. Ayroles, p. 350-102.

8. *Procès*, t. III, p. 309-314 ; t. IV, p. 355; t. V, p. 405; *Œuvres de Thomas Basin*, t. IV, p. 93 et suiv.; Lanéry d'Arc, p. 187-295 ; cf. le P. Ayroles, p. 320-53.

Pierre Lhermite, sous-doyen de Saint-Martin de Tours[1]; de Jean de Montigny, chanoine de Paris et conseiller au Parlement[2]; de Guidon de Verseilles, chanoine de Saint-Gatien de Tours[3]. Enfin deux nouvelles consultations furent fournies un peu plus tard, au cours même du procès de réhabilitation, par Martin Berruyer, évêque du Mans[4], et par Jean Bochard, évêque d'Avranches, confesseur du Roi[5].

De tels mémoires, et spécialement les consultations rédigées, à Rome même, par Paul Pontanus et par Théodore de Lellis, étaient de nature à faire une vive et salutaire impression sur la Cour romaine. On n'était point parvenu cependant, malgré tous les efforts, à triompher de ses hésitations. Après de nombreuses démarches et des efforts laborieusement poursuivis[6], Charles VII résolut de s'effacer et de faire intervenir la famille de Jeanne d'Arc. L'affaire perdait ainsi son caractère politique pour prendre une apparence purement juridique. Une supplique, rédigée avec la plus grande réserve, fut envoyée à Rome. Elle était conçue en ces termes :

« Bien que feue Jeanne d'Arc, sœur de Pierre et de Jean et fille d'Isabel, mère des susdits, eût, tandis qu'elle vivait en ce monde,

---

1. *Procès*, t. V, p. 215-217 et 431. Le texte dans Lanéry d'Arc, p. 73-81.
2. *Procès*, t. III, p. 319-322, et t. V, p. 466. Le texte dans Lanéry d'Arc, p. 277-322 ; cf. le P. Ayroles, p. 291-310.
3. Le texte, inconnu jusqu'ici, a été donné par M. Lanéry d'Arc, p. 83-90.
4. Elle fut remise le 7 avril 1456. *Procès*, t. III, p. 319-322 ; t. V, p. 466. Le texte dans Lanéry d'Arc, p. 237-68 ; cf. le P. Ayroles, p. 401-30.
5. *Procès*, t. III, p. 317-319 ; t. V, p. 466. Le texte dans Lanéry d'Arc, p. 269-76 ; cf. le P. Ayroles, p. 430-40.
6. On a la trace de nombreux paiements faits, par ordre de Charles VII, à Jean Bréhal, « pour soy aidier à vivre en besoingnant au fait de l'examen du procez de Jehanne la Pucelle. » En 1452, il reçoit : 1° 100 l.; 2° au mois d'août, 27 l. (Cabinet des titres, 685, f. 156 v°) ; 3° en décembre, 27 l. 10 s. (*Id.*, p. 161 v°, et Quicherat, t. V, p. 277, avec l'indication fautive de 37 l. 10 s. en 20 écus d'or). En 1454, Jean Bréhal reçoit 107 l., « pour aller à Rome devers Notre Saint Père le Pape touchant le procès de feue Jehanne la Pucelle, et pour aller à Rouen, devers le cardinal d'Estouteville, luy porter ledit procez » (ms. 685, f. 176 v°). En 1456, Guillaume Bouillé et Jean Bréhal reçoivent 350 l., « pour leurs paines et salaires d'avoir voyagé et travaillé par plusieurs fois pour le fait du procez de feue Jehanne la Pucelle. » Plusieurs autres paiements sont faits à cette occasion : un frère prêcheur, Pierre Polet, est envoyé à Rome ; un autre, Robert Roussel, va à Gannat vers le cardinal d'Avignon (*Id.*, f. 195). — En 1458 et 1459, le Roi fait encore payer à Jean Bréhal : 1° 100 l.; 2° 70 l. « pour voyage par luy fait touchant le procez de feue Jehanne la Pucelle » (*Id.*, f. 198 et 201 v°).

détesté toute hérésie, et n'eût rien cru ou affirmé qui sentît l'hérésie, et se fût de plein gré conformée aux traditions de la foi catholique et de la sainte Église romaine, cependant feu Guillaume d'Estivet, ou tout autre en ce temps investi de la charge de promoteur des affaires criminelles de la cour épiscopale de Beauvais, à l'instigation, comme on le croit avec vraisemblance, de certains ennemis tant de ladite Jeanne que de ses mère et de ses frères susdits, rapporta faussement à feu de bonne mémoire Pierre, évêque de Beauvais, et aussi à feu Jean le Maistre, de l'ordre des Frères prêcheurs, professeur, remplissant alors les fonctions de vice-inquisiteur de l'hérésie en ces régions, qui vivait alors, que ladite Jeanne, laquelle se trouvait à cette époque dans le diocèse de Beauvais, s'était rendue coupable du crime d'hérésie, et avait commis d'autres crimes contraires à la foi, — sous ce prétexte et sur ce faux rapport, ledit évêque, en sa qualité d'ordinaire, et ledit Jean le Maître, se disant muni pour cela d'un pouvoir suffisant, commencèrent une procédure d'inquisition contre ladite Jeanne, procédure qui fut continuée conformément aux poursuites du promoteur. Aussitôt, sans que l'évidence du fait, ni la véhémence des soupçons, ni la clameur de l'opinion publique l'exigeassent, ils enfermèrent l'accusée dans une prison. Et enfin, bien que par cette procédure d'inquisition ils n'eussent pas acquis — et ils ne pouvaient pas l'acquérir — la certitude légale que ladite Jeanne se fût rendue coupable du crime d'hérésie ou qu'elle eût commis d'autres actes contraires à la foi, ni aucun crime ou excès de ce genre, ni qu'elle eût consenti à aucune erreur contraire à la foi ; bien que toutes ces accusations ne fussent pas notoires ni vraies, et que ladite Jeanne eût requis ledit évêque et ledit Jean le Maistre que, s'ils prétendaient qu'elle eût fait ou dit quelque chose qui sentît l'hérésie ou fût contraire à la foi, ils renvoyassent cela à l'examen du siège apostolique, dont elle était prête à subir le jugement : néanmoins, enlevant à ladite Jeanne toute possibilité de défendre son innocence et négligeant l'ordre régulier du droit, selon l'arbitraire de leur seule volonté, usant en cette inquisition d'une procédure entachée de nullité et purement de fait, ils prononcèrent contre ladite Jeanne, la déclarant convaincue d'hérésie et d'autres crimes et excès, une sentence définitive et inique. A la suite de cette sentence, ladite Jeanne fut méchamment livrée par la justice séculière au dernier supplice, au péril des âmes de ceux qui la condamnèrent, à l'ignominie et opprobre, charge, offense et injure de sa mère, de ses frères et de ses parents susdits. D'où la nullité de ce procès d'inquisition résulte clairement, par les actes de cette procédure et d'autres documents, ainsi que l'innocence de Jeanne; car il est facile d'établir par des preuves légales que ladite Jeanne a été méchamment condamnée, sans qu'elle eût mérité cette condamnation par aucune faute. »

La supplique se terminait par la demande « de commettre à certaines personnes le soin d'entendre au procès de nullité de ladite sentence et de réhabilitation de ladite Jeanne, et de le conduire régulièrement à sa fin[1]. »

Sur ces entrefaites le pape Nicolas V vint à mourir (24 mars 1455). Son successeur, Alphonse Borgia, qui prit le nom de Calixte III (8 avril), était espagnol. Agé de soixante-dix-huit ans, il se distinguait par sa piété et par son austérité. On n'eut point de peine à obtenir de lui la décision vainement sollicitée jusque-là. Par un rescrit en date du 11 juin 1455, il donna l'autorisation d'instruire la cause. Voici la teneur de l'acte pontifical.

« Calixte, évêque, serviteur des serviteurs de Dieu, à nos vénérables frères l'archevêque de Reims et les évêques de Paris et de Coutances, salut et bénédiction apostolique.

« Nous prêtons volontiers l'oreille aux humbles requêtes des suppliants et nous nous plaisons à leur accorder des grâces opportunes.

« Il nous a été récemment présenté, de la part de nos chers fils Pierre et Jean appelés d'Arc, laïques, et de notre chère fille en Jésus-Christ Isabelle, mère desdits Pierre et Jean, et d'un certain nombre de leurs parents, du diocèse de Toul, une supplique contenant ce qui suit (ici la teneur de la supplique).....

« Nous donc, accueillant favorablement ladite supplique, nous mandons à votre fraternité, par ce rescrit apostolique, que vous, ou deux ou l'un d'entre vous, après vous être adjoint un inquisiteur de l'hérésie résidant en France, et avoir fait citer le vice-inquisiteur

---

[1]. Cette supplique est extraite du rescrit pontifical, où elle est textuellement reproduite; nous avons suivi la traduction si bien faite par M. Marius Sepet, l. c., p. 403-405.

actuel de l'hérésie au diocèse de Beauvais, et le promoteur actuel des affaires criminelles en ce diocèse, et tous autres qui seront à citer devant vous ; après avoir ouï tout ce qui sera, de part et d'autre, proposé devant vous sur les choses susdites, vous rendiez en dernier ressort une juste sentence, que vous ferez observer fermement au moyen des censures ecclésiastiques[1]. »

Le choix des commissaires désignés par le Pape était remarquable : nul doute qu'il n'ait été suggéré par Charles VII lui-même. L'archevêque de Reims était Jean Jouvenel des Ursins, qui naguère avait remplacé Pierre Cauchon sur le siège de Beauvais (24 avril 1432); il se trouvait être le métropolitain du siège épiscopal dont le titulaire était mis en cause. L'évêque de Paris était Guillaume Chartier, qui avait été, à l'université de Paris, l' « escolier premier » de Charles VII, alors dauphin[2], et qui probablement se trouvait à Poitiers lorsque la Pucelle y parut devant ses examinateurs. L'évêque de Coutances était Richard Olivier, ce même official du chapitre de la cathédrale de Rouen que nous avons vu activement mêlé aux négociations pour la reddition de Rouen. Enfin l'inquisiteur de la foi en France n'était autre que Jean Bréhal, qui avait pris si chaleureusement en main l'affaire de la réhabilitation.

Le 7 novembre 1455, au matin, dans l'église Notre-Dame de Paris, les délégués du siège apostolique[3] et l'inquisiteur Jean Bréhal prirent séance[4]. Isabelle Romée, mère de Jeanne d'Arc, comparut devant eux en habits de deuil, accompagnée de ses fils Jean et Pierre, et assistée d'un nombreux cortège d'ecclésiastiques et de laïques, d'un groupe d'habitants d'Orléans[5], et d'un certain nombre d' « honnêtes femmes. » Se prosternant humblement, elle leur présenta le rescrit apostolique, et d'une voix entrecoupée par les sanglots, dans l'attitude d'un profond

---

1. Le texte est au *Procès*, t. II, p. 95-98. Cf. Marius Sepet, *l. c.*
2. Martial d'Auvergne, *les Vigiles de Charles VII*, t. II, p. 27.
3. L'évêque de Coutances n'était pas là ; il était alors en mission près du duc de Bourgogne.
4. Bien que Pierre soit nommé seul dans les actes de la réhabilitation, il paraît constant que Jean y était également. M. Joseph Fabre le fait justement observer (t. I, p. 21, en s'appuyant sur la rédaction primitive du procès. Voir *Procès*, t. III, p. 368 et 373.
5. Ce détail, relevé également par M. J. Fabre, est emprunté à la même source.

désespoir[1], elle exposa et fit exposer par ceux qui l'entouraient l'objet de sa requête[2]. Après cette supplique, elle se jeta de nouveau aux pieds des délégués, avec de grands gémissements, ne cessant de tendre à tous et à chacun en particulier l'acte pontifical qu'elle tenait à la main, les suppliant de procéder sans délai à l'examen de la cause et de déclarer la nullité du procès, à la décharge de la Pucelle et des siens.

Il y avait dans l'assistance des hommes doctes et lettrés, tant séculiers que religieux, qui avaient étudié le procès; ils vinrent à leur tour témoigner de toutes les violences, rigueurs, fourberies, irrégularités et faux dont les juges avaient usé; de tous les moyens captieux et insolites dont ils s'étaient servis; et, célébrant les vertus de la Pucelle, ils joignirent leurs instances et leurs prières à celles de sa vieille mère.

A cette intervention des docteurs se joignirent les manifestations de la foule. Durant ces longs discours, on entendait parfois les supplications, mêlées de gémissements, de la mère de Jeanne, et la multitude qui remplissait l'église faisait écho à sa voix[3].

Les délégués apostoliques, ne pouvant donner satisfaction immédiate à ces plaintes et voyant que la foule allait sans cesse en augmentant[4], se retirèrent dans la sacristie. Là ils firent appeler la suppliante avec ceux qui l'assistaient, et, après lui avoir prodigué leurs consolations, ils l'interrogèrent longuement sur elle-même et sur sa fille. Puis, après avoir lu à deux reprises, une fois en particulier, une fois en public, le rescrit pontifical, ils firent connaître leur réponse par l'organe de l'archevêque de Reims. Les délégués, se conformant aux ordres du Saint-Siège, retenaient la cause et promettaient de l'instruire conformément à la justice; ils ne dissimulaient point toutefois à la suppliante les difficultés et les périls de la

---

1. « Humiliter accedens, et cum magnis gemitibus atque suspiriis coram pedibus se prosternens... Lacrimabili insinuatione et lugubri deprecatione exposuit. » *Procès*, t. II, p. 82-83. Cf. t. III, p. 368.
2. Voir cet exposé, p. 83-85. Cf. t. III, p. 368-69.
3. « Dictaque vidua, vociferantibus cum ea assistentibus multis, preces suas geminaret atque repetaret. » *Procès*, t. II, p. 87.
4. « Magna tunc multitudine ad voces eorum occurrente. » *Id., ibid.*

tâche[1], la peine qu'on aurait à annuler une condamnation prononcée par des juges dont la gravité, la science et le caractère prévenaient en leur faveur[2]; la nécessité de s'entourer de conseils d'une science éprouvée et inaccessibles à tout entraînement. L'archevêque termina en donnant assignation à la mère de la Pucelle et aux siens pour le 17 novembre, en la cour épiscopale de l'évêque de Paris, afin d'opérer la présentation du rescrit pontifical en présence des notaires publics et des magistrats qu'on convoquerait à cet effet, et de procéder en la cause si, après avoir pris conseil, elle persistait dans sa demande.

Isabelle et ceux qui l'assistaient déclarèrent qu'ils n'entendaient rien dire ou faire qui pût préjudicier à la foi, à la vérité et à la justice, mais qu'ils se portaient garants de l'innocence de Jeanne, quant aux crimes dont elle était accusée sous le prétexte de la foi, et qu'ils feraient apparaître, en s'appuyant sur les actes et sur tous autres documents, l'iniquité, la violence et la nullité de la procédure. Confiants dans la justice de leur cause, ils étaient prêts à comparaître et à requérir un jugement public.

Le 17 novembre, Isabelle se présenta à Notre-Dame, dans la salle des audiences de l'évêché, avec ses deux fils, entourée de plusieurs notables bourgeois et habitants de Paris, d'honnêtes femmes de la ville d'Orléans, et assistée d'un avocat, maître Pierre Maugier, docteur en décrets de l'université de Paris. Autour des délégués apostoliques avaient pris place les abbés de Saint-Denis, de Saint-Germain des Prés et de Saint-Magloire, l'abbé de Saint-Lô au diocèse de Coutances, l'abbé de Saint-Crespin au diocèse de Soissons, l'abbé de Cormeilles au diocèse de Lisieux, et un grand nombre de religieux, de docteurs et d'hommes notables, parmi lesquels figurait

---

1. « ... Ambiguos atque periculosos judiciorum progressus et exitus haberet debito pensitare. » — « Si facilis judiciorum egressus, difficilis tamen et periculosus egressus. Procès, t. II, p. 88 et 110.
2. « Cum enim prædicta Johanna... jam a longo tempore in causa fidei, quæ favorabilis est dicenda, judicialiter tracta extiterit, et per graves, doctos et solemnes judices condemnata, est verisimiliter pro sententia eorum præsumendum. » Id., ibid., p. 88.

Guillaume Bouillé, et une grande multitude d'ecclésiastiques et de gens du peuple[1]. Pierre Maugier présenta le rescrit pontifical, que les délégués du Saint-Siège reçurent et firent lire à haute et intelligible voix. Puis l'avocat prit la parole et prononça un long discours en français. Il déclara qu'il ne s'agissait point de mettre en cause tous ceux qui avaient eu part au procès, car ils avaient été trompés par les extraits erronés et mensongers des articles qui leur avaient été communiqués, mais uniquement d'attaquer Pierre Cauchon, jadis évêque de Beauvais; Guillaume d'Estivet, promoteur, et Jean le Maître, vice-inquisiteur de la foi au diocèse de Beauvais, et ceux de leurs collègues ou complices dont les iniquités et les intentions frauduleuses seraient établies; il justifia la Pucelle des imputations calomnieuses dont elle avait été flétrie et fit ressortir la pureté de ses mœurs, son humilité, la sincérité de sa foi, sa fervente dévotion; il insista sur les fraudes, les vexations, les cruautés dont Jeanne avait été victime. Jeanne avait été condamnée sur la vue d'articles qui n'étaient qu'un tissu de faussetés. Elle n'avait point cessé de se soumettre, ainsi que tous ses faits, à l'autorité du pape. La sentence rendue contre elle était nulle, comme entachée d'erreur et de fausseté[2].

Les délégués constituèrent leur tribunal par l'adjonction de l'inquisiteur Jean Bréhal et procédèrent à l'interrogatoire d'Isabelle, de Jean et Pierre d'Arc. Ils décidèrent ensuite que citation serait donnée aux personnes intéressées dans la cause, ou à leurs représentants, pour comparaître par-devant eux, à Rouen, du 12 au 20 décembre suivant, afin de contredire s'il y avait lieu, d'abord au rescrit pontifical, puis au fond même de l'affaire; on assigna notamment l'évêque de Beauvais, le promoteur et le vice-inquisiteur du diocèse[3].

1. *Procès*, t. II, p. 92; t. III, p. 372-73. L'énumération que nous donnons ne se trouve que dans la rédaction primitive. On remarquera la présence de Guillaume Bouillé, qui ne cessa de prendre part à la révision du procès de Rouen. On le retrouve aux audiences des 18 novembre et 20 décembre. Ce fut lui qui, de concert avec Jean Patin, sous-inquisiteur, et Jean du Mesnil, fut chargé de l'audition des témoins à Orléans du 22 février au 16 mars 1456.
2. *Procès*, t. II, p. 98-100.
3. Voir la teneur des lettres de citation, en date du 17 novembre, t. II, p. 113 et 125.

Le 12 décembre les deux délégués apostoliques et l'inquisiteur siégeaient à Rouen, dans la grande salle du palais archiépiscopal. Sauf le représentant de la famille d'Arc, personne ne se présenta. L'audience fut renvoyée au 15 ; mais aucune des personnes assignées, ni l'évêque de Beauvais, ni le promoteur et le vice-inquisiteur, ni les descendants de Pierre Cauchon, ni ceux de Jean d'Estivet, promoteur du procès de Rouen, ne se firent représenter. Guillaume Prevosteau comparut comme procureur d'Isabelle Romée et de ses deux fils[1], assisté de leur avocat, Pierre Maugier. L'avocat Maugier *proposa* longuement, en français, en présence d'une nombreuse assistance[2]. Guillaume Prevosteau demanda ensuite qu'on déclarât les non-comparants contumaces. Mais, au préalable, le tribunal fut définitivement constitué par la nomination de deux notaires greffiers, Denis Le Comte et François Ferrebouc, et d'un promoteur, Simon Chapitault. Le procureur Prevosteau et le promoteur demandèrent ensuite si les greffiers du procès de Rouen, et spécialement maître Guillaume Manchon, le principal d'entre eux, avaient l'intention de se porter parties et d'entreprendre la justification du procès. Guillaume Manchon, présent à l'audience, s'en excusa. Sommé de remettre aux juges les documents qu'il pouvait avoir, il déposa séance tenante la minute française du procès, écrite de sa main. On lui présenta l'original latin, dont il reconnut l'authenticité. Sur la requête du promoteur et du procureur des demandeurs, il fut statué que les informations faites en 1452, tant par le cardinal d'Estouteville que par son délégué, avec le concours de Jean Bréhal, seraient jointes au dossier de l'affaire. Enfin, Chapitault et Prevosteau requirent les juges de procéder sans délai, à Rouen et aux environs, à l'audition des témoins, dont plusieurs étaient fort âgés et pouvaient disparaître d'un moment à l'autre. Il fut fait droit aussitôt à cette demande.

Le 18 décembre Prevosteau présenta la requête des deman-

---

1. Isabelle et ses deux fils avaient donné, en date des 18 et 21 novembre, des lettres de procuration. Voir t. II, p. 108 et 112.
2. Voir la traduction latine, t. II, p. 139-149.

deurs et développa longuement les moyens mis en avant pour établir l'innocence de la Pucelle et l'iniquité de la sentence rendue contre elle. Après avoir démontré, par les preuves les plus décisives, la nullité de la procédure, il conclut à la cassation du procès[1].

Le délai donné aux personnes assignées expirait le 20 décembre. Ce jour-là le procureur des héritiers de Pierre Cauchon se présenta. Il déclara qu'il n'entendait pas soutenir en leur nom la validité du procès : la famille de l'évêque de Beauvais repoussait toutes les conséquences qu'on en voudrait tirer contre elle ; elle invoquait l'amnistie proclamée par le Roi à la suite de la conquête de la Normandie.

Dans l'audience du même jour, le promoteur Chapitault prit la parole pour son réquisitoire.

« Le procès de Jeanne d'Arc, dit-il en substance, est vicié : 1° dans ses instruments et dans ses actes, par l'interposition de faux greffiers, par la substitution à la procédure de douze articles soumis aux consulteurs et tenant lieu de tout le procès, par les additions ou omissions de procès-verbaux ; 2° dans ses préliminaires, par la partialité de l'évêque de Beauvais qui s'entremit pour que Jeanne fût vendue aux Anglais, qui la laissa dans la prison séculière aux mains de ceux-ci bien qu'elle eût été remise à l'Église, qui, après avoir fait faire des informations sur sa vie antérieure et avoir fait constater sa virginité, supprima les résultats de ces deux enquêtes comme favorables à l'accusée, qui procéda d'une façon si peu conforme au droit que, pour couvrir les irrégularités du procès, il se fit donner des lettres de garantie ; 3° dans son ensemble : par tout ce qui se passa au cours de la procédure, savoir le rejet de la demande de constitution d'un tribunal composé de clercs des deux parties, la récusation de l'évêque faite par Jeanne, l'intervention tardive du vice-inquisiteur ne siégeant au procès qu'à partir du 19 février, le changement de lieu pour les interrogatoires faits dans la prison même en présence d'un petit nombre d'assesseurs, les questions captieuses posées à

---

1. Voir le texte, *Procès*, t. II, p. 103-91.

l'accusée, la rédaction des douze articles extraits des soixante-dix et entachés d'omissions ou d'additions frauduleuses, les menaces à certains consulteurs, les faux conseillers envoyés à Jeanne, les manœuvres employées pour rendre suspecte sa soumission à l'Église, pour lui faire reprendre l'habit d'homme après une abjuration arrachée par la séduction et la contrainte, la condamnation de l'accusée comme relapse sans cause légitime, l'exécution sans jugement alors qu'elle fut livrée au bras séculier[1]. »

Tels étaient les points sur lesquels l'enquête devait porter. Le promoteur sollicita en particulier les juges de faire procéder dans le pays de la Pucelle à une information sur sa vie et sur ses mœurs.

Les délégués du Saint-Siège firent droit à la demande du promoteur et prescrivirent une enquête à Domremy et à Vaucouleurs[2].

Déjà, en vertu d'une commission en date du 16 décembre[3], on avait commencé à entendre les témoins résidant à Rouen : du 16 au 19 décembre onze témoins furent interrogés par l'archevêque de Reims, l'évêque de Paris et l'Inquisiteur Jean Brehal[4].

Enfin par un acte rendu dans la même audience du 20 décembre, le tribunal se déclara compétent pour procéder à l'examen de la cause, réputa contumaces les non-comparants, et les cita à comparaître le 10 février pour contredire aux articles que les demandeurs venaient de déposer[5]. Ces articles, au nombre de cent un, contenaient l'exposé de tous les moyens

---

1. Voir *Procès*, t. II, p. 198-205; cf. Wallon, *Jeanne d'Arc*, t. II, p. 323-24.
2. Lettres des délégués, en date du 20 décembre 1455, commettant Regnault de Chichery, doyen de Notre-Dame de Vaucouleurs, et Gautier Thierry, chanoine de l'église de Toul, pour procéder à cette information. *Procès*, t. II, p. 382 et suiv.
3. Lettres des délégués donnant ordre de citer dix-sept témoins, nominativement désignés. *Procès*, t. II, p. 159, et t. III, p. 40.
4. Voir leurs dépositions, *Procès*, t. III, p. 129-185. C'étaient Pierre Migler, prieur de Longueville, Guillaume Manchon, Jean Massieu, Guillaume Colles, dit Bois-Guillaume, Martin Ladvenu, Nicolas de Houppeville, Jean Fabri ou Le Fèvre, évêque de Démétriade, Jean Lemaire, Nicolas Caval, Pierre Cusquel et André Marguerie. — Ces témoins furent interrogés sur les articles rédigés par le promoteur Chapitault et admis définitivement le 20 décembre suivant.
5. *Procès*, t. II, p. 205 et 270.

invoqués à l'appui de la demande d'annulation du procès[1].

Près de deux mois devaient donc s'écouler avant que le tribunal siégeât de nouveau : ce temps fut mis à profit. Le 10 janvier 1456, des lettres de citation furent données à plusieurs témoins pour comparaître à Paris, en la cour épiscopale[2] : l'évêque de Noyon Jean de Mailly, Thomas de Courcelles et deux autres vinrent faire leur déposition, les 10, 14 et 15 janvier, devant les délégués apostoliques et l'inquisiteur[3]. Du 28 janvier au 11 février, trente-quatre témoins furent entendus, à Domremy et à Vaucouleurs, par Regnault de Chichery et Gautier Thierry, chargés de recueillir leurs dépositions[4].

Le 16 février, le tribunal, composé de l'évêque de Paris et de l'inquisiteur Jean Bréhal, reprit ses audiences à Rouen. Mº Regnault Bredouille, promoteur du diocèse de Beauvais et procureur de l'évêque Guillaume de Hollande, et frère Jacques Chausselier, prieur des dominicains d'Évreux, procureur du couvent des Frères prêcheurs de Beauvais, se présentèrent sur les assignations envoyées à l'évêque et à l'inquisiteur du diocèse. Le lendemain, en leur présence, on donna lecture des cent un articles, et la parole fut donnée à Regnault Bredouille pour y contredire. Il se borna à déclarer qu'il ne croyait pas fondées les accusations formulées contre feu Pierre Cauchon ; il niait donc, autant qu'il était tenu de le faire, les assertions des demandeurs, s'en référant, pour toute défense, au procès lui-même ; il ajouta que d'ailleurs il n'entendait plus comparaître, qu'il ne s'opposait point à l'audition des témoins et s'en rapportait à la conscience des juges. Jacques Chausselier se

---

1. Voir *Procès*, t. II, p. 212-259. Cf. Wallon, t. II, p. 325-30; Fabre, t. I, p. 110-143 et 300-20. — On se demande comment M. Quicherat a pu dire (*Aperçus nouveaux*, p. 151) : « Quant au formulaire d'après lequel eurent lieu les interrogatoires, tant à Orléans qu'à Paris et à Rouen, il manque au procès. » — On possède, en effet, et M. Quicherat a publié : 1º les 12 et les 27 articles servant de formulaire pour l'enquête de 1452 (t. II, p. 203-209) ; 2º les 101 articles dont les 33 premiers servirent de formulaire pour l'enquête de 1455-56 (t. II, p. 213-259) ; 3º les 12 articles servant de formulaire pour l'enquête faite au pays de la Pucelle (t. II, p. 385-86).
2. *Procès*, t. III, p. 43.
3. *Procès*, t. III, p. 46-62.
4. *Procès*, t. II, p. 387-403.

borna à dire que les citations faites à plusieurs reprises dans le couvent de son ordre à Beauvais n'avaient point de raison d'être puisque depuis longtemps nul inquisiteur ou vice-inquisiteur n'y avait résidé. Les juges déclarèrent alors les cent un articles acquis aux débats, comme base des enquêtes à faire, et donnèrent assignation au 7 avril suivant pour en présenter le rapport[1].

Ce qui résulta de ces enquêtes, c'est ce qu'on peut lire dans toutes les histoires de notre immortelle Pucelle. Le procès de condamnation nous fournit le témoignage de Jeanne elle-même sur sa mission et sur ses actes[2]; le procès de réhabilitation nous offre le témoignage unanime de ses compatriotes ; de ses compagnons d'armes, des capitaines mêlés à ses exploits, de tous ceux qui l'avaient suivie, ou contemplée, depuis Domremy et Vaucouleurs jusqu'à Chinon et Orléans, jusqu'à Patay et à Reims, de ses juges même, des témoins de son supplice : ce sont les actes de la vierge inspirée, de la guerrière incomparable, de la martyre, de la sainte. Jamais plus belle et plus touchante histoire ne fut appuyée sur des documents plus nombreux, plus sincères, plus authentiques. Cette évocation de Jeanne d'Arc est le plus bel hommage qui pût être rendu à la libératrice du royaume. Sur la jeunesse de la Pucelle, on entend son parrain, ses trois marraines, onze de ses compagnons d'enfance, les anciens de son village, les curés de Domremy et des paroisses voisines, son oncle Durand Laxart qui l'avait conduite à Vaucouleurs, les habitants de cette ville, les gentilshommes du pays, les deux hommes de condition libre, Jean de Novelompont et Bertrand de Poulengy, qui l'avaient escortée de Vaucouleurs à Chinon[3]. Sur son séjour à Chinon et à Poitiers, six témoins viennent déposer : ce sont des conseillers et écuyers du Roi, son chirurgien, le président de la

---

1. Nous n'avons pas à aborder ici cette grave question de la mission de Jeanne d'Arc que le procès de réhabilitation mit en pleine lumière et qui a été si étrangement obscurcie de nos jours. Nous renverrons à nos brochures de 1856 et 1857, et à un article publié sous ce titre : *Jeanne d'Arc et sa mission*, dans la *Revue des questions historiques* du 1ᵉʳ octobre 1867 (t. III, p. 383-416).
2. En tout trente-quatre témoins.
3. *Procès*, t. II, p. 268.

Chambre des comptes, un avocat au Parlement, un des examinateurs de Poitiers. Trente-huit habitants d'Orléans viennent rendre témoignage à ses exploits, à ses vertus, au merveilleux ascendant qu'elle exerçait. Des chevaliers, des écuyers qui l'ont accompagnée dans ses expéditions, racontent les faits d'armes dont ils ont été les témoins. Marguerite la Touroulde, veuve du général des finances Regnier de Bouligny, chez laquelle Jeanne résida pendant son séjour à Bourges après le sacre, rend un solennel hommage à sa piété, à sa charité, à son charme irrésistible, à la pureté de ses mœurs. Enfin Dunois, le duc d'Alençon, Gaucourt, son chapelain Pasquerel, son écuyer Jean d'Aulon, son page Louis de Coutes, rapportent tous les détails de sa vie guerrière et mettent en pleine lumière ses miraculeux exploits. En tout cent quinze dépositions sont recueillies [1]. C'est comme l'a dit le « judicieux » de l'Averdy [2], l'enquête « la plus impartiale et la plus complète [3]. »

Le procès de réhabilitation touchait à son terme [4]. Les audiences furent reprises à Rouen le 12 mai. Le 13, le tribunal prononça une déclaration de contumace contre les assignés défaillants, déclara les procès-verbaux des enquêtes admis aux débats, et en ordonna la communication à tous ceux qui la demanderaient pour y contredire. Le 2 juin, défaut fut donné contre les non-comparants avec déclaration qu'ils ne seraient plus admis à contester les témoignages recueillis. Le 5, les demandeurs déposèrent tous les documents relatifs à l'affaire. Le 10, l'ensemble de ces documents fut déclaré acquis à la

---

1. Sans compter les dépositions recueillies en 1450 et en 1452.
2. « L'exact et judicieux de l'Averdy. » Quicherat, *Aperçus nouveaux*, p. 125.
3. L'Averdy, *l. c.*, p. 531.
4. Le 22 février 1456, on avait entendu le comte de Dunois ; le 25 février, le sire de Gaucourt ; le 7 mars, François Garivel, général sur le fait de la justice des aides ; le 8 mars, Guillaume de Ricarville et Regnault Thierry, chirurgien du Roi ; le 16 mars, Jean Luillier et les habitants d'Orléans ; le 3 avril, Jean Monnet, chanoine de Paris, ancien serviteur de Jean Beaupère, et Louis de Coutes, page de la Pucelle ; le 5, Gobert Thibault, écuyer d'écurie du Roi ; le 20, Simon Beaucroix ; le 30, Jean Barbin, avocat au Parlement, et Marguerite la Touroulde ; le 3 mai, le duc d'Alençon ; le 4, Jean Pasquerel ; le 7, Simon Charles, Thibaud d'Armagnac dit de Termes, Halmanet de Macy ; le 11, Pierre Milet et sa femme, et Aignan Viole, avocat au Parlement ; du 10 au 12 on avait interrogé de nouveau à Rouen plusieurs témoins précédemment entendus ; le 14 mai, Jean Séguin fit sa déposition. Enfin, le 28 mai, à Lyon, deux notaires recueillirent la déposition de Jean d'Aulon, l'ancien maître d'hôtel de la Pucelle.

cause et le tribunal s'ajourna au 1ᵉʳ juillet pour entendre les conclusions.

Le mois de juin fut employé par les délégués apostoliques à l'examen des pièces. Ils étudièrent tous ensemble et chacun séparément tant le procès de condamnation que tous les documents recueillis par leurs soins, et les mémoires rédigés par les docteurs, depuis le traité de Gerson, écrit du vivant de la Pucelle, jusqu'aux consultations des docteurs rédigées en vue du procès de réhabilitation. Les délégués recueillirent encore les opinions d'un très grand nombre de docteurs qu'ils convoquèrent à des conférences où les avis furent échangés et soumis à une discussion. Enfin, les délégués chargèrent l'Inquisiteur Jean Bréhal d'élucider la matière en récapitulant, dans un mémoire rédigé *ex professo*, toutes les questions agitées, soit au cours de la procédure, soit dans les mémoires des consulteurs[1]. C'est, dit un juge très compétent, un examen consciencieux et minutieux, d'après les principes de la théologie et du droit canon, des accusations portées contre Jeanne et de la procédure suivie contre elle... Il est divisé en deux parties, dont la première, qui comprend neuf chapitres, est consacrée à examiner la matière du procès de condamnation, c'est-à-dire l'innocence ou la culpabilité de Jeanne ; et la seconde, qui en comprend douze, à en examiner la forme. Les conclusions en sont entièrement favorables à la Pucelle, notamment, en ce qui concerne son orthodoxie et son prétendu refus de se soumettre à l'Église[2].

La *Recollectio* de Jean Bréhal était comme le dernier mot de l'affaire : désormais la cause était entendue.

Le 1ᵉʳ juillet, l'archevêque de Reims, l'évêque de Paris, l'évêque de Coutances et Jean Bréhal siégeaient à Rouen, en la cour archiépiscopale. Après avoir constaté qu'aucun des contradicteurs cités à l'audience de ce jour ne se présentait, ils renvoyèrent au lendemain pour procéder à la conclusion de l'affaire.

1. *Procès*, t. III, p. 334-340, et t. V, p. 420-30, 462-470 ; texte complet dans Lanéry d'Arc, *l. c.*, p. 395-563. Cf. le P. Ayroles, p. 453-598.
2. Marius Sepet, *l. c.*, p. 475-79.

Le 2 juillet, le promoteur Chapitault résuma les documents de la procédure et déclara qu'il adhérait entièrement aux conclusions des demandeurs [1]. Jean d'Arc était présent. Le procureur Prevosteau prit la parole à son tour et requit les juges de faire droit à la plainte de la mère de la Pucelle et de ses frères, en proclamant l'iniquité et la nullité du jugement et en prononçant la réhabilitation de la Pucelle [2]. Les juges, après avoir de nouveau déclaré contumaces les non-comparants, donnèrent leurs conclusions : les demandeurs étaient assignés au 7 juillet suivant pour le prononcé de la sentence définitive.

Dans l'intervalle, on procéda à une dernière révision des faits et des documents du procès, et l'on conféra encore une fois avec un certain nombre de docteurs de Rouen, appelés en consultation [3].

Le 7 juillet 1456, à huit heures du matin, dans la grande salle du palais archiépiscopal, les juges prirent séance, sous la présidence de l'archevêque de Reims [4]. On avait convoqué, en qualité de témoins jurés, quatorze docteurs ou professeurs de théologie, chanoines ou juristes. Sur la requête des demandeurs et des promoteurs, le tribunal prononça la dernière et irrévocable déclaration de contumace contre les défendeurs non comparants. Puis l'archevêque de Reims donna lecture de la sentence, conçue en ces termes :

« Au nom de la sainte et indivisible Trinité, Père, Fils et Saint-Esprit, ainsi soit-il.

1. *Procès*, t. III, p. 265-275.
2. *Id., ibid.*, p. 275-297.
3. *Id., ibid.*, p. 360.
4. On a la trace de dons faits aux délégués apostoliques par le Roi. L'évêque de Coutances reçut 275 l. « pour ses paines et salaire de ce qu'il avait besongné avec et en la compagnie de maistre Guillaume Bouillé, et autres commissaires, au fait du procez de Jehanne la Pucelle; » l'archevêque de Reims reçut 200 l.; l'évêque de Paris, 200 l. — Nous trouvons en outre des gratifications faites à Guillaume Bouillé, à Pierre Mauger, à Simon Chapitault, à Denis le Comte, à François Ferrebourg, « tous commissaires ordonnez par le Roy pour le fait du procez de feue Jehanne la Pucelle, pour leurs paines et salaires d'avoir vacqué et besongné audit procez en la ville et cité de Rouen, pour la justification de ladicte feue Jehanne la Pucelle à l'encontre des Anglois, anciens adversaires du royaume, et mesmement pour ledit procez faire notablement escripre et multiplier en six livres ou volumes desquels les deux seront pour le Roy et les autres quatre pour les juges. » Cabinet des titres, 685, f. 108.

« La providence de la Majesté éternelle, le Christ Sauveur, Seigneur, Dieu et homme, a institué le bienheureux Pierre et les papes ses successeurs chefs et principaux guides de son Église militante, afin que, découvrant à tous la lumière de la vérité, ils leur enseignassent à marcher dans les sentiers de la justice, qu'ils soutinssent tous les bons, secourussent les opprimés, et ramenassent à la voie droite par le jugement de la raison ceux qui s'égareraient dans les chemins de l'erreur.

« Nous donc, revêtus en cette cause de l'autorité du Siège apostolique, Jean, etc, juges spécialement délégués par Notre Très Saint Père le Pape actuellement régnant ;

« Vu le procès solennellement débattu devant nous, en vertu du mandat apostolique à nous adressé et humblement accepté par nous, de la part d'honnête veuve Isabelle d'Arc, mère, et de Pierre et Jean d'Arc, frères germains, naturels et légitimes de feue de bonne mémoire Jeanne d'Arc, communément appelée *la Pucelle*, et au nom de tous ses parents, demandeurs, contre le vice-inquisiteur de l'hérésie au diocèse de Beauvais, le promoteur des affaires criminelles de la cour épiscopale de Beauvais, et aussi contre révérend père en Jésus-Christ Guillaume de Hellande, évêque de Beauvais, et en général contre tous et chacun de ceux qui se croiraient intéressés en cette cause, respectivement, tant réunis que séparés, défendeurs ;

« Vu la requête desdits demandeurs, et les faits, raisons et conclusions présentés par eux en des écritures rédigées en forme d'articles, tendant à la déclaration de nullité, iniquité et dol d'un prétendu procès en matière de foi, fait naguère dans cette ville de Rouen par le feu seigneur Pierre Cauchon, alors évêque de Beauvais, feu Jean le Maître, vice-inquisiteur prétendu dans le même diocèse de Beauvais, et feu Jean d'Estivet, promoteur ou agissant comme s'il était promoteur au même diocèse, tendant tout au moins à la cassation dudit procès, à l'annulation des adjurations et sentences et de toutes leurs conséquences, à la réhabilitation de ladite défunte, et autres fins exprimées dans les écritures ;

« Vu, lu et examiné fréquemment les livres originaux, instruments, documents, et les actes, minutes et protocoles dudit procès, à nous produits et livrés par les notaires et autres en vertu de nos lettres compulsoires, et les seings et écritures desdits originaux reconnus en notre présence ; après une longue délibération sur lesdits livres, tant avec lesdits notaires et autres officiers qu'avec ceux d'entre les conseillers appelés audit procès dont nous avons pu obtenir la présence ; après les collation et comparaison desdits livres et des minutes dudit procès ;

Vu aussi les informations préparatoires faites par très révérend père en Jésus-Christ le seigneur Guillaume, cardinal-prêtre du titre de Saint-Martin-aux-Monts, alors légat du Saint-Siège apostolique en France, avec adjonction de l'Inquisiteur, après examen desdits livres et instruments à lui présentés, et celles faites par nous-mêmes et par nos commissaires au début du présent procès ;

« Vu aussi et considéré les traités de divers prélats, docteurs et praticiens célèbres et autorisés, qui, après un long examen des livres et instruments dudit procès, se sont attachés à en élucider les points douteux ; traités composés tant par l'ordre dudit révérendissime seigneur que par le nôtre ;

« Vu aussi les articles et questionnaires susdits, à nous présentés de la part des demandeurs et du promoteur, et admis à la preuve après plusieurs citations adressées aux défendeurs; attendu les dépositions et attestations des témoins sur la vie de ladite Jeanne en son pays natal et sur son départ de ce pays ; sur l'examen subi par elle, à Poitiers et ailleurs, en des interrogatoires réitérés, en présence d'un grand nombre de prélats, docteurs et gens compétents, et notamment de très révérend père Regnault, naguère archevêque de Reims, métropolitain dudit évêque de Beauvais; sur l'admirable délivrance de la cité d'Orléans, la marche vers la ville de Reims et le couronnement du Roi, et enfin sur les circonstances dudit procès, les qualités des juges et leur façon de procéder;

« Vu aussi les autres lettres, instruments et documents, présentés et produits, au terme fixé, en outre desdites lettres, dépositions et témoignages et la forclusion prononcée contre les défenseurs au sujet desdites productions; ouï ensuite notre promoteur, qui, sur le vu des productions et dits susmentionnés, s'est pleinement joint aux demandeurs, et en vertu de son office a de nouveau reproduit, pour son compte, toutes les productions ci-dessus, aux fins exprimées dans les écritures desdits demandeurs avec certaines déclarations; vu les autres requêtes et réserves, faites de sa part et de celle des demandeurs et par nous adressées, et tout ensemble certains motifs de droits, par nous reçus en de brèves écritures, et de nature à éclairer notre esprit;

« Après quoi, la conclusion de la cause ayant été prononcée et le présent jour fixé pour entendre notre sentence définitive; vu et mûrement examiné et pesé toutes et chacunes des choses susdites, et aussi certains articles commençant par ces mots : *Une certaine femme*, qu'après ledit premier procès les juges prétendirent devoir être extraits des aveux de ladite défunte, et qu'ils transmirent à un très grand nombre de personnes autorisées pour avoir leur opinion ; articles que le promoteur susdit et les susdits demandeurs ont attaqués comme iniques, faux, différant desdits aveux, et forgés mensongèrement ;

« Afin que notre présent jugement émane de la face même de Dieu, pondérateur des esprits, le seul parfaitement instruit et très véridique juge de ses révélations, qui fait aller son souffle où il veut, et quelquefois choisit les faibles pour confondre les puissants ; qui n'abandonne point ceux qui espèrent en lui, mais leur vient en aide dans la prospérité et dans la tribulation ; après une mûre délibération, tant sur les procédures préparatoires que sur la décision de la cause, avec des hommes aussi instruits qu'éprouvés et consciencieux ; vu leurs solennelles déterminations, contenues en des traités composés après une longue étude et la comparaison sagement pesée de nombre de points ; vu les opinions à nous exprimées, de vive voix et par écrit, tant sur la forme que sur la matière dudit procès, d'où il résulte qu'aux yeux des docteurs par nous consultés les actes de ladite défunte sont plutôt dignes d'admiration que de condamnation ; le jugement réprobatoire et catégorique porté contre elle considéré dans sa forme et dans sa matière, tout à fait extraordinaire, et qu'il est, selon eux, très difficile de formuler un jugement certain sur de tels faits, puisque saint Paul, parlant de ses propres révélations, a dit qu'il ignorait s'il les avait eues corporellement ou en esprit, et qu'il s'en rapportait à Dieu ;

« En premier lieu, nous disons, et, comme la justice l'exige, nous déclarons que les articles susmentionnés commençant par ces mots : *Une certaine femme*, contenus dans le prétendu procès et dans la rédaction des prétendues sentences portées contre ladite défunte, ont été et sont un extrait corrompu, dolosif, calomnieux, frauduleux et plein de malice desdits prétendus procès et aveux de ladite défunte ; que la vérité y a été dissimulée, et qu'on y a énoncé des mensonges en plusieurs points essentiels qui, autrement exprimés, auraient pu conduire à une autre sentence l'esprit de ceux qui ont été consultés et qui ont émis un jugement sur cette cause ; qu'on y a indûment ajouté plusieurs circonstances aggravantes, non contenues dans lesdits procès et aveux ; qu'on y a omis plusieurs circonstances favorables et tendant à la justification de l'accusée, et qu'on y a altéré les termes, ce qui change la substance elle-même desdits aveux. En conséquence, lesdits articles, comme faux, extraits calomnieusement et avec dol, et non conformes aux aveux eux-mêmes, sont par nous cassés, annulés et supprimés, et nous décrétons que le texte desdits articles, que nous avons fait détacher dudit procès, sera lacéré judiciairement en notre présence.

« En outre, après avoir diligemment examiné les autres parties dudit procès, et en particulier les deux autres prétendues sentences contenues en icelui que les juges appellent de *laps* et de *relaps*; après avoir aussi pesé mûrement la qualité desdits juges et de ceux en la puissance et garde desquels ladite Jeanne était détenue;

« Vu les récusations, soumissions, appels et requêtes multiples par lesquels ladite Jeanne a demandé fréquemment et avec instance qu'elle même, ainsi que toutes ses paroles et actions, et le procès, fussent renvoyés au Saint-Siège apostolique et à Notre Très Saint Père le Pape, auquel elle se soumettait, elle et toutes les choses susdites;

« Vu, en ce qui concerne la matière dudit procès, une certaine abjuration prétendue, fausse, dolosive, extorquée par crainte et terreur en présence du bourreau et sous la menace du feu, et nullement prévue ou comprise par ladite défunte; considéré aussi les susdits traités et avis de prélats et docteurs renommés, également versés dans le droit divin et humain, déclarant que les crimes attribués à ladite Jeanne dans les susdites prétendues sentences ne résultent point et ne peuvent être déduits de la suite du procès, et établissant avec une grande perspicacité la nullité et l'injustice qui se trouvent audit procès et choses y appartenantes;

« Toutes et chacune des autres circonstances qui devaient être considérés et examinés en cette cause diligemment posées par nous;

« Nous, constitués en tribunal, n'ayant que Dieu devant les yeux, par cette présente sentence définitive, que nous rendons du haut de notre tribunal, consignée au présent écrit,

« Nous disons, prononçons, décrétons et déclarons que lesdits procès et sentences, entachés de dol, de calomnie, d'iniquité, de contradiction, d'erreur manifeste en fait et en droit, avec l'abjuration susdite, les exécutions, et toutes leurs conséquences, ont été, sont et seront nuls, invalides, sans valeur et sans autorité.

« Et néanmoins, autant que besoin est, comme la raison l'ordonne, nous les cassons, supprimons, annulons et destituons de toute valeur; nous déclarons que ladite Jeanne, ainsi que ses ayant cause et parents, demandeurs, n'ont contracté ni encouru, à l'occasion des sentences susdites, aucune note ou tache d'infamie, qu'elle est et demeure exempte et purgée desdites sentences, et, autant qu'il en est besoin, nous l'en délivrons totalement.

« Nous ordonnons que l'exécution ou promulgation solennelle de notre présente sentence aura lieu sans délai dans cette cité, en deux endroits : à savoir, aujourd'hui même, en la place Saint-Ouen, après une procession générale et avec un sermon solennel; et, en second lieu, demain, sur le Vieux Marché, c'est à savoir au lieu où ladite Jeanne a été mise à mort par l'horrible et cruel supplice du feu, avec une prédication solennelle qui sera faite en ce lieu même, où sera aussi plantée une croix, pour perpétuelle mémoire et pour demander à Dieu le salut de ladite Jeanne et celui des autres défunts.

« Nous réservant d'ailleurs, selon que nous le jugerons convenable, d'ordonner l'exécution, promulgation et signification ultérieure, pour future mémoire, de notre dite sentence, dans les autres cités et principaux lieux de ce royaume, et de prendre toutes autres mesures qui pourraient être encore jugées par nous nécessaires [1]. »

On lit dans la rédaction primitive du procès de réhabilitation : « Après la sentence définitive rendue dans le palais archiépiscopal de Rouen, l'exécution publique suivit. Par les processions générales et les prédications qui eurent lieu, avec grande solennité et très dévotement, l'abomination et l'iniquité du premier procès fut révélée hautement au peuple tout entier [2]. » Ces cérémonies eurent lieu, non seulement à Rouen, mais à Orléans, en présence de l'évêque de Coutances et de l'inquisiteur Jean Bréhal, et dans plusieurs autres villes.

Et maintenant que reste-t-il des accusations formulées contre Charles VII au sujet de la réhabilitation de Jeanne

---

1. *Procès*, t. III, p. 355-62. — Nous avons suivi, sauf de très légères modifications, l'excellente traduction de M. Marius Sepet, *l. c.*, p. 478 et suiv.
2. *Procès*, t. III, p. 367.

d'Arc? Devant la pleine lumière des faits, devant cette révision si généreusement entreprise, si laborieusement poursuivie, si magistralement conduite à son terme à travers tant d'obstacles, toutes les suppositions, toutes les assertions téméraires qu'on n'a pas craint de formuler, se sont évanouies, ce nous semble, comme ces légères vapeurs qui ne résistent pas aux rayons d'un soleil étincelant. Est-il besoin d'y revenir ? Faut-il s'arrêter à de pareilles arguties ? En deux mots, on peut les réduire à leur valeur : « Les commissaires du Pape, nous dit le « judicieux » L'Averdy, n'avaient que le pouvoir de faire le procès au procès même de la condamnation, et non pas aux personnes [1] ; » et M. Quicherat a été forcé de reconnaître qu'ils purent, « ou retrancher des dépositions des témoins les passages qui auraient compromis d'autres personnes, ou leur laisser la faculté d'éluder les questions lorsque la réponse leur eût été préjudiciable à eux-mêmes [2]. » D'un autre côté, « il ne faut pas oublier » — cette remarque est de l'éminent historien de la Pucelle, M. Wallon — « que les juges avaient pour objet, non d'amasser des matériaux pour l'histoire de Jeanne d'Arc, mais de réformer le premier procès [3]. » Tout s'explique donc. Le procès de réhabilitation a été, de la part de Charles VII, une « bonne action, » un acte courageux — on ne le conteste pas [4], — et, de la part des juges, une œuvre de « probité, » — on le reconnaît également [5]. Cela doit suffire. Pourquoi prendre à tâche d'incriminer les intentions, de semer des ombres là où tout est sincère, tout est clair, tout respire la soif de la vérité et de la justice ? Les savants les plus autorisés [6], les écrivains

---

1. *Notices et extraits des manuscrits*, t. III, p. 208.
2. *Aperçus nouveaux*, p. 152. Voir ci-dessus, p. 357.
3. *Jeanne d'Arc*, t. II, p. 339 note. « De ce que la réhabilitation, œuvre judiciaire, est incomplète au point de vue historique, disions-nous en 1857, il ne s'en suit nullement qu'elle ne dise pas tout ce qu'elle devait dire. » *Un dernier mot à M. Henri Martin*, p. 48. Voir dans cet opuscule la réfutation du système soutenu par M. Henri Martin, sur lequel il nous paraît superflu de nous arrêter ici.
4. *Aperçus nouveaux*, p. 149. Voir ci-dessus, p. 355.
5. *Aperçus nouveaux*, p. 150. Voir ci-dessus, p. 356.
6. Voir les pages remarquables où M. Wallon, prenant à partie « le contradicteur que les juges commissaires ont tant de fois assigné sans le voir paraître, » et qui s'est levé enfin de nos jours, établit, contre M. Quicherat, les illégalités et la flagrante iniquité du

les moins suspects[1] ont rendu hommage aux juges de la réhabilitation. Cet hommage est mérité ; il est l'arrêt de l'impartiale et véridique histoire.

procès de condamnation, et par là même venge Charles VII et les juges de la réhabilitation des injustes soupçons qu'on n'a pas craint de formuler à leur égard.

1. Voir la réfutation des erreurs où sont tombés MM. Quicherat et Henri Martin, dans *l'Histoire de Jeanne Darc et réfutation de diverses erreurs publiées jusqu'à ce jour*, par M. Villiaumé (Paris, 1863, in-12), p. 369-77, et *passim*; et dans *Procès de réhabilitation de Jeanne d'Arc*, par Joseph Fabre (1888), t. I, p. 66, note 1, 110, 320 note et *passim*.

CHAPITRE II

LA PRISE DE CONSTANTINOPLE ET LES PROJETS DE CROISADE

1453-1455

Prise de Constantinople; appel de Nicolas V à la chrétienté; dispositions des puissances. — Situation de la France; Charles VII reçoit des ouvertures de Philippe le Bon au sujet de la Croisade; vœux de ce prince et des seigneurs de sa cour; nouvelle ambassade vers le Roi. — Le duc de Bourgogne se rend à la diète de Ratisbonne; accueil empressé qu'il reçoit en Allemagne; la diète n'aboutit à aucune résolution; nouvelle diète tenue à Francfort. — Philippe le Bon se rend en Bourgogne pour suivre la négociation relative au mariage du comte de Charolais avec Isabelle de Bourbon; conférence de Nevers; difficultés qui se produisent; le duc brusque le dénouement en faisant procéder au mariage à Lille. — Intervention du Roi; ambassade du bailli de Berry; sa réception par le duc; il apprend que le mariage est célébré; empressement du duc de Bourbon à accepter le fait accompli. — Menaces du côté de l'Angleterre; situation de ce royaume; Charles VII se prépare à repousser une invasion. — Nouvelle ambassade du duc de Bourgogne au sujet de la Croisade; intervention du duc d'Orléans; réponse du Roi; il envoie des ambassadeurs à Philippe le Bon; instructions qu'il leur donne; il autorise la levée d'un décime. — Réception faite aux ambassadeurs du Roi; Charles VII reçoit la visite de deux seigneurs bourguignons; arrivée à sa cour du chancelier Rolin et du sire de Croy; réponses qu'il fait à leurs ouvertures; éloge du duc de Bourgogne. — Préparatifs faits par le duc pour la Croisade; Calixte III lui envoie une bannière et envoie la rose d'or à Charles VII. — Charles VII reçoit Nicolas Agalo, venu en Europe pour travailler à la Croisade; Agalo se rend en Angleterre; réponse que le Roi lui fait à son retour. — Avertissement donné au Roi par un « saint homme; » il y reste sourd; nouvel avertissement avec menace de mort s'il résiste aux ordres du ciel.

Un événement qui, en d'autres temps, eût fait tressaillir toute la chrétienté et l'aurait fait courir aux armes s'était accompli dans le cours de l'année 1453 : Constantinople était tombée au pouvoir des Turcs.

La catastrophe n'était que trop prévue. Durant toute l'année 1452, des préparatifs formidables avaient été poursuivis sans relâche par Mahomet II. Six mille ouvriers, venus de toutes parts, avaient été employés à construire une forteresse sur le Bosphore, près de Galata. Les populations de la contrée étaient terrifiées : « Les derniers jours de Constantinople sont arrivés, « disait-on ; voici venir les signes avant-coureurs de la des-« truction de notre ville ; voici venir les jours de l'antéchrist ! » Dans les premiers jours d'avril 1453, Mahomet II arriva avec une flotte de deux cent cinquante voiles, une armée d'environ deux cent mille hommes et une puissante artillerie. Trois assauts furent tentés les 18 avril, 7 et 12 mai. Les défenseurs de Constantinople durent céder au nombre ; d'ailleurs la division régnait dans leurs murs. Le 29 mai, un dernier assaut livra la cité impériale aux Musulmans. L'empereur Constantin XII était tombé glorieusement les armes à la main. Pendant trois jours Constantinople fut livré au pillage, au meurtre, à tout ce que le fanatisme et la barbarie purent imaginer de plus effroyable. Quand le sac fut consommé et que les passions assouvies commencèrent à se calmer, Mahomet II fit son entrée triomphale, au milieu des acclamations de ses troupes : « Je « rends grâces à notre Mahomet, dit-il, de nous avoir donné « cette belle victoire ; mais je le prie en même temps de m'ac-« corder de vivre assez de temps pour vaincre et subjuguer « l'ancienne Rome, qui est le siège du christianisme. Alors « seulement je mourrai heureux[1]. »

L'événement fut connu à Rome le 8 juillet. On se refusait à y croire : le bruit courut même que Constantinople avait été reprise par les chrétiens. Mais bientôt la terrible réalité apparut. Au désespoir se joignit la frayeur : on apprit que la flotte pontificale envoyée au secours de la ville assiégée avait été capturée et que trois cents vaisseaux allaient faire voile vers l'Italie.

Le premier soin de Nicolas V fut d'envoyer des légats dans les différents états italiens pour travailler à pacifier les que-

---

[1]. Sur la prise de Constantinople, voir parmi les travaux les plus récents et les mieux au courant : *Le Siège et la prise de Constantinople par les Turcs*, par M. Henri Vast, dans la *Revue Historique*, t. XIII (1880), p. 1-10 ; *Les derniers jours de Constantinople*, par M. E. A. Vlasto (Paris, Leroux, 1883, gr. in-8° de 154 p.) ; et le chap. VII du tome II de l'*Histoire des Papes* du Dr L. Pastor.

relles qui les divisaient. Puis, par une bulle en date du 30 septembre 1453, un solennel appel fut adressé à toute la chrétienté. Le Pape adjurait les souverains de se vouer corps et bien à la défense de la foi, et leur rappelait le serment qu'ils avaient prêté à leur couronnement. Une indulgence plénière était promise à quiconque prendrait part à la guerre sainte pendant six mois consécutifs à partir du 1er février 1454, soit personnellement, soit en fournissant un remplaçant. Dans toute l'Europe une dîme devait être levée pour subvenir aux frais de la Croisade. Afin que rien ne vînt mettre obstacle à la sainte entreprise, le Pape voulait et ordonnait que la paix régnât dans le monde chrétien[1]. Des religieux furent envoyés de toutes parts pour prêcher la Croisade.

Mais le temps n'était plus où un tel appel avait chance d'être entendu. En dehors des États voisins de l'empire de Constantinople et directement menacés par l'invasion, personne ne bougea. Ceux-là mêmes qui, par leur situation, par les ressources dont ils disposaient, auraient été le plus en mesure de combattre la puissance musulmane, n'eurent rien de plus pressé que d'entrer en négociations avec elle : le 18 avril 1454, la république de Venise concluait un traité aux termes duquel ses relations avec Mahomet II devaient rester sur le même pied de paix et d'amitié qu'avant les derniers événements; six mois plus tard, la république de Gênes, pour n'avoir plus à se préoccuper de ses possessions de la mer Noire, les cédait à la Banque de Saint-Georges. Alphonse V, tout entier à ses ambitieux desseins, ne prit que pour la forme le rôle de défenseur de la chrétienté contre les Turcs. Quant à l'empereur Frédéric III, il se borna à écrire aux princes chrétiens pour les engager à prendre part à la Croisade et à se faire représenter à une diète convoquée à Ratisbonne pour le 23 avril 1454 dans le but de se concerter sur les mesures à prendre[2].

Æneas Sylvius, le secrétaire de l'empereur, s'employait alors avec ardeur à lancer toutes les forces de la chrétienté contre les Turcs ; mais il ne se faisait guère d'illusion sur le résultat

---

1. Raynaldi, année 1453, §§ 9-11.
2. Voir Pastor, t. II, p. 280.

de ses efforts. Dans une lettre un peu postérieure[1], il écrivait :
« A dire vrai, je n'espère pas réussir. La chrétienté n'a plus
de tête; on ne rend plus au Pape ce qui est au Pape, ni à l'empereur ce qui est à l'empereur; on ne rencontre nulle part
respect ni obéissance. Les titres de Pape et d'empereur ne
sont plus que de vains mots, de brillantes images. Chaque
État a son prince; chaque prince ses intérêts particuliers.
Quelle voix pourrait être assez éloquente pour réunir sous un
même drapeau tant de puissances discordantes ou hostiles? Et,
alors même qu'elles s'assembleraient en armes, qui donc serait
assez audacieux pour assumer le commandement? Quel ordre
établira-t-on dans l'armée? Quelles règles de discipline? Comment garantir l'obéissance? Qui nourrira cette multitude? Qui
comprendra tant d'idiomes différents? Qui gouvernera tant
d'hommes de mœurs si opposées? Qui pourra concilier les
Anglais et les Français, les Génois et les Aragonais? les Allemands, les Hongrois et les Bohémiens? Si l'on n'a qu'une armée
peu nombreuse, elle sera écrasée; si l'on a le nombre, la confusion sera inévitable... Que l'on considère seulement le spectacle qu'offre la chrétienté. L'Italie est divisée. Le roi d'Aragon
et les Génois sont en guerre. Gênes s'armera-t-elle contre les
Turcs dont elle est, dit-on, tributaire? Venise est l'alliée des
Musulmans... Les Espagnols ont leur guerre sainte contre
Grenade. Le roi de France appréhende à chaque instant de
nouvelles descentes des Anglais, et ceux-ci ne songent qu'à
venger leur expulsion. L'Écosse, le Danemark, la Suède, la
Norwège, pays reculés aux derniers confins du monde, n'ont
point d'intérêts qui les attirent hors de chez eux. L'Allemagne
est partout divisée : les villes sont en lutte avec les princes;
les princes eux-mêmes ne sont pas unis. » Seul, le duc de
Bourgogne apparaissait au secrétaire de l'empereur comme
pouvant se mettre à la tête du mouvement : il ne tarissait pas
d'éloges à l'égard de ce prince, auquel il prêtait les sentiments
les plus élevés, les intentions les plus pures[2].

1. En date du 5 juillet 1454.
2. Æneas Sylvius, *Epistolæ*, n° cxxvii. Cf. Verdière, *Essai sur Æneas Sylvius Piccolomini*, p. 45, et Pastor, *Histoire des Papes*, t. II, p. 259.

Æneas Sylvius n'était pas le seul à placer sa confiance en Philippe le Bon. Nicolas V était en correspondance suivie avec le duc, et voyait en lui le plus intrépide champion de la chrétienté[1].

Le duc de Bourgogne semblait, d'ailleurs, fort disposé à prendre ce rôle. Délivré de ses embarras du côté des Gantois, il avait obtenu d'importants avantages dans le duché de Luxembourg, dont le roi de Hongrie, Ladislas, lui contestait la possession, et avait conclu une trêve avec ce prince, par l'entremise de l'archevêque de Trèves (8 septembre 1453)[2]. Au mois de décembre, il se décida à envoyer à Charles VII un de ses conseillers, Antoine de Lornay, pour lui communiquer le dessein qu'il avait d'entreprendre le « saint voyage, » et pour le sonder à cet égard[3].

Quelle était alors la situation de la France? Jamais elle n'avait été plus glorieuse et plus prospère. Le chroniqueur bourguignon Georges Chastellain, peu suspect en pareille matière, nous montre les Anglais expulsés de tout le royaume, sauf Calais; l'ascendant de la France s'imposant à tous, car elle avait la plus belle armée du monde et la mieux organisée; l'Italie la redoutant; la Savoie ployant le genou devant elle; l'Allemagne recherchant son amitié; l'Espagne lui offrant ses services[4]. Récemment les princes allemands avaient sollicité l'appui de la France contre les communes en révolte[5], et un traité conclu avec le duc Frédéric de Bavière était venu compléter le faisceau d'alliances qui datait de 1445[6]. Maintes fois Charles VII avait promis que, s'il lui était donné d'expulser ses

---

1. Voir lettres du Pape citées par Pastor, t. II, p. 266, d'après les Archives secrètes du Vatican.
2. Chartes du Luxembourg, citées par M. de Reiffenberg, dans son édition de Jacques du Clercq, t. I, p. 211; Bertholet, *Histoire du duché de Luxembourg*, t. VIII, p. 78.
3. Lettre du 20 décembre. Original, ms. fr. 4054, f. 29. Cf. Instructions du 22 mars 1454, citées plus loin.
4. Chastellain, t. III, p. 50-51.
5. Lettre adressée au Roi par l'archevêque de Mayence, le marquis de Brandebourg, le marquis de Bade et le comte Ulric de Wurtemberg, en date du 30 janvier 1450; citée dans la réponse du Roi, datée d'Alençon le 24 mars. *Spicilegium*, t. III, p. 796.
6. Le duc Frédéric était le frère de Louis IV, électeur Palatin, mort le 19 août 1449, et de Robert, archevêque de Cologne; par lettres données à Heidelberg le 1er décembre 1453, il confirma le traité d'alliance passé avec Charles VII. Ms. lat. 11827, f. 39.

ennemis et de rendre la paix à son royaume, il n'aurait rien de plus pressé que de secourir les Grecs et de délivrer l'empire chrétien du joug des barbares¹. Dans une lettre au sultan de Babylone, en date du 22 août 1451, il s'était élevé contre les mauvais traitements dont les Franciscains établis à Jérusalem étaient victimes et avait réclamé l'intervention du sultan en leur faveur². Il n'était point insensible aux sollicitations qui lui étaient faites de s'employer à la défense de la foi³, et à plus d'une reprise il avait témoigné de ses sympathies à l'égard des chevaliers de Rhodes⁴. Au moment où lui parvenait la communication du duc de Bourgogne, il reçut une longue lettre de Frédéric III, qui, lui aussi, l'engageait à prendre part à la croisade contre les Turcs et lui demandait de se faire représenter à la diète de Ratisbonne qui devait se tenir le jour de Saint-Georges (23 avril)⁵. Enfin, nous avons une épître de Zanon de Castiglione, évêque de Bayeux, écrite à ce moment, où le prélat exhortait vivement le Roi à prendre en main la cause de la chrétienté⁶.

Charles VII accueillit avec faveur l'ouverture qui lui était faite au nom du duc de Bourgogne; il déclara qu'il était « bien content que monseigneur de Bourgogne entreprît en personne le voyage pour la défense du nom de Jésus-Christ et de la sainte foi chrétienne⁷. »

Sur ces entrefaites, Philippe le Bon tint sa fameuse fête du

---

1. Voir lettre au cardinal Bessarion, *Spicilegium*, t. III, p. 773; cf. ci-dessus, p. 190-91.
2. Ms. fr. 5909, f. 191.
3. On a une longue épître que lui adressa François Filelfe à la date du 13 des Calendes de mars 1451, pour le presser de prendre l'affaire en main (*Epistolarum Francisci Philelphi libri sedecim*, lib. VIII, f. CLIX et suiv.). — Vers le mois de janvier 1452, Charles VII reçut une ambassade du duc d'Albanie, sollicitant son secours contre les Turcs (Cabinet des titres, 685, f. 157 v°).
4. « Messire Nicolo de Giresme, chevalier, grand prieur de France, IIIᶜ XXX l. en douze harnois complets à luy délivrez pour faire porter en l'isle de Rhodes. » — « Messire Ymbert de Beauvoir, chevalier de l'ordre de Saint-Jean de Jérusalem, IIᶜ LXXV l. pour ses despens retournant à Rhodes. » Ms. 685, f. 172 et 174.
5. Cette lettre, en date du 9 janvier 1451, rédigée par Æneas Sylvius, se trouve dans le *Spicilegium* de D. Luc d'Achery, t. III, p. 795.
6. Ms. latin 3127, f. 154 v°-57. Cette lettre a été mentionnée par le Dʳ Pastor, *l. c.*, t. II, p. 266, note 3.
7. Instructions du duc à Toison d'Or, citées plus loin.

faisan, où il s'engagea par un vœu solennel. Le 17 février, en prononçant ces paroles : « Je voue à Dieu, mon créateur, à la « glorieuse Vierge Marie et au faisan, que je ferai et entre- « tiendrai ce que je baille par écrit, » il remit un pli à son roi d'armes Toison d'Or (Jean le Fèvre, seigneur de Saint-Remy) : c'était l'engagement que, s'il plaisait au Roi d'entreprendre la Croisade et d'exposer son corps pour la défense de la foi chrétienne et de résister à la damnable entreprise du grand Turc, et s'il n'avait aucun empêchement de son corps, il le servirait en personne de sa puissance au saint voyage le mieux que Dieu lui en donnerait la grâce. Au cas où le Roi ne pourrait prendre les armes en personne et où il désignerait à cet effet un prince ou autre seigneur comme chef, il l'accompagnerait; alors même que le Roi n'irait ni enverrait, le duc s'emploierait avec les princes chrétiens qui entreprendraient le saint voyage, pourvu que ce fût du bon plaisir et congé de son seigneur, et que les pays que Dieu lui avait donné à gouverner fussent en paix et sûreté; et si durant le saint voyage il pouvait savoir ou connaître que le grand Turc eût volonté d'avoir affaire à lui corps à corps, il le combattrait à l'aide de Dieu tout-puissant et de sa très douce mère[1].

Tous les seigneurs de la cour du duc s'engagèrent par le même serment[2].

Le duc de Bourgogne, voulant répondre à la convocation de Frédéric III, fit aussitôt ses préparatifs pour se rendre à Ratisbonne; il envoya en même temps des ambassadeurs à l'empereur et au roi de Hongrie[3]. Avant de partir, il rédigea des instructions pour Toison d'Or, chargé de se rendre auprès du Roi; ces instructions étaient en date du 22 mars.

Le duc avait reçu la lettre du Roi en réponse à la communi-

---

1. Mathieu d'Escouchy, t. II, p. 160-62. Cf. le texte donné par M. Jules Finot, dans sa brochure : *Projet d'expédition contre les Turcs préparé par les conseillers du duc de Bourgogne Philippe le Bon* (Lille, 1890; gr. in-8°), p. 23.
2. Voir ces vœux dans Mathieu d'Escouchy, t. II, p. 168-222.
3. Ambassade de Frédéric de Meingherno et du héraut Fribourg à Frédéric III : 20 mars-13 mai 1454 (Archives du Nord, B 2017, f. 141 et 141 v°). — Ambassade de Pietro Vasque, Jacques d'Ostende, etc. à Ladislas : 20 mars-20 septembre (Id., ibid., f. 138 v° et 221 v°).

cation verbale qu'il avait chargé Antoine de Lornay de lui faire ; il en remerciait le Roi « tant et si très humblement que faire se pouvoit. » Toison d'Or avait mission de faire connaître au Roi le vœu que le duc avait fait à ce sujet, « lequel il désiroit accomplir, pourvu que ses pays, seigneuries et sujets fussent en sûreté pendant son voyage ; » il devait s'informer auprès du Roi de quelle façon ce prince entendrait garantir la sûreté durant son absence et lui notifier la réception de lettres de l'empereur convoquant le duc à la diète de Ratisbonne, où devaient se trouver tous les princes de l'empire, et où lui-même était convoqué à ce titre ; il avait charge de dire au Roi que le duc, tenant une partie de ses terres, pays et seigneuries de l'empire, et ayant une grande affection au bien de la matière, envoyait des ambassadeurs à la diète pour savoir ce qui y serait décidé ; car si l'empereur et d'autres princes chrétiens entreprenaient le saint voyage, le duc avait l'intention d'y aller en accomplissant son vœu ; enfin Toison d'Or devrait dire au Roi, s'adressant à lui en particulier, que le duc se proposait d'être en personne au rendez-vous donné par l'empereur, et demander qu'un sursis fût donné à l'exécution de l'arrêt rendu dans l'affaire du seigneur de Torcy contre le seigneur de Saveuse, qui accompagnait le duc en Allemagne [1].

Toison d'Or était porteur d'une lettre de créance pour le Roi ; cette lettre ne fut remise à l'ambassadeur que le 10 avril, à Noseroy, en Franche-Comté, quand déjà le duc était sur le chemin de l'Allemagne [2].

Charles VII répondit le 19 mai à cette communication ; il accordait, pour quatre années, le sursis demandé [3].

Le duc de Bourgogne était parti de Lille le 24 mars, à cinq heures du matin, avec un petit nombre de familiers. Il avait ordonné qu'après son départ fût publiée une ordonnance aux termes de laquelle il suspendait pour deux années le paiement des gages des officiers de son hôtel [4]. Le comte de Charolais

---

1. Instructions à Toison d'Or. Ms. fr. 5040, f. 87.
2. Copie du temps. Ms. fr. 5041, f. 20 ; éditée *Histoire de Bourgogne*, t. IV, *Preuves*, p. ccxv.
3. Copie du temps, ms. fr. 5041, f. 22.
4. Mathieu d'Escouchy, t. II, p. 213-15 ; Chastellain, t. V, p. 60.

était nommé lieutenant général en son absence. Les évêques de Toul et d'Arras, investis bientôt par le pape du titre de légats *a latere*, eurent mission de préparer la Croisade[1]. Le duc se rendit d'abord en Bourgogne, et de là gagna Ratisbonne, en traversant Berne, Baden, Zurich, Constance, Ravensburg et Ulm.

Partout celui qu'on appelait alors le « grand duc de l'Occident » fut accueilli avec enthousiasme ; on lui rendit plus d'honneur qu'on n'en eût témoigné à l'empereur lui-même : les habitants des villes se portaient à sa rencontre, aux cris de « Vive Bourgogne ! » portant des bannières à ses armes ; on le défrayait, ainsi que toute sa suite ; on le comblait de présents ; on le prenait pour arbitre des querelles ; les princes sollicitaient sa visite et venaient le saluer : c'est ainsi qu'il vit accourir au-devant de lui le comte Ulric de Wurtemberg, le duc Albert d'Autriche, et le duc Louis de Bavière[2].

Philippe dut éprouver quelque désappointement à son arrivée à Ratisbonne : il n'y trouva pas l'empereur qui, malgré sa promesse, n'avait pas jugé à propos de s'y rendre. Le Pape était représenté par un légat, l'évêque de Pavie ; la Savoie par des ambassadeurs ; l'Allemagne n'avait envoyé que deux des princes électeurs : le margrave de Brandebourg et le duc Louis de Bavière. Le roi de Hongrie Ladislas n'avait même pas de représentant. On dut se borner à promulguer un décret portant ordre à tous les pays d'observer la paix, et l'on invita l'empereur à convoquer une autre assemblée pour le jour de Saint-Michel, soit à Nuremberg, soit à Francfort. Le duc de Bourgogne ne voulut pas perdre l'occasion de manifester hautement ses intentions au sujet de la Croisade : il déclara qu'il était prêt à entrer en campagne à la tête de soixante mille hommes si les autres princes voulaient faire comme lui[3].

La nouvelle diète se tint à Francfort au mois d'octobre. Phi-

---

1. Voir le bref du Pape en date du vi des Ides de mars, Raynaldi, année 1455, § 2.
2. Mathieu d'Escouchy, t. II, p. 246 et suiv. Cf. Chastellain, t. III, p. 6.
3. Voir Pastor, t. II, p. 281 et 282, note 1.

lippe s'y fit représenter[1]. Bien que plus nombreuse que celle de Ratisbonne, elle n'aboutit qu'à la résolution d'envoyer, dans le courant de l'année suivante, trente mille hommes de pied et dix mille cavaliers au secours de la Hongrie ; d'ici là on préparerait en Italie l'envoi d'une flotte contre les Turcs[2].

Après la diète de Ratisbonne, le duc de Bourgogne n'avait pas tardé à reprendre le chemin de ses États. Une affaire importante et qui ne devait pas être sans influence sur ses relations avec Charles VII appelait son attention.

Le chroniqueur Mathieu d'Escouchy dit que, le 23 mars 1454, avant son départ pour l'Allemagne, le duc de Bourgogne avait fait les « convenances primes » du mariage du comte de Charolais avec sa cousine Isabelle, fille de Charles, duc de Bourbon, et d'Agnès de Bourgogne, laquelle était élevée à la cour de Bourgogne sous les yeux de la duchesse, et qu'un gentilhomme de l'hôtel du duc, Jean Boudault, avait été envoyé en Bourbonnais vers le duc et la duchesse pour demander leur agrément[3].

Le duc de Bourgogne avait longtemps attendu avant de donner à son fils une nouvelle épouse. Il rêvait de brillantes alliances au dehors, qui eussent favorisé ses ambitieux desseins : nous l'avons vu poursuivre un mariage avec Élisabeth d'Autriche, sœur de Ladislas[4] ; au moment même où une démarche était faite auprès du duc et de la duchesse de Bourbon, le duc négociait une alliance avec Anne de Saxe, fille de l'électeur Frédéric[5]. Philippe espérait sans doute profiter de son voyage à Ratisbonne pour conclure ce mariage, qui aurait eu

---

1. Ambassade de l'évêque de Toul, de Simon de Lalain, de Jean Lefèvre, etc., pendant deux mois à partir du 11 septembre. Archives du Nord, B 2017, f. 140 v° et 148 v° ; B 2020, f. 292 v°.
2. Pastor, l. c., p. 282-83.
3. Mathieu d'Escouchy, t. II, p. 212. — Olivier de la Marche (t. II, p. 390) et Jacques du Clercq (livre III, chap. xvi) disent même que le duc fit célébrer secrètement les fiançailles de son fils avec Isabelle, et le dernier rapporte (chap. xvii) les paroles que le duc aurait adressées au comte de Charolais, qui se montrait fort récalcitrant à l'endroit de ce mariage.
4. Voir t. IV, p. 253 et suiv.
5. Nous avons la mention d'*Arisamenta* en date du 25 mars 1454, précisant les conditions de ce mariage. Voir l'édition de Jacques du Clercq donnée par M. de Reiffenberg, t. I, p. 212.

pour lui une grande importance politique. Mais il dut bientôt abandonner son projet, et nous le voyons, aussitôt son retour en Bourgogne, se mettre en rapports avec le duc et la duchesse de Bourbon et les mander près de lui à Nevers[1].

Le duc de Bourbon, vieux et podagre, ne put se rendre à Nevers[2]; mais la duchesse y vint, en compagnie de sa belle-fille la comtesse de Clermont, fille de Charles VII. Le duc et la duchesse d'Orléans s'y trouvèrent également, sur une convocation du duc de Bourgogne[3]. Là, au milieu de fêtes, de divertissements, de représentations de mystères[4], furent discutées les conditions du contrat de mariage. Il s'agissait tout d'abord d'avoir le consentement du Roi : la comtesse de Clermont fut chargée de se rendre auprès de lui et d'obtenir son agrément. Mais de sérieuses difficultés ne tardèrent point à surgir. Le duc de Bourgogne voulait que le duc de Bourbon donnât en dot à sa fille la baronnie de Château-Chinon, qui était enclavée dans le duché de Bourgogne. Le duc de Bourbon, qui s'était montré au début très favorablement disposé[5], ne tarda point à changer d'attitude. Ses ambassadeurs refusèrent de consentir à la cession de Château-Chinon[6]. Après trois jours de pourparlers, on était au moment d'aboutir à une rupture. La duchesse de Bourbon alla, tout en larmes, trouver son frère, et passa six heures seule avec lui, « se désenflant de sa douleur, » suivant l'énergique expression du chroniqueur, « l'une fois par pleurs, l'autre

---

1. Mathieu d'Escouchy, t. II, p. 264; Chastellain, t. III, p. 7. Le 6 septembre, une lettre du duc est envoyée au duc et à la duchesse pour qu'ils viennent à Nevers communiquer avec lui sur matières secrètes (Archives du Nord, B 2017, f. 170). — Le 26 août, Hervé de Mériadec, écuyer d'écurie du duc, partait de Dijon pour se rendre près du Roi (B 2020, f. 184). Il s'agissait des affaires du Luxembourg : voir Chastellain, t. III, p. 11.

2. « Pour cause de sa maladie des gouttes dont il estoit povre martir. » Chastellain, p. 7.

3. Chastellain, l. c. Ils furent défrayés pendant leur séjour (Archives du Nord, B 2017, f. 131 v°).

4. Voir les extraits de comptes donnés par M. de Laborde, les Ducs de Bourgogne, t. I, p. 417-18.

5. Voir la lettre sans date, écrite par la duchesse de Bourbon à son frère, après la réception de Jean Boudault (Histoire de Bourgogne, t. IV, Preuves, p. ccxv) et les instructions données à Charles, sire de Culant, et Pierre d'Amboise, seigneur de Chaumont, ambassadeurs du duc (Archives, P 1357¹, cote 317).

6. Leurs instructions les autorisaient pourtant à céder la baronnie de Château-Chinon au comte de Charolais en réservant l'usufruit au duc de Bourbon sa vie durant.

fois par paroles piteuses¹; » elle ne put obtenir du duc qu'il abandonnât ses exigences. Les pourparlers demeurèrent suspendus. Peu après le duc reçut une lettre de son beau-frère : le duc de Bourbon déclarait qu'il ne pouvait abandonner ni Château-Chinon, ni Dombes, dont il avait été question ; il offrait ce qu'il avait donné à sa fille de Calabre, soit cent cinquante mille écus ; si le duc de Bourgogne voulait à toute force avoir des terres — ce qui ne s'était fait pour aucune fille de la maison de Bourbon — le duc offrait des biens provenant de la succession de sa tante de Villars, et, avec ces biens, une somme de cent mille écus².

Malgré l'obstination dont il avait fait preuve dans l'entretien avec sa sœur, Philippe le Bon était bien décidé à passer outre : il voulait que son fils fût marié avant d'entreprendre son lointain voyage, car il craignait que, en son absence, la duchesse de Bourgogne ne négociât quelque alliance en Angleterre et que le comte de Charolais ne s'y prêtât. Il avait sollicité secrètement une dispense de Rome : il résolut de brusquer les choses. Le duc fit partir à franc étrier un de ses échansons, Philippe Pot, avec charge d'aller trouver le comte de Charolais et de lui enjoindre d'épouser incontinent Isabelle, sans contredit, car il le voulait ainsi, et de ne différer, pour mère ou autre cause quelconque, d'obéir à ses ordres. Philippe Pot était porteur d'une lettre du duc pour son fils, écrite de sa propre main, et contenant ses instructions.

Cependant Charles VII voyait avec peine la rupture du mariage : lui aussi redoutait une alliance moins favorable aux intérêts de sa couronne. Le duc d'Orléans était venu, en compagnie de la duchesse sa femme, le trouver à Romorantin pour le mettre au courant de ce qui s'était passé à Nevers et solliciter son intervention. Charles VII se décida à agir³. Il écrivit au duc de Bourgogne que, en se refusant à céder la baronnie

1. Chastellain, t. III, p. 9-10.
2. Lettre du 20 septembre 1454, dans les *Preuves de l'Histoire de Bourgogne*, t. IV, p. CCXIV.
3. Le duc d'Orléans écrivit le 18 octobre au duc que le Roi lui avait fait très bon accueil. Lettre visée dans une lettre du duc de Bourgogne au duc d'Orléans en date du 28 novembre. Ms. fr. 5041, f. 18.

de Château-Chinon, et en alléguant les engagements pris envers le Roi lors du contrat de mariage de Jeanne de France avec le comte de Clermont, le duc de Bourbon n'avait nullement cherché un prétexte de rupture et n'avait fait que se conformer à la réalité des choses; le Roi, d'ailleurs, ne lui aurait pas permis d'aliéner Château-Chinon qui, à défaut d'héritier mâle, devait faire retour à la Couronne. Mais le duc de Bourgogne ne devait point pour cela rompre la négociation relative au mariage; le Roi lui envoyait un de ses conseillers pour l'entretenir de cette affaire et s'employer à la mener à bien[1].

Jean du Mesnil-Simon, bailli de Berry, partit aussitôt pour Dijon, où se trouvait alors le duc, avec mission de lui demander de procéder au mariage projeté, « sans venir ni à convoitise ni à autre chose, fors à l'honneur de Dieu et de commune utilité, car il avoit de Dieu des biens largement et assez. » Le Roi faisait dire au duc qu'il envoyait en même temps vers le duc de Bourbon, car il avait la besogne fort à cœur[2].

Le duc de Bourgogne répondit à l'ambassadeur qu'il remerciait humblement le Roi du soin qu'il prenait; véritablement il n'avait pas tenu à lui que tout ne fût accompli; mais il s'y était bien employé et s'y emploierait encore, pour l'honneur du Roi et pour l'honneur de la comtesse de Clermont.

Pendant ce temps, Philippe Pot chevauchait, « battant et à l'emblée, » pour remplir la mission que son maître lui avait donnée. Le bailli de Berry était à Dijon depuis huit à dix jours, bien festoyé, attendant la réponse officielle qui devait lui être remise, quand revint l'échanson du duc. Il apportait la nouvelle que tout s'était passé conformément aux instructions du duc: le mariage avait été célébré, et les époux avaient été réunis, « en merveilleuse et grande admiration du monde d'un cas aussi soudain[3]. »

---

1. Lettre du 17 octobre. Archives de la Côte-d'Or, B 300; copie dans le ms. fr. 1628, f. 701. Voir aux *Pièces justificatives*.
2. Chastellain, t. III, p. 21. — Les comptes de Mathieu Beauvarlet mentionnent plusieurs voyages de Blain Loup, seigneur de Beauvoir, sénéchal d'Auvergne, vers le duc de Bourbon (Ms. 685, f. 181 v°).
3. Chastellain, t. III, p. 21-25. Cf. Olivier de la Marche, t. II, p. 401, et Jacques du Clercq, livre III, ch. XVIII.

Le duc fit venir l'ambassadeur du Roi. « Or ca, bailli, lui
« dit-il, le Roi vous a envoyé par devers moi pour une telle
« chose dont je le mercie humblement de quoi il lui plaît
« prendre tel soin. Je vous ai dit que je penserois dessus et
« m'y emploierois volontiers sans nulle fiction ; vous désirez
« bien à en avoir réponse. Voici quelqu'un qui vient de Flandre
« tout prestement : demandez lui des nouvelles, et oyez ce
« qu'il vous dira. » — « Quelles nouvelles, Monseigneur, » demanda le bailli en s'adressant à Philippe Pot, « nous portez
« vous de par de là ? S'il vous plaît, dites nous en. — Par ma
« foi, Monsieur le bailli, » répondit le chevalier en riant, « les
« plus grandes nouvelles que j'y sache sont que Monseigneur
« de Charolais est marié — Marié, et à qui? — A qui? A sa
« cousine germaine, la nièce de Monseigneur que voici. » Le
duc, pendant ce colloque, rioit à pleine bouche. — « Comment,
« diable, s'écria le bailli, voici le plus terrible personnage dont
« oncques homme ouït parler ; et est-il certainement vrai ? —
« S'il est vrai ? reprit le chevalier. Il doit bien être vrai, et pour
« preuve qu'ils ont couché ensemble, et fait et parfait les noces
« à leur droit. » — « Sy se commença le bailli (poursuit Georges
Chastellain, auquel nous devons ce récit) à signer d'amiration
qu'avoit et voioit en ce mistère ; et ne sçavoit à quoy tourner
son sens, ou à rire avec les deux autres, ou à soy ruer à genoux devant le duc en glorification de l'œuvre. Fit toutesvoies
les deux personnages, et rendoit graces au duc du cas pour et
au nom du Roy, et en sa personne rioit avecques les autres de
la menée que jamais n'eust pensée[1]. »

La nouvelle qu'apportait Philippe Pot ne tarda pas à parvenir à Moulins : la nouvelle comtesse de Charolais s'empressa
d'envoyer vers son père et sa mère pour leur annoncer que son
mariage était célébré. Loin de se montrer courroucés de la
liberté prise par leur fille, ils joignirent les mains en pleurant
de joie et rendirent grâces à Dieu. Le duc de Bourbon fit
repartir aussitôt ses ambassadeurs pour porter au duc ses
remerciements et lui faire en son nom don et transport de la

1. Chastellain, t. III, p. 25-26.

châtellenie de Château-Chinon[1]. Les choses ne traînèrent pas : c'est le 30 octobre que le mariage avait eu lieu[2] ; le 12 novembre, tous les actes étaient passés à Moulins en bonne et due forme et le contrat de mariage signé[3].

L'alliance du comte de Charolais avec une maison qui tenait de si près au trône semblait devoir être une garantie de bon accord entre les branches de la maison royale. Cet accord s'imposait d'autant plus que de nouveaux périls menaçaient le royaume du côté de l'Angleterre.

Au mois d'août 1453, Henri VI avait soudainement perdu la raison. Une réaction s'en était suivie dans les conseils de la Couronne. Le duc de Somerset, accusé de trahison, avait été enfermé à la tour de Londres ; en vain la Reine avait revendiqué le pouvoir : au mois de février 1454, le Parlement avait donné la lieutenance au duc d'York.

Charles VII paraît avoir voulu profiter de cette situation pour forcer les Anglais dans leurs derniers retranchements. Une expédition sur les marches de Calais fut entreprise le jour de Noël 1453[4]. Peut-être y en eut-il d'autres dirigées de ce côté[5]. Ce n'étaient là, d'ailleurs, que les préliminaires d'une attaque en règle contre Calais, qui ne fut point tentée. Les Anglais faisaient bonne garde et s'imposaient les plus lourds sacrifices pour mettre cette place à l'abri d'un siège[6]. Une tentative fut faite sur un autre point : au mois de mai 1454, une

---

1. Chastellain, t. III, p. 27. — Déclaration du duc et de la duchesse de Bourbon en date du 6 novembre. Archives de la Côte-d'Or, B 300 ; ms. fr. 4628, f. 703.
2. Cette date est donnée par Jacques du Clerq (livre III, chap. XVII) ; Mathieu d'Escouchy dit (t. II, p. 270) : la nuit de la Toussaint. Chastellain donne (t. III, p. 23) celle du premier dimanche de carême, qui est inadmissible.
3. Archives de la Côte-d'Or, B 300 ; Archives nationales, P 1361, cote 1322, et J 251, n° 40 ; Collection de Bourgogne, 70, f. 60, et 110, f. 213 ; Ms. fr. 4628, f. 701.
4. Mathieu d'Escouchy, t. II, p. 268. — La date est fixée par des lettres de rémission du mois de juin 1454. Archives, JJ 181, n° 451.
5. Voir *Proceedings and ordinances*, t. VI, p. 174-176 ; Stevenson, t. II, p. 501. Au mois d'avril 1454, une flotte de navires castillans était à l'embouchure de la Seine. (Ms. fr. 4054, f. 166.) On lit dans un état des aides ordonnés pour le fait de la guerre en 1454-1455 : « A plusieurs maistres de navire d'Espagne sur neuf mille livres à quoy le Roy a composé avecques eulx, mille livres » (Document publié par P. Clément, *Jacques Cœur et Charles VII*, t. II, p. 423). Peut-être cette démonstration navale se rattachait-elle à un projet d'attaque sur Calais.
6. Voir Gairdner, Introduction aux *Paston Letters*, t. I, p. CIII et CIX.

expédition fut entreprise contre les îles de Jersey et de Guernesey ; s'il en faut croire les bruits répandus alors en Angleterre, le corps d'armée qui débarqua dans ces îles fut repoussé par les habitants avec une perte de cinq cents hommes tués ou faits prisonniers [1].

L'arrivée du duc d'York au pouvoir ; sa nomination comme protecteur à la date du 27 mars, semblent avoir été le signal d'une prise d'armes contre la France. Le duc — si nous pouvons employer le langage d'aujourd'hui — représentait le parti de la revanche. Au mois de juin 1454, une descente des Anglais sur les côtes de France était imminente. Les craintes, à cet égard, furent si vives que nous voyons Charles VII, par lettres du 5 août, convoquer le ban et l'arrière-ban dans ses provinces du sud-ouest, pour résister aux Anglais qui menaçaient les côtes de la Saintonge et de la Guyenne [2]. Dans le courant d'août des rapports sont adressés au Roi sur les mouvements de l'ennemi : on lui annonce que l'armée anglaise est sur la mer [3]. Durant toute l'année, la situation reste menaçante [4].

Mais les événements prirent bientôt une tournure plus favorable. Vers la fête de Noël, Henri VI, comme s'il fût sorti d'un long assoupissement, recouvra la raison. Un fils lui était né dans l'intervalle. Quand la reine Marguerite le présenta à son époux : « Quel est son nom ? » demanda-t-il. — « Édouard, » répondit la reine. — « Dieu soit loué ! » s'écria-t-il en levant les mains

---

1. *Paston Letters*, t. I, p. CIX, 289 et suiv.
2. Archives, K 69, n° 13.
3. Le 21 août 1454, Jean Havart, bailli de Caux, donne quittance de 74 l. t. pour avoir été, par ordre du comte de Dunois, de l'archevêque de Narbonne et d'autres gens du Conseil étant en Normandie, après Guillaume de Menypeny, à Pressigny en Touraine vers le Roi « lui porter nouvelles de l'armée d'Angleterre, lors estant sur la mer. » Ms. fr. 26082, n° 6721. Voir lettres patentes du Roi des 7 mai et 28 novembre 1454 (*Chartes royales*, XVI, n° 282) ; lettre missive du 10 juillet, aux *Pièces justificatives* ; lettres des généraux des finances des 30 septembre 1454 (*Pièces originales*, 1390 : GRAND (le), dossier 31313, n° 27) et 20 février 1455 (Archives, K 69, n° 154-3).
4. On lit dans des lettres de Charles VII du 28 novembre : « Comme la saison d'esté derrenièrement passée, pour resister aux entreprinses des Angloys nos anciens ennemis, lesquelx se misdrent audit temps à grant puissance et armée sur la mer, et avoyent fait publier et estoit voix et comme renommée qu'ils descendroient en plusieurs et diverses contrées de nostre royaume, comme Picardie, Normandie, Poictou, Xaintonge et Guienne... » *Chartes royales*, XVI, n° 288.

au ciel; « jusqu'à ce jour, je n'ai eu nulle connaissance de tout ce qui s'est passé[1]. » Le protectorat du duc d'York prit fin aussitôt. Le duc de Somerset fut élargi sous caution, et, dans un conseil tenu par le Roi à la date du 4 mars, il fut déchargé de l'accusation de déloyauté intentée contre lui. Mais le duc d'York prit les armes. Vainqueur à Saint-Alban, où son rival trouva la mort, il entra à Londres en triomphe, traînant à sa suite le malheureux Roi, qu'une telle secousse replongea dans son état d'imbécillité. Le duc d'York redevint protecteur[2].

On comprend que, au milieu de semblables alternatives, Charles VII hésitât à s'engager dans une entreprise telle que la croisade contre les Turcs.

Au mois de décembre 1454, il reçut, à ce sujet, une nouvelle ambassade du duc de Bourgogne[3]. Simon de Lalain présenta, au nom de son maître, l'exposé de ce qui avait été fait dans les diètes de Ratisbonne et de Francfort et des résolutions prises. Conformément à ces résolutions, le duc, voulant prendre en main la défense de la foi catholique et résister à son pouvoir aux entreprises des Turcs, ennemis de la foi, avait l'intention de se mettre en armes et de s'employer en personne, avec nombre de ses sujets, à la guerre contre le Turc; pour ce faire, il lui était besoin de lever dans les terres qu'il tenait du royaume une certaine quantité de gens, tant nobles que autres, à raison d'un homme d'armes par soixante feux et d'un homme de trait par trente feux; le Pape avait autorisé la levée d'un dixième sur les gens d'église dans les pays du duc; le duc se proposait en outre de demander une aide à ses sujets[4]. Si quelque empêche-

---

[1]. « And, on the Moneday after noon the Queene came to him, and brought my Lord Prynce with her. And then he askid what the Princes name was, and the Queen told him Edward; and than he hild up his hands and thankid God therof. And he seid he never knew till that tyme, nor wist not what was seid to him, nor wist not where he had be whils he hath be seke till now. » Lettre du 9 janvier 1455, dans *Paston Letters*, t. 1, p. 315.

[2]. Voir Gairdner, Introduction aux *Paston Letters*, p. CXVIII et suiv.

[3]. Ambassade de Simon de Lalain, du 30 novembre 1454 au 1er janvier 1455. Archives du Nord, B 2020, f. 260.

[4]. Le duc ne paraît pas avoir attendu l'autorisation du Roi pour demander de l'argent à ses sujets. En 1454, les États du duché de Bourgogne, réunis à Dijon, lui avaient accordé une aide de 60,000 fr. Les états du comté de Bourgogne avaient été réunis à Sa-

ment était apporté à l'exécution de ces mesures, ce pourrait être la ruine de l'entreprise. L'ambassadeur avait donc mission de solliciter l'agrément du Roi; il lui demandait qu'il lui plût de donner congé à son maître d'aller combattre les infidèles, d'autoriser les seigneurs du royaume qui voudraient l'accompagner à se mettre en armes, de prendre en sa garde et protection son fils le comte de Charolais, ses pays et seigneuries comme les siens propres, et de l'avoir en sa bonne grâce et « en ses bonnes dévotions et prières; » il demandait en outre que le bon plaisir du Roi fût de mander aux gens de son Parlement, au cas où certains seigneurs, gens d'église, nobles ou autres sur qui le dixième serait levé, refuseraient de le payer et en appelleraient au Parlement, que leurs appellations ne fussent point reçues[1].

Charles VII reçut Simon de Lalain avec honneur et le fit festoyer par les plus grands seigneurs de sa cour. Après l'avoir gardé quelque temps, il lui donna « toute honorable réponse, » et annonça le prochain envoi d'une ambassade au duc pour traiter plus à fond de cette matière, qui « était de grand poids[2]. »

Sur ces entrefaites une conférence fut tenue à La Charité (9-11 février 1455), entre le duc d'Orléans et son conseiller Jean, seigneur d'Amancier, d'une part, et le chancelier de Bourgogne et l'évêque de Chalon, d'autre part. On y examina longuement ce qu'il y avait à faire pour aboutir à un prompt résultat. Il fut décidé que le duc d'Orléans irait trouver le Roi pour le presser d'envoyer vers le duc qui, après avoir fait réunir à Salins les États du comté de Bourgogne afin d'obtenir une aide, avait repris le chemin de la Flandre. Le duc devait solliciter l'envoi de cette ambassade avant la Mi-Carême. Une fois la réponse du Roi reçue, le chancelier de Bourgogne, en

---

lins et les états d'Artois avaient voté 43,000 l. avec cette réserve que, si le duc ne marchait pas contre les Turcs, cette somme ne serait point payée. Cf. *Histoire de Bourgogne*, t. IV, p. 286; Chastellain, t. IV, p. 10.

1. Nous avons résumé la charge donnée à Simon de Lalain d'après les lettres du Roi en date du 5 mars, citées plus loin, les instructions à Jean le Boursier en date du 6 mars et la *Chronique* de Georges Chastellain, t. III, p. 14-15.

2. Chastellain, p. 15.

compagnie de l'évêque de Chalon et d'autres conseillers du duc, se rendrait auprès du Roi, si c'était son bon plaisir, pour se trouver à l'assemblée des seigneurs, tant ecclésiastiques que séculiers, convoquée par le Roi, où l'on devait en même temps s'occuper des affaires d'Angleterre[1].

Le duc d'Orléans se rendit aussitôt à Mehun-sur-Yèvre auprès du Roi. Le conseil fut assemblé pour délibérer sur la matière ; elle était d'une haute importance et soulevait de graves difficultés. On discuta longuement. Enfin on s'arrêta à la conclusion suivante : « Nonobstant les raisons, doutes et difficultés ci-dessus exposés, le Roi, qui est le prince appelé Très chrétien, pour honneur et révérence de Dieu et le désir et affection qu'il a à la défense du peuple chrétien, aussi pour l'amour et faveur de monseigneur de Bourgogne, connaissant le haut et saint propos où il est voulant exposer en si digne œuvre sa personne, noblesse et chevance, et lequel propos redonde à l'honneur et grande exaltation de la maison de France dont il est descendu, est content d'accorder à monseigneur de Bourgogne ce qu'il demande[2]. » Mais il convenait de prendre toutes les précautions commandées par les circonstances, afin qu'aucun inconvénient ne pût advenir au royaume ni à lui : aussi le Roi devait-il envoyer une ambassade au duc de Bourgogne pour lui présenter ses observations à ce sujet. Jean Le Boursier, seigneur d'Esternay, fut désigné pour se rendre près du duc, en compagnie de Jean d'Amancier.

Les instructions remises à ces ambassadeurs portent la date du 6 mars 1455. Le Roi approuvait les résolutions prises dans les assemblées de Ratisbonne et de Francfort, et se montrait satisfait que le duc participât à l'entreprise en ce qui concernait les terres relevant de l'empire. Quant au voyage du duc, à la levée d'une armée et au dixième, le Roi déclarait qu'il serait très joyeux que le duc fût accompagné comme il appartenait, car l'honneur en reviendrait à la maison dont il était issu. L'entreprise était très honorable et digne de grande recom-

1. « Appointement de La Charité, » dans le ms. fr. 5041, f. 52.
2. Cette réponse est donnée dans les Instructions aux ambassadeurs du Roi. *Histoire de Bourgogne*, t. IV, *Preuves*, p. ccxvi.

mandation, bien que le grand prix et autorité de la personne du duc, si proche parent du Roi et l'un des princes du royaume, qui pouvait s'employer à la défense de la chose publique, rendît son éloignement bien difficile, surtout en si lointaine région; mais il fallait considérer avant tout la grandeur de l'œuvre et le bien qui en résulterait.

En même temps le Roi faisait valoir les considérations dont le duc devait tenir compte avant de donner suite à son projet.

La résolution relative au voyage a été prise à Francfort par l'empereur et par le Conseil de l'empire. Or le Roi, comme chacun sait, est empereur en son royaume et n'est tenu à s'incliner devant aucunes délibérations prises en Allemagne ou en d'autres régions étrangères, pour quelque cause que ce soit : mettre à exécution de semblables résolutions en son royaume, sans son autorité, serait déroger aux droits royaux et impériaux qui lui appartiennent à cause de la couronne de France. Le Roi sait, d'ailleurs, que le duc, qui est issu de sa maison, ne le voudrait entreprendre, mais que, au contraire, il l'empêcherait de tout son pouvoir, car ce serait également à son préjudice et à celui de tous les autres princes et sujets du royaume.

Le voyage du duc sera, pour le royaume, un grand affaiblissement de la noblesse et une diminution de ressources ; en quoi le Roi, qui est souverain et père de la chose publique de tout le royaume, a grand intérêt et doit bien avoir égard.

Néanmoins le Roi, ne voulant point que, faute de l'aide, tant de gens que d'argent, que le duc veut avoir, sa bonne et louable entreprise ne soit entravée ou retardée, a, libéralement et de sa grâce spéciale, donné au duc pouvoir de lever partie de son armée dans les terres et seigneuries qu'il tient du royaume et de faire appel aux nobles et autres gens de guerre qui le voudront accompagner, comme aussi de faire lever sur les gens d'église le dixième accordé par le Pape et l'aide que ses sujets lui voteront : il a commandé pour cela des lettres patentes, lesquelles seront présentées par ses ambassadeurs au duc.

Les ambassadeurs recommanderont au duc de bien aviser et tellement pourvoir à la garde et sûreté des terres et seigneuries qu'il tient dans le royaume, lesquelles, comme chacun sait, sont en frontière des Anglais, qu'aucun inconvénient n'en puisse advenir.

A la suite de la conférence tenue à la Charité, le duc d'Orléans avait été chargé de demander au Roi ce qui s'était négocié avec le seigneur de Faucomberge, venu à sa Cour : les ambassadeurs devaient répondre à ce sujet que ce seigneur, prisonnier à sa requête, avait fait de lui-même plusieurs ouvertures relativement à certains bons moyens d'appointement entre les royaumes de France et d'Angleterre, et qu'aucune négociation n'avait été encore entamée à ce sujet. Quand il y aurait quelque chose touchant le bien du royaume, le Roi ne manquerait pas d'en aviser le duc[1].

Dès le 4 mars, le Roi avait écrit au chancelier de Bourgogne pour lui exprimer sa satisfaction du bon vouloir qu'il témoignait en ce qui concernait ses affaires et lui annoncer l'envoi de son ambassade[2]. Le 5, il avait donné les lettres patentes par lesquelles il autorisait la levée du dixième et l'imposition d'une aide sur les sujets du duc[3].

On était alors persuadé que le duc de Bourgogne ne tarderait point à mettre ses projets à exécution. Déjà il avait fait appel à sa noblesse. On disait que, si le duc partait, Charles VII lui fournirait cinquante lances à ses propres frais. On se réjouissait de voir le Roi et le duc en si bonne intelligence. Le bruit courait que des ambassadeurs du roi d'Angleterre étaient venus solliciter la conclusion d'une trêve de vingt années, et l'on disait que le légat du Pape s'employait activement à atteindre ce résultat[4].

L'ambassade royale joignit le duc de Bourgogne à Bruges dans les derniers jours d'avril. Jean Le Boursier présenta ses lettres de créance et fit l'exposé de sa charge : le Roi regrettait l'éloignement du duc; tout en louant le noble courage qui lui

---

1. *Histoire de Bourgogne*, t. IV, *Preuves*, p. ccxvii-xix.
2. Lettre mentionnée dans la réponse de Nicolas Rolin en date du 16 avril. Ms. fr. 5011, f. 32.
3. Original, Archives de la Côte-d'Or, B 11882 ; éd. *Histoire de Bourgogne*, t. IV, *Preuves*, p. ccxv.
4. Dépêche de Raymond de Marliani, ambassadeur du duc de Milan, en date du 5 mars 1455. Archives de Milan, *Dominio Sforzesco*, janvier-juillet 1455.

faisait entreprendre ce saint voyage, il en redoutait les périls ; il ne voulait point l'en détourner ; toutefois il ne pouvait, par vertu du sang, taire les grands dangers qui pouvaient en résulter, en particulier pour le duc, en raison de son âge. « Si estoit, dit l'historiographe bourguignon, belle chose à oyr ce que ce chevalier cy disoit et remonstroit de la part du Roy à ce prince droit et qui y entendoit soigneux ; et mesmes le chevalier, qui moult gracieux homme estoit et de bonne nature, par la vertu des paroles à luy chargées et par l'affabilité du personnage que vit devant luy si reverent, avecques la production des mots, plusieurs fois fondit en larmes que ne pooit restraindre, remonstrant en outre au duc que tout ce qu'il y avoit fait requerir par messire Simon de Lalaing, le Roy le lui accordoit liberalement et s'y voudroit emploier de tout son povoir[1]. »

Pendant que Le Boursier et d'Amancier étaient à Bruges, Charles VII reçut la visite de Jean de Croy et du bâtard de Saint-Pol. Ces deux chevaliers, sans aucune mission officielle, venaient le saluer avant de partir pour la Croisade. Ils trouvèrent encore à la cour Simon de Lalaing qui, après avoir obtenu la réponse qu'il avait fait transmettre au duc, attendait l'expédition d'autres affaires. Croy et le bâtard de Saint-Pol furent accueillis avec empressement. Le Roi loua fort le dessein du duc de Bourgogne et exprima le regret que les affaires de son royaume ne lui permissent pas de prendre part à la Croisade[2].

Jean Le Boursier et Jean d'Amancier ne séjournèrent pas longtemps à la cour du duc : le 27 mai 1455, ils étaient de retour près du Roi[3] ; ils rapportaient une lettre du chancelier Rolin, où il exprimait au Roi la satisfaction que le duc avait éprouvée à la réception des ambassadeurs. Ils ne tardèrent pas à être suivis par le chancelier et le seigneur de Croy, qui arrivèrent à Bourges en grand appareil avec une suite de trois

---

1. Chastellain, t. III, p. 30-37.
2. Id., ibid., p. 15-17.
3. Cette date nous est fournie par une annotation de la lettre de Nicolas Rolin. Ms. fr. 5041, f. 32.

à quatre cents chevaux; ils y trouvèrent le duc d'Orléans, qui les conduisit au château de Bois-Sire-Amé, où le Roi se trouvait alors. Le duc fit la présentation. Les ambassadeurs s'agenouillèrent; le Roi les fit aussitôt se lever et les emmena dans une petite chambre où, en présence de quelques membres du Conseil, ils exposèrent leur charge. Le duc suppliait le Roi de prendre en sa garde tous ses pays pendant qu'il serait au voyage de Turquie; il demandait que son plaisir fût de lui remettre la bannière de France, avec gens et argent pour fournir son expédition. Le Roi répondit en personne. Si le duc voulait remettre entre ses mains les villes de la Somme et lui envoyer son fils, le comte de Charolais, durant son absence, le Roi le laisserait jouir de tous les profits de ces villes et s'acquitterait de garder son fils et ses pays comme les siens propres; quant à la bannière, aux gens et à l'argent, il n'était pas délibéré de le faire, car il était toujours en garde du côté de ses anciens ennemis d'Angleterre[1].

Cette réponse ne résulte pas de documents officiels; elle nous est fournie par Mathieu d'Escouchy. Chastellain est muet à cet égard; mais il nous rapporte d'autres paroles de Charles VII qui, sans doute, furent dites à ce moment. « Le Roy sentant la fame et grant voix qui couroit en ce royaume que son beau frère le duc de Bourgongne devoit prestement partir pour aller au saint voiage de Turquie, et qu'à ce faire il se preparoit tout et disposoit en toute diligence, certes moult lui commença à attendrir le cœur et à doloir de le perdre sans qu'onques une seule fois ne l'avoit pu voir de vif œil. Sy regrettoit durement son eslonge (éloignement) et la plaignoit fort, tant pour la glorieuse fame qui estoit en luy comme pour vertu du prochain sang qui s'acquittoit en droiture. Sy me fut recordé alors qu'à ceste cause un jour, parlant de luy et sur ces termes, il dist: « Saint Jehan! Saint Jehan! beau frère « de Bourgongne s'en va en Turquie. Ce poise moy, Saint « Jehan! C'est le plus honoré prince qui vive; il doit beaucoup « à Dieu. Si je l'avoie vu une fois, j'en morroie plus aise, saint

---

1. Mathieu d'Escouchy, t. II, p. 312-13.

« Jehan! saint Jehan! et premier que je ne le voie, je lui en-
« voieray ainchois beau fils Charles en ostage ; car, s'il s'en
« va, il pend en grant aventure si jamais j'y receuvre, ne luy
« aussi[1]. »

La mission du chancelier et du premier chambellan n'avait pas uniquement pour objet l'affaire de la Croisade : ils devaient s'occuper des questions litigieuses qui n'avaient cessé d'être agitées entre les chancelleries de France et de Bourgogne, et qui furent longuement discutées ; il serait fastidieux de nous étendre sur ces longs mémoires que nous avons si souvent rencontrés et dont l'analyse remplirait inutilement bien des pages[2].

Les ambassadeurs firent un long séjour à la Cour de Charles VII. La présence d'aussi notables représentants du duc de Bourgogne était un gage de bonne entente entre le Roi et le duc. Philippe avait besoin d'être tranquille du côté de la France pour l'exécution de ses desseins ; il s'occupait de la levée des deniers pour la Croisade, et se rendit en Hollande où il assembla les États pour leur demander leur concours. La guerre d'Utrecht devait l'y retenir longuement. C'est là qu'il reçut du Pape, au mois de juillet 1456, la bannière de la Croisade. En la prenant, « révéremment et avec grande humilité, » des mains des ambassadeurs de Calixte III, il protesta de la ferme volonté où il était toujours d'entreprendre le saint voyage[3]. Mais le temps devait s'écouler sans que le vœu si solennellement fait par le duc reçût son accomplissement.

Quant à Charles VII, il fut également sollicité par Calixte III de prendre part à la Croisade[4], et reçut la rose d'or, ce présent solennel que chaque année, le quatrième dimanche de Carême, le Pape envoyait à un souverain recommandable par son zèle pour la foi chrétienne[5]. Au mois d'août de l'année précédente,

1. Chastellain, t. III, p. 31-32.
2. Voir les réponses faites aux requêtes des deux ambassadeurs, qui contiennent vingt-six articles, et portent les signatures de Jean Le Boursier, Doriole, Danvet et Le Fèvre. *Histoire de Bourgogne*, t. IV, *Preuves*, p. CCXIX-XXII.
3. Chastellain, t. III, p. 117.
4. Raynaldi, année 1456, §§ 3 et 13.
5. *Idem*, année 1457, § 51.

un ancien conseiller de l'empereur Constantin XII, venu en
Europe pour solliciter les princes chrétiens de prendre les
armes contre les Turcs, s'était rendu au château de Bridoré
pour lui exposer sa requête. Nicolas Agalo s'était d'abord arrêté à Venise; de là il avait été trouver l'empereur Frédéric III,
qui l'avait engagé à se rendre près du roi de France, et ensuite
près du roi d'Angleterre. Charles VII lui fit bon accueil. Il
avait donné plus d'une marque de sa bienveillance à des proscrits de Constantinople, venus en France pour chercher un
refuge [1]; il envoya le chevalier grec vers le cardinal d'Estouteville, qui se trouvait alors à Rouen. Le cardinal engagea Nicolas Agalo à passer en Angleterre, où il trouverait l'archevêque
de Ravenne, chargé d'une mission du Pape [2]. Après un long
séjour dans ce pays, où il ne rencontra que peu de sympathie, il
revint vers le Roi, au mois d'avril 1455. Déjà, par lettres, il
lui avait fait part du peu de succès de son voyage : les Anglais étaient en proie à des divisions qu'il fallait du temps
pour pacifier; en outre, ils étaient fort éloignés de toute idée
de pacification avec la France et ne songeaient qu'à prendre
leur revanche. Agalo présenta un projet, aux termes duquel
le Roi devrait envoyer une armée et employer à la fois le
Dauphin, le duc de Bourgogne et le duc de Calabre; il ferait
appel au duc de Milan et aux républiques de Venise et de Florence. Le Roi fit examiner le projet et chargea son chancelier
d'y donner réponse, à la date du 7 mai 1455 [3]. Les demandes
étaient dignes de grande louange : Agalo faisait son devoir
comme bon et vertueux chevalier, et tout bon chrétien devait
lui en savoir gré. Mais, ainsi qu'il l'avait rapporté, les Anglais
persistaient dans leur mauvais vouloir de porter dommage

1. Compte de 1453-54 : 68 l. 15 s., en aumône à un chevalier de Constantinople
« qui a perdu tout le sien à la prise de Constantinople; » 55 l. à deux écuyers grecs
familiers de l'empereur; 55 l. à deux autres, « en pitié de ce qu'ils ont tout perdu à la
prise de Constantinople, » etc., etc. Cabinet des titres, 685, f. 175, 175 v°.
2. On lit dans le même compte (f. 175 v°) : « Messire Manoli Agalo, chevalier du
pays de Grèce, LXVIII l. XV s. en aumosne. »
3. Cette réponse fut donnée dans une séance du Conseil où se trouvait Thomas le
Franc, le médecin grec du Roi. — Nous trouvons dans le compte de 1453-54 (ms. 685,
f. 175), la mention suivante : « François le Franc, du pays de Grèce, neveu de Thomas
le Franc, médecin du Roy, LXVIII l. XV s. pour aler à la guerre contre le grant
Turcq. »

au royaume et de l'envahir; il était donc nécessaire au Roi, auquel en appartenait la défense, de veiller à sa sûreté et de préserver ses sujets de toute attaque. Le Roi avait témoigné de son bon vouloir en faveur de la défense de la foi contre le Turc; il avait gardé longtemps le cardinal d'Estouteville, dans l'espoir que, par son intervention et celle de l'archevêque de Ravenne, on pourrait arriver à une paix avec l'Angleterre afin de faciliter les voies à une croisade. En outre, bien qu'il fût dans la nécessité d'entretenir tous ses sujets en état de résister aux Anglais, si ceux-ci voulaient lui nuire, il avait autorisé le duc de Bourgogne à entreprendre une expédition et à emmener en sa compagnie les nobles et autres gens de guerre de ses pays, qui forment une des plus grandes et plus puissantes parties du royaume, et de plus à lever un décime sur les gens d'église et à demander une aide à ses sujets. Si le Roi, à la tête de sa puissance, prenait son chemin pour aller combattre le Turc, laissant son royaume non pacifié et ses sujets sans repos ni sécurité, il s'ensuivrait premièrement la destruction de ses sujets et la perte de son armée, ainsi que de celle des autres nations chrétiennes qui l'assisteraient, et par conséquent l'exaltation du Turc et le dommage de la chrétienté. Le plus grand désir que le Roi pouvait avoir était de voir de son temps la confusion des ennemis de la foi chrétienne. Une fois les choses bien disposées et son royaume et ses sujets en bon repos et sécurité, il s'y emploierait tellement que Dieu, notre Saint-Père et tous les bons chrétiens connaîtraient par effet le bon vouloir qu'il avait toujours eu [1].

Ainsi, du côté de la France comme du côté des autres États chrétiens, nulle chance favorable ne se présentait pour une expédition contre les Turcs : la chrétienté se trouvait désarmée en présence de la puissance musulmane triomphante.

On raconte que quelques années auparavant, un saint homme était venu trouver Charles VII et lui avait parlé en ces termes : « Dieu, désirant le relèvement de la chrétienté foulée, a résolu

---

[1]. *Fragment d'un registre du grand conseil*, dans la collection du Languedoc, vol. 182 ; publié par M. Noël Valois (Paris, 1883, extrait de l'*Annuaire-Bulletin de la Société de l'histoire de France*), p. 11-14 et 20-21.

« de faire de Votre Majesté, comme étant le Roi très chrétien,
« son instrument contre les infidèles. Il vous signifie donc par
« ma bouche qu'il vous donnera grâce et victoire contre vos
« ennemis et délivrance toute nette de votre royaume, dont,
« passé trois cents ans, le trône n'a eu son intégrité affranchie. »
Quand la prédiction fut accomplie et que le sol de la France
eut été, comme par miracle, délivré de toute occupation étrangère, le saint homme reparut. Il rappela au Roi l'avis qu'il lui
avait donné de la part du Très-Haut, lui reprocha le désordre
de ses mœurs, le mépris qu'il faisait de l'avertissement du ciel
et des grâces reçues : cette gloire qui lui avait été donnée
d'avoir recouvré tout son royaume n'avait point été à la glorification de sa personne ni pour lui donner haut titre, mais
pour rendre service et oblation à Celui de qui il la recevait,
lequel ne demandait autre chose sinon qu'il s'employât à exterminer ses ennemis les mécréants, tout entiers à leur lutte
acharnée contre le peuple chrétien : « Prenez à cœur le divin
« mandement, lui dit-il en terminant, et, vous relevant de
« votre endormement vicieux, hâtez-vous et mettez peine d'y
« pouvoir à temps ; ou sinon la main de Dieu vous touchera ;
« sa colère descendra sur vous, et une mort mystérieuse et
« étrange vous prendra dans un temps déterminé[1]. »

C'est à la reine Marie d'Anjou elle-même qu'est due la connaissance de ce fait. Quand son mari eut été enlevé par cette
mort « mystérieuse et étrange » qui lui avait été prédite, sans
avoir tenu compte de l'avertissement reçu, elle chargea un
chevalier de son hôtel d'aller trouver le duc de Bourgogne,
qui paraissait enfin au moment d'accomplir son vœu, de le
féliciter de son entreprise, et de lui raconter ce qui était
arrivé au Roi. Celui-ci était mort, « comme par jugement de
Dieu, » dans le délai qui lui avait été fixé ; elle voulait, en
expiation de la faute commise par lui, entreprendre un pèlerinage aux lieux saints, non avec la pompe qui appartenait à
une reine, mais comme une « pauvre servante tout humble; »
elle lui faisait demander de l'emmener en sa compagnie, et elle

1. Chastellain, t. IV, p. 308-09.

annonçait l'intention d'aller le trouver pour hâter l'accomplissement de son dessein¹.

Le pieux désir de la Reine ne devait point se réaliser : le duc ne prit pas le chemin de la Terre sainte, et elle-même ne tarda pas à mourir.

1. Chastellain, *l. c.*, p. 363-64 et 368-70. — Le chroniqueur bourguignon tenait le fait du bâtard de Saint-Pol, auquel la Reine, qu'il avait visitée à Saint-Jean d'Angely, en se rendant en Espagne, l'avait raconté. L'avertissement du « saint homme » aurait été donné au Roi, non à l'époque où nous sommes, en 1455, mais un peu plus tard, dans la dernière année de sa vie. Celui-ci était alors dans un état de santé bien précaire qui, indépendamment de toute autre considération, l'aurait empêché d'entreprendre une croisade.

NOTES SUPPLÉMENTAIRES

I

Récompenses données par Charles VII à l'occasion du recouvrement de la Normandie.

(Chapitre I, p. 39)

Parmi ceux qui furent récompensés, il y a plusieurs catégories à établir :
1° Les capitaines et seigneurs de l'armée royale;
2° Les hommes d'armes, archers, officiers royaux, etc., qui se distinguèrent par leurs exploits ou se signalèrent par leurs services;
3° Les seigneurs normands ou les habitants des villes qui prêtèrent leur concours à Charles VII;
4° Les Anglais qui se rallièrent à lui.

I. — Au premier rang des capitaines de l'armée royale, il faut placer le comte de Dunois, lieutenant général. Nous trouvons dans les comptes la mention suivante : « A Monseigneur le comte de Dunoys, la somme de III^{xx} XLII l. t., laquelle le Roy lui a donnée oultre et par dessus toutes autres sommes de deniers qu'il a eu prant dudit seigneur en quelque manière que ce soit, pour lui aidier à supporter les grans charges et despenses que faire lui a convenu, en la compagnie et service dudit seigneur, ou recouvrement et conqueste de son païs de Normandie qui estoit occupé par les Anglois, où il a esté dès le commencement de ladicte conqueste jusques à la fin dudit recouvrement[1]. » Au début de la campagne, le Roi lui donna un cheval[2]. Au mois de novembre, il obtint la capitainerie de Vernon et reçut une somme de 200 l. t. pour la garde

---

1. *Preuves de la Chronique de Mathieu d'Escouchy*, p. 391.
2. Cela résulte d'une lettre de Dunois, en date du 16 septembre 1453, dans le registre KK 328 (aux Archives), f. 89 v°. Jacques Cœur devait faire délivrer le cheval à Bourges; Dunois ne le prit pas, « pour ce qu'il ne valoit riens, » dit-il lui-même.

de cette ville[1]. Il eut part à une distribution de chevaux faite, en même temps qu'à lui, au grand maître Culant, à Antoine de Chabannes, comte de Dammartin, à Jean, seigneur de Bueil, à Jean d'Estouteville, seigneur de Torcy, et à Pierre de Brezé[2]; il fut également compris dans un don de 1288 l. en robes et autres habillements, fait à l'occasion de l'entrée dans Rouen, à lui, à Brezé et à Jacques Cœur[3], et donna quittance, le 31 décembre 1451, de 429 l. 9 s. 2 d. t. pour sa part dans ce don[4]. Nous avons trouvé au British Museum une quittance, par laquelle Dunois déclare avoir reçu sept mille livres tournois que le Roi a ordonné lui être baillés sur la somme promise pour la rançon d'Osbern Mundeford, son prisonnier[5]. Enfin, des lettres de Charles VII, en date du 17 septembre 1449, attribuèrent à Dunois, à Brezé, à Culant, à Cousinot et à Floquet, en considération de leurs services pendant la campagne, soixante-treize muids de sel qui se trouvaient dans les greniers de Mantes et de Vernon lors de la reddition de ces villes[6].

Parmi les princes et grands seigneurs, nous pouvons citer le comte de Clermont, qui reçoit 2000 l.[7]; le comte de Nevers, 500 l.[8]; le comte de Saint-Pol, 1800 l.[9] et deux maisons à Rouen[10]; le vicomte de Lomagne, en deux fois, 200 l.[11].

Nous avons mentionné plus haut les dons de terres faits par le Roi à Dunois, à Prégent de Coëtivy, à Jean de Bueil, à Richemont, au comte d'Eu, etc.[12]

Le plus favorisé des conseillers du Roi est le grand maître des arbalétriers Jean d'Estouteville, seigneur de Torcy : il a 3000 l.[13]. Après lui viennent Bertrand de Beauvau, seigneur de Précigny, qui en a 2000[14]; le grand maître Culant, 1500[15]; Bueil et Villequier, 1500 chacun[16], le comte de Tancarville, 962[17]. Brezé reçoit 1° un hôtel à Rouen, confisqué sur le duc de Somerset[18]; 2° 323 l. sur les « confiscacions de Normandie[19] ; » 3° 200 l. outre ses gages[20]; 4° 609 l. t. « pour le recompenser et l'aider à

1. *Preuves de Math. d'Escouchy*, p. 373.
2. *Supplément aux Preuves*, p. 25.
3. *Id.*, p. 29.
4. Clairambault, 1122, n° 33.
5. *Additional Charters*, n° 152.
6. Voir lettres du 3 avril 1451. *Chartes royales*, XVI, n° 245.
7. *Supplément aux Preuves*, p. 16.
8. Le P. Anselme, t. I, p. 252.
9. Cabinet des titres, 685, f. 150 et 152.
10. Lettres du 18 novembre 1449. Archives P 1905, cote 6428.
11. *Preuves de Math. d'Escouchy*, p. 375, et *Supplément*, p. 16.
12. Voir plus haut, p. 308-11.
13. *Preuves*, p. 385.
14. *Supplément aux Preuves*, p. 17.
15. *Preuves*, p. 391-92.
16. *Quittances* : Ms. fr. 26081, n° 6538.
17. *Supplément aux Preuves*, p. 16.
18. Lettres du 11 novembre 1449. Archives, P 1905, cote 6408.
19. *Preuves*, p. 384.
20. *Id.*, p. 392.

paier certaines sommes de deniers, lesquelles il estoit demouré tenu et obligé à aucuns Anglois pour la composicion et redducion du chastel de Harcourt[1]; » enfin le Roi lui donne la capitainerie de Rouen et peu après la charge de grand sénéchal de Normandie. Guillaume Cousinot est nommé bailli de Rouen et reçoit 600 l.[2]. Pierre de Beauvau, seigneur de la Bessière, conseiller et chambellan du comte du Maine, a un don de 3571. 10 s.[3]; Jean, seigneur de la Rochefoucauld a 700 l.[4]; Poton de Saintrailles a 500 l.[5]; Guillaume Jouvenel des Ursins, chancelier de France, a 400 l. « pour entretenir son estat et luy ayder à supporter les grandes despenses qu'il a fait au voyage et armée de Normandie[6]. » Floquet reçoit un hôtel à Honfleur, confisqué sur Talbot[7]. Jean des Mazis, dit Campannes, bailli et capitaine d'Étampes et de Dourdan, a 600 l.; le sire de Brion, 500 l.; Antoine de Chabannes, comte de Dammartin, 400 l.[8].

Des seigneurs picards qui sont venus servir le Roi, tels que Louis de Soyecourt, seigneur de Mouy; Colart, seigneur de Moy et de Chin, fait chevalier à Pont-Audemer; Jean de Hangest, seigneur de Genlis; Martin de Rely, dit le Bon; Philippe, seigneur de Saveuse; Gérard d'Athies, seigneur de Moyencourt, reçoivent pendant plusieurs années un don soit de 500, soit de 300 l.[9]. Guillaume de Menypeny a 150 l.; Philebert de Brocy, chevalier, gouverneur de Langres, a 200 l.; Rogerin Blosset, maître d'hôtel du Roi, en a autant[10]; Jean de Levis, seigneur de Vauvert, Tanguy du Chastel, écuyer d'écurie du Roi, ont aussi des gratifications[11]. Jean d'Aulon, l'ancien écuyer de Jeanne d'Arc, est commis à la garde du palais de Rouen et reçoit à cet effet 100 livres; en outre, il a 110 livres, tant pour la garde du palais que « pour luy aidier à supporter la charge et despense que faire lui a convenu à la garde du palais... et du sire de Talbot, prisonnier ilec[12]. » Au départ de Rouen, Blanchet d'Estouteville, chevalier, seigneur de Villebon, reçoit 60 l.; Antoine d'Aubusson, chevalier, seigneur du Monteil, 40 l.; Louis, fils du sire de Montmorency, 40 l. et 30 l. un peu plus tard[13]. Jean Carbonnel, écuyer, reçoit 90 l.[14], et Roger de Golont, roi d'armes de Normandie, 150 l. « pour aucunement le recompenser des fraiz, mises et despenses qu'il lui a convenu faire et soustenir..., et pour luy aidier à soy amesnagier en la ville de Rouen, où

---

1. Ms. fr. 26081, n° 6538.
2. Voir le même document. — Dès le 6 octobre 1449, Cousinot est qualifié de bailli de Rouen dans des lettres de Charles VII. Voir collection Moreau, 252, f. 51.
3. *Preuves*, p. 384.
4. Cabinet des titres, 685, f. 142.
5. *Pièces originales*, 2356 : Poton.
6. Cabinet des titres, 685, f. 137.
7. Lettres du 21 février 1450. Archives, P 1905; cote 6636.
8. Cabinet des titres 685, f. 137 v°.
9. *Id., Ibid.*, f. 131, 137, 148, 150, 152. — Louis de Soyecourt reçut 400, puis 500 l. Colart de Moy reçut en outre, plusieurs dons (f. 157 v°).
10. *Id., Ibid.*, f. 137.
11. *Id., Ibid.*, f. 157 v°.
12. *Preuves*, p. 375 et 376.
13. *Preuves*, p. 375 et 388.
14. *Id.*, p. 376.

Il fault qu'il face sa demourance à cause de son dit office de roy d'armes[1]. » Robin Petitlo, capitaine de gens d'armes et de trait, reçoit 400 l. « pour lui aidier à remettre sus et en point certains hommes d'armes de sa charge ausquelz leurs chevaulx et harnoiz avoient esté brusloz[2]. » Robert de Rougemont, écuyer, reçoit 300 l. t. « en recommoissance et recompensacion des grans services qu'il a faiz au Roy ou fait de ses guerres et mesmement à la recouvrance dudit païs de Normandie[3]. » Michel de Partenay, chevalier, en récompense des services rendus dans la campagne, est nommé écuyer d'écurie du Roi et membre de son Conseil[4]; en outre, pour le dédommager de la capitainerie de Vire qu'il avait reçue et qui fut donnée ensuite au connétable, il a un don de 1,500 l. t.[5]. Florent d'Illiers reçoit un don de 150 l. pendant cinq ans, « pour bons services par luy faiz en Normandie; » Dimanche de Court un don de 137 l. 10 s.; Guillaume de Menypeny un don de 130 l.[6]. Jean Bureau obtient la baronnie de Briouze, au bailliage de Caen, confisquée sur un Anglais[7]. Pierre de la Marzellère reçoit des biens confisqués à Avranches sur des Anglais[8]. Jean de Loucelles, écuyer d'écurie du Roi, en récompense de ses services au fait de la guerre, et spécialement en Normandie, est nommé verdier de la forêt de Bures, au bailliage de Caux[9]. Des dons sont faits encore à Antoine d'Aubusson, seigneur du Monteil, et à plusieurs autres[10].

II. — A l'égard des hommes d'armes, archers, etc., voici quelques renseignements fournis par les comptes : « A Anthoine de Montgon, escuier, homme d'armes de la compagnie du sire de Beauvais[11], capitaine de gens d'armes et de trait, la somme de c l. t., laquelle le Roy lui a donnée pour aucunement le recompenser des services qu'il lui a faiz en ceste presente armée, en la compagnie du sire de Beauvais, en ce païs de Normandie, pour le recouvrement d'icellui à l'encontre des Anglois occuppans ledit païs[12]. » — « A Johan le Bourc, dit le Picart, homme d'armes de la garnison du Mont-Saint-Michel soubz Mgr d'Estouteville, la somme de II° XL l. t. à lui donnée par le Roy pour aucunement le recompenser des services qu'il lui a faiz en l'armée de Normandie…, où il a esté continuelment au service dudit seigneur, soubz ledit seigneur d'Estouteville, jusques à la fin de ladicte armée[13]. » — « A Thierry du Pont et Pierre Jamelin, canonniers, la somme de cL l. t. que le Roy leur

1. *Preuves*, p. 390-91.
2. *Supplément*, p. 17.
3. Ms. fr. 26081, n° 6538.
4. Lettres du 11 août 1450, visées par Du Paz, *Histoire généalogique*, p. 481.
5. Ms. fr. 26081, n° 6538.
6. Cabinet des titres, 688, f. 141 v° et 142, *Preuves de d'Escouchy*, p. 385.
7. Lettres du 9 février 1451. Ms. lat. 9809, f. 14, et Archives, K 168, n° 96.
8. Voir lettres du 9 avril 1451. *Archives de Hallay-Coetquen*, p. 5.
9. Lettres du 7 septembre 1449. *Pièces originales*, 1758 : LOUCELLES.
10. *Preuves de Mathieu d'Escouchy*, p. 376, 378, 385.
11. Blain Loup, seigneur de Beauvoir.
12. *Preuves de Mathieu d'Escouchy*, p. 386.
13. *Id.*, p. 392.

a donné en faveur de ce que, par leur grande diligence et après l'assault et la prise de la ville du Pont-Audemer, ilz estaignirent le feu qui avoit esté mis en ladicte ville durant ledit assault qui ja tenoit en l'église et en la halle dudit lieu[1]. » Regnault Abel, archer de la garde du corps du Roi, est nommé greffier de la garde de la forêt de Bures-le-Roi[2]. Un garde huche de l'eschançonnerie, du nom de Bertrand Mignot, reçoit une somme de 30 l.[3]. Un habitant de Vernon, le grenetier Gauchier Houssart, avait été décapité par les Anglais à l'occasion d'une tentative faite pour livrer cette ville aux Français : le Roi donne à sa veuve une somme de 100 l. t.[4]. Un écuyer normand, N... de Martainville, avait été mis à mort par les Anglais, à Falaise, « pour ce qu'il s'estoit efforcé de bailler et livrer icelle place aux gens du Roy ; » sa veuve reçoit un don de 200 l.[5]. Un religieux du Mont-aux-Malades, près Rouen, Richard Boymer, en récompense des grandes peines et travaux endurés par lui pour le recouvrement de la Normandie, reçoit une somme de 40 l. à prendre annuellement jusqu'à ce qu'il soit pourvu d'un bon bénéfice[6]. — Une rente de 200 l. est constituée en faveur de Jean le Roux, écuyer, bourgeois de Rouen, « pour consideracion des grans et recommendables services à lui (au Roi) faits par ledit Jehan le Roux, au fait de la reduction de la ville de Rouen[7]. » — Jean Pinguet, receveur des aides à Évreux, reçoit une somme de 100 l. t. que le Roi lui donne « pour plusieurs services qu'il lui a faiz au recouvrement dudit païs de Normandie et autrement[8]. » Cardinet le Fèvre, de Rouen, en récompense des services rendus au recouvrement de cette ville, reçoit, entre autres choses, l'office de verdier de la forêt de Roumare[9]. Par lettres données à Louviers le 17 septembre 1449, Charles VII, considérant les grandes pertes et les dommages que plusieurs de ses sujets de Normandie ont eus à subir par suite du recouvrement de la province, leur fit remise de ce qu'ils pouvaient devoir à cause de l'octroi par eux fait aux Anglais au mois de mars précédent[10].

III. — Relativement aux seigneurs normands récompensés par Charles VII, nous lisons dans un rôle du 4 novembre 1450 : « Richard des Espaulles, escuier, seigneur de Saincte Marie du Mont[11], nagueres cappitaine et tenant la place de Loigny ou Perche pour le Roy d'Angleterre,

1. Ms. fr. 26081, n° 6538.
2. Collection Danquin.
3. *Preuves de Mathieu d'Escouchy*, p. 392.
4. Lettres du 31 janvier 1450. Ms. fr. 20585, f. 32.
5. Ms. fr. 26081, n° 6538.
6. Lettres du 16 mars 1451. *Chartes royales*, XVI, n° 241. — Nous avons déjà cité le don fait à un religieux Augustin, Jean Convyn. Voir ci-dessus p. 14, note 2 ; cf. lettres du 13 novembre 1449.
7. Quittance du 4 juillet 1451. *Pièces originales*, 2575 : Roux (n° 57379).
8. Ms. fr. 26081, n° 6538.
9. Ms. fr. 20495, f. 59.
10. British Museum, *Additional Charters*, n° 207.
11. En 1447, le seigneur de Sainte-Marie était venu à la Cour et Charles VII lui avait donné une robe de damas noir. *Preuves de Mathieu d'Escouchy*, p. 254.

laquelle, au mois de septembre derrenier passé, il a mise et reddulte en l'obeissance du Roy nostre sire, la somme de IIIIᶜ l. t. sur la somme de XIIᶜ escus, laquelle, en faisant le traictié et appoinctement de ladicte place par Mgʳ le seneschal de Poictou avec ledit seigneur de Saincte Marie pour la mettre ès mains et en l'obeissance du Roy nostre sire, lui fut et a esté promise pour et en nom dudit seigneur, et qu'il seroit tenu l'en faire par lui paier pour distribuer à douze compaignons de guerre de langue françoise qui estoient en ladicte place avec et soubz ledit seigneur de Saincte Marie et de son alliance, tant pour avoir esté cause avec lui de la redduccion de ladicte place que pour eulx estre redduiz et mis en l'obeissance du Roy et de ce fait le serement ès mains dudit seneschal [1]. » Le seigneur de Sainte-Marie, qui était gendre de François de Surienne, dit l'Aragonnais, reçut, dès le mois d'août 1449, des lettres d'abolition [2], et ne tarda pas à devenir conseiller et chambellan du Roi, avec une pension de 600 l.[3]; il fut nommé capitaine de Pont-d'Ouve [4].

Guillaume Gombaut, vicomte de Rouen, reçut la somme de 1,200 écus, en dédommagement des pertes qu'il avait éprouvées en venant ravitailler les troupes royales pendant le siège que le Roi tenait devant Honfleur et par suite du pillage de sa maison à Rouen dans une émeute survenue le jour de sainte Catherine (25 novembre 1449), et en considération de ce que « ledit Gombault a esté un des principaulx entrepreneurs et conduiseurs de la reduction d'icelle ville de Rouen, en hayne de laquelle chose il a esté ainsi pillé comme dit est [5]. » Le même Gombaut et plusieurs autres [6] reçurent 300 l. « pour consideration des bons et agreables services » par eux faits.

Robert de Rougemont, écuyer, obtint un don de 150 l. « en recompensacion d'un sien hostel qui estoit assis près Honnefleu qui, par les gens d'armes, fut demoly et porté au siège que le Roy faisoit tenir devant ladicte ville de Honnefleu à l'encontre des Angloys, pour fortiffier et emparer ledit siège [7]. »

Nous pouvons nommer encore Jean du Clos, auquel Charles VII donna 100 l. t. « tant en faveur des services que lui et aucuns de ses enfans lui ont faiz en sa compaignie et service, en maintes manières, que pour le recompenser de la sergenterie de Saint-Victor, que le Roy lui avoit naguères donnée à son entrée en la ville de Rouen, de laquelle il n'a point joy pour ce que c'est ung des membres de la recepte du domaine de la vicomté de Rouen [8], » et Louis de Montlerauller, écuyer, seigneur

---

1. *Preuves de Mathieu d'Escouchy*, p. 374.
2. Archives, JJ 185, nº 56.
3. 2ᵉ compte de Mathieu Beauvarlet. Cabinet des titres, 685, f. 140 vº, 162 vº, 172 vº; Clairambault, 44, p. 3250.
4. *Pièces originales*, 150 : AUX ESPAULES.
5. Lettres du 15 décembre 1451. *Pièces originales*, 1351 : GOMBAUT.
6. Laurent Guedon et Jean Carsoignon, avocats du Roi; Jean des Loges, substitut du procureur du Roi, et Amaury du Hamel, clerc et greffier de la vicomté de Rouen. *Preuves de Math. d'Escouchy*, p. 392.
7. Ms. fr. 26081, nº 6538.
8. *Preuves de Mathieu d'Escouchy*, p. 388.

de Neufville-la-Ferrière, qui, en récompense des services rendus par lui, spécialement à la prise de Neufchâtel, reçut pendant dix ans une somme de 48 l. t. à prendre sur la taille de la terre de Neufville[1].

IV. — Deux capitaines qui combattaient dans l'armée anglaise passèrent au service de Charles VII : ce furent Richard Merbury et François de Surienne, dit l'Arragonnais.

Richard Merbury, d'abord écuyer tranchant du duc de Bedford, et successivement capitaine de Gisors (1423), de Vernon et de la Tour de Verneuil (1430), de Pontoise (1434), bailli de Gisors (1440) et capitaine de cette ville (1448), était apparenté, par sa femme Catherine de Fontenay, à plusieurs familles normandes. Deux de ses fils avaient été faits prisonniers à Pont-Audemer. Brezé avait sous ses ordres un écuyer d'écurie du Roi, nommé Paviot, et Pierre de Courcelles, mari de Prégente de Melun, l'une des demoiselles de la Reine, qui l'un et l'autre étaient proches parents de la femme de Richard Merbury[2]; ils firent si bien, avec le concours de celle-ci, qu'un traité fut passé aux termes duquel le capitaine anglais, en rendant Gisors, conservait toutes ses seigneuries et obtenait la mise en liberté de ses fils; en outre il prêtait serment « de demourer et estre bon François[3]. » En récompense de son adhésion, Charles VII ne tarda pas à le nommer capitaine de Saint-Germain en Laye, en lui donnant, sa vie durant, tous les profits et émoluments de cette charge[4]; il devint chambellan du Roi, qui le nomma bailli de Troyes[5] et lui donna une pension de 1,200 l.[6]. Un de ses fils, Jean Merbury, fut employé aussitôt par Charles VII à des missions secrètes[7], et devint homme d'armes de la grande ordonnance sous la retenue de Pierre de Brezé[8].

Quant à Surienne, sa femme, Marguerite de Vaucelles, était une Normande, et on a vu qu'il avait pour gendre Richard aux Épaules, seigneur de Sainte-Marie. Celui-ci avait été fait prisonnier à Longny au début de la campagne. La femme de Surienne était tombée aux mains des Français lors de l'occupation de Condé-sur-Noireau[9]. A la suite du traité passé avec le seigneur de Sainte-Marie, François de Surienne se rallia à la cause qu'embrassait son gendre : il renvoya à Henri VI l'ordre de la Jarretière et prêta serment au roi de France[10]. Devenu bailli de Chartres, il mourut en 1461.

Nous trouvons dans les comptes l'indication suivante : « A Johan de

---

1. Lettres du 1er octobre 1449. *Pièces originales*, 2015 : MONTERAULIEU.
2. La mère de Pierre de Courcelles était Marguerite de Fontenay.
3. Mathieu d'Escouchy, t. I, p. 210; Chartier, t. II, p. 135-36.
4. Chartier, *l. c.*
5. Archives X¹ᵃ 1483, au 27 juin 1452.
6. Collection de Champagne, 63, f. 3 v°.
7. Cabinet des titres, 685, f. 136 v°, 147 v°, 149 v°, 151 v°; *Preuves de d'Escouchy*, p. 380 et 387.
8. Clairambault, 123, p. 539.
9. Chartier, t. II, p. 160.
10. Chartier, t. II, p. 173; Robert Blondel, ms. fr. 6198, f. 73 v°.

la Mote, escuier anglais, la somme de LXX l. t. à lui donnée par le Roy pour le recompenser de certains services secretz qu'il a promis faire audit seigneur, qui grandement touchent le bien de lui et de sa seigneurie[1]. »

Les libéralités du Roi s'étendirent jusqu'aux Anglais qui avaient été injustement dépouillés. Voici ce que nous lisons dans un rôle du 4 novembre 1450 : « à Laurens Rennefort, escuier, anglois d'Angleterre, la somme de III° l. t., à laquelle le Roy a fait appoincter avec lui pour le recompenser de certains chevaulx et autres biens qu'il a afferméz audit seigneur lui avoir esté ostez en la ville de Rouen depuis la reduccion d'icelle en l'obeyssance du Roy, soubz son sauf-conduit ; lequel icellui seigneur, pour entretenir la teneur d'icellui, a voulu ledit Rennefort, pour toute recompensacion, estre paié et recompensé desdictes III° l. t., dont il a esté content[2]. »

II

Le prêt de Jacques Cœur lors de la conquête de la Normandie.

(Chapitre I, p. 37; chapitre III, p. 103; chapitre XI, p. 311)

La plupart des historiens, s'appuyant sur deux auteurs contemporains, font à Jacques Cœur l'honneur d'avoir, par ses larges avances de fonds, assuré le succès de la campagne de Normandie.

« C'était là, dit Pierre Clément, une entreprise couteuse, à cause des nouvelles troupes qu'il fallait rassembler, la milice ordinaire étant insuffisante et le trésor épuisé. Un seul homme en France pouvait faciliter ce patriotique dessein ; c'était Jacques Cœur. Charles VII eut recours à lui. On connaît la noble réponse de l'illustre marchand : « Sire, ce que j'ay est vostre, » dit-il au Roi, et il lui prêta deux cent mille écus[3]. »

« Jacques Cœur, écrit à son tour Vallet de Viriville, fut de ceux qui, par leurs exhortations, déterminèrent Charles VII à entreprendre l'heureuse campagne de Normandie. Avant cette expédition, le Roi et son argentier se trouvaient « une fois en ung lieu secret, où n'avoit que le Roy et lui, où ils besoignoient de choses plaisantes au Roy; auquel lieu ledit Jacques dit au Roy : « Sire, sous ombre de vous, je connois que « j'ay de grans prouffis et honneurs, et mesme en pays des Infidèles, « car, pour votre honneur, le Souldan a donné sauf-conduit à mes gal-« lées et facteurs... Sire, ce que j'ai est vôtre. » Et à cette heure le Roi lui fit requeste de lui prêter argent pour entrer en Normandie ; à laquelle requeste accorda prester au Roi deux cent mille écus, ce qu'il fit[4]. »

1. *Preuves de Mathieu d'Escouchy*, p. 375.
2. *Preuves de Mathieu d'Escouchy*, p. 374.
3. *Jacques Cœur et Charles VII*, par Pierre Clément, t. II, p. 36-37.
4. *Histoire de Charles VII*, par Vallet de Viriville, t. III, p. 263-64 (d'après Mathieu d'Escouchy).

Il n'est pas sans intérêt d'examiner à quel moment précis et dans quelles conditions se fit le prêt en question.

Disons tout d'abord que les chroniqueurs sont unanimes à constater les services rendus par Jacques Cœur dans cette mémorable circonstance.

Berry, dans son *Recouvrement de la Normandie*, s'exprime en ces termes, reproduits textuellement par Jean Chartier :

« ... Sire Jacques Cœur, conseiller du Roy, lequel fist et trouva toutes manieres à lui possibles et subtilité d'avoir finances et argent de toutes pars pour entretenir l'armée et souldoier les gens d'armes dont il a fallu grand nombre[1]. »

C'est Mathieu d'Escouchy qui, le premier, énonce le fait du prêt :

« Icellui Jacques Cuer fut principallement cause de ladicte conqueste, car il enhardit ledit Roy Charles de commencer à mettre sus son armée en lui offrant prester grandes sommes de deniers; ce qu'il fist; dont il eut lors fort la louange et l'amours d'icelluy Roy son maistre[2]. »

Et ailleurs :

« Le Roy lui fist requeste de lui prester argent pour entrer en Normandie ; à laquelle requeste accorda prester au Roy deux cens mille escus, ce qu'il fist[3]. »

Georges Chastellain va plus loin : il dit que Jacques Cœur fournit « deux cens mille escus de prest et deux autres cens mille pour le recouvrement de Normandie[4]. »

Mais Thomas Basin, le mieux informé des historiens au sujet d'une campagne où il figura comme conseiller du trône, réduit le fait aux proportions suivantes. Après avoir raconté que, après le siège de Caen, on fut au moment, faute d'argent, de renvoyer à l'année suivante la suite des opérations, il ajoute que la Providence y pourvut ; il met Jacques Cœur en scène. Puis il dit :

« Cum igitur tantis abundaret opibus et divitiis, essetque regis honoris ac totius regni et reipublicæ utilitatis zelantissimus, in tanta reipublicæ necessitate non defuit; sed, pluribus ex magnatibus, qui largitione regia opibus erant refertissimi, inopiam simulantibus, et falsas ac frivolas excusationes afferentibus, magnum auri pondus ultro regi mutuaturum se obtulit, exhibuit pecuniam, quæ ad summam circa centum millia scutorum auri ascendere ferebatur, in tam sanctum per necessariumque opus convertandam; cujus subventionis auxilio, prædicta oppida Falesia, deinde castrum Dompni-Frontis et novissimo Burgi-Cæsaris obsessa fuerunt[5]. »

A l'appui de ce passage, nous pouvons invoquer un document péremptoire : c'est la quittance donnée par Jacques Cœur, le 12 décembre 1450, de la somme de soixante mille livres tournois à lui ordonnée par lettres

---

1. *Les Cronicques de Normendie*, éd. de M. Hellot, p. 168 ; cf. Berry dans Godefroy, p. 458, et Chartier, t. II, p. 239.
2. Mathieu d'Escouchy, t. I, p. 281.
3. *Id.*, p. 286.
4. Chastellain, t. VII, p. 92.
5. Thomas Basin, t. I, p. 211.

du Roi données à Montbazon le 3 décembre précédent, en restitution d'une somme égale qu'il avait prêtée pour la reddition de Cherbourg, et dont le Roi lui avait donné reçu le 12 août [1].

Ce prêt concerne uniquement le siège de Cherbourg; nous ne possédons pas les quittances relatives à ceux qui auraient été faits pour les sièges de Falaise et de Domfront.

Dans un acte qui se trouve parmi les volumes de la collection Gaignières [2] et que M. Léopold Delisle a publié [3], les faits relatifs à ce point sont mis en pleine lumière : nous voulons parler des lettres mêmes visées dans la quittance de Jacques Cœur du 12 décembre. Le Roi expose que, au mois de juillet, après la réduction de la plus grande partie de la Normandie, il chargea le connétable et le comte de Clermont d'aller mettre le siège devant Cherbourg; que peu après il envoya à Cherbourg son « amé et féal conseillier et argentier » Jacques Cœur, pour « trouver quelque bon appointement » avec le capitaine, Thomas Gower; que par un arrangement passé avec Gower, il fut stipulé que si Gower voulait mettre Cherbourg en l'obéissance du Roi, on lui rendrait « franchement et quittement » son fils, Richard Gower, qui était prisonnier de Jacques Cœur, et qu'on lui payerait certaines sommes comptant, savoir : pour ses compagnons de guerre de la garnison, deux mille écus; pour un prisonnier anglais, deux mille écus, plus certaines sommes pour d'autres prisonniers et le paiement de la dépense que feraient les Anglais étant à Cherbourg jusqu'à leur embarquement. — Jacques Cœur se rendit aussitôt à Écouché, où était le Roi, pour lui soumettre le traité et lui exposer que, pour en remplir les clauses, il fallait délivrer Richard Gower et d'autres prisonniers « qui ne se povoient bonnement estimer; » qu'en outre il y avait d'autres dépenses qu'on ne pouvait guère évaluer, « tant pour dons qu'il convenoit faire en secret à plusieurs chevalliers et gentilzhommes du party desdiz Anglois comme pour le frayt de leur dit passage en Angleterre, » etc. Après grande et mûre délibération avec les princes et gens du grand Conseil, la somme nécessaire fut évaluée à quarante mille écus. Mais la plus grande partie des ressources, soit ordinaires, soit extraordinaires, avait été déjà employée au paiement des gens de guerre, et il était bien difficile de trouver promptement cette somme; le Roi chargea donc Jacques Cœur de mettre « toute peine et diligence à lui possible de faire finance de ladicte somme de quarante mil escuz. » — « A quoy, ajoutent les lettres, Icellui nostre conseillier, désirant de tout son cuer nous servir et secourir, nous promist et se consenti liberalement de faire finance promptement de ladicte somme de quarante mil escus, en la fourme et maniere dessus declairée, et pour seurté d'icelle somme lui baillasmes lors une cedulle en parchemin, donnée soubz le signe de nostre main, audit lieu d'Escouché, le x° jour d'aoust derrenierement passé, de ladicte somme de quarante

---

1. Original signé, *Pièces originales*, 799 : Cœur, n° 17. Il y a 10, et non 12, dans les lettres du 3 décembre 1450, citées plus bas.
2. Original signé, ms. fr. 20010 (ancien Gaignières 500²) f. 5.
3. *Jacques Cœur à Cherbourg en 1450*. Document inédit communiqué par M. Léopold Delisle, *Mémoires de la Société académique de Cherbourg*, année 1875, p. 212-217.

mil escuz, lui promettant par icelle, en bonne foy et en parole de Roy, icelle somme lui faire paier des premiers deniers de noz finances de nostre dit païs de Normandie. » Là-dessus, Jacques Cœur s'en retourna à Cherbourg vers le connétable et le comte de Clermont; le traité fut mis à exécution, et Jacques Cœur paya tout ce qui avait été convenu.

Par ses lettres, en date du 3 décembre 1450, Charles VII ordonnait le remboursement des quarante mille écus, valant soixante mille livres tournois, par lui dus à Jacques Cœur.

Telles sont les conditions dans lesquelles le prêt de Jacques Cœur s'opéra [1].

Ce ne fut pas, d'ailleurs, le seul prêt fait alors par l'argentier du Roi; nous lisons dans un rôle signé par le Roi à la date du 27 mars 1450 :

« A Jacques Cuer, qu'il avait presté et baillé comptant au Roy durant ce voiage de Normandie, pour donner et deppartir par ledit seigneur, par ses mains et à son plaisir, à plusieurs gens de guerre et autres, sans ce que ledit Jacques Cuer en ait eu la cedulle ne autre enseignement du dit seigneur, la somme de $III^m IX^c IIII^{xx} V l. V s. t.$ [2]. »

Chose curieuse : au moment où Jacques Cœur prêtait ainsi au Roi, lui-même empruntait de divers côtés. Les témoignages produits au cours de son procès fournissent la preuve que, pendant la campagne de Normandie, il emprunta seize mille florins [3]; le 5 juillet 1449, il empruntait trois cents écus d'or à Pierre Auffroy, receveur au diocèse de Viviers [4]; et il résulte d'une lettre de Dunois que celui-ci prêta alors plusieurs sommes à Jacques Cœur [5].

---

1. Il paraîtrait que Jacques Cœur n'acquitta point toutes ces obligations qui lui étaient imposées. On lit dans le Procès : « Le grand seneschal de Normandie chargeˢ ledit Jacques Cuer de la composition de Cherbourg. — Mgr de Dunoys depose, mais non point charge ledit Jacques Cueur, fors qu'il a ouy aucuns qui se plaignoient dudit Jacques Cuer de ce que on ne les avoit paiez d'aucunes parties touchant ladicte composition de Cherbourg. » (Ms. fr. 10511, p. 443 et 444.) — Enfin, nous trouvons la constatation suivante au sujet des sommes reçues par Jacques Cœur : « Maistre Estienne Petit depose que le Roy a donné audit Jacques Cuer, pour toutes choses, comme il appert par ses comptes et baillées declaration de ce, $VI^{xx}XII^c$ livres, ou environ (p. 443). »

2. Ms. fr. 23259, f. 23. — On lit dans l'arrêt du 29 mai 1453, au sujet des prêts faits par Jacques Cœur : « Et si avoit ledit Jacques Cueur en outre prins pertes de finances sur nous, combien qu'alors il eust entre ses mains grandes sommes de nos deniers, et desquels nos deniers mêmes souventes fois nous faisoit prest, comme l'on disoit; neantmoins prenoit sur nous pour ledit prest pertes de finances. »

3. Procès de Jacques Cœur. Ms. fr. 10511, f. 7 et 20.

4. « Receue avons l'umble supplicacion de nostre bien amé Pierre Auffroy, nagueres receveur de par nous au diocèse de Viviers, contenant que, dès le cinquiesme jour de juillet l'an mil cccc quarante neuf, il presta comptant à feu Jacques Cuer, lors notre argentier, lequel avoit grant autorité de par nous en nostre païs de Languedoc et recevoit et faisoit recevoir par ses clers et facteurs tous noz deniers dudit païs, du vouloir et consentement de nostre amé et feal conseiller maistre Estienne Petit, tresorier general de nos dictes finances audit païs de Languedoc, la somme de trois cent escus d'or, de laquelle ledit Jacques Cuer bailla sa cedulle au dit suppliant. » Lettres de Charles VII du 3 juin 1457. *Chartes royales*, XVI, n° 312.

5. « Pour lors luy avoie presté pour les affaires du Roy en Normandie plusieurs sommes. » Lettre de Dunois, en date du 16 septembre 1453, dans le registre KK 328, f. 88.

Mais voici qui est plus fort. Nous allons voir celui qu'on appelait à juste titre un Crassus, et dont presque tout le monde à la Cour était débiteur, s'endetter à son tour.

Lors de la notification à lui faite de l'arrêt du 29 mai 1453, Jacques Cœur déclara au procureur général Dauvet « qu'il devoit de cent à six vins mille escuz, qu'il avoit empruntez de plusieurs personnes pour les affaires du Roy[1]. »

Enfin nous avons rencontré des lettres de Charles VII, en date du 10 avril 1453, où il est fait mention d'une somme de QUATRE VINGT QUATORZE MILLE CINQ CENT SOIXANTE-QUINZE LIVRES TOURNOIS, « en quoy, dit le Roi, ledit Jacques Cuer nous estoit tenu par appointement sur ce fait par escript entre nous et lui, » et où le Roi ordonne qu'une somme de 5,233 écus d'or, versée en billon, par Jacques Cœur ou par son facteur Antoine Noir, à la monnaie de Montpellier, le 6 août 1451, soit allouée aux comptes du trésorier et receveur général du Languedoc, Étienne Petit[2].

Il résulte de ces faits et de ces documents que les chroniqueurs semblent avoir exagéré le chiffre des avances faites par Jacques Cœur, et que les historiens ont, à leur tour, grossi démesurément l'importance de la part de l'argentier du Roi dans l'œuvre de la conquête.

III

Les Pièces originales du Procès de Jacques Cœur.

(Chapitre III, p. 115)

Le procès de Jacques Cœur (ou plutôt les fragments qui nous en restent) se trouvent dans les manuscrits suivants :

BIBLIOTHÈQUE NATIONALE : 1° Ms. fr. 3868 (ancien De Mesmes 8431⁴), f. 3-128 ; 2° Ms. fr. 7599 (ancien Supplément français 360³), f. 71-167 v° ; 3° Ms. fr. 10541 (ancien Saint-Germain français 672), p. 313-1202 ; 4° Ms. fr. 23307 (ancien Mortemart 5), non paginé ; 5° Du Puy, 551, 124 ff. (moins complet que les précédents).

BIBLIOTHÈQUE DE L'ARSENAL : 1° Ms. n° 2469 (provenant de Turgot), 224 ff. ; 2° Ms. n° 2470 (provenant de la Bibliothèque des Minimes), 102 p.

BIBLIOTHÈQUE MAZARINE : Ms. n° 2032 (ancien 1440, provenant du séminaire des Missions étrangères), 248 ff.

BIBLIOTHÈQUE DE L'INSTITUT. Portefeuilles de Godefroy, 126. Copies du quinzième siècle et du commencement du seizième ; doubles ou copies du dix-septième siècle.

Tous ces manuscrits, sauf les documents des Portefeuilles de Godefroy, sont du commencement ou peut-être du milieu du dix-septième siècle. Plusieurs sont peu corrects. Dans la plupart, les noms sont estropiés de la façon la plus déplorable.

---

1. Archives, KK 328, f. 12, et dans Clément, t. I, p. 201.
2. *Chartes royales*, XVI, n° 273.

Mais nous n'avons là qu'une bien faible partie de la procédure, qui était extrêmement volumineuse. Nous lisons en effet dans le Mémoire rédigé par Henri Cœur, archevêque de Bourges, et ses frères Geoffroy et Ravant, au commencement du règne de Louis XI (ms. fr. 3868, f. 59; cf. Clément, t. II, p. 333) :

« Pour que ce seroit chose difficile à visiter tout ce dit procès, *qui contient six gros livres et plusieurs escriptures*, MONTANS PRESQUE A LA CHARGE D'UN CHEVAL. »

Voici, en particulier, d'après ce même Mémoire, ce que les fils de Jacques Cœur envoyèrent aux avocats qu'ils consultèrent :

1º Inventaire des informations, livres, papiers, procès et confessions « tel qu'il a esté baillé par M° Jehan Barbin, advocat du Roy, par l'ordonnance du dit seigneur, au Trésor des Chartres à Paris, » inventaire coté AA ;

2º Informations formant deux livres cotés A et B;

3º Deux volumes signés par Procide et Panois, cotés C et D;

4º Extraits des informations sur la cléricature, cotés E;

5º Livre coté F contenant « plusieurs interrogatoires touchant les charges desdites informations auquel sont toutes les confessions; »

6º Cahier de parchemin, coté G, contenant la copie formelle de plusieurs lettres étant au sac coté G;

7º Inventaire fait par l'archevêque de Bourges des lettres et justifications réunies par lui, coté KK;

8º Le dernier livre du Procès, coté H. L'archevêque en envoya un extrait en « un cahier de papier contenant vingt-une feuilles escriptes, et au commencement est la commission desdits commissaires et contient leurs sentences interlocutoires et toutes les confessions..., et à la fin dudit cahier est la sentence ou arrest [1]. »

Non seulement nous n'avons pas les pièces de la procédure, mais nous ne possédons plus l'inventaire de Jean Barbin dont il est parlé plus haut et que l'archevêque de Bourges prétendait n'être pas « véritable », car, selon lui, « au dit procès inventorié et baillé par ledit Barbin, ont esté changées les confessions et esté beaucoup de choses qui grandement seroient à la justification de sondit père. »

Ces documents existaient au commencement du règne de Louis XI : nous avons la preuve qu'ils furent produits devant le parlement.

Dans l'audience du 20 mai 1462, Ganay, pour le procureur du Roi, demande que les appelants fissent apporter céans le procès. Italé répond « que le procès n'est en leur puissance, mais est au Trésor ou ailleurs, et n'empesche qu'il ne soit apporté. » La Cour décide « que les appelans feront diligence de faire apporter céans ledit procès [2]. » Le 22 mai, on apporte par devant la cour « certain escrain de boys ou estoit le procès fait à l'encontre de Jacques Cœur, auquel toutes les pièces furent trouvées et baillées à Ganay [3]. » Le 3 juin, à huis clos, Ganay prend la parole. « Dit que par la Cour a esté appointcté qu'il verroit le procès et

---

1. Procès, ms. 3868, f. 59-62; cf. Clément, t. II, p. 334-37.
2. Archives nationales, X² 32, à la date.
3. Bibliothèque nationale. Ms. fr. 5908, f. 108.

que parties adverses le feroient apporter ceans, ce qu'ilz ont fait. Or dit qu'il a veu le Procès, et est la matière de grant poix et consequence... » Plus loin, on lit : « Le Procès a esté fait solempnellement ; tout y a esté escript et par deux greffiers. » Et encore : « Touchant la forme qui a esté tenue en faisant le procès, employe sur ce icellui Procès, et, veu icelluy, dit que bonne forme y a esté tenue. » — Plus tard, dans l'audience du 19 janvier 1464, répondant de nouveau à l'avocat Halé, Ganay, pour le procureur du Roi, répète : « Le Procès sur quoy est venu ledit jugement est parfait, et y produisirent les parties ce que bon leur sembla. »

Voilà donc à la fois la constatation que tous les documents du Procès existaient et que le Procès était « parfait ».

Que sont devenus ces documents?

On lit dans le manuscrit interpolé de la *Chronique scandaleuse* le passage suivant, à propos du procès intenté en 1462 par les fils de Jacques Cœur :

« Et aussi vouloient iceulx Cueurs faire vuyder le fraudeleux appel qu'ilz avoient par avant intergetté... Et ce qui les mouvoit ad ce faire estoit pour ce qu'ilz avoient le procès de leur père entre lez mains, duquel ilz avoient osté plusieurs cayers où estoient les principalles charges qui estoient contre ledit Jacques Cueur. Mais après que le procès eut esté veu, fut trouvé en icelluy aucuns cayers couppés. Et estoit la mynutte en l'ostel de Gueteville qui avoit esté greffier du grant conseil. En laquelle mynute y avoit plusieurs choses au desavantaige dudit Cueur qui n'estoient en la grosse de son procès. Par quoy ledit procès demoura en l'estat qu'il estoit[1]. »

Bien que nous ayons là le témoignage d'ennemis passionnés, nous devons retenir ce point que des pièces de la procédure ont disparu ; l'original du texte de l'arrêt ne se retrouve même pas. D'ailleurs, les faits sont là : nous n'avons plus rien ou presque rien de tout ce qui est visé dans le mémoire de l'archevêque de Bourges, de ce qui fut communiqué à l'avocat Ganay. Les extraits de la procédure que nous possédons sont faits de seconde main, et si négligemment qu'on donne parfois à deux reprises les mêmes dépositions avec des développements qui diffèrent[2].

La conclusion qui s'impose, c'est que ces documents ont été détruits.

Nous n'en sommes point à cet égard réduits à des conjectures.

Au cours de nos longues recherches sur le règne de Charles VII, nous rencontrâmes, dans un manuscrit faisant partie des *Nouvelles acquisitions* du Fonds français, des fragments découpés d'un Inventaire des papiers de Jacques Cœur. En rapprochant ces fragments d'autres morceaux conservés au dossier COEUR, parmi les *Titres originaux* du Cabinet des titres, nous reconnûmes que certains de ces fragments se complétaient entre eux. On les a depuis réunis dans le manuscrit des *Nouvelles acquisitions*

---

1. *Bibliothèque de l'école des chartes*, t. XVI, p. 262. Cf. Clairambault, 481, f. 28 v°.
2. Voir en particulier ms. fr. 3808, f. 18 et 53-51.

françaises portant le n° 2497. Mais il en reste un assez grand nombre, soit dans ce volume, soit dans le dossier des *Titres originaux* (devenu aujourd'hui le n° 790 de la collection des *Pièces originales*), et l'on constate qu'il y en avait beaucoup d'autres. Ces fragments faisaient évidemment partie d'un ou de plusieurs registres, voués à la destruction : c'est la seule épave qui nous reste des pièces originales de la procédure.

IV

Une lettre de Chabannes au Roi, sans date, publiée par Duclos.

(Voir chapitre vi, p. 169)

Parmi les documents publiés par Duclos, dans son *Recueil de pièces pour servir de suite à l'histoire de Louis XI*, se trouve (p. 121-23) une lettre signée CHABANNES, adressée à Charles VII. Cette lettre ne porte pas de date. Dans son *Histoire de Louis XI*, Duclos la place à l'année 1456, et l'analyse en ces termes (t. I, p. 136) :

« Dammartin lui écrivit (au Roi) que le Dauphin faisoit armer tous ses sujets; que le bâtard d'Armagnac commandoit ses troupes, et que son conseil étoit composé de Pierre Meulhon, d'Aymard de Clermont..., qui avoient chacun une compagnie de cent lances; mais que la plus grande partie de la noblesse se déclareroit pour le Roi aussi-tôt qu'il entreroit en Dauphiné. Cette lettre acheva d'irriter ce prince, qui donna ordre à Dammartin de marcher contre le Dauphin et de l'arrêter. »

M. de Barante, qui a su faire un si bon emploi des documents publiés par Duclos, donne, en substance, toute la lettre de Chabannes, en la plaçant également en 1456; il ajoute que la réception de la lettre « du comte de Dammartin » hâta la résolution du Roi et motiva l'ordre qu'il donna à Chabannes d'entrer en Dauphiné à main armée.

Nous n'avons pas fait usage de cette lettre dans les pages qui précèdent, la croyant postérieure aux événements qui y sont relatés; un examen plus attentif nous a fait reconnaître notre tort.

Il convient tout d'abord de reproduire la lettre en question. En voici le texte, revu sur la copie moderne qui se trouve dans la collection Du Puy[1].

AU ROY MON SOUVERAIN SEIGNEUR,

« Mon souverain seigneur, je me recommande si très humblement
« que faire puis à votre bonne grace. Des nouvelles, Monseigneur est à
« Valence, et a mandé les nobles de son pays de l'auge de dix huit ans,
« et ses francs archers, et toutes autres gens qui pourront porter
« armes, et a baillé au bastard d'Armagnac, son mareschal, pour ses
« conseillers, Pierre de Meulhon, Aymard de Cleremont et Guillaume le

---

[1]. Vol. 762, f. 20.

« bastard et charge de cent lances; à Jehan de Vilaines charge de cent
« lances de son hostel; à Guillaume neveu Pierre de Menthon cent
« lances; à Malortie cent lances, et à Bornasel cent lances. Le seigneur
« de Myron (?) y a esté et a fait ses ordonnances, et s'est allé habiller, et
« doit brief retourner pour servir. Et a dangier de ce que Monseigneur
« le prevost vous dist derrenièrement, puisque il se aide des deux par-
« tyes, etc. Et a fait crier que tout homme retraye ses biens à places
« fortes. Et s'effroye fort le pays. Mais, quelque chose qu'il y ait, les
« nobles et tous ceulx dudit pays de Dauphiné n'ont fiance qu'en vous,
« et dient qu'ils sont perdus à ceste fois si vous n'y mettez remede; et
« dès qu'ils vous verront desmarcher, ils parleront hault; et quant vous
« serez en lieu ils rendront leur devoir envers vous.

« Monseigneur de Savoye a mandé en Bresse. En somme il a trouvé
« sept ou huit vingt hommes d'armes; et quant a veu le petit nombre,
« les a contremandez, Monseigneur s'est offert le servir et venir en Bresse,
« et y a fort tendu; mais Monseigneur de Savoye a dissimulé et dissi-
« mule; et, selon que l'en dit, pour appercevoir en (lisez estre) meffiance
« entre eux. Les villes de Bresse dient que se vous y venez, que vous estes
« prince qui amez justice et que vous les y traiterez, et qu'ils vous baille-
« ront leurs villes, et aussi qu'ils ne le pourroient tenir; et vous ren-
« dront Monseigneur le prince et Madame la princesse et la maison de
« Savoye.

« Mon souverain seigneur, Monseigneur a envoyé devers vous Vien-
« nois, et encore y envoye le marquis, qui a fait de très mauvais rap-
« ports par deçà, ainsi qu'il a esté renommé, et a bouté Monseigneur
« en ses erreurs et en ses folies plus que aultre de son estat, requerir
« ainsi qu'il demenast le traictié de Monseigneur de Savoye et qu'il feroit
« bien la besongne, etc. Semble qu'il lairroit les choses ès termes où
« elles sont en donnant belles paroles à Monseigneur et en entretenant
« vostre venue et en faire plus de bruit que jamais ce seroit bien et pour
« les faire rendre, car c'est la chose qu'ils craignent plus; et aussi cepen-
« dant vous aurez nouvelles de vos ambassadeurs de Savoye et d'autres
« advertissemens, et aurez advis par quel moyen devez mener ceste
« matière; et ne faictes pas petite œuvre en bien la conduisant, ce que
« semble qu'il est aisé à faire, car je n'y voy nul aultre revenge en euls.
« Aussy sont tant esbahis qu'ils peuvent des nouvelles d'Italye. Le sei-
« gneur Conran, frere du conte de Rouxi, le seigneur Guillaume devant
« Alexandrie; les Venitians gaignent fort pays sur ladicte conté; mais je
« croy que ce bruit luy aydera. Du commun bruit de vostre ambassade,
« on dit que Monseigneur de Savoye se submettra du tout en vous, qui
« seroit bien venu.

« Vostre très humble et très obeissant subject et serviteur.
                                             « CHABANNES. »

Nous allons chercher à établir :
1° Que cette lettre n'est pas de 1450;
2° Qu'elle est de 1452;
3° Qu'elle ne doit pas être d'Antoine de Chabannes, comte de Dammartin, mais de son frère aîné Jacques, grand maitre d'hôtel du Roi.

NOTES SUPPLÉMENTAIRES. 435

I. — Il n'est pas besoin de s'arrêter longuement à la date de 1456.

La lettre constate :

1° Que le Dauphin est à Valence : or, si l'on consulte son itinéraire, dressé avec un soin si consciencieux par M. l'abbé Ulysse Chevalier, on constate qu'il n'y séjourna pas en 1456, et ne fit qu'y passer les 20 février et 9 mars[1] ;

2° Que le duc de Savoie est sur le pied de guerre avec le Roi : or, le duc avait, au mois de décembre 1455, renouvelé le traité de Feurs et scellé définitivement son alliance avec Charles VII ;

3° Que les Vénitiens étaient en guerre avec le duc de Milan : or, la paix de Lodi, conclue le 9 avril 1454, avait été successivement ratifiée par les États Italiens, et, en 1456, on était en pleine paix dans le duché de Milan.

II. — Les impossibilités alléguées pour l'année 1456 ne se rencontrent point pour l'année 1455, et l'on pourrait hésiter un instant, si toutes les probabilités ne se réunissaient en faveur de la date de 1452.

En effet, si nous consultons l'itinéraire du Dauphin, nous voyons qu'il est à Valence du 20 juillet au 27 août 1452.

En 1452, à la date du 16 mai, les Vénitiens ont déclaré la guerre au duc de Milan. Venise a promis Novarre au duc de Savoie et Alexandrie au marquis de Montferrat pour prix de leur concours ; c'est Guillaume de Montferrat qui doit commander l'armée chargée d'attaquer Alexandrie, et nous constatons que, le 26 juillet, il subit une défaite.

Le duc de Savoie est menacé d'une attaque de la part du Roi, qui, le 8 juillet, est venu s'établir au château de Mehun-sur-Yèvre, prêt à s'ébranler pour une expédition dirigée aussi bien contre le Dauphin que contre le duc de Savoie.

Le Roi a pris toutes ses mesures : au mois de juillet, il a envoyé Jacques de Chabannes à Lyon à la tête de mille lances.

Le 4 août, il écrit aux habitants de la Bresse qu'il envoie ses ambassadeurs au duc de Savoie : ces ambassadeurs doivent se trouver à une réunion fixée au 20 août.

Peu après le Roi envoie au duc une dernière sommation, et, dans les premiers jours de septembre, il se met en marche, et s'avance par le Bourbonnais.

On voit qu'il y a parfaite concordance entre les nouvelles données par Chabannes et la situation telle qu'elle apparaît au mois d'août 1452.

III. — Enfin la lettre en question émane-t-elle bien du comte de Dammartin ?

Nous savons qu'Antoine de Chabannes fut, au mois de septembre 1451, préposé à la garde de Jacques Cœur ; il figura en 1452 parmi les commis-

---

[1]. Et encore la date du 9 mars nous paraît avoir été indiquée à tort : la pièce qui la fournit doit être de 1447.

saires chargés d'instruire l'affaire, et paraît être resté à son poste durant tout le procès de l'argentier.

Au contraire, nous venons de voir que Jacques de Chabannes était à Lyon, à la tête des gens de guerre qui allaient prendre part à la lutte.

C'est donc lui qui est l'auteur de cette lettre, et c'est au mois d'août 1452 qu'elle doit être placée.

PIÈCES JUSTIFICATIVES

I

Guillaume Cousinot au comte de Foix [1]

Louviers, 25 septembre 1449.

Mon très redouté seigneur, je me recommande à vostre bonne grace tant humblement comme je puis.

J'ai veu vos lettres, et aussi celles que escrites avez au Roy, faisant mention de la prise de Mauléon, dont le Roy et tous Messeigneurs de pardeça ont esté et sont très joieux; et vous certifie, Monseigneur, que le Roy est très bien content de vous et des bons termes que y avez tenus. Au surplus, combien qu'il vous escrive la substance des matières de pardeça et des termes en quoi les chouses sont, toutesfois, combien je sçai[2] que seriez bien joieux de sçavoir bien au long du demené desdites matières, je me suis disposé vous en escrire tout au long et tout ainsi que la verité est, en parlant de ce de veu et de sçeu.

Je croi, Monseigneur, que vous avez bien souvenance comme les Anglois, contre la teneur des treves, en icelles enfregnant, ont reparé Saint Jame de Beauvron et fait deux nouveaux chasteaux en la comté de Mortaing et tout en marche de frontière, et que, combien que par plusieurs fois ils ayent esté sommés et requis de faire reparer et mettre au premier estat, ainsi que raison estoit et que la

---

1. Cette lettre a été publiée par D. Martène, dans son *Thesaurus novus anecdotorum*, t. I, col. 1814-18. On lit en note (col. 1811-12) : « Hæc epistola in manuscripto Sylvæ-Majoris, unde eam eruimus, nullum auctoris nomen præfert ; sed quidam eam Guillelmo Cousinet (sic) tribuunt, scriptamque volunt ad Gastonem IV, comitem Fuxensem, quia idem Cousinetus Malum leonem expugnavit, et cum Culcillo ad Anglos missus fuit, ut ab eis Fulgerias repeteret. » — Le texte est fort incorrect ; n'ayant eu aucun moyen de le contrôler, nous n'y avons fait que les rectifications indispensables.

2. Il faut lire évidemment : « Comme bien je sçai. »

treve le porte, toutesfois ils n'en ont jamais voulu rien faire ; aincois ont fait plusieurs grans prinses, courses et detrousses sur les sujets du Roy, par mer et par terre, durant les treves. Et, en continuant de mal en pis, ou mois de mars deurenier passé, ils prindrent le chastel et ville de Fougières, qui estoit en la vraye obeissance du Roy, comme vous sçavez, et en icelle place tuerent gens, prindrent prisonniers, violerent femmes, ravirent tous les biens qui y estoient et firent tous les maux dont ils se purent aviser ; lesquels biens, selon la commune renommée, sont bien estimés à valeur de deux millions d'or. Et, non contens de ce, coururent lesdiz Anglois en la duchié de Bretaigne, tuerent gens, prindrent prisonniers et tous les biens qu'ils povoient trouver, appatissans le pays, et firent tous exploits accoustumez en fait de guerre. A laquelle cause aucuns amis et serviteurs de Monseigneur de Bretaigne, voyant l'outrage lequel lui avoit esté fait et qu'il n'en pouvoit obtenir aucune provision de la part desdiz Anglois, et que iceulx Anglois avoient rompu les treves et faisoient guerre ouverte, trouverent moyen de prendre le chastel et ville de Conches et le chastel de Gerberoy, esquelles places ne se gouvernerent pas comme lesdiz Anglois avoient fait audit lieu de Fougières, car homme de langue française ne fut tué ne prins, ne ne perdit ses biens.

Depuis lesquelles chouses ainsi avenues, combien que chascun cognoist l'avantaige que le Roy avoit sur lesdiz Anglois, toutesfois, pour tousjours mettre Dieu et le droit de sa part, et que l'on ne peust pas dire qu'il ne se fust mis en tout devoir et que à son deffaut aucun inconvenient fust avenu, et obtemperant à la requeste desdiz Anglois qui avoient requis que les ambaxadeurs et commissaires desdiz deux princes se assemblassent en aucun lieu pour appointer sur lesdites matières, le Roy envoyant (*sic*) Monseigneur de Culant et moy à Louviers pour voir quel devoir et quelle reparation le duc de Sommerset, qui est lieutenant general et gouverneur de par le Roy d'Angleterre, avoient (*sic*) fait touchant les chouses dessusdites ; et nous avoit baillé povoir, se trouvions que effectuellement ilz eussent besoigné ou eussent voulenté de besoigner, que de sa part nous feissions le semblable et reparer toutes les chouses dont ils se vouloint plaindre. Et combien que, nous arrivez en ceste dite ville de Louviers, sçeussons certainement que lesdiz Anglois n'avoient fait aucunement aucunes reparations des chouses dessusdictes, neantmoins, pour monstrer le bon vouloir que le Roy a au bien des matières et le devoir en quoy il se vouloit mettre de sa part, nous offrismes de par le Roy aux ambaxadeurs de la part d'Angleterre, en la devant dite convention qui se tint en l'abbaye du Bon Port, que s'ils vouloient rendre la ville et chastel de Fougières dedans un jour qui adoncques fut nommé, lequel estoit raisonnable et convenable, ès mains de mondit seigneur de Bretaigne, sous la seigneurie et obeissance du Roy, ainsi que raison est, car les treuves sont siennes et y est ledit Monseigneur de Bretaigne nommement compris comme son subgiet, ensemble les biens qui estoint dedans selon la commune extraction, ou, si ne les pouvoint si toust recouvrer, bailler sureté de places ou houstaiges jusques à la valeur d'iceulx biens, on leur rendroit lesdites places du Pont de l'Arche, Conches et Gerberoy et tous les biens qui estoient dedans au temps de la prinse d'icelles places ou la valeur d'iceux biens, et pareillement la personne Monseigneur de Fauconberge, qui avoit esté prins audit Pont de l'Arche, et que au demourant tous excez [et] attemptats d'une partie et d'autre feussent reparez. Laquelle chouse ils refuserent; et nous convint en cet estat retourner devers le Roy, lequel, ouye nostre relation, instruite et justifiée par loyaux instrumens appliqués (?), connaissant le debvoir en quoy il s'estoit mis, la faute et deute de droit qui procedoit de la partie desdiz Anglois, le dommaige qu'ils pourroint faire à ses subjects, et la guerre qui leur faisoient, et ausquelx il est tenu, comme vous sçavez, il leur doit garder, l'infraction aussi et rompture que lesdiz Anglois avoint faits desdites treves, et qu'ils ne vouloint auculne chouse reparer, et mesmement lui oster un tel subjets et d'une telle contrée de pays comme Monseigneur de Bretaigne et son pays et duchlé, ou autrement les destruiroit par guerre et voie de fait, par grande et meure deliberation de Conseil et en acquittant sa conscience, il se delibera, après les premières offres qu'il avoit fait faire ausdiz Anglois, (auxquelles) ne voulurent obtemperer, aincois les refusa (*sic*) jaçoit ce qu'elles feussent si justes et raisonnables que faire se pouvoit, ainsi que dessus est dit, et qu'il se feust mis en plus grand devoir qu'il n'estoit tenu, ne devoit faire [double] de leur faire la guerre et recouvrer sa seigneurie par toutes voyes licites et convenables, et laquelle par long temps iceulx Anglois avoient induement occupée et detenue; et luy fut conseillé que, selon Dieu et conscience, il se devoit ainsi faire ou qu'autrement il ne feroit plus son devoir.

En executant laquelle deliberation, le seneschal, le bailly d'Evreux, et autres en leur compagnie, le xx⁰ jour de juillet dernier passé, prindrent la ville de Vernoil; et le lendemain assaillirent le fort de la ville, qui est un très bel chastel tout fermé d'eaux, laquelle ils prindrent d'assault à force et puissance de gens, sans nulle artillerie, et tout incontinent se rendit le donjon et chastel dudit Vernoil, et ne restoit que la grousse tour. Qui ne sont pas œuvres humaines, mais comme inconcevables et impossibles sans œuvre divine; et faut dire que Dieu, qui connoist le bon droit et la bonne querelle du Roy et la faute et tort desdiz Anglois, conduit cet œuvre. Monseigneur de Dunois et plusieurs autres capitaines vindrent incontinent audit lieu de Vernoil, estant le siège devant ladite tour. Et eulx estant de pardelà vint le sire de Talbot, à toute la plus grant puissance d'Anglois qu'il pust recouvrer deçà la mer, à deux lieues près de Vernueil, en entencion de le secourir, comme l'en disoit; et se logea en ung lieu nommé Vertueil, auquel il arriva le dernier jour dudit mois de juillet, et y demoura deux jours et deux nuits; et le sabmedy ensuivant, second jour d'aoust, se partit ledit Talbot et tous ceux qui estoint avec luy dudit Vertueil, et se vint logier en ung gros villaige nommé Beaumont le Rogier, sans aucunement se monstrer devant ladite ville de Vernoil ne plus près en approchant. Le partement duquel Talbot venu à la connoissance de mesdiz seigneurs, midrent incontinent gens dehors pour le chevaucher et sçavoir quel chemin il prendroit; et le lendemain bien matin, incontinent que la messe fut dite, et que chascun se fut mis en estat de combattre, partirent lesdiz seigneurs dudit Verneil, et allèrent le plus droit chemin qu'ils purent pour cuidor trouver lesdiz Anglois; lesquels Anglois, quand ils sçeurent que nos dites gens approuchoient d'eulx, partirent incontinent dudit lieu de Beaumont, et se vindrent mettre en bataille en un très fort lieu entre Harecourt et ledit Beaumont. Laquelle chouse venue à la coignoissance de nos gens, tirèrent incontinent après; et si toust que lesdiz Anglois les virent approucher, ils abandonnèrent leur première place pour eulx aller mettre en une autre; jusques à laquelle place semblablement nos gens les suivirent, voyans lesdiz Anglois laisser aucuns ladite place, et se allèrent mettre en ung très fort lieu à demie lieue dudit Harecourt, auquel ils avoient le bois au dos et deux grousses hayes aux deux costez, et ne pouvoit on venir à eux que par un chemin entre deux au devant; auquel lieu ils avoint mis tous leurs ribausdequins et leur artillerie, qu'ils appellent leur ordonnance, et fortifièrent tellement ledit lieu que à toutes gens d'entendement il ne sembloit estre raisonnable ne

convenable de les y laisser assaillir; mesmoment qu'il estoit presque
nuit, et avoint presque esté nos dites gens à cheval depuis l'aube
du jour jusques à celle heure, et avoint bien chevauchez quatorze
ou quinze lieues sans repaistre; et à cette cause s'en veindrent logier en deux gros villages à doux lieues près où estoient lesdiz
Anglois; et incontinent qu'il fut nuit, lesdiz Anglois partirent de
leur dit lieu et s'en vindrent audit Harecourt, et aussi toust qu'il
fut jour, partirent et s'en allèrent sans repaistre jusques à Rouen.
Laquelle chouse venue à la cognoissance de nos dites gens, qui dès
l'aube du jour s'estoient mis en bataille, et qu'autrement ne pouvoint recouvrer lesdiz Anglois, se retirèrent en ses marches d'Evreux,
Louviers et Pont de l'Arche, et prindrent une petite place près du
Pont de l'Arche, nommée Longent-Pré, qui estoit audit sire de Talbot,
et laquelle est à quinze lieues de Rouen: et là se joignirent Messeigneurs d'Eu, Saint-Pol, de Savouze, de Molry (Mouy) et plusieurs
autres jusques au nombre de deux mille combattans ou environ,
avec Messeigneurs de Dunois, le senechal, et autres seigneurs qui
estoient partis dudit Vernoil; et après qu'ils eurent parlé ensemble,
et pris leurs conclusions de ce qu'ils devoient faire, le dimanche
ensuivant, dixiesme jour dudit mois d'aougst, mondit seigneur le
senechal, le bailly d'Evreux et plusieurs autres en leur compagnie
partirent dudit Pont de l'Arche, en entencion d'aller prendre la
nuit ensuivant le Ponteau-de-Mer par certains moyens qu'ils avoint.
Laquelle chouse ne se put pas executer, pour ce que Mundefort,
thresorier de Normandie, et Foucques Cotton (Etton), capitaine de
Caudebec, accompagnez de quatre à cinq cents Anglois d'Angleterre, des plus vaillans qui fussent en Normandie, estoient celuy
jour après disné entrés en ladite place, dont nos dites gens n'on
sçavoint rien. Voyant laquelle chouse ledit monseigneur le senechal et bailly d'Evreux, et que leur entreprinse ne se pouvoit executer, si misdrent le siège devant ledit Ponteau-de-Mer, et en-
voyerent à toute diligence devant (devers) mesdiz seigneurs d'Eu,
de Saint Paul et de Dunois, pour leur notifier la chouse, et les faire
avancer et venir audit Ponteau-de-Mer. Lesquels seigneurs, qui
dès le lundy matin estoint partis dudit Pont de l'Arche pour tirer
après mon dit seigneur le senechal, et ensuivoient la conclusion
qu'ils avoient prinse ensemble, tirerent à toute diligence envers ledit Ponteau-de-Mer, et y arrivèrent le mardy matin xij° jour du dit
mois d'aougst, et incontinent environnerent ladite place de tous
coustez; et celuy mesmo jour après disner l'assaillirent et prind-

rent par assault, et furent tous lesdiz Anglois estans dedans mors et prins. Et le vendredy ensuivant, xv° jour dudit mois, nos diz seigneurs d'Eu et de Saint Paul allerent au Pont l'Évesque, qui leur fut obeissant; et celuy jour mon dit seigneur le senechal, le bailly d'Evreux, et autres en leur compagnie, tirerent vers Lisieux, et y furent le landemain au matin; et celuy mesme jour la ville et cité de Lisieux se mit en composition; et y entrerent le dimanche matin nos diz seigneurs d'Eu, de Saint Paul, de Dunois, le senechal, de Gaucourt, de Culant, de Bleville (Blainville), de Saveuze. Les baillis de Gerberoy, et d'Evreux allerent prendre Bernay, qui est forte place et belle. Et tant en iceluy jour que en trois ou quatre autres jours ensuivant, mesdiz seigneurs pridrent les chasteaux et places de Courtonne, Faugarnon, Lienervot (Livarot?), Crevecœur, Grullier (?), Orbec, la Riviere de Tibouville, Beaumenil, Rugles, la Ferté-Frosnay, et plusieurs autres petites places. Ceux de Dieppe aussy en iceluy temps prindrent Fecamp, et monseigneur d'Orval, qui venoit par un autre chemin, print Gassay, c'est assavoir le chastel par assault. Et la Tour de Verneil se rendit au Roy, c'est assavoir ceux dedans à sa voulenté, qui estoient bien quatre vingt. Pareillement se meist en son obeissance la cité de Vees (Seez) et la place de Loigny, qui est un des beaux chasteaux que l'on saiche. De-là mesdiz seigneurs tirerent à Mante, qui est sur la riviere de Saine, et y a bien vingt huit ou trante lieues de Lisieux; et arriverent devant ladite ville de Mente le xxiv° jour dudit mois d'aoust. Et en celuy mesme jour ladite ville se meist en composition, là où ils estoint dedans bien de huit ving à deux cens Anglois, et y estoit Thomas de Scymbarbe, anglois, bailly pour ceux dudit lieu de Mente. Le landemain, qui fut xxv° jour dudit mois, lesdiz seigneurs allerent devant Vernon, lequel se mit en composition le jeudy xxvii° jour dudit mois, pour soy rendre le sepmady ensuivant, ou cas qu'il n'auroint secours; et iceluy sepmady la place fut rendue, qui est belle ville et bel chastel à douze lieues de Rouen; et estoit dedans icelle ville maistre Ormont, frere du comte d'Ormont, et prouchain parent du duc de Sommerset, accompaigné de sept à huit vingt Anglois. De là mesdiz seigneurs tirerent devers le Roy à Evreux, et sont tous venus ensemble en cette ville de Louviers. D'icy partirent mesdiz seigneurs, c'est assavoir messeigneurs d'Eu, Saint Paul, le mareschal de Culant, et plusieurs autres, pour aller mettre le siège devant le Neufchastel. Ce qu'ils ont fait, et prins la ville par assaut, et le chastel mis en composition, à eux rendre, en cas qu'ils n'auroint secours, lundy prouchain. Et par avant avoint prins mesdiz seigneurs la ville et chastel de Gornay et Belencontre. Et Monseigneur de Dunois, le seneschal, et autres dessus nommez, partirent pour aller mettre le siège devant Harcourt; lequel se rendit dimanche dernier, xIII° jour de ce mois de septembre; et paravant avoit esté trois mois en composition, et estoient de sept à huit vingt Anglois, et est une forte place, laquelle le duc de Sommerset tenoit et reputoit sienne; et n'est qu'à douze lieues de Rouen. Et incontinent firent partir nos gens pour aller devant Chambrois, qui est ung très bel chastel, et y avoit bien deux cents Anglois dedans; lequel chastel s'est aujourd'huy rendu environ dix heures. D'autre part, Monseigneur de Bretaigne, Monseigneur le connestable et Monseigneur de Touteville, et autres seigneurs, sont entrez en la Basse Normandie, et ont pris Saint Jame de Bouvron, les deux chasteaulx de Mortaing, que les Anglois avoint fait reparer, la cité de Coustance, la ville de Saint Lo, Reneville, qui est bel chastel et fort, et port de mer, la place de Chantelou, et sont maintenant assiegez devant Carenten. Le seigneur d'Alançon, d'autre cousté, a prins Essay, qui est belle ville et bel chastel. Et presentement sont venue nouvelle comme il a pris la ville d'Alançon et mis le siège devant le chastel. Le capitaine de Dieppe print jeudy au soir la ville d'Arques, que l'on appelle la Belle, et le belvart du chastel, et tient le siège devant ledit chastel. Et en effet, Monseigneur, nous avons tous les jours tant de bonnes nouvelles de toutes pars et nous vient tant de biens de tous coustez, que nous ne scavons auquel entendre. Et à ce peut-on bien connoistre la bonne querelle du Roy et comme Dieu conduit son fait; car il ne fut oncques trouvé en quelque livre ou histoire de quelque temps que ce soy en loy judaïque, payenne et chrestienne, que on si peu de temps ung prince conquist par force sur ses ennemis tant de places comme le Roy fait de present; et si est bien à noter qu'il n'y a eu place prinse où il n'y eust Anglois d'Angleterre et en grand nombre.

Je vous avois oublié à mettre la Roche Guyon, qui a esté prinse par siège et baillé terme de combattre de quinze jours; et n'est qu'à quatorze lieues de Rouen, où est le duc de Sommerset, Talbot et toute leur puissance. Et se rendit ladite place, qui est si forte que chascun sait, hier eut huit jours, qui fut xII (sic) jour de ce mois de septembre. Et par avant s'estoit rendue la place de Dangu.

Monseigneur, en ces chouses ne faites doute, car je les vous afferme pour vraies, *et in omnibus interfui et vidi, et testimonium meum verum est.* Et encores espere, au plaisir de Dieu, que bien brief vous oirez mieulx. Monseigneur, si est-ce long, pardonnez moy.

Escript à Louviers, le xxv° jour de septembre, l'an MCCCC XLIX.

Depuis Monseigneur de Bretaigne pris le Pont de Doue, qui est l'entrée du cloux de Coustentein, et a esté prins ledit Pont par assault. Ceux de Caronton ont achopté leurs assaults deux mille francs et se sont rendus. Ceux de Valongnes ont abandonné leur place et nos gens sont dedans. Ceux de Bricquebec se sont rendus. Saint Sauveur le Vicomte est rendu, et ne demeure plus à conquester en tous lesdiz cloux de Coustantein fors Chereboure. Ceulx d'Argenten ont appelé nos gens, lesquels estoient devant, et fait entrer par un portal et chassé les Anglois jusques dedans le chastel; lequel chastel a prins composition, et s'en sont allez lesdiz Anglois un baston pelé en poing. Je vous dis pelé. Gisors a baillé bons hostaiges à soy rendre dedans quinze jours, en cas que les Anglois ne seront plus fors devant. Le siège est devant le Chastel Gaillart pour vray. Le ix° jour de ce mois d'octobre, le Roy fut en personne devant Rouen et y demoura tout le jour; et de present est au Pont de l'Arche. Le siège sera mis tout cloux devant Rouen dedans le xv° jour de ce mois.

II

Le Roi aux habitants de Lyon

Louviers, 8 octobre 1449.

A noz chiers et bien amez les conseilliers, bourgeois et habitans de la ville de Lyon.

DE PAR LE ROY.

Chiers et bien amez, nous tenons que vous savez assez comment, puis certain temps en ça, sommes entrez à puissance en cestui nostre pays de Normandie pour la recouvrance d'icellui sur noz ennemis les Anglois, qui longuement l'ont detenu et usurpé, et que en avons jà reduit et remis grant partie en nostre obeissance et d'icellui debouté nosdiz ennemis. Et avons entencion, moyennant l'ayde de Nostre Seigneur, de continuer le plus que pourrons; et à

coste cause avons avec nous oudit pays plusieurs de nostre sang et
grant nombre de noz feaulx et autres gens d'armes et de trait. Et
pour ce que, en faisant les choses dessusdictes, avons fait de grans
despenses et nous en conviendra faire d'autres pour l'execucion de
ce qui reste à faire, pour fournir ausquelles choses avons ordonné
presentement estre mis sus certain aide en noz pays de Languedoil
et faire continuer le paiement de noz gens de guerre pour l'année
à venir qui commencera le premier jour de janvier prouchain venant. Et pour ceste cause envoions presentement pardelà nostre
amé et feal conseillier l'evesque de Carcassonne, general sur le fait
de noz finances, et autres noz officiers et commissaires, ausquelz
nous avons chargé vous dire et remonstrer nosdictes affaires, qui
sont telz et si notoires que chascun peut congnoistre. Si vous
prions et requerons et neantmoins mandons, sur tout le service que
faire nous desirez et que amiez le bien de nous et le recouvrement
de nostre seignourie, que nosdiz conseillier, officiers et commissaires vous vueillez oïr, faire et acomplir tout ce qu'ilz vous requerront ceste foiz de par nous.

Donné à Louviers, le huitiesme jour d'octobre.

CHARLES.

DE LA LOÈRE [1].

III

Jacques Cœur à la duchesse de Bourgogne

Bernay, 10 mars 1450.

A ma très redoublée dame Madame la duchesse de Bourgogne.

Ma très redoublée dame, je me recommande le plus humblement
que je puis à vostre bonne grace. A laquelle, ma très redoublée
dame, plaise savoir que j'ay receues les lettres qu'il vous a pleu moy
escrire par maistre Johan de Molesmes, secretaire de mon très redoubté seigneur monseigneur le duc de Bourgongne, touchant vos
IIII^m livres tournois sur la recepte de Vermandois. En verité, ma
très redoublée dame, il est vray, ainsy que par vos dictes lettres
dictes, que, se Dieu plaist et la bonne fortune qui lui a pleu envoyer au Roy en la recouvrance de son pays de Normandie, les

---

[1]. Original signé sur papier, trace de sceau plaqué en cire rouge. Archives municipales de Lyon, AA 20, f. 17.

charges dudit seigneur seront dores en avant allegiez, mais ses affaires et despens ont esté si grandes, longues, pesantes et somptueuses que la charge en est en divers lieux trop plus que plusieurs ne cuident, et si est assez à presumer que le long trait de sa presente armée pour la recouvrance de son dit pays, dont il n'a encores la fin telle qu'il desire et que au plaisir de Dieu en brief aura, ne l'a pas allegée, car si haulx et pesans faiz que de si grande armée et longue entretenuoue comme la sienne ne se pevent pas conduire sans moult grans frais et despences, pour ausquelles fournir et à la conduite de l'avenir fait bien tout (tost) besoing et beaucop plus avant; mais se Dieu plaist tout se conduira et vendra a bonne fin, et puis après pourra plus aisement subvenir à vostre fait et autres besongnes qui le temps passé, à cause des charges de la guerre, sont demourées derrière, car ledit seigneur en a très bon nombre. Ledit de Molesmes et moy avons eu ensemble conferacion se de vostre dicte matière devoye audit seigneur parler; mais, consideré les choses dessus dictes et plusieurs autres, longues à escrire, estion demourez d'oppinion que on devoit attendre jusques à une autres fois que les besongnes seroient en meilleur terme. Toutesfois la chose s'est trouvée à point que ledit de Molesmes lui en a parlé, et lui en a respondu en très bonne manière, ainsy que s'il vous plaist par lui pouvez savoir.

Si vous supplie, ma très redoubtée dame, si très humblement comme je puis, qu'il vous plaise m'en tenir pour excusé pour ceste heure; mais, au plaisir de Dieu, en temps et lieu pense bien, de mon petit povoir, poursuivre ledit fait et autres envers le Roy où vous plaira m'employer. Et tousjours vous plaise me faire savoir et commander vos très bons plaisirs, pour les accomplir, au plaisir de Nostre Seigneur, qui par sa grace, ma très redoubtée dame, vous doint très bonne vie.

Escript à Bernay, le xme jour de mars mil IIII^c XLIX avant Pasques.

      Vostre très humble
       et très obéissant serviteur,
         JACQUES GUER [1].

[1]. Copie du xviie siècle, collationnée sur l'original en papier, avec cachet de cire rouge recouvert de papier. Archives du Nord, *Lettres missives*, B2, 1403-80, n° 167. — Pierre Clément a publié en 1853 (*Jacques Cœur et Charles VII*, t. II, p. 192-94), d'après l'original en la possession du baron de Trémont, qui l'avait payé 202 fr., une lettre autographe de Jacques Cœur à Jean de Village, relative à son évasion de Beaucaire, et dont l'authenticité lui avait paru incontestable (p. 192, note 2). Dans son *His-

IV

Le Roi aux évêques, chapitres et bonnes villes

Maillé, 31 août 1450.

De par le Roy.

Nostre amé et féal et très-chers et bien amez, vous savez la grace qu'il a pleu à Dieu nous faire touchant la recouvrance et totale reduction de nostre pays et duchié de Normandie ; laquelle chose a esté parfaite et accomplie le douziesme jour de ce present moys d'aoust, que la place de Cherbourg, qui a esté la derrenière detenue et occuppée par noz ennemis en nostredit pays de Normandie, a esté reduite et remise en nostre obeissance. Esquelz recouvrement et reduction, à bien tout considerer, tant de la briété du temps qui en ce a esté employé, comme de la manière du faire, et en quoy raisonnablement on ne peut noter aucune cruaulté ne inhumanité, ne y sont entrevenus les detestables maulx qui souventefois aviennent en fait de guerre, est plus à croire que ce est œuvre divin et miraculeux que aultrement.

Pour laquelle cause, eu sur ce l'avis et oppinion des gens de nostre conseil, nous a semblé que ce seroit chose bien convenable et raisonnable que, pour rendre de ces choses graces à nostre Createur, auquel principalement en doibt estre attribué l'onneur et la gloire, processions generales et messes solennelles feussent faictes par toutes les eglises notables de nostre royaume au quatorziesme jour du moys d'octobre prochain venant ; et en oultre, affin de perpetuel loenge envers nostredit Createur et en recongnoissant à tousjours la grace qu'il nous a faicte, que semblablement, pour le temps à venir, à tel jour comme ladicte recouvrance fut accomplie, c'est assavoir ledit douziesme jour d'aoust, pareilles processions et messes, avecques les solennitez qui y appartiennent, feussent faictes en toutes les eglises metropolitaines et canoniales de nostredit royaulme.

Si vous prions que de vostre part le veuillez ainsi faire, et que en tant que touche la solennité dudit douziesme jour d'aoust vous le

Lettre de Charles VII (t. III, p. 206) Vallet de Viriville fait usage de cette lettre, qui était alors dans la collection de M. Chambry. La pièce est aujourd'hui reconnue comme apocryphe, aussi bien que les fameuses lettres d'Agnès Sorel.

faictes enregistrer autentiquement en voz papiers et registres, affin que la chose ne soit obliée ou temps à venir. En faisant lesquelles choses, esperons que Dieu les aura agréables, et de nostre part vous en saurons bon gré.

Donné à Maillé, le derrenier jour d'aoust.

CHARLES.

FROMENT [1].

V

Le Roi à Dreux Budé

Montbazon, 5 octobre 1450.

A nostre amé et feal conseiller tresorier et garde de noz chartres maistre Dreux Budé, nostre audiencier.

DE PAR LE ROY.

Nostre amé et feal, beau nepveu de Bretagne, par ung de ses conseilliers qu'il a envoié devers nous, nous a escript et fait savoir que, pour faire son hommage et autrement se acquitter envers nous comme il doit, il a entencion d'estre devers nous huit jours devant la feste de Toussains prouchaine. Et pour ce que, avant son partement de devers nous, conviendra besongner avecques lui sur les priviléges et prerogatives qu'il dit avoir de noz predecesseurs, ce que bonnement faire ne se peut sans premièrement avoir et recouvrer de la chambre de noz chartres ce qui y est servant au cas, nous voulons et vous mandons que en toute diligence faites extraire et coppier tout ce que trouverés en nostre dicte chambre des chartres qui pourra toucher le fait de Bretaigne, et servir au cas; et tout ce que trouverés nous envoiez diligemment pour le faire veoir et visiter et au surplus y besongner ainsi qu'il appartendra; et n'obliez pas la coppie des lettres par lesquelles ung duc de Bretaigne et ses barons firent serement à ung de nos diz predecesseurs et vouloit et consentoit icellui duc, ou cas qu'il feroit le contraire, que ses diz barons peussent eulx mettre contre lui et servir nostre

---

1. *Registres capitulaires de Notre-Dame de Paris.* Archives nationales, LL 116, p. 814; édité par M. Vallet de Viriville. *Chronique de Jean Chartier,* t. III, p. 331. — La même lettre se trouve (avec *Mauntes* au lieu de *Maillé*) dans Louvet, *Histoire et antiquités du diocèse de Beauvais,* 1635, in-8º, t. II, p. 567, et dans Stevenson, *Letters and papers, etc.,* t. I, p. 307 (d'après le volume VII de Le Grand).

dit predecesseur et ses successeurs à l'encontre de lui; et gardez
que faulte n'y ait.

Donné à Montbason, le cinquiesme jour d'octobre.

CHARLES.

CHALIGAUT [1].

VI

Le Roi à ses gens des comptes.

Montils-les-Tours, 19 février 1451.

DE PAR LE ROY.

Nos amez et feaulx, vous avez assez congnoissance comment, pour
aucunement remunerer nostre amé et feal conseiller et chambellan
le sire de Torcy des bons et agreables services par lui à nous
fais, nous lui feismes desplega don des heritages qui appartindrent
à maistre Johan Cousin, Anglois, jusques à la somme de II^c livres
tournois de rente par an, et aussi d'aucunes maisons estans à Lisieux, icelles maisons et heritages à nous advenuz par forfaicture;
et d'icelui don a nostre dit conseiller de nous obtenu noz lettres
patentes à vous adreçans, et par vertu d'icelles fait faire les informacions, criées, bannissemens et adimprestacions en ce appartenans. Et
combien que lesdiz heritaiges qui furent audit Cousin soient de
present en petite valeur, neantmoins, soubz umbre ou à l'ocasion
de ce .....[2] par la prisée qui a esté sur ce faicte, il nous est ap-
paru iceulx heritages valoir au temps de l'an IIII^{c}XVII la somme
de II^{c}XXX livres tournois de rente ou environ. Et aussi, obstant
l'absence de noz tresoriers, qui de present sont de par deçà, ausquels nos dictes letres dudit don s'adrecent semblablement comme
à vous, vous avez fait et faictes difficulté de verifier et expedier
nostre dit don à nostre dit conseiller. Et pour ce que voulons icellui nostre conseiller entièrement joïr desdiz heritages dudit maistre
Jehan Cousin, et aussi desdictes maisons de Lisieux, et nostre
dit don envers lui sortir son plain et entier effect, nous vous mandons, commandons et expressement enjoingnons que, incontinent

---

1. Original signé sur papier, trace de cachet en cire rouge. Archives nationales,
J. 470, n° 16°.
2. Mot effacé.

et sans y plus faire de difficulté, vous verifliez et procediez à l'expedicion dudit don par nous fait à nostre dit conseiller desdiz heritages dessus declarez, nonobstant l'absence de nos diz tresoriers, et sans vous arrester ne avoir aucun regart à ladicte prisée faicte desdiz heritages dudit Cousin pour l'an IIII^eXVII, ne pour ceste cause lui retrenchier aucune chose de son dit don. Car tel est nostre plaisir.

Donné aux Montiz lez Tours, le XIXe jour de fevvrier.

CHARLES.

DE LA LOËRE[1].

VII

Le Roi à Colin Martin

Montils-les-Tours, 25 mars 1451.

A nostre chier et bien amé Colin Martin, receveur de l'aide et du paiement des gens d'armes en Xantonge.

DE PAR LE ROY.

Chier et bien amé, nous avons fait lever une descharge sur vous de la somme de c l. t. que avons ordonné nous prester pour aucuns noz affaires, lequel prest nous voulons que prenez et retenez sur les fraiz de vostre recepte des gens d'armes de l'année à venir. Si vous mandons que ladicte somme nous vueillez prester et bailler, ceste lettre veue, sans y faire difficulté, en prenant ladicte descharge. Et en ce faisant nous ferez bien grant plaisir. Et aussi se nous reffusiez n'en serions pas contens, veu que la somme n'est pas grande et que voulons qu'en soiez restitué.

Donnez aux Montiz, le XXVe jour de mars.

CHARLES.

CHEVALIER[2]

---

1. Original signé sur parchemin. *Chartes royales*, XVI, n° 258.
2. Original signé sur papier. Ms. fr. 20436, f. 1.

VIII

Le Roi à Dreux Budé

Taillebourg, 18 juillet 1451.

A nostre amé et feal conseiller maistre Dreux Budé, garde de noz chartres à Paris.

DE PAR LE ROY.

Nostre amé et feal, beau cousin de Nevers nous a dit qu'il nous a autreffoiz fait hommage de la terre de Maisières sur Meuze, et que ce neantmoins l'Empereur veult contraindre nostre dit cousin à lui en faire hommage, disant quelle est tenue de lui. Et pour ce que icellui nostre cousin n'est pas bien garny de tiltres ne autres souffisans enseignemens touchant ceste matière pour deffendre à l'encontre dudit Empereur, nous vous mandons que vous veez et visitez ou tresor de noz chartres s'aucune chose y a qui puisse servir pour nous et nostre dit cousin en ceste matière; et de ce que en trouverez lui en faites bailler extrait en la fourme acoustumée, sans en faire aucune difficulté, car tel est nostre plaisir.

Donné à Taillebourg, le xviii° jour de juillet.

  CHARLES.

            CHALIGAUT[1].

IX

Le Roi à ses gens des comptes

Taillebourg, 17 septembre 1451.

DE PAR LE ROY.

Nos amez et feaulx, comme pieça vous avons escript et qu'il vous est peu apparoir par noz lettres patentes sur ce, nous avons donné à nostre chière et bien amée cousine la contesse de Dunois, à sa vie, la terre et seigneurie et revenues du pont de Meulent, soubz certaines condicions plus à plain contenues en nos dictes lettres; et combien que nostre dicte cousine, vous a fait requerir l'enterine-

---

1. Original signé sur parchemin. Archives nationales, J 476, n° 16¹.

mont d'icelles, toutesvoies, obstant noz ordonnances faictes touchant le fait de nostre donmaine, tant à Nancy que à Bourges, vous ne les avez voulu expedier, comme elle nous a fait remonstrer. Et pour ce, en faveur de nostre dicte cousine, qui sur ce nous a fait derechief requerir, avons fait refaire lesdictes lettres, icelles signées de nostre main, et voulons que du contenu d'icelles elle joïsse, non obstant lesdictes ordonnances, ainsi que par icelles vous pourra apparoir. Si vous mandons bien expressement que icelles lettres lui enterinez et expediez sans plus faire en ce difficulté. Car tel est nostre plaisir.

Donné à Taillebourg, le XVII° jour de septembre.

CHARLES.

CHALIGAUT.

Le Roi à Antoine, seigneur de Croy

Montils-les-Tours, 21 février 1452.

A nostre chier et amé cousin le seigneur de Croy,

DE PAR LE ROY.

Cher et amé cousin, nous avons sçeu par l'admiral et le seneschal de Poictou comment nostre cousin de Saint Pol a naguaires esté devers beau frère de Bourgoigne, et que certaines ouvertures ont esté faites entre eulx sur les difficultez qui pourroient estre à cause d'aucunes noz terres et seigneuries; et que depuis vous et le bailly de Haynau vostre frère avez parlé de ceste matière bien amplement à nostre dit cousin de Saint Pol, disans que saviez bien lesdictes ouvertures avoir esté faictes entre nostre dit frère et lui, et lui priant que, pour parvenir à bonne conclusion desdictes ouvertures, il vous fist trouver manière, ou cas qu'il viendroit devers nous, que certaine journée feust tenue par aucuns de nos gens et ceulx de nostre dit frère en aucun lieu moyen, tel qu'il nous plairoit, et que ausdiz jour et lieu nous pleust envoyer de nos gens garnis de povoir, et que semblablement nostre dit frère y envoyeroit des siens, et que vous et vostre dit frère vous y trouveriez. Sur quoy vous si-

---

1. Original signé sur parchemin, tracé e sceau plaqué. Ms. latin 11831, f° 7.

gniffions que, pour le desir que tousjours avons eu et avons de nourir amour et bonne union entre nous et nostre dit frère, et de traiter lui et ses fais en toute faveur, nous sommes contens que journée soit prinse par nostre dit frère et aussi nostre dit cousin de Saint Pol et au lieu qu'ils adviseront, et de y envoyer de par nous nostre dit cousin et autres nos gens, garnis de povoir pour besoigner esdites ouvertures, esperans que pareillement nostre dit frère y envo[yera] des siens; et, somes bien joyeux que vous et vostre dit frère, auquel pareillement escrivons de ceste matiere, y soiez, car les besoingnes n'on pourront que mieulx valoir.

Donné aux Montilz lez Tours, le XXI° jour de fevrier.

CHARLES.

DE CAIGNEUX [1].

XI

Le Roi à ses gens des comptes

La Roche Saint-Quentin, 28 avril 1452.

DE PAR LE ROY.

Noz amez et feaulx, la vesve de feu Colin Mesnart, à son vivant grenetier du grenier à sel de Loches, nous a fait remonstrer que, combien que nagueres, après le trespas dudit feu son mary, pour consideracion de sa longue maladie, de laquelle il est alé de vie à trespas, et qu'il a delaissé ladicte vesve sa femme chargée d'enfans et de plusieurs debtes, et autres causes à ce nous mouvans, mesmement pour eviter la descercion d'elle et de ses dix enfans, à icelle ayons octroyé que, en nous payant comptant la somme de IIII° livres tournois seulement, elle soit et demeure quicte envers nous de la somme de XIII° livres tournois que son dit feu mary nous povoit devoir pour les causes et en la forme et manière contenuz et declarez en noz lettres patentes que lui en avons octroyées, lesquelles lettres, qui sont signées de nostre main, pour en avoir expedicion, vous aient esté presentées de la part d'icelle vesve, offrant et preste de paier icelle somme de IIII° livres tournois, ce

---

1. Collection d'autographes de M. Delmotte. Pièce achetée par lui à Paris; publiée par M. de Reiffenberg en 1841 dans le *Compte rendu des séances de la commission royale d'histoire* (de Belgique), t. IV, p. 62.

neantmoins, soubz couleur que dictes icelles noz lettres estre incorrectes et mal faites, ainsi qu'il apport icelle somme de xiii° livres nous estre deue, avez différé les expedier jusques à la fin et cloture des comptes que a à rendre ladicte vesve pour son dit feu mary touchant ledit grenier ; et pour ce que voullons ladicte vesve estre traictée favorablement et nos dictes lettres, qui ont esté revoues et corrigées, avoir et sortir leur plain effect, nous voulons et vous mandons bien acertes que, en nous payant promptement par ladicte vesve ladicte somme de iiii° livres tournois, sans avoir regart aux comptes dudit feu grenetier non renduz, vous icelle vesve tenez quicte et paisible de ladicte somme de xiii° livres, et icelles noz lettres lui expediez selon leur forme et teneur, pourveu toutevoies que se par la fin et cloture d'iceulx comptes ledit feu grenetier est trouvé nous estre tenu en plus grant somme que lesdictes xiii° livres, ladicte vesve en sera tenue envers nous. Et faites qu'il n'y ait faulte et telement qu'elle n'ait cause d'en retourner devers nous. Car tel est nostre plaisir.

Donné à la Roche Saint-Quentin, le xxviii° jour d'avril.

CHARLES.

PAVIE [1].

XII

Le Roi au duc de Savoie

Chissay, 15 juin 1452.

A nostre très chier et très amé cousin le duc de Savoye.

DE PAR LE ROY.

Très chier et très amé cousin, nous tenons que savez assez la bonne et ancienne amitié qui dès long temps a esté et est entre nos predecesseurs, nous, et les Florentins. Et derrenierement, nous estans en nostre ville de Tours, lesdiz Florentins envoièrent par devers nous messire Ange, leur orateur et ambaxadeur, faire remonstrer la bonne et ancienne amitié qui tousjours a esté entre noz predecesseurs, nous et eulx, requerir avecques nous confederacions et intelligence ; laquelle avons prise et acceptée d'eulx et du conte

---

1. Original signé sur parchemin. *Chartes royales*, XVI, n° 354.

Francisque, condescendant par l'advis, conseil et deliberacion de beaux frères les Roy de Secille et duc d'Orleans, et de beaux cousins de Clermont, le connestable, d'Armignac et de Dunois, et autres de nostre sanct et lignage et de nostre grant conseil. Et pour ce que nous avons sçeu que les Veniciens ont rompu la guerre et mise sus à l'encontre desdiz Florentins et conte Francisque, nous vous notiffions ce que fait a esté en ceste matière, afin que ne vueillez faire ne souffrir estre fait, à l'encontre des Florentins et conte Francisque, aucune chose en leur prejudice et de ladicte confederacion et intelligence. Et quant autrement le feriez seroit à nostre très grant desplaisir, et serions contraint de les porter et deffendre ainsi que tenuz et obligez y sommes, veu que la chose touche nostre honneur.

Donné à Chicé, le xv° jour de juing.

CHARLES.

CHALIGAUT [1].

XIII

Le Roi aux gens de son Conseil

Cleppé, 6 octobre 1452.

DE PAR LE ROY.

Noz amez et feaulx, aucuns de nos officiers ordinaires que avions nagueres commis pour cueillir et lever en aucunes contrées les finances à nous deues, tant par gens d'eglise comme par gens non nobles, pour cause des nouveaulx acquests par eulx faiz, nous ont fait advertir que plusieurs gens non nobles et mesmement marchans publiques ont depuis aucuns temps en ça impetré et obtenu de nous aucunes lectres de nobilitacions, soubz umbre desquelles lesdiz annobliz s'efforcent de tenir grant quantité de fiefz et possessions nobles par eulx acquises, tant au devant l'octroy desdictes nobilitacions comme depuis, sans nous en vouloir paier finance; et neantmoins, depuis lesdictes nobilitacions par eulx impetrées, ont marchandé et marchandent et tiennent ouvrouers publiques de marchandises et n'ont vescu ne vivent noblement, ne font fait

---

1. Original signé sur parchemin, trace de sceau plaqué en cire rouge. Archives de Turin, *Francia, Lettere principi.*

de nobles; et avons esté requis d'octroyer nos lectres declaratoires pour contraindre lesdiz annobliz à paier ladicte finance, nonobstant les dictes nobilitacions, laquelle chose a semblé à aucuns de voz officiers que povons faire, et que lesdiz annobliz ne doivent joïr du benefice desdictes nobilitacions, sinon en vivant noblement et faisant faiz de nobles; sur quoy avons voulu avoir vostre advis. Si vous mandons et expressement enjoignons que vous appellez avec vous v ou vi de noz conseilliers en nostre court de Parlement, et aussi de ceulx de nostre tresor, et autres noz officiers de par delà que verrez à faire, en ce cognoissans et expers, et entre vous et eulx mectez ceste chose en termes pour adviser ce que en povons et devons faire de raison ; et ce que y aura esté advisé et conclut nous envoiez par escript au plus tost que vous pourez, ou à nos amez et feaulx les tresoriers estans par devers nous, pour y estre par nous procedé ainsi que sera de raison. Et en ce ne faictes faulte.

Donné à Cleppié près Feurs en Fourez, le vi^e jour d'octobre.

CHARLES.

De la Loère [1].

XIV

Le Roi à ses sénéchaux, baillis, etc.

Moulins, 8 novembre 1452.

De par le Roy.

Nostre amé et feal, pour ce que nous ne vous avons en riens escript par les aultres lettres de ce qui a esté par deçà touchant nostre filz le Dolphin, il nous a semblé que en doyés estre adverty, affin que, se en oyés parler, que fussiés adverti de la verité. Depuis nostre partement, nostre dit filz envoya par devers nous Gabriel de Bernes à la Palisse, par lequel nous fist savoir plusieurs choses qui trop longues seroient à escripre; mais son principal sera sceu (sic) trois poins : le premier que on avoit rapporté à nostre dit filz que nous allions par delà pour lui oster le Daulphiné; le second que l'on lui avoit rapporté que nous faisions faire ung procès contre lui; le tiers que avions dit qu'il y avoit xiiii points par lesquelz le père peust desheriter les enfans, dont avoit commis les sept. Sur les-

---

1. Original signé sur parchemin. *Pièces originales*, 1118 : Guinguant, n° 29.

quelés choses feismes responce audit Gabriel que n'avions point entreprins ledit voyage pour chose qui lui touchast, et que ce n'estoit point nostre intencion de lui riens demander et n'estions point venus pour ceste cause, et meismement car quant nous partismes de Bourges nous cuidions qu'il fust du tout disposé à soy bien gouverner, mais que en chemin avions sceu le contraire, dont fort nous desplaisoit. Toutes voyes deysmes audit Gabriel qu'il lui remonstrast l'esclandre qui estoit partout de son gouvernement et le desplaisir que nous en avions, et autres grans seigneurs de nostre sang et gens de tous estas de nostre Royalme y avoient; et que bien desirions que de lui meismes meist remede à son gouvernement, ou aultrement nous serions constrains d'assambler de grans seigneurs de nostre sancg et aultres en bon et souffisant nombre, pour avoir advis et conseil de pourvoir à son fait, et qu'il seroit trop plus honneste pour bien (*sic* au lieu de *lui*) que de soy meismes il y meist remede qu'il y fust mis par la manière dessusdicte. Quant au second point, nous lui feismes response que nul procès n'en avoit jamais esté fait, et que, depuis le fait de Mariette, n'avoit esté fait procès par nostre ordonnance qui lui touchast nullement. Quant au thiers point que, ja soit ce que les enffans pourroient bien faire des choses contre leurs pères desquelles porroit cheoir grant correcion, toutes voyes jamais ne avions oy parler de ladicte matière. Et en cest estat l'expediasmes, et s'en retourna devers lui. Et depuis revint ledit Gabriel devers nous au lieu de Gleppié, lequel nous dist de par nostre filz en substance qu'il l'envoyoit devers nous pour nous dire qu'il estoit deliberé de faire hault et bas ce qu'il nous plairoit lui commander, et qu'il nous pleust lui faire cest honneur de envoyer devers luy aucuns de nos gens feables et prochains de nous, et par iceulx lui mander nostre bon plaisir. Sur cecy remonstrasmes audit Gabriel, comme aultresfois avions fait, que n'avions en riens entreprins nostre dit voyage pour chose qui lui touchast, et que s'il n'estoit bien advisé de faire ce qu'il lui ordonneroit, qu'il vauldroit mieulx qu'il y pensast et advisast tout à loisir, et que nous n'avions point de haste, et aussi que se nous lui faisions savoir nostre volenté, et il ne le voulsist faire, nous en debvourions par raison estre plus mal contens que par avant. Non obstant lesquelles choses et aultres remonstrées audit Gabriel, il persista tousjours à la requeste dessusdicte, et nous requist qu'il nous pleust envoyer devers nostre dit filz, ou qu'il estoit en voye de soy enfuir en lieu qu'il ne seroit pas bon ne honneste, et se n'y envoyons il seroit comme desesperé.

Et lors lui respondismes comme dessus que n'estions point venus par deça pour chose qui luy touchast, et qu'il l'en asseurast hardyment, se non qu'il fist chose qui nous deust esmouvoir ad ce. Et lors delliberasmes envoyer devers luy le sire de Monstreau (Montsoreau), par lequel lui fismes ancoires remonstrer qu'il advisast bien et pensast à son fait, et qu'il vauldroit beaucoup mieulx que ne lui feissions ancoires point savoir nostre volenté, que s'il estoit reffusant de la faire après ce que la lui ariesmes fait savoir. Lequel sire de Monstreau fut devers lui, ainsy que appointié avoit esté, et revint devers nous et ramena ledit Gabriel en sa compaignye. Lors fist sa rellacion qui fut tele : que nostre dit filz le Daulphin l'avoit grandement et honnorablement requeully pour honneur de nous, et que après plusieurs parolles qu'il y avoit eues avenc lui, il lui avoit dit que nous poions envoyer devers lui quant il nous plairoit et qu'il estoit deliberé de faire hault et bas tout ce que voldrions ordonner; toutes voyes il nous supplioit qu'il nous pleust estre contens que pour ceste fois il ne venist point devers nous, tant pour crainte d'aucuns rappors qui lui avoient esté fais, que aussy pour certains pelerinages qu'il disoit avoir vouez accomplir avant que venir devers nous. Duquel rapport fusmes bien contens, cuydans que ainsy fust, et delliberasmes lui ottroyer sa dicte requeste. Pour laquelle chose ledit Gabriel party incontinent pour soy en retourner devers lui, pour ce qu'il disoit que nostre dit fils ne seroit jamais aise jusques à tant qu'il eust de ses nouvelles. Et fist ledit Gabriel tele diligence que, avant que peussions avoir expedié ceulx que y devions envoyer, il renvoya ung messagier par devers ledit sire de Monstreau, par lequel il lui rescripvy en effet que nostre dit filz le Daulphin n'entendoit point que ceulx que y envoyerions lui deussent parler en riens de deux poins, lesquelz il avoit expressement tousjours reservez, ce qu'il avoit bien dit audit sire de Monstreau. Sy feismes incontinent assembler les gens de nostre grant conseil pour avoir advis à ce que avions à faire ; et fusmes conseillez, non obstant ces choses, que devions envoyer devers lui, et que pour la lettre dudit Gabriel ne le devions laissier, et meismement car ledit de Monstreau nous affermoit que quand il parla à lui il n'avoit faite nulle expedicion fors seulement nous supplyer que fussions content que de present ne venist devers nous, ainsi que dessus est contenu. Et ensievant laquelle conclusion, ordonnasmes envoyer vers luy le sire de Torcy, maistre des arbalestriers, et le sire de Monstreau. Et adfin que nostre dit fils ne peust pas dire que

voulsissions proceder en aulcune rigueur, feismes faire les articles
en nostre presence en la meilleure et plus doulce forme que faire
se pooit, lesquels par les dessusdiz luy furent portés, et dont vous
envoyons le double. Et après ces choses les dessusdiz allèrent devers nostre dit fils, ainsy que ordonné leur avions, lesquels jà soit
ce que il les rechupt bien et honorablement, toutes voyes ne nous
raportèrent aulcunes responses des articles dessusdiz, fors seulement qu'il envoyeroit de ses gens devers nous, par lesquels il nous
feroit savoir de sa volonté bien au long. Nous demandasmes aux
dessusdiz s'ils avoient point sceu quels points c'estoient lesquels il
disoit tousjours avoir reservés, lesquels nous dirent que l'un estoit
de non venir devers nous, et l'autre estoit que ceulx qui estoient à
l'entour de lui et qui l'on conduit jusques ad present lui demeurroient, et que pour rien ne les habandonneroit. Sy nous sembla la
chose bien estrange, car nous congnoissons assez que, quant il ne
vendroit devers nous et que aveuc ce il demourroit ainsy accompaignié qu'il a accoustumé, qu'il n'y aroit point grant amendement en sa conduite. Et nous sembla qu'il nous valoit mieulx laissier la chose en cest estat jusques ad ce que par bon conseil fussions
advisés de y pourveoir par aultre manière qu'il ne feroit que eussions esté d'accord qu'il deust demourer en la conduite accoustumée.
Après lesquelles choses ceulx qu'il y devoit envoyer arrivèrent devers nous et leur donnasmes audience; et après nous baillèrent
leur charge par escript; duquel nous envoyons pareillement le
double. Et par lesdiz escripts il entend que doyons estre d'accord
que aux deux points dont dessus est faicte mencion ne soit touché. Et au surplus ne respond pas clerement à aulcunes de nos
articles. Sur lesquelles choses, après grande delibération de conseil,
feismes response aux dessusdiz que, touchant le fait de l'Esglise,
estions contens de envoyer de nos gens à Lyon pour faire reparer
les choses qui avoient esté faites contre les Eglises qui sont de la
couronne tenues et de nostre ressort, et au surplus estions contens
que nostre cousin le cardinal d'Estouteville ou ses commis, au cas
qu'il n'y porroit vacquier, eussent la charge de besongnier à la reparracion des choses faites sur les Eglises qui ne sont point tenues
du royalme, pourveu que, en ce qui touche les choses du Daulphiné,
commettrions aultres gens pour assister en la compaignie de nostre
dit cousin le cardinal ou de ses commis et officiers que rien ne se
innovast qui fut au prejudice de nostre Pragmatique; et quant au
surplus, il faloit qu'il nous feist plus clere responce à aulcuns de

nos poins, ausquels par iceulx ambassadeurs et par les memores qu'ils avoient bailliés n'estoit pas assez respondu. Et après leur remonstrasmes à part, presens aulcuns de nostre dit conseil, qu'ils advertissent nostre dit fils qu'il meist remède en son gouvernement. Et en effet leur deismes presques semblables paroles que avions dit à Gabriel audit lieu de Palisse. D'après lesquelles choses ils prinrent congié de nous, et oncques puis ne nous feit responce touchant les choses dessusdictes. Mais ung pou après envoya devers nous Guillaume le Bastard de Valence, par lequel il nous rescripvy qu'il avoit seu que les Anglois estoient venus à grant puissance en la rivière de Gyronde, et pour ce que ses gens lui avoient dit que avions esté mal content de quoy il ne s'estoit offert ou temps que estions en la conqueste de nostre duchié de Normandie et depuis au recouvrement de nostre duchié de Guyenne, et pour ces causes il escripvoit devers nous en nous faisant savoir que se nostre plaisir estoit il estoit prest de soy employer à l'encontre des Anglois dessusdiz. Pourquoy lui feismes response que, au temps que nous alasmes en nostre dit païs de Normandie, et depuis quant nous deliberasmes de mettre sus nostre armée pour le recouvrement de nostre dit duchié de Guyenne, plusieurs choses n'avoient pas esté faites de sa part qui depuis ont esté, et aussi que les gens qu'il avait assemblez n'avoient pas esté par lui mandés pour nous servir à garder nostre dit duchié de Guyenne ; et que, s'il nous eust obey ainsy qu'il debvoit faire par raison, nous lui eussions fait telle responce à ses offres qu'il en deust avoir esté content. Et en celle manière depeschames icellui Guillaume le Bastard, present nostre beau cousin le cardinal de Savoye et plusieurs autres de nostre conseil.

Et affin que sachiez aulcunement les manières qui ont esté tenues au temps que ledit Gabriel vint devers nous à la Palisse, nostre dit fils estoit delibéré de soy retirer et non attendre nostre venue en manière du monde, et faisoit le susdit Gabriel de grans doubtes qu'il ne se eslongast en quelque lieu qu'il pooit estre eust esté en dangier de sa personne, comme dessus est dit. Mais après ce qu'il ot oy les bonnes paroles que avions dictes audit Gabriel, il s'en vint à Vyenne et là manda tous les gens d'armes d'où il peut recouvrer et des communes du pays, lesquels il avoit constrains ceulx mettre en habillement et en la maniere comment l'en a accoustumé de faire fortiffier et reparer une ville quand elle attend le siège, en celle moisme manière il faisoit continuellement besongnier à faire bolvers et autres deffenses comme s'il attendoit le siège; et très souvent avec estandars deployés se faisoient les ouvrages dessusdictes. Et en verité nous ne fusmes advertis des choses dessusdictes, pour ce que ung chascun doubtoit que y deussions prendre desplaisir, jusques à tant que nostre cousin de Savoye vint devers [nous] à Cleppier, que aucuns vindrent en sa compaignie, cuidans que le seussions bien, le nous dirent; dont fusmes bien esmerveillés, et mesmement comme la chose dessusdite nous avoit esté celée. Et ne faut point faire de doubte, n'eust esté ce que avions dit et affermé audit Gabriel, il n'eust osé faire les choses dessusdites. Mais peut estre qu'il sambloit à ceulx qui le conduisoient, se la chose cheoit en appointement, que tout le monde cuideroit que eussions fait ledit appointement pour ce que nous n'eussions pas esté puissant d'y pooir donner le remede tel que au cas appartient. Et se ne eust esté ce que avions acertené au dessusdit Gabriel que nous n'avions point entrepris ce present voyage pour chose qui lui touchast et qu'il assurast hardiment que durant icelui n'estoit nostre intencion de lui commanchier nulle voye de fait, nous eussions monstré que nous estions assez puissant pour donner remede à telles folles entreprinses. Sy vous escripvons ces choses affin que soyez du tout adverty, et que en puissiez parler certainement là où il apartendra et que verrez qui seroit de faire.

Donné à Moulins en Bourbonnois, le viii° jour de novembre.

CHARLES.

DE LA LOÈRE[1].

XV

Le Roi à Jean Cossa

Moulins, 12 janvier 1453.

DE PAR LE ROY.

Nostre amé et feal, vous savés commant nous avons envoyé par delà l'arcevesque de Tours et vous pour, entre autres choses, travailler sur l'appointement des differances et questions qui estoyent

---

1. Copie du temps. Archives municipales d'Amiens, Registre aux chartes L, f. 75; copie moderne, collection de D. Grenier, 100 p. 86.

et sont entre nostre cousin le conte Francisque et nous cousins le marquis et Guillaume de Montferra. Mais depuis n'avons eu aucunes nouvelles de vous. Toutesfois nous avons entendu que vous avés esté devers nosdiz cousins de Montferra, qui de toutes lesdictes differances qui sont entre eulx et nostre dit cousin le conte se sont voulus soubmetre à nous; et de là vous estes transportés devers nostre dit cousin le conte, lequel ne s'est voulu soubsmettre à nous se non des differances avenues depuis l'intelligence d'entre nous et lui, en mettant en nos maiens (mains) tout ce que nos diz cousins on prins sur lui depuis ladicte intelligence; et que, pour ce qu'il vous a semblé que nostre dit cousin ne faisoit pas assés souffisante offre pour besongner esdictes matieres, vous estes transportés a Fleurance pour savoir se autre bon moyen y pourrés trouver. Mais, non obstant ces choses, comme depuis l'en nos a rapporté, nostre dit cousin le conte se dispose d'entrer ou païs de nos diz cousins et leur faire guerre et porter dommage à eulx et leurs subgés, dont nous serions desplaisans. Et pour ce que de tout nostre cuer vouldrions l'appaisement desdictes differances, nous envoyons presentement Pierre del Barres, chevalier, par delà, à ce que vous et lui vous transportés devers nostre dit cousin pour luy remonstrer bien au long nostre voulenté sur ce que dit est, et faire tant vers lui qu'il consente et donne sourseance de guerre ou trève de cy à demi an. Et quant à ce ne se vouldroit consentir, vauldroit mieulx accepter l'offre qu'il a faitte audit arcevesque de Tours et à vous, c'est assavoir qu'il est content de soy soubsmettre à nous des differances survenues entre lui et nos diz cousins de Montferra depuis ladicte intelligence d'entre nous et lui, que laisser la chose en guerre, par ainsi que iceulx nous cousins en soyent contens, comme nous croyons qu'ils seront. Nous envoyons ledit Pierre des Barres pour ceste cause par delà, auquel avons chargé se conduer (sic) par vous pour ce que vous cognoissiés les matieres. Si y besongnés au mieulx que faire se pourra, car nous serions bien desplaisans que les choses cheussent en grant aigreur.

Donné à Moulins en Bourbonnois, le XIIe jour de janvier.

  CHARLES.

Nous vous envoyons cy dedans enclox le double des lettres que escrivons à ceulx de Fleurence en faveur de ceste matière, pour vous en aider se bon vous semble, ou en faire ce que vous adviserés pour le mieulx, car vous entendés mieulx ce qui en est à faire que nous ne povons faire ycl.

Donné comme dessus.

CHARLES.

TOREAU [1].

XVI

Le Roi aux habitants de Lyon

La Rochefoucauld, 22 juillet 1453.

DE PAR LE ROY.

Chiers et bien amez, pour ce que savons que serez bien joyeux de oïr en bien de la prosperité de nous et de nostre seigneurie, nous vous signiffions que, le XVIIme jour de ce mois de juillet, le sire de Talbot, accompaigné du sire de l'Isle son filz, du sire de Kandalle, filz de Gaston de Foix, jadiz captal de Buch, du sire des Moulins et de plusieurs autres Anglois et Gascons, jusques au nombre de six à sept mille, vindrent environ neuf heures du matin pour secourir la place de Castillon, devant laquelle une partie des gens de nostre armée avoit mis le siège dès le samedi precedent. Et tantost après l'arrivée desdiz Anglois vindrent en grande ordonnance, à banieres et estandars desploiez, donner l'assault à nosdictes gens qui estoient en leur champt devant ladicte place. Et dura icellui assault plus d'une heure, combatant main à main ; mais, graces à Nostre Seigneur, lesdiz Anglois trouvèrent telle resistence que les banières de Saint George et du Roy d'Angleterre, avec l'estandart dudit Talbot et autres, furent gaignées par nosdictes gens; lesdiz sires de Talbot, son filz, et autres en grant nombre, mors sur la place ; ledit sire des Moulins et le neveu dudit Talbot et autres prins, et le sourplus desdiz Anglois se mirent en fuite et se retrairent les ungs dedans ladicte place, les autres en leurs navires et autre part ou ilz peurent prendre chemin ; et furent suiviz et chacez par nosdictes gens, telement que après la chose faite en ont esté plusieurs mors et nayez et beaucop de prisonniers, desquelz on n'a encores peu bonnement savoir le nombre. Desquelles choses avons rendu et rendons graces à Nostre Seigneur. Et ung pou avant que lesdictes nouvelles nous feussent venues, beau cousin de Cler-

---

1. Copie du temps. Ms. fr. 10238, f. 244.

mont, nostre lieutenant en Guienne, qui est ou païs de Medoc près de la ville de Bourdeaulx, acompaigné de beaux cousins de Foix, de Lebret, d'Orval, Poton, et d'autres noz gens de guerre en bien grant nombre, nous a escript qu'ilz exploictent fort oudit pays sur nosdiz ennemis, et qu'il n'y a eu jusques cy personne qui leur ait porté nuysance. Et si avons grant nombre de bon navire, bien equippé, en la riviere de Gironde, et telement que nosdiz ennemis sont à present en grant subjection. Et avons esperance en Dieu que le seurplus du recouvrement de nostredit pays de Guienne se portera bien. Si en rendez graces et louanges à Nostre Seigneur solempnelment, ainsi que bien appartient en tel cas.

Donné à la Rochefoucault, le XXII° jour de juillet.

CHARLES.

Depuis noz lettres escriptes, nous sont venues nouvelles certaines que nosdictes gens de guerre ont mise ladicte place de Castillon en composicion, en laquelle estoient ledit sire de Kandalle, le sire de Montferrant, et autres jusques au nombre de deux mil combatans, tant Anglois que Gascons, qui se sont renduz à nostre mercy.

Donné comme dessus.

J. DE LA LOÈRE[1].

XVII

Le Roi au duc de Savoie

La Couronne, près Angoulême, 30 juillet 1453.

DE PAR LE ROY.

Très chier et très amé cousin, pour ce que avons esté advertiz que faisiez difficulté de donner passaige à nostre très chier et très amé frère le Roy de Secile par voz païs et seigneuries pour tirer ès marches de Fleurance, nous vous avons puis aucuns jours escript sur ceste matière, en vous priant bien affectueusement que lui voulsissiez souffrir faire sondit passaige. Et depuis est venu devers nous maistre Pierre Danieler, vostre secretaire, par lequel avons

---

1. Original signé sur parchemin, avec trace de sceau plaqué en cire rouge (l'adresse était sur une bande qui a disparu). Archives municipales de Lyon, AA 22, n° 67. — Nous avons trouvé aux archives de Florence (Dieci di Balia, Carteggio, Responsive, 22, f. 300) la transcription en latin d'une lettre de même date, adressée au roi René, et contenant pareille substance.

reçeu voz lettres et oye la creance que disoit avoir de vous touchant la matière dessusdicte; et en icelle exposant a dit et exposez aucuns doubtes sur lesquelx, comme il nous a rapporté, vous fondez la difficulté dudit passaige. Laquelle creance oye, ne nous a pas semblé que pour les doubtes dessusdiz deussiez avoir escondit ledit passaige à nostre dit frère, veu mesmement ce qui fut dit et appoincté entre nous et vous quant derrenierement feustes devers nous au lieu de Clepplé près Feurs en Fourez, dont vous devez bien avoir souvenance; et semble bien que le faictes plus en faveur d'autres que autrement, dont nous donnons grant mervcilles. Et pour ce vous prions de rechief très acertes que ledit passaige vous vueillez donner à icellui nostre frère et à ses gens sans plus mettre la chose en delay, car sa demeure par deça lui tourne à grant dommaige en plusieurs manières, et aussi à grant despenses, comme il nous a fait savoir. Et nous ne pourrions bonnement croire qu'il ait vouloir de porter dommaige à vous ne à nostre cousin le marquis de Montferrat, dont faictes doubte, comme nous a dit vostre dit secretaire, et ledit marquis est son prouchain parent et a tout son temps amée et servie la maison d'Anjou. Et sur ceste matière escripvons presentement à nostre dit frère bien à plain.

Donné à la Couronne près Angolesme, le xxx° jour de juillet.

CHARLES.

DE LA LOËRE [1].

XVIII

Le Roi au chancelier de France et au sire de Torcy

Angoulême, 27 juillet 1453.

A nos amez et feaulx conseillers le chancelier et le sire de Torcy.

DE PAR LE ROY.

Nos amez et feaulx, nous avons receu les lettres que nous avez escriptes, par lesquelles avons sceu les diligences que avez faictes touchant ce que vous avions chargié, dont nous sommes bien contens. Et au regard de ce que vous, sire de Torcy, nous avez escript touchant nostre alée par delà, laquelle a semblé à entre vous de par delà estre necessaire pour l'abregement de nostre conqueste, incon-

---

1. Original signé sur parchemin, avec trace de sceau plaqué en cire rouge. Archives de Turin, *Francia, Lettere princip*l.

tinent voz lettres veues nous nous sommes disposez de partir demain de ceste ville pour aler à l'abbaye de la Couronne, et ilec demourer jusques à mardi matin, pour ce pendant faire fere diligence de faire mener et charroier des vivres quant et nous, selon que nous avez escript qu'il est necessaire; et mardi matin, se Dieu plaist, serons à disner à Blanzac, et là sejournerons le mercredi et le jeudi, et partirons le vendredi matin pour continuer nostre chemin diligemment. Nous feussions partiz dès demain au matin et feussions alez disner à Blanzac, et de là feussions partiz lundi prochain pour tirer oultre; mais pour ce que vous avez escript de la difficulté des vivres, et aussi par le rapport que nous en ont fait Pierre de Tinteville et Villemor, ceulx qui sont icy nous ont conseillé de demourer èsdiz lieux en la manière dessus dicte, afin de ce pendant faire assembler ledit charroy et telement pourveoir à tout qu'il n'y ait faulte et necessité de vivres. Toutesvoyes là où verriez plus grant besoing, nous abregerions nostre alée, ainsi que le nous escripriez, jà soit ce que pour lesdiz vivres il sembleroit estre bien difficile; et que nous ayons de voz nouvelles dedans dimenche pour tout le jour à la Couronne. Et pour ce que nous avez escript que, se n'avions bien à besongner de vous, vous pourriez faire par delà beaucoup de service et diligence, tant pour le fait de nostre logeiz que pour le siége de Fronsac, nous sommes contens que demourez par delà pour besongner èsdictes choses, et brief vous envoyerons noz fourriers pour vous aidier au fait de nostre dit logeiz. Si faites et vous emploiez en tout ainsi que verrez estre à faire et que bien y avons confiance.

Donné à Angolesme, le xxviie jour de juillet.

CHARLES [1].

XIX

Le Roi aux habitants de Lyon

Prieuré de Lanville-lès-Marcillac, 28 octobre 1453.

A nos chiers et bien amez les gens d'eglise, bourgois, manans et habitans de la ville et cité de Lyon.

Chiers et bien amez, depuis que derrenierement vous escrivismes

---

1. Au dos : « R. le xxviiie de juillet CCCC LIII, environ ix heures. » — Original signé sur papier, collection du Puy, 761, f. 21. — Nous avons publié cette lettre en 1864 dans le *Supplément aux preuves de la chronique de Mathieu d'Escouchy*, p. 37 (extrait de l'*Annuaire-Bulletin de la Société de l'histoire de France*, tome II).

la victoire qu'il avoit pleu à Dieu donner à nos gens sur noz ennemis devant Castillon, ainsi que dès par avant estions deliberez de faire, tirasmes en personne en nostre païs de Guienne. Et quant feusmes arrivez à Libourne, trouvasmes que encores se tenoient les fortes places des païs d'Entre deux mers et de Medoc, et que, nonobstant ladicte victoire de Castillon, noz ennemis, tant ceulx du païs que les Anglois, qui estoient encores III mil et plus, avoient reprins ung très grant couraige de resister, et tellement que toutes lesdictes places a falu conquerir par force; et entre les autres ceulx de Bourdeaulx ont bien montré que la place de Cadillac leur touchoit de bien près, car ilz l'ont secourue en toutes les manières qu'ilz ont peu; mais ce neantmoins ladicte ville a esté prinse d'assault, et le chasteau par composicion : c'est assavoir que les Anglois se sont renduz prisonniers, leurs vies saufves, et les Gascons et autres de nostre royaume à nostre voulenté. Et après nous sommes tirez au lieu de Montferrant, près Lormont, en entencion de mectre à execucion les exploiz de guerre que avons deliberé de faire à l'encontre de ceulx de Bourdeaulx, tant par eaux que par terre. Mais, incontinent après nostre venue, furent ouvers certains traictiez par le sire de Camus et les Anglois estans en sa compaignie et ceulx dudit Bourdeaulx, et tellement que, le vendredi XIIme de ce mois, furent baillez une partie des ostaiges, et le dimenche ensuivant fut baillée la bastille et le surplus des hostaiges qu'ilz devoient baillier; et nous devoit estre ladicte ville rendue le mardi ensuivant; mais, pour aucuns debatz qui sourdirent en ladicte ville le lundi au soir, la reddicion d'icelle fut differée jusques au vendredi XIX° jour de ce dit mois. Auquel jour noz commis ont esté receuz dedans, et nos bannières mises sur les portes, ainsi qu'il est acoustumé de faire en tel cas. Et jà soit ce que la mortalité estoit très grant en nostre ost par terre, et encores plus ou navire, qui estoit chose de très grant esbahissement à toutes manières de gens, toutesfoiz, la mercy de Nostre Seigneur, nous avons recouvré ladicte ville en la manière que s'ensuit : c'est assavoir que les Anglois s'en sont alez leurs biens saufz, excepté qu'ilz ont renduz tous prisonniers et quicté les scellez et promesses qu'ilz avoient de noz gens; et ceulx de ladicte ville nous sont venuz requerrir misericorde, et ont mis en noz mains tous leurs privileges et franchises pour en faire à nostre plaisir; et nous donnent pour supporter partie de la despense cent mil escuz; et les avons receuz à nostre grace, excepté que en avons fait bannir vint des principaulx qui furent cause de bailler ladicte ville à nos dlz ennemis. Ainsi, graces à Nostre Seigneur, avons mis et redduit à nostre obeissance tout nostre païs et duchié de Guienne.

Si vous escripvons ces choses, pour ce que savons que en serez bien joyeulx quant en serez acertennez, et afin que en rendez et faciez rendre graces et louanges à Nostre Seigneur, en faisant faire processions solennelles ainsi qu'il est acoustumé de faire en tel cas.

Donné au Prieuré de Lenville lez Marcillac, le XXVIII° jour d'octobre.

CHARLES.

ROLANT [1].

XX

Le Roi à Jean Le Boursier, seigneur d'Esternay

Pressigny, 10 juillet 1451.

A nostre amé et feal conseiller et chambellan Jehan Le Boursier, chevalier, general de nos finances.

DE PAR LE ROY.

Nostre amé et feal, beau cousin de Dunoys nous a fait savoir qu'il est de necessité et besoing de pourveoir aux repparacions de nostre ville de Harefleu, et que il a sçeu que és charges que vous avons baillées des repparacions de nostre pays de Normendie nous n'avons pour ceste presente année aucune chose ordonnée pour les repparacions dudit lieu de Harefleu. Et pour ce que ladicte ville de Harefleu est, comme savez, port de mer qui a besoing d'estre tenu en estat tel que, par deffault de repparacion, aucun inconvenient n'en adviengne à nous ne ou pays de par delà, nous voulons et vous mandons que de noz finances de par delà vous faictes bailler et delivrer à aucune personne seure et feable, telle que adviserez, jusques à la somme de mil livres tournois, pour les mectre et em-

---

[1]. Original signé sur parchemin, avec trace de sceau plaqué. Archives municipales de Lyon, AA 22, f. 71. — La même circulaire, adressée aux gens d'église, bourgeois et habitants d'Épinal, se trouve en copie du 17° siècle, faite sur l'original, à la Bibliothèque nationale, dans le ms. fr. 18881, f. 151. Nous avons aussi le texte adressé aux maire, échevins, bourgeois et habitants de Poitiers, publié en 1872 dans les *Archives historiques du Poitou*, t. I, p. 145 (d'après une copie du temps dans un registre des archives municipales de Poitiers).

ployer es repparacions de nostre dicte ville de Harefleu. Et faictes qu'il n'y ait faulte. Et nous en baillerons tel acquit qu'il appartendra.

Donné à Precigny en Touraine, le dixieme jour de juillet l'an mil CCCC cinquante et quatre.

Ainsi signé : CHARLES.

LEGOUZ [1].

XXI

Le Roi au duc de Bourgogne

Romorantin, 17 octobre 1454.

DE PAR LE ROY,

Très chier et très amé frère, puis aucun temps beau cousin de Bourbon nous a fait savoir l'entreprise et pourparlé du mariage d'entre beau cousin de Charoloys, vostre filz, et de belle cousine Ysabeau de Bourbon sa fille, auquel mariage, comme puis nagueres il nous a escript, avez differé d'entendre à l'occasion de ce que il n'a voulu et ne veult transporter à nostre dicte cousine sa fille les chastel, terre et seigneurie de Chasteauchinon et les appartenances, jasoit ce qu'il vous ait fait remonstrer les moyens parquoy il ne luy est possible de ce faire, attendu que, par le traicté du mariage fait et accordé de nostre fille Jeanne et de beau cousin de Clermont, son filz, ladicte terre de Chasteauchinon doit demourer à eulx et aux leurs, et ne puet venir ne descendre par succession ne autrement en fumelle, aincoys, par deffault de hoir masle, doit retourner à la couronne, comme vray appanage de France. Et pour ce que, par avanture, vous pourriez faire doubte en ce que dit est, et ymaginer que les choses alleguées par nostre dit cousin de Bourbon touchant ce point feussent seulement pour trouver couleur ou excusacion de ne bailler ladicte terre, nous vous certiffions pour vray que les choses dessusdictes touchant ladicte terre de Chasteauchinon sont vrayes et ont esté ainsi traitées et accordées que dit est par le mariage de nostre dicte fille, tellement que nostre dit cousin de Bourbon ne puet icelle alyenner ne transporter par mariage de ses filles ne autrement; desquelles choses ne nous

1. Vidimus original, *Pièces originales*, 1037 : DUBOIS, n° 1.

departirons ne permectrions faire chose contraire ou préjudiciable audit traictié de mariage de nostre dicte fille, lequel nous n'eussions point accordé sans la condicion dessusdicte; parquoy, ce consideré, sembleroit que à ceste occasion ne devriés laisser d'entendre audit mariage, actendu mesmement que, selon que nostre dit cousin nous a escript, il offre bailler autre recompense, et qu'il ne lui est possible d'autrement faire, ainsi que avons chargé vous dire plus à plain à nostre amé et feal conseiller le bailly de Berry, lequel envoyons expressement par devers vous pour ceste cause. Si vous prions, que, pour la cause dessusdicte ne vueillez laisser d'entendre audit mariage, ou cas touteffoiz que par la permission de l'Église et de nostre Saint Père, aussi du bon vouloir de vous et desdictes parties, en autres choses il se pourra licitement acomplir.

Donné à Romorantin, le XVIIme jour d'octobre.

CHARLES[1].

CHALIGAUT.

1. Original signé sur parchemin. Archives de la Côte-d'Or, B 300; copie collationnée du XVIIe siècle à la Bibliothèque nationale, ms. fr. 4628, f. 701.

TABLE DES MATIÈRES

LIVRE V : L'EXPULSION DES ANGLAIS. — 1449-1453

Chapitre I. La conquête de la Normandie. — 1449-1450.

Préparatifs de Charles VII pour la campagne de Normandie; le comte de Dunois marche sur Verneuil et s'en empare; il s'avance à la rencontre de Talbot, qui se replie sur Rouen. — Arrivée des comtes d'Eu et de Saint-Pol à la tête d'un corps d'armée; jonction avec Dunois; prise de Pont-Audemer, de Pont-l'Évêque et de Lisieux; soumission de plusieurs villes. — Plan de campagne; entrée du Roi en Normandie; opérations des comtes d'Eu et de Saint-Pol dans la haute Normandie et du comte de Dunois sur la rive gauche de la Seine; succès remportés par le duc d'Alençon. — Opérations du duc de Bretagne et du connétable de Richemont; soumission de la plupart des villes du Cotentin; prise de Fougères. — Charles VII marche sur Rouen; siège de Château-Gaillard; concentration des corps d'armée; attaque dirigée contre Rouen. — Négociations entamées par les habitants; convention conclue; démonstrations à Rouen en faveur de Charles VII; Somerset se décide à évacuer la ville. — Ouvertures de Somerset au Roi; traité du 29 octobre. — Entrée solennelle de Charles VII dans Rouen; réjouissances publiques. — Poursuite de la campagne; sièges de Harfleur et de Honfleur. — Kyriel débarque à Cherbourg à la tête d'une armée; il occupe Valognes et reprend une partie du Cotentin. — Charles VII nomme le comte de Clermont lieutenant général; le comte de Clermont laisse Kyriel franchir la Vire; il se décide à marcher à sa poursuite. — Bataille de Formigny; arrivée du connétable; déroute des Anglais. — Reprise des places du Cotentin; occupation de Vire et de Bayeux; siège de Caen; Somerset capitule et s'embarque pour Calais. — Suite des opérations; prise de Falaise, de Domfront et de Cherbourg. — La conquête de la Normandie opérée en une année. 3

Chapitre II. La conquête de la Guyenne. — 1450-1451.

La campagne de Guyenne est décidée. — Situation de cette province. — Premiers succès obtenus en 1449. — Ouverture de la campagne; prise de Bergerac et de plusieurs autres places; expédition du sire d'Orval aux portes de Bordeaux; déroute des Gascons. — Charles VII se décide à marcher sur la Guyenne, mais l'hiver se passe avant que cette décision ne reçoive d'effet. — Pouvoirs donnés au comte d'Armagnac et au sire d'Albret; Dunois lieutenant général. — Prise de Blaye, de Bourg, de Fronsac; soumission de Libourne, de Castillon et de Saint-Émilion. — Succès obtenus par le sire d'Albret et le comte d'Armagnac; siège de Dax; prise de plusieurs places. — Pourparlers entamés par les Bordelais; la situation de l'Angleterre ne leur permet pas d'attendre du secours; ouvertures du captal de Buch au comte de Foix; les offres, transmises à Dunois, sont rejetées. — Jean Bureau entame de nouvelles négociations, bientôt couronnées de succès; traité du 12 juin 1451. — Bordeaux est livré à Dunois, qui y fait le 30 son entrée. — Soumission de toute la Guyenne, sauf Bayonne; siège et prise de Bayonne. — Desseins de Charles VII sur Calais. . . 40

Chapitre III. La cour de 1450 à 1453.

La nouvelle maîtresse du Roi : Antoinette de Maignelais; Charles VII lui fait épouser André de Villequier; le mariage est célébré au château de Montbazon. — Fêtes à Montbazon; hommage rendu par le duc de Bretagne; dons aux nouveaux époux,

— Personnages en faveur : Guillaume Gouffier, Louis de la Rochette, Antoine d'Aubusson, Jean de Levis. — Affaire de Gilles de Bretagne; poursuites contre ses meurtriers. — Le Roi passe l'hiver aux Montils-les-Tours, entouré d'une cour brillante. — Il quitte au printemps sa maison de plaisance; mais, au lieu de se rendre sur le théâtre de la guerre, il s'installe à Taillebourg auprès de ses filles naturelles. — Le Roi s'arrête au retour à Villedieu, où est célébré le mariage de Jean de Levis avec Antoinette de Villequier. — Nouveau séjour aux Montils. — Au printemps, le Roi va de château en château, s'abandonnant à sa vie de plaisirs. — Expédition en Forez; retour aux Montils. — Entourage intime de Charles VII; étrennes et cadeaux de 1452 à 1454; mort soudaine d'André de Villequier 57

CHAPITRE IV. Le procès de Jacques Cœur. — 1451-1453.

Affaires criminelles entre 1445 et 1451 : procès de Jean de Xaincoins; disgrâce du sire de Précigny; poursuites contre le grand maître Cuiant. — Origine de Jacques Cœur; ses débuts, sa rapide fortune; sa grande situation à la Cour. — Arrestation subite de Jacques Cœur : inculpations dont il est l'objet; on instruit son procès. — Noms des commissaires royaux; informations faites en divers lieux; nombreux témoins entendus; comment Jacques Cœur se justifie des accusations portées contre lui. — Charles VII se fait rendre compte de la procédure : déclaration que le procès n'est point en état d'être jugé; délai accordé à Jacques Cœur pour produire ses moyens de défense. — Nouvelle commission instituée; derniers actes de la procédure; sentence rendue contre Jacques Cœur. — Motifs de la condamnation; eut-elle une cause secrète? Complicité présumée de Jacques Cœur avec le Dauphin; faveurs accordées par Louis XI aux fils de Jacques Cœur et à tous ses amis et serviteurs. — Épilogue du procès : fuite de Jacques Cœur; sa mort dans l'île de Chio. — Ses fils implorent la clémence du Roi; Charles VII leur rend les biens non vendus de leur père et accorde son pardon à tous ceux qui avaient été mêlés aux opérations de Jacques Cœur. — Louis XI autorise les fils de Jacques Cœur à faire reviser la sentence; ils échouent devant le Parlement 85

CHAPITRE V. Le mariage du Dauphin. — 1450-1451.

Attitude du Dauphin; ses relations avec le duc de Savoie; négociations en vue de son mariage avec Charlotte de Savoie. — Ouvertures faites au Roi par le Dauphin : ambassades envoyées par le jeune prince. — Réponse du Roi : instructions données à l'évêque de Maillezais. — Le Roi apprend que le Dauphin se marie sans son consentement : envoi du roi d'armes Normandie. — Mission remplie par Normandie; mariage du Dauphin; célébration des noces du prince de Piémont avec Yolande de France. — Situation des affaires italiennes depuis la fin de 1447 : échec du duc d'Orléans; propositions faites au roi René par la république de Florence au sujet de la revendication de ses droits sur le royaume de Naples. — Nouvelle intervention du duc d'Orléans en Lombardie; préparatifs militaires; la tentative échoue. — Triomphe de Sforza. — Attitude du duc de Savoie; ses relations avec Charles VII; il se refuse à donner aucune satisfaction au Roi 131

CHAPITRE VI. L'expédition contre le duc de Savoie. — 1452.

Charles VII est de nouveau sollicité d'intervenir en Italie : situation des affaires dans cette contrée; mission donnée à Acciajuoli par la république de Florence. — Réception de l'ambassadeur Florentin; ses entretiens avec le Roi; difficultés que rencontre la conclusion d'un traité; traité du 21 février 1452. — Dispositions secrètes du Sforza à l'égard de la France; sa duplicité. — Voyage de Frédéric III en Italie; le conflit, prêt à éclater, est retardé par sa venue. — Rupture entre Sforza et la république de Venise : Charles VII se prépare à secourir son nouvel allié. — Il profite de cette occasion pour châtier le duc de Savoie; appel des seigneurs Savoisiens à Charles VII; négociations avec le duc de Savoie; elles aboutissent à une rupture; Charles VII s'avance à main armée contre le duc. — Relations de Charles VII avec le Dauphin; ambassades envoyées par ce prince à son père; réponse du Roi; nouvelles ambassades; mise en demeure au Dauphin de réparer ses torts. — Intervention du cardinal d'Estouteville en faveur du duc de Savoie; voyage du duc à Feurs auprès du Roi; traité du 27 octobre. — Le Dauphin offre ses services au Roi contre les Anglais en

Guyenne; réponse de Charles VII; menaces de rupture; le cardinal d'Estouteville s'emploie à la pacification du différend; singulières prétentions du Dauphin, qui prend une attitude de plus en plus menaçante 151

CHAPITRE VII. La légation du cardinal d'Estouteville. — 1451-1452.

Motifs de l'envoi du cardinal d'Estouteville comme légat. — Caractère de ce personnage. — Démarche préalable faite par lui auprès de Charles VII; le Roi refuse de le recevoir à titre de légat. — Le cardinal part néanmoins et triomphe de la résistance du Roi. — Le cardinal à Lyon, puis à Tours. — Impossibilité où il se trouve de remplir le premier objet de sa mission, la pacification de la France et de l'Angleterre. — Affaire de l'abrogation de la Pragmatique sanction; relations de Charles VII avec le Saint-Siège à ce sujet; assemblées du clergé à Bourges en 1411, à Rouen et à Chartres en 1450; résultats négatifs de ces assemblées; le Roi en convoque une nouvelle à Bourges. — Le cardinal d'Estouteville s'occupe, en attendant, de la révision du procès de Jeanne d'Arc, et procède à la réforme de l'Université. — Il insiste en vain pour avoir un nouvel entretien avec le Roi avant de se rendre à Bourges; entretien du cardinal avec l'archevêque de Narbonne; dispositions du clergé. — Opinion exprimée par l'archevêque de Reims dans une épître au Roi. — Assemblée de Bourges; la Pragmatique de saint Louis y est produite; succès de la fraude; opposition de quelques prélats à la Pragmatique sanction. — Ambassade de l'archevêque de Tours à Rome. — Lettre de Nicolas V au Roi. — Conclusion. . . 189

CHAPITRE VIII. Relations avec le duc de Bourgogne; intervention dans l'affaire des Gantois. — 1449-1453.

Le duc de Bourgogne envoie de nombreuses ambassades au Roi; ses réclamations incessantes; réponse faite à Caen aux ambassadeurs du duc. — Nouvelle ambassade à Montils-les-Tours. — Envoi par le Roi d'une grande ambassade; instructions données; réfutation de tous les griefs allégués par le duc. — Ambassade du duc relativement à son projet de croisade; discours de l'évêque de Chalon. — Affaire des Gantois. Appel fait par eux au Roi; le duc prend les devants auprès de lui: lettre et ambassades. — Lutte à main armée entre le duc et les Gantois. — Ceux-ci implorent l'intervention royale; le Roi profite de cette occasion pour demander la restitution des villes de la Somme. — Exposé de cette affaire; enquête faite par ordre du Roi; échange de communications à ce sujet avec le comte de Saint-Pol et le sire de Croy. — Désignation d'ambassadeurs pour se rendre à la Cour de Bourgogne; instructions qu'ils reçoivent. — Portrait du comte de Saint-Pol; situation fausse où il se trouve. — Arrivée des ambassadeurs; leur réception par le duc; difficultés qu'ils rencontrent dans l'accomplissement de leur mission; ils se rendent à Gand et obtiennent enfin du duc la conclusion d'une trêve. — Conférences de Lille. Les ambassadeurs abordent le point délicat de leur mission; ils échouent honteusement. — Sentence arbitrale prononcée dans l'affaire de Gand; protestation des Gantois; les ambassadeurs reçoivent du duc des gratifications. — Seconde phase de l'affaire des Gantois. — Nouvelle ambassade de Charles VII; instructions qu'elle reçoit. — Les ambassadeurs sont reçus avec hauteur par le duc; on leur fait attendre leur réponse; paroles échangées avec les conseillers du duc; réponse insolente qui leur est faite verbalement. — Séjour des ambassadeurs à Tournai; triste rôle qu'ils jouent; le Roi se décide à les rappeler. — L'affaire des Gantois se dénoue par la voie des armes; triomphe du duc 229

CHAPITRE IX. La seconde conquête de la Guyenne. — 1452-1453.

Situation de la Guyenne; mécontentement des habitants; députation envoyée au Roi; conjuration contre la France. — Expédition de Talbot; la Guyenne redevient anglaise. — Mesures prises par Charles VII. — Doubles opérations au sud et à l'est de Bordeaux; Talbot, après un défi aux chefs de l'armée du Médoc, évite tout engagement. — L'armée de la Dordogne prend Chalais et Gensac et assiège Castillon. — Talbot marche au secours de cette ville; bataille de Castillon; déroute des Anglais. — Soumission de Castillon, de Saint-Émilion et de Libourne. — Opérations de l'armée du Médoc: prise de Castelnau; sièges de Blanquefort et de Cadillac. — Le Roi arrive à la tête de l'armée de réserve: prise de Fronsac; siège de Bordeaux. — Part prise par le Roi aux opérations militaires ; assaut livré à Cadillac, suivi de la reddition de la ville et du château ; soumission de Blanquefort. — Les Bordelais, pressés par la famine, se décident à entrer en composition ; députation reçue par le Roi, qui rejette ses offres de soumission. — Reprise des hostilités ; ouvertures faites par le sire de Camoys à Joachim Rouault ; nouvelle députation envoyée à Lormont ; négociations entamées ; traité conclu ; abolition accordée aux Bordelais. — Bordeaux est livré au Roi ; prise de Bénauges et de Rions. — La Guyenne reconquise en cinq mois. . . . 260

Chapitre X. La campagne de Lombardie. — 1452-1453.

Conséquences de la mission diplomatique d'Acciajuoli. La « guerre de Catalogne. » — Relations de Charles VII avec l'Aragon et avec la Castille. La diversion souhaitée par l'ambassadeur Florentin n'a pas lieu. — La campagne de Charles VII contre le duc de Savoie favorise Sforza, mais il n'obtient pas d'assistance armée en Italie. — Nouvelle ambassade des Florentins au Roi ; instructions qu'elle reçoit. — Dispositions favorables de Charles VII. — Ambassade du Roi en Italie. — Arrivée des ambassadeurs florentins à Lyon. — Négociations avec le marquis de Montferrat ; Instructions envoyées par Charles VII à Jean Cossa. — Nouvelles instructions de la république de Florence à Acciajuoli. — Démarches réitérées de Sforza auprès du Roi. — Arrivée de l'ambassadeur florentin à Tours ; traité du 11 avril, stipulant le passage du roi René en Lombardie à la tête d'une armée. — Départ du roi René ; difficultés qu'il éprouve pour se rendre en Italie. — Attitude du duc de Savoie, qui refuse de lui laisser traverser ses états ; intervention du Roi ; intervention du Dauphin. — Vues personnelles de ce prince ; il prend les armes contre son beau-père. — Le roi René reçoit des offres de la république de Gênes et en profite pour gagner l'Italie par mer. — Le duc de Savoie, en présence de l'attitude menaçante de son gendre, lui livre passage ; desseins du Dauphin sur Gênes, contrecarrés par le roi René, qui le décide à battre en retraite. — Double jeu du Dauphin, qui cherche à s'allier avec les Vénitiens contre Sforza. — Le roi René en Lombardie ; ses lenteurs, son entrée en campagne ; succès obtenus sur les Vénitiens. — La mauvaise saison vient interrompre les opérations. — Négociations pour la paix sous les auspices de Nicolas V. Dispositions des Florentins et de Sforza. — Brusque départ du roi René. — Ambassade de Sforza au Roi ; effet produit à la cour de France par la retraite du roi René ; mécontentement de Charles VII. — Appréciation du rôle de René. 287

Chapitre XI. L'administration de 1449 à 1453. — Royauté, administration centrale, parlement, états généraux, clergé, noblesse, tiers état, finances, armée, commerce, industrie.

Charles VII rentre dans la voie des aliénations du domaine ; aliénations faites ; villes unies à la couronne. — Libéralité à l'égard des princes du sang ; affaire de l'hommage du duc Pierre de Bretagne. — Changements dans le personnel des grands officiers. — Impôt mis d'office dans les provinces du Languedoïl ; remplacement de la taille par une aide ; États du Languedoc ; États de Normandie ; sommes imposées dans cette province, soit d'office, soit d'accord avec les États ; États provinciaux. — Rapports de Charles VII avec le clergé ; mesures prises à son égard ; l'université de Paris ramenée au droit commun en matière de juridiction ; fondation de l'université de Caen. — Charles VII fait dresser l'état des nobles et des gens tenant fief ou arrière-fief ; instructions données pour mettre sur pied le contingent formé par la noblesse ; part qu'elle prend aux expéditions de Normandie et de Guyenne ; mesures en faveur de la noblesse. — Rapports avec les villes ; mesures en faveur des classes populaires et des municipalités. — Mesures financières : impôts levés ; révision des feux ; fabrication d'écus ; monnaies décriées ; le *quart de sel* ; emprunts contractés ; liquidation d'anciennes dettes. — Mesures prises à l'égard de l'armée : règlements de police intérieure pour les compagnies d'ordonnances et les francs archers ; désordres partiels qui subsistent. — Mesures prises pour favoriser le commerce et l'industrie.
308

LIVRE VI : CHARLES VII PENDANT SES DERNIÈRES ANNÉES
1454-1461

Chapitre I. La réhabilitation de Jeanne d'Arc. — 1450-1456.

Accusations formulées contre Charles VII au sujet de la réhabilitation de Jeanne d'Arc. — A peine en possession de Rouen, le Roi charge Guillaume Bouillé d'instruire la cause ; premières dépositions recueillies ; résultats de cette enquête. — Intervention du cardinal d'Estouteville : information canonique à Rouen ; consultations demandées aux plus célèbres docteurs. — Charles VII fait intervenir la mère et les frères de Jeanne d'Arc ; supplique adressée au Pape ; Calixte III autorise l'instruction de la cause et désigne trois commissaires pour y procéder. — Isabelle Romée comparaît devant les délégués apostoliques ; constitution du tribunal ; citations aux personnes intéressées dans la cause ; réquisitoire du promoteur ; l'enquête est ordonnée. — Audition de nombreux témoins ; résultats de l'enquête. — Reprise des audiences du tribunal ; examen des documents de la procédure ; *Recollectio* de Jean Bréhal, inquisiteur de la foi ; fin du procès de révision ; sentence de réhabilitation. — Conclusion. 353

Chapitre II. La prise de Constantinople et les projets de croisade. — 1453-1458.

Prise de Constantinople ; appel de Nicolas V à la chrétienté ; dispositions des puissances. — Situation de la France ; Charles VII reçoit les ouvertures de Philippe le Bon au sujet de la Croisade ; vœux de ce prince et des seigneurs de sa cour ; nouvelle ambassade vers le Roi. — Le duc de Bourgogne se rend à la diète de Ratisbonne ; accueil empressé qu'il reçoit en Allemagne ; la diète n'aboutit à aucune résolution ; nouvelle diète tenue à Francfort. — Philippe le Bon se rend en Bourgogne pour suivre la négociation relative au mariage du comte de Charolais avec Isabelle de Bourbon ; conférence de Nevers ; difficultés qui se produisirent ; le duc brusque le dénouement en faisant procéder au mariage à Lille. — Intervention du Roi ; ambassade du bailli de Berry ; sa réception par le duc ; il apprend que le mariage est célébré ; empressement du duc de Bourbon à accepter le fait accompli. — Menaces du côté de l'Angleterre ; situation de ce royaume ; Charles VII se prépare à repousser une invasion. — Nouvelle ambassade du duc de Bourgogne au sujet de la Croisade ; intervention du duc d'Orléans ; réponse du Roi ; il envoie des ambassadeurs à Philippe le Bon ; instructions qu'il leur donne ; il autorise la levée d'un décime. — Réception faite aux ambassadeurs du Roi ; Charles VII reçoit la visite de deux seigneurs bourguignons ; arrivée à sa cour du chancelier Rolin et du sire de Croy ; réponse qu'il fait à leurs ouvertures ; éloge du duc de Bourgogne. — Préparatifs faits par le duc pour la Croisade ; Calixte III lui envoie une bannière et envoie la rose d'or à Charles VII. — Charles VII reçoit Nicolas Agalo, venu en Europe pour travailler à la Croisade ; Agalo se rend en Angleterre ; réponse que le Roi lui fait à son retour. — Avertissement donné au Roi par un « saint homme ; » il y reste sourd ; nouvel avertissement avec menace de mort s'il résiste aux ordres du ciel. 390

Notes supplémentaires.

I. Récompenses données par Charles VII à l'occasion du recouvrement de la Normandie 420
II. Le prêt de Jacques Cœur lors de la conquête de Normandie 426
III. Les pièces originales du procès de Jacques Cœur 430
IV. Une lettre de Chabannes au Roi, sans date, publiée par Duclos 433

Pièces justificatives.

I. Guillaume Cousinot au comte de Foix. Louviers, 26 septembre 1449 437
II. Le Roi aux habitants de Lyon. Louviers, 8 octobre 1449 444
III. Jacques Cœur à la duchesse de Bourgogne. Bernay, 10 mars 1450 445
IV. Le Roi aux évêques, chapitres et bonnes villes. Maillé, 31 août 1450 . . 447

V. Le Roi a Dreux Budé. Montbazon, 8 octobre 1450 418
VI. Le Roi à ses gens des comptes. Montils-les-Tours, 19 février 1451 419
VII. Le Roi à Colin Martin. Montils-les-Tours, 25 mars 1451 450
VIII. Le Roi à Dreux Budé. Taillebourg, 18 juillet 1451 451
IX. Le Roi à ses gens des comptes. Taillebourg, 17 septembre 1451 451
X. Le Roi à Antoine, seigneur de Croy. Montils-les-Tours, 21 février 1452 . . . 452
XI. Le Roi à ses gens des comptes. La Roche Saint-Quentin, 28 avril 1452 . . . 453
XII. Le Roi au duc de Savoie. Chissay, 15 juin 1452 454
XIII. Le Roi aux gens de son Conseil. Cleppé, 6 octobre 1452 455
XIV. Le Roi à ses sénéchaux, baillis, etc. Moulins, 8 novembre 1452 456
XV. Le Roi à Jean Cosse. Moulins, 12 janvier 1453 461
XVI. Le Roi aux habitants de Lyon. La Rochefoucauld, 22 juillet 1453 463
XVII. Le Roi au duc de Savoie. La Couronne, près Angoulême, 30 juillet 1453 . 464
XVIII. Le Roi au chancelier de France et au sire de Torcy. Angoulême, 27 juillet 1453 465
XIX. Le Roi aux habitants de Lyon. Prieuré de Lanville-lès-Marcillac, 28 octobre 1453 466
XX. Le Roi à Jean Le Boursier, seigneur d'Esternay. Pressigny, 10 juillet 1454 . 468
XXI. Le Roi au duc de Bourgogne. Romorantin, 17 octobre 1454 469

TABLE DES MATIÈRES 471

MIRE ISO N° 1
NF Z 43-007
AFNOR
Cedex 7 - 92080 PARIS-LA-DÉFENSE

0 1 2 3 4   6   8 9 10

RVICE PHOTOGRAPHIQUE

www.ingramcontent.com/pod-product-compliance
Lightning Source LLC
Chambersburg PA
CBHW071624230426
43669CB00012B/2061